Heinz Muckenfuß

Lernen im sinnstiftenden Kontext

Entwurf einer zeitgemäßen Didaktik des Physikunterrichts

Cornelsen

1. Auflage

© 1995 Cornelsen Verlag, Berlin
Druck: Lengericher Handelsdruckerei, Lengerich/Westfalen

ISBN 3-464-03339-2

Bestellnummer 33392

 gedruckt auf säurefreiem Papier, umweltschonend hergestellt aus chlorfrei gebleichten Faserstoffen

Inhaltsverzeichnis

DANKWORTE

Dieses Buch verdankt seine Entstehung dem institutionellen und sozialen Rahmen, in dem ich seit einem Vierteljahrhundert wirken kann. Dank bin ich daher der Pädagogischen Hochschule Weingarten und meinem Kollegium schuldig. Sie haben – über alle hochschulpolitischen Auseinandersetzungen der letzten Jahrzehnte hinweg und vielfältigen Beschränkungen zum Trotz – Bedingungen in meinem pädagogischen Tätigkeitsfeld bewahrt, wie sie innerhalb der Hochschullandschaft wohl nur selten anzutreffen sind.

Frau Prof. em. Elsbeth Mendel und Herr Prof. em. Adolf Walz haben mich auf meinem beruflichen Weg begleitet, aktiv und wohlwollend dafür gesorgt, daß ich jene Freiheit nutzen konnte, die für eine reflektierte Tätigkeit im Feld der Pädagogik notwendig ist. Dieses Buch ist auch ein Ergebnis *ihres* Wissens und *ihrer* Erfahrung, von denen ich in reichem Maß profitieren konnte. Dafür danke ich herzlich. Meine gegenwärtigen Kollegen, Prof. Adolf Machold und Prof. Dr. Herbert Gerstberger, möchte ich in diesen Dank einschließen. Sie nehmen alle Anstrengungen auf sich, die Arbeitsbedingungen trotz gestiegener Belastungen im Lehr- und Forschungsbetrieb unseres Fachs zu erhalten. Vortragsveranstaltungen und Publikationstätigkeiten gehören zwar zum Geschäft der an Hochschulen Tätigen, absorbieren aber auch viel Arbeitskraft, die an anderen Stellen dringend benötigt würde. Für das Entgegenkommen und die Bereitschaft, solche Zusatzbelastungen mitzutragen, danke ich meinen Fachkollegen herzlich.

Viele Ideen, Analysen und Vorschläge, die in dieser Arbeit von zentraler Bedeutung sind, stehen mit meiner Tätigkeit als Schulbuchautor in engem Zusammenhang. Der Physikredaktion des Cornelsen-Verlags danke ich für das langjährige und intensive Diskussionsforum, das sie für die Autoren- und Beratergremien geschaffen hat. Stets hatten die Gründlichkeit der didaktischen Diskussion, die Bereitschaft zur Innovation und die Offenheit für neue Ideen der Autoren Priorität gegenüber Erscheinungsterminen, Seitenzahlen und Kostenkalkulationen – wahrlich keine Selbstverständlichkeit für ein Wirtschaftsunternehmen.

Den Mitautoren und Beratern der Cornelsen-Physik-Werke verdanke ich die Teilhabe an ihrer reichhaltigen Unterrichtserfahrung, besonders hinsichtlich der Fragen, was für die tägliche Unterrichtsarbeit an didaktischer Anregung notwendig ist, welcher Innovationen sie bedarf und welche Ansprüche die Schule überfordern.

Meiner Ehefrau Irene danke ich für die Unterstützung und die Toleranz, mit der sie die aus dem beruflichen Engagement erwachsenden Belastungen mitträgt.

Diesem Buch liegt eine Dissertation zugrunde, die von der Pädagogischen Hochschule Weingarten angenommen wurde. In diesem Zusammenhang danke ich Prof. Dr. Erich H. Müller für die begleitende Betreuung und Beratung während der Erstellung der Arbeit. Meinem Kollegen Prof. Dr. Herbert Gerstberger danke ich für das gründliche Gegenlesen und die vielen Gespräche, die nicht wenig zur endgültigen Gestalt der Arbeit beigetragen haben. Gegenüber der Originalarbeit ist das vorliegende Buch redaktionell überarbeitet und leicht gekürzt.

EINFÜHRUNG

Allgemeine Ausgangsüberlegungen

Schule und Unterricht sind immer und notwendigerweise von Kritik begleitet. Das Interesse einer breiteren Öffentlichkeit bezieht sich dabei meist auf Organisationsformen, wie beispielsweise die Gliederung des Schulwesens oder die Dauer der Beschulung. Seltener übergreift die Diskussion inhaltlicher Probleme einzelner Schulfächer den Kreis der engeren Fachwelt. Die öffentliche Diskussion um den Mathematikunterricht in den 70er Jahren oder die Rechtschreibreform sind Beispiele für Ausnahmen.

Gegenwärtig gelingt es vor allem dem naturwissenschaftlichen Unterricht, breitere Aufmerksamkeit auf sich zu lenken. *Der naturwissenschaftliche Unterricht an Deutschlands Schulen, warnen Hochschullehrer, Schulpraktiker und Bildungsexperten einhellig, kranke an gravierenden Mängeln*, schreibt DER SPIEGEL unter dem Titel *Ende der Kreidezeit* (DER SPIEGEL, 49/1992, S. 121 f), und die FAZ beklagt *Das Elend des Physikunterrichts* mit der zusammenfassenden Feststellung: *Immer mehr Schülern ist das Fach zu schwierig*. Als wichtigstes Ergebnis stellt die FAZ heraus: (Die Schüler) *lernen offenbar, der Physik so bald wie möglich den Rücken zu kehren* (FAZ 1992 Nr. 94, S. N3). Hinter den pointierten journalistischen Formulierungen steckt eine differenzierte bildungspolitische und didaktische Diskussion, deren Intensität nur mit den bildungstheoretischen Auseinandersetzungen der 60er Jahre vergleichbar ist, allerdings ohne bisher *qualitativ* mit der damaligen Erörterung vergleichbar zu sein.

Unumstritten ist zur Zeit nur die Notwendigkeit, den naturwissenschaftlichen Unterricht grundlegend zu verbessern. Die Vorschläge dazu sind jedoch völlig uneinheitlich. Sie reichen von der schlichten Forderung nach mehr Geld und Unterrichtszeit bis hin zur Auflösung der traditionellen Unterrichtsfächer (z. B. AG NATURWISSENSCHAFTEN SOZIAL 1993).

Hintergrund des allgemeinen Anliegens ist nicht nur der normale Anpassungsdruck auf die Schule, der von sich wandelnden Bildungsansprüchen der Gesellschaft ausgeht. Der Fachunterricht in Physik (und auch Chemie) steht vielmehr dem empirisch gesicherten Tatbestand gegenüber, in seiner bisherigen Ausprägung die selbstgesetzten Ziele bei der Mehrheit der Schüler und vor allem Schüler*innen* nicht zu erreichen. Dieser Umstand potenziert das Problem, weil es dadurch nicht möglich ist, von einem sicheren didaktischen Fundament aus jene Innovationen in Angriff zu nehmen, die aus veränderten gesellschaftlichen Bedingungen für den naturwissenschaftlichen Unterricht ableitbar sind. Pessimistisch könnte man formulieren, der naturwissenschaftliche Unterricht stehe gegenwärtig vor dem Nichts. Diese pauschale Einschätzung wird im Verlauf dieser Arbeit in verschiedener Hinsicht differenziert und dadurch teilweise auch korrigiert.

Spätestens seit Beginn der 80er Jahre spiegelt sich in der fachdidaktischen Literatur das Bemühen vieler Lehrerinnen und Lehrer sowie der Fachdidaktik wider, tradierte Unterrichtsformen zu verändern, neue Inhalte aufzunehmen und die Zielsetzungen des Unterrichts gegenüber den curricularen Reformen der 60er und frühen 70er Jahre neu zu gewichten. Die Forderung, von einer rein „fachsystematischen" oder „fachimmanenten" Unterweisung abzugehen und statt dessen mehr die Lebenspraxis, die Schülerinteressen, überfachliche Zusammenhänge, vielfältigere Unterrichtsformen und dergleichen mehr in der Unterrichtsgestaltung zu berücksichtigen, durchzieht seit vielen Jahren die meisten fachdidaktischen Zeitschriften und ist auch zum festen Bestandteil aktueller Lehrplanarbeit geworden. Dies deutet zwar auf eine bestehende Innovationsbereitschaft hin, dennoch: Obwohl seit 10–15 Jahren vielerlei Anstrengungen unternommen werden, den naturwissenschaftlichen Unterricht attraktiver und erfolgreicher zu gestalten, scheint sich das negative Gesamtbild nicht merklich zu ändern. Der Unterricht zeigt sich erstaunlich resistent gegen Veränderungsansprüche.

Wen halten Sie für den treibenden Kern dafür, daß sich im Grunde so gar nichts ändert im naturwissenschaftlichen Unterricht? wurde WAGENSCHEIN von der REDAKTION SOZNAT gefragt. WAGENSCHEIN: *Das ist okkult.* (RED. SOZNAT 1982, S. 109).

WAGENSCHEINs Antwort ist nicht frei von Resignation (→ S. 88). Sie läßt sich häufig als Begründung für die Forderung ausmachen, den naturwissenschaftlichen Fachunterricht völlig neu zu organisieren. Auch die oben erwähnte Forderung nach Abschaffung des Fachunterrichts wird mit der Innovationsresistenz des naturwissenschaftlichen Fachunterrichts begründet (AG NATURWISSENSCHAFTEN SOZIAL, Punkt 2).

WAGENSCHEIN selbst lehnt so weitreichende Konsequenzen für die Fächerstruktur trotz seines lebenslangen, in vielem vergeblichen Einsatzes gegen unbildsamen naturwissenschaftlichen Unterricht entschieden ab. Dazu ein weiterer Ausschnitt aus dem oben zitierten Interview:

SOZNAT: … Wäre es nicht ein Schritt nach vorn, wenn das, was an physikalischem Verstehen für uns notwendig ist, um gesellschaftlich existieren zu können, aus der fachlichen Unterrichtung herausgenommen würde?

WAGENSCHEIN: Nein, dazu bin ich zu sehr Physiker, das geht nicht. Da würde dann ja Unsinn geredet werden (RED. SOZNAT 1982, S. 109).

WAGENSCHEINs Sorge gilt offenbar der Komplexität der Gegenstände des Physikunterrichts, die eine konstruktive Konzentration und Beschränkung erfordert. Sie konkurriert mit der Auffassung, daß eben diese Konzentration und Beschränkung der Komplexität der Lebenspraxis nicht gerecht werden und den Transfer fachunterrichtlich erworbenen Wissens in die Lebenswelt eher behindern als fördern.

Allerdings rechtfertigen die nachgewiesenen Mißerfolge des Physikunterrichts noch keineswegs seine Abschaffung. Selbst wenn in einzelnen Schulen mit anderen als den traditionellen fachunterrichtlichen Gliederungen erfolgreich gearbeitet wird, kann daraus nicht die Übertragbarkeit des Modells auf eine ganze Schulart der öffentlichen Schulen abgeleitet werden.[1] Dazu sollen hier einige wichtige Gründe genannt werden:

Betrachtet man die Schule als soziales System, so kommt man nicht an der Einsicht vorbei, daß Veränderungen an Lern- und Entwicklungsprozesse geknüpft sind und Zeit brauchen. *Wie man es auch betrachtet, die Fähigkeiten des sozialen Systems hängen von den Fähigkeiten des personalen Systems ab* (MILLS, S. 38). Im konkreten Fall bedeutet dies, daß der naturwissenschaftliche Unterricht von Lehrkräften erteilt wird, die gelernt haben, Kinder in einzelnen Fächern fachsystematisch und im Rahmen vorgegebener Organisationsstrukturen zu unterweisen. Dieser Unterricht richtet sich an Kinder, deren Lernverhalten sich – zwar nicht nur, aber wesentlich – in diesem System entwickelt hat. Veränderungen des inhaltlichen Aufgabenfelds oder der Zielorientierung implizieren oft andere – nicht spontan erfüllbare – Kompetenzanforderungen bei allen Beteiligten, andere Rollenerwartungen und damit ein verändertes Selbstbild. Dies gilt für alle am sozialen Geschehen Beteiligten, insbesondere natürlich für die Lehrkräfte, die Schülerinnen und Schüler. Wer sich selbst z. B. als Physiklehrer(in) oder gar Physiker(in) definiert und – nach langjähriger Praxis fachsystematischer Unterweisung im 45-Minuten-Takt – vor die Aufgabe gestellt ist, offenen Unterricht zu Themenkreisen wie „Geschichte der Haushaltsgeräte", „Schutz der Erdatmosphäre" u. ä. zu halten,[2] sieht sich Lernanforderungen gegenüber, von denen der Erwerb inhaltlicher Kompetenzen noch am leichtesten zu bewältigen ist. Veränderungen in den Interaktionsfähigkeiten, Planungskompetenzen und -strategien und nicht zuletzt die Neudefinition der Beziehung Lehrer(in)–Schüler(in) lassen sich nicht von heute auf morgen herbeiführen.

Daraus erwachsen verständlicherweise Innovationswiderstände. Das mußte z. B. die baden-württembergische Kultusministerin erfahren, als sie 1992 vorschlug, einen Teil des naturwissenschaftlichen Fachunterrichts am Gymnasium durch ein integriertes Fach „Naturwissenschaftliche Themenkreise" zu ersetzen. Für die Initiative, ein durchaus sinnvolles Anliegen durch die Substitution von Fachunterricht umzusetzen, fand sie keinerlei Unterstützung. Sie mußte das Vorhaben rasch wieder fallenlassen (LEHRERZEITUNG 11/1992, S. 483).

---

[1] Als eines der Beispiele zu alternativen Strukturierungen des Curriculums sei der „Marchtaler Plan" der Diözese Rottenburg-Stuttgart genannt (GERST u. a. 1990). Er wurde zunächst für die privaten katholischen Grund- und Hauptschulen der Diözese Rottenburg-Stuttgart eingeführt und befindet sich gegenwärtig in der sukzessiven Umsetzung auf die anderen Schularten. Das pädagogische Konzept hat viel Ähnlichkeit mit der Pädagogik Maria MONTESSORIS. Freiarbeit spielt eine zentrale Rolle. Die Bildungsziele und -inhalte der staatlichen Schulen sind auch innerhalb des „Marchtaler Plans" zu erfüllen, jedoch ist der Unterricht zu einem erheblichen Teil nicht mehr nach Fächern, sondern in sinnorientierten, fachübergeordneten Einheiten geordnet („vernetzter Unterricht"). Interessanterweise erwiesen sich gerade die Fächer Physik und Chemie hinsichtlich der „Vernetzung" als besonders „sperrig".

[2] Derartige Themenbeispiele findet man unter verschieden bezeichneten Unterrichtsmodellen, wie z. B. Projektunterricht, fächerübergreifender Unterricht, integrierter naturwissenschaftlicher Unterricht. Im konkreten Fall sind sie dem Themenheft „Fächerübergreifender Unterricht" der Zeitschrift Naturwissenschaften im Unterricht entnommen (STÄUDEL/KREMER 1992, S. 14).

Es wäre allerdings verfehlt, Widerstände gegen rasche und grundlegende Veränderungen der Fächergliederung nur mit dem Verweis auf die erforderlichen Lernprozesse des sozialen Systems „Schule" zu erklären oder sie pauschal als Innovationsfeindlichkeit zu apostrophieren. Die Struktur des Fachunterrichts ist historisch gewachsen, weil sie Vorteile enthält, die zumindest über lange Zeiträume hinweg positiv bewertet wurden. Zu diesen ist u. a. auch der offenbar vorhandene Teilerfolg des naturwissenschaftlichen Unterrichts zu rechnen: Die ca. 10–15 % der Schülerinnen und Schüler, die den Unterricht im Fach Physik positiv erleben, bildeten im großen und ganzen bisher ein ausreichendes Repertoire für die Rekrutierung des Nachwuchses in naturwissenschaftlich und technisch orientierten Ausbildungs- und Studiengängen. Nach dem Motto „Der Spatz in der Hand ist besser als die Taube auf dem Dach" mag dies für manchen Fachlehrer und die „Abnehmer" der erfolgreicheren Absolventen des Unterrichts ein Grund sein, an den traditionellen Fächern festzuhalten.

Noch wichtiger erscheint mir der Hinweis auf die im Fächerprinzip enthaltene Ordnungsstruktur. Sie hat nicht nur eine der Arbeitsteilung im Wirtschaftsleben entsprechende Aufgabe, sondern impliziert auch einen heuristischen Orientierungswert. Wer – und sei es mit guten Gründen – die Abschaffung der Schulfächer fordert, muß ein anderes Konzept der Strukturierung der komplexen Wirklichkeit dagegensetzen, eines, das im Hinblick auf die Aufgabe der Schule, Kultur zu tradieren und weiterzuentwickeln, leistungsfähiger ist. Eine solche Alternative gibt es für die Inhalte des naturwissenschaftlichen Unterrichts bislang nicht. (Auf die Bedeutung von Vorschlägen, wie z. B. KLAFKIs Konzept einer Orientierung an „epochaltypischen Schlüsselproblemen" wird im Kapitel IV näher eingegangen.)

Damit soll nicht in Abrede gestellt werden, daß z. B. unter den Begriffen[3] „integrierter naturwissenschaftlicher Unterricht (INU)", „fächerübergreifender Unterricht", „Projektunterricht" o. ä. schon zahlreiche attraktive Modellvorhaben durchgeführt und beschrieben wurden, die eine breite Rezeption wert sind. Mit wenigen Ausnahmen wird damit aber nicht die vollständige Substitution des naturwissenschaftlichen Fachunterrichts angestrebt oder für möglich gehalten. *Wer heute Unterricht will, der im geschichtlichen Sinn Bildung bewirkt, ..., wird hin und wieder fächerübergreifend unterrichten müssen* (LAUTERBACH 1992, S. 4, Hervorhebung H. M.).

Auch BUCK kommt in einer zusammenfassenden Darstellung der veröffentlichten INU-Projekte nicht an der Feststellung vorbei: *Nicht das fächerübergreifende, umfassende Strukturieren der Naturwissenschaften, aus denen Curricula abgeleitet werden könnten, sondern eher eine Unbekümmertheit um Fächergrenzen charakterisiert alle diese Ansätze* (BUCK, S. 185).

---

[3] Zur Begriffsbestimmung siehe z. B. BUCK 1992, FREY/HÄUßLER 1973, HÄUßLER 1976, RIQUARTS u. a. 1978, FREY 1982, LAUTERBACH 1992. Eine einheitliche Verwendung der Begriffe für bestimmte Unterrichtsformen ist in der Literatur nicht gegeben. So subsumiert z. B. BUCK unter dem Begriff „Integrierter Naturwissenschaftlicher Unterricht (INU)" alle o. g. Formen, während LAUTERBACH den Begriff des „fächerübergreifenden Unterrichts" als Oberbegriff verwendet.

In einer Diskussion des Konzepts der „epochaltypischenen Schlüsselprobleme" (KLAFKI 1993; → Ü 4.2.1, S. 220) hebt BRUHN folgenden Satz hervor: *Unterricht in den Naturwissenschaften ist nicht nur als Grundlage für ein Verständnis der Schlüsselprobleme unserer Zeit unentbehrlich, sondern hat darüber hinaus eine davon unabhängige Bildungsaufgabe, zu der gehört, ein umfassendes Bild von Wissenschaft zu vermitteln.* Für Projektunterricht folgert er: *Ein Projekt kann Unterricht in den klassischen Fächern nur ergänzen* (BRUHN 1993, S. 197).

Ein Befürworter des „offenen Physikunterrichts" faßt seine Erfahrungen mit verschiedenen Formen „offenen Unterrichts" in dem Satz zusammen: *Guter Physikunterricht soll und kann nicht durchweg offener Unterricht sein* (MIE 1992, S. 161).

Den aktuellen Zitaten sei eines aus den 70er Jahren hinzugefügt, um zu zeigen, daß sich diese Auffassungen seit 20 Jahren kaum geändert haben. Es stammt von einem Fachdidaktiker, der sich für die Entwicklung von Unterrichtsformen eingesetzt hat, die einer Dominanz wirtschaftlicher bzw. kapitalistisch orientierter Interessen entgegenwirken sollten: *Die ausschließliche Strukturierung des Lernens in Projekten ist jedoch illusorisch, da ein auch nur einigermaßen sinnvoller Kanon von Kenntnissen und Fähigkeiten sich nur durch kunstvolles Manipulieren der Projektarbeit erreichen ließe, was dem Projektgedanken widerspricht* (FIEBLINGER 1975).

Die Beispiele sind ein Hinweis darauf, daß die Frage noch weitgehend unbeantwortet ist, welche Wechselwirkungen zwischen neuen Unterrichtsmodellen und dem traditionellen Fachunterricht bestehen oder bestehen sollen. Wohl überwiegend dieser Unsicherheit wegen wird der Innovationsanspruch alternativer Unterrichtsmodelle oft mit dem Hinweis begrenzt, es handle sich eigentlich nur um eine andere Unterrichts*methode*, z. B. die „Projektmethode" (FREY 1982, Buchtitel; BUCK 1992, S. 184). Damit könnte die Absicht verbunden sein, den Konflikt mit den Verfechtern der Vorteile fachsystematischen Unterrichts zu begrenzen. Indes bilden die Ziele, Inhalte und Methoden des traditionellen fachsystematischen Unterrichts eine unauflösbare Einheit mit typischen Organisationsformen einschließlich des Festgelegtseins auf bestimmte Zeitvorgaben (Stundentafel, 45-Minuten-Takt) und Lernorte (z. B. Physiksaal). Man kann keines der Bestimmungselemente grundlegend ändern, ohne daß davon die gesamte Unterrichtsstruktur betroffen wäre. Wie intensiv dieser Zusammenhang gerade im Physikunterricht ist, wird das Kapitel III zeigen.

Ziele und Aufbau der vorliegenden Arbeit

Muß das zentrale Anliegen des fächerübergreifenden Unterrichts und ähnlicher Modelle, sinnstiftendes (weil existentiell bedeutungsvolles) Lernen zu ermöglichen, auf ein Hin-und-wieder eingeschränkt bleiben? Was ist davon zu halten, wenn sinnkonstituierendes Lernen auf Feiertagssituationen beschränkt wird, die nur jenseits der essentiellen Leistungsanforderungen der Schule ihren Raum haben? Rosinen im Sauerteig?

Dieses Buch will der resignativen Auffassung entgegentreten, Fachunterricht und fächerübergreifender Unterricht seien dichotomische Organisations-, Lehr- oder Lernformen, die in einem strengen Konkurrenzverhältnis zueinander stehen, wobei der erstere (leider) aus qualifikatorischen Gründen notwendig, aber inhuman und daher auf ein Minimum zu begrenzen sei; die alternativen Formen wirkten dagegen wahrhaft bildend und human. Inwieweit ist die Aufgabe des traditionellen Fachunterrichts subsidiär, komplementär oder eigenständig gegenüber neuen Unterrichtsbereichen und -methoden? Ist der Fachunterricht entgegen dem bisherigen Anschein nicht doch so wandelbar, daß wichtige Zielsetzungen anderer Unterrichtsformen, wie sinnstiftendes Lernen oder Handlungsorientierung, auch mit ihm effektiver als bisher abgedeckt werden? Wie können solche Fragen von einer *Fach*didaktik bearbeitet werden, die sich mehr oder weniger als komplementäre Wissenschaftsdisziplin zu *einem* universitären Fach definiert?

Für die Beantwortung solcher Fragen reicht es nicht aus, fachmonistischen Unterricht einerseits und alternative Unterrichtsorganisationen andererseits je für sich theoretisch zu begründen. Vielmehr gilt es darzulegen, wie der Fachunterricht auf die Innovationsansprüche anderer pädagogisch gut begründeter Unterrichtsformen reagieren kann, z. B., indem er die grundlegenden Ziele integriert – d. h., indem er sich verändert –, oder wie durch ein *Zusammenwirken* verschiedener Unterrichtsformen sinnvolles Lernen gefördert werden kann. Aus der Perspektive des Fachunterrichts soll dieses Buch dazu einige Antworten geben.

Die Bildungspolitik ist gezwungen, auf die veränderten Anforderungen an die Schule zu reagieren, und sie tut es gegenwärtig hinsichtlich des naturwissenschaftlichen Unterrichts auch. Die Einführung neuer Fächer, wie „Natur und Technik" (seit 1984), „Mensch und Umwelt" (ab 1994) an Baden-Württembergs Realschulen, oder die o. g. Absicht, ein neues Fach „Naturwissenschaften" am Gymnasium zu schaffen (→ S. 9), zählen ebenso dazu wie die gegenwärtige Diskussion in einigen Bundesländern (z. B. Bayern, Hessen, Nordrhein-Westfalen, Niedersachsen), naturwissenschaftlichen Fachunterricht durch ein „Integriertes Curriculum Naturwissenschaft" zu ersetzen.

Das wichtigste staatliche Steuerungsinstrument für die Umsetzung von Intentionen und Inhalten in die Unterrichtspraxis sind die Lehrpläne und die damit verknüpften „Stundentafeln". Bundesweit gesehen, befinden sich ständig Lehrpläne mehrerer Länder in einem Revisionsverfahren. Nahezu alle neueren Lehrpläne und aktuellen Lehrplanentwürfe schaffen neue curriculare Strukturen, für deren Beurteilung und konstruktive Umsetzung theoretisch begründete didaktische Leitlinien nur in Ansätzen vorhanden sind.

Manche neuen Lehrpläne räumen den Schulen an sich begrüßenswert große Freiräume bei der Wahl von Themenbereichen und Unterrichtsformen ein. Nur scheint dem vielfach weniger ein gewaltiger Vertrauenszuwachs hinsichtlich der an den Schulen vorhandenen Kompetenz zugrunde zu liegen als eine große Unsicherheit infolge des erwähnten Theoriedefizits. Manche Lehrplankonstruktionen eröffnen eine Vielzahl inhaltlicher Wahlmöglichkeiten. Dieser pädagogische Freiraum ist aber nicht selten nur eine attraktive Verkleidung des didaktischen Orientierungsdefizits und der Ratlosigkeit, mit der die Kommissionen vor den Problemen stehen. Zielkonflikte werden in den Lehrplänen nicht thematisiert – nicht selten sogar verschleiert. Daraus entstehen pädagogisch und fachdidaktisch inkonsistente Kompromisse zwischen divergierenden Zielsetzungen und damit verknüpften stofflichen Anforderungen als unübersehbares Merkmal der Lehrpläne. Sie belasten vor allem die Lehrerinnen und Lehrer vor Ort. Curriculare Entscheidungen werden in den Fachkollegien notgedrungen rein pragmatisch getroffen. Ihre Tragweite ist aus der lokalen Perspektive eines hektischen Schulalltags kaum zu übersehen.[4]

Die Frage, welche übergeordneten pädagogischen Ziele mit dem Physikunterricht verfolgt werden sollen, wird durch einen Mischmasch von Inhalten verschüttet. Natürlich soll dies nicht als Gegenargument für einen größtmöglichen Gestaltungsspielraum der einzelnen Schulen verstanden werden. Nur, wenn dieser Spielraum nicht das Ergebnis theoretisch und praktisch fundierter pädagogischer Überzeugung ist, sondern die Folge der Ratlosigkeit institutionalisierter Verantwortungsträger, dann ist vorgezeichnet, daß der Freiraum von denen, die ihn auszufüllen haben, als weitere Belastung und Problemzone wahrgenommen wird.

Unsicherheit führt in sozialen Gruppen leicht zu zermürbenden Auseinandersetzungen, wovon Mandatsniederlegungen in vielen Lehrplankommissionen ein äußeres (allerdings meist nichtöffentliches) Zeichen sind. Da die Kehrseite der den Schulen eingeräumten Freiheit in der Verpflichtung der Kollegien liegt, sich auf einen Themenkanon und zeitliche sowie organisatorische Unterrichtsstrukturen (z. B. fachübergreifende Inhalts- und Zeitabstimmung, Epochenunterricht, Freiarbeit) zu einigen, sind Konflikte an den Schulen vorgezeichnet. Sie werden das Schulleben über Gebühr belasten, ohne den Unterrichtserfolg zu erhöhen, solange die bildungspolitischen Vorgaben nicht durch überzeugende bildungstheoretische und didaktische Konzeptionen gestützt oder doch zumindest kritisch-rational bewertet werden können. Wenn es nicht gelingt, den naturwissenschaftlichen Fachunterricht im Sinne aktueller pädagogischer und bildungspolitischer Anliegen grundlegend zu reformieren, wird er zunehmend aus dem Unterrichtsangebot verdrängt werden.

Das Ziel der vorliegenden Arbeit bilden Vorschläge für die curriculare Struktur des naturwissenschaftlichen Unterrichts, zu seinem formalen und inhaltlichen Aufbau und zu seinen Zielen. Diese Vorschläge werden im Kapitel IV als offener didaktischer Entwurf dargestellt. Einen großen Raum nimmt allerdings die *Begründung* dieses Entwurfs ein. Das Verhältnis der Gewichtung zwischen Begründung und Entwurf ist nicht zufällig. Aus dem Begründungszusammenhang der Kapitel I–III sind durchaus unterschiedliche naturwissenschaftsdidaktische Konzeptionen ableitbar. Daher soll der Entwurf des Kapitels IV nicht mehr sein als die Skizze eines realisierbaren Vorschlags zur curricularen Gestaltung des Physikunterrichts und ein Diskussionsvorschlag. Hinsichtlich seiner Realisierungsmöglichkeiten ist dieser

---

4   Ein Beispiel: Im Lehrplan Physik der Hauptschule Baden-Württembergs (gültig ab Schuljahr 1994/95) können die Fachkonferenzen für etwa die Hälfte des Stoffs in jedem Schuljahr aus mehreren Themen eines auswählen. In der Klasse 9 werden z. B. neun Themen zur Auswahl angeboten. Sie reichen von der „Atomphysik" über „Elektronische Grundschaltungen", „Verbrennungsmotoren" oder „Messen und Auswerten mit dem Computer" bis zu „Themen aus der Akustik" oder „Himmelsmechanik". Zu den recht unterschiedlichen pädagogischen Implikationen dieser Themen verliert der Plan kein Wort.

Entwurf aber keine theoretische Spekulation. Seit etwa zehn Jahren sammle ich in verschiedenen Arbeitsfeldern praktische Erfahrungen mit Teilcurricula, die diesen Vorschlägen gemäß gestaltet wurden. Die Begründung dieser Vorschläge besteht aus drei Argumentationssäulen, die in den Kapiteln I–III entwickelt werden. Die drei Säulen sind:

I   *Die empirische Lage des naturwissenschaftlichen Unterrichts, am Beispiel des Physikunterrichts*

Sie wird im Kapitel I dargestellt. Dazu werden die wichtigsten Ergebnisse der Unterrichtsforschung anhand herausragender Untersuchungen referiert und kritisch analysiert. Aus den Befunden dieser Untersuchungen werden „Thesen" entwickelt. Teilweise handelt es sich um unmittelbare Folgerungen aus den empirischen Befunden, zum anderen Teil eher um Ableitungen aus plausiblen Interpretationen der Forschungsergebnisse.

Diese Thesen bilden insgesamt eine Argumentationsfigur, auf die sich die Innovationsvorschläge dieser Arbeit wesentlich stützen. An der Stelle, an der die Thesen jeweils formuliert sind, haben sie noch einen mehr oder weniger hypothetischen Charakter. Er ergibt sich aus dem zunächst noch nicht völlig entfalteten theoretischen Hintergrund, der in die Interpretationen einfließt. Im Verlauf der Arbeit erfolgen dann differenziertere Begründungen der jeweiligen Aussage.

II   *Die Aufdeckung impliziter wissenschaftstheoretischer und wissenschaftshistorischer Determinanten des naturwissenschaftlichen Unterrichts*

Besonderes Gewicht erhalten die den Naturwissenschaften innewohnenden Strukturen, Orientierungen und Mechanismen, die nicht nur die Freiheit der mit ihr befaßten Menschen in verschiedener Hinsicht beschränken. Sie präformieren darüber hinaus Denkhaltungen in vielen Lebensbereichen, u. a. auch in der Pädagogik der Naturwissenschaften (→ Kapitel II). Diese immanenten Merkmale der Naturwissenschaft sind nicht expliziter Bestandteil des fertigen Theoriegebäudes. Ihre Wirkung bleibt daher oft unbemerkt, folglich unreflektiert und daher ideologisch.

Ziele, Verfahren und Inhalte eines Unterrichtsfachs festzulegen, ohne dabei die mehr oder weniger verdeckten Zwecke, gesellschaftlichen Wirkungszusammenhänge und erkenntnistheoretischen Voraussetzungen der Wissenschaft selbst in den Blick zu nehmen, kann leicht die Illusion einer ausschließlich pädagogisch geprägten Unterrichtswelt hervorrufen. In der Konfrontation mit der Lebenspraxis und den konkreten Wirkungen der Wissenschaft und des Unterrichts muß dies zu Enttäuschungen führen. Positive Wirkungen des Physikunterrichts sind dann außerhalb des Physiksaals nur noch in Ausnahmefällen nachweisbar.

Kapitel II ist daher der Klärung der Voraussetzungen gewidmet, denen die Wissenschaft Physik ihr heutiges Gepräge verdankt.

III *Pädagogisch und bildungstheoretisch defizitäre Ausprägungen des naturwissenschaftlichen Unterrichts*

Die mit dem Bild des Zauberlehrlings vergleichbare Ausgesetztheit des Menschen gegenüber einem Paradigma[5], das er selbst geschaffen hat, bildete einen Kernpunkt der bildungstheoretischen und bildungsphilosophischen Diskussion am Beginn des Atomzeitalters. Diese Diskussion der 50er und frühen 60er Jahre wieder aufzugreifen und weiterzuführen erscheint heute notwendig, nachdem die Naturwissenschaftsdidaktik den Bildungsbegriff über 20 Jahre lang als unbrauchbar und überholt in der Requisitenkammer abgelegt hat.

Wie es dazu kommen konnte und wie andererseits der Physikunterricht im Laufe der Zeit auch unangemessenen bildungsideologischen Vorstellungen unterworfen wurde, die Gegenbewegungen geradezu herausforderten, ist das Thema von Kapitel III. Dort wird dargelegt, welche konkreten negativen Folgen sich für den Physikunterricht aus den Funktionalisierungen ergeben haben, denen er im Laufe seiner Entwicklung ausgesetzt war, und wie ihn diese bis heute belasten.

Im Kapitel IV werden aus der Verbindung der drei Argumentationssäulen Vorschläge zur Veränderung des Physikunterrichts abgeleitet. Soweit es für das Verständnis erforderlich ist, werden die Vorschläge an inhaltlichen Beispielen verdeutlicht.

Aus den bisherigen Ausführungen ergibt sich, daß die Argumentation aus der Perspektive des herkömmlichen Fachunterrichts entwickelt wird. Dieser beschränkende Blickwinkel soll aber nicht gegen wichtige pädagogische Anliegen alternativer Unterrichtsformen gerichtet sein. Zentral ist das folgende Anliegen:

> Der naturwissenschaftliche Fachunterricht soll so weiterentwickelt werden, daß die Konstitution von Sinn sowie der Aufbau von Handlungskompetenz und -bereitschaft beim lernenden Menschen möglich wird. Dabei ist darzulegen, welchen Beitrag fachsystematische Ordnungsgesichtspunkte leisten können und in welcher Beziehung sie zu anderen Orientierungen des Unterrichts stehen.

Unbeschadet der Notwendigkeit, näher zu beschreiben, was denn mit „fachsystematisch" gemeint ist, wird sich zeigen, daß nicht in erster Linie die Fachstrukturen der Physik dem Unterricht schaden, sondern dessen versteckte ideologische Fixierung. Sie entsteht, weil die dem Unterrichtsfach politisch zugeschriebene gesellschaftliche Funktion aus der didaktischen Diskussion und erst recht aus dem Unterricht selbst weitgehend ausgeblendet wird. Dadurch wird verhindert, daß die curriculare Gestaltung des Unterrichts im Hinblick auf die kritische Bewertung dieser Funktion erfolgt. Gelingt es, die Fixierung durch eine entsprechende Reflexion aufzubrechen, wäre nicht nur ein Neuansatz für den naturwissenschaftlichen

---

5   Der Begriff „Paradigma" ist hier in Anlehnung an KUHN (1967) verwendet. Eine genauere Erläuterung des Begriffs, wie er in dieser Arbeit verwendet wird, findet sich im Kapitel II (→ Ü 2.1.2, S. 98).

Fachunterricht geschaffen, sondern zugleich könnte das bislang ungelöste Problem des Zusammenspiels verschiedener Unterrichtsformen mit mehr Aussicht auf Erfolg angegangen werden.

Nachdem die Notwendigkeit von Veränderungen seit mindestens 15 Jahren geradezu populär ist,[6] sollte sich allmählich eine bildungstheoretisch fundierte Entwicklung herausschälen, die das eher zufallsbedingte Ausprobieren ablöst, das aufgrund unterschiedlicher politischer Opportunität zu einer bundesweit immer heterogeneren curricularen Struktur führt. Eine solche Perspektive ist notwendig, weil Unterrichts- und Erziehungsarbeit (einschließlich der Lehreraus- und -fortbildung) auf Kontinuität angewiesen sind. Die durch die Länderhoheit bedingte Pluralität der Bildungslandschaft kann und darf ihre Produktivität nur so lange ausspielen, wie sie die Einheitlichkeit der Lebensverhältnisse, auf die eine Demokratie angewiesen ist, nicht zusätzlich bedroht. Für den herkömmlichen Fachunterricht bedeutet dies, daß ein evolutionärer Prozeß gefördert werden muß, der auf Bewahrenswertem aufbaut, Veränderungsbedürftiges aber durch entschlossene Innovation an die Forderungen der Zeit anpaßt. Das Survival-Prinzip der Evolution läßt bekanntlich auch destruktive Entwicklungen zu, die zum Verschwinden gewachsener Strukturen führen, wenn andere flexibler sind. Der Überzeugung, daß sich das Bemühen lohnt, dem Physikunterricht dieses Schicksal zu ersparen, verdankt die vorliegende Arbeit ihre Entstehung.

Ergänzende Anmerkungen

Das zu bearbeitende Problemfeld ist enorm komplex. Besonders die philosophische, wissenschaftstheoretische und -historische, bildungstheoretische und gesellschaftspolitische Verwurzelung der gegenwärtigen Schwierigkeiten des naturwissenschaftlichen Unterrichts ist in einer einzelnen Arbeit ohne Verlust an „Handlichkeit" und Prägnanz in der Argumentation kaum zu entfalten – ganz abgesehen davon, daß diese Aufgabe auch mein subjektives Vermögen überstiege. Sich mit Beschränkungen anzufreunden war unvermeidlich. Ich habe mich dafür entschieden, eine „Schneise durch den Wald" der Probleme zu schlagen, die von der empirischen Situation über deren theoretische Analyse bis hin zu praktischen Vorschlägen reicht. Dies entspricht den Notwendigkeiten meiner alltäglichen Arbeit, in der ich stets theoretische Reflexion und konkret inhaltliches Handeln verbinden muß. Ich denke dabei auch an den in Frage kommenden Interessentenkreis, von dem ich hoffe, daß er möglichst viele Lehrerinnen und Lehrer einschließt. Der Wunsch, ihnen für die täglich notwendigen Entscheidungen eine Reflexions- und Orientierungshilfe an die Hand geben zu können, ist mir ein wesentlicher Ansporn.

Was dabei entsteht, ist nichts Fertiges, Abgeschlossenes, Abgerundetes. Auf Perfektion in der Argumentation mußte oft verzichtet werden. Vieles Diskussionswürdige wurde in die Fußnoten „verbannt". Viele geistes- und kulturgeschichtlich

---

6   1978 erschien in der Zeitschrift *bild der wissenschaft* ein vielbeachteter Artikel, der eine ganze Welle von Untersuchungen und Stellungnahmen nach sich zog (BORN/EULER 1978).

unmittelbar relevanten Theoriegebäude werden nur mehr oder weniger flüchtig gestreift, um das Ziel nicht aus den Augen zu verlieren, den Zusammenhang zwischen
dem täglichen unterrichtlichen Handeln und seiner historischen Bedingtheit sichtbar
werden zu lassen. Wem die Unfertigkeit des Nach-Denkens da und dort zum Är-
gernis gerät, der möge dies in möglichst großer Fachöffentlichkeit diskutieren, um
damit der Fachdidaktik und dem Unterricht zu dienen.

Die vorgelegte Diskussion handelt von den grundsätzlichen Problemen des naturwissenschaftlichen Unterrichts. Es liegt ihr daher eine schulart- und schulstufen-
übergreifende Sichtweise zugrunde. Soweit Erprobungen der erwähnten Unterrichtsprojekte und curricularer Entwürfe an die Präsenz meiner Person gebunden
waren, fanden sie überwiegend an der Realschule statt, in geringerem Umfang auch
an der Hauptschule. Vorschläge, die hinsichtlich der Abstraktion auf die Sekundarstufe I des Gymnasiums ausgerichtet sind, konnte ich in Seminaren an der Hochschule bearbeiten – zum Teil mit Studierenden für das Lehramt an Grundschulen,
für die der Physikunterricht i. allg. mit der Klasse 11 des Gymnasiums endete. Für
den Transfer von Konzepten und Ideen in jeweils andere Schularten hatte ich stets
Möglichkeiten, mich mit dort tätigen Kollegen auszutauschen, nicht zuletzt im
Rahmen der Entwicklung von Unterrichtswerken. Auch Lehrerfortbildungen und
Vorträge, die ich für den gymnasialen Bereich abhalten konnte, führten zur Erpro-
bung und Modifikation von Unterrichtssequenzen, die ursprünglich für die Realschule entwickelt worden waren. Die informellen Rückmeldungen zeigen, daß die
zentralen fachdidaktischen Probleme schulartunabhängig sind.

Die Didaktik des gymnasialen Unterrichts spielt für die vorliegende Arbeit aus
sachlichen Gründen eine wichtige Rolle, obwohl die Vorschläge mindestens gleichermaßen mit Blick auf die anderen Schularten entwickelt wurden. Grundsätzliche
Veränderungen des naturwissenschaftlichen Unterrichts müssen auch und gerade am
gymnasialen Unterricht ansetzen. Einige der wichtigsten Gründe seien stichwortartig angeführt:

- Die Lehrerschaft und die Studierenden der Lehrämter für den naturwissenschaftlichen Unterricht sind durch den erlebten gymnasialen Unterricht in ihrer fachdidaktischen Orientierung sowohl im Theorie- als auch im Handlungsbereich mindestens ebenso stark geprägt wie durch die fachdidaktische Aus- und Fortbil-
  dung.
- Fachdidaktik als wissenschaftliche Disziplin wird weitgehend von einem Perso-
  nenkreis getragen, für dessen Berufssozialisation der gymnasiale Unterricht und
  die darauf aufbauende fachwissenschaftliche Hochschulausbildung eine zentrale
  Bedeutung haben. Von daher ergibt sich ein erheblicher Einfluß gymnasialer Didaktik auf die Fachdidaktik aller Schularten.
- Fachdidaktische Lehrveranstaltungen finden an vielen Universitäten als gemeinsame Veranstaltungen für alle Schularten statt, wobei die Orientierung an den
  Bedürfnissen gymnasialen Unterrichts aus verschiedenen Gründen dominant ist.
- Die Arbeit der „schlagkräftigen" Fachverbände und bildungspolitischer Gremien
  ist stark an den Problemen des gymnasialen Unterrichts orientiert. Dies beein-

flußt sowohl den pädagogischen Status quo des Unterrichts an allen Schularten als auch intendierte bildungspolitische und curriculare Veränderungen.

- Das Postulat der horizontalen Durchlässigkeit des Schulsystems erfordert in den fachdidaktischen Grundsatzfragen eine adäquate Berücksichtigung bei der Ausgestaltung schulartspezifischer Curricula. Gegenwärtig erscheint es recht unrealistisch anzunehmen, daß sich das Gymnasium in dieser Hinsicht gleichermaßen z. B. an der Realschule orientiert wie umgekehrt.

Damit soll nicht gegen eine schulartspezifische Ausprägung der Naturwissenschaftsdidaktik argumentiert werden. Diese wird aber nicht ohne Rücksicht darauf effizient gestaltet werden können, was im Unterricht der Gymnasien geschieht. WAGENSCHEIN folgerte: *Deshalb sind Höhere Schule und Volksschule untrennbar. Man kann nicht die Volksschule ohne die höhere Schule erneuern wollen* (1962, S. 15).

Schließlich soll noch eine Bemerkung zur Art und Absicht bei der Auseinandersetzung mit Martin WAGENSCHEIN gemacht werden. Seine Kritik am Physikunterricht ist heute so aktuell wie vor 30 Jahren. Dies führt gegenwärtig in der fachdidaktischen Diskussion zu einer Art Renaissance seiner Ideen. Auch in diesem Buch wird er zitiert, wenn seine Gedanken und Vorschläge wichtige Anknüpfungspunkte für die notwendige Weiterentwicklung des Physikunterrichts bilden.

Eine unkritische Rezeption der Pädagogik WAGENSCHEINs wäre aber nach über 30 Jahren stürmischer gesellschaftlicher Entwicklungen unangemessen. Die kritische Auseinandersetzung mit der Frage, warum WAGENSCHEINs Pädagogik trotz scheinbarer Überzeugungskraft an der konkreten Praxis des naturwissenschaftlichen Unterrichts abprallte, wird eines verdeutlichen: Es gibt tiefer liegende Gründe als die Behauptung, Schule sei innovationsträge und die Lehrkräfte der Fächer Physik und Chemie einschließlich der naturwissenschaftlichen Didaktik widerstünden notwendigen Veränderungen in besonderem Maß. (Zu dieser Ansicht tendierte WAGENSCHEIN selbst am Ende seines Lebens [→ S. 88].)

Die Fruchtbarkeit von WAGENSCHEINs Lebenswerk könnte durch eine kritisch-konstruktive Würdigung vielleicht mehr als bisher zum Tragen kommen. Diese Absicht wird mit der Kritik im Kapitel III verfolgt, auch wenn eine umfassende Analyse der vielschichtigen Wagenscheinschen Aufsätze und Bücher in diesem Rahmen nicht möglich ist.

KAPITEL I

ASPEKTE DER EMPIRISCHEN

SITUATION DES PHYSIKUNTERRICHTS

UND IHRE

PÄDAGOGISCHE BEDEUTUNG

1.0 ZU DIESEM KAPITEL

Die „harten" naturwissenschaftlichen Fächer Physik und Chemie scheinen – nicht nur nach landläufiger Meinung, sondern auch nach den vorliegenden empirischen Befunden – zu den schwierigsten Unterrichtsfächern zu zählen. Das gilt in dem Sinn, daß sie vom Lernenden überdurchschnittliche Anstrengungen fordern. Seit der wissenschaftsorientierte Fachunterricht in den 60er Jahren neu akzentuiert wurde und auch an den Haupt- und Realschulen den bis dahin gepflegten Naturlehreunterricht ablöste, hat sich dieser Eindruck verstärkt.

Das vor allem der Physik anhaftende Prädikat „schwierig" (sollte es denn zu Recht bestehen) beinhaltet allerdings nicht zwangsläufig, daß die Naturwissenschaften abschreckend sein müßten oder daß das Lernen in diesen Fächern dadurch notwendig negativ beeinflußt werden muß. Dies läßt sich u. a. aus empirischen Forschungsergebnissen ableiten. Beispielsweise ergibt sich aus der Interessenstudie des IPN, die in Abschnitt 1.2.2 dargestellt wird, daß das Fach Physik von vielen Jungen zugleich als „interessant" *und* „schwierig" eingeordnet wird. (In beiden Fällen Rangplatz 3 unter 14 Fächern; HOFFMANN/LEHRKE 1985, S. 38 und 40.) Historische Beispiele stützen WAGENSCHEINs Auffassung: *... die Physik ist ja auch nicht, wie man immer betont, eine besonders schwere Wissenschaft, sondern die Schule erschwert die Wissenschaft* (REDAKTION SOZNAT, S. 106). GALILEIs Dialoge, beispielsweise, verdanken ihre Popularität zumindest teilweise der faßlichen Präsentation der Physik. Michael FARADAYs berühmte Weihnachtsvorlesungen waren enorm populär, obwohl sie sich auf dem damaligen Stand der Forschung bewegten. Vielleicht fällt dereinst eine didaktische Beurteilung populärwissenschaftlicher Darstellungen der Quantenphysik durch Richard FEYNMAN ähnlich aus. Man mag einwenden, diese Beispiele hätten nicht viel mit den Problemen des heutigen Physikunterrichts zu tun, aber vielleicht ist das gerade der Punkt: Der Physikunterricht *schafft* sich seine Probleme und *hat* sie nicht durch seinen Gegenstand.

Schwierigkeiten können auch zu erhöter Leistung herausfordern und – bei entsprechenden Erfolgen – zu einer erhöhten Befriedigung führen. Voraussetzung dafür ist das Interesse am Gegenstand oder an dem Prozeß, sich selbst an diesem Gegenstand zu entwickeln, indem man ihn bewältigt. Ob und inwieweit dieses Interesse gegenüber dem naturwissenschaftlichen Unterricht gegeben ist oder entwickelt werden kann, ist allerdings erst während der letzten 15 Jahre zum wissenschaftlichen Forschungsgegenstand erhoben worden. Mit allzu großer Selbstverständlichkeit wurde wohl lange Zeit vorausgesetzt, daß sich die überragende Bedeutung der Naturwissenschaften für unsere Kultur und die gesellschaftliche Entwicklung in ausreichendem Maß als subjektive Motivation beim einzelnen widerspiegelt. Eine gewisse Rechtfertigung erhält diese Annahme durch die Erfahrung, daß sowohl im Sachunterricht als auch zu Beginn des naturwissenschaftlichen Unterrichts ein verbreitetes und hohes Anfangsinteresse bei Schülerinnen und Schülern beobachtet wird – ein Befund, der durch eine Reihe von Untersuchungen auch wissenschaftlich gesichert ist (→ Ü 1.2).

Daß sich überdurchschnittlich viele Schülerinnen und Schüler den Anforderungen des Physikunterrichts nicht gewachsen sehen, wurde – und wird bis heute – von den Lehrkräften der naturwissenschaftlichen Fächer als im wesentlichen unabänderlich in Kauf genommen; denn, so das für Insider durchaus schmeichelhafte Argument, es sei nun mal nicht jedem und vor allem nicht *jeder* gegeben, in dieser schwierigen Materie heimisch zu werden.[7] Für WAGENSCHEIN dagegen war diese spaltende Wirkung des naturwissenschaftlichen Unterrichts schon immer ein Ankerpunkt für die von ihm entwickelte Didaktik: *Wie verhüten wir die Spaltung in eine dünne unverständliche Expertenschicht und die große Masse der nur scheinbar Verstehenden ...?* (1968a, S. 23, im Vorwort zur ersten Auflage seines Buches *Verstehen Lehren*). An anderer Stelle charakterisiert er das Ergebnis der „spaltenden Wirkung" noch pointierter: *... einige wenige fachlich Begeisterte, die Mehrheit aber durch Unverstandenes eingeschüchtert* (1983, S. 78).

Die mit der Spaltung verbundene elitestiftende und antidemokratische Sozialisationswirkung setzt den Physikunterricht dem ernstzunehmenden Vorwurf aus, undemokratische Tendenzen seien Bestandteil seiner Ideologie. Zwei typische Zitate zu diesem Fragenkreis sollen dies verdeutlichen: NOLTE-FISCHER spricht von einer faktisch wirksamen „Kulturtrennung", nämlich *die „Produktion" von sich eingeweiht und fähig Fühlenden einerseits und von sich distanziert und unbegabt Fühlenden andererseits. Diese Sozialisation zum „Experten und zum Laien" ist ... als ein Ergebnis der schulischen Unterweisung des physikalischen Wissens zu betrachten, das in seiner Wirkung die bestehenden, gesellschaftlichen Kompetenz- und Dequalifikationszuschreibungen bzw. -zuweisungen sozialpsychologisch legitimiert, da sie sie in den Köpfen nicht nur der Schüler als sachlich begründet verankert* (S. 295).

Bei Ina WAGNER heißt es zur Wirkung des im Physikunterricht vermittelten „scientistischen" Wissens: *Dieses wird in der Schule vor allem in seiner spezifischen Selektivität und seiner symbolischen Autorität wirksam. Seine erkenntnisbildenden Funktionen bleiben der Mehrzahl der Schüler verschlossen. Ein wissenschaftsorientierter Unterricht vermittelt den Schülern vielmehr den Eindruck einer den kulturellen Eliten vorbehaltenen Welt, in der über die Wahrheit von Wissen und seine kulturelle Bedeutung entschieden wird: an der sie nicht unmittelbar teilhaben können, um deren Entwicklung sie jedoch wissen müssen, um als gebildet zu gelten. Die Schule eröffnet der Mehrzahl der Schüler keine Möglichkeiten, am kulturellen*

---

[7] BORN/EULER befragten 3066 Lehrer nach den mutmaßlichen Gründen für die Abwahl des Fachs Physik. Als weitaus häufigsten Grund (44 %) vermuten die Lehrer bei frei formulierten Antworten, Physik sei zu schwierig im Vergleich zu anderen Fächern. In derselben Untersuchung findet bei vorgegebenen Aussagen zu Gründen für die Abwendung von der Physik „Angst vor einem schlechten Notendurchschnitt" mit Abstand die höchste Zustimmung, und zwar bei Schülern und Lehrern. Die Schüler führen Überforderung durch hohen Mathematikanteil erst an achter Stelle aus 18 möglichen Antwortgründen an. Didaktisch defizitärer Unterricht ist in ihren Augen ausschlaggebend (BORN/EULER, S. 77 [→ Fußnote 9]).

Leben teilzunehmen. Sie begründet vielmehr die Anerkennung der Autorität der Wissenschaften (S. 41).

Die Ablehnung, auf die der naturwissenschaftliche Unterricht stößt, wurde von der Fachdidaktik allerdings erst nach und nach auf inhaltlich-curriculare Mängel zurückgeführt. In den 60er und 70er Jahren überwog der Verweis auf defizitäre bildungspolitische Rahmenbedingungen (→ Ü 1.1.1).

Als unbestreitbares Faktum offenbar wurde die erwähnte Spaltung der Schülerschaft, als in der Folge einer Vereinbarung der Kultusminister im Jahr 1960 („Saarbrückener Rahmenvereinbarungen") in der Oberstufe des Gymnasiums Wahlmöglichkeiten unter den Fächern geschaffen wurden. Obwohl nur an den sprachlichen, nicht aber an den mathematisch-naturwissenschaftlichen Gymnasien das Fach Physik abgewählt werden konnte, führten die in den einzelnen Bundesländern unterschiedlich geregelten Wahlmöglichkeiten im Durchschnitt dazu, daß die Mehrheit der Schülerinnen und Schüler die Fächer Physik und Chemie abwählte (je ca. 60 %). Daß der Unterricht in der Sekundarstufe I diese Abwahl mit motivierte, stand außer Zweifel.

Bemerkenswert war die Reaktion der Fachverbände auf die „kalte Schulter", die die Schülerschaft den Fächern Physik und Chemie zeigte. Keineswegs wurde die Didaktik dieser Unterrichtsfächer grundsätzlich in Frage gestellt. Vielmehr begann ein bis heute erfolgloser politischer Kampf um die Erhöhung der Stundenzahl für die naturwissenschaftlichen Fächer und gegen die Möglichkeit, Physik und Chemie abwählen zu können. Eindrucksvoll (aber verständlicherweise sehr einseitig) dokumentiert ist dies in der Chronik des „Deutschen Vereins zur Förderung des mathematischen und naturwissenschaftlichen Unterrichts e.V." (KLEIN 1991). Aus dieser Dokumentation soll ein Zitat von Karl HECHT – dem ersten Leiter des 1966 gegründeten IPN[8] – angeführt werden, das die typische Sicht der Fachverbände zur Abwahl-Problematik enthält: *Etwa die Hälfte aller Primaner der nach dieser Ordnung* (die „Saarbrückener Rahmenvereinbarung"; H. M.) *eingerichteten Oberstufen nutzten nicht die gebotene Gelegenheit, am Physik- und Chemieunterricht teilzunehmen* (KLEIN, S. 101). Die „gebotene Gelegenheit" nicht zu nutzen, das sieht nach Pflichtverletzung der Schülerinnen und Schüler aus, die durch organisatorische Maßnahmen verhindert werden muß. *Die Schüler nutzten nicht nur die angebotenen Möglichkeiten, den schwierigen naturwissenschaftlichen Fächern auszuweichen, sondern entwickelten eine stark emotional begründete Ablehnung der Naturwissenschaften und Technik* (ebd.). Die Wahlmöglichkeit öffnet demnach nicht nur den Schülerinnen und Schülern den Weg, sich von den Naturwissenschaften zugunsten „bequemerer" Fächer abzuwenden, sie wird auch als Ursache für eine distanzierte Haltung zu Naturwissenschaft und Technik apostrophiert. Dieser weder logisch noch empirisch belegbare Zusammenhang[9] erschien aus der Sicht der Fachverbände

---

8   IPN: „Institut für die Pädagogik der Naturwissenschaften" in Kiel, heute unter Beibehaltung seiner überregionalen und gesamtstaatlichen Aufgabenstellung als Universitätsinstitut geführt.

9   Das Vorurteil, die Fächerwahl in der gymnasialen Oberstufe erfolge nach opportunistischen Gesichtspunkten, z. B. im Hinblick auf die mutmaßlich erforderliche Anstrengung, viele Punkte

durchaus plausibel. Sie sahen den naturwissenschaftlichen Unterricht im Sinne einer Vermittlung von fachspezifischen Kenntnissen und Kompetenzen als für den gesellschaftlichen Fortschritt unabdingbar an, was aus jeder beliebigen politischen Forderung der damaligen Zeit zum naturwissenschaftlichen Unterricht hervorgeht. Zweifel am Zusammenhang zwischen gesellschaftlichem und naturwissenschaftlichem Fortschritt mußten aus dieser Sicht auf Unkenntnis der Materie beruhen, waren also rational nicht begründbar, daher „stark emotional begründet" (s. o.), was hier gleichbedeutend ist mit irrational und damit irrelevant. Bis heute ist es innerhalb der Fachverbände durchaus gängig, gesellschaftlichen und naturwissenschaftlichen Fortschritt in einem kausalen und nicht ambivalenten Zusammenhang zu sehen.

Fachdidaktische, pädagogische und bildungspolitische Gründe verhinderten, daß schon die frühen Hinweise auf die Unbeliebtheit und Erfolglosigkeit des Fachs Physik zu einer Diskussion der inneren Qualität und curricularen Konstruktion der naturwissenschaftlichen Fächer führte.[10] Dies wird im Kapitel III genauer ausgeführt. Der Stellenwert empirischer Evaluation des Unterrichtserfolgs wurde durch die Haltung der Fachlehrerschaft und der Fachdidaktik mitbestimmt: Solange die Möglichkeit bestand, Mißerfolge den Rahmenbedingungen (zeitliche, personelle und sächliche Ressourcen) für den naturwissenschaftlichen Unterricht zuzuschreiben, wurde der wissenschaftlichen Evaluation inhaltlicher und qualitativer Unterrichtsstrukturen wenig Beachtung geschenkt.

So gesehen ist es kaum überraschend, daß in den 60er Jahren so gut wie keine empirische Begleitforschung zum naturwissenschaftlichen Unterricht stattfand. BRÄMER kritisiert die Konzentration der Fachdidaktik auf methodische Detailfragen als *fachdidaktische Potenzphantasien in Form immer neuer Stoffelementarisierungen und utopischer Lehrgangsentwürfe* (BRÄMER 1980, S. 10). Fallstudien an maximal wenigen Dutzend Schülerinnen und Schülern – wie diejenigen WAGENSCHEINS – waren bereits über die normale individuelle Erfahrung herausgehobene Befunde zur Wirkung des Unterrichts.[11] Erst ab der zweiten Hälfte der 70er Jahre verdichteten sich die empirisch gewonnenen Aussagen zur Wirkung des Physikunterrichts. Zu einzelnen Unterrichtsgebieten wurden Bestandsaufnahmen, Analysen und Veränderungsvorschläge gemacht. Dies gilt besonders für den Bereich der Elektrizitätslehre, zu dem zahlreiche Untersuchungen vorliegen (exemplarisch sei MAICHLE 1985 ge-

---

zu erreichen, ist empirisch mehrfach widerlegt worden (vgl. z. B. SCHMIED 1982, FISCHER-NOLTE 1989, S. 250/251, BMBW 1990, S. 24–29).

10 Da WAGENSCHEIN als Physiker ernster genommen werden mußte als eine Reihe von Philosophen und Pädagogen, die sehr nachdrücklich einen anders gearteten naturwissenschaftlichen Unterricht forderten, gehörten seine Beiträge zu den wenigen, die eine breite Beachtung fanden. Sie wurden innerhalb der Fachlehrerschaft wenigstens diskutiert, allerdings ohne tatsächlich den Unterricht zu beeinflussen. Die Diskussion diente im Endeffekt dazu, Innovationsansprüche „von außen" (das bedeutet seitens der Pädagogik) abzuwehren (→ Kap. III, Ü 3.4.2.2, S. 200).

11 WAGENSCHEIN berichtet von mehreren Erhebungen, die er vorwiegend (aber nicht nur) bei Lehramtsstudentinnen und -studenten gemacht hat und die nach seiner Auffassung belegen, daß der naturwissenschaftliche Unterricht eine angemessene Wahrnehmung der Welt eher verhindert als fördert (WAGENSCHEIN 1960 und 1971). An den Standards empirisch-analytischer Forschung waren diese Untersuchungen allerdings nicht orientiert.

nannt), aber auch für die Mechanik (z. B. SCHECKER 1985, JUNG/WIESNER/ENGEL-HARD 1981), Optik (z. B. JUNG 1981 und 1982a, WIESNER 1986) und andere Gebiete. Ein Großteil dieser Forschungsarbeiten stand unter der übergeordneten Fragestellung, wie „Alltagsvorstellungen" die Genese physikalischer Konzepte beeinflussen. Dazu liegt eine umfassende Bibliographie vor (PFUND/DUIT 1991). Im Zusammenhang mit diesem Kapitel ist nur das grundsätzliche Fazit entscheidend:

Insgesamt entwickelte sich ab Mitte der 80er Jahre ein einigermaßen gesichertes Gesamtbild des naturwissenschaftlichen Unterrichts, besonders des Physikunterrichts, dessen Ergebnis eigentlich nur als katastrophal bezeichnet werden kann und die Notwendigkeit weitreichender Konsequenzen beweist. Die daraus resultierende „Suchbewegung" *innerhalb* der Fachdidaktik ist bis heute weder abgeschlossen, noch zeichnet sich eine einigermaßen einheitliche Zielrichtung als theoretische Orientierungshilfe ab, an der die vielen aktuellen bildungspolitischen Entscheidungen zum Physikunterricht gemessen werden könnten. Ändert sich daran nichts, verkommt die Fachdidaktik zum Instrument der Bildungspolitik, statt als kritische Instanz auf diese Einfluß nehmen zu können.

Im Folgenden wird anhand einiger herausragender empirischer Untersuchungen versucht, ein Bild des Physikunterrichts zu skizzieren, wie es sich aus den empirischen Forschung ergibt. Vor allem im Kapitel III soll dargelegt werden, daß die Schwierigkeiten des gegenwärtigen Unterrichts vor dem historischen Horizont zu interpretieren sind, in dem die Entwicklung des naturwissenschaftlichen Unterrichts dieses Jahrhunderts stattfand. Dieser Zusammenhang hat viel mit der spezifisch deutschen Geschichte zu tun. Aus diesem Grund ist die Darstellung der empirischen Forschungsergebnisse überwiegend auf Befunde aus der Bundesrepublik Deutschland beschränkt. Analoge *Wirkungen* des Physikunterrichts, über die aus anderen Industrieländern berichtet wird, wären sehr genau daraufhin zu analysieren, ob und inwieweit sie auch analoge *Ursachen* haben. Das würde aber den Rahmen dieses Buches sprengen.

1.1 MISSERFOLGSBILANZ IM WISSENSBEREICH

1.1.1 Frühe Befunde zur Lern(un)wirksamkeit des Physikunterrichts

Die erste größere und sorgfältig angelegte empirische Untersuchung in Deutschland wurde 1969 von Konrad DAUMENLANG im Rahmen einer psychologischen Dissertation veröffentlicht. Der Untersuchung lag zwar kein primär fachdidaktisches Interesse zugrunde, sondern eine kognitionspsychologische Fragestellung. Es ging um den Einfluß verfügbarer Information auf die Qualität kausalen Denkens. Jedoch sind die Ergebnisse durch die Anlage der Untersuchung unmittelbar von fachdidaktischer Bedeutung. Das Thema der Arbeit *Physikalische Konzepte junger Erwachsener in Abhängigkeit von Schule und Familienkonstellation* intendierte direkt die Evaluation des Einflusses von Physikunterricht auf das Denken. Untersucht wurden 171 männliche junge Erwachsene.[12] Ausgewählt wurden ausschließlich Absolventen der Volksschule. Als Vergleichs- bzw. Kontrollgruppe dienten 99 Schüler von Stadt- und Landschulen in der Umgebung Nürnbergs. Die Erhebung wurde 1966/67 durchgeführt. Als Erhebungsmethode wurde das standardisierte Interview gewählt. Inhaltlich bezogen sich die Interviewfragen[13] auf physikalische Phänomene mit starkem Bezug zur Lebenspraxis. Das Gesamtergebnis der Untersuchung ist bedeutsam: *Aus diesen Ergebnissen, und unter Berücksichtigung der allgemein niedrigen absoluten Medianwerte der quantitativen Analyse, sowie der im Rahmen der qualitativen Analyse mitgeteilten bevorzugten Erklärungsweisen, kann die Schlußfolgerung gezogen werden, daß ein direkter Einfluß schulischer Information durch den Naturlehreunterricht auf die Entwicklung physikalischer Konzepte in den betreffenden Bereichen mit der angegebenen Methode bei der untersuchten Stichprobe nicht nachzuweisen war* (S. 169).

Von der Fachdidaktik blieb diese Untersuchung zunächst unbeachtet. Erst elf Jahre nach ihrem Abschluß wurde sie von BRÄMER in der „zuständigen" Fachzeitschrift gewürdigt (BRÄMER 1980, S. 10–17). Er unterwirft DAUMENLANGs Folgerungen auch noch wissenschafts- und erkenntnistheoretischen Kriterien, in deren

---

[12] Die Beschränkung auf männliche junge Erwachsene war durch das Bemühen erforderlich geworden, innerhalb einer exakt definierten Population eine statistisch repräsentative Gruppe zu finden. Die gewählte zeitaufwendige Interviewmethode ließ sich unter den gesetzten Bedingungen günstig im zeitlichen Zusammenhang mit der Eignungsuntersuchung der Bundeswehr durchführen. Daraus ergab sich dann zwangsläufig die Beschränkung auf männliche Probanden zugunsten anderer statistisch wichtiger Kriterien zur Repräsentativität.

[13] Einige Beispiele zu den gestellten Fragen: „Sie haben doch schon oft Gewitter beobachtet. Wie kommt es eigentlich dazu, daß es blitzt und donnert?" – „Wenn man ein Stück Eisen ins Wasser wirft, so versinkt es. Wie kommt es aber, daß eiserne Schiffe nicht untergehen?"- „Wie kommt es, daß ein Magnet eiserne Dinge anzieht, zum Beispiel Nägel?" – „Wie kommt es, daß man durch ein Vergrößerungsglas Gegenstände vergrößert sieht?" (DAUMENLANG, S. 37–40).

Perspektive sich dann noch die letzten Reste der von ihm in manchen Details vermuteten positiven Wirkungen des Unterrichts in nichts auflösen: *Übrig bleibt lediglich das bestenfalls geringfügig modifizierte Alltagswissen über die Natur, was zumeist schon vor Beginn des Fachunterrichts voll ausgebildet war* (BRÄMER, S. 16). Dieser Stand unterrichtlichen „Erfolgs" wurde – wie sich zeigen wird – durch die materiellen, ideellen und personellen Verbesserungen der folgenden Jahrzehnte nicht überwunden.

Erhebungen zur Lernwirksamkeit des naturwissenschaftlichen Unterrichts von der Qualität der Dissertation DAUMENLANGs sind bis heute relativ selten. Dies gilt zumindest für Untersuchungen, in deren Mittelpunkt die mittel- und längerfristig verfügbaren kognitiven Lernergebnisse (physikalisches Wissen, Fähigkeiten) stehen. (Hinsichtlich der affektiven Folgen des Unterrichts ist der fachdidaktische Forschungsstand wesentlich differenzierter; → Ü 1.2).

NOLTE-FISCHER kommentiert das Forschungsdefizit bissig: *Jenseits der Notenvergabe scheinen auch Lehrer und Schüler nicht an einer nachhaltigen Feststellung ihrer beider Erfolge interessiert: nach der Klassenarbeit darf getrost vergessen werden. Noch weit weniger scheint den allermeisten Fachdidaktikern an einer Effektivitätskontrolle ihrer „Produkte", den schulischen Curricula, gelegen ... Es bedarf schon einer detektivischen Sucharbeit, die nur verstreut publizierten Analysen zur Wirksamkeit und „Empirie" des naturwissenschaftlichen Unterrichts aufzustöbern* (NOLTE-FISCHER, S. 222). Ein entsprechender Überblick wurde von ihm in dem zitierten Buch geleistet (S. 222–237). *Was bleibt ist der Schein*, folgert er aus den Ergebnissen der von ihm zitierten Arbeiten. *Erlernt wird der Umgang mit den Wissensbruchstücken, die sich bei Tests im Gedächtnis wiederfinden und die im Unterricht in einer Art Mini-Max-Strategie optimal einzusetzen sind* (NOLTE-FISCHER, S. 232/233). Das erinnert an WAGENSCHEINs Schlußfolgerung, daß das Ergebnis des Unterrichts in *Formelfragmenten und Satztrümmern* besteht (WAGENSCHEIN 1971, S. 159). Der defizitäre Forschungsstand in diesem Bereich wird im übrigen auch von HÄUßLER (1990, S. 59/60) konstatiert und dokumentiert, auf dessen Arbeiten weiter unten in diesem Kapitel noch eingegangen wird.

Das Forschungsdefizit ist erstaunlich, denn die vorliegenden Untersuchungen weisen so eindringlich und kontinuierlich auf die nahezu völlig vergeblichen Anstrengungen des Physikunterrichts hin – auch im Vergleich zu andern Fächern –, daß sie nicht mehr mit dem Verweis auf methodische Mängel (vgl. dazu INGENKAMP 1986) neutralisiert werden können. Eigentlich sollten die Befunde weitere Untersuchungen zur Validierung der Ergebnisse und zur Generierung von Interventionsstrategien geradezu provozieren. Möglicherweise muß hier auch auf psychologische Erklärungen zurückgegriffen werden: Es ist vermutlich nicht besonders motivierend, ein aufwendiges Forschungsprojekt anzupacken, dessen wahrscheinliches Ergebnis die Zweifel an der Legitimation des eigenen Berufstands empirisch untermauert und in vielen Fällen darüber hinaus die individuelle Lebensarbeit zutiefst in Frage stellt, oder im Bild gesprochen: Wer sägt schon gerne an dem Ast, auf dem er sitzt.

Um die Wende zu den 80er Jahren fanden dann methodologisch im Vergleich zu DAUMENLANGS Arbeit über Volksschüler sehr viel fragwürdigere Studieneingangstests doch eine große Beachtung. Der Grund ist offenkundig: Die Testergebnisse betrafen den *gymnasialen* Physikunterricht der Oberstufe, der seinem Selbstverständnis nach noch immer den Qualitätsmaßstab dafür bildet, was durch Physikunterricht erreichbar ist. Darüber hinaus waren die Probanden dieser Untersuchungen Studierende naturwissenschaftlicher Studiengänge und damit überdurchschnittliche Absolventen des schulischen Qualifizierungsprozesses. (Die gegenüber WAGENSCHEIN noch genutzte Möglichkeit, die Untersuchungsergebnisse mit dem Argument zu entschärfen, Studierende pädagogischer Studiengänge seien für Erfolgsmessungen nicht repräsentativ, konnte in diesem Fall nicht in Anspruch genommen werden.) Da die getesteten Studierenden den intensivsten Physikunterricht durchlaufen hatten, der unter den Setzungen des Schulsystems möglich war, konnten die Testergebnisse nicht mehr ausschließlich auf die Rahmenbedingungen zurückgeführt werden. Die Diskussion von Ziel-, Inhalts- und Methodenfragen war unausweichlich.

Am Beispiel des bundesweiten „Studieneingangstest Physik" (KRAUSE/ REINERS-LOGOTHETIDOU), der zu Beginn des Wintersemesters 1978/79 durchgeführt wurde, soll die Rückwirkung der Veröffentlichung auf die Schule noch etwas genauer beschrieben werden. Diesem Test wurden 4067 Studierende naturwissenschaftlicher Studiengänge unterworfen, darunter 75 % aller Studienanfänger im Fach Physik (2718 Hauptfach Physik, 678 Nebenfach). Abgefragt wurde das Eingangswissen in Physik und Mathematik – also vor allem kognitive Leistungen – mit Hilfe eines Fragebogens, der u. a. 94 Wissensfragen enthielt. Die Items waren relativ „schulnah" ausgelegt, d. h., die Fragen hatten „Klassenarbeitscharakter" mit gestreutem Schwierigkeitsgrad, nach Meinung des Fachdidaktikers BRUHN waren sie *durchweg sehr einfach..: Wie entsteht eine Mondfinsternis?, Wie ist ein Heliumatom aufgebaut (Neutronen, Elektronen, Protonen)?* (BRUHN 1983, S. 321).

Der damalige 1. Vorsitzende des MNU[14] berichtet, daß ein *Schock die Physiklehrer traf,* als die Testergebnisse veröffentlicht wurden. Der Umstand, daß die erfolgreichsten Absolventen des schulischen Physikunterrichts im Testdurchschnitt nur 42 % der Aufgaben richtig lösen konnten (Mathematik 50 %) und 90 % aller Studienanfänger weniger als zwei Drittel der Aufgaben richtig beantworteten, *brachte einen erschreckenden Mangel an Kenntnissen und Fertigkeiten gerade in dem Fach Physik zutage ...* (KLEIN, S. 177). *Es lag eine Fülle weiterer Materials vor, und viele weitere Stimmen aus den Hochschulen, der Wirtschaft und der Öffentlichkeit bestätigten die Tendenz dieser Testergebnisse. Alle deuteten darauf hin, daß die mathematisch-naturwissenschaftliche Bildung in eine Krise geraten war* (KLEIN, S. 163/164).

---

14 MNU ist das Kürzel für „Deutscher Verein zur Förderung des mathematischen und naturwissenschaftlichen Unterrichts e. V.", der größten Standesvereinigung und Interessenvertretung von Naturwissenschaftslehrern und Fachdidaktikern in Deutschland.

Einen wichtigen Beitrag zu dieser (Selbst-)Erkenntnis stellt sicher auch die einer breiten Öffentlichkeit zugänglich gemachte Untersuchung von BORN/EULER dar, die bereits auf S. 21 erwähnt wurde. Die anschließende Diskussion führte am 18. 1. 1982 zu einem gemeinsamen Aufruf mehrerer Fachverbände „an die Öffentlichkeit" mit dem Titel „Rettet die mathematisch-naturwissenschaftliche Bildung!", der im April 1982 um die „Berliner Forderungen" ergänzt wurde (wiedergegeben in KLEIN, S. 166–169). Das Beachtenswerte an diesen Appellen war, daß sie nicht nur nach außen gerichtet waren (bildungspolitische Forderungen nach Verbesserung der Rahmenbedingungen), sondern auch selbstkritische Momente enthielten, die sich in einem Aufruf an die Lehrerschaft und Fachdidaktik niederschlugen, selbst an der Verbesserung des Unterrichts mitzuwirken:

1. durch Abbau von übertriebener Verwissenschaftlichung,
2. durch sehr gründliches Erarbeiten und Einüben des Fundamentalwissens und fundamentaler Fertigkeiten und Fähigkeiten und
3. durch weitgehendes Einbeziehen von Anwendungen der Unterrichtsinhalte in Nachbarbereichen und in der Technik
(aus den „Berliner Forderungen" a. a. O.).

Es geht hier nicht um die Qualität dieser Forderungen. Man mag durchaus überrascht sein, daß Impulse von didaktischen Prinzipien erwartet wurden, die ansonsten eher zu den Selbstverständlichkeiten didaktischen Handelns gerechnet werden. Auch der Umstand, daß völlig offen bleibt, was eine „übertriebene Verwissenschaftlichung", „gründliches Einarbeiten", „Fundamentalwissen" usw. inhaltlich sein soll, muß uns an dieser Stelle nicht weiter beschäftigen. Immerhin wurde anerkannt und eingestanden, daß eine innere Reform des Unterrichts angezeigt war. Zumindest für den einflußreichen Verband MNU war dies ein großer Schritt, wenn man berücksichtigt, daß bis dahin im wesentlichen die Feststellung galt: *Der Gedanke aber, daß das Nichterreichen der fachdidaktischen Zielsetzungen auch an den Zielen selber liegen könnte, taucht nicht auf, obwohl er eigentlich so fern nicht liegt* (NOLTE-FISCHER, S. 212).

Der Vorsitzende des MNU bewertete die Wirkung der Diskussion um die zitierten Appelle außerordentlich optimistisch: *Für alle mit Physikunterricht befaßten Personen und Gremien war hier eine Zusammenfassung und Festschreibung erfolgt, die auf Jahre hinaus Bestand hatte und bei jedem Gespräch über Physikunterricht auf dem Tisch liegen mußte. In dem Physikunterricht des einzelnen Lehrers bewirkten sie wahrscheinlich am meisten, ohne daß man das messen konnte* (KLEIN, S. 178).

„Wie wahr!" so könnte man den letzten Satz dieses Zitates kommentieren. Meßbare Verbesserungen des Physikunterrichts lassen sich nämlich in der empirischen Forschung der folgenden zehn Jahre nicht nachweisen. Es wäre allerdings völlig fehl am Platze, dies der Arbeit der Lehrerinnen und Lehrer vor Ort anzulasten. Dort deutet tatsächlich vieles auf ein erhebliches Innovationspotential hin (→ S. 8). Es ist wie bei einem verstopften Brunnen: Das unter Überdruck stehende

Wasser verspritzt an vielen Orten in alle Richtungen und versickert, ohne daß ein Bach, eine geordnete Vorwärtsbewegung entsteht.

Solange man als Maßstab für den Lernerfolg die Ziele der Lehrpläne und ihrer Präambeln wählt und womöglich auch noch die Ansprüche einbezieht, die sich aus den fachmethodischen Artikeln der Zeitschriften ableiten lassen, muß die „Erfolgsbilanz" von NOLTE-FISCHER als Tatsachenbeschreibung gewertet werden, auch wenn sie polemisch wirkt: *Denn mit Sicherheit das markanteste, wenn auch manchen Schulpraktiker vielleicht gar nicht so sehr überraschende Ergebnis der unternommenen Analyse der Bildungsziele und -wirklichkeit des gymnasialen Physikunterrichts ist – gemessen an den didaktischen Zielsetzungen – dessen nahezu völlige Unwirksamkeit. Aus der Sicht der zum Ziel gesetzten ... fachphysikalischen Unterweisung als Basis für eine allgemeine wissenschaftskulturelle Bildung der Schüler verlassen diese die Schule in ihrer übergroßen Mehrheit schlicht als physikalische Analphabeten ... Das Ergebnis des Unterrichts ist ein eher kurioses Neben- und Miteinander sich mitunter diametral widersprechender Vorstellungen unterschiedlichster Provenienz, ein „Amalgam" aus Physik- und Alltagswissen, Spekulation und Kenntnis, von buntgewürfelten Versatzstücken aus Schulbüchern, populärwissenschaftlichen Massenmedien und eigener Erfahrung* (NOLTE-FISCHER, S. 288/289).

Wie weiter unten noch deutlich wird (→ S. 40 f), besteht kein Grund für die Annahme, daß dieses Urteil für andere Schularten prinzipiell anders ausfällt.

1.1.2 Die Delphi-Studie des IPN – Maßstab für Lernerfolge?

Anfang der 80er Jahre wurde vom IPN eine Erhebung zum wünschenswerten Stand der physikalischen Bildung durchgeführt. Die Arbeit wurde unter ihrem Untertitel „curriculare Delphi-Studie"[15] bekannt (HÄUßLER u. a. 1983, HÄUßLER 1987a).

Welche physikalische Bildung ist für den einzelnen in unserer Gesellschaft von heute und morgen überhaupt sinnvoll und wünschenswert? lautete die Frage an das „Orakel" (HÄUßLER 1992b, S. 106).

Die Rolle der Pythia wurde 73 Personen aus Deutschland zugedacht, *die sich bekanntermaßen für die Realisierung der menschlichen Grundrechte und Sozialpflichten einsetzen und die in Sachen Bildung bzw. Physik als qualifiziert ausgewiesen sind* (HÄUßLER u. a. 1983, S. 5). Die Experten des IPN übersetzten in der Priesterrolle die wahrlich nicht unmittelbar durchsichtigen 492 Antworten der „Pythia" in faßliche Orientierungsmarken. Der „Apollon" im Hintergrund muß in einer Demokratie wohl als „Volkes Wille" interpretiert werden, m. a. W.: Das Er-

---

15   Delphi ist die Orakelstätte des Gottes Apollon. Dort konnten sich die Griechen vor allem des 7. und 6. Jahrhunderts v. Chr. zu allen Lebensfragen Rat holen. Der Gott gab seine Antworten der Legende nach durch den Mund der Prophetin Pythia, allerdings in einer Sprache, die für die Betroffenen unverständlich war; denn Pythia kommunizierte in umnebeltem Zustand, betäubt von Dämpfen. Es bedurfte der Übersetzung durch kundige Priester, die wohl zugleich Experten für alle Lebenslagen waren.

gebnis der Studie soll die von unserer Gesellschaft gewünschte physikalische Bildung formulieren.

Die Delphi-Studie wurde entwickelt, um ein Meßinstrument für Urteile zum Bildungsstand verfügbar zu haben. In der methodischen Kritik an empirischen Untersuchungen taucht nämlich immer wieder das Problem auf, an welchen Kriterien Erfolg oder Mißerfolg von Unterricht zu messen ist. Die Orientierung an den Lehrplänen ist häufig unbefriedigend, weil diese bei der Evaluation von Unterricht in aller Regel mit auf dem Prüfstand stehen, also zugleich Maß und zu messender Gegenstand sind. Ähnliches gilt für Curricula und mit ihnen verknüpfte Lehrmedien, die Unterricht einerseits inhaltlich und methodisch determinieren und andererseits die zu erreichenden Bildungsziele vorgeben. Eine vom engeren unterrichtlichen Kontext abgekoppelte Formulierung der physikalisch wünschenswerten Bildung könnte daher eine wertvolle Orientierung für die Forschung darstellen. Inwieweit die Ergebnisse der Delphi-Studie tatsächlich mehr Klarheit in die Empirie des Physikunterrichts zu bringen vermochte, sei zunächst dahingestellt. Jedenfalls wurde ihr diese Funktion vom IPN zugedacht.

Die Delphi-Studie wird angeführt, weil sie erheblichen Einfluß auf weitere Forschungsarbeiten des IPN hatte. In mancher Hinsicht fand m. E. auch eine Art „Fehlerfortpflanzung" statt, die es notwendig macht, einige der Befunde und Interpretationen hier darzulegen. Auf den Ergebnissen baut z. B. die Untersuchung des IPN zum Zusammenhang von Bildungsstand und Bildungsgang Erwachsener auf (HÄUßLER/HOFFMANN/ROST 1986), die weiter unten kommentiert wird. Auch die Interessenstudie des IPN, von der ein großer Einfluß auf die aktuelle Didaktik des Physikunterrichts ausgeht, war in wesentlichen Punkten des Untersuchungsdesigns in durchaus problematischer Weise mit der Delphi-Studie verknüpft.

1.1.2.1 Wichtige Ergebnisse der Delphi-Studie

In der Delphi-Studie dienten Aussagen von 73 nach theoretisch gewonnenen Kriterien ausgewählte Personen als Basis für die Beschreibung einer wünschenswerten physikalischen Bildung (→ Zitat S. 29). Sie sollten sich nicht als Träger einer bestimmten Berufsrolle äußern, sondern nur ihrem eigenen pädagogischen Verantwortungsbewußtsein verpflichtet sein. Sichergestellt wurde dies durch die Anonymität, durch Auswahlkriterien, denen jede einzelne Person unterworfen wurde, und durch die Zusammensetzung des Personenkreises, bei der vor allem auf unterschiedliche Nähe zu den professionellen Feldern des Bildungswesens (Schule, Hochschule, Bildungsverwaltung, Wirtschaft) der Personen geachtet wurde (HÄUßLER u. a. 1983, S. 5/6).

Bei der ersten Befragungsrunde wurden von den Personen frei formulierte Aussagen zur physikalischen Bildung verlangt, die aber einem bestimmten Aussageformat genügen mußten: Jede Aussage sollte drei Elemente enthalten, nämlich *Kontexte*, in denen die physikalische Bildung nötig ist (Situationen, Motive, Erfahrungsgebiete usw.), *Gebiete* (physikalische Teilgebiete, Objekt- und Phänomenbereiche u. ä.) und Angaben über die gewünschte *Verfügbarkeit* des Bildungsguts

(Wissen, Verstehen, Handeln, Diskutieren, Erleben u. ä.). Auf diese Weise entstanden 492 Einzelaussagen zur wünschenswerten physikalischen Bildung, die von der Forschergruppe zu Aussagenbündeln zusammengefaßt wurden und als Grundlage einer zweiten Befragungsrunde mit demselben Teilnehmerkreis dienten.

Aus den präzisierten Aussagen der zweiten Runde wurden mit statistischen Verfahren fünf komplementäre Konzepte für eine wünschenswerte physikalische Bildung gewonnen. Sie sind in Anlehnung an verschiedene Formulierungen der Forschergruppe auf der folgenden Seite dargestellt (Abbildung 1; vgl. HÄUßLER u. a. 1983).

Die Konzepte sind als komplementär aufzufassen, denn es gibt unter den Teilnehmern der Delphi-Studie *keine Personengruppe, die jeweils ein Konzept favorisiert und alle anderen für unwichtig hält* (HÄUßLER 1992b, S. 109). Es konnten nur drei Teilnehmergruppen mit unterschiedlichen Präferenzen unterschieden werden. Eine vollständige physikalische Bildung müßte demnach alle Konzepte abdecken. (Darin implizierte logische Probleme werden unten noch angesprochen.) Über alle Teilnehmer gemittelt, erhält das Konzept *Physik und Gesellschaft* die höchste Bedeutung, gefolgt von den Konzepten *Physik als Denkgebäude* und *Physik im Alltag*.

In nachfolgenden Untersuchungen hat sich herausgestellt, daß sich die in Abbildung 1 dargestellten Konzepte für empirische Untersuchungen nicht trennscharf formulieren lassen. Sie wurden daher etwas umformuliert und zu *drei* unterscheidbaren Profilen für den Physikunterricht gruppiert. Das Konzept D *Physik als Denkgebäude* erscheint in der modifizierten Darstellung unter dem Titel *Verstehen und Entdecken von Gesetzmäßigkeiten der Physik* mit identischem Inhalt. Die Konzepte A *(Physik und Gesellschaft)*, B *(Physik und Alltag)* und C *(Physik als Erlebnis)* wurden unter den Titeln *Behandlung von Physik für Gesellschaft und Alltag* bzw. *Praktischer, interessengeleiteter Umgang mit Physik* zusammengefaßt (HÄUßLER/HOFFMANN/ROST 1986, S. 312/313).

Hinsichtlich der gegenwärtigen Realisierung der einzelnen Konzepte im schulischen Unterricht fällt das Urteil der Teilnehmer an der Delphi-Studie insgesamt sehr negativ aus: *Physikunterricht sei zu ineffektiv, zu sehr an der Systematik und zu wenig an der Lebensumwelt und den Vorerfahrungen der Schüler orientiert, unverständlich, abstrakt und in seiner Lebensbedeutsamkeit nicht erkennbar* (HÄUßLER u. a. 1983, S. 21).

Die mit der Delphi-Studie eruierten Konzepte physikalischer Bildung waren für das IPN Anlaß, die Lehrpläne der alten Bundesländer auf die intendierten Konzepte hin zu analysieren. Dabei wurde eine Präferenz des Konzepts *Physik als Denkgebäude (Verstehen und Entdecken von Gesetzmäßigkeiten der Physik)* in allen Lehrplänen festgestellt. Die Betonung dieses Konzepts entsteht – trotz gelegentlich anders akzentuierter Zielformulierungen – während der Transformation der Ziele in die Stoffpläne der Unterrichtseinheiten.

Konzept A: Physik und Gesellschaft	Konzept B: Physik im Alltag	Konzept C: Physik als Erlebnis	Konzept D: Physik als Denkgebäude	Konzept E: Physik und Beruf
Physikalische Bildung beinhaltet Einsicht, Verständnis und Urteilsvermögen hinsichtlich der Verflechtung von Naturwissenschaft, Technik, Wirtschaft, Politik und sozialer Lebenswelt. Sie befähigt zur Diskussion und zu kritisch reflektiertem Handeln im gesellschaftlich-politischen Rahmen, insbesondere hinsichtlich potentieller oder tatsächlicher Fehlentwicklungen.	Physikalische Bildung dient der praktischen Lebensbewältigung durch Wissen über und Verstehen von Funktionsweisen technischer Objekte und durch die Verfügbarkeit praktischer Fertigkeiten. Sie dient auch dem Erkennen und Vermeiden von Gefahren.	Physikalische Bildung fördert die Erlebnisfähigkeit, indem sie Einstellungen und Gefühle, mit denen der Mensch der Natur und Technik begegnet, fördert, steuert und differenziert. Sie kann zur zweckfreien und subjektiv befriedigenden Beschäftigung mit Physik führen, Interessen fördern und Aktivitäten auslösen, die auch einer sinnvollen Gestaltung der Freizeit dienlich sind.	Physikalische Bildung tradiert bedeutendes Wissensgut und dient der Entwicklung und Pflege naturwissenschaftlicher Kompetenzen (Denkmethoden und Begriffsschemata anwenden, Probleme rational lösen). Sie vermittelt ein angemessenes Bild von der Welt einschließlich eines aufgeklärten Bewußtseins. Sie hilft menschliches Handeln von Irrationalismen zu befreien.	Physikalische Bildung vermittelt Grundlagenqualifikationen für viele Berufe sowie einen Einblick in die von der Wissenschaft Physik geprägten Berufe (auch unter dem Aspekt der beruflichen Orientierung). Sie fördert Interesse und Fähigkeit, sich mit einem breiten Spektrum physikalischer Gebiete auseinanderzusetzen, sowie einen sachgerechten Umgang mit technischen Objekten.
Themenbereiche: Energieversorgungsanlagen, Atom- und Kernphysik, Anlagen zur Verarbeitung von Informationen ...	*Themenbereiche:* Elektrizität und Magnetismus, Verkehrsmittel, Wärme, Geräte im Haushalt ...	*Themenbereiche:* Naturphänomene, Optik, Astronomie, Geschichte der Physik und physikalische Methoden ...	*Themenbereiche:* Naturwissenschaftliche Methoden, Geschichte der Naturwissenschaften, Naturphänomene, Relativitätstheorie ...	*Themenbereiche:* Mechanik, Elektrizität und Magnetismus, Maßeinheiten und Meßverfahren, Geräte ...

Abbildung 1: Die fünf Konzepte physikalischer Bildung der Delphi-Studie

Logische Probleme in der Darstellung didaktischer Konzepte

Der didaktische Umgang mit dem Konzept *Physik als Denkgebäude* erweist sich bereits nach den bisherigen Ausführungen als besonders problematisch. *Physik als Denkgebäude und wissenschaftliche Methode* zu unterrichten impliziert zumindest in einem weiten Sinn die Orientierung an systematischen Kriterien des Wissenschaftsgebiets. Einerseits wird das Konzept D nicht nur in den Lehrplänen, sondern auch von den Teilnehmern der Delphi-Studie als wesentlicher und wünschenswerter Bestandteil des Fachunterrichts apostrophiert. Gleichzeitig wird aber eine zu starke Orientierung an der Fachsystematik als wesentliche Quelle des Mißerfolgs des traditionellen Unterrichts hervorgehoben. Auch die oben zitierte „Berliner Forderung", eine „übertriebene Verwissenschaftlichung" des Unterrichts zu vermeiden (vgl. S. 28), liegt in diesem Spannungsfeld, zumal sie von einer Vereinigung ausgeht, die sich selbst als bildungspolitisches Rückgrat des fachsystematischen Unterrichts versteht.

Hier spezifiziert sich eine Problematik, die bereits in der Einführung als ein didaktisches Kernproblem herausgestellt wurde, nämlich das Verhältnis zwischen systematischer Orientierung und Lebensbedeutsamkeit des Unterrichts (→ Einführung, S. 10 f). Natürlich handelt es sich dabei um ein Problem, das schon immer mehr oder weniger direkt im Blickfeld curricularer Auseinandersetzungen lag. In den nächsten Abschnitten werden weitere Untersuchungen vorgestellt, in denen die Rolle „fachsystematischen Unterrichts" für den Lernerfolg und die Einstellungen zum Unterrichtsfach großes Gewicht erhält. Dabei führt die Gleichsetzung des Konzepts D (*Physik als Denkgebäude* bzw. *Verstehen und Entdecken von Gesetzmäßigkeiten der Physik*) m. E. zu erheblichen Problemen bei der Interpretation empirischer Befunde. Es soll daher kurz auf den logischen Status der Konzepte eingegangen werden:

Es erscheint keineswegs selbstverständlich, daß „Physiklernen" in den fünf Konzepten der Delphi-Studie jeweils das gleiche bedeutet oder in vergleichbarem Maße möglich ist. Vor allem kann nicht von vornherein ausgeschlossen werden, daß die bevorzugte Realisierung *eines* Konzepts zugleich die Ziele anderer Konzepte abdeckt, oder umgekehrt, daß die Präferenz eines Konzepts die Ziele der anderen unerreichbar macht. Letzteres wird ja gemeinhin unterstellt, wenn die Mißerfolge des Physikunterrichts der Dominanz der Fachsystematik und damit dem Konzept D angelastet werden. Richtig muß diese Unterstellung allerdings trotz aller Plausibilität nicht sein.

Das Konzept D *(Physik als Denkgebäude)* wird von der IPN-Forschergruppe in verschiedenen Zusammenhängen – vor allem in der weiter unten vorgestellten Interessenstudie – als „fachsystematischer Unterricht" interpretiert. Gemeint sind ein curricularer Aufbau und eine methodische Gestaltung, die überwiegend (vermeintlich) wissenschaftsimmanenten Kriterien folgt. Dazu gehört etwa die Anordnung der Themengebiete nach physikalischen Teilgebieten historischer Prägung (Mechanik, Wärmelehre usw.) oder ein schematischer Unterrichtsablauf, der einer idealisierten (und wissenschaftstheoretisch problematischen) Vorstellung von der physikalischen Erkenntnismethode folgt (Beobachtung → Hypothese → Versuchsplanung → Durchführung → Auswertung → Gesetz o. ä.). Der hier angesprochene Unterricht läßt wenig Raum für die Herstellung von Lebensbezügen. Diese erscheinen allenfalls als „Einstieg" oder in der Rolle von „Anwendungen" der gewonnenen physikalischen Gesetze, gehören also nicht zur Zieldimension des Unterrichts. Diese wird von der formalen Darstellung der Gesetze und der Definition von Begriffen und Größen gebildet.

Mir scheint es ein grundlegender Fehlschluß zu sein, den so charakterisierten Unterricht mit dem Konzept D der Delphi-Studie *(Physik als Denkgebäude* bzw. *Verstehen und Entdecken von Gesetzmäßigkeiten der Physik)* gleichzusetzen. Dieses Konzept steht ja nicht nur bei den Teilnehmern der Delphi-Studie in großem Ansehen, sondern wird auch von vielen Fachlehrerinnen und Fachlehrern nach wie vor für unverzichtbar gehalten. Dies ist natürlich noch kein ausreichender Grund, an einem fachsystematisch aufgebauten Unterricht festzuhalten. Es wird sich aber zeigen, daß empirische Ergebnisse vorliegen, die dem systematischen Unterricht als einzigem eine positive Wirkung bescheinigen (→ S. 40). Außerdem werden in Kapitel IV auch theoretische Gründe für die Notwendigkeit angeführt, mit der Frage einer systematischen Orientierung des Unterrichts sehr sorgfältig umzugehen.

Daß es überhaupt zu dem Anschein kommt, fachsystematischer und lebenspraktisch bedeutsamer Unterricht seien Alternativen statt Komponenten desselben Unterrichts, daran sind die IPN-Forscher nicht unschuldig: Indem sie die fünf Konzepte der Delphi-Studie so nebeneinander stellen, als hätten sie den gleichen logischen Status (→ Abbildung 1, S. 32), befördern sie das Mißverständnis, daß die größere Lebensbedeutsamkeit des naturwissenschaftlichen Unterrichts zwangsläufig zu Lasten seiner systematischen Orientierung gehen müsse. Dieser Irrtum schlägt sich gegenwärtig bereits in vielen Lehrplänen nieder.

Eine wesentliche Leistung der Naturwissenschaften liegt in der Allgemeingültigkeit ihrer Theorien, in deren Losgelöstheit vom konkreten Zusammenhang. Darin gründet der Transfergehalt der Theorien, also die Möglichkeit, mit relativ wenigen Sätzen und Gesetzen viele konkrete Sachverhalte deuten zu können. *Naturwissenschaften verstehen* bedeutet *auch*, Einsicht zu gewinnen in die beanspruchte Allgemeingültigkeit, in deren Genese, in ihr Anwendungsfeld und dessen Grenzen. Es soll hier zunächst als vorläufige Aussage festgehalten werden, daß diese Einsicht nur im Wechselspiel zwischen allgemeingültiger Theorie und deren Anwendung auf bedeutsame, konkrete Zusammenhänge gewonnen werden kann. „Physik und Gesellschaft", „Physik als Erlebnis" usw. sind nur so lange „Physik", wie die physikalische Theorie sich vom konkreten Zusammenhang abschälen läßt. Sonst bleibt nur das „Erlebnis" oder das „gesellschaftliche Problem", ohne daß ein Zusammenhang mit der Physik gesehen wird (→ S. 39).[16] Umgekehrt bleibt die allgemeine

---

[16] BEINKE (1993, S. 26) zweifelt daher an der Behauptung der IPN-Forscher(innen), die Kontextorientierung steigere das Interesse an der Physik. Nachgewiesen wurde nur ein höheres Interes-

Theorie sinnleer und für die Schülerinnen und Schüler sinnlos, wenn ihre Deutungsmächtigkeit nicht in existentiell wesentlichen und konkreten Zusammenhängen erfahren wird. Daraus folgt:

These 1[17]

> Unter welchem Aspekt auch man den Physikunterricht angehen will, durch Anwendungsorientierung, Erlebnishaftigkeit, Gesellschaftsbezug, Berufsrelevanz o. a., er bleibt nur dann naturwissenschaftlicher Unterricht, wenn auch die von konkreten Zusammenhängen abstrahierende Theorie als solche mitgelehrt wird. Da physikalische Theorien komplexe Aussagensysteme sind, die nicht am Einzelfall gewonnen werden, bedeutet dies, daß immer in einer bestimmten Form systematisch gelernt werden muß.

Das Konzept D der Delphi-Studie ist daher keine Alternative zu den anderen Konzepten, sondern notwendiger Bestandteil jeden Fachunterrichts. Es steht gewissermaßen quer zu den alternativen Möglichkeiten, Physikunterricht für Schülerinnen und Schüler attraktiv und bedeutungsvoll zu gestalten.

Wenn „Verstehen und Entdecken von Gesetzmäßigkeiten der Physik" in irgendeiner Form immer Bestandteil des Fachunterrichts ist, bleibt von der Konzept-Theorie des IPN im wesentlichen das – allerdings gewichtige – Problem übrig, wie Physikunterricht konzipiert sein muß, damit systematisches Wissen für gesellschaftliche Probleme und für den Alltag bedeutungsvoll wird, und in welchem Maße bzw. auf welche Weise *Praktischer, interessengeleiteter Umgang mit Physik* dabei hilfreich sein kann.

1.1.2.2 Der Zusammenhang von Bildungsgang und Bildungsstand

Die Delphi-Studie war Grundlage für eine aufwendige Untersuchung des IPN, in der der Stand physikalischer Bildung in der Bevölkerung erhoben wurde (HÄUßLER/HOFFMANN/ROST 1986, HÄUßLER 1987b, 1990, 1992b).[18] *Durch die Orientierung an den identifizierten Konzepten war es möglich, die Untersuchung auf solche Teile physikalischer Bildung zu konzentrieren, die sich nach Meinung der Teilnehmer der Delphi-Studie überhaupt zu vermitteln lohnt* (HÄUßLER 1992b, S. 121). Untersucht wurde der Bildungsstand in der Bevölkerung an 869 Personen (417 Frauen und 452 Männer) im Alter zwischen 20 und 40 Jahren.

---

sc am *Unterricht*, wobei dieses ja auf die nichtphysikalischen Aspekte begrenzt sein könnte. Dieses Problem wird in Kapitel IV wieder aufgegriffen.

[17] Die These kann an dieser Stelle noch hypothetisch aufgefaßt werden. Daß die Theorie nicht aus der Praxis ableitbar ist, wird in Abschnitt 3.3.2.2 (→ S. 171) ausgeführt. Die Notwendigkeit systematischer Orientierung wird in Kapitel IV, Abschnitt 4.2 näher begründet.

[18] HÄUßLER/HOFFMANN/ROST 1986 enthält eine recht ausführliche Darstellung der Untersuchung einschließlich der Dokumentation des Erhebungsinstrumentariums. HÄUßLER (1987b und 1990) stellt wichtige Ergebnisse zusammenfassend dar (S. 59–76), HÄUßLER 1992b enthält eine knappe Zusammenfassung (S. 121–132) und setzt diese in Beziehung zu den Ergebnissen anderer Untersuchungen.

Aus Gründen der Komplexitätsreduktion wurde die Untersuchung allerdings auf zwei Themenbereiche beschränkt, die in der Delphi-Studie als Inhaltsgebiete mit sehr hoher Priorität für die physikalische Bildung ausgewiesen wurden. Es handelt sich um die Gebiete „Energie und Energieversorgung" sowie „Elektrizität und elektrische Haushaltsgeräte". Diese Beschränkung ist für unseren Zusammenhang nicht unproblematisch, weil die Alltagsrelevanz der beiden Gebiete vermutlich weit höher liegt als bei vielen anderen Inhalten des Physikunterrichts in seiner traditionellen Prägung. Dadurch ist zu erwarten, daß sich in diesen Gebieten außerschulische Bildungseinflüsse überproportional auswirken, daß die Vergessensrate unterdurchschnittlich ist (wegen der häufigen Aktualisierung von Wissenselementen) und daß der Wissensstand dadurch überdurchschnittlich hoch ausfällt. Ähnliches gilt auch für die *Einstellungen* der Bevölkerung zu bestimmten Problemen (z. B. „alternative Energie-Technologien") und ihr Verhalten (z. B. Energiesparen beim Einsatz von Haushaltsgeräten). Im Sinne des Untersuchungsansatzes war dies nicht negativ zu bewerten, weil dort der Einfluß außerschulischer Faktoren auf den Bildungsstand explizit erhoben werden sollte. Da im Rahmen der vorliegenden Arbeit aber die Wechselwirkung zwischen Unterricht und Bildungsstand im Blickfeld liegt, sind die durch die Auswahl der Gebiete bedingten Besonderheiten in die Argumentation einzubeziehen.

In der Untersuchung wurde der Einfluß von Variablen des Bildungsgangs auf den Bildungsstand ermittelt. Für unsere Betrachtung sind dabei von Bedeutung: „Zeitlicher Abstand zum letzten Physikunterricht", „Quantität der schulischen Physiklernangebote", „Art der schulischen Physiklernangebote" (in Besonderheit die Abhängigkeit vom Grad der Realisierung der Konzepte der Delphi-Studie), „Relatives Interesse am Schulfach Physik" als einer der möglicherweise „motivierenden Faktoren". Ermittelt wurde der Zusammenhang dieser Variablen mit den abhängigen Variablen „Wissen", „Einstellungen", „Interessen" und „Verhalten und Handeln" (HÄUßLER u. a. 1986, S. 74).

Als Untersuchungsinstrumentarium diente ein Fragebogen (er umfaßte 36 Seiten!), der in Gegenwart eines Interviewers auszufüllen war. Dieser hatte u. a. die Aufgabe, psychologische Unterstützung bei der Bearbeitung des umfangreichen Testmaterials zu leisten (Bearbeitungszeit 1–1½ Stunden), wobei für einzelne Items genau festgelegt war, welche Hilfestellungen zulässig sind (z. B. bei der Rekonstruktion des Bildungsgangs). Die 39 Items des Fragebogens stellten spezifizierte bzw. operationalisierte Aspekte der insgesamt 26 Untersuchungsvariablen dar. Jedes der Items war in sich noch untergliedert. Beispielsweise bestand ein einziges Item zur Erfassung der Variablen „Einstellung zum Energiesparen" und „Einstellung zu angepaßter Technologie" aus 20 Teilfragen (Item Nr. 24).

Dem komplexen Untersuchungsdesign entspricht eine ebenso aufwendige statistische Auswertung des Materials. Basis für die Formulierung der Zusammenhänge zwischen Bildungsstand und Bildungsgang war die multivariate Regressionsanalyse der Variablenzusammenhänge mit vielfältigen Einzelaussagen. Die wichtigsten davon werden im folgenden dargestellt. (Zu wörtlichen Zitaten werden die Jahreszahlen und Seitenzahlen der o. a. Quellen HÄUßLER u. a. 1986 bzw. HÄUßLER 1990 angegeben.)

Verfall der Kenntnisse?

Entgegen der landläufigen Meinung, daß das Schulwissen nach dem Abgang von der Schule sehr bald vergessen ist, zeigte sich ein nur ganz schwacher Zusammenhang zwischen den Physikkenntnissen und dem Zeitpunkt des letztmaligen Unterrichts. Offenbar tritt schon bald nach Schulabgang eine gewisse Stabilisierung auf einem Kenntnisniveau ein, das dann zeitlebens in etwa gehalten werden kann (1986, S. 310).

Dieses optimistische Bild hängt wohl nicht unwesentlich mit der oben erwähnten Lebensnähe der untersuchten Themenbereiche zusammen. Dafür spricht auch die ergänzende Feststellung: *Lediglich für solche Wissensteile, die sehr nahe an den in der Schule vermittelten Kenntnissen liegen (...), ist eine geringfügige Abnahme gerade noch nachweisbar* (1986, S. 310). Mit „schulnahem Wissen" ist in diesem Fall z. B. die Kenntnis numerischer Angaben oder der funktionale Zusammenhang zwischen physikalischen Größen gemeint. Daß in dem Zitat eine Dichotomie „Schulwissen" versus „lebensweltlich relevantes Wissen" wie selbstverständlich mitgedacht wird, sei nur am Rande erwähnt.

Die Vergessensrate hängt nicht von der absoluten Höhe des Kenntnisstands ab: *Wenn eine Person z. B. aufgrund eines ausgiebigen Physikunterrichts einen höheren Kenntnisstand erreicht hat, so bleibt dieser Vorsprung ein Leben lang erhalten* (1986, S. 310).

Wenn es richtig ist, daß diese positiven Zusammenhänge mit dem Unterricht eine Folge der Lebensnähe der Inhalte ist, so liegt hier eine Chance für didaktische Interventionen. Vor allzu direkten Folgerungen, etwa derart: „Möglichst viel Unterricht mit lebensnahen Inhalten und möglichst wenig formales Wissen wirken sich positiv auf die Behaltensleistung aus", muß jedoch ausdrücklich gewarnt werden. Die weiteren Ergebnisse werden zeigen, daß ein solcher Schluß der Komplexität der Lernprobleme nicht gerecht würde.

Masse gleich Klasse?

Die Wissenskomponente der physikalischen Bildung konnte in der Untersuchung am besten aufgeklärt werden. Auch *nur* in bezug auf das Wissen, nicht jedoch hinsichtlich der Einstellungen, Interessen und Verhaltensweisen konnte ein positiver Zusammenhang mit der Wochenstundenzahl des Physikunterrichts nachgewiesen werden: *... je ausgiebiger der Physikunterricht war, um so besser ist das spätere Wissen. Für die Stärke dieses Zusammenhangs spielt es keine Rolle, wie lange der Physikunterricht bereits zurück liegt* (1986, S. 311). Die Autoren finden auch die Hypothese berechtigt, daß sich schulisch erworbenes Physikwissen in einem bestimmten Inhaltsbereich positiv auf andere Inhaltsbereiche auswirkt:

Offenbar ist es für die langfristige Wirkung von Physikunterricht nicht so erheblich, welche Themen im Unterricht behandelt werden (1986, S. 311). Hier ist der Hinweis anzufügen, daß auch diese Aussage nicht isoliert von weiteren Ergebnissen bewertet werden darf, insbesondere nicht unabhängig von dem Unterrichtskonzept, das die positiven Wirkungen zeigt.

Die Autoren selbst schlußfolgern, daß dieses Ergebnis die Möglichkeit des exemplarischen Lehrens nach WAGENSCHEIN nahelegt (1986, S. 343). Dies ist aber ein sehr gewagter Schluß. Die Untersuchung weist ja nur den positiven Einfluß einer fachsystematischen Orientierung des Unterrichts nach, ohne daß ersichtlich wäre, daß dieser Effekt durch exemplarisches Lehren nicht auch verlorengehen könnte. Vielleicht kommt die Transferfähigkeit des Wissens ja gerade dadurch zustande, daß im allgemeinen WAGENSCHEINs Vorschlag bei der Umsetzung des Konzepts D *nicht* realisiert wird. Da der Zusammenhang zwischen fachsystematischem und exemplarischem Unterricht nicht unproblematisch ist, sollte hier sehr sorgfältig argumentiert werden.

Wegen des nicht nachweisbaren Einflusses der Wochenstundenzahl auf den affektiven und den Verhaltensbereich bewerten die Autoren eine Steigerung der Wochenstundenzahl eher skeptisch: *... der Einfluß ist geringer als der anderer Faktoren und ausschließlich auf die Wissensvariablen beschränkt. Eine Änderung der Quantität des Physikunterrichts bewirkt also weniger als eine qualitative Verbesserung* (1990, S. 74).

Hinter dem letzten Zitat steckt eine relative Geringbewertung des Faktenwissens. Dies führt zu logischen Widersprüchen bei der Interpretation der Ergebnisse durch die Autoren. An anderer Stelle führen sie nämlich positive Unterrichtswirkungen im Einstellungs- und Verhaltensbereich ausdrücklich auf höheres *Wissen* zurück, wie der folgende Abschnitt zeigt (→ S. 38).

Das physikalische Denkgebäude: Schneckenhaus oder Aussichtsturm?

In der Untersuchung wurden zu den Konzepten A bis D der Delphi-Studie (→ Abbildung 1, S. 32) je fünf Fragenkomplexe vorgegeben, um den Einfluß des dominierenden Unterrichtskonzepts auf den Bildungsstand zu ermitteln.

Die Befunde der Untersuchung zur Wirkung dieser Konzepte sind einigermaßen überraschend: *Von den untersuchten Variablen zur Art der Physiklernangebote hat das Unterrichtskonzept „Verstehen und Entdecken von Gesetzmäßigkeiten der Physik" auf die meisten der untersuchten Bildungsvariablen einen positiven Einfluß gehabt* (1990, S. 75).

Zugleich war dieses Konzept das einzige, von dem eine deutliche Wirkung auf den Bildungsstand der Bevölkerung ausging. *Erstaunlich ist jedoch, daß sich der Einfluß des Unterrichtskonzepts „Verstehen und Entdecken von Gesetzmäßigkeiten der Physik" auch auf die meisten der Einstellungs- und Verhaltensvariablen erstreckt* (1986, S. 266). Das höhere Wissen, das ein fachsystematisch orientierter Unterricht eindeutig nachweisbar erzeugt, ist für die Autoren die Ursache der positiven Wirkung dieses Unterrichts auf das langfristige affektive Lernen.

Die Unterrichtskonzepte *Behandlung von Physik für Gesellschaft und Alltag* und *Praktischer, interessengeleiteter Umgang mit Physik* erbrachten keinen Zusammenhang mit dem Wissensstand. Es zeigten sich sogar schwache, aber signifikante negative Effekte dieser im allgemeinen positiv bewerteten Unterrichtskonzepte auf andere Bildungsvariablen. *So ist z. B. die Einstellung zu angepaßten Technologien und zum Energiesparen eher negativ, die Fortschrittsgläubigkeit eher höher, und das energiepolitische Engagement eher geringer* (1986, S. 268/269).

Die Autoren der Studie waren offenbar über die negativen Ergebnisse erschrocken und tendieren dazu, ihnen keine größere Bedeutung beizumessen. Daß ein an gesellschaftlichen Problemen und am Alltag orientierter Unterricht keinerlei positive Wirkung hat, interpretieren sie mit Hilfe der Mutmaßung, daß dieses Unterrichtskonzept als belehrendes Konzept angelegt und zuwenig handlungsorientiert realisiert wird. Den erwartungswidrigen Befund zur Alltags- und Gesellschaftsorientierung des Physikunterrichts für den Bildungsstand wollen die Autoren möglichst nicht sehr ernst genommen wissen. Sie schließen diesbezüglich ein „methodisches Artefakt" der Untersuchung nicht aus (1986, S. 269).

Es gibt allerdings auch eine ganz andere Deutungsmöglichkeit: Das negative Ergebnis eines Unterrichts, der die fachsystematische Orientierung durch Gesellschaftsbezug und Anwendungszusammenhänge *ersetzt*, könnte auch auf Effekten beruhen, die in WAGENSCHEINs oben zitierter Äußerung anklingen, *da würde dann ja Unsinn geredet* (→ S. 8). Ein *nur* am konkreten Alltagsproblem orientierter Unterricht läuft Gefahr, Wissen mit geringem Transferpotential zu produzieren, weil es nur im konkreten Einzelzusammenhang erworben, d. h. wenig abstrakt, ist. Es hat dann möglicherweise eine ähnliche psychologische Qualität wie die täglich aufgenommenen Mitteilungen der Massenmedien: Emotionen werden aufgebaut bzw. stabilisiert, Informationen werden vergessen (→ S. 34).

Experimentelle Schülertätigkeit – ein Erfolgsrezept?

Im Unterrichtskonzept *Praktischer, interessengeleiteter Umgang mit Physik* wird u. a. die experimentelle Selbsttätigkeit betont. Daß dieses Konzept in der Studie keine positiven Bildungseffekte nachweisen ließ, widerspricht der gängigen – aber empirisch wenig gesicherten – Meinung, experimentelle Schülertätigkeit hebe den Unterrichtserfolg. Wollte man dieser Auffassung offensiv entgegentreten (wozu natürlich das Ergebnis einer Einzelstudie noch nicht berechtigt), so wendete man sich nicht nur gegen alle fachdidaktischen und viele lernpsychologischen Theorien, sondern auch gegen entsprechende Vorschriften in allen Lehrplänen. Die Zurückhaltung der Autoren ist in diesem Punkt daher verständlich. Es wird sich jedoch im weiteren Verlauf der Analyse empirischer Befunde noch zeigen, daß die hohe Einschätzung der Wirkung von Schülerexperimenten einer differenzierteren Bewertung bedarf. Gewichtige empirische Befunde geben Anlaß, die Frage der Gestaltung von experimentellen Schüleraktivitäten vorurteilsfrei neu zu überdenken.[19]

---

19 Die Problematik des traditionellen Schülerexperiments wird weiter unten noch genauer dargelegt (→ Fußnote 39, → S. 63 und → Ü 1.2.4.2, Abbildung 12 sowie → S. 159).

Schulartabhängige Ausprägung des Physikunterrichts?

Erwartungsgemäß ist der Bildungserfolg des Physikunterrichts auch von der Schulart abhängig. Da das Unterrichtskonzept *Verstehen und Entdecken von Gesetzmäßigkeiten der Physik* nach den Ergebnissen der Studie als einziges signifikant den Bildungserfolg positiv beeinflußt und das Gymnasium zugleich die Schulform ist, an der diesem Konzept am ehesten Rechnung getragen wird, entspricht es den Erwartungen, daß die Absolventen des Gymnasiums in der Untersuchung am besten abschnitten. Allerdings könnten für den Lernerfolg der Gymnasiast(inn)en weitere Variablen eine wichtige Rolle spielen (z. B. Begabungsprofile, Quantität des Unterrichts), die das Gymnasium von anderen Schularten unterscheidet.

Die Autoren bemühten sich darum, die vom Unterrichtskonzept unabhängigen Variablen des Schultyps herauszurechnen. Vor allen Dingen konnten sie den Einfluß eines speziellen (gymnasialen) Begabungsprofils auf die Wirksamkeit des Konzepts D mit folgender Argumentation ausschließen: In den 25 Jahren, über die der Schulabschluß der Probanden streute, änderte sich die Zusammensetzung der gymnasialen Schülerpopulation grundlegend. Dies hatte jedoch keinen Einfluß auf die Lerneffekte verschiedener Altersgruppen. HÄUßLER schließt daraus, daß die Begabungsauslese kein relevanter Faktor ist (1990, S. 75).

Hinsichtlich der Problematik einer schulartspezifischen Ausprägung des Fachunterrichts folgert HÄUßLER in bemerkenswerter Eindringlichkeit:

Der Umstand, daß das Gymnasium in der vorliegenden Untersuchung am besten abgeschnitten hat, kann also nicht allein einer Begabungsauslese zugeschrieben werden, sondern spricht dafür, daß das Gymnasium derzeit von den Regelschultypen am ehesten in der Lage ist, die der Untersuchung zugrundegelegte physikalische Bildung zu vermitteln. Daß die Wirkung des Unterrichtskonzepts „Verstehen und Entdecken von Gesetzmäßigkeiten der Physik" unabhängig von der Schulart ist, macht darüber hinaus deutlich, daß die Rückkehr zu einer weniger wissenschaftsorientierten, volkstümlichen und handgreiflichen Bildung für die Hauptschulen ein Weg in die falsche Richtung wäre (1990, S. 75/76, Hervorhebung H. M.).

Wirkung des Interesses in einem uninteressanten Fach

Die Untersuchung enthielt auch Items, mit denen das (frühere) Interesse am Schulfach Physik im Vergleich zu anderen Fächern bzw. Fächergruppen erhoben wurde, sowie solche, die das aktuelle Interesse an Physik feststellten. *Im Mittel über alle Personen war das bekundete Interesse am Schulfach Physik im Vergleich zu anderen Fächergruppen am geringsten* (1986, S. 316). Trotzdem: Das Interesse am Schulfach Physik wurde als einflußreiche Variable für den späteren Bildungsstand identifiziert. Lediglich der Faktor „Geschlecht" schlägt noch stärker zu Buche. Größeres Interesse am Unterrichtsfach während der Schulzeit hängt mit dem späteren Wissensstand positiv zusammen, aber nicht kausal. Denn es konnte keine Wechselwirkung nachgewiesen werden zwischen Quantität des Unterrichts und vorhandenem Interesse. Vielmehr ist es die Beständigkeit des Interesses, das über lange Zeiträume hinweg Wissen, Einstellungen und Verhalten konstituiert und aktualisiert.

Ein hohes Interesse an Physik während der Schulzeit wirkt eher über die Schiene des sich „Zeitlebens für Physik Interessierens", als daß es ein langzeitliches Behalten einmal gelernter Inhalte begünstigen würde (1986, S. 316/317). Ausschlaggebend ist demnach möglicherweise nicht unmittelbar das Interesse als vielmehr der Umstand, daß die damit verknüpfte Aufmerksamkeit eine stetige Aktualisierung und ein Wiedererkennen der Inhalte in unterschiedlichen Zusammenhängen bewirkt. Ob dies nur über die Entwicklung von Interesse bewirkt werden kann, muß an dieser Stelle noch offen bleiben.

Für die Bewertung der im nächsten Abschnitt dargestellten Untersuchungsergebnisse zum Einfluß des Interesses ist ein weiterer empirischer Befund hervorzuheben: *Einen signifikanten Einfluß auf beide Interessensvariablen[20] hat nur das Unterrichtskonzept „Verstehen und Entdecken von Gesetzmäßigkeiten der Physik". Der Schultyp ist für die Ausprägung des akademischen Interesses ohne Belang* (1986, S. 290). Auch hier zeigt sich also der wissenschaftsorientierte Fachunterricht (Konzept D *Physik als Denkgebäude*) entgegen allen „Unkenrufen" als positiver Einflußfaktor für die physikalische Bildung.

Hat man also die Wahl zwischen einem Unterricht, den Schüler zwar interessant finden, der aber langfristig wirkungslos bleibt und einem Unterricht, der bei Schülern unbeliebt ist, aber langfristig doch die besseren Lernergebnisse erzielt? fragen die IPN-Autoren im Licht dieses Dilemmas (HÄUßLER 1992b, S. 139). Die Frage ist natürlich reine Rhetorik, die Antwort der Forscher zumindest naheliegend: *Wissenschaftsorientierung und Lebensorientierung, allgemeine Erkenntnis und alltagspraktische Gestaltung* müssen im Unterricht immer gleichermaßen vorkommen (ebd.). Nur handelt es sich dabei nicht um eine neue Einsicht, sondern um einen Anspruch, der in der Physikdidaktik schon immer erhoben wird. Physiklehrerinnen und Physiklehrer sind i. allg. von der Lebensbedeutsamkeit ihrer Unterrichtsinhalte überzeugt und in keiner Lehrplanpräambel fehlt der Hinweis auf diese Dimension des Unterrichts. Die Frage ist, wieso dieser generelle Anspruch an die Schule („Non scholae, sed vitae discimus") gerade im Fach Physik besonders schwer zu realisieren ist. Es ist im Kern das gleiche Problem, das in der Einführung als „Innovationsresistenz" charakterisiert wurde und das WAGENSCHEIN für „okkult" hielt (→ S. 8). Im Verlauf der Arbeit muß dazu eine angemessene Antwort gefunden werden.

---

[20] In der Untersuchung wurde zwischen „akademischem" und „handwerklichem" Interesse unterschieden.

1.2 INTERESSE, BELIEBTHEIT UND RELEVANZ DES PHYSIKUNTERRICHTS

Die Literatur zu diesem Themenkreis[21] ist umfangreich und kann daher nur hinsichtlich des globalen Ergebnisses berücksichtigt werden. Entsprechende Arbeiten liegen seit Beginn dieses Jahrhunderts vor (vgl. die Literaturangaben bei SEELIG 1968). Eine Betrachtung des aktuellen Forschungsstands erfolgt weiter unten anhand der meistdiskutierten und aktuellen Einzelarbeiten.

Die erste breite empirisch-analytische Studie in dem für die vorliegende Arbeit relevanten Zeitraum zu den affektiven Wirkungen des Unterrichts ist eine umfangreiche Erhebung zur Beliebtheit bzw. Unbeliebtheit der Schulfächer (SEELIG 1968). Sie hatte eine pädagogisch-psychologische Fragestellung ohne speziellen Bezug zu den Naturwissenschaften. Aber in ihrem Rahmen entstanden fachdidaktisch wesentliche Befunde, die für die Beurteilung der heutigen Situation noch immer wichtig sind. Im Abschnitt 1.2.1 werden diese Ergebnisse referiert.

In der zweiten Hälfte der 70er Jahre wurde die Unterrichtssituation besonders der Fächer Physik und Chemie zunehmend differenzierter hinsichtlich produzierter Affekte untersucht. Neben der Beliebtheit wurde das Sach- und Fachinteresse der Schülerinnen und Schüler zum Forschungsgegenstand erhoben, wobei die unterschiedliche Wirkung des naturwissenschaftlichen Unterrichts auf Mädchen und Jungen immer mehr in den Mittelpunkt des allgemeinen Forschungsinteresses rückte. Diese Frage dürfte bis heute das am intensivsten bearbeitete Einzelproblem innerhalb der Wirkungsforschung zum naturwissenschaftlichen Unterricht geblieben sein.[22] Einige wichtige Arbeiten hierzu werden im Abschnitt 1.2 kommentiert, mit dem Schwerpunkt auf jenen Untersuchungen, die mehr oder weniger stark mit der oben dargestellten Delphi-Studie verknüpft sind (→ Ü 1.1.2).

Die Berichte und systematischen Erhebungen, die dem naturwissenschaftlichen Unterricht negative Wirkungen hinsichtlich der Einstellungen bestätigten, waren gegen Ende der 70er Jahre zwar zahlreich, deckten aber mehr offene Fragen und Forschungsdefizite auf, als daß sie Problemlösungen erkennen ließen. Neben dem offenkundigen Abwahlverhalten, das vor allem Schülerinnen, aber auch Schüler überall dort zeigten, wo die Fächer Chemie und Physik zugunsten anderer Fächerschwerpunkte gemieden werden konnten, vorwiegend also in der gymnasialen

---

[21] Einen repräsentativen Überblick zu den Arbeiten bzw. zusammenfassende Würdigungen findet man beispielsweise bei KREMER/NOLTE 1981, LEHRKE 1987, KUBLI 1987, NOLTE-FISCHER 1989, KREMER/STÄUDEL/ZOLG 1992, HOFFMANN 1990a.

[22] Man vergleiche dazu die Beiträge und Literaturangaben im Themenheft „Mädchen im Physikunterricht" der Zeitschrift Naturwissenschaften im Unterricht, Physik (1990, Heft 1) und die zusammenfassende Darstellung größerer Interventionsprojekte (öffentlich geförderte Modellversuche) bei HOFFMANN 1992b, DIE MINISTERIN FÜR BILDUNG ... 1990, BFINKE/RICHTER 1993.

Oberstufe (vgl. WELTNER 1979, WILLENSBACHER 1981, SCHMIED 1982), erbrachte die Unterrichtsforschung sehr weitgehend übereinstimmende Ergebnisse.[23]

- Physikunterricht verliert mit zunehmender Dauer an Beliebtheit. Für die Mädchen wird er in der Regel zum unbeliebtesten Fach überhaupt.

- Die curricularen Veränderungen, die der naturwissenschaftliche Unterricht in den 60er und frühen 70er Jahren erfahren hat, haben auf die Akzeptanz des Physikunterrichts bei Schülerinnen und Schülern nicht positiv gewirkt, das Gegenteil erscheint wahrscheinlicher.[24]

- Das Gegenstandsinteresse der Schülerinnen und Schüler zielt nicht auf die Physik selbst, sondern auf die lebensbedeutsamen Kontexte, für deren Erhellung die Physik einen Beitrag leisten kann. Die Abhängigkeit des Interesses vom Kontextbezug ist bei Mädchen noch ausgeprägter als bei Jungen.

- Von Schülern geäußertes „Interesse" und die Fachbeliebtheit hängen nicht so eng zusammen, wie man das erwarten würde.

- Die Relevanz, die der Physik und dem Physikunterricht von den Schülerinnen und Schülern zugeschrieben wird, ist weitaus höher als die Fachbeliebtheit oder das geäußerte Interesse. Sie nimmt im Laufe der Schulzeit sogar zu.

Einige Untersuchungen weisen deutlich darauf hin, daß es bedeutsame Unterschiede zwischen „Beliebtheit" und geäußertem „Interesse" gibt (z. B. KUBLI 1987, → auch Ü 1.2.4).[25] Leider ist auch die vieldiskutierte Interessenstudie des IPN in diesem Punkt nicht immer distinktiv. In der Schlußbemerkung von HOFFMANN/LEHRKE (1985) heißt es z. B.: *Wie zu erwarten war, ist das Fach Physik bei den Jungen tat-*

---

23 Tendenziell gleichlautende Aussagen finden sich hinsichtlich des Fachs Physik neben der bereits zitierten Literatur z. B. auch bei BREITSCHUH, BERGE/GÖTTSCHING, WELTNER u. a. 1979, NOLTE (1983). SCHIER kommt zu positiveren Ergebnissen, hat aber nur Schüler seiner eigenen Schule befragt, an der er der einzige Physiklehrer war. KÖHNLEIN/KOLB stellten im Widerspruch zu fast allen anderen Untersuchungen mit dem Alter zunehmendes *Interesse von Buben und Mädchen an Physik und am Physikunterricht ...* fest. Die untersuchte Population war jedoch relativ klein (N = 266) und regional begrenzt (je eine Hauptschulklasse der Jahrgänge 5, 7 und 9 aus drei Schulen verschiedener Orte in Bayern).

24 Da die Curriculumreform den Qualifizierungsbegriff stark betonte, ist es sicherlich nicht verfehlt, ihre Wirkung an ihrem Einfluß auf das Berufs- und Studienwahlverhalten zu beurteilen: Der relative Anteil von Frauen an mathematisch-naturwissenschaftlichen Studiengängen zwischen 1977 und 1988 hat sich praktisch nicht verändert, in Physik stagniert er bei ca. 10 %, trotz des kräftig gestiegenen Anteils der Frauen unter den Studienberechtigten. Gleiches gilt für die Leistungskurse der gymnasialen Oberstufe. Auch die Ausbildungsberufe mit starkem Bezug zu den Naturwissenschaften konnten nicht von der insgesamt höheren Bildungsbeteiligung der Frauen profitieren (vgl. dazu z. B. BEINKE 1989, BEINKE/RICHTER 1993, BMBW 1990, HOFFMANN 1992a, 1992b).

25 KUBLI (1987, S. 13) betont z. B.: *Interesse ist für uns zunächst das, was die von uns befragten Schüler darunter verstehen, wenn sie auf ihr Interesse hin angesprochen werden.* Postexperimentell mußte er dann allerdings einige Schwierigkeiten mit den *Mehrdeutigkeiten des Interessensbegriffs* einräumen. *Die „Beliebtheitsskala" ist allerdings nur approximativ deckungsgleich mit der Rangordnung des Interesses ... Es (muß) Interesse als Persönlichkeitsvariable von „interessant" als Adjektiv des Unterrichts unterschieden werden ... die Schüler konnten von einer Bedeutung unvermittelt zur anderen übergehen (S. 31/32).*

sächlich beliebter als bei den Mädchen ... (S. 41), obwohl die Studie insgesamt fast ausschließlich auf das Interesse abhebt.

Ebenfalls bemerkenswert ist der Umstand, daß die Unbeliebtheit des Fachs sich nicht in der Wichtigkeit niederschlägt, die dem Unterrichtsfach beigemessen wird. Der Schülermeinung zufolge soll das Fach in der Schule keineswegs aus dem Fächerkanon verschwinden, vorher würden sie eher auf Musik oder gar Kunsterziehung verzichten. Die Bedeutung des Fachs im Bildungskanon wird mit zunehmender Klassenstufe sogar immer höher eingeschätzt, trotz sinkender Beliebtheit und vielfach auch unbeschadet des eigenen Abwahlverhaltens. Nach NOLTE-FISCHER bildet das Fach Physik hier eine Ausnahme, denn ansonsten können nur diejenigen Fächer eine wachsende Relevanzzuschreibung durch die Schülerinnen und Schüler verbuchen, die zugleich auch beliebter werden (NOLTE-FISCHER 1989, S. 258; → Ü 1.2.4.3, S. 83).

Die erwähnten Unterschiede zwischen Beliebtheit, Interesse und Relevanzzuschreibung sind nicht nur forschungstheoretisch bedeutsam. Die Unterschiede sind darüber hinaus pädagogisch wichtig, denn sie enthüllen Sozialisationswirkungen des naturwissenschaftlichen Unterrichts, bei denen nicht von vornherein erkennbar ist, ob sie positiv oder negativ hinsichtlich des Bildungserfolgs zu werten sind. Aus diesem Grund wird auf diesen Fragenkreis weiter unten nochmals ausführlicher eingegangen (→ Ü 1.2.4.3).

Die Formulierung pädagogischer Interessentheorien, die recht unmittelbar für die naturwissenschaftsdidaktische Forschung nutzbar sind, wurde u. a. von TODT vorangetrieben. Seine Zusammenarbeit mit dem IPN hat die Forschung dieser Institution wesentlich beeinflußt.[26]

1.2.1 Die Berliner Erhebung von 1968

Ziel der Arbeit von SEELIG (1968) war es, die „Schulfachbevorzugungen" in bestimmten Altersgruppen zu erheben und herauszufinden, ob die Ergebnisse *als Indikator für anderes schulisches Verhalten und/oder schulischen Erfolg angesehen werden können* (S. 45). Untersucht wurden „Kinder" (1765 Schülerinnen und Schüler der 6. Klassen), „Jugendliche" (302 Schülerinnen und Schüler der Klassen 8–10 aller Schularten) und „Heranwachsende" (1395 nach Repräsentativitätskriterien ausgewählte Jugendliche zwischen 15 und 25 Jahren). Außerdem wurden 500 Mitglieder von Jugendverbänden und 802 Studierende des Lehramts befragt. Die Untersuchung wurde in den Jahren 1962–1967 in Berlin durchgeführt, erfaßt also die Wirkungen des Unterrichts im wesentlichen, bevor sich die curricularen Innovationen der „Postsputnik-Periode" auswirken konnten (→ Ü 3.4, S. 192). Die Befragung war „zweiseitig", d. h., es wurde sowohl nach den beliebten als auch nach den unbeliebten Fächern gefragt.

---

26 Vgl. z. B. TODT 1978, 1988a, 1988b, 1990, 1993. (TODT hat auch an der Entwicklung des Fragebogens für die Interessenstudie des IPN mitgewirkt.) Siehe dazu auch LEHRKE 1987.

Hinsichtlich der naturwissenschaftlichen Fächer kommt SEELIG zu Ergebnissen, die teils gleiche teils verschiedene Tendenzen wie die zeitlich aktuelleren Untersuchungen aufweisen. Tendenziell gleich ist die relative Unbeliebtheit der Fächer Physik und Chemie insgesamt und hinsichtlich der negativen Entwicklung im Verlauf der Schulzeit: *Bei Schülern der sechsten Klasse ist die Naturlehre sehr geschätzt. Sie wird nur selten abgelehnt, so daß sich ein hohes Beliebtheitsmaß ergibt. Anders bei den Jugendlichen und Heranwachsenden. Während die Jugendlichen das Fach Biologie etwas stärker ablehnen als anerkennen, sprechen sie sich deutlich gegen Physik und Chemie aus. Das Beliebtheitsmaß für diese Fächergruppe ist bei den Jugendlichen das zweitschlechteste, das wir in der Erhebung fanden. Auch von der Erhebungsgruppe der Heranwachsenden erhalten die naturwissenschaftlichen Fächer mehr Ablehnung als Anerkennung* (S. 200).[27]

Ein wichtiger Unterschied zur heutigen Situation wird an diesem Zitat deutlich: *Biologie* wurde in dieser Untersuchung nicht viel besser, bei den älteren Probanden sogar schlechter bewertet als die „harten" Naturwissenschaften Physik und Chemie: *Jugendliche und Heranwachsende lehnen die Biologie scharf ab, und auch Physik und Chemie sind deutlich unbeliebt* (S. 201). Aus diesem Grunde wurde z. B. bei der Gruppe der Heranwachsenden in der statistischen Auswertung die Fächergruppe Biologie/Physik/Chemie zusammengefaßt. Heutzutage würde eine solche Gruppierung das Ergebnis total verfälschen, denn Biologie wird in vielen aktuellen Untersuchungen als eines der Lieblingsfächer ausgewiesen, auch bei der Berliner Schülerschaft.[28] SEELIG nennt als wichtigsten Grund für die Ablehnung der Biologie die Ausklammerung des Themas Sexualität, und daß sich der Unterricht *„ansonsten an Blumen und Schmetterlingen" festhält* (Interviewzitat S. 201). Dies ist ein wichtiger Hinweis, denn das Fach Biologie hat seither in vielen Bereichen, auch in dem zitierten, grundlegende curriculare Veränderungen erfahren.[29] Darüber hinaus ist es in den Mittelpunkt des ökologischen Interesses gerückt, hat also an aktueller Lebensbedeutsamkeit gewonnen. Die zunehmende Beliebtheit des Fachs

---

[27] Physik und Chemie wurden als eine Fächergruppe behandelt, in der Gruppe der Heranwachsenden sogar gemeinsam mit der Biologie. Am schlechtesten schnitt die Fächergruppe „Fremdsprachen" ab.

[28] Vgl. z. B. BECKER/JÜNGEL 1982, LEHRKE 1987, S. 35/36; KUBLI 1987, S. 15; NOLTE-FISCHER 1989, S. 251 (→ auch Abbildung 6, S. 77).

[29] Während des Dritten Reichs wurde dem Fach Biologie die höchste Priorität unter den Naturwissenschaften eingeräumt. Es war Stütze der Rassenideologie und entsprechend reichhaltig mit Unterrichtsstunden ausgestattet. Die Physik dagegen war – obgleich aus militärischen Gründen unverzichtbar – ideologisch „verdächtig", weil sie sich mit der Relativitätstheorie und der Quantenmechanik analog zur „entarteten Kunst" von der unmittelbar anschaulichen Erfahrungsbasis löste und dies auch noch unter „judischem" Einfluß (EINSTEIN). Dieser Hintergrund macht verständlich, daß sich Biologieunterricht in der unmittelbaren Nachkriegszeit zunächst auf die „wertfreie" Deskription von „Blumen und Schmetterlingen" beschränkte. Damit wäre die zugewiesene Unterrichtszeit auf Dauer ebensowenig zu halten gewesen wie in den Fächern Physik und Chemie. Eine Legitimationsdiskussion und Neubegründung war daher für das Fach Biologie in der Nachkriegszeit unvermeidlich und wurde offensichtlich erfolgreich gestaltet.

Biologie wurde auch in einer Untersuchung von SCHMIED für den Zeitraum von 1973 bis 1979 bestätigt (SCHMIED 1982, S. 15 und 29).

Die radikale positive Veränderung, die das Fach Biologie in den 70er und 80er Jahren hinsichtlich der Fachbeliebtheit erfahren hat, ist ein Faktum, das die These bestätigt (→ S. 95 f und 241 ff):

These 2

> Die Akzeptanz und die Einstellungen bezüglich eines Unterrichtsfachs sind über seine curricularen Strukturen grundlegend veränderbar.

Dies spricht gegen die verbreitete Auffassung, die Schlußlichtposition der Fächer Physik und Chemie in der Fächerbeliebtheit sei quasi naturgegeben und unabänderlich. Dieser pessimistischen Einschätzung widersprechen auch BECKER/JÜNGEL (S. 16–19) aufgrund eines Vergleichs von 35 Beliebtheitsuntersuchungen in Deutschland zwischen 1905 und 1977. Dieser erbrachte für das Fach Chemie unterschiedliche Beliebtheitsränge in Abhängigkeit von schulpolitischen Epochen.

Noch in einem weiteren Punkt kommt SEELIG zu diametral anderen Ergebnissen als die aktuelle Forschung: *Unsere weiblichen Befragten erwählen nicht häufiger Handarbeit oder Kunst zum Lieblingsfach als die Jungen und nicht signifikant seltener Mathematik oder Physik* (S. 222).

In der Gruppe der „Heranwachsenden" findet Seelig allerdings dann doch eine geschlechtsspezifische Differenzierung, denn dort bezeichnen *mehr männliche als weibliche Probanden eines der Fächer Biologie, Physik oder Chemie als Lieblingsfach* (S. 246). Aber diese Teildifferenz hatte wohl kaum einen Einfluß auf die von SEELIG gefundene Beliebtheits-Rangreihe. Im Vergleich mit andern Erhebungen im angelsächsischen Raum, die überwiegend aus der frühen Nachkriegsära stammen, findet SEELIG zu diesem Ergebnis keine direkten Widersprüche. Es ist allerdings anzufügen, daß das Geschlecht keine Variable war, die im Vordergrund der Untersuchung stand.

Die curricularen Veränderungen des Physikunterrichts in den 60er und 70er Jahren haben seinen Charakter als „Jungenfach" verstärkt, denn von der insgesamt drastisch gestiegenen Bildungsbeteiligung der Mädchen (ihr relativer Anteil am Abitur liegt derzeit über 50 %) konnten der Physikunterricht und die auf ihm aufbauenden Studien- und Ausbildungsgänge so gut wie nichts profitieren. Ob die Ergebnisse von SEELIG nun uneingeschränkt richtig sind oder nicht: Zu den Fortschritten, die gesamtgesellschaftlich für die Frauen – bei allen noch vorhandenen Defiziten – seit den 60er Jahren erzielt wurden, hat der Physikunterricht nichts beigetragen, im Gegenteil. Physikalische Bildung ist trotz des allgemein gestiegenen Bildungsengagements der Frauen Männersache geblieben. Dies berechtigt zu der These:

These 3

> Die heute nachweisbare Abwendung der meisten Mädchen vom Fach Physik hat eine wesentliche Ursache in den curricularen Veränderungen, die gegen Ende der 60er Jahre und in den 70er Jahren vollzogen wurden.

1.2.2 Die Interessenstudie des IPN

Die bisher umfassendste Interessenstudie zum Physikunterricht in der Bundesrepublik Deutschland wurde vom IPN in den Jahren 1984–1989 durchgeführt. Insgesamt wurden Daten von über 10 000 Schülerinnen und Schülern der Schuljahre 5–10 (Hauptschule, Realschule, Gymnasium) erhoben. Beteiligt waren die Länder Berlin (West), Hessen, Niedersachsen, Nordrhein-Westfalen, Saarland und Schleswig-Holstein.

Hauptziel der Studie war die Verfolgung der Interessenentwicklung zwischen dem 5. und 10. Schuljahr als Längsschnittstudie. Außerdem wurden 1984 eine Querschnittsstudie I an 4034 Schülerinnen und Schülern und weitere Querschnittsstudien in den Folgejahren durchgeführt. Ergebnisse der Längsschnittstudie sind bis dato (April 1995) noch nicht veröffentlicht worden. Um so intensiver wurden Befunde, Interpretationen und auch abgeleitete Empfehlungen aus der Querschnittsstudie I durch zahlreiche Publikationen bekanntgemacht.[30] Aus den anderen Querschnittserhebungen liegen partielle Ergebnisse vor (HÄUßLER 1992b). Seit der zweiten Hälfte der 80er Jahre werden diese Forschungsarbeiten auf den meisten großen fachdidaktischen Tagungen erwähnt und diskutiert. Sie finden Eingang in die Konzeption zahlreicher Modellversuche mit der Zielrichtung, die Mädchen im Bereich der Naturwissenschaften und Technik zu fördern. Die Untersuchungsergebnisse sind auch nicht ohne Einfluß auf die aktuelle Lehrplanarbeit geblieben, wobei dieses Wechselspiel zwischen empirischer Forschung und Curriculuminnovation von so großer Bedeutung ist, daß es im Verlauf dieser Arbeit noch mehrfach kritisch beleuchtet werden muß.

Kaum einer anderen empirischen Forschungsarbeit auf dem Gebiet der Pädagogik der Naturwissenschaften wurde in der Bundesrepublik Deutschland vergleichbar viel Aufmerksamkeit zuteil. Dies ist bemerkenswert, weil die breite Resonanz der IPN-Interessenstudie allenfalls partiell auf den substantiellen Gehalt der bisher publizierten Forschungsergebnisse zurückgeführt werden kann. In dieser Hinsicht liefert das Datenmaterial zwar differenziertere Ergebnisse als die bisherige empirisch-analytische Forschung zur Frage des Interesses, und die (überfällige) Auswertung der Längsschnittstudie dürfte den Datenfundus noch erheblich aufstokken; dennoch zeigte die Untersuchung keine gravierenden Überraschungen, sondern bestätigt aufs Ganze gesehen, *was bereits aus vorliegenden Untersuchungen bekannt ist, nämlich ein Absinken des Interesses im Laufe der Sekundarstufe I und starke Unterschiede des Gesamtinteresses bei Jungen und Mädchen* (HOFFMANN/ LEHRKE 1986, S. 195).

---

[30] Die wichtigsten Veröffentlichungen dazu sind: HÄUßLER 1992b, HÄUßLER/HOFFMANN 1990, HOFFMANN 1989, 1990a, 1990b, 1991, 1992a, 1992b, HOFFMANN/LEHRKE 1985, 1986. Außerdem hat BLEICHROTH 1990 Teile des Erhebungsinstrumentariums einem größeren Leserkreis zugänglich gemacht. Eine kritische Bewertung hat aber bis heute nicht stattgefunden. Dazu hat sicher die im Wissenschaftsbetrieb ungewöhnliche Vorgehensweise des IPN beigetragen, die eigene Interpretation der Forschungsergebnisse normativ in die Praxis zu übertragen, ohne das Forschungsinstrumentarium öffentlich zugänglich zu machen.

Der sehr viel größere Einfluß der aktuellen Interessenforschung auf das Bildungswesen im Vergleich zu früheren Forschungsergebnissen ist m. E. eine Folge politischer Entwicklungen. Da die Wechselwirkung zwischen naturwissenschaftlichem Unterricht und gesellschaftspolitischen Zielen schon immer besonders prägend und auch verhängnisvoll für den Unterricht war (→ Kapitel III), wird dieser Zusammenhang im nächsten Abschnitt genauer expliziert.

1.2.2.1 Zur politischen Verwertung der Interessenstudie

In den 80er Jahren konnte man der Tagespresse regelmäßig Prognosen von Wirtschaftswissenschaftlern, Wirtschaftspolitikern und Wirtschaftsverbänden entnehmen, aufgrund derer ein Fachkräftemangel in den gewerblich-technischen Berufen einschließlich der Ingenieurberufe zu erwarten sei. Einer größeren Attraktivität des Berufsfelds, das naturwissenschaftlich technische Kenntnisse beinhaltet, steht die durch den Unterricht erzeugte negative Einstellung entgegen. Außerdem kann die Zahl der Bewerber(innen) für gewerblich technische Berufe bei gegebenem Nachwuchsvolumen nur durch Umschichtung aus anderen Berufsfeldern erhöht werden. Als Ressource bieten sich der kaufmännische und der Dienstleistungssektor an, mithin also jene Bereiche, in denen die typischen Frauenberufe angesiedelt sind.

Das Interesse an der Beseitigung von Benachteiligungen für Mädchen durch das Bildungswesen aus wirtschaftspolitischen Gründen trifft sich mit dem allgemeinen Anliegen, die Benachteiligung der Frauen in der Gesellschaft abzubauen. Die seltene und auch etwas seltsame Allianz von Wirtschaftsverbänden, innovativen Fachdidaktikern, der Frauenbewegung und systemkritischen Gruppierungen hat eine Vielzahl von Forschungsarbeiten und Modellversuchen mit dem gemeinsamen Ziel hervorgebracht, das Lernen der Naturwissenschaften für Mädchen erfolgreicher und attraktiver zu gestalten.

Allerdings geht es nicht nur um bessere Qualifizierungschancen für bestimmte Berufszweige. Auch Technikakzeptanz gehört zu den Zielen, die vielen Untersuchungen und Modellprojekten zugrunde liegen. Im Zusammenhang mit dem Modellversuch „Mädchen und Physikunterricht" (BEINKE/RICHTER 1993; → Ü 1.2.3) referiert BEINKE u. a. Untersuchungen, die eine größere Distanz und kritischere Haltung der Mädchen gegenüber Technik belegen: *Diese Skepsis drückt sich auch – belegt durch die Einschätzungen der naturwissenschaftlich-technischen Fächer – in einem Problem aus. Da Technikinteresse und positive Technikbeurteilung deutlich positiv correlieren, kann man durch das Wecken von Technikinteresse auch das Urteil über Technik positiver gestalten* (BEINKE 1993, S. 13). Die hier genannte Zielsetzung war denn auch für den von BEINKE geleiteten BLK-Versuch prägend (s. u.).

Eine Vertreterin der Industrie- und Handelskammern erläutert, warum Modellversuche wie der zitierte („Mädchen und Physikunterricht") für die Wirtschaft so wichtig sind, u. a. mit folgenden Sätzen:

Das Interesse der Wirtschaft an der Ausbildung von Mädchen in gewerblich-technischen oder naturwissenschaftlichen Berufen ist gar nicht so selbstlos. Die knapper werdende Zahl an jungen Menschen führt dazu, daß selbst Betriebe, die sich bisher überhaupt nicht für Mädchen in der Ausbildung interessiert haben, zum Umdenken quasi gezwungen sind, wollen sie nicht vollständig auf das Heranziehen von qualifiziertem Nachwuchs verzichten (THOBEN, S. 8). In dieses Bild passen auch die „Mädchen-Technik-Tage" und ähnliche Projekte, die von den Bildungsverwaltungen der Bundesländer seit der zweiten Hälfte der 80er Jahre durchgeführt wurden, wobei die Finanzierung zum großen Teil von Industrieunternehmen übernommen wurde.[31] Während derartige Veranstaltungen bis 1991 recht zahlreich waren, verschwanden sie mit dem Eintreten der wirtschaftlichen Rezession ab 1992 fast vollständig – gerade so, als wäre das Problem der Bildungsbenachteiligung der Mädchen plötzlich gelöst. Ist die Bildung junger Menschen eine abhängige Variable des Arbeitsmarkts?

Der Interessenunterschied zwischen Mädchen und Jungen wird auch in den bisherigen Publikationen des IPN in den Vordergrund gestellt. Der *Ver–Wertung* (also der normativen Diktion empirischer Befunde) und Verwertbarkeit der Forschungsergebnisse zur Förderung der Chancengerechtigkeit für die Mädchen im Bildungs- und Berufsbereich verdankt die IPN-Interessenstudie ihre Popularität.

Wenn dies hier etwas kritisch angemerkt wird, so keineswegs deshalb, weil einer ohnehin nirgendwo existenten „wertfreien" Wissenschaft das Wort geredet sein soll, sondern weil die fast ausschließliche Zentrierung des Problems der Mädchenförderung die Gefahr birgt, daß wichtige Implikationen der Forschungsergebnisse hinsichtlich der Grundorientierung des naturwissenschaftlichen Unterrichts übersehen oder nicht ihrer Bedeutung gemäß gewichtet werden. Die normative Diktion der Darstellung empirischer Befunde dient im übrigen dann nicht einem echten pädagogischen und fachdidaktischen Fortschritt, wenn – wie bei einem Teil der IPN-Veröffentlichungen – der Eindruck entsteht, die Wertungen und die vorgeschlagenen zielgerichteten Konsequenzen seien aus den empirischen Daten deduzierbar, gewissermaßen eine logische Folge der Tatbestände. Bekanntlich lassen sich aus empirisch-deskriptiven Sätzen allein keine normativen Aussagen ableiten.

Wie problematisch weitreichende fachdidaktische und bildungspolitische Folgerungen sind, solange weder die Untersuchungsergebnisse im Licht methodologischer Kritik wissenschaftlich geprüft, noch die Folgerungen einer Ideologiekritik unterworfen wurden, wird im Verlauf der Arbeit noch deutlich werden. Im nächsten Abschnitt werden einige Details aus der Interessenstudie analysiert.

1.2.2.2 Kritische Betrachtungen zum Forschungsinstrumentarium und zur Ergebnisinterpretation

Das Forschungsinstrumentarium der IPN-Interessenstudie war mit der oben skizzierten Delphi-Studie (→ Ü 1.1.2, S. 29) verknüpft. Dies gilt vor allem hinsichtlich der Orientierung am Aussageformat der Delphi-Studie, das die wünschenswerte physi-

---

31 Man vergleiche z. B. die Dokumentation „1. Stuttgarter Mädchen–Technik–Tag" (19. Oktober 1991), (MAIER-KRAEMER). Die Sponsoren waren Daimler-Benz, IBM Deutschland, Mercedes-Benz, Hewlett-Packard, Robert Bosch und der Verband der Metallindustrie Baden-Württemberg.

kalische Bildung in drei Dimensionen artikulieren soll: Erstens hinsichtlich der Gebiete/Inhalte, zweitens hinsichtlich der Kontexte/Anwendungsbereiche, in denen die Bildung zum Tragen kommen soll, und drittens hinsichtlich der Art der Verfügbarkeit/Handlungskompetenz. Diese drei Dimensionen wurden in dem IPN-Fragebogen dadurch repräsentiert, daß das Interesse an acht Teilgebieten der Physik,[32] an den „Kontexten"[33] der fünf Konzepte physikalischer Bildung ($\rightarrow$ Konzepte A bis D der Abbildung 1, S. 32) und an bestimmten Tätigkeiten erhoben wurde ($\rightarrow$ vergleiche Abbildung 2Abbildung 2).

Zur Verdeutlichung der Erhebungsmethode, ist in der Abbildung 3 einer der Fragebögen zu den acht Teilgebieten im vollen Wortlaut wiedergegeben. (Der Fragebogen ist einer Veröffentlichung von BLEICHROTH entnommen.)

8 Teilgebiete	7 „Kontexte"	4 Tätigkeitsebenen
1 Vom Licht 2 Wie sich Wärme ausbreitet und etwas in Bewegung setzen kann 3 Von Tönen, Klängen und Geräuschen 4 Von Bewegungen und wie man Kraft sparen kann 5 Von der Elektrizität und vom Magnetismus 6 Von der Elektronik 7 Wie die Welt im Kleinen aufgebaut ist 8 Von der Radioaktivität und von der Kernphysik	1 Physik als erlebtes Phänomen (C) 2 Physik im Alltag (B) 3 Physik und Beruf (technisches Handwerk, Industrie, Forschung) (E_1) 4 Physik und Beruf (Kunsthandwerk, Medizin, Beratung) (E_2) 5 Physik als Methode und Denkgebäude (qualitativ) (D_1) 6 Physik als Methode und Denkgebäude (quantitativ) (D_2) 7 Physik und Gesellschaft (A)	1 rezeptive Tätigkeiten (erfahren, informiert werden, einsehen, kennenlernen) 2 praktisch-konstruktive Tätigkeiten (umgehen mit, konstruieren, zerlegen, [auf-]bauen, ausprobieren) 3 theoretisch-konstruktive Tätigkeiten (Versuch planen, Vermutung überprüfen, Problem lösen, Methode ausdenken, berechnen) 4 Bewertende Tätigkeiten (diskutieren, einschätzen, Meinung bilden)

Abbildung 2: Gebiete, Kontexte und Tätigkeiten bezüglich derer die Interessen erhoben wurden. Die Großbuchstaben in Klammern beziehen sich auf die Konzepte der Delphi-Studie. (In Anlehnung an HOFFMANN/LEHRKE 1986 und HÄUßLER 1992b.)

Zu jedem der acht Teilgebiete ($\rightarrow$ vgl. Spalte 1 der Abbildung 2) wurden elf Aussagen formuliert, in denen Themen, Kontexte und Tätigkeiten systematisch kombiniert

---

[32] Neben den in Abbildung 3 aufgeführten acht Gebieten, die an den Lehrplänen orientiert sind, wurde in wenig differenzierter Form auch das Interesse an den Gebieten „Astrophysik", „Computer", „Nachrichtentechnik" und „Vom Fliegen" erhoben. Diese vier Gebiete gehören nicht zu den Standard-Themenkreisen der Lehrpläne.

[33] Der Begriff *Kontext* wird hier in Anführungszeichen gesetzt, weil in der Terminologie der IPN-Autoren das Konzept D (Physik als Denkgebäude) – mithin also die Fachsystematik selbst – auch als „Kontext" bezeichnet wird. Im Sinne der vorliegenden Arbeit ist die Physik selbst allerdings kein Kontext der physikalischen Bildung, sondern *kontextloser* Inhalt.

waren. Die Antworten der Schülerinnen und Schüler auf diese 88 Items bilden den Kernbestand der IPN-Interessenstudie.

Vom Licht

Ein wichtiges Teilgebiet der Physik ist die Lehre vom Licht (Optik). Dabei geht es vor allem darum, was Licht ist und wie sich Licht verhält, wenn es auf unterschiedliche Materialien, zum Beispiel Glas oder Spiegel, auftrifft.

So kennt man zum Beispiel die Lichtbrechung, die zu beobachten ist, wenn Licht schräg auf ein Stück Glas fällt. Jeder Lichtstrahl ändert dabei beim Eintreten in das Glas seine Richtung, und zwar in einer mathematisch genau definierten Weise (Brechungsgesetz).

Diese Lichtbrechung ist die Grundlage für viele optische Geräte, wie zum Beispiel Lupen, Fernrohre, Fotoapparate oder Mikroskope. In ihnen wird das Licht an einer oder mehreren gekrümmten Linsen aus Glas gebrochen. Solche Glaslinsen haben als Folge des Brechungsgesetzes die Eigenschaft, Licht, das von einem Punkt ausgeht, in einem anderen Punkt wieder zu konzentrieren. Auf diese Weise entstehen von Gegenständen, die man abbilden, vergrößert oder näher sehen möchte, bei geeigneter Anordnung der Linsen scharfe Bilder.

Die heute von der Industrie hergestellten optischen Geräte haben eine sehr gute Qualität. So wurden zum Beispiel Fotoapparate entwickelt, die von Erdsatelliten aus gestochen scharfe Bilder von der Erde, von Wolken, von Städten, Pflanzungen, Straßen oder auch von militärischen Anlagen liefern.

Ich möchte ...	Mein Interesse daran ist				
	sehr groß	groß	mittel	gering	sehr gering
1. mehr darüber erfahren, wie ein Fernrohr, ein Mikroskop oder ein Fotoapparat funktioniert.	❏	❏	❏	❏	❏
2. mehr darüber erfahren, wie Farben am Himmel zustande kommen (Himmelsblau, Abendrot, Regenbogen).	❏	❏	❏	❏	❏
3. mehr darüber erfahren, wie man mit Satelliten die Erde erkunden und beobachten kann (z. B. Entdeckung von Bodenschätzen oder Pflanzenkrankheiten, Wetterbeobachtung, militärische Aufklärung, Spionage).	❏	❏	❏	❏	❏
4. mehr über den Zusammenhang zwischen Lichtbrechung und Farbe des Lichts erfahren.	❏	❏	❏	❏	❏
5. mehr darüber erfahren, wie man die Lichtbrechung mathematisch berechnen kann.	❏	❏	❏	❏	❏
6. mehr Einblick erhalten, wie in der optischen Industrie gearbeitet wird.	❏	❏	❏	❏	❏
7. mehr Einblick erhalten, wie Mikroskope oder verschiedene Spiegel in einer Arztpraxis Verwendung finden.	❏	❏	❏	❏	❏
8. ein einfaches optisches Gerät (z. B. Mikroskop, Fernrohr oder Fotoapparat) aus Glaslinsen und schwarzer Pappe selbst bauen.	❏	❏	❏	❏	❏
9. mir ein Gerät ausdenken, mit dem Farbenblinde Farben unterscheiden können.	❏	❏	❏	❏	❏
10. berechnen, wie groß das Bild eines Gegenstandes (z. B. auf einem Dia ist), das mit Hilfe einer Glaslinse auf einer Leinwand abgebildet wird.	❏	❏	❏	❏	❏
11. über die friedliche und militärische Nutzung von Beobachtungssatelliten diskutieren und ihre Bedeutung einschätzen.	❏	❏	❏	❏	❏

Abbildung 3: Beispiel für einen Fragebogen aus der IPN-Interessenstudie (nach BLEICHROTH, S. 6)

Einige Beispiele anhand der Abbildung 3 mögen verdeutlichen, wie die verallgemeinerten Aussagen der Interessenstudie generiert wurden: Die Antworten auf Frage 1 (*... mehr darüber erfahren, wie ein Fernrohr, ein Mikroskop oder ein Fotoapparat funktioniert.*) schlagen beim Interesse am „Kontext" *Physik im Alltag* zu Buche (Teilaspekt *Technische Geräte*; HOFFMANN/LEHRKE 1985, S. 15); beı den „Tätigkeitsebenen" wird auf das Interesse an rezeptiven Tätigkeiten (*erfahren, Vortrag hören*) geschlossen. Die Frage 10 zur optischen Abbildung soll Auskunft geben über das Interesse am „Kontext" *Physik als Methode und Denkgebäude (quantitativ)*, bei den „Tätigkeitsebenen" über das Interesse an *theoretisch konstruktiven Tätigkeiten*.

Die Qualität der Antworten hängt zwangsläufig von den Merkmalen der Fragebogen ab. Ein kritischer Blick auf den wiedergegebenen Fragebogen (→Abbildung 3) verdeutlicht, mit welchen Risiken die verallgemeinerten Aussagen der IPN-Studie behaftet sind:

Sicherlich haben nicht nur die 11jährigen mit dem Textumfang und der sprachlichen Diktion dieser Fragebögen ihre Mühe. Die einleitende knappe Darstellung des „Teilgebiets" hat ja nicht nur informierenden Charakter. Sie steuert auch den Erwartungshorizont, weckt Assoziationen und setzt fachdidaktische Akzente, über deren pädagogische Zweckmäßigkeit und Bildungsrelevanz unterschiedliche Auffassungen bestehen. Im vorliegenden Fall liegt dem Vorspann zum Fragebogen eine Ausrichtung des Optikunterrichts zugrunde, die insbesondere im gymnasialen Bereich verbreitet ist. Betont werden formale, fachsystematische und technische Gesichtspunkte. Formulierungen wie „mathematisch genau definierte Weise", „Brechungsgesetz", „Lichtbrechung", „Licht, das von einem Punkt ausgeht, in einem anderen Punkt wieder zu konzentrieren" usw. betonen fachliche Theorien und Modellvorstellungen. Sie nähren bei den Schülerinnen und Schülern wohl eher die Befürchtung, abstrakten Anforderungen ausgesetzt zu werden, als die Hoffnung, daß ihre eigenen vorunterrichtlichen Erfahrungen und Fragen Gegenstand des Unterrichts sind.

Die vielfache Nennung technischer Geräte weckt darüber hinaus den Eindruck, in der Optik gehe es um ein technisches Teilgebiet, wogegen die Möglichkeit kaum anklingt, daß der Unterricht auch zur Aufklärung des Zusammenhangs von Sinneseindruck, Weltwahrnehmung und Physik beitragen könnte oder daß die Leistungsfähigkeit und die Leistungsgrenzen unserer optischen Wahrnehmung sowie die Möglichkeit, diese Grenzen mit technischen Mitteln zu erweitern, Leitgedanke des Unterrichts sein könnte.

In Kapitel IV (→ Ü 4.4.2) wird ein Optikunterricht skizziert, der, wollte man ihm mit dem Fragebogen gerecht werden, etwa mit folgendem Vorspann zu versehen wäre:

Die Lehre vom Licht befaßt sich mit der Frage, welche Bedeutung das Licht für uns Menschen hat, wie unser Sinnesorgan „Auge" und unser Gehirn das Licht nutzen, um uns ein „optisches Bild" unserer Welt zu vermitteln. Dabei geht es auch um die Grenzen unserer Sinnesorgane, um „Täuschungen", die durch unsere Sin-

neseindrücke hervorgerufen werden und darum, wie die Menschen gelernt haben, sich mit technischen Mitteln ein genaueres Bild von der Welt zu verschaffen, als es das bloße Auge ermöglicht. Diese Zusammenhänge kann man besser verstehen, wenn man die physikalischen Eigenschaften des Lichtes und die Gesetzmäßigkeiten der Lichtausbreitung kennt.

Im Optikunterricht erfährst du auch, warum wir Körper farbig sehen, wie farbige Himmelserscheinungen (z. B. Abendrot, Regenbogen) zustande kommen, und daß es „Farben" gibt, die wir mit unseren Sinnen nicht wahrnehmen können.

Eigene Fallstudien berechtigen zu der These, daß eine derartige Darstellung des Optikunterrichts erheblich positivere Reaktionen bei den Schülerinnen und Schülern auslöst als die Einleitung zum IPN-Fragebogen. Dazu einige Beispiele:

Das geringe Interesse der Schülerinnen und Schüler am Sachverhalt des Items 10 „Berechnen, wie groß das Bild eines Gegenstands (z. B. auf einem Dia) ist, das mit Hilfe einer Glaslinse auf einer Leinwand abgebildet wird" trägt mit zu dem Gesamturteil bei, das Interesse an der Tätigkeit „etwas berechnen, Aufgaben lösen" sei in der Rangreihe der Schülerinteressen *sowohl bei den Jungen als auch bei den Mädchen an den letzten Plätzen* (HOFFMANN/LEHRKE 1985, S. 19). Dieses Item wurde mehreren Klassen zusammen mit den Alternativen vorgelegt, „Abschätzen können, wie groß eine Ameise, die du betrachtest, auf der Netzhaut abgebildet wird" und „Abschätzen können, aus welchem Abstand eine Person, die du fotografieren willst, noch auf den Film paßt". Das IPN-Item stieß in der Tat auf sehr geringes Interesse, die Frage zum Netzhautbild war für die Schülerinnen und Schüler überwiegend interessant, das Interesse am fotografischen Problem lag dazwischen. Der zu erarbeitende physikalische Sachverhalt ist aber bei allen drei Problemen identisch.

Es ist wohl auch keine Überraschung, daß das Item 5 *(... mehr darüber erfahren, wie man die Lichtbrechung mathematisch berechnen kann)* von den Schülerinnen und Schülern als uninteressant bewertet wird. Aus welchem Grund sollte eine solche Berechnung auf Interesse stoßen? Grundlos wird niemand drauflos rechnen, auch kein Physiker. Aber es gibt natürlich Anlässe für eine halbquantitative Behandlung des Brechungsgesetzes, die durchaus auf Interesse stoßen. Die Frage, warum ein Diamant oder ein Brillant viel farbiger funkelt als ein gewöhnliches Stück Glas mit gleicher Form, erweckt z. B. nach meiner Erfahrung vor allem bei Schülerinnen erhebliche Neugier. Im Rahmen der Antwort ist eine mathematische (graphische) Darstellung des Brechungsgesetzes für verschiedene Medien durchaus sinnvoll.

Diese Beispiele werden angeführt, um zu zeigen, daß eine geschickte Veränderung des Forschungsinstrumentariums auch andere Ergebnisse hätte zeitigen können, als sie von den IPN-Forschern gefunden wurden. Damit soll zwar nicht bestritten werden, daß die vom IPN publizierten Befunde im großen und ganzen wahrscheinlich der Unterrichtsrealität entsprechen, aber die konkreten und teilweise differenzierten Empfehlungen für die Weiterentwicklung des Unterrichts stehen doch hinsichtlich ihrer empirischen Basis nicht auf so festem Grund, wie es die Veröffentlichungen hierzu glauben machen wollen. Insbesondere ist ein Urteil über interessante oder uninteressante Teilgebiete der Physik bzw. über bestimmte unterrichtliche Tätigkeiten ohne Berücksichtigung des Kontexts, in dem sie behandelt werden sollen, kaum verantwortbar. Solche Urteile sind in den meisten Publikationen von HOFFMANN enthalten. Negativ bewertet werden z. B. die Tätigkeiten „sich ausdenken, wie man eine bestimmte Vermutung durch einen Versuch prüfen kann" und „etwas berechnen, den Ausgang eines Versuchs exakt vorhersagen, Aufgaben lösen" (z. B. HOFFMANN 1992a, S. 87 und 96).

Der Kontextbezug des Physikunterrichts erweist sich somit als das entscheidende pädagogische Problem. Dazu noch ein weiteres Beispiel aus der Studie:

Die einfachen Maschinen sind ein häufig praktizierter Einstieg in die Mechanik. Dieser Einstieg ist aber vor allem für Mädchen nicht besonders interessant (HOFFMANN 1992a, S. 87). Es wäre problematisch, wenn die für Lehrpläne Verantwortlichen – an diese richtete sich der zitierte Vortrag – die Konsequenz aus dieser Empfehlung zögen und die damit verknüpften Sachstrukturen (z. B. die „goldene Regel der Mechanik") aus dem Curriculum nähmen. Denn der Ratschlag ist aus dem Fragebogen „Von Bewegungen und wie man Kraft sparen kann" abgeleitet. Dort stoßen insbesondere die Items „Mehr darüber erfahren, wie Geräte funktionieren, die Kräfte verstärken (z. B. Flaschenzug, Hebebühne)" und „Mehr Einblick erhalten, welche kraftsparenden Geräte in einer Autowerkstatt verwendet werden" gerade bei den Mädchen auf geringes Interesse (HOFFMANN 1992a, S. 96). Aber auch dies liegt nicht zwingend an den zu lernenden Sachstrukturen, sondern an den intentionalen Aspekten des Themas. Schon eine geringfügige Veränderung in der Fragestellung läßt das Interesse am selben physikalischen Zusammenhang deutlich anwachsen: Am Thema „Mechanische Maschinen helfen Menschen" zeigte in einer unserer Untersuchungen sowohl bei den Mädchen als auch bei den Jungen ein etwa doppelt so hoher Anteil Interesse als in der IPN-Studie (→ Abschnitt 1.2.4, S. 72 f, sowie Abbildung 11, S. 82). Bei den Mädchen gehörte das Thema damit zwar immer noch zu den unbeliebten, dies ist jedoch vor dem Hintergrund des bereits stattgehabten Mechanikunterrichts nicht überraschend. Denn dort wird tatsächlich überwiegend das instrumentelle Wissen betont und nicht dessen Bedeutung für die Menschen.

Das könnte auch anders sein: In einer Vorlesung für angehende Grundschullehrer (Thema „Physik für jedermann/jedefrau"), die überwiegend von Studentinnen belegt wird, die Physik zum frühest möglichen Zeitpunkt in der Schule abgewählt haben, bette ich die Mechanik in den Kontext ein, wie der Mensch gelernt hat, seine physiologischen Fähigkeiten mit Hilfe von mechanischen Maschinen zunehmend effizienter zu nutzen. Die damit verbundenen kulturhistorischen Zusammenhänge und gesellschaftlichen Veränderungen bilden einen leitenden Hintergrund. Ergonomische Betrachtungen alltäglicher Maschinen sind wesentlicher Inhalt (z. B. handgetriebene Kaffee- oder Getreidemühle, Fahrrad, Schnürtechniken u. ä.). Es bedarf besonderer Strategien zu verhindern, daß dieses Seminar von den angeblich Demotivierten überbelegt wird.

Auch dieses Beispiel zeigt, daß die Einbindung des Themas in einen als bedeutsam betrachteten Zusammenhang das entscheidende Kriterium für das Interesse ist und daß das Urteil über die Eignung oder Nichteignung eines physikalischen Sachverhalts als Lerngegenstand ebensowenig von diesem Zusammenhang getrennt werden darf wie die Präferenzen für die verschiedenen Formen der Auseinandersetzung („Tätigkeiten"). Im folgenden wird noch deutlich werden, daß curriculare Fehlentscheidungen drohen, wenn man diesen Zusammenhang auf geschlechtsbezogene Betrachtungsweisen reduziert.

1.2.2.3 Urteile – Vorurteile – Fehlinterpretationen

Kontexte kamen in der IPN-Interessenstudie vor allem durch die Orientierung an den fünf Konzepten der Delphi-Studie ins Blickfeld (→ Ü 1.1.2, S. 29). Um diesen Zusammenhang genauer zu ermitteln, wurde vom IPN ein zusätzlicher Fragebogen entwickelt, in dem die fünf Konzepte in einer verständlichen Form operationalisiert wurden. Die Schülerinnen und Schüler sollten angeben, wie oft der Physikunterricht aus ihrer Sicht einen Bezug zu einem der fünf Konzepte aufwies. Mit dieser Teiluntersuchung wurden etwa 2000 Schülerinnen und Schüler der Schuljahre 7–10 erfaßt.

Eine Zusammenfassung des Einflusses der fünf Konzepte auf die Schülerinnen und Schüler gibt HÄUßLER (1992b, S. 134). Sie ist in Abbildung 4 wiedergegeben:

Konzept	Wirkung des Konzepts
A	Das Interesse an einer Behandlung der gesellschaftlichen Bedeutung von Physik ist generell relativ hoch; bei den Mädchen um so höher, je älter sie sind und je deutlicher eine unmittelbare Betroffenheit angesprochen wird.
B	Die Anbindung der zu vermittelnden Inhalte an alltägliche Erfahrungen ist generell interessenfördernd, für Mädchen jedoch nur, wenn sie dabei auf Erfahrungen zurückgreifen können, die sie tatsächlich gemacht haben können.
C	Physik, die das „Gemüt bewegt", wird generell als interessant empfunden. Mädchen scheinen aber in stärkerem Maße über eine die Sinne unmittelbar ansprechende Erlebbarkeit erreichbar zu sein. Sie sind aber auch, allerdings deutlich weniger als die Jungen, an „erstaunlichen" technischen Errungenschaften interessiert.
D	Das Entdecken oder Nachvollziehen physikalischer Gesetzmäßigkeiten um ihrer selbst willen wird als nicht besonders interessant empfunden. Dies gilt in besonderem Maße für eine quantitative Behandlung eines physikalischen Sachverhalts. Das Interesse steigt, wenn ein (zumindest potentieller) Anwendungsbezug hergestellt werden kann und so die Notwendigkeit oder der Nutzen einer Quantifizierung erfahren werden können. Für Mädchen ist es dabei günstig, wenn „männliche Domänen" gemieden werden, zugunsten von Anwendungen in der Medizin, im Umweltschutz oder mit Bezug zum eigenen Körper.
E	Der Einblick in die Arbeitswelt wird von Jungen und Mädchen in unterschiedlicher Weise als interessant empfunden. Während Mädchen traditionellen Männerberufen wenig Interesse entgegenbringen, stoßen die physikalischen Geräte in einer Arztpraxis, in einer Klinik oder auf einer Wetterstation bei Jungen und Mädchen auf großes Interesse.

Abbildung 4: Interesse von Mädchen und Jungen an den unterschiedlichen Konzepten physikalischer Bildung

Negativ auf die Einstellung zum Physikunterricht wirkt sich scheinbar vor allem das Konzept D *(Physik als Denkgebäude)* aus, in dem es gemäß der Itemkonstruktion im Fragebogen um die qualitative und quantitative Darstellung physikalischer Gesetze, Begriffe, Größen u. ä. geht, ohne daß für die Schülerinnen und Schüler die Relevanz der Inhalte und Tätigkeiten für *ihre* Lebenspraxis erkennbar ist. Diese negative Wirkung gilt für Mädchen *und* Jungen! Da zugleich dieses Konzept in der Wahrnehmung der Lernenden den Unterricht eindeutig dominiert, ist der Interessenverlust am Physikunterricht eine logische Folge. Dort, wo es gelingt, das Interesse zu erhalten, ist dies regelmäßig auf den für die Schülerinnen und Schüler erkennbaren Bezug zu ihrer Lebenspraxis zurückzuführen. Das insgesamt höhere Interesse der Jungen läßt sich darauf zurückführen, daß für sie relevante Lebensbezüge im Physikunterricht häufiger repräsentiert sind.

Daher folgert HÄUßLER zu Recht im Anschluß an die zusammenfassende Darstellung in Abbildung 4: *Nimmt man die Befunde von Tabelle 6 ernst, dann heißt es Abschied nehmen von der Vorstellung des „kleinen Forschers", dem eine rein innerphysikalische Fragestellung Motivation genug ist, sich mit ihr eingehend auseinanderzusetzen* (1992b, S. 134). Die allgemein positiv bewertete und weit verbreitete Grundidee für die methodische Gestaltung des naturwissenschaftlichen Unterrichts, nämlich die Anlehnung der Unterrichtsmethode an ein idealisiertes Schema des naturwissenschaftlichen Erkenntnisgangs (z. B.: Beobachtung → Hypothese → Versuchsplanung → Durchführung → Auswertung → Gesetz), wird damit zumindest fragwürdig.[34] Darauf wird in den folgenden Kapiteln noch mehrmals eingegangen. Aus der bisherigen Analyse der Interessenstudie ergibt sich die These:

These 4

> Das gesichertste und fachdidaktisch bedeutsamste Ergebnis der aktuellen Interessenforschung ist nicht der zweifellos vorhandene hohe Interessenunterschied zwischen Mädchen und Jungen, sondern die demotivierende Wirkung eines *nur* fachsystematischen Unterrichts auf Mädchen *und* Jungen, eines Unterrichts, dem es an der Einbindung in einen sinnstiftenden Kontext mangelt.

Exkurs: Zur angeblichen Gebrauchswertorientierung der Mädchen

Die Ablösung der Problematik der Mädchenförderung von dem grundlegenderen Problem fehlender oder uneingesehener Sinnorientierung des Physikunterrichts birgt die Gefahr von Fehlinterpretationen und falschen Folgerungen für den Physikunterricht. Auch die IPN-Publikationen sind davon nicht frei. So wird beispielsweise hinsichtlich der Einbettung der Physik in Kontexte betont:

Mädchen zeigen relativ hohes Interesse an Naturphänomenen, die mit der sinnlichen Wahrnehmung zu tun haben. Der Bezug zum Menschen, soziale Implika-

---

34 Von dieser Fragwürdigkeit sind natürlich auch so gängige Unterrichtsmethoden wie „forschender Unterricht" (FRIES/ROSENBERGER) oder das „Normalverfahren" nach MOTHES betroffen. Vgl. auch die Ausführungen auf den Seiten 33, 112, 140 sowie die weiterführenden Argumente in den Abschnitten 3.2.2 (→ S. 148), 3.3.2.2 (→ S. 171) und 4.5.

tionen, die praktische Anwendbarkeit sowie die Anbindung an alltägliche Erfahrungen haben für sie hohe Bedeutung (HOFFMANN 1992a, S. 89).

BEINKE stellt analog dazu fest, *daß Mädchen mit „harter" Fächerwahl eher Überlegungen wie „Brauchbarkeit der Inhalte des Neigungsfaches im Alltag" und „Verwendbarkeit für den späteren Beruf" bei der Wahl ihres Neigungsfaches einfließen lassen* ... (BEINKE 1991, S. 29).[35]

Bei HANNOVER lautet der Befund, *daß sich Mädchen dann nicht von naturwissenschaftlich-technischen Problemen abgeschreckt fühlen, wenn ein Alltagsbezug in der Themenstellung zu erkennen ist und wenn von der Problemlösung ein praktischer Nutzen zu erwarten ist* (BMBW 1989, S. 7).

In derartigen Interpretationen der Haltung und geistigen Verfassung der Mädchen schwingt – sicher unbeabsichtigt – ein uraltes Vorurteil mit, das von SCHIEBINGER folgendermaßen beschrieben wird:

Rousseau, Antoine Thomas, Meiners, Wilhelm von Humboldt und eine wachsende Zahl von Anatomen und Populäranthropologen meinten einhellig, daß die natürlichen Anlagen der Frauen eine schöpferische wissenschaftliche Arbeit nicht zuließen. Alle beschrieben dieses Unvermögen in sinngemäß übereinstimmenden Formulierungen: Im Unmittelbaren und Praktischen gefangen, sind die Frauen nicht in der Lage, das Abstrakte und Allgemeine zu erfassen. Die Theoretiker der Geschlechterpolarität lehrten mit Rousseau, daß es Frauen an der besonderen Begabung mangle, nach abstrakten und spekulativen Wahrheiten zu suchen (S. 330).

FAULSTICH-WIELAND hat auf die Gefahr hingewiesen, daß *durch unvorsichtige wissenschaftliche Formulierungen wie vor allem durch ihre Popularisierung* Klischees produziert werden: *Mädchen denken ganzheitlich und konkret, sind nicht von Technik fasziniert, sondern gebrauchswertorientiert – Jungen sind entsprechend „anders": sie denken logisch und abstrakt, sind fasziniert und zu theoretischen Höhenflügen bereit* (1992, S. 97).

Die zitierten klischeehaften Aussagen treffen nicht das Wesentliche und tragen daher zu Mißverständnissen und falschen Konsequenzen bei. Späteren Abschnitten dieser Arbeit vorgreifend, sei hier schon angemerkt, daß sich die Zuordnung „Frauen ↔ praktischer Nutzen" vollständig auf einer verhängnisvollen Linie mit der abendländischen Philosophie und der an ihr orientierten Bildungstheorie befindet. Von Nutzungsinteressen freie, nur auf Erkenntnis gerichtete Wissenschaft ist in dieser Tradition die Domäne einer intellektuellen Männerwelt (→ Zitat von ARISTOTELES auf S. 93). Praktisches, auf Verwertbarkeit gerichtetes Wissen hatte im Vorhof der Wissenschaft zu bleiben. In der höheren Schulbildung humanistischer Prägung war zunächst kein Raum für die *nur* nützlichen „Realien". Diese waren den niedrigeren Abschlüssen der Realienschulen ohne Studienberechtigung zugeordnet. Erst der Nachweis eines von Verwertungszwecken freien „Bildungsgehalts" öffnete einen kleinen Spalt breit das Tor zu den höheren Weihen humanistischer Bildung (→ Ü 3.1). Wenn heute beklagt wird, daß gesellschaftlich hoch bewertete

---

35 Die Äußerung bezieht sich auf Mädchen, die als Neigungsfächer in der Realschuloberstufe Physik oder Chemie wählen.

Positionen in Bildung und Wissenschaft noch immer den Männern vorbehalten sind, so muß das im Licht dieser Bildungstradition gesehen werden. Sie ist heute noch keineswegs überwunden. Es erscheint daher ziemlich paradox, daß gerade von seiten der Frauenbewegung an den Physikunterricht der Anspruch gerichtet wird, einer angeblich auf Nutzen und Brauchbarkeit gerichteten Interessenorientierung der Mädchen Rechnung zu tragen. Diese Forderung ist nicht nur inhaltlich falsch, wie sich in den folgenden Abschnitten noch zeigen wird, sondern auch bildungspolitisch unklug.

Um dem Mißverständnis vorzubeugen, mit dieser Argumentation werde das Problem der Benachteiligung der Mädchen nicht ernst genug genommen, soll ergänzend angemerkt werden:

Mit der Betonung der negativen Wirkung eines Physikunterrichts spezifischer, aber weit verbreiteter Prägung auf Mädchen *und* Jungen soll nicht in Abrede gestellt werden, daß die Mädchen davon besonders betroffen sind. Auch soll nicht die Bedeutung herabgesetzt werden, die dem Umstand beizumessen ist, daß Physik für die Mädchen nicht nur zum uninteressantesten Fach geraten ist, sondern sich darüber hinaus im Lauf der Schulzeit für viele geradezu zum schulischen „Horror" auswächst (→ Abbildung 6, S. 77). Sieht man dies jedoch so, daß die Mädchen aufgrund eines vielschichtigen Bedingungsgeflechts sehr viel sensibler als die Jungen auf didaktische und pädagogische Defizite reagieren (→ Fußnote 36), die den Unterricht von Grund auf prägen, dann wird deutlich, daß der Unterricht gemäß den Bedürfnissen der Mädchen verändert werden muß und nicht umgekehrt; und dies ist nicht (nur) der Mädchen wegen nötig, sondern um die naturwissenschaftliche Bildung der Bevölkerung insgesamt zu verbessern bzw. überhaupt erst zu ermöglichen. In diesem Sinne ist auch WAGENSCHEINs vielzitierter Imperativ zu verstehen: *wenn man sich nach den Mädchen richtet, so ist es auch für die Jungen richtig; umgekehrt aber nicht* (1968a, S. 123). Nicht das Ziel der Chancengleichheit der Geschlechter ist hier gemeint, sondern die Forderung nach einem bildenden Unterricht überhaupt (→ These 7, S. 72).

1.2.3 Orientierungswissen und Verfügungswissen

1.2.3.1 Anmerkungen zur Evaluationsforschung im Zusammenhang mit der Interessenstudie

Erwartungsgemäß hat die Interessenstudie des IPN eine Reihe von Folgeprojekten beflügelt, mit deren Hilfe Interventionsmöglichkeiten für den Unterricht gefunden werden sollen. Da die Geschlechterpolarität in den empirischen Befunden besonders hervorgehoben wird, sind auch die Interventionsprojekte in erster Linie der Mädchenförderung gewidmet. Die Benachteiligung der Mädchen in Gesellschaft und Arbeitswelt wurzelt aber in einem enorm komplexen Bedingungsgefüge, bei dem didaktische und pädagogische Defizite des Physikunterrichts nur eine – und wohl nicht die wichtigste – Komponente darstellen.[36] Die bisher bekannten Projekte haben auch durchweg eine Zielsetzung, die – weil sie an partikularen Interessen orientiert ist – in den folgenden Abschnitten und Kapiteln noch mehrfach problematisiert wird: Sie wollen das Kurs-, Studien- und Berufswahlverhalten der Mädchen zugunsten von Naturwissenschaft und Technik beeinflussen. Dafür stehen natürlich eine Vielzahl von Strategien zur Verfügung. Man kann z. B. an den außerschulischen Sozialisationsbedingungen ansetzen, man kann – plakativ gesprochen – versuchen, die Mädchen so zu verändern, daß sie den vorhandenen Unterricht gleichermaßen akzeptieren wie die Jungen oder man kann unterrichtliche Begleitveranstaltungen entwickeln, z. B. zusätzliche mädchenorientierte Praktika und Betriebspraktika.

Entsprechend komplex und vielfältig sind die Forschungsprojekte zur Mädchenförderung. Im Hinblick auf physikdidaktische Erkenntnisse ist die Aussagekraft der bisherigen Arbeiten begrenzt. Wie im vorstehenden Abschnitt 1.2.2 herausgestellt wurde, ist der Kontextbezug der physikalischen Inhalte der entscheidende Motivierungsfaktor im Unterricht für Mädchen *und* Jungen. Es ist daher problematisch, die pädagogische Weiterentwicklung des Physikunterrichts überwiegend an dem Kriterium auszurichten, daß die offenbare Benachteiligung der Mädchen auf dem Arbeitsmarkt beseitigt werden muß. Vieles deutet darauf hin, daß gerade durch diese Eingrenzung der Zielsetzung wesentliche Defizite des Unterrichts nicht gebührend gewichtet werden.

Die an der Interessenforschung anknüpfenden Projekte und Modellversuche enthielten zwar in der Regel eine physikdidaktische Komponente, waren jedoch aufgrund der erwähnten Zielsetzung nicht darauf angelegt, die Theoriebildung im Hinblick auf den Kontextbezug des Physikunterrichts voranzutreiben. Aufgezeigt wurden jedoch Möglichkeiten, die Distanz der Mädchen zum naturwissenschaftlichen und technischen Unterricht abzubauen. Das von der Stiftung „Jugend forscht" angeregte Forschungsprojekt „Mehr Mädchen in Naturwissenschaft und Technik" (BMBW 1989) zeigte beispielsweise, daß die Bereitschaft der Mädchen, in der gymnasialen Oberstufe Physik als Leistungskurs zu wählen, durch Interventionsmaßnahmen deutlich erhöht werden konnte.[37] Erreicht wurde dieser Erfolg allerdings durch ein komplexes Programm, das größtenteils zusätzlich zum normalen Unterricht durchgeführt wurde und keine verallgemeinerbaren Rückschlüsse auf die Wirkung bestimmter physikdidaktischer Maßnahmen zuläßt.

---

36 Die Komplexität dieses Problems soll hier nur angedeutet werden: Dazu gehören z. B. gesellschaftliche Geschlechtsstereotype, die dazu führen, daß Mädchen schon im Elternhaus anders erzogen werden als Jungen, daß sie andere Erfahrungen und Kompetenzen mitbringen, daß sie andere Lebenspläne und damit andere Berufswünsche entwickeln, daß das Selbstkonzept, das Selbstwertgefühl usw. sich grundsätzlich von dem der Jungen unterscheidet und von anderen Faktoren bestimmt wird als das der Jungen. Probleme der Koedukation, der asymmetrischen Lehrer(innen)-Schüler(innen)-Interaktion gehören ebenso zum Problemfeld wie das „Image" der Unterrichtsfächer als „männlich" oder „weiblich".

37 10,3 % der Mädchen in Klasse 9 gaben an, sicher oder ziemlich wahrscheinlich später Physik als Leistungsfach wählen zu wollen. In den Vergleichsgruppen waren es nur 4,3 % (BMBW 1989, S. 48).

Im Rahmen eines ähnlich titulierten Modellversuchs „Mädchen in Naturwissenschaften und Technik" wurden physikalische Unterrichtsprojekte entwickelt, die spezifisch an den Interessen der Mädchen ausgerichtet waren. Sie waren auf das fächerübergreifende Thema „Kommunikation" begrenzt. *Mädchen der 3. bis 8. Klassen aus allen Schulformen besuchen den Modellversuch. Die Teilnahme ist freiwillig, die Mädchen kommen einmal wöchentlich nachmittags zu einer zweistündigen Veranstaltung* (CONRADS/UHLENBUSCH, S. 19 und UHLENBUSCH). Der Modellversuch läßt wegen der zitierten Randbedingungen kaum verallgemeinerbare Schlüsse für die Gestaltung des Physikunterrichts zu. Es liegt auf der Hand, daß Mädchen, die freiwillig an zusätzlichem Unterricht teilnehmen, hinsichtlich ihrer Motivationslage nicht repräsentativ sind. Die Gestaltung des Themas „Kommunikation" ist jedoch insofern interessant für die Fragestellung dieser Arbeit, als hier ein „sinnstiftender Kontext" so strukturiert wurde, daß mit ihm physikalische Kompetenzen aufgebaut werden können, die die Forderung nach lebenspraktischer Bedeutsamkeit und systematischem Fachwissen gleichermaßen erfüllen (→ vgl. dazu Kapitel IV, Ü 4.4).

Es gibt eine Anzahl weiterer Interventionsprojekte zur Mädchenförderung, die hinsichtlich der Verallgemeinerung physikdidaktischer Aussagen mit ähnlichen Problemen behaftet sind wie die angesprochenen. Sie können hier nicht alle erwähnt werden. Ein aufwendiger Modellversuch der Bund-Länder-Kommission (BLK) soll jedoch seiner grundsätzlichen Bedeutung wegen im folgenden analysiert werden.

1.2.3.2 Der Modellversuch „Mädchen und Physikunterricht"

Kurzbeschreibung und Ausgangshypothese

Wichtige Hinweise für die Möglichkeiten zur Bewältigung der pädagogischen Probleme des Physikunterrichts liefert der BLK-Modellversuch „Mädchen und Physikunterricht", der zwischen 1990 und 1993 in Nordrhein-Westfalen durchgeführt wurde.[38] Die besondere Bedeutung dieser Forschungsarbeit ergibt sich aus den Leitgedanken:

- Das Projekt knüpfte gezielt an zentrale Hypothesen der aktuellen Interessenforschung an – explizit an die Empfehlungen, die das IPN aus der Interessenstudie ableitete.
- Das Projekt hatte die Veränderung von Einstellungen der Mädchen durch curriculare Maßnahmen *im regulären Physikunterricht* zum Ziel.
- Fach- und Berufswahlverhalten wurden in einem engen Zusammenhang gesehen. Die Qualifikationsfunktion des Physikunterrichts für die Arbeitswelt bzw. berufliche Lebensplanung der Mädchen stand im Vordergrund.

Involviert waren 607 Schülerinnen und Schüler (48 % weiblich) aus sieben Realschulen und 20 Klassen. Die 13 Lehrkräfte (darunter drei Lehrerinnen) waren an der Unterrichtsplanung beteiligt und blieben für die Unterrichtsarbeit während des

---

[38] BLK-Nr. 21/89/FKZ: A 6321.00. Die folgende Darstellung orientiert sich – soweit nichts anderes vermerkt ist – am Abschlußbericht von BEINKE/RICHTER 1993.

Versuchs voll verantwortlich. Der äußere Rahmen war durch die Einbindung des Projekts in den Physikunterricht abgesteckt. Die Stundentafel blieb in Kraft, die amtlichen Richtlinien waren aber für das Projekt ausgesetzt. Die unterrichtlichen Interventionen umfaßten drei Schulhalbjahre, nämlich das 2. Halbjahr des 7. Schuljahrs und das ganze 8. Schuljahr. Die Wahl dieser Klassenstufen ergab sich einmal aus dem Ziel, den gerade in diesem Alter auftretenden Interesseneinbruch zu mildern, und zum anderen, weil die Schülerinnen und Schüler in Nordrhein-Westfalens Realschulen am Ende der Klasse 8 entscheiden müssen, welchen Neigungsschwerpunkt sie in den beiden letzten Schuljahren belegen. *Aus dem Wahlverhalten der Schülerinnen am Ende der Klasse 8 wird ablesbar sein, ob die im Modellversuch erzielten Einstellungsänderungen auch zu Konsequenzen in realen schullaufbahnbezogenen Entscheidungen führen* (DIDAKTIK DER BERUFS-UND ARBEITSWELT 1991, S. 10). Es ging also darum, die fast vollständige Abwahl des Neigungskurses Naturwissenschaften und Technik durch die Mädchen zu verhindern.

Die Zielsetzung des Modellversuchs beschreiben BEINKE/RICHTER wie folgt: *Bei dem abgeschlossenen Modellversuch versuchten wir, ein speziell auf Schülerinneninteresse hin entwickeltes Curriculum im Fach Physik zu erstellen, um damit die Motivation und das Interesse der Schülerinnen am Fach zu erhöhen. Durch das zu weckende Interesse an naturwissenschaftlich-technischen Zusammenhängen sollte erreicht werden, daß sich junge Frauen der Bedeutung von Naturwissenschaften und Technik für ihre eigene Lebensplanung bewußt werden und in ihre Berufsorientierung einbeziehen* (1993, S. 1).

Die zentralen curricularen Maßnahmen waren eine Umstellung des Lehrplans, nämlich die Verlegung des Optikunterrichts von Klasse 9 nach Klasse 8, und die Entwicklung von zwei Praktikumsblöcken und einen darauf abgestimmten konventionellen Unterricht. Die Praktikumsblöcke umfaßten die Themenkreise Mechanik/Wärmelehre und Optik:
Jeder Block besteht aus 7 Versuchen, die von den Schüler/innen nach dem Rotationsprinzip durchgeführt werden.
Die Eigenart der Boxenexperimente liegt:
- *in den geschlechtshomogenen Arbeitsgruppen (jeweils zwei Schülerinnen oder Schüler experimentieren gemeinsam)*
- *in den Versuchsmaterialien, die auf einfachen Grundmaterialien aufbauen und den Schüler/innen vertraut sind, so daß eine Schwellenangst beim Umgang vermieden wird*
- *im Rotationsprinzip (maximal zwei Arbeitsgruppen pro Klasse führen denselben Versuch in einer Unterrichtseinheit durch)*
- *im selbständigen, durch Versuchsanleitung und Arbeitsblätter unterstützten freien Experimentieren.*
Für die Schülerinnen bedeutet dies, daß sie sich in aller Ruhe mit den Versuchsgegenständen vertraut machen können, ohne von den Jungen auf untergeordnete Nebentätigkeiten abgedrängt zu werden. Bei der Erstellung der Praktikumsversu-

che sowie des daran anschließenden modifizierten Unterrichts wird darauf geachtet, daß diejenigen Kontexte gewählt werden, die nach vorliegenden Untersuchungen besonders für Mädchen ansprechend und motivierend sind (DIDAKTIK DER BERUFS- UND ARBEITSWELT 1991, S. 8).

Dabei waren diese curricularen Maßnahmen vor allen Dingen explizit auf die Empfehlungen gestützt, die insbesondere HOFFMANN aus der IPN-Interessenstudie ableitete. Der Ausgang des Modellversuchs kann deshalb auch als ein Kriterium dafür verstanden werden, ob die Schlußfolgerungen der IPN-Forschergruppe der Problemlage des Physikunterrichts angemessen sind.

Relevante Ergebnisse

Zunächst das pauschale Ergebnis des Modellversuchs:

Die dem Modellversuch zugrunde gelegte Hypothese, daß mit einem veränderten Physikunterricht in den Klassen 7 und 8 mit Blöcken in experimenteller Form die Eigentätigkeit der Schüler gefördert und mit geschlechtshomogenen Gruppen unter Berücksichtigung der aus anderen Untersuchungen gefundenen bevorzugten Themen von Mädchen das Interesse an diesem Unterrichtsfach derart verbessert werde, wurde in der eingebrachten Form falsifiziert (BEINKE/RICHTER 1993, S. 126).

Der Interessenverfall konnte durch das schülerinnenorientierte Praktikum nicht aufgehalten werden, für die Jungen wurde sogar eine gegenteilige Tendenz festgestellt: *Bei der Entwicklung des Fachinteresses fiel ein von der IPN-Studie stark abweichender Trend auf: Während dort das Interesse der Jungen auf hohem Niveau stabil blieb und das der Mädchen sank, verringerte sich in der vorliegenden Stichprobe bei Jungen und Mädchen gleichermaßen das Interesse mit dem Trend zur Angleichung* (SIEGER in BEINKE/RICHTER 1993, S. 59).

Der „Trend zur Angleichung" wird aus einer Zwischenbefragung nach dem zweiten Praktikumsblock herausgelesen. Während des Praktikums sank das Interesse der Mädchen zwar weiter, aber nicht ganz so stark wie das der Jungen. Im anschließenden – curricular auf das Praktikum abgestimmten, aber methodisch konventionellen – Unterricht verlangsamte sich der Interessenverfall bei den Jungen, während das Fachinteresse der Mädchen stetig weiter sank. Die Autoren schließen daraus auf eine positive Wirkung des Praktikums bei den Mädchen, was nicht ganz überzeugt. Denn einerseits ist bei dem niedrigen Ausgangsniveau des Fachinteresses bei den Mädchen ein in Absolutwerten gemessener Interessenschwund relativ gesehen höher als die gleiche Abnahme bei den Jungen bei höherem Ausgangsniveau. Andererseits zeigt die Untersuchung – auch verglichen mit anderen Erhebungen – einen stärker negativen Effekt bei den Jungen, der deutlich durch das Praktikum beschleunigt wurde. Dies könnte darauf zurückzuführen sein, daß den Jungen das Interesse an der Mädchenförderung nicht verborgen blieb und sie sich deshalb benachteiligt fühlten.

Nachdem die curricularen Maßnahmen keinen Einfluß auf die negative Interessenentwicklung hatten, verwundert es nicht weiter, daß auch die Wahl des Neigungsschwerpunkts Naturwissenschaften/Technik nicht begünstigt wurde: *Bei der definitiven Wahl blieben keine Mädchen mehr übrig* (SIEGER in BEINKE/RICHTER 1993, S. 65).

Zur Deutung des Mißerfolgs

Es ist anzumerken, daß die hier herausgestellten negativen Ergebnisse nichts mit dem Wert der Studie an sich zu tun haben. Eine Reihe von Folgerungen, die sich aus dem Modellversuch ergeben, ist nicht nur physikdidaktisch bedeutungsvoll, sondern sehr aufschlußreich hinsichtlich pädagogischer Fragen zur vorberuflichen Bildung und Sozialisation der Mädchen. Die damit zusammenhängenden Begleituntersuchungen können in diesem Rahmen nicht referiert werden.

Trotz der dargestellten negativen Wirkung der Praktikumsblöcke bewerten die Autoren das Praktikum als methodische Maßnahme positiv. Die negativen Wirkungen gingen nach BEINKE nicht von der Betonung der experimentellen Selbsttätigkeit der Schülerinnen und Schüler aus, sondern von organisatorischen und materialen Schwächen des „Boxenkonzepts" (BEINKE/RICHTER 1993, S. 127). Die Befragungen haben ergeben, daß die experimentelle Tätigkeit innerhalb des überwiegend als uninteressant wahrgenommenen Unterrichts zu den attraktiven Elementen gehört. Dennoch soll darauf hingewiesen werden, daß eine Verallgemeinerung dieser positiven Bewertung, wie sie BEINKE/RICHTER zusammenfassend wiedergeben (1993, S. 129), problematisch ist. Die These, daß die experimentelle Selbsttätigkeit auch im Rahmen eines mehrheitlich als interessant empfundenen Unterrichts ein positiver Faktor ist, ist bisher empirisch (mangels „interessantem" Unterricht) nicht belegt. Es gibt durchaus Hinweise, daß es auch anders sein könnte (→ S. 39 und 159)![39] So kommt auch SIEGER in der zusammenfassenden Bewertung des Praktikums zu der Empfehlung, eingedenk des verfügbaren Zeitrahmens die Zahl der Praktikumsexperimente zugunsten des konventionellen Unterrichts zu verringern (BEINKE/ RICHTER 1993, S. 74), eine Empfehlung, die angesichts der im übrigen positiven Einschätzung selbsttätigen Experimentierens paradox anmutet.

---

[39] Dazu gehört beispielsweise der Befund von HOFFMANN/LEHRKE, daß die Mädchen ab Klasse 8 lieber den Lehrer beim Experimentieren beobachten, als selbst Versuche durchzuführen (1985, S. 21). Auch in dem Projekt von BEINKE/RICHTER wünschen sich die Mädchen mehr Lehrerexperimente, als sie erleben, und die Jungen weniger Gruppenexperimente (1993, S. 63). LEHRKE (S. 62–64) berichtet über mehrere Untersuchungen zu Curricula mit starker Betonung der experimentellen Schülerselbsttätigkeit (darunter die Nuffield- und PSSC-Kurse), die zu einer signifikanten Abnahme des Interesses führten, und von Untersuchungen, die zeigen, daß eine pauschale Bewertung des Experiments unzulässig ist (S. 69/70). BRUHN (1972) führt eine Studie an, bei der ein verstärkt auf Motivation/Überraschung/Neugierde setzender Demonstrationsunterricht bei Lernerfolg, Interesse und Spaß bessere Ergebnisse erbrachte als Unterricht mit Schülerexperimenten. TODT (1988a, S. 67) konnte keine Interessensteigerung durch fünfmonatigen Experimentalunterricht feststellen. TODT (1988b, S. 138) findet bei Jungen ein stagnierendes Interesse an Schülerexperimenten und ein mit den Schuljahren zunehmendes Interesse an Demonstrationsexperimenten, bei Mädchen abnehmendes Interesse an Schülerexperimenten auf niedrigem Niveau. TODT (1988a, S. 77 und – noch ausgeprägter – 1993, S. 37) berichtet über recht niedrige Einschätzungen der Schülerexperimente für interessanten Unterricht durch Schülerinnen und Schüler. Bei Mädchen nehmen die Experimente den niedrigsten Rang unter acht Faktoren ein. Zum Erklärungsansatz → S. 159 f.

BEINKE folgert aus dem Mißerfolg des Modellversuchs, daß die Eingrenzung der Mädchenförderung auf den Fachunterricht „zu kurz gegriffen" ist (BEINKE/ RICHTER 1993, S. 128). Hinsichtlich des übergeordneten Ziels des Modellversuchs, recht unmittelbar eine Berufsumorientierung der Mädchen zugunsten der naturwissenschaftlich-technischen Berufe zu erreichen, mag dieser Schluß berechtigt sein. Aber gerade diese Zielsetzung hat m. E. verhindert, daß die curricularen Interventionen wirklich zu einem auch für die Mädchen interessanten Unterricht geführt haben.

Keinesfalls darf das Untersuchungsergebnis dahingehend interpretiert werden, Mädchen seien durch curriculare Veränderungen nicht stärker für den Physikunterricht zu interessieren.[40] Es gilt vielmehr darauf hinzuweisen, daß curriculare Maßnahmen, mit denen Aspekte der vorberuflichen Bildung betont werden, nach diesem Untersuchungsergebnis keine positive Wirkung auf das Interesse der Mädchen am Physikunterricht haben – oder in der Perspektive dieser Arbeit formuliert:

These 5

> Mädchen und Jungen stärker für den Physikunterricht aufzuschließen gelingt nicht dadurch, daß man die Qualifizierungsfunktion des Unterrichts stärker betont.

1.2.3.3 Orientierungswissen

Die bisherigen Interpretationen aus der Interessenforschung zur motivationalen Disposition der Mädchen reichen nicht an die Wurzeln der pädagogischen Probleme des Physikunterrichts. Interessiert zeigen sich Mädchen an einem enorm breiten Spektrum von Inhalten. Es reicht von den Naturphänomenen (z. B. Regenbogen) bis zu den technischen Geräten in einer Arztpraxis, vom Gefahrenpotential der Kernkraftwerke bis zur Astrophysik.[41] Es ist zumindest unvorsichtig, die Interessenvielfalt mit Begriffen wie praktische Nützlichkeit, Anwendungsbezug o. ä. zu beschreiben. Das Interesse an Astronomie läßt sich nicht ausreichend mit „Brauchbarkeit" umschreiben. Phänomene wie Regenbogen oder Himmelsfarben haben wenig mit praktischer Nützlichkeit zu tun. Das hohe Interesse an Fragen zur Kernenergie verweist ebenfalls auf eine fundamentalere Lernmotivation als die der unmittelbaren und praktischen Verwertbarkeit erworbener Kenntnisse.

Diese Interpretation wird auch von KUBLI bestätigt. Er berichtet von ausführlichen klinischen Interviews mit 113 Schülerinnen und Schülern aus 21 Klassen an Mittelschulen in der Schweiz. Die markanteste Forderung an den naturwissenschaftlichen Unterricht, deren Erfüllung zugleich oft vermißt wird, beschreiben

---

[40] Diesen Schluß legt BEINKE in seiner zusammenfassenden Bewertung nahe (BEINKE/RICHTER 1993, S. 128/129).

[41] Die Astrophysik erhielt die höchste Bewertung hinsichtlich des Gesamtinteresses der Mädchen (HOFFMANN/LEHRKE 1985, S. 10). Im Fragebogen war sie folgendermaßen charakterisiert worden: *Wie das Weltall entstanden ist und was es mit Fixsternen, Planeten und Kometen auf sich hat* (BLEICHROTH, S. 10). Dieses herausragende Interesse läßt sich wohl kaum mit „praktischem Nutzen", „Brauchbarkeit" usw. erklären.

Schülerinnen und Schüler damit, daß man das Gelernte „brauchen können" soll. Jedoch: *Viele Schüler meinen mit „das kann man brauchen" etwa folgendes: Man sieht, wo es in der Natur vorkommt (…), wo einem im täglichen Leben das angesprochene Sachgebiet begegnet, aber auch: wo im Alltag und mit wem man darüber kommunizieren kann* (KUBLI, S. 28). KUBLIs Ausführungen hierzu bestätigen, daß „Brauchbarkeit" im Sprachgebrauch der Schüler und in bezug auf den naturwissenschaftlichen Unterricht weniger mit instrumenteller Verwendbarkeit zu tun hat, sondern sich eher auf die Erweiterung der Kommunikationsfähigkeit und die Befriedigung von Deutungsbedürfnissen gegenüber der erlebten Welt bezieht. Es wird sich im weiteren Verlauf der Analyse des Physikunterrichts erweisen, daß diese differenzierende Betrachtung der Motivationslage von grundsätzlicher didaktischer Bedeutung ist. Dies wird deshalb durch eine weitere These hervorgehoben:

These 6

> Die Bedingungen für das Interesse der Mädchen (und vieler Jungen) sind nicht Nützlichkeit, Alltagserfahrung, Gemüthaftigkeit und Sinnlichkeit, auch wenn solche Faktoren immer mit im Spiel sind. Das tieferere und allgemeinere Anliegen, dem der Physikunterricht gegenwärtig nicht gerecht wird, betrifft das Bedürfnis, *die Menschen, die Bedingungen ihrer Existenz und ihr Handeln zu verstehen!* Naturerkenntnis ist immer auch Erkenntnis des Menschen. Jedem Naturbild korrespondiert ein Menschenbild. Wo Unterricht diese Seite ausklammert, leidet seine Attraktivität, wo sie zum Thema wird, weckt er Interesse.

Im Abschnitt 1.2.4.2 werden weitere empirische Belege für diese These angeführt (→ Abbildungen 10 und 11, S. 81 f).

Im weiteren Verlauf der Arbeit wird das Kompetenzgefüge, das für die Klärung des Verhältnisses Mensch/Natur erforderlich ist, als *Orientierungswissen*[42] bezeichnet. Bezogen auf den Physikunterricht beinhaltet dieses Kompetenzgefüge auf der Ebene der *Kenntnisse* jene Inhalte und Inhaltsaspekte, die Aufschluß über die Bedingungen der menschlichen Existenz geben können, deren Verwobenheit mit dem Naturgeschehen, über die Eingriffsmöglichkeiten des Menschen und die daraus resultierenden Folgen, über die Veränderungen, die durch Wissenschaft erzeugt wurden und künftig möglich sind. Diese Veränderungen betreffen nicht nur die Außenwelt, sondern immer auch uns selbst, unser Wahrnehmen und Handeln, unsere Bedürfnisse und Lebensziele, die Natur und die Kultur. Sinn- und Wertfragen sind daher von den auf das Orientierungswissen gerichteten Inhalten nicht abtrennbar. Auf der Ebene des *Könnens* stehen kommunikative Fähigkeiten im Vordergrund: Diskursfähigkeit, naturwissenschaftliche Texte verständig lesen können, an der Auseinandersetzung über naturwissenschaftliche Sachverhalte im Alltag aktiv partizipieren können, „denkendes Beobachten" usw. Wichtiger als die Beherrschung des forma

---

[42] „Wissen" ist dabei in einem umfassenden Sinn gemeint, nicht eingeschränkt auf die kognitive Repräsentation von Inhalten, sondern Fähigkeiten und praktische Handlungskompetenzen („Können") ebenso wie ethisches Urteilsvermögen einschließend.

len Instrumentariums der Physik ist im Rahmen dieses Kompetenzgefüges beispielsweise die Fähigkeit, quantitative Aussagen auf der Basis von Abschätzungen machen zu können, von Einzeldaten auf größere Zusammenhänge schließen zu können. Moralische Urteilsfähigkeit, Aufgeschlossenheit und politisches Engagement, Bereitschaft zur Übernahme von Verantwortung sind Beispiele für *Tugenden*, die im Rahmen des Orientierungswissens im Vordergrund stehen.

Ob ein Inhalt oder eine Fähigkeit dem Orientierungswissen zugerechnet werden kann oder nicht, entscheidet sich also durch die Qualität der Objekt-Subjekt-Beziehung und läßt sich deshalb nicht unabhängig von dieser entscheiden. Die dadurch erschwerte Objektivierbarkeit birgt die Gefahr, die Verantwortung für die Integration eines Inhalts in die personale Valenzstruktur an den Lernenden zu delegieren. Um so nachdrücklicher ist von der Fachdidaktik zu fordern, das Curriculum und die Unterrichtsformen so zu gestalten, daß die Chancen für die Lernenden größer werden, die Unterrichtsgegenstände als subjektiv bedeutungsvoll zu erfahren.

Naturerkenntnis um der Erkenntnis des Menschen willen zu ermöglichen, ist eine Aufgabe des Physikunterrichts, der in den Präambeln der Lehrpläne eine durchaus wesentliche Rolle beigemessen wird. Sie soll im weiteren Verlauf als *Orientierungsfunktion* des Unterrichts bezeichnet und damit von der *Qualifizierungsfunktion* unterschieden werden. Der Qualifizierungsfunktion ist ein Kompetenzgefüge mit anderer Prägung zugeordnet. Dieses wird im folgenden als *Verfügungswissen* vom *Orientierungswissen* unterschieden.

Mit der These, daß das Interesse vor allem der Mädchen dem Orientierungswissen gilt, lassen sich die empirisch festgestellten Präferenzen für die Beschäftigung mit naturwissenschaftlichen und technischen Sachverhalten widerspruchsfrei deuten. Dies wird zusätzlich durch den Befund der IPN-Interessenstudie gestützt, daß die „bewertenden Tätigkeiten" bei Schülerinnen und Schülern ab Klasse 7 auf zunehmendes Interesse stoßen, während das Interesse an allen anderen Tätigkeiten abnimmt (HOFFMANN/LEHRKE 1985, S. 23). Bewertungen gehören nicht zum objekttheoretischen Aussagebereich der Physik. Sie kommen aber ins Blickfeld, sobald die Bedeutung naturwissenschaftlicher Zusammenhänge für das Leben der Schülerinnen und Schüler im Vordergrund steht, oder genauer: sobald das Verhältnis Mensch/Natur Unterrichtsgegenstand ist und dadurch die Orientierungsfunktion des Unterrichts zum Tragen kommt.

Die abweisende Reaktion der Mädchen auf den verbreiteten Physikunterricht sollte daher als Indikator für *generelle* didaktische Defizite des Unterrichts im Hinblick auf den Aufbau von Orientierungswissen verstanden werden. Die Ablehnung ist so gesehen kein Effekt der Geschlechterpolarität. Sie betrifft auch einen großen Teil der Jungen. Warum letztere nicht in gleichem Maße unter diesen Mängeln leiden, wird weiter unten noch deutlicher (→ S. 70 f).

1.2.3.4 Verfügungswissen

Wenn die These 6 zutrifft, ist das Scheitern des oben beschriebenen Modellversuchs geradezu eine logische Notwendigkeit. Denn in diesem Unterricht ging es um eine bessere *Qualifizierung* der Mädchen im Hinblick auf das naturwissenschaftlich-technische Berufsfeld. Es läßt sich zeigen, daß auch die curricularen Maßnahmen des Modellversuchs von dieser Zielsetzung des Unterrichts geprägt waren (→ Ü 1.2.3.5). Die *Qualifizierungsfunktion* des Unterrichts bezieht sich auf instrumentelles Wissen, fachliches Können und die Pflege der in den naturwissenschaftlich-technisch orientierten Berufen geforderten Tugenden. Dieses Kompetenzgefüge wird im Gegensatz zum *Orientierungswissen* als *Verfügungswissen* bezeichnet.

Für den Physikunterricht beinhaltet das Verfügungswissen auf der Ebene der *Wissensinhalte* die Kenntnis grundlegender Begriffe, Definitionen, Gesetze und Verfahren (→ Fußnote 42, S. 65). Beim *Können* geht es um die Beherrschung fachlicher Methoden, wie z. B. eine Größe genau messen können, mit gegebenen Formeln umgehen können, etwas berechnen können, Störvariablen durch gezielte Strategien auffinden. Bei den *Tugenden* werden hochbewertet: Sorgfältigkeit, Sachlichkeit, Geduld, Zielstrebigkeit, Teamfähigkeit[43].[44]

Was hier als „Verfügungswissen" umschrieben wird, ist weitgehend identisch mit dem, was andere Autoren als „instrumentelles Wissen" bezeichnen. KLAFKI beschreibt den Komplex als *... instrumentelle Kenntnisse, Fähigkeiten, Fertigkeiten und Sekundärtugenden, die als solche nichts über ihre begründbare, verantwortbare Verwendung sagen und ebensowohl in den Dienst humaner, demokratischer, friedlicher, mitmenschlicher Ziele und Handlungszusammenhänge gestellt wie zum Konkurrenzkampf, zur Herrschaft über andere Menschen und zu ihrer Ausnutzung, zur Vermehrung von Friedlosigkeit, zur Verhinderung von Aufklärung, Mitbestimmung, Chancengleichheit usf. benutzt werden können* (1993, S. 74; Hervorhebungen i. O.).[45]

Im Begriff *Verfügungswissen* steckt „Verfügbarkeit" in einem doppelten Sinn: Zum einen hat das Kompetenzgefüge „Werkzeugcharakter", weil es – einmal erworben – ohne den Menschen im Sinne der „doppelseitigen Erschließung" zu verändern, in praktischen Anwendungszusammenhängen instrumentell verwendbar ist. Zum anderen macht es auch seinen Träger „verfügbar" im Sinne von „brauchbar" für Aufgaben, die ihm von anderer Seite und in fremder – evtl. von ihm selbst undurchschauter – Absicht gestellt werden. Verfügungswissen hat so gesehen keinen Eigenwert für die Integration in die ethische Valenzstruktur seines Trägers, wie dies oben für das Orientierungswissen beschrieben wurde. Vielmehr wird es unspezifisch für beliebige Zwecke bereitgestellt.

---

43 „Teamfähigkeit" wird dabei nicht unbedingt im Sinne aktiver Kooperations- und Kommunikationsfähigkeit interpretiert. Wesentlich ist vor allem die Bereitschaft, sich um der Sache willen entgegen subjektiven Bedürfnissen in ein Team einzuordnen. „Anpassungsfähigkeit" wird daher oft als analoge Tugend verstanden.

44 Es liegt daher durchaus in der Logik des Modellversuchs, daß SIEGER, als der für die physikdidaktische Gestaltung verantwortliche Mitarbeiter des Projekts, für die Begründung des hohen Stellenwerts der Experimente die eben genannten Tugenden aufführt. Zusätzlich nennt er noch „Anpassung", „Feinmotorik" und „Selbständigkeit" (BEINKE/RICHTER 1993, S. 34).

45 Als „Sekundärtugenden" führt KLAFKI explizit auf: „Selbstdisziplin, Konzentrationsfähigkeit, Anstrengungsbereitschaft, Rücksichtnahme" (1993, S. 74). Vgl. dazu die Ausführungen zu KERSCHENSTEINER (→ S. 137 f).

Auch für das Verfügungswissen ist zu betonen, daß diese Qualitätszuschreibung nicht allein an einem Unterrichtsgegenstand oder einer Kompetenz festgemacht werden kann, sondern nur aktuell an der Beziehung, in die eine bestimmte Person zu dem entsprechenden Inhalt tritt. Aber es wird noch deutlich werden, daß es bestimmte Inhalte und Kompetenzen gibt, die eher dazu geeignet sind, ausschließlich das Verfügungswissen zu vermehren, als eine existentielle Orientierungsfunktion zu übernehmen.

1.2.3.5 Zum Verhältnis von Orientierungs- und Verfügungswissen

Die gegebene Beschreibung des Verfügungswissens ist hinsichtlich seiner pädagogischen Bewertung unvollständig. Denn diese darf keinesfalls einseitig negativ ausfallen. *Wissen muß als eine der wichtigsten Ressourcen für die Bewältigung der Zukunft angesehen werden.* Das gilt auch für das Verfügungswissen, insofern es unabdingbarer Bestandteil des Orientierungswissens ist. Wo allerdings eine *Beschränkung* des Lernens auf das Verfügungswissen stattfindet – dieses also nicht zum Bestandteil eines komplexeren, die Humanitas umfassenden Kompetenzgefüges wird –, dort scheint mir die pädagogische Skepsis angebracht. So warnt z. B. KLAFKI: ... *es könnte verhängnisvolle Folgen haben, wenn man sie* (gemeint sind die „instrumentellen Kenntnisse" und „Sekundärtugenden", H. M.) *zu Voraussetzungen anspruchsvollerer Bildungsziele und -prozesse erklärt und ihnen sachliche und zeitliche Priorität zuspricht ... Sie sollten im Zusammenhang mit emanzipatorischen Zielsetzungen, Inhalten und Fähigkeiten erlernt werden, so nämlich, daß sie von den Lernenden als instrumentell notwendig eingesehen werden können, nicht aber losgelöst von begründbaren, humanen und demokratischen Prinzipien* (1993, S. 74/75; Hervorhebung i. O.).

Die *Qualifizierungsfunktion* beinhaltet demnach nicht notwendig jene Sinndimensionen des Unterrichts, die in der These 6 auf S. 65 anklingen. Die dort als interessenstimulierend herausgestellte Klärung des Verhältnisses Mensch/Natur erfordert einen Unterricht, der die Bedeutung erkenntnistheoretischer, kultur- und wissenschaftshistorischer Zusammenhänge für unsere heutige Existenz betont, der die ethische Dimension der naturwissenschaftlichen Erkenntnis und des technischen Handelns nicht ausklammert, sondern in die Zieldimension rückt. Anders ausgedrückt: *Verfügungswissen beinhaltet nicht zwangsläufig Orientierungswissen.*

Zur Dominanz des Verfügungswissens im Modellversuch

Von dem eben beschriebenen Standpunkt aus ist die Struktur des Praktikums im zitierten Modellversuch aufschlußreich:

Die Themen lauteten (SIEGER in BEINKE/RICHTER 1993, S. 38/39):

Block 1: Mechanik/Wärmelehre	Block 2: Optik
1. Wärmemenge und Temperatur	1. Reflexion
2. Dehnung bei Federn: Hooksches Gesetz	2. Brechung
3. Hebelgesetze	3. Dispersion
4. Die goldene Regel der Mechanik	4. Abbildungen
5. Das Gesetz des Archimedes	5. optische Geräte
6. Heizen eines Zimmers durch Wärmetransport	
7. Messungen	

Gesetze und Begriffe dominieren, ohne daß ein übergeordneter Sinnrahmen für die Schülerinnen und Schüler erkennbar ist. Auch die inhaltliche Beschreibung der Praktikumsversuche bestätigt diese – für den Aufbau des isolierten Verfügungswissens typische – Dominanz. Zwar wird – besonders in der Optik – jeweils an einem Phänomen angeknüpft, aber im Rahmen der angestrebten Qualifikationen hatten diese Phänomene „Einstiegscharakter".

Beim Thema Brechung werden z. B. folgende Inhalte aufgeführt: *Münze in der Tasse, Lichtbrechung an der Wasseroberfläche, Messung von Einfallswinkel, Brechungswinkel, Bestimmung der Brechungszahl, Totalreflexion, Lichtleiter* und bei den Abbildungen: *Beschreibung des Bildes, Bestimmung der Brennweite einer Linse, Überprüfung der Linsenformel.*

Die „Münze in der Tasse" und die „Beschreibung des Bildes" sind die Einstiegsphänomene, die übrigen Versuche dienen überwiegend der Erarbeitung von Gesetzmäßigkeiten und Begriffen. Die „Linsenformel" ist ein typisches Beispiel für einen Inhalt, der kaum einen Beitrag für die Interpretation lebensweltlicher Zusammenhänge leistet. Sie hilft nicht bei der Deutung der Bildentstehung, und der Bildort kann ebenfalls ohne diese Formel zeichnerisch und experimentell bestimmt werden. Verzichtet man auf die „Linsenformel" und an ihr orientierte Konstruktionsverfahren, so werden auch einige Fachbegriffe entbehrlich, ohne das Verständnis der Bildentstehung zu beeinträchtigen.[46]

Ein sinnstiftender und kontextorientierter Unterricht müßte bei dem zuletzt angeführten Thema auch auf die Bedeutung der Fotografie in unserem Leben eingehen, auf die tiefgreifenden kulturellen Veränderungen, die durch diese Entwicklung bedingt wurden, auf die Naturerscheinungen, die mit der optischen Abbildung erklärbar sind. Diese Zusammenhänge sind nur partiell über das Experiment zu er-

---

[46] Die entbehrlichen Fachbegriffe sind: Brennpunkt, Brennstrahl und Parallelstrahl. Diese fachlichen und fachdidaktischen Andeutungen werden in Kapitel IV präzisiert (→ S. 294). Hier ist nur noch eine Anmerkung zur Alltagsrelevanz der *Linsengleichung* anzubringen: In den meisten praktischen Fällen der optischen Abbildung entsteht das reelle Bild ungefähr in der Brennebene (Fotografie) oder ist „unendlich weit" entfernt (Projektion). Größen- und Entfernungsverhältnisse lassen sich für diese Fälle durch einfache Proportionalitäten recht genau abschätzen. Wegen der i. allg. unklaren Lage der Hauptebene von Linsensystemen ergibt eine Berechnung nach der Linsengleichung eher ungenauere Ergebnisse.

schließen, was aber nicht bedeutet, daß die Schülerinnen und Schüler dadurch in eine passive Rolle gezwungen würden.[47]

Nicht zu bestreiten ist, daß bei der experimentellen Behandlung der Linsenformel und bei der Bearbeitung zugehöriger Aufgaben mit darauf bezogenen Zeichnungen jene o. g. Tugenden eine intensive Pflege erfahren, die konstitutiv für das Verfügungswissen sind.

Die hier angedeuteten Defizite eines auf die Qualifizierungsfunktion begrenzten Unterrichts sind auch bei den anderen Themen des Praktikums nachweisbar. Am ehesten entsprachen die Experimente zum Auge und zu den Farben dem Anliegen, das Verhältnis Mensch/Natur ins Blickfeld zu rücken. Beim Auge und bei der Erklärung der Farben werden Bedingungen menschlicher Wahrnehmung deutlich, die zweifellos auch Bestandteil eines physikalischen *Orientierungswissens* sind. Es ist deshalb auch nicht verwunderlich, daß gerade diese beiden Themen bei den Mädchen auf das größte Interesse stießen (BEINKE/RICHTER 1993, S. 129).

Schlußfolgerung aus den empirischen Ergebnissen

Der nordrhein-westfälische BLK-Modellversuch war sehr gezielt an den Ergebnissen und Empfehlungen der IPN-Interessenstudie ausgerichtet. Es ist daher konsequent, wenn BEINKE im Anschluß an das negative Ergebnis des von ihm geleiteten Projekts die Thesen der IPN-Forscher in Frage stellt. Dies gilt besonders im Hinblick auf die Behauptung, daß Physikunterricht für Mädchen in besonderen Konnotationen unterrichtet werden müsse, wenn er interessenstimulierend sein soll:

Es muß auch gefragt werden, ob die Hypothese von Lore Hoffmann,... verifizierbar ist. Untersuchungen konnten die These, Jungen könnten eher naturwissenschaftlich logisch denken und Mädchen eher ganzheitlich und konkret, nicht belegen, womit auch die Hypothese, es sei ein besonderer Problem- und Kontextbezug notwendig, nicht plausibel erscheint (BEINKE/RICHTER 1993, S. 128).

Diese Zweifel stimmen mit der bisherigen Analyse der empirischen Situation des Physikunterrichts überein: In These 4 (→ S. 56) ist als Ergebnis zusammengefaßt, daß der Kontextbezug für Mädchen *und* Jungen gleichermaßen ein entscheidender Motivationsfaktor ist. In These 6 (→ S. 65) wird dieser Befund dahingehend spezifiziert, daß das Defizit des Physikunterrichts in einer weitgehend fehlenden Einbeziehung von *Orientierungswissen* liegt.

Das vorstehend geschilderte Projekt an Realschulen war von der Zielsetzung geprägt, eine Umorientierung der Mädchen hinsichtlich des Neigungsschwerpunkts Naturwissenschaften/Technik herbeizuführen, um auf diesem Weg das Feld naturwissenschaftlich-technisch orientierter Berufe für die Lebensplanung der Mädchen attraktiver zu machen. Im Rahmen dieser Zielsetzung war es konsequent bzw. selbstverständlich, die *Qualifizierungsfunktion* des Unterrichts zu betonen. Die curricularen Maßnahmen, mit denen der Physikunterricht auch für Mädchen attraktiver gemacht werden sollte, zielten daher auf den Aufbau von *Verfügungswissen* ab. Das

---

[47] Zur fehlenden Orientierungsfunktion im Optikunterricht siehe auch die Kritik am IPN-Fragebogen S. 52 f.

Scheitern des Modellversuchs stützt daher im Licht der Unterscheidung von *Qualifizierungsfunktion* und *Orientierungsfunktion* des Unterrichts die Interpretation, daß die Akzeptanz des Physikunterrichts durch die Betonung des Verfügungswissens bzw. der Qualifizierungsfunktion nicht erhöht werden kann. Wenn die Ablehnung des Physikunterrichts durch die Mädchen in der fehlenden Klärung des Verhältnisses Mensch/Natur gründet, und das Projekt diesen Zusammenhang nicht berücksichtigte, bestätigt das Scheitern die Annahme, daß eine höhere Akzeptanz nur über eine Betonung der Orientierungsfunktion geweckt werden kann.

Ergänzend sei angemerkt: Der Mißerfolg des nordrhein-westfälischen BLK-Projekts ist nach BEINKE kein Einzelfall. Offenbar haben andere bisher unveröffentlichte Interventionen mit der gleichen Zielrichtung ebenfalls zu keinem Erfolg geführt (BEINKE 1993, S. 26). Bestätigt hat sich dabei auch die kritische Bewertung der Wirkung experimenteller Schülertätigkeit, auf die bereits oben hingewiesen wurde (→ Fußnote 39, S. 63).

Auf der GDCP-Tagung im September 1994 berichteten HOFFMANN/HÄUßLER von einem seit 1991 laufenden BLK-Projekt in Schleswig-Holstein (HOFFMANN/HÄUßLER 1994). Es knüpft ebenfalls an die Interessenstudie des IPN an. Erste Ergebnisse deuten darauf hin, daß zumindest im Wissensbereich erhebliche Erfolge auch hinsichtlich längerfristiger Behaltensleistungen erzielt wurden. Dies ist insofern sehr bemerkenswert, als die curricularen Veränderungen in diesem Projekt nicht mit dem Blick auf die Arbeitswelt vorgenommen wurden. Vielmehr wurden die gegebenen Lehrplaninhalte mit einem lebenspraktisch bedeutsamen „Leitmotiv" verknüpft. (Ein Beispiel: Dem Lehrplanthema „Schallerzeugung und Schallausbreitung" wurde das „Leitmotiv" zugeordnet: „Wir bauen Musikinstrumente".) Dieses Verfahren entspricht tendenziell den Vorschlägen, die in Kapitel IV mit dem Konzept der Rahmenkontexte unterbreitet werden (→ Ü 4.4, S. 268 ff).

Geht man von der plausiblen und auch empirisch gestützten Voraussetzung aus, daß ein Teil der Jungen aufgrund ihrer Sozialisation dem naturwissenschaftlich-technischen Berufsfeld und dem praktisch-technischen Handeln in ihrer Lebensplanung und ihrem Selbstkonzept einen hohen Stellenwert einräumen, dann wird verständlich, daß für diese Schüler das *Verfügungswissen* des konventionellen Physikunterrichts durchaus attraktiv sein kann; denn (nur) für diese Schülergruppe steht das Verfügungswissen in einem übergeordneten Sinnzusammenhang und ist damit Bestandteil subjektiv angestrebten Orientierungswissens. Der überwiegende Teil der Mädchen und auch ein Teil der Jungen haben ein anderes Selbstkonzept und eine Lebensplanung, in der das naturwissenschaftlich-technische Berufsfeld nicht wesentlich ist. Auf sie muß die Beschränkung des Unterrichts auf das Verfügungswissen eher abschreckend wirken.

Bereits oben wurde betont, daß Verfügungswissen nicht zwangsläufig auch Orientierungswissen enthält (→ S. 68). (Auf KLAFKIs Befürchtung, daß der isolierte Aufbau des Verfügungswissens der Orientierungsfunktion des Unterrichts sogar schaden kann, wird weiter unten noch eingegangen.) Umgekehrt trifft dies jedoch nicht zu: Orientierung erfordert Kompetenz auch auf der Sachebene. Interpretationsfähigkeit, Verantwortung, Bewerten, Urteilen, ethisch begründetes Handeln usw. sind ohne Sachkompetenz nicht vorstellbar. Anders ausgedrückt: *Orientierungswissen schließt Verfügungswissen mit ein.*

Das didaktische Problem besteht darin, daß nicht jedes Verfügungswissen gleichermaßen als Baustein für das Orientierungswissen geeignet ist. Es muß bereits bei seinem Erwerb, in seiner inhaltlichen und qualitativen Dimension auf die Integration in das übergeordnete Kompetenzgefüge angelegt sein. Wie dies zu leisten ist, wird Gegenstand des Kapitels IV sein.

WAGENSCHEINS Erfahrung, daß es gut ist, sich im Physikunterricht nach den Mädchen zu richten, weil dies auch den Jungen dient, muß nach der Analyse der empirischen Forschungsergebnisse in veränderter Weise interpretiert werden. Geschlechtsspezifische Dispositionen sind nicht ursächlich für Desinteresse, sondern sie indizieren Präferenzen hinsichtlich der Orientierungs- bzw. Qualifizierungsfunktion des Unterrichts. WAGENSCHEINS Maxime „erst die Mädchen, dann die Jungen" bedarf daher einer Erweiterung:

These 7

> Es ist erforderlich, der *Orientierungsfunktion* des Unterrichts Vorrang vor der *Qualifizierungsfunktion* einzuräumen. Dies bedeutet, daß die Konsequenzen naturwissenschaftlicher Erkenntnis für die Gesellschaft und den Einzelnen zur Zieldimension des Unterrichts gehören. Erkenntnistheoretische, wissenschafts- und kulturhistorische sowie ethische und gesellschaftspolitische Zusammenhänge dürfen nicht ausgeklammert werden, sondern müssen Strukturelemente des Unterrichts sein. Dabei schließt diese Akzentuierung des Unterrichts die Qualifizierungsaufgabe (in veränderter Form) mit ein.

Bildungstheoretisch war und ist der Zusammenhang zwischen praktischem Nutzen und wertfreier Erkenntnis ein Dreh- und Angelpunkt der Diskussion. Bis heute ist umstritten und theoretisch ungeklärt, ob hier ein Antagonismus oder eine Komplementarität vorliegen. Die These 7 wird daher auch Gegenstand der Kapitel II–IV sein.

1.2.4 Beliebtheit, Interesse und Wertzuschreibung

1.2.4.1 Der Begriff des Interesses und die Fachbeliebtheit

Auf den S. 43 f wurde bereits auf die Schwierigkeiten hingewiesen, die in der Interessenforschung aufgrund des Bedeutungsspektrums des Interessenbegriffs entstehen. Mit dieser Begriffsunschärfe, die alltagssprachlichen Begriffen notwendig zu eigen sein muß, wenn sie für die Kommunikation tauglich sein sollen (→ Kapitel IV, Ü 4.3, S. 245 ff), hängt auch der Forschungsbefund zusammen, daß die negative Bewertung des Fachs Physik unterschiedlich ausfällt, je nachdem, ob nach dem Interesse oder nach der Beliebtheit gefragt wird. Da diese Diskrepanz für die Klärung der empirischen Situation des Unterrichts nicht unwichtig ist, soll in diesem Abschnitt eine kurze begriffliche Erörterung erfolgen, mit deren Hilfe einige weitere Forschungsergebnisse leichter zu deuten sind.

„Inter-esse" im Wortsinne bedeutet „dazwischen sein", als Subjekt gewissermaßen eingebunden sein in eine Auseinandersetzung mit der Gegenstandswelt. Es ist daher naheliegend, daß im alltagssprachlichen Wortgebrauch mal der eine und mal der andere Pol der Subjekt/Objekt-Beziehung eine stärkere Betonung erfährt. Ich kann z. B. eine Zeitungsmeldung „interessant finden" oder einen Film. Dabei ist die „Interessantheit" des Gegenstands angesprochen. Das Objekt affiziert mich aktuell, bindet für eine begrenzte Zeit meine Aufmerksamkeit, bereitet mir Vergnügen oder macht mich betroffen. Äußerlich kann ich dabei durchaus passiv bleiben, etwa im Polstersessel vor dem Fernsehgerät (oder eben auch auf dem Stuhl im Klassenzimmer). Verschwindet das aktuell zunächst vorhandene Objekt oder ist das Ereignis vorüber, so ist es möglicherweise „abgehakt", eingeordnet in das subjektive Erfahrungsfeld, ohne die kognitive Struktur oder die psychische Disposition dauerhaft verändert zu haben.

Das interessante Ereignis oder der interessante Gegenstand kann aber auch Spuren in mir hinterlassen, die weiterwirken. Mein „Interesse ist geweckt" worden. Vielleicht bemühe ich mich, mehr zu erfahren über die Hintergründe, die durch die Zeitungsmeldung durchschimmern, oder ich kaufe mir das Buch zu dem interessanten Film, weil ich mehr erfahren oder mich länger und dauerhaft damit beschäftigen will. Das „Interesse" beschreibt in diesem Fall nicht nur die affizierende Eigenschaft eines aktuellen Ereignisses oder Objekts, sondern den psychischen Zustand einer Person. Er drückt sich in einem Handlungsbedürfnis aus, das darauf gerichtet ist, die Eingebundenheit der Person in das Objektfeld zunehmend zu intensivieren. „Interesse" im Sinne einer psychischen Disposition beschreibt daher ein aktives Bemühen um Kompetenzerweiterung. Differenziert man das so verstandene Interesse nun nach seiner Intensität, nach seiner Dauerhaftigkeit, nach der Komplexität oder Begrenztheit des Objektfeldes, auf das es gerichtet ist, nach der Dynamik seiner Entwicklung o. ä., dann befindet man sich im Bereich psychologischer oder pädagogischer Interessentheorien.[48]

Der theoretische Interessenbegriff beschreibt einen „Person/Gegenstand-Bezug", der durch Dauerhaftigkeit, die Tendenz zu aktivem Handeln und kognitiver Auseinandersetzung und durch selektive Bewertungen gekennzeichnet ist. Die Interessen einer Person sind Bestandteil der individuellen Valenzstruktur, sagen also etwas über die Wertvorstellungen, Werturteile und Handlungsorientierungen aus. So gesehen sind Interessen Persönlichkeitsmerkmale, Bestandteil der Identität bzw. des Selbstkonzepts. Dies kommt beispielsweise zum Ausdruck, wenn einer Zeitung unter der Rubrik „Partnersuche" die Interessen wesentlicher Bestandteil in der Personenbeschreibung sind.

---

[48] Siehe dazu z. B. die im Literaturverzeichnis aufgeführten Veröffentlichungen von KRAPP/PRENZEL, LEHRKE, PRENZEL/KRAPP/SCHIEFELE, SCHIEFELE, SCHIEFELE u. a., TODT.

Offensichtlich ist der theoretische Interessenbegriff durchaus verschieden von der alltagssprachlichen Klassifizierung von Gegenständen als interessant oder uninteressant. So kann ich in einem Gespräch ohne weiteres erwähnen, daß ich Gleitschirmfliegen für eine hochinteressante Sache halte, daß mir persönlich aber leider die Zeit und die Möglichkeiten fehlen, diesem Sport nachzugehen. Eben darin liegt nun ein Problem der empirischen Untersuchungen. Wenn Schülerinnen und Schüler einen Lerngegenstand oder ein Fach als interessant bezeichnen, so kann dies durchaus auch im Sinne eines *potentiellen*, nicht aktuellen Gehalts gemeint sein. Viele Menschen können sich mit einer Vorstellung auseinandersetzen, ohne daß ein subjektives Interesse im theoretischen Sinn damit dokumentiert ist.

Insofern die Interessenstudien und darauf abgestimmte Interventionsprojekte das Ziel verfolgen, die Benachteiligung von Frauen in der Gesellschaft aufzudecken und zu verringern, ist die Veränderung der Interessenstrukturen im Sinne langfristig wirksamer personaler Identitätsmerkmale Gegenstand der Forschung und Intervention. Denn es geht dabei vor allem um den Abbau von Geschlechtsstereotypen und damit auch um die Veränderung von Selbstkonzepten. Relevant in diesen Zusammenhängen ist also der Interessenbegriff im Sinne des theoretischen Konstrukts. Die Interferenz des Begriffs mit den alltagssprachlichen Bedeutungsaspekten trägt nicht zur Eindeutigkeit von Forschungsergebnissen bei und birgt entsprechende Risiken für curriculare Schlußfolgerungen.

Bei den Interessenerhebungen wurde auch zwischen dem *Sach*interesse und dem *Fach*interesse unterschieden. Äußern Schülerinnen und Schüler Interesse an einem bestimmten Lerngegenstand, z. B. an medizinischen Geräten, so kann dies auch vorrangig den *nichtphysikalischen* Aspekten des Gegenstands gelten. Daher kommt der Hypothese von BEINKE (1993, S. 26) erhebliches Gewicht zu, daß es falsch sein kann, aus dem geäußerten Sachinteresse auf ein physikalisches Interesse zu schließen und mit curricularen Maßnahmen direkt am geäußerten Sachinteresse anzuknüpfen. Impliziert das Sachinteresse nicht zugleich die physikalischen Aspekte, so kann die Enttäuschung darüber, daß der Fachunterricht trotz des „interessanten" Inhalts die subjektiven Valenzen nicht ausreichend berücksichtigt, dem Fachinteresse sogar abträglich sein. Diese Gefahr ist wegen der „reduktionistischen" physikalischen Methode nicht unerheblich (→ Ü 2.1.2.2, 2.3 und 3.2).

Untersuchungen, die die *Beliebtheit* eines Fachs oder Unterrichtsgegenstands beinhalten, werden von den Interessenstudien oft unterschieden. Während dem Interesse eine ausgeprägt kognitive Komponente zugeschrieben wird, ist man i. allg. bei der Beliebtheit eher geneigt, sie als Indikator für einen vorwiegend emotionalen Person/Gegenstand-Bezug zu interpretieren. Ob dies gerechtfertigt ist, muß eingedenk der Probleme des Interessenbegriffs bezweifelt werden. Wenn Schülerinnen und Schüler ein Fach als beliebt klassifizieren, so beinhaltet dies, daß sie gerne in den Unterricht gehen, um sich mit den Unterrichtsinhalten auseinanderzusetzen. Dies schließt die Bereitschaft zu kognitiven Aktivitäten ein. Die Beliebtheit umfaßt daher den Aktivitätsaspekt des theoretischen Interessenbegriffs mit größerer Sicherheit als die alltagssprachliche Klassifizierung von Gegenständen als interessant oder uninteressant. Die „Beliebtheit" kann daher als Interessenkorrelat interpretiert werden, das den Anforderungen des theoretischen Interessenbegriffs entspricht. Andererseits ist Beliebtheit mehr als ein Indikator für Interesse. Das wird besonders deutlich, wenn man ihr Gegenteil, die „Unbeliebtheit", mit dem „Desinteresse" vergleicht. Desinteresse kann schlichte Gleichgültigkeit auf der Personseite bedeuten, gepaart mit Langweiligkeit als Attribut des Gegenstands. Anders die „Unbeliebheit": Sie beinhaltet eine aktive Abwendung der Person, verknüpft mit einem mehr oder weniger ausgeprägten Abschreckungscharakter des Gegenstands.

Aus diesen Darlegungen geht hervor, daß die Erhebung der Beliebtheit bzw. Unbeliebtheit stärkere Ausprägungen in den Forschungsbefunden zeitigen müßte als die Untersuchungen, die auf den Interessenbegriff abstellen, und dies, obwohl sie *qualitativ* auf denselben Person/Gegenstand-Bezug gerichtet sind; denn die Verflachung, die durch die alltagssprachliche Klassifizierung von Gegenständen als interessant oder uninteressant erzeugt wird, entfällt bei der „Beliebtheit". Dies soll im nächsten Abschnitt anhand einiger weiterer Forschungsergebnisse belegt werden.

1.2.4.2 Affirmative Untersuchungsergebnisse

Die folgenden Untersuchungsergebnisse wurden im Rahmen von Examensarbeiten (GRECK 1991 und BÄUERLE 1994) und durch eigene Befragungen von Lehramtsstudentinnen und -studenten an der Pädagogischen Hochschule Weingarten gewonnen. Die dargestellten Ergebnisse sind keine direkten Zitate aus den Examensarbeiten, sondern sind nachträglich aus den elektronisch abgelegten Dateien im Sinne der hier relevanten Fragestellungen berechnet.[49] Die Ergebnisse erhärten die bisher entwickelten Thesen.

Die Populationen der Examensarbeiten stammten aus Realschulen Baden-Württembergs, bei GRECK waren es 30 Klassen mit 751, bei BÄUERLE 22 Klassen mit 507 Schülerinnen und Schülern. Einige Items waren in beiden Untersuchungen identisch.[50] Erfaßt wurden die Klassenstufen, in denen Physik unterrichtet wird, das sind die Klassen 8, 9 und 10.

Bei der Fachbeliebtheit haben wir uns für die Erhebung eines Polaritätsprofils entschieden, d. h., es wurde sowohl nach der Beliebtheit als auch nach der Unbeliebtheit gefragt. Dies hat den Vorteil, daß die negativen Ausprägungen nicht nur mittelbar aus der fehlenden positiven Nennung abgeleitet werden können. Voruntersuchungen haben außerdem ergeben, daß Schülerinnen und Schüler es für schwierig und aufwendig halten, alle ihre Fächer in eine Rangreihe zu bringen. Insbesondere im Mittelfeld ergeben sich Unsicherheiten, die das Ergebnis verfälschen könnten. Eine weitere Schwierigkeit liegt in der Ausklammerung situativer und zeitlich begrenzter Effekte. Auch waren in früheren Untersuchungen erhebliche Verzerrungen

---

[49] Die Arbeit von GRECK enthält Auswertungsfehler (Zählfehler aufgrund versehentlich falscher Codierung), so daß seine eigenen Grafiken zum Teil nicht mit den hier wiedergegebenen Neuberechnungen übereinstimmen.

[50] Bei der Auswahl der Orte wurde auf eine Mischung aus städtischen, kleinstädtischen, ländlichen, öffentlichen und privaten Schulen geachtet, die zumindest für den Raum Süd-Württemberg typisch ist.

zu beobachten, wenn als Antwortmöglichkeit nur die Nennung oder Nichtnennung *eines* Fachs besteht.[51] Wir haben uns deshalb dafür entschieden, die Schülerinnen und Schüler je ihre *drei* beliebtesten und unbeliebtesten Fächer nennen zu lassen.

Auch bei Attributierungen, die wir für Fächer und Themen erhoben haben, wurde versucht, polare Antworten zu erhalten. Dies sollte dabei helfen, bimodale Verteilungen nicht zu übersehen, weil in diesen Fällen die Angaben von Mittelwerten fragwürdig werden.[52] Die folgende Darstellung ist auf einzelne Aspekte begrenzt, die das bisher nachgezeichnete Bild der empirischen Situation des Physikunterrichts abrunden sollen. Dabei werden nur solche Daten herangezogen, die auch ohne statistische Feinarbeit leicht zu interpretieren sind.

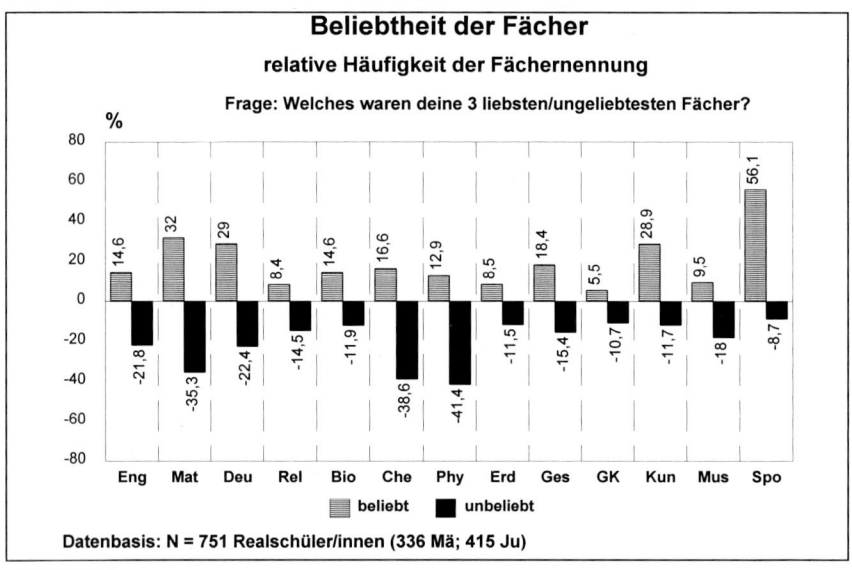

Abbildung 5

Abbildung 5 gibt die Beliebtheit bzw. Unbeliebtheit der Fächer im Sinne der oben erläuterten Fragestellung ohne Differenzierung nach Geschlecht wieder. Physik gehört zu den auffälligen Fächern, denn 54,3 % aller Schülerinnen und Schüler führen es als unbeliebt bzw. beliebt an. Da zweistündigen Nebenfächern ansonsten weniger Bedeutung zugemessen wird als den Hauptfächern, spricht bereits dieser Befund für

---

51 Beispiele dafür sind Schüleräußerungen der Art: „Deutsch mache ich eigentlich sehr gerne, aber z. Z. haben wir das Thema xy und das gefällt mir nicht" oder „Mathe mag ich eigentlich nicht und kann's nicht gut, aber bei der Frau Z. macht es trotzdem Spaß".

52 Zur Erläuterung: Gesetzt den Fall, die Hälfte einer Klasse ordnet ein Fach bei den beliebtesten Fächern ein, die andere Hälfte bei den unbeliebten. Der Mittelwert würde de facto auf keine Person zutreffen und eine Unauffälligkeit des Fachs signalisieren, obwohl das Gegenteil zutrifft. Zu einigen Untersuchungen sind solche fragwürdigen Mittelwertbildungen mitgeteilt worden (z. B. BERGE/GÖTTSCHING, KÖHNLEIN/KOLB) und haben insbesondere polare Ausprägungen bei den Jungen verdeckt.

eine ausgeprägte affektive Wirkung des Unterrichtsfachs Physik. Es wird zudem am häufigsten als unbeliebtes Fach genannt, gefolgt von Chemie und Mathematik. Chemie schneidet im positiven wie im negativen Bereich nur wenig günstiger ab. Mathematik liegt in vielen Beliebtheitsuntersuchungen im oberen Mittelfeld. Wie man sieht, könnte dies mit einer ungerechtfertigten Mittelwertbildung zusammenhängen, denn es gehört sowohl zu den beliebten als auch zu den unbeliebten Fächern. Die Ergebnisse der Abbildungen 5 und 6 wurden in der Erhebung von BÄUERLE bei weiteren 226 Schülerinnen und 281 Schülern anderer Schulen sehr genau bestätigt, so daß die Datenbasis für diese Aussagen bei etwa 1250 Schülerinnen und Schülern liegt.

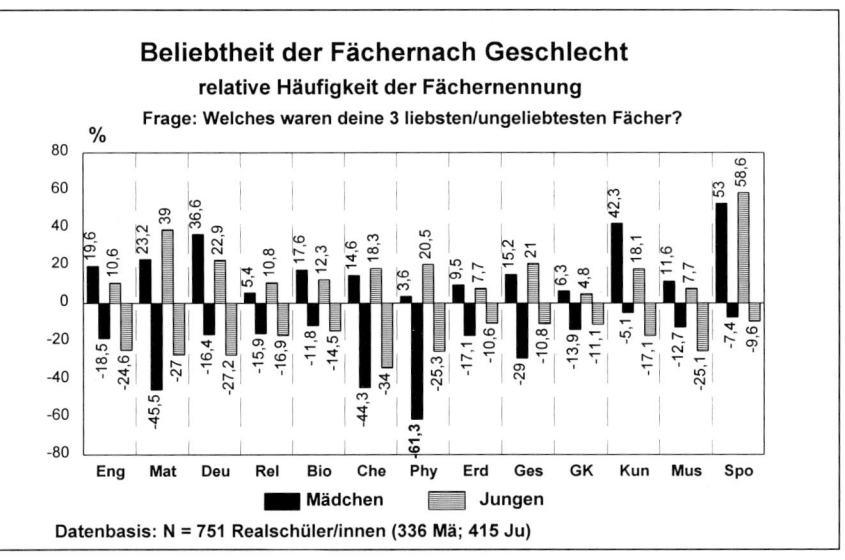

Beliebtheit der Fächer nach Geschlecht

relative Häufigkeit der Fächernennung

Frage: Welches waren deine 3 liebsten/ungeliebtesten Fächer?

Datenbasis: N = 751 Realschüler/innen (336 Mä; 415 Ju)

Abbildung 6

In Abbildung 6 sind die Daten nach Geschlecht differenziert. Es zeigt sich das erwartete Bild, daß Physik für die Mädchen mit Abstand das unbeliebteste Fach ist. In den Originalfragebogen war „Physik" oft noch unterstrichen, mit Ausrufezeichen oder ähnlichen Hervorhebungen versehen, um den Abstand dieses Fachs zu den beiden weiteren als unbeliebt aufgeführten zu dokumentieren. Es ist deshalb keine Übertreibung, wenn auf S. 58 darauf hingewiesen wurde, daß sich das Fach Physik für viele Mädchen zum schulischen „Horror" entwickelt. Nur zwölf der 336 Mädchen haben den Physikunterricht erwähnenswert positiv erlebt. Kein anderes Fach hat bei den Mädchen gegen derart ausgeprägte Aversionen zu kämpfen.

Allerdings ist zu betonen, daß das Fach Physik in unseren Untersuchungen auch bei mehr Jungen unbeliebt (25,3 %) als beliebt (20,5 %) ist.[53] Rein statistisch

---

[53] In anderen Untersuchungen schneidet Physik bei den Jungen manchmal etwas günstiger ab. Das kann an den unterschiedlichen Befragungsmethoden liegen (z. B. am Unterschied zwischen In-

gesehen ist es zwar richtig, daß der Faktor „Geschlecht" am stärksten dafür bestimmend ist, ob das Fach positiv oder negativ wahrgenommen wird. Die in dieser Arbeit vertretene These, daß nicht die Geschlechtermerkmale den Ausschlag geben, sondern die Frage nach dem Beitrag der Physik zur lebensbedeutsamen Sinnorientierung, wird durch den hohen Anteil der Jungen bestätigt, die Physik ebenfalls ablehnen (→ These 4, S. 56). Die „spaltende Wirkung", die WAGENSCHEIN dem Physikunterricht vorwirft (→ S. 21), betrifft eben „Experten" einerseits und „Eingeschüchterte" andererseits, und diese Trennung ist, obwohl hochkorreliert mit dem Geschlecht, eben doch nicht auf das Geschlecht begrenzt. Sie ist nicht *ursächlich* mit dem Geschlecht verknüpft und insofern auch nicht geschlechtsspezifisch!

Auch für die unterschiedliche Wirkung von *Orientierungswissen* und *Verfügungswissen* finden wir in unseren Materialien Belege:

Abbildung 7 zeigt eine erhebliche Zunahme der positiv eingestellten Schüler und eine korrespondierende Abnahme der Unbeliebtheit im 9. Schuljahr bei den Jungen, während die Mädchen von diesem Effekt unberührt bleiben. Dieser Trend war weitgehend unabhängig von Schule und Klasse. Dadurch wird die Erklärung plausibel, daß der Interessenanstieg seinen Grund in den curricularen Besonderheiten des baden-württembergischen Lehrplans für dieses Schuljahr hat.

Im Mittelpunkt des Unterrichts stehen die Lehrplaneinheiten „Wärme als Energieform" und „Wechselstrom als Energieträger". Während die Wärmelehre in den anderen Bundesländern zumindest in Teilen bereits in den Schuljahren 6 oder 7 unterrichtet wird, eichen in Baden-Württemberg die Neuntkläßler Thermometer, beobachten Effekte der thermischen Ausdehnung oder des Wärmetransports u. ä. In der Elektrizitätslehre steht nicht wie im 8. Schuljahr die Begriffs- und Modellbildung im Vordergrund. Es geht weit mehr um lebenspraktische Zu-

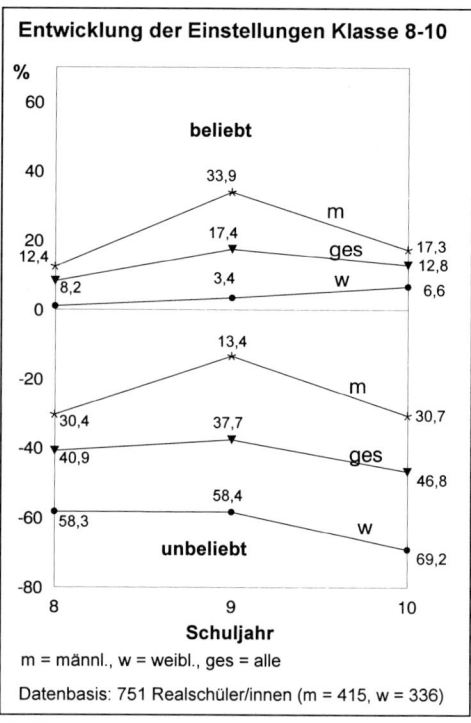

Abbildung 7

---

teresse und Beliebtheit; vgl. S. 74). Einiges spricht allerdings für die Vermutung, daß sich an den Realschulen Baden-Württembergs die Einführung des Fachs Natur und Technik negativ auf das Fach Physik ausgewirkt hat (→ Kap. IV, Ü 4.2.2.2, S. 235).

sammenhänge, z. B. um Schutzmaßnahmen im Stromversorgungsnetz, die Funktionsweise von Generatoren, Elektromotoren, Transformatoren oder um die „Wirtschaftlichkeit elektrischer Geräte". Obwohl sich der Unterricht mit nützlichen Inhalten befaßt, fühlen sich die Mädchen kaum stärker angesprochen als in den anderen Schuljahren. Es handelt sich um *Verfügungswissen*, darum, wie man etwas macht, bewerkstelligt, manipuliert. Angesprochen werden dadurch vor allem diejenigen Jungen, die teilhaben wollen an dem Wissen und der Kompetenz, die unsere Welt auf der materiellen Ebene bewegen, Jungen also, deren Selbstkonzept und Lebensplanung offen ist für eine Kompetenzerweiterung in Richtung Naturbeherrschung. Das bei den Mädchen überwiegende Bedürfnis nach existentieller Orientierung ist durch diese Ausrichtung des Unterrichts nicht abgedeckt.

Abbildung 8 zeigt einige Attributierungen, die von Schülerinnen und Schülern dem Fach Physik zugeschrieben werden. Es bestätigt sich die oben angestellte Überlegung, daß die Aussage „Physik ist interessant" aufgrund der Mehrdeutigkeit des Interessenbegriffs weniger trennscharf ausfällt als die zur Beliebtheit. Sie weist zwar die gleiche Tendenz auf, jedoch bezeichnen mehr Mädchen und Jungen Physik als interessant und weniger als uninteressant, als dies aufgrund der Daten in Abbildung 6 zu erwarten wäre.

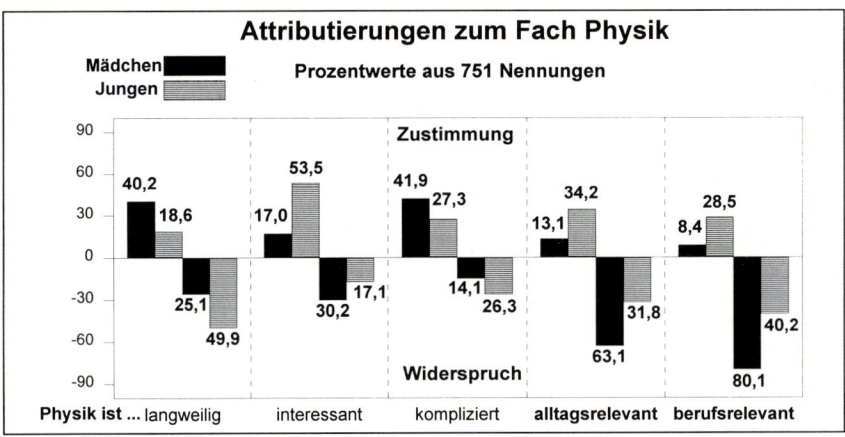

Abbildung 8

Die Mädchen halten Physik mehrheitlich weder für *ihren* persönlichen Alltag noch für *ihren* künftigen Beruf für bedeutsam. Dies gilt auch für einen großen Teil der Jungen. Auch hier bestätigt sich, daß die Trennungslinie zwischen (subjektiv) wichtig und unwichtig mit dem Geschlecht hochkorreliert zusammenhängt, ohne geschlechtsspezifisch im Sinne einer kausalen Relation zu sein. Eine geschlechtsunabhängige Aufschlüsselung der Prädikatoren nach den Gruppen, die Physik jeweils zu den beliebten bzw. unbeliebten Fächern zählen, ergibt nämlich ein ganz ähnliches Bild (→ Abbildung 9). Aufgrund der Lehrplanstrukturen dominieren im Unterricht Inhalte, die das Verfügungswissen betonen. Die Bedeutung für praktisches Handeln im Alltag und für die vorberufliche Bildung steht im Vordergrund. Demgegenüber treten der Gehalt hinsichtlich des Weltverständnisses und die Beiträge zur Wertorientierung zurück. Die in den Abbildungen 8 und 9 dargestellten Ergebnisse lassen sich daher mit der These interpretieren, daß die *subjektive* Relevanzzuschreibung davon abhängig ist, in welchem Verhältnis Verfügungswissen und Orientierungswissen im Unterricht stehen. Die skizzierte Gewichtung führt bei einer Mehrheit zur negativen Bewertung.

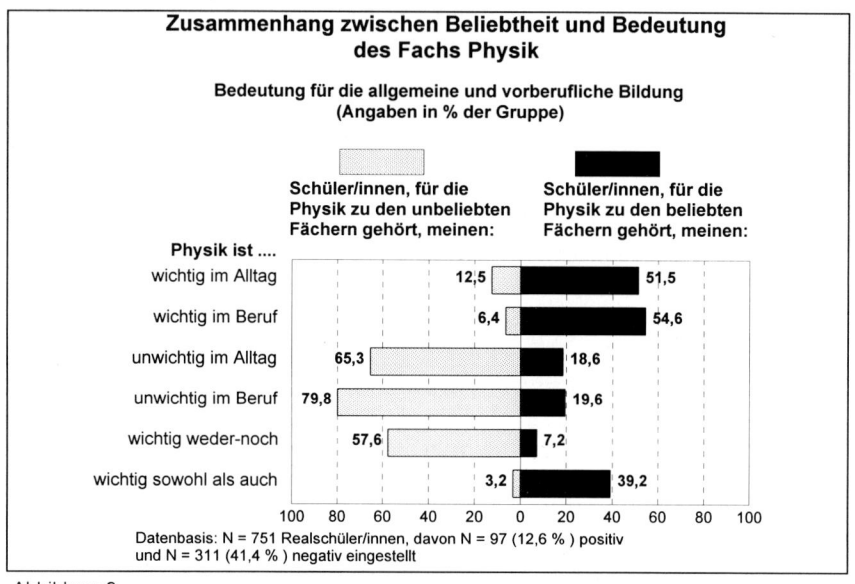

Abbildung 9

BÄUERLE hat versucht, empirisch zu belegen, daß Schülerinnen und Schüler das Fach Physik eher auf praktischen Nutzen hin angelegt sehen als auf „Weltdeutung". In seiner Untersuchung war ein Item enthalten, das alle Fächer danach klassifiziert, ob sie „in meinem Wunschberuf wichtig" sind, „nützlich, um die praktischen Dinge des Alltags zu bewältigen" oder „wichtig, um die Welt zu verstehen". Zum Weltverständnis trägt der Physikunterricht nach Meinung der befragten 507 Schülerinnen und Schüler weniger bei als die Fächer Geschichte, Englisch, Religion, Gemeinschaftskunde, Biologie, Erdkunde und Chemie. Dagegen wird sein praktischer Nutzen sehr hoch eingeschätzt. Nur Mathematik und Sport werden für noch nützlicher gehalten.

Betrachtet man das Interesse an *Themen* des Physikunterrichts, so findet man auch in unseren Daten Hinweise auf die Gründe der spaltenden Wirkung eines Unterrichts, der dem Verfügungswissen Vorrang vor dem Orientierungswissen einräumt. Aus den Daten von GRECK ergibt sich für das Interesse an verschiedenen Themen das in Abbildung 10 dargestellte Bild. Es zeigt sich, daß das Interesse derjenigen, für die das Fach Physik beliebt ist, mit einer einzigen Ausnahme („Wärmehaushalt von Tieren") an allen Themen größer ist als in der Gruppe, die

Physik nicht mag. Dies belegt, daß eine curriculare Umorientierung zugunsten der bisher benachteiligten Gruppe nicht zu einem Motivationsverlust der anderen führen muß. Auch eine Bestätigung der These 6 (→ S. 65) und der These 7 (→ S. 72) ergibt sich aus den Daten der Abbildung 10, wenn man die *Interessendifferenzen* betrachtet, die bei einzelnen Themen zwischen den beiden Extremgruppen auftreten (→ Abbildung 11).

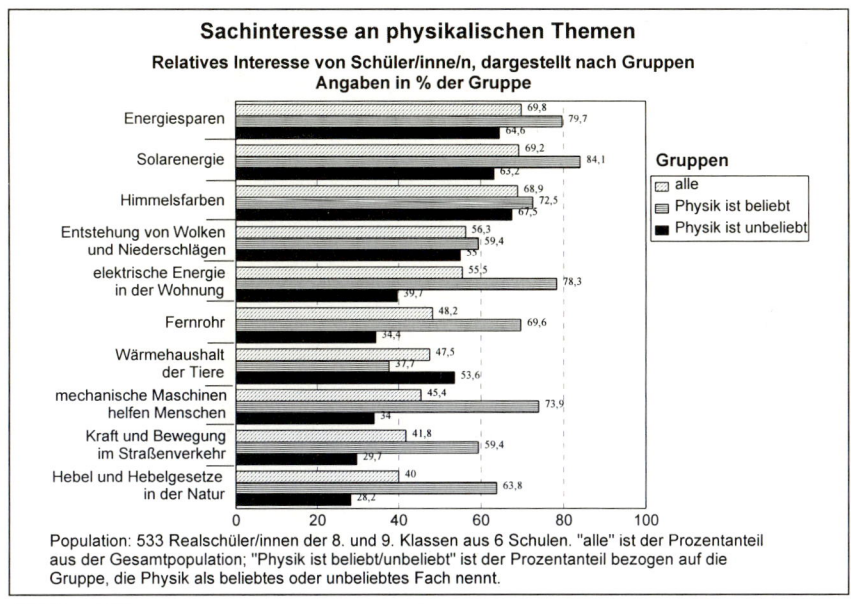

Abbildung 10

Nur geringe bzw. keine Beeinträchtigung des Interesses findet man in der Gruppe der Desinteressierten bei den Themen „Wärmehaushalt der Tiere", „Entstehung von Wolken und Niederschlägen" und „Himmelsfarben". *Das auffälligste gemeinsame Merkmal dieser Gegenstandsfelder liegt darin, daß sie sich dem manipulativen Zugriff der Menschen entziehen.* Das bekundete Interesse hat daher nichts mit „instrumentellem Wissen" zu tun: Nicht *Naturbeherrschung,* sondern *Naturerkenntnis* macht den Reiz dieser Themen aus.[54]

Die Untersuchung von BÄUERLE erhärtet diese Aussage. Zu den Fragen, die Mädchen *und* Jungen (sehr) interessierten, zählten „wie das Wetter zustande kommt" (Mädchen 85,4 %, Jungen 75,4 %), „ob die Sonne sich allmählich abkühlt" (Mädchen 85,4 %, Jungen 70,9 %), „warum der Mond täglich seine Gestalt verändert" (Mädchen 82,7 %, Jungen 63 %) und „warum wir von der Drehung der Erde

---

[54] Zu diesen Themen wäre auch noch die „Astrophysik" zu rechnen, die laut der IPN-Interessenstudie das „interessanteste" Gebiet darstellt.

nichts merken" (Mädchen 90,3 %, Jungen 75,5 %).[55] Dies widerlegt sehr eindeutig die Behauptung, der Gebrauchswert bzw. praktische Nutzen des Wissens wirke motivierend auf die Mädchen (→ Ü 1.2.2.3, S. 55 f).

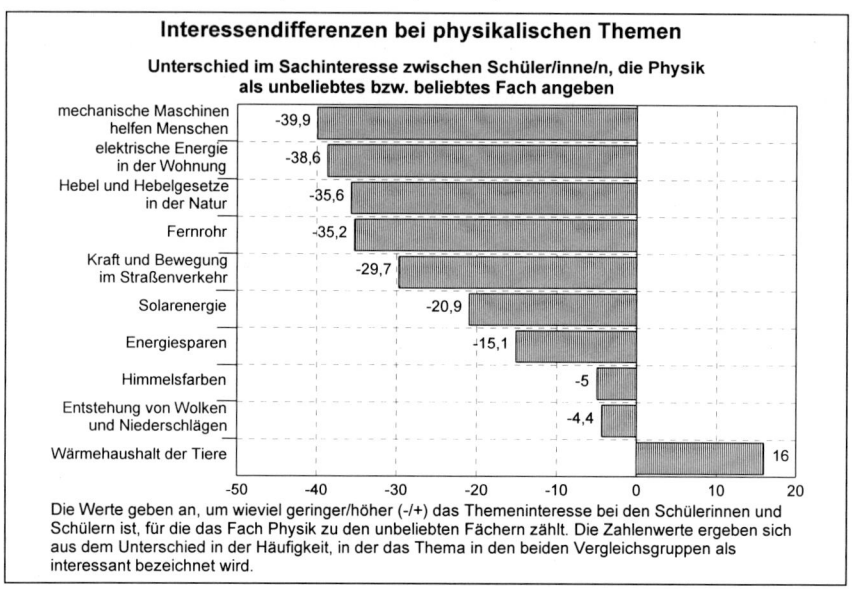

Interessendifferenzen bei physikalischen Themen

Unterschied im Sachinteresse zwischen Schüler/inne/n, die Physik als unbeliebtes bzw. beliebtes Fach angeben

Die Werte geben an, um wieviel geringer/höher (-/+) das Themeninteresse bei den Schülerinnen und Schülern ist, für die das Fach Physik zu den unbeliebten Fächern zählt. Die Zahlenwerte ergeben sich aus dem Unterschied in der Häufigkeit, in der das Thema in den beiden Vergleichsgruppen als interessant bezeichnet wird.

Abbildung 11

Bei den Themen „Energiesparen" und „Solarenergie" liegt das Gesamtinteresse auf hohem Niveau bei nur mäßig geringerer Ausprägung in der Gruppe der Desinteressierten. Auch hier finden die Thesen 6 und 7 eine klare Bestätigung; denn dieses Interesse bezieht sich auf gesellschaftliche Probleme und Fragen der Zukunftsgestaltung. Es ist Ausdruck des Bedürfnisses, individuelles und gesellschaftliches Handeln sachgerecht ethisch bewerten zu können.

Die „Gegenprobe" bestätigt die Sinnhaftigkeit der Unterscheidung von Verfügungs- und Orientierungswissen: Bei den „mechanischen Maschinen", „Energiebedarf in der Wohnung", „den Hebelgesetzen" und beim „Fernrohr" ist der Interessenunterschied besonders ausgeprägt.[56] Es sind dies gerade jene Inhalte, die in der traditionellen Behandlung auf Verfügungswissen abzielen: Mechanische Maschinen und Hebel durchschauen und benutzen können, die Wohnung wirtschaftlich betreiben können, mit dem Fernrohr die Begrenztheit der Sinnesorgane überwinden (und

---

[55] Datenbasis: 507 Realschüler/innen der Klassen 8–10, davon 226 Mädchen und 281 Jungen.

[56] Bei der Formulierung der Items zum Hebelgesetz und zu den mechanischen Maschinen wurde versucht, durch Natur- bzw. soziale Aspekte die Ablehnung zu mildern. Dies ist im Vergleich zu anderen Untersuchungen auch gelungen, denn das Interesse bei der Gruppe, die Physikunterricht ablehnt, ist deutlich höher als in vergleichbaren Items, z. B. der IPN-Interessenstudie. Der bereits erfahrene Unterricht war aber konventionell orientiert; daher konnte die negative Einstellung nicht ohne weiteres abgebaut werden (→ S. 54).

mit Strahlengängen und Formeln seine Wirkung berechnen können) – dies sind Kompetenzen, die sich zwanglos in das Paradigma der Naturbeherrschung einfügen. Der in diesen Bereichen überdurchschnittlich hohe Interessenvorsprung jener (Schülerinnen und) Schüler, für die das Fach Physik zu den beliebten Fächern gehört, bestätigt die bisherige Interpretation, daß der Physikunterricht vor allem Schülerinnen und Schüler anspricht, in deren Selbstkonzept und Lebensplanung das physikalische Verfügungswissen eine wesentliche Rolle spielt.

Die Abbildung 12 soll noch darauf hinweisen, daß auch die Daten aus GRECKs Untersuchung belegen, daß ein verstärkter Einsatz von traditionellen Schülerexperimenten nicht zu den Maßnahmen gehört, von denen eine durchschlagend höhere Akzeptanz des Physikunterrichts erwartet werden kann.

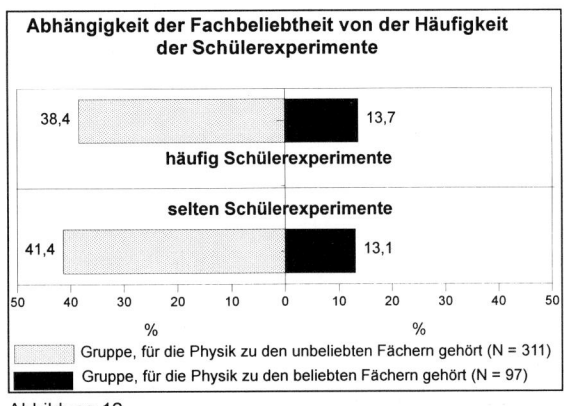

Abbildung 12

Damit bestätigen sich die entsprechenden Befunde und Interpretationen, die bereits weiter oben angeführt wurden (→ S. 39 und 63 sowie Fußnote 39).

1.2.4.3 „Einschüchterung" und Expertengläubigkeit als Folge schismatischer Bewertung

Auf S. 44 f wurde schon darauf hingewiesen, daß das Fach Physik insofern eine außergewöhnliche Attributierung erfährt, als es Schülerinnen und Schüler, unabhängig davon, ob es zu den beliebten oder unbeliebten Fächern gehört, für ein wichtiges Fach halten. Die Bedeutung des Unterrichtsfachs wird im Durchschnitt trotz sinkenden Interesses mit zunehmendem Alter immer höher eingeschätzt. Dies haben alle Untersuchungen ergeben, in denen entsprechende Attributierungen erhoben wurden (vgl. dazu NOLTE 1983, NOLTE-FISCHER 1989).

Auch die IPN-Studie liefert diese Aussage. Aus den Daten von HOFFMANN/ LEHRKE (1985) ergibt sich beispielsweise der in Abbildung 13 dargestellte Verlauf für das Interesse am Unterrichtsfach und seine Bedeutung.[57] Dabei bezieht sich die Relevanzzuschreibung in diesem Fall auf die Bedeutung der Physik für die *Gesellschaft* und nicht auf diejenige, die der Physik für die eigene Person beigemessen wird.

---

57   Für Jungen und Mädchen ergibt sich weitgehend derselbe Trendverlauf. Da es hier nur auf die Entwicklungstendenz ankommt, wurde aus Gründen der Übersichtlichkeit auf eine Differenzierung nach Geschlecht verzichtet.

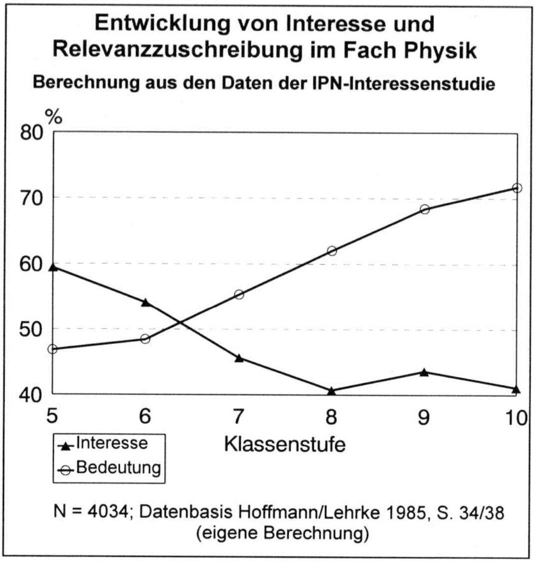

Eine Untersuchung an Lehr-amtsstudentinnen und -stu-denten soll die Interpretation des Schismas von subjekti-vem Interesse und allgemei-ner Bedeutungszuschreibung erleichtern. Diese Studie ent-spricht in ihren Tendenzaus-sagen den verstreuten empi-rischen Befunden, d. h., die Antworten der Studierenden sind durchaus typisch für die allgemeine Einschätzung des Physikunterrichts. Sie sollen hier aber nicht als Beweis, sondern als Veranschauli-chung verstanden werden (→ Abbildung 14):

Physik als Unterrichts-fach war im Durchschnitt bei der Stichprobe etwa ebenso unbeliebt bzw. beliebt wie in den oben angeführten Untersuchungen. In den Augen der Mehrheit knüpfte Physikunterricht kaum an die Erfahrung und am Alltag an, die erworbenen Kenntnisse sind im Alltag kaum an-wendbar, und der Unterricht veranlaßte die übergroße Mehrheit nicht zur Beschäfti-gung mit Physik außerhalb des Unterrichts. So gesehen ist es konsequent, daß das Fach als schwierig und abstrakt wahrgenommen wird. Auch das zwiespältige Urteil zur Interessantheit kann im Licht der oben ausgeführten Probleme zum Interessen-begriff noch nachvollzogen werden. Dies alles trägt jedoch nicht dazu bei, daß das Unterrichtsfach Physik seine Wertschätzung verliert. Nur eine Minderheit hält es für überflüssig, eine Mehrheit dagegen für wichtig (→ die auf S. 44 zitierten analo-gen Ergebnisse von NOLTE).

Dieses zerissene Urteil bestätigt sich auch, wenn es nicht um eine Beurteilung des Unterrichts geht, sondern um Physik als Wissenschaft (→ Abbildung 15).Eine geradezu erstaunliche Mehrheit hält es für notwendig, daß jede(r) über ein physika-lisches Grundwissen verfügt, und widerspricht dazu korrespondierend der Aussage, der Durchschnittsbürger brauche nichts von Physik zu verstehen. Gleichzeitig hält aber eine große Mehrheit die Aussage für unzutreffend, daß man sich selbst lebens-lang mit Physik beschäftigen wolle. Die Wertschätzung der Physik bei gleichzeitiger subjektiver Distanz spiegelt sich auch in der Bewertung wieder, daß Physik der Menschheit weniger schadet als nützt.

Auf die pädagogischen und sozialisatorischen Konsequenzen dieser gespalte-nen Haltung hat bisher am deutlichsten NOLTE-FISCHER hingewiesen. Er spricht von einem „Inferioritätssyndrom" (1989, S. 257 f), einem Inkompetenz- und Hilflosig-keitsgefühl.

Entwicklung von Interesse und Relevanzzuschreibung im Fach Physik

Berechnung aus den Daten der IPN-Interessenstudie

Klassenstufe

▲ Interesse
○ Bedeutung

N = 4034; Datenbasis Hoffmann/Lehrke 1985, S. 34/38 (eigene Berechnung)

Abbildung 13

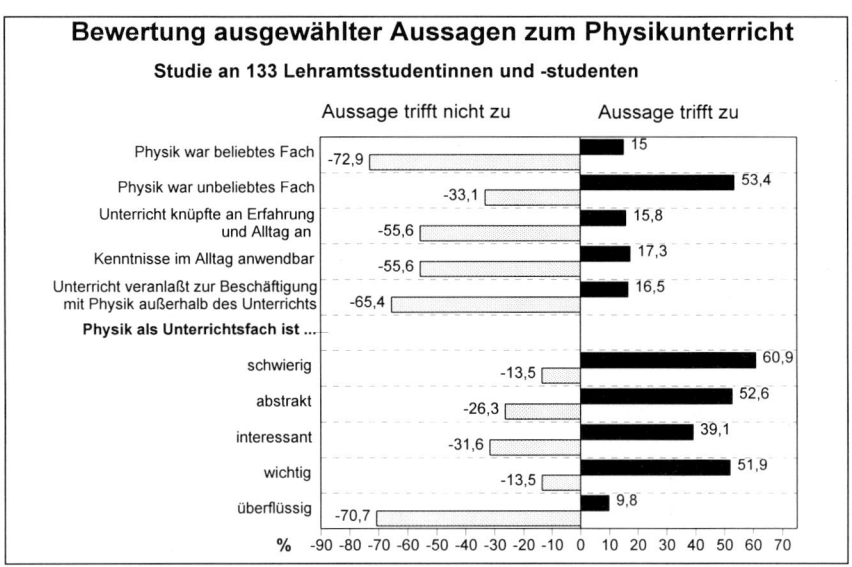

Bewertung ausgewählter Aussagen zum Physikunterricht

Studie an 133 Lehramtsstudentinnen und -studenten

Abbildung 14

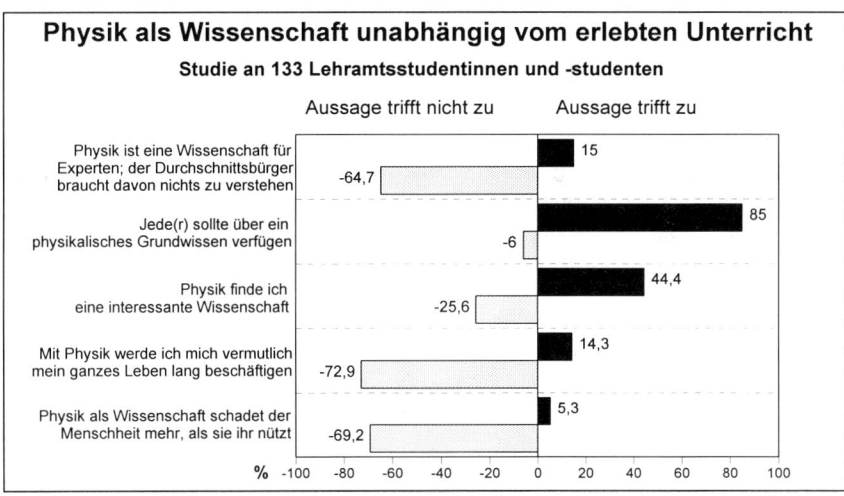

Physik als Wissenschaft unabhängig vom erlebten Unterricht

Studie an 133 Lehramtsstudentinnen und -studenten

Abbildung 15

NOLTE-FISCHERS Interpretation muß als stichhaltig bezeichnet werden. Wer im Bewußtsein lebt, daß dieses Fach für jede(n) von Bedeutung ist und jede(r) etwas davon verstehen sollte, an sich selbst aber die Erfahrung gemacht hat, dieser Anforderung nicht genügen zu können („schwierig", „abstrakt"), der wird wohl die mangelnde Erfüllung der subjektiv anerkannten Ansprüche des Fachs an jedermann als persönliches Versagen interpretieren müssen. Die Kehrseite dieser Sozialisationswirkung ist die Wertschätzung derjenigen, die den Anforderungen gewachsen sind, der Experten, ausgedrückt in dem gesellschaftlichen Respekt, den Naturwissenschaftler allgemein genießen. Angesichts der (vermeintlichen) eigenen Inkompetenz bleibt dann nur das Vertrauen auf die Experten: Expertengläubigkeit.

Dies läßt sich auch anders ausdrücken: Die Wahrnehmung eigener Inkompetenz verweist auf die Zuständigkeit der Kompetenten: Die Abhängigkeit der (vielen) Laien ist die Freiheit der (wenigen) Experten.

Wenn – worauf noch näher einzugehen sein wird (→ Ü 2.3) – wissenschaftlicher Fortschritt nicht mehr unbesehen mit humanem Fortschritt gleichgesetzt werden kann, wenn heute deutlich ist, daß die Fortentwicklungen von Wissenschaft und Technik gesellschaftlich oft ambivalent bewertet werden, dann bedarf es einer Kontrollinstanz zur Lenkung des wissenschaftlich-technischen Fortschritts, die ihre Kriterien aus dem gesellschaftlichen Wertegefüge und dessen Wandel gewinnt und diese Kriterien auch sachkompetent anwenden kann. In einer Demokratie muß die Kontrolle von allen Bürgerinnen und Bürgern getragen sein – eine Forderung, die völlig unverträglich ist mit Expertengläubigkeit und Inferioritätsgefühlen.

WAGENSCHEIN hat mit seiner Diagnose, Physikunterricht spalte die Schülerschaft in viele Eingeschüchterte und wenige Experten (→ S. 21), den Nagel auf den Kopf getroffen. Der Spaltungsprozeß geht aber nicht nur durch die Schülerschaft, sondern hat eine Entsprechung in den schismatischen intrapersonalen Wertzuschreibungen mit intolerablen pädagogischen Folgen. Die empirischen Ergebnisse zum Physikunterricht münden daher in eine weitere These:

These 8

> Ein auf Verfügungswissen zentrierter Physikunterricht spaltet die Schülerschaft in „Experten" und „Eingeschüchterte". Die Ursache der Einschüchterung liegt in der erfolgreichen Vermittlung der großen gesellschaftlichen Bedeutung der Physik bei gleichzeitigem Aufbau von Unterlegenheitsgefühlen. Der Physikunterricht wirkt daher elitestiftend und antidemokratisch. Die positive Einstellung der „Eingeschüchterten" zu Themenkreisen, die stärker auf Naturerkenntnis als auf Naturbeherrschung zielen, verweist auf die Notwendigkeit, das Orientierungswissen curricular zu berücksichtigen, wenn negative Sozialisationswirkungen vermieden werden sollen.

Der letzte Halbsatz der These klingt trivial, ist es aber nicht. Die Frage, ob die negativen Sozialisationswirkungen naturwissenschaftlicher Lernprozesse ungewollte Nebenwirkungen sind oder zu den systemimmanenten Zielsetzungen gerechnet werden müssen, muß mit viel Sorgfalt behandelt werden. Wenn Wissen Macht bedeutet und Inkompetenz Abhängigkeit, dann muß – eingedenk des Umstands, daß zwischen Macht und Naturwissenschaft ein vielschichtiger Zusammenhang besteht – genau geprüft werden, welche Mechanismen zu dem Ausschluß von vielen und der Partizipation von wenigen führen. Dieser Problemkreis wird in den Kapiteln II und III behandelt.

KAPITEL II

ERKENNTNIS, MACHT

UND

NATURWISSENSCHAFT

2.0 ZU DIESEM KAPITEL

Rein empirisch ist nicht restlos aufzuklären, warum gerade Physik viel stärker mit Motivations- und Lernproblemen zu kämpfen hat als die anderen Schulfächer. Allenfalls beim „Schwesterfach" Chemie sind die pädagogischen Hürden vergleichbar hoch. Die Hypothese ist naheliegend, daß zumindest ein Teil der Schwierigkeiten in der Struktur des Fachs seine Wurzeln hat. Zwar ist das Unterrichtsfach nicht zwangsläufig ein Abbild der wissenschaftlichen Bezugsdisziplin, es hat aber doch eine hohe Affinität zu ihr. Diese ist nicht nur durch die Identität der Unterrichtsgegenstände mit solchen der Fachdisziplin bedingt, sondern auch durch eine Wissenschaftsorientierung im Sinne des Postulats, das Lernen der Inhalte habe in disziplinspezifischer Weise zu erfolgen, sei an den Methoden der Wissenschaft zu orientieren und weitmöglichst den Normen des Wissenschaftsbetriebs zu unterwerfen.

Aus der Affinität von Unterrichtsfach und Wissenschaftsdisziplin ergibt sich die Notwendigkeit, die Eigenarten der Physik in pädagogischer Absicht zu konturieren, um jene Aspekte in den Blick zu bekommen, aus denen möglicherweise pädagogische Probleme erwachsen.

WAGENSCHEIN hat die Wirkung eines Physikunterrichts stets angeprangert, in dem die Physik in der erstarrten Form ihrer Endergebnisse und nicht als Prozeß gelehrt und gelernt wird, in dem sie als Realität und nicht als eine menschengemachte Sichtweise der Natur verstanden wird; eine Natur, die als „Stoff" gesehen wird, den man lernen kann, ohne zu bemerken, wie sich dadurch das Natur- und Menschenbild verändert. *Heute kann der naturwissenschaftliche Wissensanflug beim Laien Formen annehmen und Unformen, in denen er seiner Bildung verlorengeht, ja ihr im Wege steht. Er setzt sich unter Umständen zwischen den Menschen und die Natur* (1968, S. 61).

Die Schule darf nicht lehren, etwas ohne Besinnung zu tun ... Der recht Verstehende ist dem bloß Manipulierenden in jeder Hinsicht überlegen (1962, S. 17). Der Physik hat WAGENSCHEIN eine „pädagogische Dimension" unterstellt, pädagogische Werte also, die der Physik selbst (nicht dem Physik*unterricht*) immanent seien (1962, S. 11). Die Einsicht, daß sich der Unterricht trotz erkannter Probleme über ein ganzes Menschenleben hinweg nicht grundlegend verändern ließ, hat ihn aber gegen Ende seines Wirkens resignieren lassen. Als „okkult" bezeichnete er die Resistenz des Physikunterrichts gegen Veränderungen (→ S. 8 f). Hinsichtlich des staatlichen Schulwesens ist bei WAGENSCHEIN gegen Ende seines Lebens die Hoffnung auf Reformen pädagogischem Fatalismus gewichen:

So muß die Schule wie verhext fortfahren in verhärteten Fahrrinnen ... Die Hoffnung ruht im Blick auf die „Freien Schulen" und die gesetzliche Milderung der staatlichen Gewalt (1983, S. 111).

In den Widerständen des staatlichen Systems Schule (dem die Lehrerausbildung zuzurechnen ist) sieht WAGENSCHEIN den Hauptgrund für die Innovationsresistenz. Das lenkt aber den Blick weg von den *schulfach*immanenten Ideologien, die quasi aus dem Verborgenen heraus – aber keineswegs „versehentlich" – ihre Wirkung entfalten. Die *Wirkungen* hat WAGENSCHEIN zwar stets gesehen und bekämpft, aber nicht als konstitutiv für das „Fach Physik" eingeordnet. Er hat sie für die Folge *mißverstandener* Naturwissenschaft gehalten, für unerwünschte Nebenwirkungen, deren Ursache keinesfalls in der Physik selbst zu suchen sei.

Dies könnte sich als folgenschwerer Irrtum erweisen: Möglicherweise implziert ja die Physik eine „*un*pädagogische Dimension". Dann aber muß der Hebel zur Überwindung negativer pädagogischer Wirkungen auch am Gegenstandsfeld selbst und nicht nur an den Randbedingungen des Lehrens und Lernens angesetzt werden. Schule kann natürlich nicht die Physik verändern. Aber wenn die methaphysischen oder ideologischen Voraussetzungen der Wissenschaft differenziert wahrgenommen, reflektiert und im pädagogischen Prozeß gezielt didaktisch bearbeitet werden, besteht möglicherweise mehr Aussicht auf Erfolg, als wenn man darin nur Mißverständnisse und Nebenwirkungen sieht.

WAGENSCHEIN stellt den „recht Verstehenden" dem „bloß Manipulierenden" gegenüber. „Verstehen" (Orientierungswissen) und „Manipulieren" (Verfügungswissen) sind aber nicht nur Attribute, die Zielrichtungen des Unterrichts zu charakterisieren vermögen, sondern auch wissenschaftsimmanente Motive. Ihre mehr oder weniger intensive Pflege ist keine bloße Frage des Bildungswesens. Vielmehr sind sie auch eine Folge der gesellschaftlichen Rolle von Wissenschaft. Schule kann nicht unabhängig von dieser Rolle gesehen werden, und mir scheint – bei aller Hochachtung vor WAGENSCHEINs Werk –, daß er diesem Zusammenhang zu wenig Aufmerksamkeit geschenkt hat. Daß Schule uneingeschränkt und ausschließlich im Sinne humaner Bildung wirken solle und sich daraus das Übrige ergäbe, an dieser (falschen) Voraussetzung ist WAGENSCHEIN wohl in gutem Glauben letztlich gescheitert (→ Ü 3.3).

Es handelt sich hierbei um dasselbe Problem, das am Ende des Abschnitts 1.2 (→ S. 86) mit der Möglichkeit umschrieben wurde, daß die von WAGENSCHEIN bekämpften negativen Wirkungen physikalischer Unterweisung keine ungewollten Nebenwirkungen sind, sondern zielkohärente Implikationen institutionalisierter Naturwissenschaft. Falls dem so ist, dann ist auch die Spaltung der Schülerschaft in „Eingeschüchterte" und „Experten" unumgänglich, solange die Wissenschaftsorientierung des Physikunterrichts darin gesehen wird, den Lernprozeß an den Inhalten und Normen eines Wissenschaftsbetriebs auszurichten, der seinerseits bestimmten gesellschaftlichen Zielen unterworfen ist. Im Falle der Physik hängen diese Ziele mit der Macht der Industrienationen zusammen, deren Erhaltung und Erweiterung mit der Verfügbarkeit naturwissenschaftlich-technischen Know-hows untrennbar verbunden ist. Das Machtpotential ist den Naturwissenschaften immanent, aber nur als Teilaspekt, ohne das Sinnganze menschlichen Naturforschens zu umfassen. Dieser Zusammenhang soll im vorliegenden Kapitel erhellt werden.

2.1 NATURBEHERRSCHUNG UND NATURERKENNTNIS

2.1.1 Die organische Metapher

Jedes Zeitalter und jede Kultur ist auch durch ein spezifisches Verhältnis des Menschen zur Natur geprägt. Es beeinflußt das Selbstbild des Menschen und reicht damit weit über den Zusammenhang hinaus, der mit dem Begriffspaar „Naturwissenschaft und Technik" beschrieben wird. Es gibt keinen Kulturbereich, der als unabhängig vom Menschenbild gedacht werden kann. Vielmehr ist Kultur in jedem Fall eine Objektivation des jeweiligen Menschenbilds. Die Rolle, die der Mensch für sich im Weltgeschehen definiert oder als gegeben ansieht, die Sinngehalte, die das menschliche Wirken lenken, prägen auch das Verhältnis zur Natur. Naturbild und Menschenbild sind daher aufeinander bezogen. Keines von beiden wäre vollständig, schlösse es nicht die erkenntnistheoretischen Positionen und ethischen Maximen mit ein, die den Umgang des Menschen mit der Natur rechtfertigen oder begründen.

Die bewußte Gestaltung von Bildungsprozessen setzt daher die Reflexion des Naturverhältnisses voraus. Nur dann kann vom Lehr-/Lernprozeß eine existenzerhellende Wirkung ausgehen. Dieser Problemkreis ist schon seit jeher Gegenstand der Philosophie und der bildungstheoretischen Diskussion. Im öffentlichen Bewußtsein ist er allerdings nicht immer gegenwärtig. Als eher symbolischer Beleg hierfür mag gelten, daß aufregende naturwissenschaftliche oder technische Entwicklungen erst dann im Feuilleton der Tageszeitungen erscheinen, wenn ihre Auswirkungen von Künstlern, Literaten oder Regisseuren thematisiert werden.[58] Vorher sind sie in getrennter Sparte für einen gesonderten Leserkreis („Experten") aufbereitet. Nach wie vor scheint die kulturelle Spaltung der Gesellschaft, die SNOW mit dem Schlagwort „die zwei Kulturen" gekennzeichnet hat, ein akzeptiertes Faktum zu sein. Sie spiegelt sich in der Spaltung der Schülerschaft durch den Physikunterricht wider. Die Pflege einer integrierenden Sicht für verschiedene Kulturbereiche ist daher ein pädagogisches Desiderat.

Die philosophische und pädagogische Diskussion um das Mensch/Natur-Verhältnis reicht von den Vorsokratikern bis zur „New-age"-Literatur. Angesichts dieser Komplexität bleibt nur die Möglichkeit, an ausgewählten Beispielen den Einfluß des gegenwärtigen Wissenschaftsparadigmas auf die Wirkungen des Unterrichts ins pädagogische Blickfeld zu rücken.

Ethische Haltungen der Naturvölker werden in der aktuellen ökologischen Diskussion häufig angeführt, wenn es notwendig ist, unser eigenes Naturverhältnis durch

---

[58] Im persönlichen Gespräch über Physiker mit einer „Feuilletonistin" fiel dieser, als ich EINSTEIN erwähnte, nur „Dürrenmatt" ein.

Kontrastierungen bewußt zu machen. Es wirkt wegen der vielfachen Inanspruchnahme etwas klischeehaft, das Naturbild von Indianern hierfür heranzuziehen, zumal dabei Verkürzungen und unausgewogene Bewertungen durch die verfolgten Absichten kaum zu vermeiden sind. Wenn nun trotzdem aus einer der berühmten Reden der Indianerhäuptlinge zitiert wird, dann geschieht dies um der Prägnanz und Kürze willen. Es ist dabei von untergeordneter Bedeutung, wie authentisch dieses Zitat ist und ob es historisch gesehen repräsentativ oder fragmentarisch für ein Naturbild der Urvölker des amerikanischen Kontinents ist. Worauf es hier ankommt, ist ausschließlich die *Metaphorik* der Naturvorstellung, die es zweifellos gibt, nicht nur bei den Naturvölkern. Die Rede wird *Sitting Bull* zugeschrieben (gehalten 1866):

Seht Brüder, der Frühling ist da. Die Sonne hat die Erde umarmt. Bald werden wir die Kinder dieser Liebe sehen.

Jeder Same, jedes Tier ist erwacht. Dieselbe große Kraft hat auch uns geboren. Darum gewähren wir auch unseren Mitmenschen und unseren Freunden, den Tieren, die gleichen Rechte wie uns, auf dieser Erde zu leben.

Aber hört, Brüder. Jetzt haben wir es mit einer anderen Art zu tun. Sie waren wenige und schwach, als unsere Großväter die ersten von ihnen trafen; jetzt aber sind sie viele, und sie sind stark und überheblich.

Es ist kaum zu glauben, sie wollen die Erde umpflügen. Habgier ist ihre Krankheit. Sie haben viele Gesetze gemacht, und die Reichen dürfen sie brechen, die Armen aber nicht. Sie nehmen das Geld der Armen und Schwachen, um die Reichen und starken damit zu stützen. Sie sagen, unsere Mutter, die Erde, gehöre ihnen; und sie zäunen uns, ihre Nachbarn, von unserer Mutter ab. Sie beschmutzen unsere Mutter mit ihren Gebäuden und ihrem Abfall. Sie zwingen unsere Mutter, zur Unzeit zu gebären. Und wenn sie keine Frucht mehr trägt, geben sie ihr Medizin, auf daß sie aufs neue gebären soll. Was sie tun ist nicht heilig ... (ARROWSMITH/KORTH, S. 37/38).

In der Metaphorik, um die es hier geht, erscheint die Natur als Mutter, die Erde als lebendiger Organismus, mit dem die Menschen verbunden sind. Mensch und „Mutter Erde" bilden eine existentielle Einheit. Naturbeherrschung ist mit dieser existentiellen Einheit unvereinbar („unheilig"), weil die dazu notwendige Distanz widernatürlich wäre. So, wie das Naturverhältnis des Menschen in dem Zitat charakterisiert wird, kommt eine der neuzeitlichen Naturwissenschaft (nicht unbedingt dem Naturwissenschaftler) fremde Dimension zum Ausdruck, nämlich die nicht rational vermittelte, sondern unbeabsichtigt *gewordene und gegebene* Bindung des Menschen an die Natur. Die einheitliche Existenz wird mit der Metapher von Zeugung und Geburt beschrieben. Anthropologisch gesehen beschreibt der Begriff Liebe auch in unserer Kultur eine Beziehung, die auf eine enge existentielle Verbindung verweist. Das steckt durchaus auch in Ausdrücken wie Naturliebe oder Heimatliebe. Derartige Beziehungen wurzeln – psychoanalytisch gesprochen – im „Es" des Menschen, nicht im „Ich"; der naturwissenschaftlichen Begriffswelt sind sie nicht nur zufällig fremd.

Der Begriff Liebe vermag zu verdeutlichen, was „einheitliche Existenz" ausdrückt: Unter Liebenden werden Freude, Leid, Trauer, Hoffnung, Lust usw. des anderen wahrgenommen bzw. erlebt, als beträfen sie einen selbst. Egozentrismus und Liebe schließen einander aus.

Analog dazu werden anthropozentrische Handlungen an der Natur moralisch negativ bewertet, solange die Natur als Organismus gesehen wird, mit dem der Mensch eine existentielle Einheit bildet. Dies hat z. B. MERCHANT sehr eindrucksvoll herausgearbeitet.[59] Die als „Nährmutter" wahrgenommene Natur sorgte über Jahrhunderte hinweg für Handlungshemmungen hinsichtlich der Ausbeutung der Erde:

Man schlachtet nicht mir nichts dir nichts seine Mutter, wühlt in ihren Eingeweiden nach Gold oder verstümmelt ihren Leib; genau das war es aber, was der kommerzielle Bergbau schon bald fordern sollte. Solange die Erde als belebt und fühlend gedacht wurde, konnte es als Verstoß gegen die menschliche Ethik gelten, zerstörend in sie einzugreifen (MERCHANT, S. 20). Ein organischer Deutungs- und Begriffsrahmen verlangte, daß Eingriffe in das Naturgeschehen, die den natürlichen Lauf der Welt veränderten (Bergbau, Entwässerungs- und Bewässerungssysteme u. ä.) als „Schändung der Natur" interpretiert wurden, die sich möglicherweise rächt. Kulthandlungen und Versöhnungsrituale begleiteten daher den menschlichen Tätigkeitsdrang.

Die organische Metaphorik der Natur ist keine Zeiterscheinung in dem Sinne, daß sie mal gegenwärtig ist und mal nicht. Als mythologische Tiefenstruktur war sie wohl immer vorhanden. So lehrte z. B. PLATON den organischen Deutungsrahmen. Im Timaios wird die Schöpfung der Welt durch ihren „Bildner" beschrieben: *(Gott bildete) die Welt als ein einziges Ganzes aus lauter in sich vollständigen Teilen als ein vollkommenes, von Alter und Krankheit unberührtes lebendes Wesen* (PLATON: Timaios, S. 50). Der Mensch ist als Teil dieses ganzheitlichen lebendigen Wesens gedacht. PLATONS Wissenschaft ist entsprechend ganzheitlich und darauf gerichtet, die naturgemäße Bestimmung des Menschen mit allen seinen natürlichen Fähigkeiten und kulturellen Hervorbringungen zu erkennen. Dies setzt sich in der über 2000 Jahre hinweg vorherrschenden aristotelischen Wissenschaft fort.

Aristotelische Wissenschaft (Episteme) sollte vornehmlich der *Erkenntnis* dienen. Das höchste Ansehen gebührt nach ARISTOTELES jenen Wissenschaften, *die nichts mit dem Genuß und den notwendigen Bedürfnissen zu tun haben* und den *höheren Lebensinteressen* dienen (ARISTOTELES, S. 39):

---

[59] Carolyn MERCHANT beschreibt in ihrem Buch „Der Tod der Natur" die Parallelen, die zwischen der gesellschaftlichen Bewertung und Behandlung der (immer weiblichen) Natur und der Frau durch die ganze Kulturgeschichte hindurch bestehen. Aus ihrer Sicht ist es z. B. eine Zwangsläufigkeit, daß die gegenwärtige Ökologie- und Frauenbewegung gleichzeitig entstanden sind und beiden analoge ethische Wertvorstellungen zugrunde liegen. MERCHANTS Buch trägt möglicherweise mehr zur Aufklärung der Problematik „Mädchen und Naturwissenschaften/Technik" bei, als es empirische Untersuchungen vermögen, obwohl es nicht mit Blick auf Schule und Unterricht geschrieben ist.

Daß die Weisheit keine hervorbringende Wissenschaft ist, zeigen auch die ältesten Philosophen; denn die Menschen beginnen jetzt wie sonst von dem Verwundern aus zu philosophieren ... Wenn man sonach philosophierte, um der Unwissenheit zu entgehen, so erhellt, daß man das Wissen nur um der Erkenntnis willen und nicht um des Nutzens willen aufsuchte. Auch der geschichtliche Hergang bestätigt dies; denn man begann eine solche Erkenntnis erst dann zu suchen, als das für die Notwendigkeiten, wie für die Behaglichkeit und Bequemlichkeit, des Lebens Nötige erlangt war. Man sucht also offenbar eine solche Erkenntnis um keines Vorteils willen, vielmehr gilt sie in dem Sinne, wie man den Menschen frei nennt, der nur seinetwegen und nicht für einen anderen da ist, als die alleinige freie Wissenschaft; sie ist allein um ihrer selbst willen da (ARISTOTELES: Die Metaphysik, Buch I, Kap. 1, 2).[60]

Dies soll hier, seiner weiteren Bedeutung wegen, besonders hervorgehoben werden: Wissenschaft hat bei Aristoteles nicht die Funktion, etwas Nützliches hervorzubringen, sie ist nur um der Erkenntnis willen da – und *daher* frei! Zweckfrei ist die (aristotelische) Wissenschaft, weil sie nicht einem wissenschaftlichen Fortschritt dienen muß, der die Lebensbedingungen verbessern oder auch nur verändern soll, z. B. durch Technik, im Gegenteil: sie setzt das Lebensnotwendige voraus, weil sie der Muße bedarf und frei sein muß von Zwängen, die die Not gebiert. Wenn, wie wir noch sehen werden, die aristotelische Wissenschaft zu Beginn der Neuzeit der Nutzlosigkeit geziehen wurde, als „bloßes Herumtappen" (KANT) verspottet, dann nicht, weil sie die selbstgesteckten Ziele nicht erreicht hätte, sondern weil sich die Ziele der Menschen und die Erwartungen an die Wissenschaft verändert haben. Weiter unten wird noch näher zu begründen sein, warum die aristotelische Lehre den neuen Zielen und Erwartungen nicht durch Weiterentwicklung angepaßt, sondern nur als Ganzes abgelöst werden konnte. Es wird sich außerdem noch zeigen, daß die aristotelische Sicht des Verhältnisses von Erkenntnis und Nutzen, Wissenschaft und Praxis bis in unsere Tage hinein verhängnisvolle Schatten auf das Bildungswesen wirft. Vorerst sei festgehalten:

> Aristotelische Wissenschaft erstrebte unabhängig von ihrem jeweiligen Inhalt ausschließlich *Orientierungswissen*. Ihre Ablösung erfolgte nicht vorrangig der vorhandenen inneren Probleme wegen, sondern weil neue Ziele und Erwartungen der Menschen mit ihr nicht abzudecken waren.

Die Kunst und die Dichtung haben das organische Bild nie verloren. Seine ethische Relevanz für das gesellschaftliche Handeln, für die Welt der Tat, ist aber in verschiedenen Zeiten und Kulturen unterschiedlich ausgeprägt. Nach MERCHANT und BERMAN dominierte in der frühen Renaissance noch ein organischer Deutungsrahmen mit der Betonung der existentiellen Einheit von Mensch und Natur. Er konnte aber dem gesellschaftlichen Aufbruch des 16. und 17. Jahrhunderts nicht standhal-

---

60   Hier zitiert nach SIMONYI, S. 87. Vergleiche auch das Kapitel „Die Stufen der Erkenntnis" aus der *Metaphysik* (ARISTOTELES, S. 37–45).

ten.[61] Die Eroberung neuer Kontinente, die Erschließung neuer Märkte, der frühe Kapitalismus und die fortschreitende Technik und Industrialisierung brachten die ethischen Grundlagen der organischen Weltsicht ins Wanken: *Mit dem 16. und 17. Jahrhundert war die Diskrepanz zwischen technischer Entwicklung in der Welt der Tat und leitenden organischen Metaphern in der Welt des Geistes übergroß geworden. Die alten Strukturen waren mit den neuen Aktivitäten unvereinbar* (MERCHANT, S. 19). Orientierungswissen, das die praktische Verwertbarkeit von Kenntnissen unberücksichtigt ließ, reichte nicht mehr aus.

Der Natur als weiblichem Wesen entsprach aber nicht nur das positiv bewertete Bild der Nährmutter, sondern auch der bedrohliche Charakter einer unberechenbaren und gesetzlosen, mit Stürmen, Hochwassern, Trockenzeiten und anderen Unbilden gefahrbringenden Natur. Gegenüber dieser bot die (u. a. christliche) Idee der Verfügungsgewalt des Menschen über die Natur eine attraktive ethische Grundlage. Sie konnte sich verständlicherweise in dem Maß durchsetzen, wie diese Verfügungsgewalt durch die Entwicklungen seit der Renaissance auch praktisch an Bedeutung gewann.[62] Hierin liegt eine der Wurzeln, aus der das Bedürfnis nach *Verfügungswissen* erwächst.

MERCHANT weist darauf hin, daß der jeweilige Deutungsrahmen zwar explizit deskriptiv ist, jedoch immer einen normativen Charakter in sich trägt, der Handlungsgebote, -hemmungen und -verbote bewirkt. Die Begriffe des Rahmenwerks implizieren ein Wertesystem, das für die jeweilige Kultur prägend ist. Unter pädagogischen Gesichtspunkten ist MERCHANTs Hinweis bedeutungsvoll:

Wir können nun nicht einen erklärenden Begriffsrahmen akzeptieren, zugleich aber die ihm zugeordneten Werturteile negieren, weil die Verknüpfung der Wertvorstellungen mit der begrifflichen Struktur keine zufällige ist (S. 21).

Das wirft die Frage auf, inwieweit eine ökologische Erziehung im ethischen und begrifflichen Rahmen der Wissenschaft möglich ist, solange deren Zielsetzung wesentlich in der Naturbeherrschung besteht. Das gilt natürlich nicht nur für die Erziehung. Offensichtlich stehen gegenwärtig auch die Politik, die Industrie oder die Wirtschaft vor der Schwierigkeit, ökologische Strukturen zu entwickeln und

---

61 Vgl. dazu auch APPLEYARD, BARROW, BERMAN, CAPRA, PIETSCHMANN. Die Thematik wird in der sogenannten „New-age"-Literatur vielfach mehr oder weniger seriös behandelt. In der Physikdidaktik ist diese Literatur sehr umstritten (s. dazu FICHTNER), kann aber ihrer Popularität wegen kaum ignoriert werden. Dies wäre auch nicht sinnvoll, denn der Übergang zwischen ernsthafter Philosophie und Heilslehre ist durchaus gleitend. Die Diskussion hat sich besonders an CAPRA entzündet, bei dem Wissenschaftliches und Spekulatives, Deskriptives und Missionarisches ein besonders schwer durchschaubares Gemenge bilden. Jedoch sind seine Beschreibung der „Newtonschen Weltmaschine" im Buch *Wendezeit* und manche weiteren Kapitel darin für kritische Leser aufschlußreich.

62 Dabei ist zwar vorrangig an die Vielzahl der technischen Erfindungen zu denken, wie sie z. B. in AGRICOLAs zwölfbändigem Werk *De re metallica* dargestellt sind. Diese sind jedoch philosophisch als Einheit zu sehen mit den anderen „Aufbrüchen" der Renaissance, z. B. den Entdeckungen und Welteroberungen, der Architektur, dem beginnenden Welthandel, der Verbreitung des Wissens durch den Buchdruck und dem Verlassen einer „Gelehrtensprache".

gleichzeitig noch den Handlungsnormen von Marktbeherrschung, Wirtschaftsmacht usw. zu genügen.

Exkurs: Zur bildungstheoretischen Aktualität organischer Metaphorik

Die organische Metaphorik wird hier nicht nur als Hintergrund erwähnt, vor dem im folgenden das Paradigma neuzeitlicher Naturwissenschaft deutlicher konturiert werden kann, sondern auch, weil es über die Ökologiebewegung wieder Eingang in die zeitgenössische philosophische und gesellschaftliche Diskussion findet. Das Zitat eines herausragenden Ökologen unserer Zeit soll dies verdeutlichen:

Da wir als bewußt handelnde schöpferische Menschen nicht außerhalb der Natur leben, sondern Teil der Natur sind, ist auch alles, was wir tun, in einem allgemeineren Sinne „natürlich" – auch unsere Technik … Als „Krone der Schöpfung" sind wir gleichsam der Haupttrieb eines hochentwickelten Gewächses. Unsere Eingriffe werden die Fortentwicklung dieses Organismus beeinflussen … Jeglicher Schaden, den wir der Ökosphäre zufügen, verletzt letztlich nicht die Natur … Die Natur in diesem Sinne braucht eigentlich keinen Schutz, sondern es liegt in dem ureigensten Interesse von uns Menschen als dem Haupttrieb des Ökosystems, daß wir die Lebensfähigkeit und die Entwicklungsfähigkeit dieses einmaligen Organismus zu erhalten versuchen. Denn die Natur kann ohne uns und auch ohne dieses irdische Ökosystem leben, aber wir nicht ohne sie und das Ökosystem (DÜRR, S. 113/114).

Auch die oben mit dem Begriff „Liebe" beschriebene Beziehungsfähigkeit wird von DÜRR als Desiderat genannt: *Denn die Prognosefähigkeit der Naturwissenschaft im Falle hochkomplexer Systeme ist äußerst begrenzt. Ich glaube statt dessen, daß unsere traditionelle Weisheit, das Wissen, das wir aus dem großen gemeinsamen Erbe der Weltreligionen schöpfen und das uns Liebe, Mitgefühl, Kooperation und Solidarität lehrt …, uns hierbei eine weit bessere Orientierung geben können* (S. 114).

Die zitierten und heute bereits wieder weit verbreiteten Metaphern bedeuten natürlich keinen „Rückfall" in mittelalterliche Denkmuster, sondern sind als Bestandteil des Bemühens zu werten, das Verhältnis Mensch/Natur gegenwartsbezogen und zukunftsorientiert neu zu beschreiben. Wie erwähnt, erschließt diese Deskription mit ihrer Sprache und den verwendeten Bildern zugleich ein ethisches Fundament, das normierend auf individuelles und gesellschaftliches Handeln wirkt. Bekanntlich konkurriert diese ökologische Ethik mit anderen normativen Orientierungen der Industriegesellschaften. Für spätere Generationen wird es sicherlich leichter als für die zeitgenössische Philosophie zu beurteilen sein, welche Metaphorik die Integrationskraft hat, das sich wandelnde Wertesystem unserer Zeit aufzunehmen.

Es ist durchaus spannend zu beobachten, wie das gegenwärtige Bildungssystem die konkurrierenden Mensch/Natur-Verhältnisse (der Kraft seiner Verfügungsgewalt naturbeherrschende Mensch versus dem Menschen als sich fügender Teil eines organischen Naturwesens) zu integrieren versucht. Dabei bestehen innerhalb der naturwissenschaftlichen Fächer erhebliche Unterschiede. In aktuellen Lehrplänen für das Fach Biologie finden wir Formulierungen wie die folgenden (Hervorhebungen in den Zitaten dieses Abschnitts: H. M.):

Dieses ganzheitliche Unterrichtsprinzip, das den Menschen mit seinem Umfeld als Teil der Natur beschreibt, ist eine didaktische Leitlinie des Biologieunterrichts ... Die persönliche Betroffenheit in Fragen der Umweltgefährdung fördert bei Schülerinnen und Schülern die Bereitschaft, sich in allen Lebenssituationen verantwortungsvoll zu verhalten ... Der Biologieunterricht soll auch die Erlebnisfähigkeit der Schülerinnen und Schüler fördern und so zu einer vielschichtigen Persönlichkeitsbildung beitragen.[63]

Die Betonung des Menschen als Teil der Natur, die Forderung nach ganzheitlichen Sichtweisen und die Absage an eine rein rationale Aneignung des Lehrstoffs ist in dieser Deutlichkeit eine Entwicklung der letzten zwei Jahrzehnte und Ausdruck eines sich verändernden Deutungsrahmens. Metaphorischen Kompromißcharakter trägt aber beispielsweise der Begriff „Umwelt", der in der Ökologiebewegung umstritten ist, weil er dem konkurrierenden Bild eines von der Natur abgehobenen Menschen entspricht. In anderen Lehrplänen wird der Umweltbegriff vermieden und durch Formulierungen ersetzt, die die Eingebundenheit des Menschen in die Natur betonen, z. B.:

Der Biologieunterricht erschließt den Schülerinnen und Schülern die belebte Natur, indem er Interessen weckt, biologische Grundkenntnisse vermittelt und die Einbindung des Menschen in die Natur aufzeigt. Nach Auffassung dieses Lehrplans wirkt der Biologieunterricht der *Naturentfremdung entgegen,* und es *entwickeln sich im Biologieunterricht Einstellungen und Werthaltungen der Schülerinnen und Schüler, die das Empfinden für Wert und Schönheit der belebten Natur wecken und vertiefen ... Die Möglichkeit zu unmittelbarer, nicht selten erlebnishafter Begegnung mit der belebten Natur fördert auch die emotionale Verbundenheit zur Heimat ...*[64] Die Verwendung des Begriffs „belebte Natur" entspricht hier natürlich nicht der organischen Metapher für die Natur als Ganzem – im Gegenteil: Es wird zwischen der belebten und unbelebten Natur unterschieden. Die eine ist Gegenstand des Fachs Biologie, die andere der Fächer Physik und Chemie. Die partielle Übernahme des ökologischen Deutungsrahmens scheint für den „belebten" Teil der Natur leichter zu sein als für den „unbelebten".

Bei den Fächern Physik und Chemie erscheint der Mensch in den Zielformulierungen der Lehrpläne zwar vielfach als Verantwortungsträger, aber nicht als Teil der Natur, schon gar nicht einer belebten. Auch die Inhalte dieser Fächer werden nicht mit dem auf die „belebte Natur" bezogenen Wertesystem in Zusammenhang gebracht. Physiklehrpläne scheinen mit Formulierungen unverträglich zu sein, in denen „die Einbindung des Menschen in die Natur", „das Empfinden für Wert und Schönheit der *un*belebten Natur" oder gar die „Heimatverbundenheit" betont wird. Zwar wäre der Einwand zutreffend, daß solche Werte nicht zum Aussagensystem

---

63 NIEDERSÄCHSISCHES KULTUSMINISTERIUM, Rahmenrichtlinien für die Realschule (1992). Zitiert aus dem Abschnitt „Aufgaben und Ziele des Biologieunterrichts", S. 10.

64 Zitiert aus dem „Erziehungs- und Bildungsauftrag" des baden-württembergischen Bildungsplans für das Gymnasium (Lehrplanheft 4/1994, S. 32). In der Anhörungsfassung wurde in diesem Lehrplan noch der Begriff „Mitwelt" anstelle von „Umwelt" verwendet.

der Physik gehören; er implizierte aber lediglich die durchaus gängige Auffassung, der Physik*unterricht* habe sich auf das „wertfreie" Aussagensystem der Physik zu beschränken. Gerade dies wird aber noch eingehend zu problematisieren sein. Es ist durchaus bedeutungsvoll, daß sich die Physiklehrpläne in der begrifflichen Ebene von den Biologieplänen abheben. So stehen z. B. im oben zitierten niedersächsischen Lehrplan beim Fach Physik die Sätze: *Ein Grundbestand an Kenntnissen naturwissenschaftlicher Zusammenhänge ist Voraussetzung zur Entwicklung der Fähigkeit, sich verantwortungsbewußt mit der Technik auseinanderzusetzen. Eine Aufgabe des Physikunterrichts ist es, das physikalisch-technische Grundwissen zu vermitteln, mit dessen Hilfe Zusammenhänge in den Bereichen der Energieversorgung und der Neuen Technologien erklärt und reflektiert werden können* (S. 8). Nicht das „Empfinden", sondern das „Erklären", nicht die „Mitwelt" oder Zugehörigkeit, sondern das „Auseinander-Setzen" und „Reflektieren", das distanzierte Zurückblicken, werden betont. Inhaltlich akzentuiert der Physikunterricht – obwohl *Natur*wissenschaft – die *Technik* und damit jene Artefakte des Menschen, die ihm Werkzeug der Naturbeherrschung sind und seine Verfügungsgewalt begründen.

Die hier wiedergegebenen Zitate können und sollen keine Lehrplananalyse ersetzen. Es soll nur auf das Problem hingewiesen werden, daß Physik- und Biologieunterricht möglicherweise verschiedene Menschen- und Naturbilder pflegen. Dies wird auch durch eine Untersuchung von NOLTE und BRÄMER bestätigt, die zeigt, daß diese unterschiedlichen Bildungsorientierungen sich in den Zielvorstellungen angehender Lehrerinnen und Lehrer widerspiegeln: *So geht es den künftigen Biologielehrern im Gegensatz zu den künftigen Physik- und Chemielehrern keineswegs nur um die Vermittlung kognitiver Einsichten und Fähigkeiten, sondern zusätzlich und vor allem um die Schaffung eines affektiven Bezuges zum Unterrichtsgegenstand: In der Schule soll ihrer Meinung nach eine „innere Beziehung zur Natur" oder gar „Freude an der Natur" geweckt werden ... Damit steht der Bildungsanspruch der zukünftigen Biologielehrer in einem starken Gegensatz zur Theoriefixierung ihrer Kommilitonen von der Physik und der Chemie ... Nicht die verallgemeinerte Methode, sondern die konkreten Gegenstände ihrer Disziplin faszinieren die Biologiestudenten. Die didaktische Leitlinie Natur – Leben – Mensch bestimmt indes nicht nur die fachliche Dimension, sondern auch den Gesellschafts- und Alltagsbezug des von den Biologiestudenten vorgedachten Schulunterrichts* (NOLTE/BRÄMER 1985, S. 108).

Wenn MERCHANTs These zutrifft, und mir erscheint sie sehr plausibel, daß der Begriffs- und Deutungsrahmen unauflöslich mit seinem normativen Hintergrund verknüpft ist, dann stecken in den Lehrplänen der naturwissenschaftlichen Fächer noch mancherlei Widersprüche hinsichtlich der Erziehungsziele bzw. im Menschenbild, auf das hin erzogen werden soll.[65] „Persönlichkeitsbildung" bedeutet

---

65 In der gegenwärtigen Diskussion um den integrierten naturwissenschaftlichen Unterricht fehlt die Aufarbeitung der Diskrepanz in den Menschenbildern der traditionellen Fächer weitgehend.

auch die Internalisierung von Wertvorstellungen. Sind diese zwischen verschiedenen Fächern, z. B. Biologie und Physik, unvereinbar, so kann, im Prinzip[66], in ein und derselben Person nur eines der beiden Fächer oder keines persönlichkeitsbildend wirken. Insoweit aber tatsächlich verschiedene und womöglich unvereinbare Weisen der Weltwahrnehmung und des Weltzugriffs notwendig sind, ist ihr Verhältnis untereinander zu klären und notwendigenfalls, wie das von Theodor LITT gefordert wird, als „Antinomie" anzunehmen (→ S. 131 und → S. 168 ff).

In Kapitel I wurde als empirischer Befund zu den Folgen des Physikunterrichts ein mehrschichtiger Spaltungsprozeß herausgestellt. Er zeigt sich in der unterschiedlichen Stellung der Fächer Biologie und Physik in der Beliebtheitsskala, ebenso in der Beliebtheit bzw. Unbeliebtheit des Fachs Physik innerhalb der Schülerschaft (→ Abbildung 6, S. 77) und außerdem im intrapersonalen Schisma der Wertzuschreibungen für das Fach Physik (→ These 8, S. 86). Eine wesentliche Ursache könnte in einem widersprüchlichen Menschen- und Naturbild liegen. Die Problematik der Spaltung wird diese Arbeit daher insgesamt durchziehen und noch mehrfach explizit aufzugreifen sein.

2.1.2 Der Paradigmenwechsel in der Renaissance

Im 16. und 17. Jahrhundert erfuhr die Naturwissenschaft eine so grundlegende Veränderung, daß bereits KANT sie als *schnell vorangegangene Revolution der Denkart* bezeichnete (KANT, S. 23). KUHN (1967) nennt solche Wandlungen im Wissenschaftssystem *Paradigmenwechsel*, ein Begriff, der in der heutigen Wissenschaftstheorie einen festen Platz eingenommen hat. Ein Paradigma in diesem Sinne bezieht sich auf das „Strickmuster" der jeweils anerkannten Wissenschaft, also auf deren Grundbestand an Sätzen, Methoden, Inhalten und Zielsetzungen. Bei KUHN umfaßt der Begriff zunächst nur das *Wissenschafts*paradigma im engeren Sinne als die durch eine oder mehrere Theorien vorgegebenen „Modelle", nach denen in der konkreten wissenschaftlichen Praxis verfahren wird oder – mit seinen Worten – *aus denen bestimmte festgefügte Traditionen wissenschaftlicher Forschung erwachsen* (KUHN 1967, S. 29). Obwohl KUHN in diesem Essay den Paradigmabegriff auf das innerwissenschaftliche Verfahrens- und Normenrepertoire beschränkt, ist er sich bewußt, wie sehr dieses auch von außerwissenschaftlichen Bedingungen geprägt ist. Ihre Berücksichtigung würde seiner eigenen Ansicht nach dem Essay *sicherlich eine analytische Dimension von größter Bedeutung für das Verständnis des wissenschaftlichen Fortschritts hinzufügen* (KUHN 1967, S. 13). Er begründet den Verzicht mit der *Notwendigkeit einer durchgreifenden Raffung.* An anderen Stellen ist er auf die-

---

Dies ist gleichbedeutend mit einem gravierenden Defizit in der Formulierung einer Grundorientierung für ein integriertes Fach. Vgl. dazu Kapitel IV, Abschnitt 4.2.2, S. 232 ff.

66   Diese Einschränkung ist erforderlich, weil auch das Fach Biologie durch seine inhaltliche und formale Gestaltung nicht auf *ein* Naturbild festgelegt ist. Auch dort gibt es die Möglichkeit, als „nur Manipulierender" (WAGENSCHEIN) geformt zu werden.

ses außerwissenschaftliche Bedingungsgefüge ausführlich eingegangen (z. B. KUHN 1957 und 1978).

Soweit hier der Begriff Paradigma verwendet wird, soll er über die von KUHN ja nur aus pragmatischen Gründen eingeschränkte Bedeutung hinaus verstanden werden: Das Paradigma soll ausdrücklich den sozialen, gesellschaftspolitischen, philosophischen und teils metaphysischen „Nährboden" mit einschließen, auf dem die Wissenschaft einer bestimmten Kulturepoche überhaupt erst gedeihen kann. Für die oben skizzierte aristotelische Wissenschaft bedeutet dies, daß die Beschränkung[67] der Wissenschaft auf das Orientierungswissen bzw. das Postulat der Zweckfreiheit einschließlich der zugrundeliegenden organisch-ganzheitlichen Metaphorik dem „aristotelischen Paradigma" zuzurechnen ist.

Der Wechsel eines so verstandenen Paradigmas hat demnach nicht nur wissenschaftsinterne Gründe. Es sind weniger die Widersprüche und Unzulänglichkeiten des wissenschaftlichen Aussagensystems der aristotelischen Wissenschaft, die den als „kopernikanische Wende" bezeichneten Paradigmenwechsel erzwungen hatten. KOPERNIKUS war stolz darauf, daß astronomische Berechnungen in seinem Weltsystem keine *schlechteren* Ergebnisse lieferten als das ptolemäische System, sie waren aber zunächst auch nicht besser (PUKIES, S. 28, KUHN 1980, S. 169 f). Auch die Technik oder die Architektur waren *zunächst* nicht auf die Physik eines GALILEI und NEWTON angewiesen, sondern machten als weiterentwickelte Handwerkskunst unabhängig von der Naturwissenschaft enorme Fortschritte. Dies gilt auch für die Schiffahrt oder die Entdeckungs- und Handelsreisen, die noch lange nach KOPERNIKUS auf astronomische Orientierungshilfen angewiesen waren, z. B. die „Alfonsinischen Tafeln", deren Berechnungsgrundlagen das ptolemäische (geozentrische) Weltbild und in seinem Rahmen gewonnene Beobachtungsdaten waren. Es ist geradezu ein Definitionsmerkmal des Zeitalters der Renaissance, daß *alle* seine Entwicklungen dem Ausbruch des Menschen aus der Gebundenheit des Mittelalters dienten, also der Selbstbestimmung des Menschen durch den Gebrauch seiner Vernunft. Es galt die mittelalterlichen Lebensinterpretationen zu überwinden, nach denen der Mensch sich im irdischen Leben, das als Vorstufe einer jenseitigen Welt galt, gemäß seiner natürlichen Bestimmung Regeln zu unterwerfen hatte, die seinen Platz in der Gesellschaft und seine Handlungsfreiräume definierten.

Dies erforderte die Ablösung der aristotelischen Weltbilds: *In ihm hat alles seinen natürlichen Platz; alle Dinge und Körper, die Menschen und die Götter sind in eine hierarchische Ordnung eingefügt. Die himmlische und die irdische Welt sind in dieser hierarchischen Ordnung streng voneinander getrennt ... Für die sublunare irdische Welt sind Veränderung, Entstehen und Vergehen charakteristisch. Aber auch hier haben die Dinge und Menschen ihren natürlichen Platz: ... Jede Abweichung von dieser Ordnung ist naturwidrig, und einem jeden Körper ist das Streben inhärent, seinen von der Natur vorgeschriebenen Platz einzunehmen* (SIMONYI,

---

[67] Der Begriff „Beschränkung" will hier nicht so recht passen, denn wie das angeführte Zitat von ARISTOTELES zeigt, handelt es sich ja um eine *Befreiung* von Zwängen, die sich aus den Zwecksetzungen des Verfügungswissens ergeben.

S. 85). Die scholastische Philosophie und Glaubenslehre hat die beschriebene natürliche Ordnung auch auf das soziale Leben bezogen.

SIMONYI legt sehr anschaulich dar, wie außerordentlich schwierig es ist, an einem derartig einheitlichen Weltbild irgendwelche Korrekturen vorzunehmen.[68] Jede Veränderung stößt die ganze herrschende Hierarchie um. Schon wer, wie es GALILEIs Blick durch das Fernrohr nahelegte, behauptet, der Mond ähnle in seinem Aufbau der Erde, bringt das ganze System ins Wanken. Denn alles Erdenschwere mußte natürlicherweise nach unten fallen, zum Mittelpunkt der Welt, in dem sich die Erde befand. Von da aus läßt sich verstehen, warum sich die Kirche schon bei zunächst unbedeutend erscheinenden Zweifeln an den Lehren des aristotelisch-scholastischen Weltbilds vehement mit Sanktionen wehrte: Jeder Zweifel am Detail war ein Zweifel an der gesamten Weltordnung. Das aristotelisch-scholastische Weltbild konnte daher nicht verbessert oder neuen Bedürfnissen angepaßt, sondern nur abgelöst werden.

Die Wissenschaftler des 16. und 17. Jahrhunderts waren sich dessen wohl bewußt. In GALILEIs Schriften finden sich viele Stellen, an denen man das Vergnügen spürt, das es ihm bereitete, durch den Nachweis von Widersprüchen im Detail ARISTOTELES im allgemeinen in Frage zu stellen, ja, ihn der Lächerlichkeit preiszugeben.[69] Bei Francis BACON wird dasselbe weiter unten noch genauer nachgewiesen. Das Risiko der Wissenschaftler um 1600 war erheblich, wie es z. B. Giordano BRUNOs Ende auf dem Scheiterhaufen im Jahre 1600 zeigt. Aber die neue Wissenschaft als eine mit den traditionellen Autoritäten konkurrierende Institution fand starken Rückhalt bei der im Aufbruch befindlichen Gesellschaft, als deren Sachwalter die Gelehrten wirkten.[70] Denn der Zusammenbruch des aristotelischen Weltbilds und der damit verknüpften Hierarchien und Ordnungsregeln schaffte Raum für eine neue Sicht des Menschen.

---

[68] Hier wird eine sehr verkürzende Argumentationsweise verwendet: Natürlich gab es im Mittelalter auch vielfältige Kritik und Korrekturen am aristotelischen Weltbild, beispielsweise die Impetustheorie des BURIDAN oder die Zweifel des ORESME an den Bewegungsgesetzen. Auch die Vereinheitlichung der christlichen Glaubenslehre mit dem aristotelischen Weltbild durch THOMAS VON AQUIN ist hier zu nennen. Diese Kritik hatte eine doppelte Funktion: Einerseits dienten Korrekturen der Stabilisierung des gesamten philosophischen Systems, zum anderen bereiteten sie auch den Sturz des Weltbilds vor, der aber erst möglich wurde, als die gesellschaftlichen Bedürfnisse und Entwicklungen ihn erforderten. Im Sinne C. F. v. WEIZSÄCKERs handelt es sich bei der aristotelischen Physik um eine „abgeschlossene Theorie", die gemäß seiner Definition eine Theorie ist, *die durch kleine Änderungen nicht verbessert werden kann* (v. WEIZSÄCKER 1974, S. 193).

[69] Man ziehe als Beispiel jenes Stück aus GALILEIs „Unterredungen ..." heran, in denen er die aristotelischen Auffassungen vom freien Fall schwerer und leichter Körper widerlegt (GALILEI 1890, S. 56–60).

[70] Das ist nicht so zu verstehen, als wäre dies die bewußte Motivation der Wissenschaftler gewesen, während sie aktuell neues Wissen erschlossen. Dieses hatte aber faktisch eine die gesellschaftlichen Prozesse stützende Funktion.

2.1.2.1 Die Natur vor Gericht

Das organische Naturbild, in dem Mensch und Natur eine existentielle Einheit bilden, wurde im Zuge der Begründung der neuzeitlichen Wissenschaft im 16. und 17. Jahrhundert von einer Metaphorik abgelöst, die durch KANTs Formulierungen im Vorwort zur zweiten Auflage der „Kritik der reinen Vernunft" treffend beschrieben wird. Bei dem wiedergegebenen Zitat ist für die augenblickliche Betrachtung nur die verwendete Metaphorik wichtig:

... so ging allen Naturforschern ein Licht auf. Sie begriffen, daß die Vernunft nur das einsieht, was sie selbst nach ihrem Entwurfe hervorbringt, daß sie mit Prinzipien ihrer Urteile nach beständigen Gesetzen vorangehen und die Natur nötigen müsse, auf ihre Fragen zu antworten, nicht aber sich von ihr allein gleichsam am Leitbande gängeln lassen müsse; denn sonst hängen zufällige, nach keinem vorher entworfenen Plane gemachte Beobachtungen gar nicht in einem notwendigen Gesetze zusammen, welches doch die Vernunft sucht und bedarf. Die Vernunft muß mit ihren Prinzipien, nach denen allein übereinkommende Erscheinungen für Gesetze gelten können, in einer Hand, und mit dem Experiment, das sie nach jenen ausdachte, in der anderen, an die Natur gehen, zwar um von ihr belehrt zu werden, aber nicht in der Qualität eines Schülers, der sich alles vorsagen läßt, was der Lehrer will, sondern eines bestallten Richters, der die Zeugen nötigt, auf die Fragen zu antworten, die er ihnen vorlegt. Und so hat sogar Physik die so vorteilhafte Revolution ihrer Denkart lediglich dem Einfalle zu verdanken, demjenigen, was die Vernunft selbst in die Natur hineinlegt, gemäß, dasjenige in ihr zu suchen (nicht ihr anzudichten), was sie von dieser lernen muß, und wovon sie für sich selbst nichts wissen würde. Hierdurch ist die Naturwissenschaft allererst in den sicheren Gang einer Wissenschaft gebracht worden, da sie so viele Jahrhunderte durch nichts weiter als ein bloßes Herumtappen gewesen war (KANT, S. 25).

Wissenschaft ist erfolgreich geworden, seit sie die Natur in der Art eines Richters nötigt, das preiszugeben, was der kraft seiner Mittel mächtige Richter wissen will. Diese Mittel sind die Prinzipien der Vernunft und das geschickt ausgedachte Experiment. KANT nennt auch die Herkunft dieses *Heereswcges der Wissenschaft: ... denn es sind nur etwa anderthalb Jahrhunderte, daß der Vorschlag des sinnreichen Baco von Verulam diese Entdeckung teils veranlaßte, teils, da man bereits auf der Spur derselben war, mehr belebte ...* (ebd.). BACO VON VERULAM, Francis BACON, ist auch der Schöpfer der Metapher, nach der die Natur vom Menschen ins Verhör genommen wird. Wie das angeführte Zitat von KANT zeigt, waren die Schriften BACONs von gewaltigem Einfluß auf die Wissenschaften der Neuzeit, und sie wirken – wie sich zeigen soll – bis hinein in die aktuelle fachdidaktische Diskussion.

Der Einfluß Francis BACONs

Der Name Francis BACON (1561–1626) taucht in den heutigen Lehrbüchern der Physik meist nicht auf, denn BACON hat auf der inhaltlichen Ebene der Physik nichts Bleibendes hinterlassen. *Im Grunde bestand seine Absicht auch gar nicht darin, diese oder jene Erfindung zu machen, sondern bloßzulegen, wie man erfindet und wie man entdeckt und schließlich wie man denken muß, um erfinden und entdecken zu können. Von dieser Fragestellung ausgehend gelang es ihm wie keinem zweiten, den Geist der Zeit zu erfassen, die Philosophie auf die Höhe der Zeit zu bringen und den Zeitgeist dem allgemeinen Bewußtsein zugänglich zu machen* (Manfred BUHR in BACON 1620, S. XX). Diese Charakterisierung von BACONs Leistung ist noch um den Hinweis zu ergänzen, daß BACON soviel wie kein zweiter zur Demontage der aristotelisch-scholastischen Weltsicht beigetragen hat. Daß dies auch voll seiner Absicht entsprach, geht bereits aus dem Titel seiner bedeutendsten Schrift hervor: „NOVUM ORGANON". Das neue Organon, erschienen 1620, wendet sich gegen das herrschende „alte" Organon. Mit ORGANON wurde damals das Werk ARISTOTELES' bezeichnet. Viele der baconschen Grundsätze und Verfahrensweisen sind bis heute in der Fachdidaktik aktuell und dürfen für eine Beurteilung der gegenwärtigen Situation des Physikunterrichts nicht außer acht gelassen werden. Sie werden uns daher in Kapitel III wieder begegnen.

BACON war Jurist und bekleidete unter dem englischen König Jakob I. mehrere hohe Staatsämter, darunter – und das ist für unseren Zusammenhang wesentlich – ab 1607 Generalstaatsanwalt, 1613 erster Thronanwalt, 1617 Lordsiegelbewahrer, ab 1618 Lordkanzler mit dem Titel „Baron von Verulam" und ab 1620 „Viscount of St. Alban". 1621 wurde er – wohl nicht ohne eigenes Verschulden – in die Querelen zwischen König und Parlament verwickelt, wegen Bestechlichkeit verurteilt und aller Ämter enthoben, vom König aber nach kurzer Inhaftierung wieder begnadigt.

BACONs Ziel war es, durch seinen politischen Einfluß die Stellung der Wissenschaften als gesellschaftliche und mit Macht ausgestattete Institution zu verbessern. Dies kommt auch im Titel eines seiner Werke zum Ausdruck: „Über die Würde und den Fortgang der Wissenschaften". In der Vorrede der Schrift „Große Erneuerung der Wissenschaften" beschreibt er sein Programm mit den Worten: *Über den Stand der Wissenschaften, der weder glücklich ist, noch zu einer Stärkung der Erkenntnis führt. Dem menschlichen Verstande muß ein ganz neuer, bisher nicht bekannter Weg eröffnet werden. Andere Hilfsmittel müssen beschafft werden, damit der Geist von seinem Recht auf die Natur der Dinge Gebrauch machen kann* (1620, S. 6).

Dieser Weg ist der, den wir heute Empirismus nennen. BACON gilt als der Begründer der induktiven Methode. Er tritt damit in scharfen Gegensatz zu der vorherrschenden spekulativen Philosophie. Mit DESCARTES teilt er den methodischen Grundsatz, zunächst alles überkommene Wissen von Grund auf zu bezweifeln.

„Wissen ist Macht" – dieser Zusammenhang durchzieht BACONs Werk und ist im Rahmen dieser Arbeit zugleich der wichtigste Punkt, der das Ziel seiner Wissenschaft von der aristotelischen unterscheidet (→ Zitat S. 93):

> Erkenntnis erfolgt in der neuzeitlichen Naturwissenschaft nicht mehr um ihrer selbst willen, sondern wegen der Wirkungen und des gesellschaftlich-lebenspraktischen Nutzens, die sie hervorbringen kann.

Wissen und menschliche Macht sind dasselbe, da die Unkenntnis der Ursache die Wirkungserzeugung verhindert (1982, S. 67).

BACON will die Natur besiegen, betont aber, daß dabei keine Willkür walten kann: *Denn keine Kraft kann die Kette der Ursachen lösen oder zerbrechen, und die Natur wird nur besiegt, indem man ihr gehorcht. Daher fallen jene Zwillingsziele, die menschliche Wissenschaft und Macht, zusammen, und das Mißlingen der Werke geschieht meist aus Unkenntnis der Ursachen* (1620, S. 32).[71]

Es ist aber nicht nur eine größere Anzahl von Versuchen anzustreben und neu vorzubereiten, wie auch eine andere Art, als sie bisher betrieben worden ist, sondern auch eine völlig andere Methode, Anordnung und ein anderer Ablauf ist bei der Entwicklung der Erfahrung einzuführen. Denn eine planlose und sich selbst überlassene Erfahrung ist, wie bereits erwähnt, ein bloßes Umhertappen im Dunklen, das die Menschen eher verdummt als belehrt. Wenn aber die Erfahrung eindeutig und stetig nach einer sicheren Regel voranschreitet, läßt sich besseres für die Wissenschaften erhoffen (1620, S. 110).[72]

Die Regeln, von denen BACON spricht, bestehen im genauen und unvoreingenommenen Beobachten. Das sinnlich Wahrgenommene ist der richtige Ausgangspunkt, von dem zu abstrahieren nur in kleinsten Schritten und mit größter Vorsicht zulässig ist. Dazu sind „geschickt ausgedachte" Versuche anzustellen,[73] mit deren Hilfe man auf dem Weg der Induktion *auf einer richtigen Leiter und auf zusammenhängenden Stufen ohne Unterbrechung von dem Einzelnen zu den unteren Grundsätzen aufsteigt* ... Dem Deduzieren erteilt er scharfe Absagen: *Jene höchsten und allgemeinsten (Sätze) sind Ausgeburten des Denkens, abstrakte Dinge ohne Zuverlässigkeit* ... *Daher soll man den menschlichen Geist nicht mit Flügeln, sondern eher mit Bleigewichten versehen, um so jedes Springen und Fliegen zu verhindern* (1620, S. 112).

Obwohl GOETHE die naturwissenschaftliche Erkenntnismethode und einen mit ihr verknüpften Positivismus vielfach kritisiert hat (→ S. 111 f), war er doch auch von BACON tief beeinflußt: *Man kann sich daher nicht genug in acht nehmen, daß man aus Versuchen nicht zu geschwind folgere, daß man aus Versuchen nicht unmittelbar etwas beweisen, noch irgendeine Theorie durch Versuche bestätigen wolle: denn hier an diesem Passe, beim Übergang von der Erfahrung zum Urteil, von der Erkenntnis zur Anwendung ist es, wo dem Menschen alle seine inneren Feinde auflauern, Einbildungskraft, die ihn schon mit ihren Fittigen in die Höhe hebt, wenn er noch immer den Erdboden zu berühren glaubt, Ungeduld, Vorschnelligkeit, Selbstzufriedenheit, Steifheit, Gedankenform, vorgefaßte Meinung, Bequemlichkeit,*

---

[71] Nach der antiken Auffassung sind Technik und Maschinen eine *gegen* die Natur gerichtete Aktivität. Dieser Sicht widerspricht BACON.

[72] Daß das bloße „Herumtappen" als Kritik an der bisherigen Naturwissenschaft bei KANT (→ Zitat auf S. 101) fast wortgleich auftaucht, ist sicher kein Zufall.

[73] Zitat: *Denn die Feinheit der Experimente ist weit größer als die der Sinne* ... *Ich meine solche Experimente, welche für einen bestimmten Zweck geschickt und kunstvoll ausgedacht und angewendet werden* (1620, S. 24).

Leichtsinn, Veränderlichkeit und wie die ganze Schar mit ihrem Gefolge heißen mag (GOETHE, zitiert aus MATTHAEI, S. 59/60). Die Sätze könnten auch von BACON so formuliert worden sein.

Wir werden noch auf die Frage zurückverwiesen werden, ob diese Absage an die Phantasie nicht auch im traditionellen Physikunterricht zur Entindividualisierung und Demotivierung beiträgt (→ Ü 3.2, S. 142).

Es sind die Experimente, die „mechanischen Künste" (techne), mit deren Hilfe man die Natur soweit bedrängen und aus ihrem natürlichen Lauf zwingen muß, daß das verborgene Wirken aus dem „Schoß der Natur" (1620, S. 116) hervortritt. Dabei verwendet BACON auch drastische Bilder, die erkennen lassen, wie weit die Natur zum manipulierbaren Objekt geworden ist, z. B.:

> *Da schon die gewöhnliche Weise des Urteilens, wie sie durch die Dialektiker geübt wird, soviel Mühe gemacht und so große Geister beschäftigt hat, wieviel mehr Mühe muß dann bei dem aufgewandt werden, das nicht nur bloß aus den Tiefen des Geistes, sondern aus den Eingeweiden der Natur herausgezogen werden soll?* (1620, S. 22).

MERCHANT zeigt überzeugend, daß derartige Metaphern BACONs dem Gerichtssaal entstammen – genauer: den Hexenprozessen, mit denen BACON als Staatsanwalt (s. o.) wohl vertraut war. Die Folterinstrumente der Inquisition, zu denen es auch gehörte, in die verdächtigen Frauen physisch einzudringen, um in der Vagina die Spuren des Sexualverkehrs mit dem Teufel zu entdecken, gaben – so MERCHANT – den metaphorischen Hintergrund ab für die Behandlung einer zum Objekt gewordenen widerspenstigen Natur. Seine Wissenschaft ist nach BACON *eine Geschichte der gebundenen und bezwungenen Natur, d. h., wenn sie durch die Kunst und die Tätigkeit des Menschen aus ihrem Zustand gedrängt, gepreßt und geformt wird* (1620, S. 27). Für MERCHANT ist dies zugleich einer der Nachweise, daß eine „männliche" Wissenschaft Frau und Natur in analogen erniedrigten Rollen sieht (MERCHANT, Kapitel 7).[74]

Eine Anmerkung am Rande: BACON weist auch schon auf den Ursprung jener Kluft zwischen Geistes- und Naturwissenschaften, die durch den Buchtitel von SNOW zum Schlagwort von den „zwei Kulturen" geronnen ist: Nicht mit dem Möglichen will sich BACON beschäftigen, sondern mit *fest formulierten, gültigen Aussagen über die Werke. So folgt aus der unterschiedlichen Zielsetzung unterschiedliches Ergebnis. Wird dort ein Gegner durch disputieren besiegt, so soll hier die Natur*

---

[74] Dies ist einer der Anknüpfungspunkte in der aktuellen Debatte um die Mädchen im Physikunterricht, wenn nachgewiesen werden soll, daß die „Weltsichten" der Naturwissenschaft *explizit von Männern gegen Frauen und Weiblichkeit definiert worden (sind)*. Dies behauptet z. B. FAULSTICH-WIELAND (1993, S. 9) und nennt dabei BACON, ohne ihn zu zitieren. Statt dessen beruft sie sich auf HICKEL, die wiederum behauptet von BACON, er argumentiere: *Man müsse die Natur/Frau (Hexe) quälen, bis sie/die Frau (Hexe) die Wahrheit sagen würde* (HICKEL 1992, S. 124/125). HICKEL bezieht sich auf MERCHANT, nur diese hat BACON offenbar tatsächlich gelesen. Dabei gehören die von mir angeführten Zitate zu den deutlichsten, die diese Interpretation als gerechtfertigt erscheinen lassen. „Explizite" Formulierungen über Frauen sind mir beim Studium BACONs nirgendwo begegnet.

durch die Tat unterworfen werden (1620, S. 20). Solche Spitzen gegen die zeitgenössische Philosophie durchziehen das ganze Werk BACONs.

Zwar sagt er auch, daß er dem, was wir heute Geisteswissenschaft zu nennen pflegen, die Existenzberechtigung nicht absprechen will (*Ich arbeite nicht darauf hin, die jetzt herrschende Philosophie zu zerstören*), nichtsdestotrotz stellt er eine klare Hierarchie her zwischen den Wissenschaften, die das Wissen *pflegen* – den Geisteswissenschaften –, und denen, die das Wissen *hervorbringen* – den Naturwissenschaften:

Kurz, es bestehe in Zukunft eine Art, die Wissenschaft zu pflegen und eine andere, sie zu erfinden. Wem die erste mehr zusagt und willkommener ist, vielleicht aus Rücksicht aufs politische Leben, vielleicht weil seine Geisteskräfte nicht ausreichen, die andere Art zu fassen – was wohl bei den meisten zutreffen mag – dem wünsche ich ein volles und glückliches Gelingen. Möge er ruhig an das Ziel seiner Wünsche gelangen. Will aber einer der Sterblichen nicht lediglich Nutznießer des bereits Erreichten bleiben, sondern immer weiter vordringen, will er nicht nur durch Worte den Gegner, sondern durch Werke die Natur selbst besiegen, will er endlich sich nicht bloß mit anmutigen und wahrscheinlichen Meinungen begnügen, sondern zu einem sicheren, beweisbaren Erkennen durchstoßen, so gehört er zu den wahren Söhnen der Wissenschaft (1620, S. 39).

Heute stehen wir vor der Aufgabe, diesen Graben wieder zuzuschütten, was nach 400jähriger Geschiedenheit nicht einfach sein dürfte.

Worauf es mir in diesem Abschnitt ankam, war der Nachweis, daß der Paradigmenwechsel der Renaissance grundsätzlich neue metaphorische Elemente in die Naturwissenschaft eingeführt hat.[75]

> Der Beginn der neuzeitlichen Naturwissenschaft verändert das Verhältnis Mensch/Natur. Der Mensch tritt der Natur gegenüber, diese wird zum beherrschten und verdinglichten Objekt. Die Wissenschaft erhält eine neue Aufgabe: die Beherrschung der Natur. Erkenntnis wird zweckrational.

Mit der vorgenommenen Herausstellung der gesellschaftlichen Nützlichkeit neuzeitlicher Naturwissenschaft soll selbstverständlich nicht in Frage gestellt werden, daß es das „reine Erkenntnisstreben" als individuelle Motivation bei Wissenschaftlern weiterhin gab und gibt. Auch ganze Wissenschaftsgebiete sind heute noch weitgehend frei vom Einfluß unmittelbarer Nutzungsinteressen. Aber aufs Ganze gesehen sind diese Bereiche eher mit einem Feigenblatt zu vergleichen, das die Ausgesetztheit der Naturwissenschaft gegenüber gesellschaftlichen Nutzungsinteressen nur scheinbar verdeckt.

---

[75] Es ist im Rahmen dieser Arbeit nicht möglich, das gesamte Bedingungsgeflecht zu würdigen, aus dem heraus sich ein neues Menschenbild entwickelte. Die Philosophie der Aufklärung, die machtpolitischen und ökonomischen Konstellationen bzw. Wandlungen Europas, die Veränderungen in religiösen Auffassungen und Lebensformen u. ä. wurden als relevante Faktoren in der Argumentation weitgehend ausgeblendet, was natürlich keineswegs gegen das Gewicht sprechen soll, das ihnen eigentlich beizumessen wäre.

2.1.2.2 Naturwissenschaftlicher Reduktionismus

Die methodischen Implikationen des Paradigmas der Naturbeherrschung sind außerordentlich weitreichend und prägend für das Denken bis in unsere Tage. Dies soll zunächst an Beispielen demonstriert werden. Anschließend wird die Verwurzelung dieses Denkens in der Wissenschaft der Renaissance ausgeführt.

Die folgende Zeitungsmeldung ist eines der auffälligeren Beispiele, denen man in mehr oder weniger subtileren Formen täglich begegnet:

Mottenfreies Schaf – das neue Zuchtziel

Nach ihrem Erfolg mit „Selbstschur-Schafen" haben australische Wissenschaftler jüngst damit begonnen, Merinos mit mottenfester Wolle zu züchten. „Mit Hilfe gentechnischer Eingriffe sollen die Felle der Tiere mit insektenabstoßenden Sekreten gefüllt werden", sagte Projektleiter Oliver Mayo in Canberra. Allein die Schmeißfliege verursacht den Züchtern jährlich umgerechnet rund 250 Millionen Mark Schaden. Australische Schafe erhalten jetzt bereits eine Spritze mit natürlichem Protein, das das Haar dort schwächt, wo es aus der Haut austritt. Nach etwa sechs Wochen läßt sich dann das Vlies einfach mit der Hand abstreifen. (ap) (Schwäbische Zeitung vom 14. 12. 1991/Nr. 289)

Das Schaf, reduziert zum Wollieferanten, hier als Sinnbild der beherrschten Natur.

Ein weiteres Beispiel etwas anderer Art:

Vor einigen Jahren mußte ich mich einer Operation am Knie unterziehen. Ich begab mich zu einem Spezialisten in eine Universitätsklinik. Da mir außerdem ein Leistenbruch – die Mediziner nennen das eine „Hernie" – Beschwerden bereitete, bat ich darum, diese harmlose Operation in derselben Narkose mitzuerledigen. Das stieß auf erhebliche Schwierigkeiten, denn für den Bauch war ein anderes Operationsteam zuständig als für das Knie. Auf mein Drängen hin fand sich schließlich ein Termin, der für beide Teams möglich war.

Am Krankenbett prüfte dann ein junger Arzt (aus dem „Knie-Team") meine Genesungsfortschritte, indem er die Beweglichkeit des Kniegelenks vermaß. Der Arzt bemerkte, daß dies nicht ganz ohne Belastung für mich war. Es entspann sich der folgende kleine Dialog, den ich noch am Krankenbett notiert habe:

Arzt: „Keine Sorge, Sie sind nicht das erste Knie, das ich untersuche."

Ich: „Ich bin überhaupt kein Knie."

Arzt: „Ach so, ja, 'tschuldigung, ich habe die Hernie ganz vergessen."

Ich habe mich dann nicht weiter darum bemüht zu erklären, daß ich auch keine Hernie bin.

Die Doppeloperation hat sich für meine „Krankheitskostenträger" wirtschaftlich ausgezahlt: Vom „Hernie-Team" kam nie eine Rechnung. Offenbar waren so komplexe Operationen im spezialisierten Verwaltungsapparat für Privatabrechnungen nicht vorgesehen.

Das Aufteilen der Wahrnehmungswelt, der interessengeleitete, verengte Blick auf spezifische Ausschnitte eines ganzheitlichen Zusammenhangs, hochspezialisiertes Expertentum usw. sind einige der Kennzeichen jener Denkweise, die am Anfang der neuzeitlichen Naturwissenschaft als notwendiger Bestandteil ihrer Methode entwickelt wurde. Sie blieb keineswegs auf die Naturwissenschaften beschränkt, in denen sie bei BACON und DESCARTES ihren Anfang nahm.

DESCARTES (1596–1650) war der zweite große Philosoph, der hier als Mitbegründer des Paradigmas der Naturbeherrschung angeführt wird. Im Gegensatz zu BACON hielt er wahres Erkennen nur im deduktiven Ableiten aus geistigen Gewißheiten für möglich.

In unserem Zusammenhang sind aber nicht die Unterschiede zwischen diesen beiden „Geburtshelfern" der neuzeitlichen Naturwissenschaft wichtig, sondern deren Gemeinsamkeiten. Gemeinsam war beiden – wie bereits erwähnt wurde –, daß sie sich lossagten von den Ansichten der aristotelisch-thomasischen Philosophie und den Zweifel an den Anfang ihrer Wissenschaftssysteme stellten. Auch in ihrem Ziel, eine *nützliche* Wissenschaft herzustellen, stimmten BACON und DESCARTES überein. Man stößt bei DESCARTES auf Textstellen, die auch kundige Philosophen BACON zuschreiben würden, wüßten sie nicht, daß sie „einen DESCARTES" in der Hand halten, z. B.:

Denn diese (allgemeinen) Begriffe (der Physik) haben mir die Möglichkeit gezeigt, Ansichten zu gewinnen, die für das Leben sehr fruchtbringend sein würden, und statt jener theoretischen Schulphilosophie eine praktische zu erreichen, wodurch wir die Kraft und die Tätigkeiten des Feuers, des Wassers, der Luft, der Gestirne, der Himmel und aller übrigen uns umgebenden Körper ebenso deutlich wie die Geschäfte unserer Handwerker kennenlernen und also imstande sein würden, sie ebenso zu allem möglichen Gebrauch zu verwerten und uns auf diese Weise zu Herren und Eigentümern der Natur zu machen (DESCARTES, S. 58).

Die Gemeinsamkeiten ermöglichten die Synthese der beiden komplementären Ansätze zum mächtigsten Instrumentarium der Menschheit, nämlich der naturwissenschaftlichen Methode. In KANTs Philosophie wurde schließlich das Zusammenspiel von Vernunft und Erfahrung in einem philosophischen System integriert. Dies hatte jedoch zur Voraussetzung, daß die formalen Regeln der beiden Verfahren sich nicht gegenseitig ausschließen, sondern sogar weitgehend identisch sind.

BACON begann die Welt neu zu ordnen, indem er sich um das Klassifizieren und Katalogisieren der empirisch unmittelbar beobachtbaren Erscheinungen bemühte, um von da aus vorurteilsfrei und schrittweise zu allgemeingültigen Erkenntnissen aufzusteigen. Der Weg dahin führt vom sinnlich Wahrgenommenen über das Experiment.

Man soll ja weder erdichten noch ausdenken, man soll auffinden, was die Natur macht oder bringt ... je mehr sich die Untersuchung zu den einfachen Eigenschaften hinwendet, desto klarer und durchsichtiger wird alles. Die Beschäftigung geht vom Vielfachen zum Einfachen über, vom Unmeßbaren zum Meßbaren, vom Unfaßbaren zum Berechenbaren, vom Grenzenlosen und Unbestimmten zum Bestimmten und Sicheren, so wie es sich bei den Elementen der Schrift und den Tönen der Akkorde verhält. Am besten aber schreitet die Naturforschung voran, wenn das Physische im Mathematischen seine Begrenzung findet (BACON 1620, S. 149/150). DESCARTES mißtraut den Sinnen und hält nur die gedanklichen Gewißheiten für die der Wissenschaft angemessene Richtschnur. Aber auch er will *beginnen mit den einfachsten und faßlichsten Objekten und auf(zu)steigen allmählich und gleichsam stufenweise bis zur Erkenntnis der kompliziertesten* (S. 19). Die „faßlichsten Objekte" waren für DESCARTES gedanklicher Art. Ihre Einfachheit beruhte darauf, daß es „mathematische Begriffe" waren.

Obwohl der induktive Weg BACONs in mancher Hinsicht diametral zu DESCARTES' deduktiver Methode steht, so sind doch die wesentlichen Regeln der cartesischen Philosophie auch bei BACON klar zu erkennen (→ Abbildung 16), und sie führen zum selben Ziel, nämlich dem Menschen als dem „Herrn und Eigentümer der Natur".

Cartesische Regeln

1 **Nur völlig zweifelsfreie Sachverhalte für wahr nehmen**
(Niemals eine Sache als wahr an(zu)nehmen, die ich nicht als solche sicher und einleuchtend erkennen würde, …, daß ich gar keine Möglichkeit hätte, daran zu zweifeln.)

2 **Probleme in Teile zerlegen**
(Jede der Schwierigkeiten, die ich untersuchen würde, in so viele Teile zu zerlegen als möglich und zur besseren Lösung wünschenswert wäre.)

3 **Ordnungsprinzip**
(Meine Gedanken zu ordnen; zu beginnen mit den einfachsten und faßlichsten Objekten und aufzusteigen gleichsam stufenweise bis zur Erkenntnis der kompliziertesten …)

4 **Vollständigkeitsprinzip**
(Überall so vollzählige Aufzählungen und so umfassende Übersichten zu machen, daß ich sicher wäre, nichts auszulassen.)

Abbildung 16: Die Regeln der Cartesischen Methode[76]

Die Probleme eingrenzen, zerteilen, die Beschränkung auf das „Mathematische", das Berechenbare und Meßbare und auf der anderen Seite das Eliminieren der sinnlich-subjektiven Qualitäten als Ungewisses, und schließlich das Erkannte ordnen – in dem darin enthaltenen *Reduktionismus* gründet die Fruchtbarkeit der naturwissenschaftlichen Methode.

Die Trennung von Subjekt und Objekt, die bei BACON noch darauf begrenzt ist, daß der rationale Mensch als Subjekt der Natur gegenübertritt, wird von DESCARTES zur vollständigen Trennung von Geist und Materie ausgebaut („res cogitans" und „res extensa") mit der radikalen Folge, daß alles Körperliche nur noch mechanisch aufgefaßt wird, bis hin zum menschlichen Körper als einer Maschine; dies keineswegs nur im Sinne einer Metapher. Sehr differenzierte Betrachtungen einzelner Körperfunktionen führen DESCARTES zu der Überzeugung, daß die

---

[76] Formuliert in Anlehnung an DESCARTES, S. 18/19.

Regeln der Mechanik, die mit den Gesetzen der Natur identisch sind (S. 51), auch in allen Lebewesen den Funktionsablauf bestimmen:

> *Denn wenn ich die Funktionen untersuchte, die infolgedessen in diesem Körper stattfinden konnten, so fand ich, es seien genau dieselben, die in uns vor sich gehen, ohne daß unsere Seele, das heißt jener vom Körper unterschiedene Teil, dessen Natur, wie oben gesagt worden, bloß im Denken besteht, etwas dazu beiträgt, und in denen, wie man sehen kann, die vernunftlosen Tiere uns gleichen* (DESCARTES, S. 44).

> *Ich hatte alle diese Dinge ... eingehend genug entwickelt. Und dann hatte ich gezeigt, worin die Einrichtung der Nerven und der Muskeln des menschlichen Körpers bestehen müsse, damit die darin befindlichen Lebensgeister die Glieder derselben bewegen können, so wie man sieht, daß Köpfe, bald nachdem sie abgeschlagen worden, sich noch bewegen und in die Erde beißen, obwohl sie nicht mehr beseelt sind; ...* [77] *Dies wird denen nicht seltsam erscheinen, die wissen, wie viele Automaten oder sich bewegende Maschinen verschiedener Art der menschliche Kunstfleiß herstellen kann aus sehr wenigen Stücken, im Vergleich mit der großen Menge Knochen, Muskeln, Nerven, Arterien, Venen und aller der übrigen Teile jedes tierischen Körpers – und die deshalb diesen Körper als eine Maschine ansehen werden, die als ein Werk Gottes unvergleichlich besser geordnet ist und bewundrungswürdigere Bewegungen in sich hat als irgendeine, welche Menschen haben erfinden können* (DESCARTES, S. 52).

Dieses Zitat zeigt die Radikalität, die in der Subjekt/Objekt-Spaltung der naturwissenschaftlichen Methode in letzter Konsequenz steckt. Es sei dem Leser das Urteil überlassen, wie weit wir uns heute – eingedenk der oben angeführten Beispiele vom „mottenfreien Schaf" und „zum Knie reduzierten Menschen" – von DESCARTES entfernt haben. Man kann natürlich den Standpunkt vertreten, wenn man heute so rede, dann seien das nur termini technici ohne ethische Relevanz. Dazu Theodor LITT:

> *Schauende Welthingabe und rechnende Weltbemeisterung wollen sich auch dann nicht so leicht versöhnen, wenn auf der einen wie auf der anderen Seite unzulässige Grenzüberschreitungen unterbleiben. Ein Zug von „Inhumanität" will aus dem Antlitz der rechnenden Naturwissenschaft nicht verschwinden ... Der Mensch, der sich zum allgemeinen Verstand entselbstet, die Welt, die sich zum Netz allgemeingültiger Kausalverknüpfungen verdünnt – beide lassen das, was mit der Trias „Individualität", „Universalität", „Totalität" gemeint ist und gepriesen wird, bis auf den letzten Rest verdampfen* (LITT 1952, S. 96).

Der letzte Satz des Zitates bringt auf den Punkt, was oben als „*un*pädagogische Dimension der Physik" bezeichnet wurde (→ S. 89), denn bei der genannten

---

[77] Die Lektüre dieser Sätze erinnerte mich an ein Interview mit Christian BARNARD, das nach der ersten Herzverpflanzung im Rundfunk übertragen wurde. Ein Journalist hatte ihn gefragt, ob man denn einem Menschen das noch schlagende Herz entnehmen dürfe, dies sei doch nach landläufiger Meinung ein Zeichen für Leben. BARNARD antwortete mit der Gegenfrage, ob ein Huhn, dem man den Kopf abgeschlagen hätte und das ohne denselben noch über den Hof renne, noch lebendig sei.

„Trias" handelt es sich bekanntlich um die humboldtsche humanistische Fassung des triadischen Bildungsprogramms des J. A. COMENIUS „Omnes – Omnia – Omnino".[78] Demnach ist es die Bildung, die „verdampft", wenn man der Gefahr nicht begegnet.

Der Gewinn, den uns die naturwissenschaftliche Methode beschert, hat seinen Preis. Bei HEISENBERG steht dies prägnant in dem paradox anmutenden Satz:

Mit der Mehrung der Kenntnisse und Erkenntnisse werden so in gewisser Weise die Ansprüche der Naturforscher auf ein „Verständnis" der Welt immer geringer.

Im selben Aufsatz steht der erläuternde Hinweis: *... der Fortschritt der Naturwissenschaft wurde erkauft durch den Verzicht darauf, die Phänomene in der Natur unserem Denken durch Naturwissenschaft unmittelbar lebendig zu machen* (HEISENBERG, S. 10 bzw. S. 24).

Je mehr Kenntnisse wir mit der naturwissenschaftlichen Methode anhäufen, desto weniger „Verstehen" können wir nach HEISENBERG daraus erhoffen. Je allgemeiner und damit abstrakter das Wissen wird, desto weiter entfernt es sich von den sinnlich wahrnehmbaren Phänomen, von deren Qualitäten und den mit diesen verknüpften Sinnzuschreibungen. Die über die Wahrnehmung der phänomenologischen Welt aktualisierten Qualitätsmerkmale[79] bilden die Grundlage für die Interpretation des Menschseins in der Welt. Was HEISENBERG als Verlust empfindet, ist demnach die durch den Reduktionismus der naturwissenschaftlichen Methode entschwindende existentielle Sinnhaftigkeit der Phänomene. Die Antworten auf die Grundfrage der Ethik „was soll ich tun" setzen aber sinnhaftes Welterleben voraus. Der Verlust des Verständnisses, den HEISENBERG feststellt, bezieht sich daher auf die Einsicht in das Verhältnis Mensch/Natur im Sinne eines existentiellen Beziehungsgefüges, das den Weltdeutungen der Menschen und ihrem ethischen Verhalten zugrunde liegt. „Verständnis" im Sinne HEISENBERGs meint jene Dimensionen der menschlichen Existenz, von der die naturwissenschaftliche Methode absehen muß, um erfolgreich zu sein.[80]

Da wirkt es recht beruhigend, daß gerade die bedeutenden Naturwissenschaftler oft zugleich zu denen gehören, die das unter ihrer Mitwirkung entstehende Wis-

---

[78] Alle – Alles – Allumfassend: Terminologie der *Pampaedia (Allerziehung)* von J. A. COMENIUS.

[79] Man denke dabei z. B. an polare Qualitäten wie schön–häßlich, gut–schlecht, anziehend–abstoßend, vertraut–fremd, wertvoll–wertlos wie sie auch unten in einem Zitat von GOETHE (→ S. 111) angeführt werden.

[80] Der Reduktionismus impliziert mehrere Dimensionen, auf die weiter unten in didaktischem und pädagogischem Zusammenhang noch eingegangen wird: Einerseits bezieht er sich auf die *Spaltung* von Subjekt und Objekt, in deren Vollzug die existentielle Einheit aus dem Blickfeld schwindet. Zweitens wird das Objekt in der geistigen und möglicherweise physischen *Reproduktion* auf seine quantitativen Strukturen begrenzt (*Standardisierung* und *Normierung*). Drittens reduziert sich der Umgang mit dem Objekt auf den mit der *Beherrschung* verbundenen manipulativen Charakter. Viertens unterliegt das Subjekt einer *Entindividualisierung*, insofern gerade jene geistigen Aktivitäten und praktischen Handlungen hervortreten müssen, die intersubjektiv überprüfbare Ergebnisse zeitigen, also nicht von subjektspezifischen Wertungen abhängig sind. Im Kapitel III werden diese Aspekte unter pädagogischen Gesichtspunkten nochmals aufgegriffen (→ Ü 3.2 und die „WAGENSCHEIN-Kritik" unter Ü 3.3.2).

sen auch in den Verstehenshorizont ihrer Mitmenschen zu rücken trachten. Damit ist nicht eine weitere didaktische Reduktion gemeint, sondern gerade das Überschreiten des rein naturwissenschaftlich möglichen Erkennens, indem die Bedeutung der Kenntnisse und Fähigkeiten für die menschliche Existenz beleuchtet wird. Dabei betätigen sich dann die Naturwissenschaftler nach landläufiger Meinung nicht als solche, sondern als Naturphilosophen, Ökologen, Politiker o. ä.

Die mit der Reduktion des Objektes auf strukturelle und letztlich quantifizierbare Eigenschaften einhergehende Selbstbeschränkung des Menschen muß ihn also nicht dauerhaft „reduzieren", obwohl die Sozialisationsforschung für Ingenieure, Naturwissenschaftler und Techniker dies als reale Gefahr nachgewiesen hat.[81]

GOETHE, der Jahrzehnte seines Lebens intensiv der Naturforschung gewidmet hat, zeigt in seiner Person und in seinem Werk, daß die methodische Reduktion des Menschen nicht zur Deformation der Persönlichkeit geraten muß. GOETHE war allerdings ein vehementer Antagonist der „rechnenden" Naturwissenschaft. Die sinnlich wahrnehmbaren Phänomene waren für ihn die unverfälschte und einzige Wirklichkeit. Von der vollen und ganzheitlichen Wahrnehmung geht nach seiner Überzeugung die sittliche Wirkung der Natur auf den Menschen aus. Die Zurichtung der Natur durch den rechnenden Verstand, ihre apparative Bearbeitung, entleert sie ihrer sittlichen Wirkung. So gewonnene Ergebnisse konnten für Goethe niemals einen Wahrheitsanspruch erheben, der über demjenigen der sinnlichen Wahrnehmung stand. *Wer den Menschen in dem Vertrauen zur Echtheit und Wahrheit seiner Sinneseindrücke wankend macht, der rührt an die Grundlagen seiner sittlichen Existenz*, schreibt LITT zu GOETHEs Haltung (1955, S. 47).

GOETHEs Naturforschung war im aristotelischen Sinn zweckfreie Erkenntnis. Sie diente ausschließlich der Erhellung des Mensch/Natur-Verhältnisses. Aber obwohl GOETHE Ziele verfolgte, die mit der Naturbeherrschung unvereinbar waren, war er dennoch auf methodische Schritte gemäß BACONs Vorschlägen angewiesen (→ Zitat S. 103). Diese Schritte waren für GOETHE jedoch alles andere als ein irreversibler Austritt aus der Welt der Phänomene. Sie blieben ein Element auf dem Weg zu umfassenderen Einsichten. In seiner kleinen Schrift „Über die Kautelen des Beobachters" zeigt GOETHE, daß er sich des Reduktionismus während des Forschens voll bewußt war:

Sobald der Mensch die Gegenstände um sich her gewahr wird, betrachtet er sie in Bezug auf sich selbst, und mit Recht. Denn es hängt sein ganzes Schicksal davon ab, ob sie ihm gefallen oder mißfallen, ob sie ihn anziehen oder abstoßen, ob sie ihm nutzen oder schaden. Diese ganz natürliche Art, die Sachen anzusehen und zu beurteilen, scheint so leicht zu sein, als sie notwendig ist, und doch ist der Mensch dabei tausend Irrtümern ausgesetzt, die ihn oft beschämen und ihm das Leben verbittern.

Ein weit schwereres Tagewerk übernehmen diejenigen, die durch den Trieb nach Kenntnis angefeuert die Gegenstände der Natur an sich selbst und in ihren

---

81 Eine Darstellung der Forschungsergebnisse und Hinweise auf weiterführende Literatur finden sich z. B. in RAUFUß (Kap. 9), bei REIß 1975 und 1976, sowie bei KUBLI 1987, S. 150–162.

Verhältnissen unter einander zu beobachten streben, denn sie vermissen bald den Maßstab, der ihnen zu Hülfe kam, wenn sie als Menschen die Dinge in Bezug auf sich betrachteten. Es fehlt ihnen der Maßstab des Gefallens und Mißfallens, des Anziehens und Abstoßens, des Nutzens und Schadens, diesem sollen sie ganz entsagen, sie sollen als gleichgültige und gleichsam göttliche Wesen suchen und untersuchen was ist, und nicht was behagt ... Wie schwer diese Entäußerung dem Menschen sei, lehrt uns die Geschichte der Wissenschaften* (zitiert aus MATTHAEI, S. 57).

Was GOETHE als „Entäußerung des Menschen" bezeichnet, ist für LITT, der sich in der unmittelbaren Nachkriegszeit besonders intensiv mit den Folgen des Reduktionismus für das Menschenbild befaßt hat, eine „Entpersönlichung" und „Entleerung":

Wird aber in Gestalt des Verstandes das „reine" Denken zur Alleinherrschaft erhöht, so muß zu seinen Gunsten im Inneren des Menschen alles verstummen, was durch sein Mitreden die „Reinheit" des Denkens trüben würde. Es findet in ihm ein Prozeß der Entleerung statt, der vollkommen analog ist demjenigen, den wir an seinem Gegenüber sich vollziehen sahen. Verschwindet auf der Objektseite alles von der Bildfläche, was nicht berechenbare Quantität ist, so korrespondiert dem auf der Subjektseite die Suspendierung alles dessen, was nicht rechnender Verstand ist. Formalisierung des Objekts und Entpersönlichung des Subjekts gehen Hand in Hand. Wiederum sei in Erinnerung gebracht: wie immer man über Recht und Sinn dieser doppelseitigen Entleerung denken mag – auf sie verzichten hieße den nur durch sie zu gewinnenden Erleuchtungen entsagen (LITT 1952, S. 38/39).

2.1.2.3 Der Modus des Physiktreibens

Der Vorgang, der in den Zitaten von GOETHE und LITT beschrieben wurde, ist Bestandteil eines umfassenden Erkenntniswegs. Der Teil dieses Wegs, der sich im Verlauf der Neuzeit als „Wissenschaft Physik" konstituiert hat, beginnt mit der Abwendung von dem unmittelbar in seiner ganzen Erscheinungsfülle konkret Gegebenen, der Zuwendung des Blicks zu den Hypothesen und dem Prozeß ihrer Verifikation oder Falsifikation. Dieser Schritt verfolgt das Ziel, Allgemeingültiges hervorzubringen, das weder an die subjektive Perspektive eines einzelnen noch an das konkret gegenwärtige Objekt gebunden ist. Die Physik ist mit diesem Schritt am Ziel, wenn die allgemeinen Begriffe und Gesetze generiert sind, die eine physikalische Theorie konstituieren. Im Gegensatz zu GOETHEs Naturwissenschaft verzichtet die Physik als solche auf die Reintegration der Theorie in konkrete lebenspraktische Zusammenhänge oder auf die Reflexion der Bedeutung dieser Theorie für das Mensch/Natur-Verhältnis u. ä. Dies bedeutet allerdings nicht, daß diese Reintegration nicht stattfände oder daß sie die Physik treibenden Menschen nicht beschäftigen würde, aber eben nicht qua „Physik" bzw. qua „Physiker". Die Technik, die naturwissenschaftsfundierte Veränderung unserer Kultur oder die Naturphilosophie sind Ausdruck des Reintegrationsprozesses. Sie sind aber nicht im Aussagesystem der „Wissenschaft Physik" enthalten.

Das Zitat von LITT verweist auf die *un*pädagogische Dimension der Physik: Wenn man den Erkenntnisweg dort beginnt und beendet, wo die objektiven, von Qualität und Subjektivität befreiten Kenntnisse entstehen, wo weder das vorgängige Erkenntnisinteresse noch die anschließende Reintegration der Erkenntnisse in die umfassenden Lebenszusammenhänge Gegenstand der geistigen Auseinandersetzung sind, dann fallen Subjekt und Objekt, Mensch und Weltsicht dem Reduktionismus im Sinne eines bleibenden Verlusts anheim. Übrig bleibt im günstigen Fall das blanke *Verfügungswissen*.

Der Kürze halber wird der entsprechende Teil des Erkenntniswegs im weiteren Verlauf der Arbeit als *Modus des Physiktreibens* bezeichnet. In seiner unterrichtlichen Ausformung wird er von den verschiedenen Verfahren getragen, in denen postuliert wird, der Unterrichtsgang habe einem idealisierten Schema des physikalischen Erkenntnisgangs zu folgen. Dieser Modus ist nur Fragment, ein Hilfsmittel und ein einzelner, wenn auch wichtiger Schritt auf dem Weg zu existentiell bedeutsamen Erkenntnissen, zu dem Kompetenzgefüge, das als *Orientierungswissen* bezeichnet wurde (→ These 6, S. 65). Der Reduktionismus muß durchschritten werden,[82] die „doppelseitige Entleerung" muß vorübergehend sein, sonst gerät sie zum Gegenteil des Bildungsprinzips der „doppelseitigen Erschließung". In diesem Zusammenhang liegt einer der sachlichen Gründe für die These 7 (→ S. 72), nach der *Orientierungswissen* das *Verfügungswissen* einschließt, aber nicht umgekehrt.

Der dem *Modus des Physiktreibens* immanente Reduktionismus wird hinsichtlich seiner pädagogischen Folgen weiter unten in dieser Arbeit noch analysiert (→ Kapitel III, Ü 3.2. und 3.3.2). Zunächst ist es allerdings erforderlich, einen Blick auf die Frage zu werfen, warum zwischen Naturbeherrschung, wissenschaftlichem und humanem Fortschritt zu Beginn der Neuzeit ein positiver Zusammenhang gesehen wurde, der im Verlauf der Wissenschaftsentwicklung aber zunehmend ambivalente Züge bekam. Auch zu diesen Fragen liefert die Analyse von BACONs Werk griffige Antworten.

---

82 Dies darf keinesfalls als gleichbedeutend mit einem *Vermeiden* des Reduktionismus gesehen werden. In diesem Punkt liegt eine Schwachstelle der Didaktik WAGENSCHEINs, die im Abschnitt 3.3.2 noch zu erörtern sein wird.

2.2 MACHT
UND WISSENSCHAFTLICHER FORTSCHRITT

BACON und DESCARTES hatten der Wissenschaft insgesamt eine neue Dimension zugeschrieben, die bis dahin in der Handwerkskunst und Technik angesiedelt war, nämlich das Hervorbringen von Nützlichem, von Ergebnissen, die das praktische Leben erleichtern sollten. In diesem Punkt warfen sie der aristotelisch-scholastischen Philosophie „bloßes Herumtappen" vor, am Maßstab ihres praktischen Nutzens gemessen zu Recht. Denn diese Wissenschaft sah sich von ihren Wurzeln her gerade nicht dem Nützlichen, sondern der „reinen Erkenntnis" verpflichtet. Sie konnte praktische Bedürfnisse schon deshalb nicht befriedigen, weil sie es nicht wollte (→ S. 93 f).

Naturbeherrschung und die damit verflochtene neue Sicht des Verhältnisses Mensch/Natur war das Mittel zum Zweck der *Großen Erneuerung der Wissenschaften* (BACON). Neuzeitliche Wissenschaft war daher nie „wertfrei" oder „zweckfrei", auch wenn das bis heute von mancher Seite aus behauptet oder suggeriert wird. Wert*frei* ist für BACON und DESCARTES identisch mit wert*los*, „bloßes Herumtappen" eben. Sofern dieses Prädikat den Naturwissenschaften zu Recht beigelegt wird, bezieht es sich auf jenen Teilschritt eines umfassenderen Zusammenhangs, der als *Modus des Physiktreibens* bezeichnet wurde. Wie das oben angeführte Zitat GOETHEs zeigt (→ S. 111), ist gerade während dieses Schritts des Erkenntnisgangs der Reduktionismus von Subjekt und Objekt, die Ausklammerung des Maßstabs des „Gefallens und Mißfallens, des Anziehens und Abstoßens, des Nutzens und Schadens" unvermeidlich. Die in diesem Schritt gewonnenen Sätze, Begriffe oder Gesetze sind ihrem logischen – nicht ihrem faktischen – Status nach deskriptiv.[83] Wer daraus jedoch die Aussage ableitet, Physik bzw. Naturwissenschaften seien wertfrei, der reduziert sie auf den *Modus des Physiktreibens* und zerlegt dadurch den unauflöslichen Zusammenhang von Erkenntnisschritten und Erkenntnisinteresse. Weil viele der fachdidaktischen Folgerungen in dieser Arbeit auf diesen Zusammenhang zurückgehen, sollen die den Naturwissenschaften zugedachten Zwecke im Licht ihrer Geschichte etwas genauer expliziert werden.

2.2.1 Naturbeherrschung und gesellschaftlicher Fortschritt

BACON hat den Zusammenhang zwischen Macht und Naturwissenschaft explizit hergestellt. Er wird deswegen gegenwärtig in der pädagogischen und populärwissenschaftlichen Literatur oft negativ bewertet, gewissermaßen als „böser Bube" in

---

[83] Ein Beispiel: Der Satz „Ein Perpetuum Mobile ist unmöglich" ist logisch deskriptiv, faktisch aber normativ, weil er zum Verzicht auf entsprechende Forschungen veranlaßt. Das genannte Beispiel ist auch historisch als Norm verwendet worden: 1775 entschied die französische Akademie der Wissenschaften, keine Entwürfe eines solchen Geräts mehr zu prüfen.

der Geschichte der Naturwissenschaften.[84] Das wird BACON allerdings nicht gerecht; denn Macht bedeutete bei ihm Naturbeherrschung zum Wohl der Menschheit und nicht Macht von Menschen über Menschen:

Endlich will ich alle samt und sonders erinnern, die wahren Ziele der Wissenschaft zu bedenken; man soll sie nicht des Geistes wegen erstreben, nicht aus Streitlust, nicht um andere gering zu schätzen, nicht des Vorteiles, des Ruhmes der Macht oder ähnlicher niederer Beweggründe wegen, sondern zur Wohltat und zum Nutzen fürs Leben; in Liebe soll sie es vollenden und leiten. Denn aus Begierde nach Macht sind die Engel gefallen, aus Begierde nach Wissen die Menschen; aber in der Liebe gibt es kein zuviel; weder ein Engel noch ein Mensch kommt durch sie in Gefahr (BACON 1620, S. 16).

Der die ganze Menschheit betreffende Nutzen der Naturbeherrschung ist BACONs Motiv, wie auch das folgende Zitat es unterstreicht:

Denn die Wohltaten der Erfinder können dem ganzen menschlichen Geschlecht zugute kommen, die politischen hingegen nur den Menschen bestimmter Orte, auch dauern diese nur befristet, jene hingegen für alle Zeiten. Auch vollzieht sich eine Verbesserung des politischen Zustandes meistens nicht ohne Gewalt und Unordnung, aber die Erfindungen beglücken und tun wohl, ohne jemandem ein Unrecht oder Leid zu bereiten (BACON 1620, S. 135).

Daß dies für BACON kein Lippenbekenntnis war, sondern seine tiefe Überzeugung, zeigt seine Fragment gebliebene utopische Erzählung „Neu-Atlantis" (BACON 1627). In dieser entwirft BACON die Staatsutopie einer wissenschaftsgeleiteten Gesellschaft. Dem politischen Regime ist eine institutionalisierte Wissenschaft beigeordnet. Diese Institution nennt BACON „Haus des Salomon". In ihm wird die Wissenschaft nicht nur verwaltet und organisiert, sondern nach der Maßgabe vorangetrieben, welche Erkenntnisse der Menschheit den größten Nutzen bringen. In Forschungslabors wird dieses Wissen generiert und bewertet, auch unter dem Gesichtspunkt, schädliche Einflüsse und Erkenntnisse durch politische Maßnahmen zu unterdrücken. Politik wird damit von der Wissenschaft – im baconschen Sinn bedeutet dies: von der universalen Vernunft – kontrolliert, nicht aber die Wissenschaft von der Politik für partikulare Interessen in Dienst genommen. Im Vertrauen auf die Vernunft und die Religion gründete BACONs Optimismus für die Zukunft, was er so auch ausdrücklich formulierte: *Die Anwendung* (der Wissenschaften; H. M.) *wird indes die richtige Vernunft und die gesunde Religion lenken* (1620, S. 137).

Es ist zutiefst erstaunlich, wie treffsicher BACON die Möglichkeiten vorhergesehen hat, die durch die Entwicklung der Wissenschaft Realität werden sollten. Pflanzen- und Tierzucht, künstliche Lichtquellen, Unterseeboote und Flugzeuge, künstliche Substanzen, pharmazeutische Produkte, künstliche Nahrungs- und Genußmittel, die Nutzung der Sonnenenergie (*wir können aber] praktisch die Hitze der Sonne und der andern Gestirne nachahmen*), der Bio-Energie, technische Nachrichtenübertragung u. v. m. sind in der utopischen Gesellschaft realisiert. Es

---

84 Vgl. z. B. CAPRA, MERCHANT, FAULSTICH-WIELAND (1993), HICKEL, → Fußnote 74.

gibt fast keinen Bereich der heutigen Naturwissenschaft, dessen positive Möglichkeiten in BACONs Utopie nicht zumindest angedacht wurden.

BÖHME hat dargestellt, daß die Visionen BACONs heute in einem Ausmaß Realität geworden sind, *wie er sich es nicht hat träumen lassen* (BÖHME 1991, S. 205). Fraglich ist, inwieweit BACON auch negative Folgen seines Wissenschaftsprogramms vorhersehen konnte. Es gibt einige Hinweise, daß er solche als Möglichkeit sehr wohl gesehen hat. Es wäre z. B. absurd, anzunehmen, BACON wäre der militärische Nutzen der Wissenschaft verborgen geblieben. Negative Wirkungen hat er jedoch nicht dargestellt (BÖHME 1991, S. 206). Das ist angesichts der seherischen Qualitäten BACONs vielleicht verwunderlich, jedoch teilweise als Taktik zu erklären: Es gehörte zu BACONs Nahziel, den Wissenschaften mehr politisch-gesellschaftliche Anerkennung zu verschaffen. Das „Haus des Salomon" war für ihn eine Einrichtung, die dem zeitgenössischen Staat fehlte. Dies wollte er ändern. Mit der Gründung der ROYAL SOCIETY im Jahre 1662 wurde die Forderung erfüllt, wenn auch nicht mehr zu seinen Lebzeiten. Sieht man BACON in seiner Rolle als Politiker, dann wird verständlich, warum er denkbare negative Folgen der Wissenschaftsentwicklung nicht ausführlich erörterte.

BACON war aber auch davon überzeugt, daß die moralische Kontrolle über die Ergebnisse der Wissenschaft durch diese selbst gewährleistet werden konnte; denn Wissenschaft sollte durch nichts anderes als durch Vernunft gesteuert werden. Mißbrauch wäre aber eine Folge von Unvernunft. Sein oben zitierter Appell (→ S. 115), die Macht nicht zu mißbrauchen, war nicht der Wissenschaft wegen notwendig, deren immanenter Fortschritt für BACON nur positiv sein konnte, sondern der Menschen wegen, die sich (noch) nicht von wissenschaftlicher Rationalität leiten ließen. Zunächst war die Hoffnung auch berechtigt, daß wissenschaftlicher Fortschritt gesellschaftlichen und humanen Fortschritt bedingen würde. Für die Industriegesellschaften ging sie während der anschließenden Jahrhunderte tendenziell in Erfüllung. (Damit soll weder ein strikt kausaler Zusammenhang von wissenschaftlichem Fortschritt und Humanität unterstellt, noch unterschlagen werden, daß die Entwicklung stets auch inhumane Wege ermöglichte und zeitigte.)

Ambivalenz als *zwangsläufiger* Wesenszug des wissenschaftlich-technischen Fortschritts für die gesellschaftliche und humane Entwicklung wurde in vollem Umfang erst in unserem Jahrhundert konkret sichtbar, hinsichtlich der darin liegenden globalen Gefahren sogar erst in den letzten Jahrzehnten. Damit soll allerdings nicht behauptet werden, es sei Allgemeingut geworden, daß die Nachteile naturwissenschaftlich-technischer Entwicklungen zu diesen gehören wie die „Kehrseite der Medaille".[85] Gerade bei den der Naturwissenschaft Nahestehenden ist eine andere Interpretation noch immer üblich. Die negativen Wirkungen seien Folgen des Mißbrauchs oder fehlender Weitsicht, von Einzelnen oder der Gesellschaft zu verant-

---

[85] Einige Beispiele seien stichwortartig genannt: Ressourcenverbrauch als Kehrseite industrieller Produktion; ökologische und gesundheitliche Belastungen als Kehrseite erhöhter Mobilität; Verlust primärer Sinneserfahrung durch Informationstechnologie; Bodenerosion und Infertilität durch industrialisierte Landwirtschaft.

wortende, aber grundsätzlich vermeidbare Fehlentwicklungen o. ä. Ob der Katalysator im Auspuff oder die Kernfusion im Reaktor – solche Erfolge nähren die Hoffnung, dem Menschen sei die Beherrschbarkeit des „oikos" mit Hilfe der Naturwissenschaft und Technik grundsätzlich möglich. „Man besiegt die Natur nur, indem man ihr gehorcht" war die grundlegende Einsicht BACONs zu den Grenzen der Beherrschbarkeit. Sie wurde und wird wohl – vorsichtig ausgedrückt – nicht ernst genug genommen.

Heute stehen wir vor vielschichtigen Problemen, deren Lösung nicht von der Naturwissenschaft erwartet werden kann, z. B. vor der Frage, wie Fortschritt für moderne Industriegesellschaften angesichts schrumpfender Ressourcen, bedrohter Lebensräume und extrem unterschiedlicher Lebensbedingungen in den Weltregionen ethisch definiert werden müßte, worin er inhaltlich bestehen und zu welchen Zuständen er führen soll. Die Mehrung naturwissenschaftlich-technischer Kenntnisse reicht für die Lösung solcher Fragen sicher nicht aus, auch wenn sie notwendig ist. BÖHME formuliert das folgendermaßen:

Am Ende des Baconschen Zeitalters ist das Baconsche Programm erfüllt, seine Hoffnungen aber haben sich nicht erfüllt. Wir werden mit der Wissenschaft leben müssen, denn sie gehört zu unseren realen Existenzbedingungen. Aber Heilserwartungen werden nicht mehr an sie geknüpft ... Es geht um eine Befreiung des Geistes aus einem nutzenorientierten Wissenstyp, eine Befreiung des Menschen selbst aus einer eindimensionalen Ausrichtung auf Rationalität, und es geht auch um die Befreiung des einzelnen Menschen aus der Herrschaft durch Experten (BÖHME, S. 221).

Ob man die Position von BÖHME nun voll und ganz teilt oder nicht, die Pädagogik der Naturwissenschaften kann nur gewinnen, wenn sie sie intensiv diskutiert. Die Fortschrittsgläubigkeit des „Baconschen Zeitalters" ist heutzutage jedenfalls keine selbstverständliche Basis mehr für den naturwissenschaftlichen Unterricht. Wo sie dennoch unkritisch gepflegt wird, brauchen wir uns über das Desinteresse einer Generation nicht zu wundern, die mit der Erkenntnis aufwächst, daß Naturwissenschaften allein keine hinreichende Zukunftsorientierung mehr liefern können.

2.2.2 Macht und Naturwissenschaft

Wie erwähnt, stand der Glaube, daß die Naturbeherrschung der ganzen Menschheit zum Wohl geraten wird, schon zu Beginn der Neuzeit auf tönernen Füßen. Von Anfang an waren Naturwissenschaften und Technik z. B. eng mit militärischen Verwertungsinteressen verwoben. Die *moderne Verwissenschaftlichung des Krieges* (BÖHME, S. 207) ist der augenfälligste Ausdruck dafür, daß sich die Naturbeherrschung unter der Hand in Macht von Menschen über Menschen verwandelt hat. Dies gilt aber nicht nur für den militärischen Komplex, sondern auch für die wirtschaftliche Bedeutung der Technik und der Naturwissenschaften und damit für einen der Legitimationsgründe, die heute in jedem Lehrplan für das Fach Physik genannt werden. Eine der Wurzeln der historischen Genese dieses Zusammenhangs soll im folgenden für die Physik knapp skizziert werden.

Die wirtschaftliche Bedeutung der Naturwissenschaften nahm verständlicherweise während der industriellen Revolution zu. Zwar entwickelte sich die Maschinentechnik in weiten Bereichen auch unabhängig von der Wissenschaft, für die wirtschaftliche und technische Optimierung war aber in jedem Fall die Weiterentwicklung der naturwissenschaftlichen Theorien wesentlich.

KUHN beschreibt in seinem Aufsatz *Die Erhaltung der Energie als Beispiel gleichzeitiger Entdeckung* (KUHN 1978, S. 125–168), warum es möglich war, daß wesentliche Einsichten in die Grundlagen der Energieerhaltung für viele Forscher in der ersten Hälfte des 19. Jahrhunderts fast gleichzeitig und überwiegend unabhängig voneinander möglich wurden. Er nennt als Auswahl zwölf Wissenschaftler, nämlich *Mayer, Joule, Colding und Helmholz,* die von ihm als „Dampfmaschineningenieure" bezeichneten Thermodynamiker *Sadi Carnot, Marc Séguin, Karl Holzmann und G. A. Hirn* und die Forscher *C. F. Mohr, William Grove, Faraday und Liebig. Von den neun Pionieren, denen eine vollständige oder unvollständige Quantifizierung der Umwandlungsvorgänge gelang, waren alle außer Mayer und Helmholtz als Ingenieure ausgebildet oder beschäftigten sich unmittelbar mit Maschinen, als sie ihre Arbeiten zur Energieerhaltung durchführten ... Für die Berechnung brauchten sie den Begriff der Arbeit, und dieser stammte hauptsächlich aus der technischen Tradition* (KUHN 1978, S. 141). Es sei hinzugefügt, daß die technische Tradition ihrerseits den Begriff der Arbeit als Verallgemeinerung menschlicher Tätigkeit konstituierte und daß er nicht nur ein technischer und naturwissenschaftlicher, sondern auch ein ökonomischer Begriff ist.

Die auf die Weiterentwicklung der Technik bezogene Forschung wurde aus ökonomischem Interesse von den Regierungen und industriellen Arbeitgebern gefördert. Schon diese äußerliche Verknüpfung mit wirtschaftlichen Interessen zeigt, wie Naturwissenschaft mit wachsender Industrialisierung für die Erhaltung und Erweiterung der wirtschaftlichen Macht jeweiliger Nationen wichtig wurde. Dies hat sich bis heute fortgesetzt. Diese „Indienstnahme" erfolgte aber auch auf subtilere Weise. KUHN betont, daß naturphilosophisch die Energieerhaltung durch den innerwissenschaftlich hohen Stellenwert der Aufklärung von Umwandlungsprozessen[86] vorbereitet wurde. Dieser Gedanke war auch bei den „romantischen" Forschern gegenwärtig, nicht nur bei den „Dampfmaschineningenieuren". Für letztere war die Frage natürlich ganz entscheidend: „Wieviel Arbeit bekomme ich für eine bestimmte Menge Kohle?". Der *Tauschwertgedanke* hat im Zeitalter der Industrialisierung die allgemeinere Form angenommen: „Wieviel von der Sorte A bekomme ich aus einem gegebenen Quantum der Sorte B." Der *Wirkungsgrad* (auch als „Nutzleistung" bezeichnet) wurde quantifiziert und gemessen an dem Gewicht, das

---

86 Einige Beispiele für solche Prozesse sind: Umwandlung von Kohle („chemische Affinität") in Arbeit, Wärme in Bewegung, Magnetismus in Elektrizität, Wärme in Elektrizität sowie die Umkehrung dieser Prozesse.

eine Maschine bei gegebenem Verbrauch an Kohle oder Zink (elektrische Maschinen) in eine bestimmte Höhe heben konnte.

Der Energiebegriff als physikalische Größe ist ein wissenschaftliches Korrelat des ökonomischen Tauschwertgedankens.

So gesehen ist es kein Zufall, daß mit dem *Wirkungsgrad* und der *Energie* in dieser Zeit physikalische Größen definiert (oder in ihrer Definition vorbereitet) wurden, die zugleich wirtschaftliche Parameter sind. Die Energie dürfte die wichtigste physikalische Größe sein, für die es nicht nur ineinander umrechenbare physikalische Maßeinheiten gibt, sondern die zugleich auch noch in Währungseinheiten meßbar ist.

Es ist in diesem Zusammenhang auch interessant, daß Benjamin FRANKLIN, der ja ebenso sehr Wirtschaftspolitiker wie Forscher war, die ersten Quantifizierungen für elektrische Erscheinungen ebenfalls aus „buchhalterischen" Überlegungen gewann: *Die Hypothese des elektrischen Stromkreises leitete Franklin aus der Vorstellung der Geldzirkulation ab: ebenso wie in der doppelten Buchführung Soll und Haben durch den imaginären Geldkreislauf direkt aufeinander bezogen sind, begriff Franklin die Zirkulation des elektrischen Fluidums als einen für die elektrischen Zustände (+E, –E) notwendigen Bewegungsvorgang* (SIBUM 1988a, S. 104).[87] SIBUM zeigt auch, daß die *geschlossene Zirkulation* mengenartiger Größen als allgemeines Denkmuster in der Zeit der industriellen Revolution angesehen werden kann.

Der ökonomische Kontext beflügelte also die Wissenschaft während der Industrialisierung auf wenigstens drei verschiedenen Ebenen:

- Erstens durch die materielle Förderung von Forschern und Projekten, deren Erkenntnisse von ökomischer Relevanz waren.
- Zweitens durch die wissenschaftsinterne Forcierung derjenigen Theorien und Konzepte, deren ökonomischer Nutzen von herausragendem Interesse war (z. B. Elektrizität und Thermodynamik, Energiebegriff und Energierhaltungssatz).
- Drittens durch die Orientierung an Denkmustern (z. B. Zirkulation, Tauschwert, Umwandlung), die sowohl in der Ökonomie als auch in der Naturwissenschaft eine heuristische Funktion hatten.

Daran hat sich bis heute m. E. nichts Grundlegendes verändert. Die Förderung von Naturwissenschaft und Technik hängt in vielen Bereichen (auch im Bildungswesen!) von der wirtschaftlichen und militärischen Bedeutung ab. Die mit diesen Verwertungsinteressen zusammenhängenden Theorien haben allemal größere Chancen, sich rasch zu entwickeln, als jene, die der „reinen Erkenntnis" dienen. Die Elektronik als Anwendung der Quantenphysik ist eines der Beispiele aus der zweiten Hälfte des 20. Jahrhunderts. Das bedeutet nicht, daß die Forscher ihre individuelle Motivation

---

87 Hier hat auch der Begriff der elektrischen Ladung eine seiner Wurzeln, denn das Gutschreiben eines Geldbetrags auf den neu eingeführten Girokonten bezeichnete man im Bankwesen mit „charge", das Belasten mit „discharge" (MUCKENFUß/WALZ 1992, S. 29, ausführlicher bei MEYA/SIBUM 1987 und SIBUM 1988b).

notwendig oder ausschließlich aus diesen Zusammenhängen beziehen. Der einzelne Forscher mag sich z. B. nur deshalb mit der Kernfusion befassen, weil ihn ein „reines" Erkenntnisinteresse am Aufbau der Materie umtreibt. Der Reaktor, der ihm seine Forschung ermöglicht, würde aber nicht existieren, gäbe es nicht die verlockende Aussicht auf eine neue Quelle ökonomisch wichtiger Energie oder die Chance zur militärischen Nutzung der Erkenntnisse.

Es liegt auf der Hand, daß der Physikunterricht von den Verwertungsinteressen nicht unbeeinflußt bleiben kann, von denen die Naturwissenschaften gesellschaftlich getragen werden. Dem Einfluß ökonomischer Machtinteressen auf die Wissenschaft entspricht eine Funktionalisierung des Physikunterrichts. Der Begriff *Funktionalisierung* soll die Kritik daran zum Ausdruck bringen, daß der Einfluß nicht von einem bildungswissenschaftlichen bzw. speziell fachdidaktischen Diskurs begleitet, sondern mehr oder weniger unterschwellig politisch involviert wird. Auf diesem Wege werden zentrale Zielsetzungen unthematisiert in die politisch-ideologische Basis des Unterrichts geschleust. Überspitzt formuliert: Im Unterrichtsalltag wird nicht wahrgenommen, daß der Physikunterricht u. a. auch einen wichtigen Beitrag zur Erhaltung des intellektuellen Potentials leistet, das zur Aufrechterhaltung und Weiterentwicklung modernen Kriegsgeräts benötigt wird.

2.2.3 Wertfreiheit und wissenschaftlicher Fortschritt

Die Nutzenorientierung, die der *Naturwissenschaft* als faktisch wirksamer Zug seit BACON anhaftet, ist nicht von vornherein zweckorientiert. Naturbeherrschung war für BACON und DESCARTES eine geradezu zwangsläufige Konsequenz vernünftig betriebener Wissenschaft. Die Idee der Aufklärung erforderte die Freiheit der Wissenschaft und die Unabhängigkeit der Wissenschaftler als Garantie für die Emanzipation des Menschen aus unkontrollierten, nicht der reinen Vernunft unterworfenen Abhängigkeiten. Fortschritt wurde als universale Entwicklung der Menschheit in diese Richtung verstanden. Das „Haus des Salomon" sollte bei BACON sicherstellen, daß die Verfügungsgewalt über die Ergebnisse der Wissenschaft bei der Wissenschaft selbst und damit unter der Herrschaft der Vernunft verbleibt. Zwischen wissenschaftlichem und humanem Fortschritt konnte aus dieser Sicht kein Widerspruch entstehen. Auch das reine Erkenntnisstreben des einzelnen Wissenschaftlers stand nicht im Widerspruch zu einer nützlichen Wissenschaft, im Gegenteil: Solange ihn keine fremden Motive bewegen, sichert dies das vernunftgeleitete Hervorbringen neuer Erkenntnis, und diese war dann ihrem inneren Charakter nach universal nützlich. Auf eine Formel gebracht:

> Solange Wissenschaft im baconschen Sinne *zum Wohl der ganzen Menschheit* betrieben wird, stehen individuelles Erkenntnisstreben und Nützlichkeit, wissenschaftlich-technischer und humaner Fortschritt in keinem Widerspruch zueinander, sondern bedingen sich gegenseitig.

Dieser Zusammenhang ist seit der industriellen Revolution zunehmend fragwürdiger geworden (→ Ü 2.2, S. 114). Wirtschaftliche Interessen, ökonomisches und militärisches Machtstreben nahmen und nehmen die Naturwissenschaft in Dienst. Sie wird zunächst Grundlage industrieller Produktion, später in paradigmatischer Weise zunehmend Basis für alle Bereiche der „Wissenschaftsgesellschaft". Die Kontrolle über die Verwertung wissenschaftlicher Erkenntnis wird damit externalisiert. Wissenschaft wird zur „Auftragsarbeit". „Nützlichkeit" verliert dadurch ihren universalen Charakter, denn sie wird aus der Perspektive partikularer Interessen ökonomischer, nationaler o. ä. Gemeinschaften bewertet. Wissenschaftlicher Fortschritt ist damit nicht mehr universaler humaner Fortschritt, sondern kann durchaus zum Nutzen der einen und Schaden der anderen stattfinden.

Die Externalisierung der Verwertungskontrolle aus dem Wissenschaftsprozeß erforderte auf der anderen Seite Maßnahmen, die die Rationalität des Wissenschaftsbetriebs weiterhin sicherten. Man fand sie im Postulat der „Wertfreiheit der Wissenschaft", die in dieser Sichtweise nichts weiter bedeutet als die Entlastung der *scientific community* von der Verantwortung für ihre Ergebnisse. Da die Trennung von Wissens*produktion* und Wissens*verwertung* in vielen Bereichen nicht aufrechtzuerhalten war, entstand die Unterscheidung von Grundlagen- und Anwendungsforschung.

Der gesicherte Wissensbestand der Naturwissenschaften in Form abstrakter Begriffe, Gesetze und Modelle wurde dementsprechend dem „wertfreien" Grundlagenwissen zugerechnet. Das bedeutet, daß die gesellschaftliche Funktion dieses Wissens und die Verwertungsinteressen, denen es unterworfen wird, sobald es „außerwissenschaftliche" Relevanz erhält, nicht Gegenstand der so gefaßten wissenschaftlichen Disziplin ist. Die für BACON noch unverzichtbare Rückbindung der Wissensverwertung an die universale Vernunft wird mit dem Postulat der Wertfreiheit der Wissenschaft aufgegeben.

Wie Gernot BÖHME darlegt, ist die Unterscheidung von Grundlagenforschung und Anwendung heute nicht mehr aufrechtzuerhalten: *Denn es hat sich ja gezeigt, daß heute Grundlagenforschung als Forschung für die Grundlagen der Anwendung legitimiert wird und dann schließlich auch in einer bestimmten Phase durch die intendierten Anwendungen in ihrem Inhalt affiziert wird [Finalisierung]* (BÖHME 1993, S. 29).

Das Auseinanderfallen von universalem humanem Fortschritt und partikularer Nützlichkeit machte es der humanistischen Geistesbewegung nicht allzuschwer, die Naturwissenschaften im Hinblick auf ihren Beitrag zur Entfaltung individueller Menschlichkeit zu diskreditieren. Im *Bildungsideal der deutschen Klassik* wurde die antagonistische Sicht von Erkenntnis- und Nützlichkeitsorientierung wiederbelebt. Die Wertschätzung einer Wissenschaft für die Menschenbildung hängt in dieser aristotelisch-ideologischen Fixierung eben von dem Nachweis des „reinen Erkenntnisgewinns" und der korrespondierenden Distanz zum praktischen Nutzen ab. Im Kapitel III werden die Belastungen erörtert, die dem naturwissenschaftlichen Unterricht daraus bis heute erwachsen.

2.3 VORLÄUFIGE PÄDAGOGISCHE ANMERKUNGEN

In den vorstehenden Absätzen wurden die wesentlichen Zusammenhänge etwas schärfer und vielleicht einseitiger konturiert, als dies den tatsächlichen Verhältnissen entspricht. Dies geschah weder in der Absicht, die ökonomische und gesellschaftliche Verwertung der Naturwissenschaft moralisch zu bewerten, noch um didaktisch für einen ausschließlich an „reiner Erkenntnis" orientierten Physikunterricht zu werben. Dies wäre naiv und auch pädagogisch nicht vertretbar. Aber eine Didaktik, die das zwischen reinem Erkenntnisstreben und Verwertungsinteressen liegende Spannungsfeld weitgehend unbeachtet läßt, wird die desolate Motivationslage und Erfolgsbilanz bei der gegenwärtigen Schülergeneration, die Gegenstand des Kapitels I war, weder adäquat interpretieren noch verändern können.

Die wissenschaftshistorischen und wissenschaftstheoretischen Darlegungen dieses Kapitels sollten zur Klärung der Frage beitragen, inwieweit die gegenwärtigen Schwierigkeiten des Physikunterrichts ursächlich mit der Struktur der Wissenschaft Physik zusammenhängen. Es sollte deutlich geworden sein, daß die inneren Strukturen einer auf Macht und Nutzen gerichteten Wissenschaft die pädagogische Aufgabe der Demokratisierung durch Partizipation aller nicht erleichtern. Die „reine Erkenntnis" von dieser Zwecksetzung zu isolieren hieße nur, den Kopf in den Sand zu stecken.

Schon bei BACON finden wir das elitäre Bewußtsein, „die Geisteskräfte" würden bei vielen nicht ausreichen, „wahre Wissenschaft" zu treiben (→ Zitat auf S. 105). Diese Menschen können eben nicht teilhaben an der Produktion des Wissens, das die Welt verändert. Sie sollen sich halt an weniger nutz- und machtbringenden intellektuellen Tätigkeiten erfreuen. Diese Sichtweise hat sich tradiert *(Nun gibt es Knaben und Mädchen, die bereits im Alter von 10 bis 14 Jahren sprachliche Begabungen und Interessen haben, und zwar nur diese; für sie ist Latein und Griechisch oder Französisch ein durchaus geeignetes Werkzeug der logischen Schulung;* KERSCHENSTEINER 1914, S. 181) und findet sich in den Köpfen der Schülerinnen und Schüler nicht zufällig in der Fassung wieder, daß man, um erfolgreich in Physik zu sein, einer besonderen Begabung bedürfe, die sich von der „Sprachbegabung" unterscheide. Die Pflege dieses Eindrucks ist die Pflege der hohen und distanzfördernden Wertschätzung der Disziplin und ihrer Träger, des demotivierenden Schismas, das Gegenstand des Abschnittes 1.2.4.3 war.

Im Blick auf die historischen Wurzeln der Physik erweist sich der elitäre Charakter als ideologischer Bestandteil der Naturwissenschaft. Sie steht – hinsichtlich der ihr zugedachten gesellschaftlichen Funktion – seit BACON und DESCARTES auf der Seite der Macht. Wie dieser faktischen Wirkung und der sie tragenden Ideologie pädagogisch zu begegnen ist, wird noch zu erörtern sein. Die Abschnitte 3.4 und 3.5 werden zeigen, daß der Physikunterricht auch gegenwärtig noch für partikulare Machtinteressen funktionalisiert wird.

Der praktische Nutzen der Naturwissenschaft war die wichtigste Triebkraft des „Paradigmenwechsels" in der Renaissance. Die Naturwissenschaft dient seither primär diesem Ziel. Aus der Naturbeherrschung zum „Wohl der Menschheit" (BACON) ist eine Naturwissenschaft entstanden, die die *Macht von Menschen über Menschen* begründet – augenfällig in ihrer militärischen Verwertung, wirksam aber auch in der durch sie ermöglichten wirtschaftlichen Vor*macht*stellung der Industrienationen, einzelner Regionen oder sozioökonomischer Einheiten. Die Notwendigkeit, die wirtschaftliche Potenz der Nation zu erhalten, ist bis heute einer der wichtigsten Legitimationsgründe für den Physikunterricht (→ vor allem Ü 3.4 und 3.5). Diese Zweckorientierung erfordert als Kompetenz das Know-how – das anwendbare Verfügungswissen. Ihm korrespondiert als Menschenbild der „Homo Faber" (Max FRISCH). Das isolierte Verfügungswissen ist ein Produkt dessen, was der *Modus des Physiktreibens* genannt wurde (→ S. 112 f). Es schließt jene „doppelseitige Entleerung" mit ein, die das Objekt auf seine meß- und berechenbaren Quantitäten reduziert und das Subjekt zum „rechnenden Verstand entselbstet" (LITT, →vgl. S. 109 und 129).

Wenn Schülerinnen und Schüler dem Physikunterricht keine subjektive Bedeutung zumessen, weil sie nicht zu erkennen vermögen, welche für sie relevante Kompetenzsteigerung oder Bereicherung mit dem Erwerb dieses Wissens verknüpft ist, dann ist dies zum erheblichen Teil eine Folge der postulierten Wertfreiheit der Physik. Deren ursprünglicher Sinn, nämlich den Forschungsprozeß von anderen als rationalen Motivationen freizuhalten, erweist sich didaktisch als kontraproduktiv: Wert*frei* wird zu wert*los*, die Beschäftigung mit Physik erscheint dann nicht sinn*voll*, sondern sinn*los*. Nur, und das wird leicht übersehen, handelt es sich bei der vielbeklagten Ausklammerung der Sinnbezüge aus dem Unterricht nicht um eine schlichte und ungerechtfertigte Übertragung des ursprünglich der Forschung zugedachten und obsolet gewordenen Postulats der Wertfreiheit in das Feld schulischen Unterrichtens. Vielmehr ist dies auch eine Folge der Dominanz des „Bildungsideals der deutschen Klassik" (LITT 1955) und seiner historischen Facetten in der bildungstheoretischen Begründung der curricularen Strukturen der Schule. Die – vor allem aus neuhumanistischer Sicht – behauptete Unvereinbarkeit von Nutzenorientierung und Menschenbildung erschwert es den naturwissenschaftlichen Fächern bis heute enorm, im Bildungskanon entsprechend ihrer tatsächlichen Bedeutung berücksichtigt zu werden. Die didaktische Konsequenz dieser Desavouierung war das Zurückdrängen der lebenspraktischen Bedeutung der Inhalte als solcher zugunsten einer *formalen Bildung*, die einem Unterricht zugesprochen wurde, der die naturwissenschaftliche Methode zu seinem Leitbild machte.[88] An dieser Entwicklung war WAGENSCHEINs Pädagogik ungewollt, aber wesentlich beteiligt, denn sie steht in der Tradition dieses Bildungsdenkens. Wie weiter unten noch ausführlicher erörtert

---

[88] Die konkurrierenden Begründungen zum Physikunterricht, der Konflikt mit dem neuhumanistischen Bildungsideal und die sich letztendlich durchsetzende Ideologie des Physikunterrichts werden im Kapitel III ausführlich diskutiert. Vgl. dazu insbesondere die Ausführungen zu KERSCHENSTEINER; → S. 137 ff.

wird, klammerte auch WAGENSCHEIN den Aspekt des Nutzens, der aus den Naturwissenschaften zu ziehen ist, aus seiner didaktischen Konzeption vollständig aus. Dadurch leistete er einen wichtigen Beitrag zur Ideologisierung des naturwissenschaftlichen Unterrichts, denn:

> Die bildungstheoretische Desavouierung der Nützlichkeit des Physikunterrichts paarte sich mit der Ideologie der Wertfreiheit. Herausgekommen ist dabei der *Modus des Physiktreibens* als methodisches Grundmuster des Physikunterrichts, in dem die ihrer lebenspraktischen Sinnzusammenhänge und Verwertungsaspekte entkleideten Inhalte einer reduktionistisch-formalen Behandlung unterzogen werden.

Der *Modus des Physiktreibens* bildete die „Schnittmenge", in der die Hoffnung aufgehoben war, divergierenden Forderungen gerecht werden zu können. Er öffnete der Physik einen Spalt breit die Tür zum höheren Bildungswesen, ohne daß sie mit den „niedrigen" Zielen der Nützlichkeit befrachtet war. Denn der negativen Bewertung der Nutzenorientierung sollte durch die „Wertfreiheit" begegnet, die geforderte formale Bildung durch die Pflege der (reduktionistischen) Methode ermöglicht werden.

Das Ergebnis dieses Programms liegt in Form der in Kapitel I dargestellten empirischen Situation des Physikunterrichts vor. Die Wertfreiheit geriet für die meisten Schülerinnen und Schüler zur Sinnentleerung, die formale Bildung günstigstenfalls zur Pflege des isolierten Verfügungswissens.

WAGENSCHEINs Vertrauen in eine „pädagogische Dimension der Physik" erscheint nach den Betrachtungen dieses Kapitels nur dann berechtigt, wenn Unterricht die wissenschaftsimmanente Nutzenorientierung der Physik aufgreift und pädagogisch spezifiziert. Ist er dagegen einer unreflektierten Zweckorientierung ausgesetzt, was bei einer weitgehenden Ausklammerung von Sinn- und Wertfragen geradezu zwangsläufig eintritt, kann die „pädagogische Dimension" im Sinne WAGENSCHEINs nicht zum Tragen kommen. Sie kann nur wirken, wenn die Physik in ihren Begründungs-, Entstehungs- und Verwertungszusammenhängen gelehrt und erkannt wird. Dies impliziert, daß die physikalischen Kenntnisse sich dazu eignen müssen, *sinnstiftende Kontexte* zu erschließen oder von diesen aus erschließbar zu sein. Dies ist inhaltlich gleichbedeutend mit der Forderung, das Orientierungswissen in den Vordergrund des Unterrichts zu stellen.

Es wird deshalb im weiteren Gang der Arbeit zu erörtern sein, auf welchem Wege die *un*pädagogische Dimension im Physikunterricht zum Tragen kam und wie ihr zu begegnen ist. Wichtige Hinweise fanden wir bereits in der Einstellung der Schülerinnen und Schüler: Sie sind mehrheitlich nicht am isolierten Verfügungswissen (Know-how) interessiert. Dagegen sind ihnen gerade jene Inhalte wichtig, die nicht zwingend im Gewand der Naturbeherrschung erscheinen (→ S. 81 f). Ihr Interesse, so könnte man in Anlehnung an LITTs Zitat (→ S. 109) formulieren, gilt der Bildung, nicht dem Know-how. In der von mir verwendeten Terminologie ausgedrückt: Es gilt dem Orientierungswissen, nicht dem isolierten Verfügungswissen (→ These 7, S. 72 und → S. 81 f). Aus diesem Grund – und nicht wegen seines bloßen Vorhandenseins – ist es wesentlich, diesem Interesse durch Unterricht Rechnung zu tragen. Versuche, Interessen im Rahmen isolierten Verfügungswissens zu erzeugen oder zu pflegen, sind aus der Sicht der bisherigen Darlegungen pädagogisch dysfunktional (→ Ü 1.2.3.2, S. 60); denn dies würde der „doppelseitigen Entleerung" Vorschub leisten, wo pädagogisch eine „doppelseitige Erschließung" im Sinne eines existenzerhellenden Mensch/Natur-Verhältnisses gefordert ist.

Es stellt sich natürlich die Frage, ob eine *pädagogische* Spezifizierung dessen, was als nützlich angesehen und unterrichtlich behandelt werden soll, der selektierenden Wirkung wegen nicht gegen die Wissenschaftlichkeit des Unterrichts gerichtet wäre. Daß dies nicht notwendig so sein muß, ergibt sich schon aus der dargelegten Auffassung. Erkenntnis und Nutzen bilden keinen Widerspruch, sondern sind miteinander verknüpfbar, solange es nicht um partikulare Interessen geht (→ S. 120). Daher ist zu fordern:

> Es muß zu den Grundbedingungen des Physikunterrichts gehören, daß seine inhaltliche Gestaltung nicht partikularen Verwertungsinteressen unterworfen wird.

Die mit dieser Bedingung verbundenen curricularen Konsequenzen werden in Kapitel IV erörtert.

Gernot BÖHME, der zu den zeitgenössischen Philosophen zählt, setzt sich kritisch mit Fragen der gesellschaftlichen Funktion der Naturwissenschaften in der Gegenwart auseinander. Interessanterweise kommt er für die Wissenschaft selbst zu ganz ähnlichen Forderungen, wie sie sich in unserer bisherigen Betrachtung für den Physikunterricht ergeben. Angesichts der Fragwürdigkeit bzw. Ambivalenz des humanitären Nutzens aktueller wissenschaftlicher Fortschritte hält es BÖHME für notwendig, *die Frage, was menschlich ist und was nicht, von der Fortschrittsidee abzukoppeln … Es muß deshalb geklärt werden, was einem Gegenstand oder Gegenstandsfeld geschieht, wenn sie wissenschaftlich thematisiert werden, und was die Behandlung eines Problems mit wissenschaftlichen Methoden Besonderes an sich hat. Dazu ist es notwendig, Wissenschaft wieder als eine mögliche Wissensform in einem breiteren Spektrum von Wissensformen zu sehen* (BÖHME 1993, S. 27/28). Dies stimmt vollständig mit der in These 7 aus anderem Zusammenhang entwickelten Forderung an den Physikunterricht überein (→ S. 72). Es ist daher auch nicht weiter überraschend, daß BÖHME zu unmittelbar für das Bildungswesen relevanten Folgerungen gelangt. Nach seiner Auffassung muß *die Beziehung von Wissenschaft und Bildung zum Thema gemacht werden* (BÖHME 1993, S. 28). In der Gesellschaft sieht er das humanistische Bildungsideal in unserem Jahrhundert schrittweise zurückgedrängt. *Was sich an seine Stelle schob, nämlich Naturwissenschaft und Technik, ist aber bisher als instrumentalistisches Wissen verstanden worden. In ihrem Bildungsgehalt, d. h. im Hinblick auf die Frage, inwiefern diese Wissenstypen menschenbildend sind, sind sie bislang nicht durchsichtig geworden* (1993, S. 28). Wenn dies auf der philosophischen Ebene noch nicht geleistet wurde, so braucht es eigentlich nicht weiter zu verwundern, daß die Schule dieses Problem noch nicht lösen konnte. BÖHME stellt in bezug auf die berufliche Sozialisation der Wissenschaftler genau dieselben Fragen, die sich in dieser Arbeit aus anderer Quelle als Fragen an den Physikunterricht erwiesen haben: *... ob diese Sozialisation soviel wie Menschenbildung heißt und nicht bloß eine berufs- und rollenspezifische Instrumentalisierung der Menschen, ist ungeklärt* (1993, S. 29). Er fordert, daß Wissenschaft wieder als kulturschaffende Unternehmung betrieben wird. *Das geht nur, wenn man sie ... aus der heute dominanten Zielorientierung, nämlich der Nützlichkeit, befreit.* Er schlägt vor, jenen Strömungen innerhalb der Naturwissenschaft mehr Beachtung zu schenken, die für die Menschen wertvolle Erkenntnisse liefern, ohne die Natur manipulierbar zu machen. Denn *es (geht) darum, daß Wissenschaft auch wieder um des Wissens willen und zur Orientierung in der gegebenen Welt betrieben wird* (1993, S. 29).

Die aus der Analyse der empirischen Situation des Physikunterrichts gewonnene Unterscheidung von Orientierungswissen und Verfügungswissen findet – einschließlich der Forderung, dem Orientierungswissen Vorrang einzuräumen – in der aktuellen wissenschaftstheoretischen und -politischen Diskussion eine beachtenswerte Bestätigung. So erhärtet sich die bisher formulierte Kritik am Physikunterricht. In knapper Fassung ausgedrückt lautet sie:

Physikunterricht, der im *Modus des Physiktreibens* steckenbleibt, entbehrt der pädagogischen Dimension.

KAPITEL III

DIE FUNKTIONALISIERUNG

DES

PHYSIKUNTERRICHTS

3.0 ZU DIESEM KAPITEL

Eine gegenwartsbezogene bildungstheoretische Reflexion der Aufgabe des Unterrichts kann nicht ohne Rücksicht auf analoge Bemühungen in der historischen Entwicklung des naturwissenschaftlichen Unterrichts erfolgen. In ihrer Abfolge gibt es eine Reihe markanter Weichenstellungen, deren Einfluß auf die Gegenwart kaum überschätzt werden kann.

Die facettenreiche Entwicklungsgeschichte des naturwissenschaftlichen Unterrichts seit der Renaissance ist Bestandteil der geistes- und kulturgeschichtlichen Gesellschaftsentwicklung, die unter dem Einfluß des „technischen Fortschritts" bekanntlich alles andere als ein beschaulich-harmonisches Wachstum widerspiegelt. Holzschnittartig lassen sich zwei teils divergierende, teils komplementäre geistige Strömungen ausmachen, in deren Spannungsfeld die bildungstheoretische Auseinandersetzung um den naturwissenschaftlichen Unterricht bis heute steht:

Auf der einen Seite handelt es sich um die Denkrichtung der Aufklärung, die für die Einlösung emanzipatorischer Ansprüche den „Realien" im Bildungswesen eine zentrale Stellung zuweisen will. Als wesentliche pädagogische Bewegung in dieser Richtung ist der Philanthropismus anzuführen. Aufklärerische Ziele in der Form, *den Lernenden zum mündigen Denken und Verhalten zu befähigen* (DEUTSCHER BILDUNGSRAT, S. 84), sind bis heute fester Bestandteil der Lehrpläne. Für die der Aufklärung sich verpflichtet fühlende Pädagogik ist die Nützlichkeit der Unterrichtsgegenstände ein *positives* Merkmal, u. a., weil sie Voraussetzung ist für die tätige Teilhabe an den auf Naturbeherrschung gerichteten technischen Entwicklungen und am ökonomisch-gesellschaftlichen Fortschritt. Dabei impliziert die aufklärerische Zielsetzung auch die seither von jedem Bildungsbegriff umfaßte *Verfassung des Menschen, ... die ihn in den Stand setzt, sowohl sich selbst als auch seine Beziehungen zur Welt „in Ordnung zu bringen"* (LITT 1952, S. 11).

Auf der anderen Seite stand die Denkrichtung des Humanismus[89], die im Zeitgeist der technischen Revolution Gefahren für das Menschentum erkannte. GOETHE, HERDER, SCHILLER, W. V. HUMBOLDT sind hier als Beispiele für Denker anzuführen, die schon in der Geburtsstunde der Industrialisierung vor den Gefahren und Schädigungen warnten, die dem Menschentum aus der Pflege jenes Geistes erwachsen, von dem die zivilisatorischen Veränderungen der Epoche getragen wurden.[90] Bei LITT finden wir die scharfsinnigste Analyse und Kritik der Auswirkungen des sogenannten Neuhumanismus auf das Bildungswesen, aber auch den Aufweis, daß die Sorgen der Humanisten um die Entwicklung des Menschen nicht aus

---

[89] Für die hier zur Debatte stehende Epoche und bildungstheoretische Denkrichtung, nämlich die Zeit um 1800, prägte PAULSEN 1885 den Begriff „Neuhumanismus".

[90] Am umfassendsten geschieht dies bei LITT in dem zitierten Werk „Naturwissenschaft und Menschenbildung". Erweitert um die *Abrechnung mit den Nachklängen des klassischen Bildungsideals* (1955, S. 112) und abgerundet wird die philosophische Analyse durch das Buch „Das Bildungsideal der deutschen Klassik und die moderne Arbeitswelt".

der Luft gegriffen waren. Der aus der Naturbeherrschung erwachsende Gewinn an Freiheit hat den Preis, *daß der Mensch, wenn er sich vom Wesen und Umfang der Entleerung Rechenschaft gibt, die der Welt widerfährt, indem sie sich zu einem Netz abstrakt-mathematischer Relationen muß verdünnen lassen – die ihm selbst widerfährt, indem er sich zum Platzhalter des dürren Verstandes entselbstet, nicht nur durch das Gefühl der Befreiung belohnt, sondern durch das Bewußtsein einer ungeheuren Verarmung niedergedrückt wird. Und die Schicksale, in die er sich selbst um so mehr verstrickt findet, je weiter das System der auf dieser Wissenschaft fußenden Anwendungen sich ausbaut, sind nur geeignet, das Gefühl einer seinem Menschentum widerfahrenden Verkümmerung und Knechtung zu verstärken* (Litt 1952, S. 42).

Dadurch steht mit Litts Worten *die Frage der Menschenbildung zur Diskussion* (1952, S. 42), in der er selbst massiv für die „mathematischen Naturwissenschaften" Partei ergreift.

Nun ist es im Rahmen dieser Arbeit nicht möglich, ausführlich und systematisch darzustellen, in welcher Weise die Gestaltung des Physikunterrichts in seiner historischen Entwicklung von den jeweiligen Bildungsvorstellungen beeinflußt wurde und wie umgekehrt die Bildungstheorien sich auch dem Einfluß der naturwissenschaftlich gestützten Veränderungen der technischen Zivilisation nicht entziehen konnten. Ein solches Vorgehen würde eine Analyse der Bildungsbegriffe und der ihnen zugrundeliegenden Anthropologien erfordern. Glücklicherweise liegen zu diesem Fragenkreis auch aus neuerer Zeit Monografien vor. Dort wird die Geschichte des Physikunterrichts, seine jeweilige bildungstheoretische Begründung und seine bildungpolitische Bedeutung hinlänglich umfassend behandelt, so daß in bezug auf Detailfragen auf diese Arbeiten verwiesen werden kann (Willer [1990], Hirschi [1987], Wickihalter [1984], Schöler [1970] und Brüggemann [1967]).

Im anschließenden Abschnitt wird anhand einiger Kerngedanken historischer Bildungsvorstellungen verdeutlicht, daß der Physikunterricht zwischen den beiden erwähnten Hauptströmungen ideologischen Spannungen ausgesetzt war und ist. Sie zeigen die Tendenz, ihn im Interesse bestimmter ideologischer Positionen zu funktionalisieren, statt einen Beitrag zur Mündigkeit, Selbstverantwortlichkeit und Demokratiefähigkeit seiner Adressaten zu leisten.

Wagenscheins Werk, sein historisch bedingter Standort und die bis heute nicht abgebauten Spannungen, die sein Wirken hervorgerufen hat, können bei einer solchen Erörterung nicht unbeachtet bleiben. Sine kritische Würdigung ist schon deshalb unausweichlich, weil er gegenwärtig in der Fachdidaktik eine Art „Renaissance" erlebt. Dies könnte den Physikunterricht erneut in eine unfruchtbare Kontroverse treiben, solange die tieferen Gründe für die Abwehr seiner Vorschläge während der 60er und 70er Jahre nicht aufgedeckt sind. Es wird sich zeigen, daß Inkonsistenzen in Wagenscheins Auffassung von der Physik den Vorgang begünstigten, daß sich seinerzeit ein Unterricht verfestigte, der seine Ideen geradezu konterkarierte.

3.1 ZUM SPANNUNGSVERHÄLTNIS VON NUTZENORIENTIERUNG UND BILDUNG

3.1.1 Qualifizierung und Menschenbildung

Die aristotelische Auffassung, nach der Wissenschaft als reines Erkenntnisstreben nicht vom Zwang belastet sein dürfe, etwas Nützliches hervorzubringen, wurde zwar von der neuzeitlichen *Natur*wissenschaft negiert, lebte aber in den Bildungsideen und Bildungswissenschaften der Folgezeit mit unterschiedlicher Intensität weiter und führte insbesondere in der Epoche des Neuhumanismus zu heftigen, teils polemischen Auseinandersetzungen um den „Bildungswert" der „Realien". Der naturwissenschaftliche Unterricht lag deshalb stets im Zentrum eines Spannungsfeldes, das LITT auf folgende Weise beschreibt:

Nicht als ob ihr (der mathematischen Naturwissenschaft, H. M.) *die Aufnahme in den Kreis der durch die Bildungsanstalten zu pflegenden „Fächer" hätte verweigert werden können! Zu unübersehbar war die Funktion, die sie im Aufbau unseres Daseins auszuüben hat, als daß ihre Zurückweisung auch nur diskutabel gewesen wäre. Wohl aber wird ohne Übertreibung gesagt werden dürfen, daß bis zum heutigen Tage keine Klarheit, geschweige denn Einstimmigkeit darüber besteht, was sie zum Ausbau der inneren Welt des Menschen beiträgt und welches Verhältnis den auf sie entfallenden Beitrag mit dem Insgesamt der übrigen bildenden Geistesmächte verbindet. Und so befinden wir uns noch heute in folgender wahrhaft paradoxen Lage. Die Naturwissenschaft steht als eine Tatsache von kaum zu überschätzender Bedeutung, in einer ständig wachsenden Fülle von theoretischen Entdeckungen und praktischen Anwendungen sich beglaubigend, durch die Formen ihrer Selbstausweisung jeder Anzweiflung überlegen, für die Erhaltung und Förderung unseres äußeren Daseins schlechthin unentbehrlich, in unserer aller Mitte da – aber diese Wissenschaft zum Menschen als solchen, zum Menschen als dem für seine innere Gestalt Verantwortlichen in ein klares und rechenschaftsfähiges Verhältnis zu bringen, will anscheinend nicht gelingen. Ich wüßte keine unter den in der Geschichte aufgetretenen Bildungsmächten zu nennen, deren Einordnung die gleichen Schwierigkeiten bereitet hätte. Es muß doch wohl ein sehr tiefliegender, ein höchst grundsätzlich gearteter Widerspruch sein, der für diese Unstimmigkeit verantwortlich zu machen ist* (LITT 1952, S. 13).[91]

Wir verdanken LITT die sorgfältigste Herausarbeitung des grundsätzlich gearteten Widerspruchs, dessen Kern, kurz gesagt, in der Gefahr liegt, daß der Prozeß der Versachlichung der Welt mit einem Verlust der Menschlichkeit des Menschen einhergeht. LITT leugnete diese Gefahr keineswegs, wandte sich aber mit allem Nachdruck gegen den Versuch der Humanisten, ihr dadurch zu begegnen, daß man

---

[91] Gemäß dem Zitat von BÖHME (→ S. 125) ist das Problem bis heute ungelöst.

die Welt der Tat, die auf Weltbemeisterung gerichteten Aktivitäten, als bildungsfeindliches „Äußeres" behandelt, das aus der Welt des Geistes als dem „Inneren" des Menschen möglichst fernzuhalten sei. Dem (neu-)humanistischen Bildungsdenken wirft er die Konsequenz eines Doppellebens vor, das sich nur eine dünne elitäre Schicht auf dem Rücken der überwiegenden Mehrheit glaubt leisten zu können. Ironisch charakterisiert er humanistisches Denken als weltfremd: *Der Außenbezirk ist die Domäne der banalen Nützlichkeit und äußeren Zweckhaftigkeit; in ihm regieren die Mächte der Selbstsucht, der Erwerbsgier, des Erfolgs- und Herrschaftsstrebens. Der Innenbezirk ist das heilige Land, in dem alle niedrigen Begehrungen verstummen, alle untergeordneten Zwecke zergehen und nur, im Umgang und Austausch erlesener Seelen, die Werke des Geistes gehütet, verehrt und durch neue Schöpfungen bereichert werden* (1955, S. 115). Die Aufnahme der mathematischen Naturwissenschaften in den Bildungskanon der Schule brandmarkt LITT als minimalistisch: *Die Anpassung an die gewandelte Zeit liegt darin, daß auch der Freund und Anwalt der abgesonderten Bildungsprovinz sich nicht der Notwendigkeit verschließen kann, dem „Äußeren" von der eigenen Existenz soviel zu überlassen, wie im Interesse der Lebensfristung ratsam erscheinen muß* (1955, S. 114) – aber eben keinen Deut mehr.

Dem nach *harmonischer* Entfaltung des inneren Menschen strebenden, traditionellen Bildungsdenken setzt LITT in Anlehnung an PESTALOZZI die Forderung entgegen, den „ewigen Widerspruch" zwischen den „Erfordernissen der kollektiven Existenz" und den „Ansprüchen des Individuums" als „Antinomie" anzunehmen und das Bildungsbemühen um die Norm zu erweitern, daß es den Menschen zu befähigen habe, diesen Widerspruch in sein Leben zu integrieren: *Ein ganzer Mensch darf deshalb nur derjenige heißen, der nicht den Versuch macht, dem ihm anstößigen, weil sein Harmonieverlangen störenden Widerspruch durch eine Sezession in die Innerlichkeit aus dem Wege zu gehen, sondern den Mut hat, ihn ungemildert und unbeschönigt in seine Lebensrechnung einzustellen* (1955, S. 117).[92]

In den vier Dekaden, die seit LITTs Analysen verstrichen sind, ist jedoch die geforderte Klarheit hinsichtlich der Aufgabe des Physikunterrichts nicht hergestellt worden. Dies liegt nicht nur am historischen Charakter, der jeder diesbezüglichen Problemlösung zu eigen wäre, und dessentwegen die Aufgaben in jeder geschichtlichen Situation neu bestimmt werden müssen, sondern an einer zunehmend pragmatischen Orientierung des Physikunterrichts seit den 60er Jahren, die es schlicht erübrigte, LITTs philosophisches Gedankengut fachdidaktisch bzw. curricular umzusetzen. Das Versäumnis wurde erst offenbar, als die empirischen Befunde zur Wirkung des naturwissenschaftlichen Unterrichts die Erkenntnis reifen ließen, daß die (partielle) Reproduktion der Wissenschaft in den Köpfen unserer Schülerinnen und Schüler auf den eingeschlagenen Wegen kaum gelingt, wodurch nicht nur die erhoffte Qualifizierung verfehlt wird, sondern auch eine darüber hinausgehende Menschenbildung nicht stattfindet.

---

92   Das Zitat ist direkt gegen HUMBOLDTs Auffassung gerichtet; → S. 132.

Der Menschenbildung durch Physikunterricht wieder den Vorrang einzuräumen und *dadurch* auch die erwünschte Qualifizierung zu erreichen, ist eine Forderung, die zunehmend mehr Resonanz findet (z. B. WILLER und HÄUßLER 1992a und 1992b). Zum Verhältnis von Qualifizierung und Bildung fordert z. B. LAUTERBACH:

Die Schule kann sich den bekannten Forderungen, sie müsse Qualifikationen für die Bewältigung beruflicher, öffentlicher und privater Aufgaben vermitteln, d. h., den gesellschaftlichen Erfordernissen genügen, kaum entziehen. Das soll sie auch nicht. Doch sie verkennt ihren Auftrag völlig, wenn sie in der Ausarbeitung ihres Lehrplans und Planung von Unterricht den Qualifizierungsanforderungen Vorrang einräumt, ein Fehler, der auf allen Ebenen der Ziel-Inhaltsentscheidungen an dem, was und wieviel gelernt werden soll, nachweisbar ist. Damit wird Bildung kontraproduktiv. Und der Unterricht, insbesondere auch der Physikunterricht läuft Gefahr, der antiaufklärerischen Qualifizierung zuzuliefern und zu deren Legitimation beizutragen. Junge Menschen werden zu verfügbaren und u n t e r q u a l i f i z i e r t e n Arbeitskräften, Stimmgebern und Konsumenten gewandelt ... Nun ist Qualifizierung nicht schlecht, ja sie ist notwendig. Doch da jeder Bildungsfortschritt ohnehin die Aneignung von Qualifikationen erfordert, und zwar gerade jene, die j e t z t und z u k ü n f t i g die bildende Aneignung von Welt ermöglichen, gehören die Qualifizierungsentscheidungen bezüglich des Umfanges und der Reichweite des Wissens und des Könnens nachgeordnet (in HÄUßLER 1992a, S. 34/35; Hervorhebungen i.O.).

LAUTERBACHs Forderung stimmt insoweit mit den Ausführungen im Abschnitt 1.2.2.3 überein, wonach das Orientierungswissen Vorrang vor dem Verfügungswissen haben muß, letzteres aber als Bestandteil des Orientierungswissens unentbehrlich ist (→ S. 64 f und → These 7, S. 72). Diese Übereinstimmung ist keineswegs selbstverständlich und daher um so bemerkenswerter; denn LAUTERBACH leitet sie ebenso wie KLAFKI aus einer theoretischen Analyse des Bildungbegriffs ab, während sie in Kapitel I wesentlich auf die Interpretation empirischer Befunde zum Physikunterricht gestützt wird. Daher stabilisiert diese Übereinstimmung die These 7. Ebenso bestätigt sie die auf S. 124 formulierte Interpretation, daß das Interesse der „Eingeschüchterten" auf *Bildung* statt auf Know-how gerichtet sei.

LAUTERBACH hält die Einlösung dieser Forderung durch eine Umsetzung von WAGENSCHEINs didaktischen Vorschlägen zum „exemplarischen Lehren" für möglich (HÄUßLER 1992a, S. 34). Ob oder inwieweit mit dieser Verknüpfung die Fachdidaktik nicht doch wieder in eine aporetische Situation gerät, wird weiter unten im Zusammenhang mit der kritischen Betrachtung der wagenscheinschen Vorschläge deutlich werden (→ Ü 3.3.3, S. 182).

3.1.1.1 Der „Schraubstock" ideologisierter „Humanität"

Alle Schulen aber, denen sich nicht ein einzelner Stand, sondern die ganze Nation oder der Staat für diese annimmt, müssen nur allgemeine Menschenbildung bezwecken. – Was die Bedürfnisse des Lebens oder eines einzelnen seiner Gewerbe erheischt, muß abgesondert, und nach vollendetem allgemeinem Unterricht erworben werden. Wird beides vermischt, so wird Bildung unrein, und man erhält weder vollständige Menschen, noch vollständige Bürger einzelner Klassen (HUMBOLDT, S. 276 f). Mit dieser aus seiner Bildungstheorie abgeleiteten praktischen Forderung läutete HUMBOLDT den Streit um den Stellenwert der „Realien" im institutionalisierten öffentlichen Bildungswesen des 19. Jahrhunderts ein, der bis heute virulent ist und in der Diskussion um die „Saarbrückener Rahmenvereinbarungen" (1960; → Kapitel I, S. 22) seinen vorläufig letzten Höhepunkt, nicht aber seinen Abschluß erlebte.[93]

Der Widerstand der Neuhumanisten gegen die Aufnahme der „Realien" machte die Integration der Physik in den Kanon der Schulfächer alternativ von zwei *Voraussetzungen* abhängig:

Entweder: Das Fach Physik wurde an besonderen Schulen eingerichtet, deren Zielsetzung nicht die „humanistische Bildung", sondern die Vorbereitung auf das praktische Leben und den Beruf war. Damit wurden breitere Sachkenntnisse gerade jener Bildungsschicht vorenthalten, die dafür vorgesehen war, in wichtige gesellschaftliche Positionen einzurücken.

oder: Das Fach Physik wurde insoweit auch als bildend anerkannt und in der Schule zugelassen, als der Nachweis des „Bildungswerts" gelang. Dieser Nachweis implizierte regelmäßig die Reduktion des Fachs auf formale Ziele, die anhand – material weitgehend gleichgültiger – exemplarischer Inhalte zu erfolgen hatte.

Diese beiden Voraussetzungen werden besonders hervorgehoben, weil sie bis zum heutigen Tag den „Schraubstock" bilden, in dem das Anliegen zerquetscht wird, der ganzen Bevölkerung eine verantwortbare – nicht nur formale, sondern auch materiale – physikalische Bildung angedeihen zu lassen!

---

93 Ohne eine differenzierte Betrachtung der Einstellung der „Humanisten" gegenüber den Naturwissenschaften um die Wende zum 19. Jahrhundert ist es schwer, dieser Bewegung gerecht zu werden. GOETHE ist in eigener Person der Beweis dafür, daß die systematische Beschäftigung mit der Natur für die „Universalität der Bildung" durchaus als erforderlich angesehen wurde. Der „bildende Umgang" mit der *Natur* trug allerdings einen entschieden anderen Charakter als die „mathematischen Naturwissenschaften", woraus sich erklärt, daß sich beispielsweise GOETHE zwar zu den Naturforschern rechnete, gleichzeitig aber die etablierte Naturwissenschaft aufs heftigste bekämpfte (vgl. dazu beispielsweise LITT 1952, S. 133–167; → S. 111 f). Ein weiterer Aspekt ist zu berücksichtigen: Auch HUMBOLDT und viele andere Humanisten erkannten sehr wohl die Notwendigkeit, sich *außerhalb des Bildungsprozesses* zum Zweck der praktischen Lebensbewältigung mit den „Realien" zu befassen. Die Realschulen waren Ausdruck dieses Zugeständnisses, sie dienten aber insofern nicht der *Bildung*, sondern der *Ausbildung*. Und als Drittes wäre zu nennen, daß die „Realien" als Teil des „Materials" angesehen wurden, an dem sich die eigentliche Menschenbildung vollziehen konnte (vgl. dazu z. B. HIRSCHI, S. 71 f).
Die extreme ideologische Verengung, in der Humanismus zum angeblichen „Garant bürgerlicher Privilegien" (LENZEN, S. 1101) verkam und in deren Folge die Beschäftigung mit Naturwissenschaften als der Menschenbildung zuwiderlaufend regelrecht verteufelt wurde, war eine Entwicklung des 19. Jahrhunderts, die nicht undifferenziert der „ersten Generation" der Neuhumanisten angelastet werden darf.

Die Aktualität dieses „Schraubstocks" läßt sich leicht belegen, und sie wird noch Gegenstand späterer Abschnitte sein. Zunächst soll für jede der beiden Alternativen ein Beispiel angeführt werden:

- An den Gymnasien Baden-Württembergs wurde der Physikunterricht des Pflichtbereichs (bis einschließlich Klasse 11) mit Beginn des Schuljahrs 1994/95 um eine weitere Stunde gekürzt.[94] Gleichzeitig wurden zunächst zwölf spezielle Gymnasien mit verstärktem mathematisch-naturwissenschaftlichem Profil eingerichtet, wobei letzteres ausdrücklich mit der Begründung geschah, den *Wirtschaftsstandort Baden-Württemberg, die Wettbewerbsfähigkeit unserer Wirtschaft* und *die Leistungsfähigkeit von Wissenschaft und industriebezogener Forschung* zu stärken.[95] Der Vorgang ist eine schlichte und posthume Einlösung der oben zitierten Forderung HUMBOLDTs, die „Realien" auf ein Minimum zu reduzieren, wenn es um allgemeine Menschenbildung geht, und eine Intensivierung auf jene Bereiche und Menschen zu beschränken, die das Interesse an praktisch-ökonomischen Zielen unabweisbar fordert. Die Kritik der Wirtschaft an der Kürzung des naturwissenschaftlichen Unterrichts ist nach dieser Maßnahme auch prompt verstummt, und an die verbliebene Kritik der Fachlehrerverbände konnte sich die Bildungsverwaltung seit über 100 Jahren so ausgiebig gewöhnen, daß sie kaum etwas bewirken wird.

- Das zweite Beispiel soll die mindestens 150jährige Kontinuität in der Anwendung des „Schraubstocks" unterstreichen. Es ist Wilhelm FLITNERs Schrift „Hochschulreife und Gymnasium" entnommen, deren Erstausgabe 1959 erschien. Dabei ist es wichtig zu wissen, daß FLITNER auf die Formulierung der „Saarbrückener Rahmenvereinbarung" erheblichen Einfluß hatte, in deren Folge Schülerinnen und Schüler sich scharenweise von den Fächern Physik und Chemie abwandten (→ S. 22 f). Bei der Gymnasialkonzeption FLITNERs handelt es sich um eine systematische Aktualisierung der „Humboldtschen Reform". FLITNER betont, daß diesbezüglich ein „Einverständnis" bestehe, *das auch in der erneuten Besinnung nach dem zweiten Weltkrieg beim Wiederaufbau des Bildungswesens bestätigt worden ist* (S. 10/11). Es ist daher nur konsequent, wenn er die Naturwissenschaften vollständig auf ihren formalen Bildungsgehalt reduziert haben will. „Pragmatische Motive" würden die Einheit der Maturität gefährden.[96] Dem

---

94 Baden-Württemberg ist damit unter den Bundesländern im mathematisch-naturwissenschaftlichen Zug normaler Gymnasien am schlechtesten mit Unterrichtszeit ausgestattet (acht Wochenstunden Pflichtunterricht bis einschließlich Klasse 11).

95 Vgl. die im STAATSANZEIGER von Baden-Württemberg (Nr. 32 vom 23. 4. 1994) wiedergegebene Erläuterung des Kultusministeriums.

96 „Pragmatische" statt „humanistische" Ziele würden nach FLITNER eine *Pluralität von Schulformen* fordern, betont er in der Schrift *Die gymnasiale Oberstufe* (hier zitiert nach BRÜGGEMANN, S. 102). Die Verbannung der materialen Gehalte und der lebenspraktischen Orientierung des Physikunterrichts aus dem Tempel der allgemeinen Bildung ist bei FLITNER fast so rigoros wie bei den Neuhumanisten. Lediglich der Behandlung des Energiebegriffs in exemplarischer Form glaubt er eine gewisse Berechtigung auch in der Oberstufe zuerkennen zu

jungen Menschen wollte FLITNER *zumuten ..., daß er sich mit dem vertraut macht, was an den Naturwissenschaften für das Verstehen unserer Welt und für unsere Auffassung von der menschlichen Lebensaufgabe wesentlich ist. Das aber ist auf dieser Stufe der Studien lediglich d i e M e t h o d e der exakten modernen Naturforschung und d i e G r e n z e d i e s e r M e t h o d e. Denn in dieser Zielset- zung ist alles enthalten, worauf Wert zu legen ist, um diese Wirklichkeit in, um und über uns im akademischen Sinne zu begreifen ... Wer die physikalisch- chemisch-biologischen Studien der Schule nur als Anfang der wissenschaftlichen auffaßt, wird diese Probleme gänzlich verfehlen. Ein Schule, die sich von Fach- lehrern darin einseitig beraten läßt, sich den Anfang der Spezialstudien als The- ma zu stellen, muß die Schüler sowohl zersplittern wie überlasten* (FLITNER 1960, S. 60/61; Hervorhebungen i. O.).

LITTs Warnungen zum Trotz definiert FLITNER die Aufgabe des naturwissen- schaftlichen Unterrichts rein negativ über das Ziel, der *Gefahr einer rein mechani- stischen Weltauffassung und radikal technisierten Lebensführung* zu begegnen (FLITNER, S. 69).

Die Diskussion um den Physikunterricht läßt sich seit dem Neuhumanismus zwanglos als Bemühen beschreiben, trotz des „Schraubstocks", dessen bezwängen- de „Backen" aus den sich angeblich ausschließenden Forderungen nach *Men- schenbildung* bzw. *inhaltlich-materialer Qualifizierung* geformt werden, als Unter- richtsfach existieren zu können. Je nach Epoche und Gruppenzugehörigkeit versucht man, sich zugunsten der einen „Backe" gegen die andere zu stemmen und vice ver- sa. Späteren Abschnitten vorgreifend, sei hier schon die Befürchtung in diesem Bild formuliert: Gelingt es dem Physikunterricht nicht, sich dem „Schraubstock" völlig zu entwinden, wird er den Existenzkampf nicht gewinnen. *Menschenbildung* und *Qualifizierung* dürfen nicht länger als gegenseitig konkurrierende Beschränkungen für den Physikunterricht fungieren, sondern müssen als Komplemente begriffen werden, die sich wechselseitig voraussetzen.

3.1.1.2 Die Pflege der Realien in besonderen Schulen des 19. Jahrhunderts

Die besonderen Schulen, in die der naturwissenschaftliche Unterricht noch während des ganzen 19. Jahrhunderts überwiegend verwiesen wurde, dienten der notwendi- gen Aufgabe, lebenspraktisch und ökonomisch erforderliche Qualifikationen zu vermitteln. Für viele Neuhumanisten und ihre Nachfolger waren diese „Realienschulen" ein Störfaktor im Bildungswesen, der nur widerwillig toleriert wurde. Als „Nützlichkeitskramschule" geächtet, unterlag ihre Entfaltung und damit auch die Entwicklung des naturwissenschaftlichen Unterrichts erheblichen Ein- schränkungen. Aus dem Jahre 1887 ist aus einer Landtagsdebatte zur Oberrealschu- le folgende Äußerung eines Abgeordneten überliefert, die die umstrittene Anerken-

---

müssen (FLITNER S. 34). Die Mittelstufe sollte *eine aus dem Umgang erwachsene Kenntnis der anschaulichen Natur erbracht haben* (S. 35).

nung der Realschulen verdeutlicht: *Ich mache keinen Hehl daraus, zu sagen, daß ich diesen Realschulkram gar nicht mag. Wenn ich darüber zu bestimmen hätte, so fiele er ganz fort, und wir hätten bloß wieder das alte, gut geordnete Gymnasium ... Ich kann es kaum begreifen, daß man bedeutende Namen anführen kann, die dahingekommen sind, die Realschule für ebenbürtig und für ebenso tauglich zu halten, die volle Bildung wie die Vollgymnasien zu geben. Daß Männer wie Bonitz und Böckh zu solchen Irrfahrten sich verstanden haben, ist mir geradezu unbegreiflich.*[97]

In der Zeit der politischen Restauration nach dem Wiener Kongreß klang darüber hinaus im Vorwurf, diese Schulen seien „Brutstätte des Materialismus, der Irreligiosität und der Revolution" der politische Widerstand gegen die emanzipatorische Bewegung der Aufklärung an.

Zweitrangigkeit und Minderwertigkeit der Realienschulen, die dieser Streit widerspiegelt, wirkten sich negativ auf die Aufmerksamkeit aus, die das Fach Physik im Bildungswesen erfuhr. Die Einschränkungen im Berechtigungswesen, denen die entsprechenden Schulabschlüsse unterworfen waren, betrafen z. B. auch die Lehrerbildung (insbesondere die gymnasiale) und die Bereitschaft, Naturwissenschaften als Studienfach auszubauen oder zu studieren. Diese Beschränkungen zu überwinden war das Ziel der Befürworter des naturwissenschaftlichen Unterrichts. Es war nur durch die Gleichwertigkeit der Abschlüsse der Realienschulen mit dem Gymnasium zu erreichen. Diese Bemühungen führten z. B. in Preußen zur Gründung des „Realgymnasiums 1. Ordnung" (1870, ab 1882 „Realgymnasium") mit begrenzter Studienberechtigung[98] und 1882 zu einem weiteren neunklassigen Schultyp, der „Oberrealschule", die aus den Gewerbeschulen hervorging. *Die prinzipielle Gleichberechtigung der drei neunklassigen Schulanstalten brachte erst der kaiserliche Erlaß vom 26. November 1890* (HIRSCHI, S. 105).[99]

Für unseren Zusammenhang ist diese Entwicklung erwähnenswert, weil sie überhaupt nur durch den Aufweis der Bildungsrelevanz der Naturwissenschaften erreicht werden konnte. Was dabei an „Bildungssinn", „Bildungswert", „Bildungsziel" usw. für den naturwissenschaftlichen Unterricht zutage gefördert wurde, blieb nicht auf die Ausgestaltung des Unterrichts am Gymnasium beschränkt, sondern betrifft die Legitimation, Gestaltung und Wirkung des Fachs Physik an allen Schularten bis zum heutigen Tag. Besonderen Anteil an der Nachhaltigkeit dieser Entwicklung hatte die enorme Breitenwirkung des Werks von Georg KERSCHENSTEINER. Was davon als Erbe in der aktuellen pädagogischen Diskussion zu berücksichtigen ist, bedarf einer genaueren Betrachtung.

---

[97] Zitiert nach HIRSCHI, S. 105/106. Dieser Quelle sind auch die weiteren Zitate und Daten dieses Unterabschnitts entnommen.

[98] Studiert werden konnten Mathematik, neue Sprachen und Naturwissenschaften.

[99] Die drei Schultypen „Gymnasium", „Realgymnasium" und „Oberrealschule" können als Vorläufer der heutigen gymnasialen Züge „altsprachlich", „neusprachlich" und „mathematisch-naturwissenschaftlich" angesehen werden.

3.1.1.3 KERSCHENSTEINER (1854–1932)

WILHELM erzählt mit Blick auf KERSCHENSTEINER folgende, vor allem im Schwäbischen gängige Geschichte:

Ein Schulrat fährt im Auto übers Land, um eine Dorfschule zu visitieren. Auf offener Landstraße versagt der Motor, und der technisch nicht sehr bewanderte Schulrat hält nach Hilfe Ausschau. Da kommt aus entgegengesetzter Richtung ein Zehnjähriger daher, dem er sein Leid klagt. Dieser öffnet die Motorhaube, macht ein paar Griffe am Vergaser, und siehe da, der Schaden ist behoben. Der gerettete Schulrat bewundert die Leistung, stutzt dann aber und fragt: „Warum bist du denn vormittags nicht in der Schule?" „Ach wissen Sie, zu uns kommt heute der Schulrat, da hat der Lehrer die Dummen nach Haus geschickt!" (WILHELM 1991, S. 103).

Mit dieser Geschichte verweist WILHELM auf KERSCHENSTEINERS Anliegen, der „praktischen Intelligenz" im Bildungswesen zu ihrem Recht zu verhelfen. Es wendet sich vehement und wirkungsvoll gegen die neuhumanistische Auffassung, das Nützliche, Praktische, Brauchbare aus dem Bildungsbereich als dysfunktional auszuschließen.

Wenn im folgenden der Akzent auf die *negativen* Konsequenzen der kerschensteinerschen Pädagogik für den Physikunterricht gelegt wird, so soll damit kein Signum für das gesamte Werk KERSCHENSTEINERS geschaffen werden. Die heute an unseren Schulen vorhandenen Werkstätten, Schulküchen, Fachräume und eben auch die naturwissenschaftlichen Räume für selbsttätiges Experimentieren von Schülerinnen und Schülern sind nicht zuletzt seinem erfolgreichen Wirken zu verdanken. Das in die Strömungen der Reformpädagogik eingebettete Programm der „Arbeitsschule" ist ebensowenig Gegenstand der folgenden Kritik wie die Verdienste KERSCHENSTEINERS um die Entfaltung des Berufsschulwesens und die wechselseitige Intergration von Berufs- und Allgemeinbildung.

Die hier zur Debatte stehenden negativen Folgen des kerschensteinerschen Wirkens gründen in seinem Anliegen, den Naturwissenschaften auch im Bereich der gymnasialen Bildung zur besseren Anerkennung zu verhelfen. Die Bedeutung des naturwissenschaftlichen Unterrichts hat KERSCHENSTEINER in dem Buch *Wesen und Wert des naturwissenschaftlichen Unterrichtes* (1914; im folgenden mit W.u.W. abgekürzt) dargestellt. Seine Zielsetzung wird an einem Zitat deutlich:

Je eingehender ich das Problem in den letzten Monaten untersucht habe, desto mehr hat sich mir die Überzeugung aufgedrängt, daß der gesamte naturwissenschaftliche Unterricht einer weitgehenden Umwandlung bedarf, um die gleiche unendliche Fülle der Übungsaufgaben für logische Schulung zu liefern, wie sie sich spielend beim Übersetzen in eine fremde Sprache und aus ihr, wenigstens in eine der beiden alten klassischen Sprachen, einstellen. Das liegt natürlich nicht im Wesen der Naturwissenschaften selbst ..., sondern in dem noch unvollkommenen Verfahren des naturwissenschaftlichen Unterrichts, der völlig ungenügenden Zeit, die ihm bis jetzt zugewiesen ist, seinem bis heute noch angebeteten enzyklopädischen Verfahren und auch in der Notwendigkeit des sehr zeitraubenden induktiven Betriebes bei der Einführung in die mannigfachen Naturgesetze (W.u.W. S. 37/38).

Am Maßstab der den klassischen Sprachen angeblich zukommenden Wirkung auf die „geistige Zucht" entwickelt KERSCHENSTEINER ein Programm für den naturwissenschaftlichen Unterricht. Es soll das Potential der Naturwissenschaften für die Schulung des Geistes nutzen.[100] In einem systematisch angestellten Vergleich zwischen den einzelnen Fächern der Naturwissenschaften und den klassischen Sprachen glaubt KERSCHENSTEINER den Beweis geführt zu haben, daß die Naturwissenschaften einen spezifischen Beitrag zur Erziehung leisten können. *Der naturwissenschaftliche Unterricht ist ein gleich brauchbares ... Werkzeug für die geistige Zucht, für formale Bildung, wie der Unterricht in den alten Sprachen* (Hervorhebung i. O.). Manche seiner Wirkungen können durch kein anderes Fach erzeugt werden, insbesondere: *In Bezug auf die Erfüllung der Seele mit dem Geiste der Gesetzmäßigkeit und in Bezug auf das Bedürfnis nach eindeutiger Formulierung der Begriffe übertrifft er allen fremdsprachlichen Unterricht* (W.u.W. S. 155).

Jenseits allen Inhalts – eben in der *formalen* Bildung – liegt bei KERSCHENSTEINER der zentrale Erziehungswert der Naturwissenschaften, nämlich in der Entwicklung der „Beobachtungsbegabung", im Aufbau geistiger Haltungen in Form von *Gründlichkeit, Sorgfalt, Genauigkeit, Peinlichkeit, Gewissenhaftigkeit, Objektivität, Wahrheitsliebe, Ehrfurcht vor wissenschaftlichem Denken und großen Geistern* u. a. m. sowie in der Erziehung *zur peinlichen Genauigkeit im praktischen Arbeiten.* Die Tugenden und Fähigkeiten sollen dann *in den Dienst geistiger Hilfsbereitschaft für andere und der Hingabe an gemeinsame geistige Arbeitszwecke gestellt werden. Als Mittel zur Erziehung sachlicher Einstellung* wollen ihm die Naturwissenschaften schließlich *besonders geeignet erscheinen* (W.u.W. S. 155/156).

Ein Mangel im Erziehungswert der Naturwissenschaften liegt nach KERSCHENSTEINER darin, daß die *Seite des Sollens* in ihrem Beitrag zum Weltbild nicht enthalten ist (W.u.W. S. 157). *Denn Naturgesetze sind noch keine Normen* (W.u.W. S. 161). Aber immerhin sind sie für ihn ein Schritt auf dem Weg zum sittlichen Menschen, denn: *Der Mensch entdeckt ja die höheren Naturgesetze überhaupt erst, weil in ihm ein Sollensruf lebendig geworden ist, der aus dem erlebten Wert der Wahrheit ertönt, die ihn zu den mühevollsten Untersuchungen nach ihr veranlaßt* (W.u.W. S. 162) – und: *Die Achtung und Ehrfurcht vor Naturgesetzen ... wird bei vielen den Glauben an die Überzeugung von Gesetzmäßigkeiten auch in der*

---

[100] Es ist bemerkenswert, daß KERSCHENSTEINER die dafür zur Verfügung stehende Unterrichtszeit für unzulänglich hält. Die Stundentafeln für das Realgymnasium weisen schon im Jahr 1901 für das Fach Physik immerhin zwölf Jahreswochenstunden aus (HIRSCHI, S. 107), für die Oberrealschulen sogar 13. Die von ihm als zu knapp bemessen kritisierte Unterrichtszeit liegt damit weit oberhalb derjenigen, die gegenwärtig z. B. im mathematisch-naturwissenschaftlichen Zug der Normalgymnasien Baden-Württembergs zur Verfügung steht (acht Jahreswochenstunden). Der von KERSCHENSTEINER favorisierte Lehrplan für die Oberrealschule weist eine – an dieser Schulart in Bayern auch realisierte – Wochenstundenzahl von 18–20. Für die achtklassigen Volksschulen Münchens führte KERSCHENSTEINER schon 1899 einen „Lehrplan der Physik" ein, der über die zwei letzten Schuljahre sechs Stunden umfaßte. Physikunterricht war daher an diesen Volksschulen zeitlich umfangreicher als z. B. an den gegenwärtigen Realschulen Baden-Württembergs (vgl. W.u.W., S. 207 ff)!

Welt des Sollens stärken und Interessen für die ethischen Seiten der Männer wachrufen, welche die Naturgesetze zuerst erkannt haben (W.u.W. S. 103/104).

Theodor WILHELM sieht in dem Buch *Wesen und Wert des naturwissenschaftlichen Unterrichtes* ein *peinigende(s) Schauspiel der Rechtfertigung des naturwissenschaftlichen Unterrichts am Maßstab des Bildungswertes der philologischen Fächer ... Kerschensteiner hat in seiner Theorie der naturwissenschaftlichen Bildung seinen mutigen Vorstoß von 1899 selbst abgeblasen und die Front, die er anführte, auf die Verteidigungslinie der humanistischen Bildungsidee zurückgenommen* (1957, S. 81).[101]

WILHELM weist auch auf die kontraproduktive Wirkung hin, in die ein Wettstreit um die Beiträge einzelner Fächer zur *formalen* Bildung führen mußte. Es ist leicht einsehbar, daß, kommt es nicht mehr auf die Inhalte selbst an, diese auch ausgewechselt werden können. Damit wird der Reduzierung des notwendigen Zeitrahmens ein Weg geöffnet, der seitdem weidlich – wie sich noch zeigen wird: mißbräuchlich – genutzt wird. Mit dem Verweis auf die Möglichkeit „exemplarischen Vorgehens" werden Inhalte eliminiert und Unterrichtszeit umgewidmet, ganz entgegen der Intentionen der genuinen Vertreter des „exemplarischen Lehrens". In FLITNERs Gymnasialkonzept, von dessen negativem Einfluß auf die Gegenwartssituation oben die Rede war (→ S. 133 f), finden wir hinsichtlich des Fachs Physik nichts weniger als den Vollzug dieser Konsequenz aus KERSCHENSTEINERS Vorschlägen, nämlich die zeitliche Minimalisierung des Physikunterrichts im Bereich des gymnasialen Pflichtunterrichts. Dieses Problem wird im Zusammenhang mit WAGENSCHEIN nochmals aufgegriffen.

LITT kommt bei einer Analyse von KERSCHENSTEINERS Idee der Arbeitsschule zu einem kritischen Urteil, das auch auf seine Naturwissenschaftspädagogik übertragen werden kann:

So läßt auch Kerschensteiners Theorie der Arbeitsschule uns erkennen, wie der Abstand zwischen der wirtschaftlich-gesellschaftlichen Entwicklung und der pädagogischen Ideenbewegung selbst von denen nicht überwunden worden ist, deren erzieherisches Wollen und Planen recht eigentlich von der Absicht einer solchen Überwindung inspiriert war. Selbst in ihren Überlegungen bewährt sich jene Kraft der Selbstbehauptung, durch welche die einmal eingewurzelten Bildungsideale den ihnen zuwiderlaufenden Tendenzen der Zeit standzuhalten wissen (1955, S. 68).

Auf die Problematik, die entsteht, wenn *formale Bildung* – abgehoben von der inhaltlichen Eigenbedeutung des Unterrichtsgegenstands – zum Erziehungsziel avanciert, soll hier nicht weiter eingegangen werden. Dies ist in der pädagogischen Literatur in aller Breite erörtert worden. Aber mit Blick auf KLAFKIS Sorgen hinsichtlich der den „Sekundärtugenden" innewohnenden Gefahren (→ S. 67), sei doch noch einmal WILHELM zitiert, der KERSCHENSTEINER den folgenden Vorwurf glaubt machen zu müssen:

---

101 Mit dem „mutigen Vorstoß von 1899" verweist WILHELM auf KERSCHENSTEINERS Lehrpläne von 1899, in denen er an den Volksschulen in beispielhafter Weise Raum für die „Realien" geschaffen hatte (→ Fußnote 100).

Die Bereitschaft, uns streng und kompromißlos unter das Gesetz der Sache zu stellen, hat uns blind gemacht für jenen Vorgang der ständig zunehmenden Versachlichung der Welt, die den Raum unserer Freiheit noch viel gefährlicher bedroht als unser eigener Egoismus. Wer von den Sachen her den verpflichtenden Ruf des sittlichen Sollens erwartete, konnte nicht bemerken, daß der Automatismus der Sachen sich anschickte, die Freiheit selbst zu ersticken. An keinem dieser Tatbestände ist Kerschensteiners Pädagogik der Gesetzlichkeit ganz unbeteiligt (1957, S. 129/130).

Das kritische Urteil über KERSCHENSTEINERs Auffassung von *Wesen und Wert des naturwissenschaftlichen Unterrichtes* ist wegen des Hinblicks auf die hier zur Debatte stehenden Probleme einseitig negativ ausgefallen. Vieles von dem, was er zum „Enzyklopädismus", zur Gestaltung des physikalischen Experimentierens, zur erforderlichen Unterrichtszeit, zur Notwendigkeit von Freiarbeit und längerfristigen Projekten u. v. a. m. ausgeführt hat, ist bis heute als Leitvorstellung für den Unterricht anerkannt und zum Teil auch geübte Praxis. Dennoch ist hier ein weiteres Vermächtnis KERSCHENSTEINERs kritisch aufzuführen.

KERSCHENSTEINER war davon überzeugt, daß naturwissenschaftliches Erkennen nur auf dem Weg entsteht, den die naturwissenschaftliche Forschung beschreitet. *Nicht Forscher, wohl aber den Geist des Forschers* will er durch Erziehung erreichen (W.u.W. S. 108). Der Unterricht muß *den gleichen mühevollen Gang der Induktionen (gehen), der das Menschengeschlecht in vieltausendjähriger mühevoller Arbeit, voll von Irrtümern, schrittweise zum Stande der heutigen Erkenntnis des Naturgeschehens geführt hat, und zwar lediglich durch den Scharfsinn einzelner Forscher, deren jeder wieder da weitergearbeitet hat, wo seine Vorgänger aufhören mußten* (W.u.W. S. 75).

Für die methodische Gestaltung schlägt KERSCHENSTEINER ein Verfahren in vier Schritten vor (Problem → Hypothese → Experiment → Verifikation; vgl. W.u.W. S. 75 ff), dessen mannigfache Varianten in ihrem Grundmuster den bereits weiter oben problematisierten *Modus des Physiktreibens* bilden. Es wird nicht einfach werden, den Physikunterricht aus dieser traditionsreichen Gefangenschaft zu befreien (→ S. 33, S. 56, S. 112).

Die unterrichtsmethodische Schematisierung des kerschensteinerschen Verfahrens zum *Modus des Physiktreibens* ist dabei keineswegs (nur) eine Folge verkürzender Adaption. Vielmehr hat sie ihren wesentlichsten Grund in den fragwürdigen wissenschaftstheoretischen Vereinfachungen, die schon in dem eben angeführten Zitat KERSCHENSTEINERs hervortreten. Daß nicht die *reine Forschungslogik* den Motor der Wissenschaftsentwicklung darstellt, sollte im Kapitel II hinlänglich deutlich geworden sein. Darüber hinaus führt der „mühevolle Weg der Induktion" gerade nicht Schritt für Schritt zu den Begriffen und Gesetzen der Physik. Dieser bis heute weit verbreitete Irrtum, der vielfach von Lehrplan zu Lehrplan fortgeschrieben wird, soll im Zusammenhang mit WAGENSCHEINs Vorstellung vom genetischen Lehren ausführlicher diskutiert werden (→ S. 171 ff).

KERSCHENSTEINER mußte bereits nach der ersten Auflage von *Wesen und Wert des naturwissenschaftlichen Unterrichtes* die Kritik entgegennehmen, er würde die Inhalte und das positive Wissen der naturwissenschaftlichen Fächer nicht angemessen würdigen bzw. nur in mediatisierter Form für die *geistige Zucht* benutzen. Im Vorwort zur dritten Auflage (1927) wehrt er diese Kritik als völlig unberechtigt ab und verweist auf seine Lehrplanvorschläge, mit denen er einen (bis heute nicht mehr erreichten) beachtlichen zeitlichen Rahmen schuf und deren Inhalte trotz der Abstriche gegenüber einem „Enzyklopädismus" das Feld naturwissenschaftlicher Lehrgegenstände strukturieren und relativ umfassend abdecken. Dennoch erscheinen die Vorwürfe aus heutiger Sicht als berechtigt: KERSCHENSTEINER berücksichtigte zwar quantitativ die Inhalte noch in einem Umfang, von dem heutige Physiklehrkräfte allenfalls träumen können, rechtfertigte sie aber theoretisch *nicht* über ihren positiven Wissensgehalt und den Nachweis, daß und in welchen Zusammenhängen die Kenntnisse ihrer selbst wegen für die Lernenden von Bedeutung sind oder sein werden. Aus diesem Grund müssen wir KERSCHENSTEINER entgegen seinen eigenen Absichten und Vorschlägen eben doch in die Reihe jener Pädagogen stellen, die mitverantwortlich sind für die beklagte Entwicklung, in deren Verlauf die Wertschätzung und Wirkung physikalischen Wissens einen Verfall erfuhr, der auch jedes Bemühen um formale Bildung bis heute konterkariert.

3.2 GEFÄHRDUNG DES MENSCHENTUMS DURCH PHYSIKUNTERRICHT?

Der Widerstand des Neuhumanismus gegen eine Nützlichkeitsorientierung des Bildungsprozesses hat seinen Hintergrund in der komplexen, stürmischen Entwicklung der Gesellschaft im 18. und 19. Jahrhundert, die alle Dimensionen der Existenz betraf: die religiöse, geistige und moralische Verfassung des Individuums ebenso wie die politischen, ökonomisch-sozialen und philosophischen Grundlagen der Gesellschaft. Der Neuhumanismus ist an seinem Ursprung keine Fluchtreaktion im Sinne eines Rückzugs aus den Wirren der Zeit in die harmonistisch-schöngeistige Pflege der Innerlichkeit des Menschen. Eine solche Interpretation ist allenfalls dem späten Neuhumanismus des „Bildungsbürgertums" angemessen.

Vielmehr ist in Rechnung zu stellen, daß der Anlaß für die Skepsis gegenüber den „Realien" als Bildungsgüter jene Gefahr der Entfremdung des Menschen von sich selber war, deren reale Gegebenheit den Boden für so unterschiedliche Kulturleistungen bildete, wie wir sie beispielsweise in GOETHEs – als „Bildungroman" bezeichnetem – „Wilhelm Meister" oder in den Schriften von MARX vorfinden. Gemeinsam ist diesen Kulturleistungen der Versuch, die der Freiheit des Menschen entgegenstehenden Unterwerfungen, Zwänge und Herrschaftsstrukturen zu überwinden, die gerade auch im Prozeß der Aufklärung neu entstanden und Bestandteil dessen sind, was seit HORKHEIMER und ADORNO unter dem Begriff *Dialektik der Aufklärung* diskutiert wird.[102] Die Humanitätsidee setzt der *Vergesellschaftung* des Menschen und seiner Funktionalisierung für das Gefüge der von ökonomischen Interessen dominierten Industriegesellschaft die Pflege der *Individualität* entgegen. Was LITT an dieser Idee als „anthropozentrisch" kritisiert, war ursprünglich als Gegengewicht zur „Versachlichung der Welt" einschließlich des Menschen gedacht.[103]

Die aktuellen Probleme des Physikunterrichts sind noch aufs engste von dem dialektischen Spannungsverhältnis zwischen Freiheit und Unterordnung, Individualität und Vergesellschaftung u. ä. gezeichnet, in das der moderne Mensch seit der

---

[102] Ein kleines Beispiel soll dies veranschaulichen: Brachte die Entwicklung des Autos den ersten Automobilisten noch einen großen Vorsprung an individueller Freiheit durch große Mobilität, so fragt sich heute, was aus dieser Freiheit geworden ist. Das Auto ist (fast) unverzichtbar, und wir werden in wenigen Jahren mit elektronischen Verkehrsleitsystemen durch verstopfte Straßen gelotst werden, ohne Chance, dieser Gängelung zu entkommen.

[103] LITT kritisiert am Humanismus, daß – wo immer der Mensch mit der *Inhaltlichkeit des geistig-geschichtlichen Lebens* in Berührung kommt – er *sein Verhältnis zu ihr auf Grund der Überlegung zu regulieren habe, was sein Menschsein sich vom Umgang mit ihr versprechen dürfe. Das ist der „anthropozentrische" Zug, der der durchgebildeten Humanitätsidee ihr charakteristisches Gepräge verleiht. In letzter Zuspitzung tritt er uns überall da entgegen, wo die Gesamtheit der Kulturgehalte sich geradezu zu „Mitteln" für den „Zweck" der Menschwerdung muß herabsetzen lassen. Hier ist nun wirklich der Mensch zum „Maß aller Dinge"* geworden (1955, S. 14).

Aufklärung geworfen ist. Dies ist nicht *nur* deshalb so, weil dem Physikunterricht diese Probleme gewissermaßen in die Wiege gelegt wurden und bis heute *nachwirken*, sondern auch aufgrund der *prinzipiellen* Existenz des bezeichneten Spannungsverhältnisses, das uns eine philosophische und pädagogische Bearbeitung in jeder historischen Situation erneut abverlangt.

In allgemeiner Form sind die der „Versachlichung der Welt" entspringenden Gefahren von LITT in schwerlich zu übertreffender analytischer Schärfe herausgearbeitet worden. Es erscheint daher legitim, hinsichtlich dieser Analyse auf die bereits zitierten Werke LITTs zu verweisen. Dort ist auch dargelegt, in welcher Weise die Entfremdungen und Sinnentleerungen im hochspezialisierten Arbeitsprozeß der Industriegesellschaften mit den Hervorbringungen von Naturwissenschaften und Technik und mit dem in diesem Bereich beheimateten Denken zusammenhängen.

Die pädagogischen Gefahren, von denen hier die Rede sein wird, sind den Lehrerinnen und Lehrern aus der täglichen Arbeit vertraut. Es fehlt daher nicht an individuellen Strategien, Gewohnheiten, Erfahrungen usw., die im Laufe der Zeit aus dem Bemühen erwachsen sind, den je eigenen Unterricht möglichst interessant und schülernah zu gestalten. Es steht völlig außer Frage, daß dabei beachtenswerte Erfolge erzielt werden. Dadurch kann der Eindruck entstehen, daß es ja „in Wirklichkeit nicht so schlimm sei", wie es hier beschrieben wird. Deshalb sei betont, daß es nicht darum geht, konkreten Unterricht zu kritisieren. Bei den aufgeführten Beispielen handelt es sich um *strukturelle* Fragen und nicht um scheinbare Fehlentwicklungen im Einzelfall. Im Mittelpunkt steht das Bemühen, die der Wissenschaft Physik innewohnende *unpädagogische Dimension* anhand ihrer negativen Konsequenzen für den Unterricht möglichst deutlich aufzuzeigen. Das erfordert Prägnanz in der Darstellung und damit zunächst auch das Absehen von der Tatsache, daß die Überwindung der Probleme schon seit Jahren auf dem Programm vieler Lehrerinnen und Lehrer, Autorinnen und Autoren steht. Keine Geringschätzung dieser Anstrengungen steht hinter diesem „Absehen von …", sondern recht eigentlich der Wunsch, zu ihrer theoretischen Fundierung beizutragen.

Deutlich werden soll, daß nicht der einzelne Lehrer, die einzelne Lehrerin, die Klasse usw. verantwortlich gemacht werden können, wenn im Physikunterricht nicht der gewünschte Erfolg erreicht wird, sondern daß hinter diesen Schwierigkeiten bisher fachdidaktisch noch zuwenig *systematisch* bearbeitete fachimmanente Probleme stecken.

3.2.1 Sinnentleerung durch den *Modus des Physiktreibens*

3.2.1.1 Beispiele zur Objektreduktion

In Vorträgen zu der hier zur Behandlung anstehenden Problematik hat die Zuhörerschaft des öfteren betont, daß die gelegentlich eingefügten Anekdoten der Plausibilität der theoretischen Gedankengänge förderlich waren. Mir erscheint es daher naheliegend, zunächst von solchen Beispielen auszugehen. Es geht um die praktische Ausprägung des *Reduktionismus*:

Wir haben zu Hause eine Katze. Die Katze und ich, wir mögen uns. Sie hat mich gut dressiert, weiß genau, wie sie es anstellen muß, mich zu bewegen, ihr Futter zu geben, die Terrassentür zu öffnen usw. Wir genießen es beide, wenn sie – während ich Zeitung lese – auf meinem Schoß sitzt. Vor einiger Zeit schleppte sie sich mit ausgekugeltem Hüftgelenk durch den Garten. Sie war bei der Vogeljagd (für die sie viel zu fett ist) von einer hochgewachsenen Birke auf einen Betonweg gestürzt.

Betrachte ich nun diesen Sturz physikalisch (wozu ich mich veranlaßt fühlte, um die Verletzungsfolgen besser nachvollziehen zu können), so schrumpft die Katze zum „Massenpunkt". Von der schön gewachsenen, lichtgrünen Birke interessiert nur die „Höhe Δh" (5 m). Der dramatische, von der Katze sicher in Schrecken durchlebte Sturz wird zum „freien Fall" mit der „Fallzeit Δt" (1 s), und der fürchterliche Aufprall gerät zur „verzögerten Bewegung" mit mindestens „25 g". Auf mein Körpergewicht übertragen, würde dies der zerquetschenden Wirkung eines zwei Tonnen schweren Steinblocks entsprechen. (Wobei mir die Hoffnung bleibt, daß ich – meiner längeren Beine wegen – geringer belastet wäre, falls mich das Schicksal einmal in eine analoge Situation bringen sollte.)

Daß wir einander mögen, die Katze und ich, spielt in der physikalischen Betrachtung keine Rolle. Es ist aber ebenso wahr wie der Satz „singen macht froh"! Es handelt sich um existentielle Wahrheiten mit durchaus empirischem Charakter, keineswegs um spekulative oder transzendente. Trotzdem entziehen sie sich der physikalischen Betrachtung. Der tiefere Grund dafür ist im situationsabhängigen Sinngehalt dieser Sachverhalte zu suchen. Jeder Versuch, sie zu universalen, personunabhängigen und dem außersubjektiven Objektfeld zugeordneten Aussagen umzuformen, würde ihren Wahrheitsgehalt und damit ihre Sinnhaftigkeit unweigerlich zerstören. Es bliebe nur *Un*sinn übrig.

Die Gesetze, die zur Berechnung des freien Falles angewendet werden, sind aber genau in dieser Weise universal, personunabhängig und dem Objektfeld zugeordnet.[104] Trotzdem wird man sie nicht für sinnlos halten. Sie sind ja von vornherein nicht mit dem Anspruch der Sinnhaftigkeit für einen existentiellen Person/Gegenstand-Bezug ausgestattet. Im gegebenen Beispiel war der Rückgriff auf diese Gesetze für mich *sinnvoll*. Der Sinn lag aber nicht in den Gesetzen selbst, sondern in ihrer *Anwendung* auf eine bedeutsame, konkrete Situation. Verallgemeinernd folgt daraus:

> Der Sinngehalt physikalischer Begriffe und Gesetze erwächst erst aus der Anwendung auf einen konkreten, bedeutungsvollen Sachverhalt.

Ein schulpraktisches Beispiel soll die Tragweite der zu ziehenden didaktischen Konsequenzen noch deutlicher zum Vorschein bringen. Es handelt sich um die Skizze einer Unterrichtsstunde, von der ich nicht mehr weiß, ob ich sie als Student oder

---

104 Daß es Randbedingungen für die Gültigkeit der Gesetze gibt, beinträchtigt diese Aussage nicht. Die Randbedingungen müssen dem Gesetz als Bestandteil zugeordnet werden und haben denselben universalen und objektfeldbezogenen Charakter.

hospitierend in einer meiner späteren Funktionen erlebt habe. Ich vermag nicht einmal auszuschließen, daß sie mir von dritter Seite plastisch geschildert wurde. Zwischen der authentischen oder nacherlebten Erinnerung und ihrer didaktischen Reflexion liegen jedenfalls nicht wenige Berufsjahre, wodurch aber ihre Eignung für das hier diskutierte Problem keinen Schaden leidet. Wer Physik unterrichtet, wird auf analoge eigene Erfahrungen zurückgreifen können:

Die Physikstunde begann mit der kommentarlosen Projektion eines Lichtbilds, das eine ägyptische Pyramide zeigte („stummer Impuls"). Die Schüler äußerten sich spontan und ausführlich. Einige wußten, daß es sich um das Grabmal des Königs Cheops handelte, daß dieses mit Nahrungsmitteln und Utensilien für das Leben nach dem Tod ausgestattet war u. ä. Sie assoziierten Begriffe wie „Wüste" und „Nil", wollten wissen, ob Mose vor oder nach der Erbauung gelebt hatte, und fragten schließlich auch nach den Ausmaßen der Pyramide. Hier hakte der Lehrer ein, nannte Daten und beschrieb die Dimensionen der einzelnen Felsklötze. Es folgte ein Lichtbild, auf dem zu sehen war, wie eine Schar von Sklaven einen gewaltigen Steinblock auf einem Schlitten zog und schob. Wieder gab der Lehrer Raum für Äußerungen und Fragen. Sie bezogen sich auf die Sklaverei, auf den Sinn der Überdimensionalität des Steinblocks („10 kleinere hätte man leichter transportieren können") und auch auf die Entfernungen und Transportmittel. Wie schwer es denn sei, einen solchen Felsblock zu ziehen, fragte der Lehrer. Im Gespräch wurde die Vermutung entwickelt, das ginge immer noch leichter, als den Klotz zu tragen. Das wolle man jetzt herausfinden. Der Lehrer hatte Schülerversuche dazu vorbereitet und ein Arbeitsblatt usw. Es wurden kleine Holzklötze, Kraftmesser, Wägestücke (zur Beschwerung der Holzklötze), Schleifpapier (als Unterlage) ausgegeben. Die Schülerinnen und Schüler hatten Zug- und Gewichtskräfte zu messen und in eine Tabelle einzutragen. Die Ergebnisse des Schülerexperiments wurden im gelenkten Klassengespräch ausgewertet und rechtzeitig vor dem Gong war das Ziel der Stunde zum Thema „Gleitreibung" erreicht. Es war das dürre Destillat: $F_R = \mu \cdot F_G$.

Die Frage, ob es sich um eine „gute" oder sehr problematische Physikstunde handelte, führte in Fortbildungs- und Lehrveranstaltungen schon zu sehr kontroversen Diskussionen. Es hänge natürlich auch davon ab, wie der Unterricht weitergeführt werde, ist schließlich die Meinung, die zum Friedensschluß führt.

Wer Physik unterrichtet, kennt die wahrscheinlichste Fortsetzung des Unterrichts. Es folgen Aufgaben der Art: „Ein Körper mit der Masse x kg gleitet auf einer Unterlage. Die Reibungszahl μ beträgt 0,6. Wie groß ist die Gewichtskraft?" Die Physikbücher und Aufgabensammlungen sind voll davon. Modernere Bücher ersetzen den „Körper" und die „Unterlage" allerdings schon durch einen „Schlitten", der auf dem „Schnee" gleitet. Man ist sich heute in der Fachdidaktik weitgehend einig, daß es sich lohnt, den hierdurch eintretenden Verlust an Abstraktion und Allgemeingültigkeit durch den Gewinn an Lebensnähe in Kauf zu nehmen – allerdings wohl mehr der Motivation als der Sinnsuche wegen.

Die Ägypter mit ihren Sklaven und Gräbern werden jedoch in der überwiegenden Zahl der Fälle nicht mehr Gegenstand des Physikunterrichts sein. Sie haben als Einstieg ihre Funktion, nämlich Aufmerksamkeit zu erwecken, erfüllt. Die nächste Stunde wird das Thema „Haft- und Rollreibung" ins Auge fassen.

Das Bild der Cheopspyramide weckte sicher bei vielen Schülern die Hoffnung auf einen interessanten Unterricht. Ihre Assoziationsfreude ist ein deutlicher Hinweis darauf. Am Ende sind sie enttäuscht: Es werden Aufgaben gerechnet, denen sie höchstens mit Mühe eine außerschulische Bedeutung abgewinnen können, die aber nicht mit den übrigen bedeutungserfüllten Attraktionen des Alltags mithalten kann. Es bleibt den Schülerinnen und Schülern nicht verborgen, daß es im Physikunterricht nicht eigentlich um die „Pyramiden" bzw. deren didaktische Korrelate geht, für deren Bedeutungsgehalt sie sich zu öffnen bereit wären, sondern daß dies nur der „Köder" ist, mit dem sie ins Netz formaler und subjektiv bedeutungsleerer Strukturen gelockt werden sollen. Hat sich dieser Vorgang in einer Klasse einigemal wiederholt, dann hat die Mehrheit der Schülerinnen und Schüler gelernt: „Von dem was uns an der Welt interessiert, bleibt im Physikunterricht nicht viel übrig. Dort geht es nur um Formeln, Rechnen und Gesetze."

3.2.1.2 Die Unterwerfung des Unterrichts unter die wissenschaftliche Methode

Die beiden oben dargestellten Beispiele sollen *eine* der didaktischen Dimensionen des wissenschaftlichen Reduktionismus veranschaulichen, der Gegenstand des Kapitels II war (→ S. 106 ff und Fußnote 80, S. 110). Es handelt sich dabei nicht um eine fachdidaktische Konstruktion von Unterricht, die der Physik nicht gerecht würde! Vielmehr zeigen sich darin nur die pädagogischen Folgen der Unterwerfung des Unterrichts unter die normierenden Implikationen der naturwissenschaftlichen Methode, von der LITT sagt, *daß sie nämlich die radikalste Bedeutungsentleerung der Welt ist, die sich denken läßt. Sie hat diese Entleerung nicht etwa zum unvorhergesehenen und unwillkommenen Effekt, sondern schließt sie als logisch-methodisches Prinzip in sich. Die Bearbeitung, die sie der Welt widerfahren läßt, fällt mit Sinnaustreibung zusammen. Wenn und soweit die Wissenschaft die Phänomene der Außenwelt in ein Gefüge von mathematischen Formeln umdenkt, bringt sie unweigerlich das, was ihnen an Sinn, Bedeutung, Wert innewohnen mag, restlos zum Verschwinden* (LITT 1952, S. 137).

Was hier also vorliegt, ist eine Folge der didaktischen Reproduktion des *Modus des Physiktreibens*, der sich in einem weithin gängigen Unterrichtsschema widerspiegelt (→ Abbildung 49, S. 340). Die unpädagogischen Wirkungen sind jedoch keine unvermeidbare Konsequenz von Physikunterricht, aber:

> Unpädagogische Wirkungen des Physikunterrichts werden so lange unvermeidlich sein, wie an dem Postulat festgehalten wird, Physikunterricht habe sich möglichst ausschließlich an den Verfahren *der Wissenschaft Physik* zu orientieren und dadurch gewonnene Ergebnisse zu vermitteln!

Diese Aussage wirkt zersetzend auf die Fundamente des etablierten Unterrichts und seiner Didaktik. Dies kann jedoch kein Grund dafür sein, sie im Fortgang dieser Arbeit nicht weiter kritisch zu berücksichtigen.

Es ist allerdings nicht notwendig, daß man den der Physik immanenten Vorgang der Bedeutungsentleerung so pessimistisch und negativ sehen muß, wie dies in dem eben angeführten Zitat von LITT zum Ausdruck kommt. Denn genau besehen handelt es sich bei der Generierung formaler Strukturen um einen Abstraktionsprozeß, der zwar in seiner Endgestalt jeder unmittelbaren Beziehung zu einem sinnlich-qualitativen Weltgehalt entkleidet ist. Jedoch eröffnet sich durch den gleichen Vorgang die Möglichkeit, mit Hilfe des formal-abstrakten Netzes von Gesetzen und Begriffen eine unendliche Fülle konkreter Sachverhalte differenzierter und in neuen Zusammenhängen zu sehen. Kenntnisse der Thermodynamik machen es z. B. möglich, in einem Wettergeschehen energetische Prozesse zu erkennen, die in einer Dampfturbine, bei der Hausheizung oder beim Zubereiten einer Mahlzeit in analoger Weise ablaufen. Solche Strukturierung stiftet nicht nur neue Ordnungsgesichtspunkte für die Vielfalt der Erscheinungen, sondern ermöglicht es, diese unter einer neuen und zusätzlichen Perspektive wahrzunehmen, die andere Sicht- und Erlebnisweisen weder ersetzt noch verdrängt, sondern sie ergänzt. Wer – um ein anderes Beispiel anzuführen – seinen eigenen Körper auch als energieumwandelnden Organismus mit eng gesteckten Grenzen zu sehen gelernt hat, für den bekommt das Einschalten einer 100-W-Glühlampe eine andere Bedeutung als nur die, daß sie hell macht. Er kann buchstäblich nachfühlen, welcher energetische Aufwand nötig ist, um diese alltägliche Erscheinung möglich zu machen.[105] Der distanzierte physikalische Blick muß also nicht notwendig teilnehmend-engagiertes Schauen verdrängen. Dies ist nur während jener begrenzten Phase des Erkenntnisgangs erforderlich, in der die formalen Strukturen (Begriffe, Gesetze, Modelle) zunächst erzeugt werden. Aber dann ist deren Rückbindung in bedeutungsgeladene Weltzusammenhänge nicht nur möglich, sondern geboten, um jene Bereicherungen auch eintreten zu lassen, derentwegen überhaupt Veranlassung bestand, Physik zu treiben:

> Das physikalische System ist nicht sinn*leer* und schon gar nicht sinn*los*, sondern es eröffnet ein unbegrenztes Feld von Möglichkeiten, sinnstiftende Zusammenhänge in einer bedeutungs- und wertgeladenen Welt herzustellen. Es werden Weltgehalte sichtbar, die ohne die Physik dem Denken unzugänglich blieben.

Damit wird sich in einem Physikunterricht, der zunächst nichts weiter will, als in die Physik einführen, allerdings nur trösten lassen, wer schon so „angerührt" von der Physik ist, daß er auf das Potential an Erkenntnis vertraut, auch ohne es unmittelbar zu erfahren. Das sind diejenigen Schülerinnen und Schüler, die sich der Physik um dieser selbst willen schon zugewandt haben. Wir wissen, daß dies nur wenige sind und fast keine Mädchen. Es ist wohl auch ein weiter Weg dahin, der vor-

---

105 Vgl. dazu die Erläuterungen in Kapitel IV (→ Ü 4.4.3).

aussetzt, daß die sinnstiftende Anwendung physikalisch-abstrakter Aussagen an vielen Beispielen erlebt wurde. Es kann nicht das Ziel des Physikunterrichts sein, möglichst *alle* Schülerinnen und Schüler bis zu dieser Zuwendung zur Physik zu führen. Eine Welt voller Physiker scheint mir eine abwegige und auch abschreckende Vorstellung zu sein.

> Für die große Mehrheit der Schülerschaft gilt es, sie erfahren zu lassen, daß viele lebensbedeutsame Inhalte physikalische Aspekte enthalten, aus deren Verfügbarkeit auch ein persönlicher Gewinn hinsichtlich der Möglichkeit konkreter Welterfahrung und geistiger Welterschließung erwächst. Damit rücken aber diese *lebenspraktischen Inhalte* in den Mittelpunkt des Physikunterrichts und nicht die aus ihnen zu gewinnenden formal-abstrakten Begriffe und Gesetze der Physik.

Auf diesem Wege muß *auch* bei einer ausreichenden Anzahl von Schülerinnen und Schülern jener Grad an Qualifizierung und Zuwendung zur Wissenschaft erreicht werden, der von der gesellschaftlichen Funktion der Schule unter dem Gesichtspunkt vorberuflicher Ausbildung erwartet wird.

Was hier hervorgehoben wurde, ist didaktische Wendung der wissenschaftstheoretisch begründeten Forderung BÖHMEs, *daß Wissenschaft auch wieder um des Wissens willen und zur Orientierung in der gegebenen Welt betrieben wird* (→ S. 125).

3.2.2 Didaktische Reduktionismen im unterrichtlichen Objektfeld

Was soeben als Folge der Übertragung des reduktionistischen Zugs der physikalischen Erkenntnismethode auf das *Verfahren* des Unterrichts dargestellt wurde, hat eine Vielzahl von Entsprechungen in weiteren Elementen des Objektfelds. Damit sind all jene außerhalb der beteiligten Menschen liegenden Verdinglichungen und Umstände gemeint, die den Physikunterricht konstituieren, z. B. Lehrmittel, Physiksaal, zeitliche Rahmenbedingungen u. ä. Ausführlicher, als es hier möglich ist, habe ich mich dazu in früheren Veröffentlichungen geäußert (MUCKENFUß 1979b und 1986). Die folgende Betrachtung beschränkt sich daher im wesentlichen auf eine Analyse des standardisierten Unterrichtsexperiments. Auch dieser Fragenkreis wird nicht erschöpfend behandelt, sondern nur unter dem Gesichtspunkt pädagogischer Folgen des wissenschaftlichen Reduktionismus für das Gebiet der Didaktik und des Unterrichts.

3.2.2.1 Standardisiertes Experimentiergerät

In der Staatsexamensarbeit zu meiner ersten Lehramtsprüfung hatte ich mich mit den didaktischen Möglichkeiten des Gruppenarbeitsgeräts (GAG) der Fa. LEYBOLD zu befassen. Damals (1969) – in einer Hochphase des Ausbaus des Bildungssystems – waren viele Schulen dabei, Schülerübungsgeräte in ihre Schulsammlungen zu integrieren, mit denen bis heute gearbeitet wird. Die Firmen bieten dazu Geräte-sätze an, die aus möglichst wenigen, zu einem System aufeinander abgestimmten Teilen bestehen. Mit diesen soll das von den Lehrplänen im Prinzip vorgezeichnete Repertoire an Schülerexperimenten abgedeckt werden. Das GAG, beispielsweise, ermöglicht mit nur ca. 50 verschiedenen Einzelteilen, die in einem handlichen Kasten untergebracht sind, 180 auf Handkarten beschriebene Versuche aus der elementaren Physik der Sekundarstufe I.[106] Ohne viel Phantasie läßt sich diese Anzahl auch vervielfachen. Zu den Versuchsgruppen ist für die Lehrkraft minutengenau der Zeitbedarf angegeben.

Ich erinnere mich noch genau, wie ratlos ich zunächst vor diesem Kasten saß: Die enthaltenen Teile haben keine Ähnlichkeit mit aus dem Alltag vertrauten Gegenständen, bei denen ja aus dem erfahrungsmäßigen Umgang zumindest der Verwendungs*rahmen* bekannt wäre. Die vorgegebenen Experimente werden überwiegend mit Hilfe eines vertikal aufgestellten quadratischen Kunststoffrahmens durchgeführt, an dem die jeweiligen Aufbauteile befestigt werden (→ Abbildung 17).

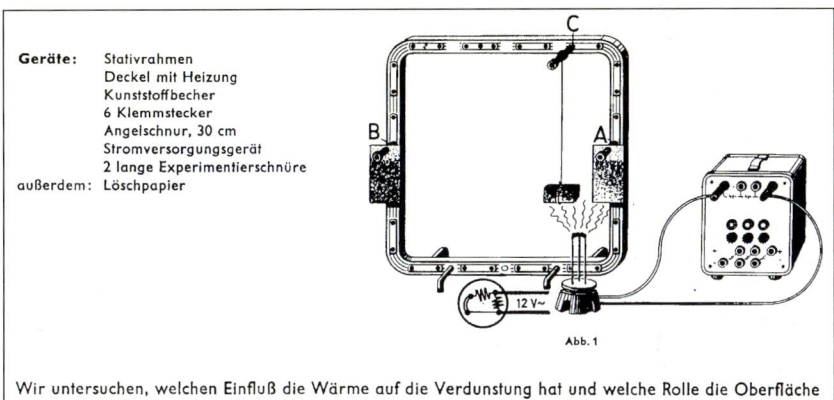

Geräte: Stativrahmen
Deckel mit Heizung
Kunststoffbecher
6 Klemmstecker
Angelschnur, 30 cm
Stromversorgungsgerät
2 lange Experimentierschnüre
außerdem: Löschpapier

Abb. 1

Wir untersuchen, welchen Einfluß die Wärme auf die Verdunstung hat und welche Rolle die Oberfläche des trocknenden Gegenstandes spielt.

Abbildung 17: Versuchsanordnung des GAG zur Verdunstung – oder: Welche Gestalt das Thema „Wäschetrocknen" im Physikunterricht annimmt[107]

---

[106] Daß es sich bei diesen Versuchen nicht um physikalische Experimente im Sinne der For-schungsmethode handelt, wird unter Ü 3.2.2.2 (→ S. 152) dargelegt.

[107] Für die „Versuchsdurchführung" erhalten die Schülerinnen und Schüler folgenden Text:
Bereite drei etwa 5 cm · 10 cm große Streifen Löschpapier vor! Durchbohre zwei von ihnen in der Nähe einer schmalen Seite mit einem Bleistift, damit du sie später aufhängen kannst! Tauche alle drei Löschpapiere kurz und gleich tief in Wasser; die durchbohrten Enden sollen trocken bleiben!
Stecke die beiden durchbohrten Löschpapiere zwischen je zwei Stecker in Punkt A und B an den Stativrahmen! Falte das dritte Löschpapier zu einem Päckchen zusammen (viermal falten), damit du eine kleine Oberfläche erhältst (Wasser darf dabei nicht ausgedrückt werden!), und hänge es mit Hilfe der Angelschnur und zwei Steckern in Punkt C auf! Das Päckchen soll in gleicher Höhe neben dem Papier A hängen (siehe Abb. 1)!

Erst das Studium der Gerätekarten erschließt dem Fachmann (!) den Sinn der eigenwilligen Konstruktionen.

Nun gilt es zunächst das Argument zu prüfen, diese Charakteristika seien eine Folge ökonomischer Zwänge, auch zeitökonomischer, denn im Unterricht könnten Experimentiergeräte weder selbst hergestellt werden, noch erlaube es die Finanz- und Raumausstattung, beliebig viele Geräte anzuschaffen. Dem kann sicher nicht prinzipiell widersprochen werden. Aber einer gründlichen Relativierung werden diese Argumente noch zu unterziehen sein. Restlos erklären läßt sich auf diese Weise nämlich nicht, daß nahezu alle physikalischen Lehrgeräte eine hohe Funktionalität aufweisen, die sie als spezifisch „physikalisch" ausweisen und Ähnlichkeit mit Alltagsgegenständen weitgehend vermeiden. Die Eigenschaften stellen sicher, daß eindeutige Ergebnisse ohne Schwierigkeiten gewonnen werden können, daß die Experimente auf den Experimentiertisch passen (Reduktion der Dimensionen) und daß sie sich in Zeitabschnitte einer 45-Minuten-Einheit einfügen.

Die hohe Funktionalität physikalischer Lehrgeräte wäre jedoch nicht möglich, entspräche sie nicht in wesentlichen Zügen jenen der Wissenschaft Physik eigenen Tendenzen zur Abstraktion und Formalisierung, die oben als Vorgang der Sinnentleerung beschrieben wurde. Dieser im wissenschaftlichen Reduktionismus gründende Abstraktionsprozeß fordert auch die Entfremdung der Lehrgeräte von der Alltagswelt regelrecht heraus.

Ein weiteres Beispiel soll dies illustrieren: Von Lehrmittelfirmen werden für die Bewegungslehre „Autos" in der Art der Abbildung 18 angeboten. Die Funktionalität hätte aber in keiner Weise darunter zu leiden, wenn dieses Gefährt mit einer ansprechenden bunten Karosserie versehen wäre. Auch die Form einer Lokomotive wäre ästhetisch sicher reizvoller als der blaugraue, ausdruckslose Quader. Hier greifen keine „ökonomischen" Begründungen.

Abbildung 18: Die Verwandlung eines „Autos" zum Lehrmittel

Es ist vielmehr so, daß jede „Vertrautheit" in einem Bedeutungsgehalt gründet, der sich im Wege lebenspraktischer Erfahrung, also in konkreten Situationen, als Person/Gegenstand-Bezug konstituiert hat. Eine Lokomotive oder ein Spielzeugauto sind mit Wünschen und Wollen behaftet – sie sind wertgeladen. Dem Aufbau der physikalischen Theorie liegt aber genau das *Absehen* von konkreten, situationsbezogenen und womöglich auch noch subjektiven Aspekten zugrunde! Lehrgeräte, die stark an Alltagszusammenhänge erinnern, sind daher weiter vom *Ziel* (nicht vom Weg!) der Theoriebildung entfernt als solche, in denen diese „Störfaktoren" bereits eliminiert sind; daher:

Stelle den Deckel mit Heizung als Wärmestrahler so unter die Streifen A und C, daß der Abstand zwischen Heizspirale und Papierrand etwa 8 cm beträgt! Schalte die Heizung ein! – Beachte: Verbrenne dich oder deine Kleidung nicht an der glühenden Heizspirale! (Versuch W 16 des GAG).

> Der tiefere Grund der ästhetischen Verarmung der Lehrgeräte und ihrer weitgehenden „Befreiung" von sinnenfälligen Alltagsbezügen entspringt dem wissenschaftlichen Reduktionismus. Denn dieser enthält den Abtraktionsvorgang, in dessen Verlauf die allgemeingültige, abstrakte und situationsunabhängige Theorie ihre Gestalt gewinnt. Je weitgehender die Qualitäten eliminiert sind, die aus dem subjektiven, alltäglichen Umgang mit einem Gegenstand erwachsen, desto näher liegt dieser am *Ziel* physikalischer Theoriebildung.

Da die Aufbauteile physikalischer Lehrmittel von ihrem Zweck her – vom Ergebnis aus, das mit ihnen angestrebt wird – konstruiert sind, weisen sie auch entsprechende Eigenschaften auf. Für Laien ist ein kreativer Umgang mit ihnen schon aus psychologischen Gründen erschwert. Es fehlt die für diesen Umgang notwendige Vertrautheit, die sich in verfügbaren gedanklichen und motorischen Schemata ausdrückt. Denn nur wer das Ergebnis kennt, ist in der Lage, auch die Eigenschaften des Geräts in ihrer Spezifizität zu erkennen und zu interpretieren. Da der Versuchsaufbau und -ablauf nicht den spontan aktualisierbaren Schemata der Schülerinnen und Schüler entspricht, muß die fehlende Kompetenz durch mehr oder weniger penible Gängelung und Handlungsanweisung ersetzt werden. (Vgl. die Anleitung zum Versuch der Abbildung 17 [→ Fußnote 107]. Ein weiteres Beispiel folgt unten [→ S. 159]). Selbsttätigkeit verkommt unter diesen Vorzeichen zum gewissenhaften, sorgfältigen, ja peniblen Nachvollzug vorgegebener Anweisungen.[108] Die daraus entstehenden motivationalen und lernpsychologischen Beeinträchtigungen beim Experimentieren sind erheblich, brauchen hier aber nicht weiter erörtert zu werden. (In MUCKENFUß 1979b sind die lernpsychologischen Implikationen mit Hilfe der Äquilibrationstheorie PIAGETs ausführlich dargestellt.)

Wichtiger ist an dieser Stelle eine Besinnung auf die methodischen und methodologischen Implikationen dieser Merkmale schulischen Experimentierens: Aufgrund des funktionalisierten und standardisierten Experiments gelangt man relativ rasch und problemlos zu den gewünschten Ergebnissen. Störfaktoren wurden ja weitmöglichst konstruktiv und durch die Unterrichtsplanung eliminiert. Die Ergebnisse erscheinen auf diese Weise als zwangsläufige Folge „richtiger" Versuche, gewissermaßen als Abbild der Wirklichkeit, obwohl sie, genau besehen, dies gerade nicht sind; denn:

> Die mit speziellem physikalischem Lehrgerät gewonnenen Erkenntnisse beziehen sich auf eine diffizil bearbeitete, künstlich für diesen speziellen Zweck *hergestellte* „Natur", auf künstlich produzierte Phänomene, auf die das Prädikat „physikalisch" in einem genuinen Sinn zutrifft. Es sind von der Wissenschaft Physik *hervorgebrachte* Phänomene, keine *Natur*phänomene, aus denen die Physik zuallererst *hervorzubringen* wäre!

---

108 Vgl. die Ausführungen zu den „Sekundärtugenden" oben S. 138–139.

Wie es – trotz aller eindringlichen Mahnungen vieler Bildungstheoretiker – dazu kommen konnte, daß im Physikunterricht die *hervorgebrachte* Physik und nicht der Vorgang des *Hervorbringens* die wichtigste Rolle spielt, wird im Abschnitt 3.4 dargestellt.

3.2.2.2 Die methodologische Irreleitung

Das soeben Hervorgehobene soll an einem gängigen Sachverhalt verdeutlicht werden:

Mit Hilfe eines Konstantandrahts läßt sich das Ohmsche Gesetz *nicht* seriös „ableiten", ebensowenig wie das Hookesche Gesetz mit Spiralfedern. Das Material wurde ja eigens so hergestellt, daß die Eigenschaften jeweils diesen Gesetzen genügen. Ernsthaft kann man mit diesen landauf und landab gängigen Experimenten nur nachweisen, daß es möglich ist, Drähte bzw. Federn herzustellen, die den Gesetzen gehorchen! Millionen von Schülerinnen und Schülern werden auf diese Weise in der „strengsten aller Naturwissenschaften" (LITT) täglich irregeleitet. Der Ausdruck „irregeleitet" ist zutreffend, soweit mit solchen, vom zu erkennenden Ergebnis her gestalteten Materialien und Anordnungen der Anspruch verknüpft wird, an diesen „Experimenten" werde das Verfahren der Naturwissenschaften deutlich und eingeübt, also methodologisches Wissen erzeugt. Nur wer dieses Material und die Versuchsanleitung entwickelt hat, ist zugleich den Weg gegangen, auf dem die „Störvariablen exhauriert" wurden. In diesem Prozeß entstand dann das physikalisch künstliche Phänomen als *Folge der Anpassung* ursprünglich gegebener Verhältnisse an die Forderung eines Gesetzes.

Schülerinnen und Schüler können an diesen Experimenten logischerweise *keine* Methodenkenntnis erwerben, solange der methodologische Zirkel nicht expliziert wird. Übrig bleibt dann allenfalls Handfertigkeit und Wissen beim Umgang mit Labormaterial, also technisches Know-how oder kontextloses *Verfügungswissen* (einschließlich der Pflege der hierfür charakteristischen „Sekundärtugenden").

> Wenn die Einsicht in die naturwissenschaftliche Methode des Experimentierens Ziel des Unterrichts ist, dann muß die Beziehung zwischen der vorgefundenen, noch nicht physikalisch bearbeiteten „Natur" und dem aussagekräftigen physikalischen, künstlich hervorgebrachten Phänomen vollständig offengelegt werden. Das standardisierte Experiment steht dann – falls nötig – am *Ende* des Erkenntnisvorgangs und ist nicht der Kern seiner Initiation!

Das bedeutet nun keineswegs, daß hochfunktionalisierte Lehrmittel im Physikunterricht keine Verwendung finden sollten. Es geht lediglich darum, den pädagogischen Anspruch zurechtzurücken, der mit ihnen verknüpft wird. Dort wo standardisiertes Lehrgerät eingesetzt wird, ohne daß zuvor der Erkenntnisprozeß durchsichtig gemacht wurde, der in dieser Standardisierung enthalten ist, kann es nicht die Erkenntnismethode erhellen, sondern dient der *Veranschaulichung und Vermittlung von Informationen* und evtl. der Pflege der „Sekundärtugenden". Diese Art des Experiments ist dann ein Lehr- oder Lernmedium, dessen Anspruch an den Lehr/

Lernprozeß mit dem anderer Medien vergleichbar ist, also mit dem von Filmen, Texten, Bildern usw. In dieser Betrachtung kann man dann auch Verständnis für folgende Äußerung in dem physikdidaktischen Standardwerk aufbringen, das zur Basisliteratur im Studium der meisten derzeit praktizierenden Physiklehrkräfte gehörte:

Unterrichtsversuche nehmen Zeit in Anspruch. So sehr sie einerseits für die Begründung des Wissens notwendig sind, dürfen sie andererseits nicht zum Selbstzweck werden. Sie müssen gut vorbereitet sein und sollen in der Regel keineswegs im Unterricht erst durch Heranholen der Geräte improvisiert werden (HAHN u. a., S. 100).[109]

Gut vorbereitet – das will in diesem Zusammenhang besagen, daß „Störfaktoren" möglichst außerhalb des Interaktionsfelds beseitigt werden, das Schülerinnen und Schülern angeboten wird. Das physikalische Phänomen soll in möglichst vollendeter, fertiger Form präsentiert werden. Der Vorgang seiner Erzeugung ist dann nicht Bestandteil des Lernprozesses.

Eine wirkliche Begründung des Wissens erfordert *allerdings* einen erheblichen Zeitaufwand. Diese fundamentale Einsicht bildet eine Grundlage für WAGENSCHEINs Werk. Notwendigerweise müssen sich deshalb die Autoren gegen eine Realisierung von Physikunterricht aussprechen, wie WAGENSCHEIN ihn fordert. Dies wird auf S. 201 ff dargelegt.

Improvisation kann bei der Generierung methodologischer Erkenntnisse und methodischer Kenntnisse nicht vermieden werden, sondern sie ist *geboten*, um unvorhersehbare Einwände, Vorschläge, Fragen aufgreifen zu können. Diese ergeben sich zwangsläufig aus den Schwierigkeiten, die erwachsen, wenn 25 Schülerinnen und Schüler einer Klasse mit 25 individuellen, schon vorhandenen kognitiven Strukturen sich um die Einordnung neuer Erfahrung bemühen sollen (vgl. dazu MUCKENFUß 1979b und 1986). Dies aber ist im Ernst gar nicht das Anliegen, das hinter dem zitierten Satz steht, wie sich an einem weiteren Zitat bestätigen läßt:

Zum guten Experimentieren gehört eine gewisse Geschicklichkeit. Ruf und Ansehen des Lehrers sind bedroht, wenn ihm regelmäßig mißlingt, das im Versuch zu zeigen, was er beabsichtigt hatte. Versagt eine Apparatur trotz sorgfältiger Vorbereitung oder ist sie durch irgendeinen sonstigen Umstand unbrauchbar geworden, so ist es zweckmäßig, den Versuch in einer späteren Stunde nachzuholen und nicht Zeit mit der Behebung des Schadens zu verlieren (HAHN u. a., S. 102).

Die *Möglichkeit* des *Nachholens* ergibt sich offenbar daraus, daß der Versuch nicht der Generierung experimenteller Kompetenzen dient, sondern der Veranschaulichung der zu vermittelnden Fakten, die Stunde somit auch ohne ihn mit Hilfe anderer Medien zu Ende gebracht werden kann. (*Der Unterricht [braucht] auf die*

---

[109] Die „Methodik" von HAHN u. a. liegt in der Zwischenzeit in sechster Auflage (1979) vor. In dieser sind die hier zitierten Formulierungen teils modifiziert, teils eliminiert. Trotzdem wird aus der Auflage von 1970 zitiert, weil sie den „Geist" am klarsten widerspiegelt, von dem die Fachdidaktik und der Unterricht jahrelang geprägt wurde und der bis heute seine – mittlerweile umstrittene – Wirkung tut.

experimentelle Begründung nicht zu verzichten, denn es findet sich in den Lehrbüchern der Physik, in Standbildern, die projiziert werden können, oder in Meßkurven oder Spektren genügend Material, das wie selbst gewonnenes angesehen und verwertet werden kann, S. 100.) Die *Notwendigkeit* des Nachholens folgt dann wohl hauptsächlich aus der erforderlichen Pflege von Ruf und Ansehen des Lehrers.

Gegen Experimente als Medien für die Veranschaulichung und Demonstration zu vermittelnder Inhalte ist nichts Grundsätzliches einzuwenden, solange sie nicht mit dem Anspruch verknüpft werden, methodologisches Wissen aufbauen zu wollen. Es ist vielmehr zu fordern, daß die Lernenden beim Umgang mit diesem Material auch erfahren, daß standardisierten Experimenten kein Beweisstatus in dem Sinne zukommt, sie würden An-sich-Seiendes auch ohne diese Experimente so Gegebenes „aufdecken", wo *in Wahrheit eine unter der Voraussetzung bestimmter Axiome entworfene und ihrer stets hypothetischen Anwendung der Natur aufgenötigte Ordnung vorliegt* (PICHT, S. 113).

Es sollten diese Experimente aber dann nicht so bezeichnet und verstanden werden, als handle es sich um jenen zentralen Schritt der naturwissenschaftlichen Erkenntnismethode, der bei KANT oder in der Wissenschaftstheorie mit der Bezeichnung *Experiment* umschrieben wird! Es handelt sich um *Demonstrationen* physikalischer Ergebnisse, nicht um die experimentelle Genese von Theorieelementen. Die Begriffskombination „Demonstrationsexperiment" ist so gesehen mißverständlich, nicht selten sogar irreführend.

PICHT hat sich sehr differenziert, ausgehend von dem Zitat KANTs (→S. 101), mit dem Wahrheitsanspruch der Naturwissenschaften auseinandergesetzt und davor gewarnt, die Gültigkeitsgrenzen zu verschleiern. Das Netz physikalischer Begriffe und Gesetze ist ein methodisches Artefakt des Wissenschaftsprozesses, dem die Natur zwar gehorcht – was naturgegebene Entsprechungen indiziert –, aber das nicht *selbst* natur*gegeben* ist.

> Das künstlich *hervorgebrachte* physikalische Phänomen in Form eines standardisierten Experiments gehört nicht zur Welt des Naturgegebenen, sondern ist der *Theorie über die Natur* zuzuschlagen. Wo dies verschleiert wird, entsteht Wissenschaftsgläubigkeit anstelle kritischen Bewußtseins und methodologischer Einsicht.

Noch immer aber ist die Auffassung weit verbreitet, Physik sei eine Methode, mit deren Hilfe die „eigentliche" Wahrheit aus der Natur herausgeschält werde wie der Kern aus der Frucht durch Entfernung der Schale. Letztere hätte dann ihre Entsprechung in den „subjektiven" Sinngehalten, Bedeutungen, Wertzuschreibungen und qualitativen Merkmalen der Objektwelt. Was oben als existentielle Wahrheiten bezeichnet wurde (→ S. 144), erhält in einer derart naiv-realistischen Weltanschauung den Rang der bloß „sekundären Qualitäten" (LOCKE), die angeblich den Blick auf die „eigentliche" Wirklichkeit nur verstellen.

Dieses Mißverständnis liegt aber in der Luft, wenn z. B. im eben in Kraft getretenen baden-württembergischen „Bildungsplan Physik" (Gymnasien; KULTUS UND UNTERRICHT 4/1994) behauptet wird, die Physik habe *die Ordnung in der Na-*

tur deutlich werden lassen (S. 30) oder ein *wesentlicher Aspekt der naturwissen-schaftlichen Arbeitsweise* sei *das Auffinden* (!) *quantitativer, mathematisch formu-lierbarer Gesetzmäßigkeiten* (S. 31, Hervorhebung H. M). Da nimmt dann die Be-hauptung auch nicht weiter Wunder, daß *die physikalische Beschreibung der Natur den Präkonzepten der Jugendlichen überlegen ist* (S. 31). In dieser Pauschalität liegt eine ungerechtfertigte Überhöhung des Gültigkeitsanspruchs der Naturwissenschaf-ten, der wesentlich ihrer „exakten Begrifflichkeit" zugeschrieben wird, zu der so-gleich einige erste kritische Anmerkungen angebracht werden. Im Zusammenhang mit dem „genetischen Lehren" wird diese Problematik nochmals ausführlich behan-delt (→ Abschnitt 3.3.2.2, S. 171).

3.2.2.3 Ergänzende Anmerkungen zu den Reduktionismen im Objektfeld

Bei der Betrachtung des Experimentiergeräts wurden beiläufig einige weitere Ele-mente des Unterrichts gestreift, deren genaue Betrachtung ähnliche pädagogische Gefahren ans Licht brächte, wie sie für das standardisierte Experiment deutlich ge-worden sind. Der niedrige Stellenwert, den die sinnlich-unbefangene Wahrnehmung und alltägliche Erfahrung innerhalb der reduktionistischen Methode einnimmt – letztlich zielt sie ja darauf ab, sinnliche Qualitäten als Subjektivismen zu eliminieren und sie durch mathematische und meßbare *objektive* Größen zu ersetzen –, bewirkt nicht nur den weitgehenden Verzicht auf Ästhetik (im philosophischen Sinne etwa als *Lehre von der sinnlichen Erkenntnis*), sondern die grundsätzliche Zweitrangig-keit sinnlicher Wahrnehmung. Dies kommt zum Ausdruck, wenn z. B. bei Ge-schwindigkeitsmessungen Apparaturen es ermöglichen, Meßstrecken und Meßzeiten zu registrieren, die jenseits der Differenzierungsfähigkeit unserer Sinnesorgane lie-gen. Gewiß gibt es Vorgänge, die dieses unvermeidlich machen. Aber muß man die Schallgeschwindigkeit wirklich mit dem Kurzzeitmesser auf dem Experimentiertisch im Millisekundenbereich messen? Die Fallbeschleunigung läßt sich sehr schön im Treppenhaus der mehrstöckigen Schule ermitteln (→ S. 282 ff). Im Physikunterricht spielt sich dieser Vorgang oft auf einer Strecke ab, die kleiner als 1 m ist. Die neuesten Geräte der Lehrmittelfirmen erlauben es, den Fall einer kleinen Stahlkugel augenblicklich als Grafik auf dem Bildschirm darzustellen. Erübrigt sich dadurch wirklich die Ermittlung der Beschleunigung eines Fahrrads im Schulhof? Es soll hier zunächst bei diesen Andeutungen bleiben. Im Kapitel IV wird der Problemkreis in konstruktiver Absicht wieder aufgenommen.

Vorläufige Anmerkung zur Fachsprache

Die *Sprache* ist ihrem Wesen nach nicht nur dem Objektfeld zuzuordnen, insbeson-dere die Alltagssprache nicht. Im Kapitel IV wird im Hinblick auf das Ziel der Er-ziehung zur Kommunikationsfähigkeit ausführlich auf das Verhältnis zwischen All-tagssprache und Fachsprache eingegangen. Hier ist nur der Hinweis anzubringen, daß die Konstituierung der Fachsprache den reduktionistischen Prozeß nachvoll-zieht, der mit der physikalischen Theoriebildung einhergeht. Die Genese der Fachsprache durch Ausschärfung der Alltagssprache vermittels definitorischer Bedeutungsfestlegungen ist mit dem Absehen von Bedeutungsvarianzen verknüpft, die spezifisch für alltagssprachliche Begriffe sind.

Die „Bedeutungshöfe" alltagssprachlicher Begriffe haben in der alltäglichen Kommunikation eine wichtige Funktion für die Verständigung. Denn sie erlauben individuelle Sinnzuweisungen, die aufgrund unterschiedlicher Erfahrungshorizonte bei verschiedenen Menschen niemals völlig identisch sind. Die Konstitution von Sinngehalten ist auf die Verknüpfung konkreter Erfahrungen in bestimmten Situationen angewiesen. Alltagssprachliches Kommunizieren ist daher grundsätzlich von der Möglichkeit individueller Bedeutungszuweisungen abhängig.

Die Fachsprache – in ihrer abstraktesten Form ist sie eine mathematische „Sprache" – ist universal und daher den nicht exakt festgelegten Bedeutungsqualitäten möglichst entkleidet. Fachsprachliche Verständigung ist dann nur unter der Voraussetzung möglich, daß die Kommunikationspartner die Bedeutung der Fachbegriffe in genau gleicher Weise erfassen können. Das heißt aber – unter der Voraussetzung der *Ein*deutigkeit –, daß sie über identische fachliche Erfahrungshorizonte in bezug auf die jeweiligen Begriffe oder Sätze verfügen müssen. Unter dieser Voraussetzung können identische geistige Repräsentationen bestimmter Begriffe und Sachverhalte entstehen. Die Fachsprache ist daher die Sprache der Experten und geeignet, Verstandenes zu ordnen. Sie setzt kognitiv identisch repräsentierte Erfahrung und damit einen Kompetenzrahmen voraus, in dem es nicht auf die Individualität, sondern nur auf die Gemeinsamkeit zwischen verschiedenen Menschen ankommt. Offensichtlich handelt es sich dabei allerdings um eine Fiktion, der die konkret benutzte Fachsprache nur mehr oder weniger vollkommen entspricht.

Die knappen Ausführungen sollen ein Hinweis darauf sein, daß die Fachsprache sich nicht dazu eignet, den Sinngehalt von Alltagsvorstellungen zu beschreiben. Denn dieser ist eben nicht überindividuell, allgemeingültig oder definitorisch zu erfassen. Die Fachsprache mit ihrer exakten Begrifflichkeit ist daher der Alltagssprache keineswegs grundsätzlich überlegen. Für die Konstitution von Sinn in kommunikativen Prozessen ist sie nicht geschaffen. Dort führt die Fachsprache wegen ihres Absehens von konkreten Sinngehalten tendenziell zum Verlust der Kommunikationsfähigkeit. Die vielbeklagte „Sprachlosigkeit der Wissenschaftler" ist Ausdruck dieses Dilemmas.[110] Dies macht die pädagogische Gefährdung deutlich, die aus einer Überbetonung des Werts der Fachsprache im Unterricht erwächst.

---

[110] Dieses auch in der Öffentlichkeit vieldiskutierte Problem hat z. B. Robert JUNGK auf einer Fachdidaktiker-Tagung (GDCP 1986 in Oldenburg) in den Mittelpunkt eines Vortrags gestellt, in dem er nachdrücklich anmahnte, Wissenschaftler und Lehrkräfte der Naturwissenschaften sollten sich weit stärker um ihre eigene Kommunikationsfähigkeit kümmern, um naturwissenschaftliche Sachverhalte auch in einer „Bürgersprache" oder „öffentlichen Sprache" (JUNGK S. 23) der öffentlichen Diskussion zugänglich zu machen. Er vermutete, daß die Widerstände gegen ein solches Programm in der *Herrschaftsfunktion der Wissenschaftler und der Herrschaftsfunktion der Sprache* ihre Ursache haben!

Die Einführung in die Fachsprache beinhaltet das pädagogische Problem, zur „Herausführung" aus dem Bedeutungsfeld der Alltagssprache zu geraten und damit die kommunikativen Fähigkeiten im Alltag zu schmälern. Daraus folgt:

Wenn akzeptiert oder angestrebt wird, daß Physikunterricht dem Orientierungswissen der Schülerinnen und Schüler für ihre Lebenspraxis dienen soll, dann ist das pädagogische Ziel, fachsprachlich Ausgedrücktes in die lebendige Alltagssprache übertragen zu können, wichtiger als die „Einführung in die Fachsprache". Fachsprachliche Kenntnisse sind dabei unentbehrlich, ihr Erwerb hinsichtlich seiner pädagogischen Wirkung aber ambivalent.

Folgerungen aus dieser Überlegung werden im Kapitel IV dargelegt (→ Ü 4.3, S. 245).

3.2.3 Individualität in den Mahlsteinen des Reduktionismus

3.2.3.1 Entindividualisierung und personale Begegnung

Da der *Modus des Physiktreibens* das Absehen von den Qualitäten und dem Konkret-Sinnhaften beinhaltet (→ S. 112 f), ist die Trennung und Reduzierung von Objekt und Subjekt radikal. Das „wissenschaftlich erkennende Subjekt" ist *nicht* der ganze Mensch in allen seinen nichtobjektivierbaren existentiellen Bezügen und mit allen seinen Fähigkeiten. Es ist der „zum reinen Verstand reduzierte Mensch" (LITT; → S. 109 und 129) bzw. der „entäußerte Mensch" (GOETHE; → S. 111).

Nun ist das nur den Denkgesetzen verpflichtete Verstandeswesen in dieser Reduktion selbst ein Abstraktum. Es ist das seiner personalen Identität entkleidete Subjekt, das sich in nichts von einem anderen naturwissenschaftlich erkennenden Subjekt unterscheidet, es sei denn in der Unvollkommenheit seines Vernunftgebrauchs.

Dies macht die Vermittlung naturwissenschaftlichen Wissens so außerordentlich geeignet für die Lehrsendungen der Kulturprogramme der Fernsehanstalten („Telekolleg"). Wer eine solche Sendung schon gesehen hat, weiß, mit welcher Präzision sie „über die Bühne geht". Sie braucht (scheinbar) keine Rücksicht auf die allgemeine Befindlichkeit der Hörer zu nehmen, auf deren personale, subjektive oder situative Lernvoraussetzungen. Lediglich der logische Aufbau der Sendung muß lückenlos sein. Ist dies der Fall, so scheitert das Lernen höchstens noch an der Unvollkommenheit des „reinen Verstandes" der „erkennenden Subjekte". (Woraus allerdings folgt, daß dieses Scheitern sehr wahrscheinlich ist, weil *Menschen* vor dem Fernseher sitzen und keine vollkommenen „erkennenden Subjekte".)

Schon oft habe ich im persönlichen Gespräch mit Physiklehrerinnen und Physiklehrern erlebt, daß sie nicht ohne Neid von diesen Sendungen erzählen, von den ungemein perfekten Experimenten und dem riesigen Aufwand, mit dem diese Physiksendungen hergestellt werden. Meine Einwände, daß sie stolz darauf sein können, weniger vollkommene Unterrichtsstunden halten zu dürfen, können meist infolge der Kürze der Gespräche nicht so recht eingeordnet werden.

Insofern sich der Auftrag der Schule nicht auf auf Wissensvermittlung beschränkt, sondern Erziehung einschließt, Persönlichkeitsentfaltung anstrebt, dem einzelnen Hilfe zur Lebensbewältigung angedeihen lassen will usw., ist er auf personale Begegnung angewiesen – wobei hier die Frage beiseite gelegt bleiben kann, inwieweit auch Wissensvermittlung nicht ohne personale Begegnung möglich ist. Wie immer man den pädagogischen Auftrag der Schule umschrieben hat oder umschreiben will, seine Erfüllung ist nicht möglich, ohne die Individualität der ihr Anvertrauten ins Zentrum ihrer Anstrengungen zu rücken, sei es um an den individuellen geistigen, psychischen und motorischen Gegebenheiten anzuknüpfen, diese zur weiteren Entfaltung zu bringen, Individualität nach vorgestellten Idealen zu formen („Bildungsideal") oder sie zu den Tendenzen einer Vergesellschaftung in ein ausgewogenes Verhältnis zu bringen.

Es ist hier weder der geeignete Ort, noch entspricht es meinem Vermögen und meinem Ziel, einen Problemkreis aufzurollen, der in der pädagogischen Theoriebildung einen so breiten Raum einnimmt. Im Hinblick auf das diskutierte Problem soll ein Zitat Hartmut V. HENTIGs genügen, das sich auf die Wirkung des Fernsehens im Kontrast zu einem individualisierenden Unterricht bezieht. Nachdem soeben die hohe Affinität des Physikunterrichts – wenn auch nicht zwingend in der unterrichtlichen Praxis, so doch von seinen theoretischen Voraussetzungen her – zum Stil der „Telekolleg"-Sendungen aufgezeigt wurden, erübrigt wohl das von V. HENTIG gezeichnete „Stimmungsbild" eine weitere Analyse:

Wer den brodelnden Grund mit den vorfabrizierten Betonplatten des Unterrichts zudecken will, wird weder die Sache noch das Kind voranbringen. Die Apparate (gemeint sind die Fernsehgeräte, eine Übertragung auf die physikalischen „Belehrungsapparate" ist aber naheliegend; H. M.) haben in den heutigen Kindern einen gesteigerten Hunger nach „Person" erzeugt. Wenn ich im Unterricht erzähle, lauschen sie mit Lust, obwohl ich meine Geschichte – im Vergleich zum Fernsehen – herzlich unvollkommen darbiete. Sie genießen das Wunder, daß s i e gemeint sind und nicht Millionen anderer Kinder. Dessen versichern sie sich durch Fragen, auf die sie eine individuelle Antwort bekommen. Die „Sache" läuft nicht weiter, als ob es Anke, Tobias und Semra nicht gäbe (V. HENTIG 1994, S. 32).

Genau in dem Maß, wie der *Modus des Physiktreibens* das Unterrichtsgeschehen beherrscht, wird das „Wunder", daß eine Schülerin oder ein Schüler als Person in ihrer ganzen Weltverflochtenheit angesprochen ist, unwahrscheinlicher. Was von *ihr* oder *ihm* dann verlangt ist, läßt sich als Erfüllung eines *Programms zur Entindividualisierung* beschreiben, nämlich als Forderung, sich von allen „Subjektivismen", Qualitäts- und Wertzuschreibungen, individuellen Wünschen, psychischen und physischen Bedürfnissen zunehmend zu entfernen, um schließlich – im Idealfall – genau in gleicher Weise wie alle Mitglieder der Klasse als „zum Verstand reduziertes Subjekt" die von den Qualitäten befreiten, auf quantitative Relationen reduzierten, „wertfreien" Sachzusammenhänge zu erkennen.

Die – gemessen an konkreter Unterrichtspraxis – in den eben formulierten Sätzen enthaltene Überzeichnung ändert nichts an der Gültigkeit des grundlegenden Prinzips.

Es sei im übrigen dahingestellt, inwieweit auch Physiklehrerinnen und -lehrer dem Druck zur Entindividualisierung ausgesetzt sind. Glaubt man soziologischen Untersuchungen, dann laufen auch sie Gefahr, den Ingenieuren und Naturwissenschaftlern vergleichbar mehr als andere Berufsgruppen in der Rolle des Wissenschaftlers bzw. „Physikers" verhaftet zu sein, sich also weniger als „ganze Menschen" in den Unterricht einzubringen als Lehrkräfte geisteswissenschaftlicher Fächer (→ Literaturhinweise in Fußnote 81, S. 111).

3.2.3.2 Hinweise auf konkrete Formen der Entindividualisierung im Physikunterricht

Die Prozesse der Entindividualisierung im konkreten Physikunterricht sind natürlich eng verflochten mit den oben dargestellten Reduktionismen im Objektfeld. So sind beispielsweise der Kreativität und Individualität bei experimentellen Schülertätigkeiten durch vorgegebene Handlungsanleitungen und materiale Beschränkungen enge Grenzen gesetzt. Je entfremdeter das Material und der Versuchsablauf der Alltagserfahrung sind, desto präziser muß die Handlungsanleitung ausfallen, bis hin zur peniblen Gängelung. Dies wurde oben am Beispiel des GAG ausgeführt (→ S. 148 f). Um zu zeigen, daß es sich bei der in der Fußnote 107 zitierten Anleitung nicht um eine extreme Ausnahme, sondern um den Normalfall handelt, soll ein weiteres Zitat aus anderer Quelle angefügt werden:

Fülle in ein Gefäß (kleines Becherglas) Wasser bis etwa 1 cm unter den Rand. Erwärme das Wasser zum Sieden. Erst dann fasse mit Zeigefinger und Daumen ein Streichholz und mit der andern Hand in gleicher Weise einen dünnen Eisennagel. Tauche Streichholz und Nagel gleichzeitig mit einem Ende in das siedende Wasser. Halte sie dabei so, daß deine Hände vom aufsteigenden heißen Wasserdampf nicht berührt werden (GÖTZ 1972, S. 39, W9).

Mag im gegebenen Beispiel der Gefahrenschutz auch eine wesentliche Rolle spielen, die präzise Fremdsteuerung selbst der Motorik ist erforderlich, weil der Versuch nicht von den Schülerinnen und Schülern selbst gefunden und entwickelt wurde. Dann hätten sie im Verlauf der Entwicklung, die allerdings vermutlich zu völlig anderen Anordnungen für den Vergleich der „Wärmeleitfähigkeit" von Materialien geführt hätte, alle die Fehler gemacht, die zu vermeiden das Anliegen der schriftlichen Anleitung ist. (Unverkennbar hätte der Unterricht aber dann auch einen anderen Schwerpunkt in der Zielsetzung.)

Schülerexperimente „in gleicher Front" implizieren das Bemühen, daß in allen Gruppen möglichst *gleichzeitig* über *gleichartige* Handlungsabläufe die *gleichen* Ergebnisse gezeitigt werden. Das gilt auch in der gruppeninternen Rollenverteilung (Ausführende, Protokolant*innen*) für die jeweilige Rolle. In Kapitel I wurde mehrfach erwähnt, daß Schülerexperimente nicht die motivationale Wirkung haben, die ihnen gemeinhin zugeschrieben wird.[111] Eine der möglichen Erklärungen liegt in der Entindividualisierung:

> Ein relevanter Grund für das Ausbleiben der erwarteten motivierenden Wirkung des Schülerexperiments ist in der Dominanz entindividualisierender Formen praktizierter Schülerselbsttätigkeit zu vermuten.

Entindividualisierung zeigt sich jedoch nicht erst in den traditionellen Schülerexperimenten. Auch der vorbereitete Demonstrationsversuch mit standardisiertem Lehrgerät enthält diese Tendenz. Wenn die Klasse aufgefordert wird, experimentelle Vorschläge zur Überprüfung einer Hypothese zu machen, also einen der Schritte innerhalb des *Modus des Physiktreibens* zu tun, dann haben überwiegend *die* Antworten eine Realisierungschance, zu denen der vorbereitete Apparat eine Lösung anbietet. Da dieser aber konstruktiv und planerisch auf die *eine* Lösung hin „getrimmt" ist, die sich in der Geschichte der Physik als die zutreffende herausgestellt hat, erleiden alle Schülerinnen und Schüler eine Ent–täuschung, deren Lösungsstrategie in den Bedingungen des „Belehrungsapparats" nicht vorgesehen ist. Bei Hospitationen beobachte ich oft amüsiert, wie erfolgreiche Schülerinnen und Schüler ihre Vorschläge für experimentelle Überprüfungen an den Möglichkeiten zu erraten versuchen, die sie im vorbereiteten Material auf dem Experimentiertisch oder im Vorbereitungsraum erspäht haben.

Der gleichen Tendenz unterliegen natürlich auch die anderen Einzelschritte des *Modus des Physiktreibens*, z. B. das Aufstellen von Hypothesen: Jene werden favorisiert, die im „Belehrungsapparat" schon antizipiert sind, strenggenommen also nur *eine*, die sich als richtig erweisen wird. Weiter unten wird noch ausgeführt, daß das Beharren auf der Verwendung präziser Fachbegriffe ebenfalls eine subtile Form der Entindividualisierung darstellt (→ S. 247 ff).

Schülerinnen und Schüler sind auf diese Weise einem Anpassungsdruck ausgesetzt, der sich verständlicherweise nicht positiv auf die Beliebtheit des Unterrichts auswirken kann. Während z. B. im Kunstunterricht, bei einer sportlichen Leistung oder bei der Produktion eines Aufsatzes die Individualität des Werks besonders hervortritt und bewertet wird, ist es im Physikunterricht eher der Grad der Anpassung an die Forderung einer allgemeingültigen und in diesem Sinne unitarischen Theorie. Die in der didaktischen Literatur oft geäußerte Behauptung, Physikunterricht fördere die Kreativität, ist sehr fragwürdig, solange nicht die vorhandenen unterrichtlichen Rahmenbedingungen zugleich einer entsprechenden Kritik unterworfen werden.

In dem eben vorgenommenen Vergleich mit anderen Schulfächern würde sich allerdings bei genauerer Betrachtung herausstellen, daß in jedem Fach mehr oder weniger ausgeprägte Möglichkeiten und Tendenzen der Entindividualisierung liegen. Man kann darin durchaus ein Folge von analogen Reduktionismen sehen, wie sie dem naturwissenschaftlichen Erkenntnisprozeß zugrunde liegen. Die „Verwissenschaftlichung des Lebens" überhaupt bringt als Folge der Rationalisierung gene-

---

[111] Vgl. dazu S. 39 und Fußnote 19, S. 63 und Fußnote 39; außerdem S. 83 und Abbildung 12.

rell solche Entfremdungsvorgänge hervor (Ü 2.1.2.2, S. 106 f). Dennoch ist das Fach Physik von diesem Vorgang besonders betroffen, denn:

> Im Fach Physik ist die Entindividualisierung dem Prozeß der Theoriebildung immanent. Ihre Überwindung erfordert spezifische didaktische Gegenmaßnahmen. Eine Orientierung des Unterrichtsfachs an den Methoden der Bezugswissenschaft beinhaltet größere pädagogische Schwierigkeiten als bei anderen Fächern.

Die Forderung der Wissenschaftsorientierung erzeugt nach dem bisher Ausgeführten für das Fach Physik ein außergewöhnlich angespanntes Verhältnis zwischen dem pädagogischen Auftrag der Schule und den der naturwissenschaftlichen Methode entspringenden Forderungen des Fachs. Wissenschaftsorientierung darf daher nicht ohne weiteres im Sinne des Postulats verstanden werden, das Lernen im Fach Physik habe in disziplinspezifischer Weise zu erfolgen, sei an den wissenschaftlichen Methoden zu orientieren und auch sonst weitmöglichst den Normen des Wissenschaftsbetriebs zu unterwerfen. Vielmehr ist eine Veränderung der Interpretation dessen unausweichlich, was Wissenschaftsorientierung im Physikunterricht bedeuten soll. Diese Problematik wird weiter unten noch mehrfach wieder aufgegriffen.

WAGENSCHEIN wollte die Spannung zwischen Pädagogik und Physik abbauen, indem er die „pädagogische Dimension der Physik" glaubte fruchtbar machen zu können. Seine Ideen konnten aber nicht in den Unterricht eindringen. Die *un*pädagogische Dimension hat die Oberhand behalten. Es wird deshalb kritisch zu prüfen sein, ob es in WAGENSCHEINs Werk Gründe für die ausgebliebene Adaption gibt, ohne deren Kenntnis der vielfach empfohlene Rückgriff auf seine Vorschläge nichts weiter wäre als Gesundbeterei.

3.3 WAGENSCHEIN
– ELEMENTE EINER KRITISCHEN ANALYSE

WAGENSCHEIN hat die negativen *Wirkungen* des Physikunterrichts klar gesehen, genau bezeichnet und vehement bekämpft. Die Forderung, den Physikunterricht dadurch zu verbessern, daß man ihn an seinen Vorschlägen orientiert, ist naheliegend, nachdem seine Mahnungen und Prognosen während 30 Jahren didaktischer und pädagogischer Anstrengungen und nach gewaltigen Investitionen in den naturwissenschaftlichen Unterricht nichts an Aktualität verloren haben. Lautet also das fachdidaktische Motto nach den negativen Erfahrungen mit „wissenschaftsorientiertem" Unterricht: „Zurück zu Martin WAGENSCHEIN!"?

WAGENSCHEINs Didaktik des Physikunterrichts stimmt in vielem mit den Forderungen überein, die in der vorliegenden Arbeit aus verschiedenen Argumentationszusammenhängen entwickelt wurden. Gerade deshalb müssen die Stellen genau bezeichnet werden, aus denen sich das Abprallen seiner Vorschläge an der Realität des Bildungssystems *von der Sache her* begreifen läßt.[112] Weiter oben wurden bereits Zweifel daran geäußert, daß WAGENSCHEINs reichhaltiges Gedankengut zu einer bildungstheoretisch fundierten Gestaltung des Physikunterrichts auch noch den pädagogischen Schwierigkeiten der Gegenwart voll gerecht wird (→ S. 89). So zutreffend WAGENSCHEIN die *Wirkungen* des Physikunterrichts beschreibt, so fraglich und unvollständig scheint mir seine Analyse der *Ursachen* zu sein. Außerdem ist auch die Diskussion um WAGENSCHEIN von den ideologischen Grundlagen des Physikunterrichts belastet. Eine Auseinandersetzung mit seinem Werk ist daher in keiner Weise obsolet.

Der in den 60er Jahren eingeschlagene Weg zu einer Art des wissenschaftsorientierten Unterrichts, der wegführte von dem, was WAGENSCHEIN wollte, war nicht das Ergebnis einer pädagogischen Alternativentscheidung, die innerhalb eines autonomen Bildungswesens aufgrund der Abwägung fachdidaktischer oder pädagogischer Für und Widers fiel. Eine rein bildungs*wissenschaftliche* Entscheidung gab es weder damals, noch wird sie heute möglich sein. Als gesellschaftliches Subsystem unterliegt die Schule auch bildungs*politischen* Maßgaben, deren Wurzeln z. B. in geistesgeschichtlichen Traditionen, wirtschaftlichen und nationalen Interessen, sozialen Bedingungen usw. zu suchen sind, ohne daß diese Maßgaben einen wissenschaftlichen Filter durchlaufen oder überhaupt Gegenstand eines öffentlichen Diskurses werden.[113] WAGENSCHEINs Vorschläge zum Physikunterricht sind m. E. keinem

---

[112] Die vielleicht gewichtigeren ideologischen Gründe werden im Abschnitt 3.4 behandelt.

[113] Ein Beispiel für eine wissenschaftlich „ungefilterte" bildungspolitische Entscheidung aus jüngerer Zeit sei angeführt: An Baden-Württembergs Realschulen wurde 1984 das Wahlpflichtfach „Natur und Technik" eingeführt. Dies hatte gravierende pädagogische Folgen für den Pflichtunterricht im Fach Physik (→ dazu Kapitel IV, S. 235 ff). Weder zur Einführung des Fachs noch zu der Frage, wie das Fächerumfeld darauf reagieren muß, gab es je eine wissenschaftliche

wissenschaftlichen Diskurs, sondern einem nicht hinreichend reflektierten ideologischen Prozeß zum Opfer gefallen. Der Abschnitt 3.4 wird zeigen, daß sie an gesellschaftspolitischen Erwartungen abgeprallt sind, die seine Zeit an den naturwissenschaftlichen Unterricht richtete.

Möglich war dieser Vorgang aber nur aufgrund von „Schwachstellen" in WAGENSCHEINs Theorie. Wesentliche Merkmale der Physik und die gesellschaftliche Funktion des Unterrichtsfachs wurden wohl in ihrer Relevanz nicht richtig eingeschätzt. Im folgenden soll vorwiegend auf zwei der „neuralgischen Punkte" in WAGENSCHEINs Lehre eingegangen werden, nämlich auf die unrealistische *Geringbewertung der Nutzenorientierung* der Naturwissenschaften und auf den Begriff des „genetischen Lehrens und Lernens", der mit dem „exemplarischen Lehrverfahren" eng verknüpft ist.

3.3.1 Die Mißachtung der Faktizität der Nutzenorientierung

Der neuzeitlichen Naturwissenschaft haftet die Nutzenorientierung paradigmatisch an (→ Kapitel II). *Verfügungswissen* bereitzustellen ist spätestens seit der industriellen Revolution ein wesentliches *gesellschaftliches* Ziel der Naturwissenschaften. Deren Förderung und auch ihre innere Entwicklung waren aufs engste mit diesen gesellschaftlichen Erwartungen verknüpft, unabhängig von den *individuellen* Zielen der Wissenschaftler (→ S. 113 ff).

Die Nützlichkeit und Macht, die aus der Naturbeherrschung zu gewinnen sind, stehen in einem notwendigen Zusammenhang mit der Zwecksetzung für den naturwissenschaftlichen Unterricht. Denn die Schule als gesellschaftliches Subsystem kann sich diesem Einfluß nicht entziehen, insoweit die *Qualifizierung* (*Aus*bildung) für gesellschaftlich zu bewältigende Aufgaben *ein* Teil ihres Auftrags ist. Die Ausklammerung bzw. Auslagerung der Qualifizierungsfunktion, wie dies z. B. in der flitnerschen Gymnasialkonzeption angestrebt wurde (→ S. 133 f), hatte letztendlich die antidemokratischen Tendenzen zur Konsequenz, von denen in empirischer Hinsicht das Kapitel I handelt. Die offene Frage ist, wie die Qualifizierung mit der Aufgabe, eine umfassendere Lebensorientierung und Persönlichkeitsentwicklung (Bildung) zu ermöglichen, in Einklang zu bringen ist. Wie wollte WAGENSCHEIN dieses Problem lösen?

WAGENSCHEIN sieht die Physik unpolitisch und darüber hinaus unter idealistisch verengter Perspektive. Dies läßt sich in seinen Texten vielfach belegen. Dazu seien aus dem bereits in der Einführung zitierten Interview mit der REDAKTION SOZNAT (→ S. 8) einige Sätze angeführt, die dies beispielhaft zu erläutern vermögen:

SOZNAT: Dieses durch die Physik Machbare ... ist ja nicht unbedingt das Gute. Das hängt nicht zuletzt damit zusammen, daß die Physik immer weniger irgendeine schöngeistige Beschäftigung mit der Natur ist, sondern als zunehmend profes-

---

Diskussion. Es war aber offenkundig, daß die Einführung vor allem der politisch gewollten Profilierung der Schulart im Vergleich zur Hauptschule bzw. zum Gymnasium diente.

sionalisierte Wissenschaft immer stärker auf bestimmte Zwecke ausgerichtet ist, ihr Wissen zunehmend für bestimmte Interessen produziert ...
WAGENSCHEIN: *Das liegt nicht an der Physik* (sic! H. M.), *das liegt am Menschen ... Aber da es eine Bemächtigung ist, ist es verführerisch und kann ganz gefährlich werden ... Deswegen liegen ja auch die Triumphe der Physik im Himmel, bei Kopernikus, Kepler und Galilei. Da konnte die Physik wirklich erkennen, ohne einzugreifen – man kann ja mit rotierenden Planeten keine Maschinen antreiben* (a. a. O., S. 106).

Kapitel II hat gezeigt: Es liegt eben doch an der Physik! Sie ist um der Naturbeherrschung willen entstanden und hat mittlerweile auch den Himmel erobert und treibt dort ihre eigenen Maschinen an, teils „zum Wohl der Menschheit" (BACON), teils der Macht von Menschen über Menschen wegen. Zu den großen Triumphen der Physik haben eben nicht nur die Astronomen beigetragen, sondern auch die „Dampfmaschineningenieure" (KUHN 1978; → Ü 2.2].

Für WAGENSCHEIN dürfen Nutzen und Macht, die mit der Naturwissenschaft zu gewinnen sind, keine zentrale Rolle spielen, jedenfalls nicht, solange Physik Gegenstand eines Bildungsprozesses ist. Das sind allenfalls Nebeneffekte, die er negativ bewertet. Wo sie dominieren, sieht WAGENSCHEIN in ihnen den Grund für die Spaltung und Demotivierung der Schülerschaft.[114] Die Hauptsache ist ihm das Gewinnen eines Naturverhältnisses, das *Hinzufügen* des naturwissenschaftlichen Aspekts zu einer umfassenden Sicht des Verhältnisses Mensch/Natur, das sich in diesem Aspekt niemals erschöpfen kann, ohne diesen aber Fragment bleibt:

Entscheidend ist, daß Physik als Forschung und Lehre ein Verhältnis zur Natur im Menschen bildet, das die Natur in bestimmter Weise humanisiert und zugleich dem Menschen diesen humanen Naturaspekt so tief ein-bildet, daß in ihm die bleibende Möglichkeit entsteht, sich diesem Naturaspekt hinzugeben ... Die Bildung der Physik im Menschen ist die Ein-Bildung der Natur in einem bestimmten Aspekt in den Menschen und ist zugleich die Bildung des Menschen in diesem Aspekt (WAGENSCHEIN 1962, S. 126/127).

Humanisierung der Natur durch Physik; Humanisierung des Menschen durch die „Ein–Bildung" eines Naturaspekts; Hingabe an den Naturaspekt Physik! – Solche für WAGENSCHEIN typische Formulierungen weisen ihn als einen Vertreter humanistischer Ideen aus und enthalten nicht eine Spur des Ziels cartesisch-baconscher Naturbeherrschung. Sie erinnern nicht nur äußerlich an GOETHEs Programm einer auf die Humanität verpflichteten Naturforschung, deren zentrales Anliegen es ist,

---

114 WAGENSCHEIN bezeichnet „Machtlust" neben der „Erkenntnissuche" als zweite Quelle der Physik. *Glaubt man nun, Physik sei nichts Reduzierendes, sondern etwas Allmächtiges, sie gleiche also nicht einem Sieb – so wird man natürlich das Beherrschbare für das „einzig Wahre" halten. Dieser dreiste Blick scheint heute vorzuherrschen und – wie die Umwelt-Debatte zeigt – unsre Existenz zu gefährden. Er entspricht einem Unterricht, der Menschen schnell und gezielt in Begriffe, Apparaturen, Mathematik hinüberwirft, diskontinuierlich. Ein Verfahren, das zwar die Mehrheit der Lernenden verschüchtert, sich aber als verführerisch wirksam erweist zur Ausbildung einer Minderheit vorwiegend technologisch gerichteter Experten* (WAGENSCHEIN 1988, S. 28).

die Weltverflochtenheit des Menschen zu erhellen. So sehr GOETHEs Farbenlehre im Gegensatz zu NEWTONs Optik steht, so sehr widerspricht auch die von WA-GENSCHEIN der Physik zugesprochene Funktion für die Humanitas dem tatsächlichen Motiv ihrer Entfaltung.

Die Parallelität zwischen GOETHE und WAGENSCHEIN und ihre Grenze können hier nicht im einzelnen ausgeführt werden. Es will nur andeutungsweise auf den gleichartigen Charakter der Widersprüche verwiesen werden, in die sich GOETHE zur herrschenden Naturwissenschaft und WAGENSCHEIN zu den Zwecken der Physik und des Physikunterrichts setzen. Bei GOETHE zeigt sich dies u. a. an der Motivation, von der seine Farbenlehre ihren Ausgang nimmt. Er will die Wirkung der Farben auf den Menschen – z. B. in der Malerei – systematisch klären. *Die Farbe sei die gesetzmäßige Natur in Bezug auf das Auge*, weshalb die Farbenlehre für Menschen geschrieben ist, die *diesen Sinn habe(n) ...; denn mit einem Blinden läßt sich nicht von der Farbe reden.*[115] NEWTON dagegen ging es nicht um die *Farbe*, sondern um die „Refrangibilität" des Lichts. Die Achromasie optischer Instrumente war sein wichtiges Anliegen. Die Physik der Farben im Sinne unterschiedlich refrangibler Teile des Lichts kann auch ein Blinder lernen. Analog dazu ist es eben auch möglich und widerspricht der Physik keineswegs, Physikunterricht im Dienste der Naturbeherrschung zu betreiben.

Wie bei GOETHE, so sind auch bei WAGENSCHEIN die Artefakte wissenschaftlich-technischen Denkens, die „Belehrungsapparate", allenfalls als Hilfsmittel zugelassen, soweit sie die eigentlichen Naturerscheinungen helfen aufzuklären.[116] Mit Naturbeherrschung haben sie in diesem Denkgerüst nichts zu tun.

Für den Fall, daß man – z. B. aus pädagogischen Gründen – der Überzeugung ist, verhindern zu sollen, daß Physikunterricht der Naturbeherrschung wegen betrieben wird, sollten GOETHEs Polemik gegen NEWTON und sein erfolgloser, seinem eigenen Anliegen abträglicher Kampf gegen die Naturwissenschaft seiner Zeit ein mahnendes Beispiel dafür sein, daß die Mißachtung und Negierung von Fakten dabei nicht weiterhilft. WAGENSCHEINs Scheitern an der Bildungsrealität und die Folgenlosigkeit von GOETHEs Farbenlehre für die Wissenschaft sind so gesehen analoge Vorgänge.

Es soll darüber hinaus dargestellt werden, daß WAGENSCHEIN an einer entscheidenden Stelle die Konsequenz fehlt, mit der sich GOETHE gegen eine auf Weltbeherrschung abzielende Naturwissenschaft stellte (→ S. 180).

Zwischenbemerkung

Mit der Betonung, daß WAGENSCHEIN sich in der Tradition humanistischen Denkens bewegt, ist nicht zugleich ein Urteil in dem Sinne gesprochen, sein fachdidaktischer Entwurf sei in gleichem Maße mit den Mängeln behaftet, die seine in dieser

---

115 GOETHE in der Einleitung zur „Farbenlehre. Erster, didaktischer Teil". Hier zitiert nach der von Gertrud und Gerhard OTT herausgegebenen Ausgabe, S. 57.

116 Vgl. dazu WAGENSCHEINs Aufsatz *Rettet die Phänomene. Der Vorrang des Unmittelbaren* (Quellenangaben s. u., → Fußnote 126, S. 174).

Tradition stehenden Vorgänger nicht zu vermeiden vermochten. WAGENSCHEIN weist insofern weit über KERSCHENSTEINER hinaus, als er der Physik keineswegs nur einen *formalen* Beitrag im Rahmen einer Denkerziehung oder sittlichen Erziehung zuweist. WAGENSCHEIN will die Physik ihrer durchaus spezifischen *Gehalte* wegen unterrichtet wissen, die ihren Gegenständen und der Methode zu eigen sind und nach seiner Auffassung eine spezifische Weise der Begegnung zwischen Mensch und Welt ermöglichen. Die nach seiner Meinung ohnehin vorhandene Offenheit der Kinder für diese Weise der Welterfahrung will er weiterentwickeln, auf dem *Weg des langsamen und behutsamen Hervorbildens des naturwissenschaftlichen Begreifens aus dem vorwissenschaftlichen Welt-Erleben und Welt-Verständnis, in dessen Schoß das Kind ursprünglich ruht* (1962, S. 108). Die Gangbarkeit dieses Weges folgt aus WAGENSCHEINs Grundüberzeugung, die in Sätzen wie dem folgenden sich vielfach wiederholend ausdrückt: *Das physikalische Verstehen ist im Menschen wesensmäßig angelegt und ersteht in jedem Kinde neu und wieder, wenn es nur auf die rechte Weise zum Erwachen gebracht wird* (1962, S. 130). Der Fortschritt gegenüber KERSCHENSTEINER besteht in der Auffassung, daß es gilt, den Menschen zu helfen, die „physikalische Welt" zu erschließen, aber nicht (nur) um die Menschen sittlich oder geistig zu modeln, sondern auch, weil der Drang nach dieser Erschließung im Menschen „wesensmäßig" angelegt sei. Der Mensch bliebe hinter der in ihm schlummernden Möglichkeit zurück, die Welt physikalisch zu begreifen, würde man die Entfaltungsmöglichkeiten dieses „Wesenszugs" nicht fördern.

Weiter unten wird sich die Frage verschärft stellen, ob diese Auffassung WAGENSCHEINs wissenschaftstheoretisch und empirisch haltbar ist oder ob sie nicht als metaphysische Grundlage seines Werks fungiert, deren Wanken auch den Kern seiner Didaktik zerstören könnte.

Hier soll zunächst festgehalten werden: Im Gegensatz zu den „Tugenden", die bei KERSCHENSTEINER den Erziehungswert des naturwissenschaftlichen Unterrichts bilden, sind die „Funktionsziele", die WAGENSCHEIN anstrebt, fachgebunden und nicht substituierbar durch solche anderer Fächer.[117]

Folgerungen

Daß die Nutzenorientierung der Motor der Entwicklung neuzeitlicher Naturwissenschaft war, muß als Faktum angesehen werden. Es liegt eine gewisse Tragik darin, daß WAGENSCHEIN dieser Seite der Naturwissenschaft und ihrem Einfluß auf den Bildungsprozeß zuwenig Beachtung geschenkt hat bzw. daß er sie dort, wo es um Bildung geht, als Abseitigkeit einordnet („verführerisch", „gefährlich"), die im Feld des Unterrichts nicht oder nur mit „negativem Vorzeichen" zu bearbeiten sei.

---

[117] Funktionsziele betreffen lt. WAGENSCHEIN *zwar die Physik*, sind jedoch *nicht an bestimmte „Stoffe" gebunden* (1962, S. 230). Darin gründet die Möglichkeit exemplarischen Lehrens. Beispiele für soche Ziele sind: *Erfahren … – was es in der exakten Naturwissenschaft heißt: eine erstaunliche Einzelerscheinung verstehen, erklären, eine Ursache finden; … – wie ein Teilgebiet der Physik mit einem anderen in Verbindung tritt; … – Einsicht gewinnen in das, was ein Modell ist* u. a. (1965, S. 256 f).

Auf diese Weise läßt sich nur die Thematisierung des Faktums vermeiden, nicht seine Wirkung. Da die Nützlichkeit bzw. praktische Verwertbarkeit keine ad libitum beimengbaren oder wegzulassenden Accessoires der Physik, sondern ihr inhärent sind, führt ihre Ausklammerung nur zur Ideologisierung des Unterrichts. BACONs Feststellung, *man besiegt die Natur nur, indem man ihr gehorcht*, gilt im übertragenen Sinn auch für die Gegenstände der Didaktik: Die pädagogische Bewältigung der Physik setzt voraus, daß man die Eigenheiten dieser Wissenschaft in vollem Umfang anerkennt.

> Die Nutzenorientierung der Physik läßt sich nicht wegdefinieren, indem man sie zu einer schädlichen und verzichtbaren Begleiterscheinung deklariert. Sie muß auf allen Einflußebenen für den Unterricht ernst genommen und diskursiv bearbeitet werden, sei es um die negativen Wirkungen auf den Bildungsprozeß zu begrenzen oder um das Nutzenpotential didaktisch bzw. unterrichtlich zu erschließen, wenn sich dies als notwendig und mit anderen Zielen vereinbar erweist.

Dies gilt auf den Ebenen der Bildungspolitik, der Curriculumgestaltung (z. B. Lehrplan- und Schulbucharbeit), der Unterrichtsplanung und im unterrichtlichen Handeln gleichermaßen. Und dabei gilt es zu berücksichtigen:

> Der „Nutzen" im Sinne der praktischen Bedeutung für die Möglichkeiten der Weltveränderung ist nicht vom jeweils konkreten Inhalt ablösbar. Die Berücksichtigung dieses Problemkreises erfordert daher die Diskussion inhaltlicher Fragen des Unterrichts.

WAGENSCHEIN brauchte die Frage, welche Inhalte infolge *pädagogischer* Erwägungen Bestandteil des Unterrichts sein sollen, keiner systematischen Beantwortung zu unterziehen, weil er der Auffassung war, der Nutzenorientierung der Physik keine Rechnung tragen zu müssen. Die darin implizierte relative Geringbewertung[118] physikalischen Verfügungswissens weckte den massiven Widerstand vieler Fachdidaktiker gegen seine Vorschläge, der auch ohne eine systematische Diskussion der

---

118 Die „Geringbewertung" des Wissens ist ein Vorwurf, den WAGENSCHEIN ebenso zurückweist wie vor ihm schon KERSCHENSTEINER (→ Ü 3.1.1.3, S. 141). Auch bei WAGENSCHEIN übersteigt das *Kompendium einer phänomenologischen Physik* (1965, S. 260–262), das zu lehren er in der Mittelstufe für notwendig und möglich hält, in seinem Stoffumfang die meisten heutigen Lehrpläne (WAGENSCHEIN 1962, Kap. XVI; → auch: Ü 3.3.3 und Fußnote 136, S. 186). Die von mir als „relativ" bezeichnete „Geringbewertung" gilt aber in dem Sinne, daß diese Inhalte nicht um ihrer und nur ihnen anhaftenden Bedeutung wegen unterrichtet werden sollen. Sie erhalten bei WAGENSCHEIN ähnlich wie bei KERSCHENSTEINER eine Mittelfunktion für die Menschenbildung (für die allerdings die physikbezogenen Funktionsziele konstitutiv sind, → Fußnote 117) und sind gänzlich unabhängig von der Frage nach Qualifizierungsgesichtspunkten formuliert. Dies kommt auch zum Ausdruck, wenn WAGENSCHEIN für die Oberstufe vorschlägt, den Lehrern völlige Freiheit bei der Stoffwahl zu lassen und statt dessen ausschließlich die „Funktionsziele" vorzuschreiben (1965, S. 253 f). Deutlich formuliert und mit der Forderung nach Stoffreduzierung verknüpft, findet man die Bewertung des Wissens als „Bildungsmittel" z. B. in den frühen Aufsätzen „Bildung durch Naturwissenschaft" (ca. 1930–1935, wiedergegeben in WAGENSCHEIN 1965, S. 13–43).

Widersprüche in WAGENSCHEINs Theorie aufgrund gesellschafts- und machtpolitischer Umstände „erfolgreich" war (→ Ü 3.4, S. 192).

Der „Erfolg" der Gegner WAGENSCHEINs beschränkte sich allerdings darauf zu verhindern, daß das „genetisch – sokratisch – exemplarische Lehrverfahren" praxiswirksam wurde. Weil aber die Diskussion um die theoretischen Voraussetzungen noch in keiner Weise zu einem Abschluß gekommen ist, genau genommen in den zentralen Punkten sogar erst in den 80er Jahren begonnen hat, verstummen die Forderungen nach der fachdidaktischen Umsetzung der Vorschläge WA-GENSCHEINs in die Lehrplan- und Schularbeit bis heute nicht. Ihnen ohne eine differenzierte Analyse der theoretischen Probleme nachzugeben, wäre ein „Bärendienst" am Physikunterricht.

3.3.2 Widersprüche im Programm des „genetischen Lehrens"

3.3.2.1 Harmonie und Antinomie bei WAGENSCHEIN

Die verschiedenen Formen der Spaltung

Die hohe Übereinstimmung der empirischen Befunde mit WAGENSCHEINs Klage über die *spaltende Wirkung* des Physikunterrichts wurde in den vorangegangen Kapiteln schon mehrfach betont. Ebenfalls erscheint die Auffassung im Grundsätzlichen gerechtfertigt, daß diese Spaltung nicht hinnehmbar ist (→ Ü 1.2.4, S. 72 und → These 8, S. 86), im wesentlichen aus zwei durchaus verflochtenen Gründen:

Erstens ist sie Ausdruck der antidemokratischen Tendenz, die Gesellschaft in „Experten" und „Unzuständige" aufzuteilen, oder anders ausgedrückt: Die Spaltung der Schülerschaft – und als Folge davon auch der Gesellschaft – in „Experten" und „Eingeschüchterte" (①)[119] bewirkt eine überzogene Machtzuschreibung auf der Seite der Experten und einen korrespondierenden Verlust an demokratischer Mündigkeit und Verantwortungsbewußtsein auf der Seite der Eingeschüchterten.

Zweitens beinhaltet der Begriff „Einschüchterung" das „intrapersonale Schisma" (②), jenes Inferioritätsgefühl also, das sich als Folge des Bewußtseins von der objektiven Bedeutung der Physik und der (scheinbaren) eigenen Unfähigkeit gegenüber dieser Wissenschaft einstellt (→ S. 85). Dies ist die *individuelle* Seite des gesellschaftspolitischen Problems, das sich nicht nur als Beeinträchtigung des Lebensgefühls zeigt, sondern auch in Form konkreter Beschränkungen, z. B. hinsichtlich der Berufswahl und damit verbundenen sozialen und emanzipatorischen Chancen („Mädchenproblematik"!).

So zeigen sich also bereits zwei Formen des Spaltungsvorgangs, deren weitere Differenzierung hier nur insoweit betrieben wird, wie es die Analyse in bezug auf WAGENSCHEIN erfordert. Bei ihm sind weitere Gestalten der Spaltung von zentraler pädagogischer Bedeutung:

---

[119] Die Referenzmarken beziehen sich auf verschiedene Formen der Spaltung.

Dazu zählt eine *gespaltene Weise der Weltbegegnung* (③), nämlich die (nur) rational erkennende und naturbeherrschende gegenüber der sinnlich-qualitativen und wertenden. Dieser Spaltung entsprechen *zwei Wirklichkeiten* (④) (1970, S. 178). Die eine Weise der Weltbegegnung nimmt den Menschen insgesamt in Anspruch und *verbindet* ihn mit seiner individuellen Erfahrungswelt, statt ihn einer verdinglichten „objektiven" Welt als reduziertes Subjekt *gegenüberzustellen*. Metaphorisch ausgedrückt: Das Weltbild des „Wilhelm Meister" (GOETHE) steht dem des „Homo Faber" (FRISCH) gegenüber.

Nun birgt die Form der rationalen Weltbegegnung in sich mindestens zwei Aspekte. Es ist zum einen die *Gefährdung des Menschen* durch die Lebensformen der rationalen, verwissenschaftlichten Welt (Folge aus ④), die sein Menschentum in humanistischer Sicht durch die Zerstörung der Harmonie bedroht, weil sie die sinnlich-qualitative und wertgeladene Weltbegegnung gegenüber rationalem Handeln und Denken abwertet (Folge aus ③). Der andere Aspekt ist durch den erkenntnismethodischen Schritt bezeichnet, der innerhalb des *Modus des Physiktreibens* das wissenschaftlich-rationale Objekt hervorbringt. Dieser Schritt impliziert nichts weniger als eine weitere Form der Spaltung, nämlich die erkenntnistheoretische *Subjekt/Objekt-Trennung* (⑤).

Hinsichtlich der Aspekte der gespaltenen Form der Weltbegegnung (③ und ④) wurden in den Ausführungen der vorangegangenen Kapitel zwei unterschiedliche Wege der Bewältigung vorgezeichnet: die Sezession in die Harmonie oder die Integration der Antinomie in das subjektive Weltbild.

Es ist sinnlos und würde der Menschheit nur schaden, aus der rationalen Welt unserer technischen Zivilisation mit ihren verwissenschaftlichten Verwaltungs- und Wirtschaftsstrukturen in eine Scheinwelt voller Harmonie flüchten zu wollen. Es gibt wohl keine Alternative zu LITTs Forderung, die Gegebenheiten als „Antinomie" in „unsere Lebensrechnung" einzustellen (→ S. 131), d. h., den verschiedenen Weisen der Weltbegegnung den ihnen jeweils zukommenden Raum zuzubilligen. Dabei können wir uns der Aufgabe nicht entwinden, die „Grenzüberschreitungen" in unserem je eigenen Leben nach unserem Vermögen und unserer subjektiven Einsicht zu beschränken.[120]

Hinsichtlich der Subjekt/Objekt-Spaltung als Erkenntnisschritt (⑤) der physikalischen Methode wurde aufgezeigt, daß er unausweichlich ist. Selbst GOETHE konnte ihm nicht entrinnen und war sich dessen wohl bewußt (→ Zitat auf S. 111). Als Er-

---

[120] Dies ist das zentrale Thema in LITTs Buch „Das Bildungsideal der deutschen Klassik und die moderne Arbeitswelt". LITT warnte hauptsächlich vor der Überwucherung ganzheitlichen Welterlebens durch eine einseitig rationale Zugriffsweise. Heute scheint mir die „Grenzüberschreitung" in der anderen Richtung mindestens gleichrangige Gefahren zu bergen, nämlich die Besetzung rational aufzuklärender Weltaspekte durch spekulativ-metaphysische „Theorien", die sich nicht selten auch noch scheinbar naturwissenschaftlicher Begriffe (z. B. „Strahlung") und Betrachtungsweisen (z. B. die Behauptung linear-kausaler Zusammenhänge) bedienen. Die Esoterik scheint mir einer der Bereiche zu sein, in dem heute die Bereitschaft, mit den Spannungen und Risiken einer prinzipiell antinomischen Welt konstruktiv umzugehen, völlig am Verkümmern ist.

kenntnisschritt wird diese Spaltung (⑤) unseren Schülerinnen und Schülern und dem Menschen insgesamt so wenig schaden, wie sie dies bei GOETHE vermochte, wenn weder Geltungsanspruch noch Anwendungsfeld überschritten werden. Das setzt natürlich ein entsprechendes Bewußtsein und Erkenntnisvermögen voraus. Unter der Voraussetzung der Beachtung des Geltungsanspruchs betrifft diese Spaltung (⑤) nicht den ganzen Menschen (③), sondern das „abstrakte Verstandeswesen". Dieses existiert nicht leibhaftig, sondern nur als analytische Fiktion im Bild eines ideal gedachten Erkenntnisprozesses. Das relativiert keinesweg die weiter oben bereits als existent nachgewiesenen Gefahren im physikalischen Umgang mit der „Natur" (→ Ü 3.2, S. 141). Sie folgen aber aus der Nichtbeachtung und fehlenden Beschränkung der Wirkung der reduktionistischen Methode. Daß die damit bezeichnete Aufgabe eine einfache sei, soll natürlich nicht behauptet werden!

WAGENSCHEINs Haltung gegenüber den Formen der Spaltung

WAGENSCHEIN wendet sich pauschal gegen alle Formen der Spaltung (① bis ⑤): *Was Bildung auch sei, sie verträgt sich nicht mit Spaltung. Für sie muß Fortschritt ein besonnenes Fortsetzen der ursprünglichen Naturerfahrung bedeuten* (1968a, S. 61). Spaltung ist ihm ohne Unterschied ein Greuel. Bei WAGENSCHEIN bleibt nichts übrig von der Antinomie, die LITT für so unausweichlich hält (→ S. 131) und die GOETHE nur dadurch verhindern zu können glaubte, daß er sich gegen die „mathematische Naturwissenschaft" stellte. Auch die sogar von GOETHE zugestandene Notwendigkeit der erkenntnistheoretisch bedingten Subjekt/Objekt-Trennung während des Erkenntnisprozesses will WAGENSCHEIN in keiner Weise gelten lassen. Der bruchlose Übergang zwischen naiver und naturwissenschaftlicher Welterfahrung und die Möglichkeit der nahtlosen Verknüpfung verschiedener Erkenntnisweisen, die als Komplemente zu einer umfassenden Menschenbildung beitragen, sind eine theoretische Voraussetzung der Didaktik WAGENSCHEINs:

Wir werden überhaupt den Bruch heilen, der in vielen klafft zwischen Erlebnis und Abstraktion, zwischen schauender und analysierender Naturforschung, zwischen Goethe und Newton (1965, S. 261).

Ein solcher Anspruch erscheint aber gemäß der bisherigen Argumentation zumindest insoweit unerfüllbar, als er die Aufhebbarkeit unterschiedlicher Zugriffsweisen (distanziert-rational bzw. schauend-erlebend) impliziert oder suggeriert. Hier gilt es genau zu prüfen, an welchen Stellen die bisher vorgebrachten Argumente in Widerspruch zu WAGENSCHEINs Auffassungen treten.

WAGENSCHEIN macht uns aber eine Bewertung seiner Argumente nicht leicht, weil er die oben bezeichneten Formen der Spaltung nicht explizit differenziert, in seinen Betrachtungen m. E. sogar nicht selten gehörig durcheinanderwirbelt. Er spricht innerhalb weniger Sätze von der *Spaltung zwischen der kleinen Schicht der Fachleute (...) und der großen Mehrheit der ... Abhängigen, der Laien ...* (①), von *zwei Wirklichkeiten* (④) zwischen denen die *Kontinuität*, die *Ungebrochenheit* beim Übergang von der einen zur anderen zu wahren sei. *Volksbildung als Wissenschaftsverständigkeit* ist für ihn *das Stück Bildung, das Wegstück, das aus dem ursprünglichen, dem naiven Denken der ersten Wirklichkeit genau hervorgeht und das es in sich hat, ohne Bruch sich bis zu höheren Abstraktionen der wissenschaftlichen Bildung auszudehnen.*[121] Dies hält er für die Voraussetzung der „Ungespaltenheit" des Menschen (② und ③; 1970, S. 177–179).

Das gegebene Beispiel soll als Hinweis darauf genügen, daß die theoretischen Unklarheiten bei WAGENSCHEIN einen konstruktiven Umgang mit seinen Vorschlägen erschweren, zumal – wie oben gezeigt wurde – einzelnen Formen der Spaltung auf unterschiedliche Weise begegnet werden muß.

Besonders klärungsbedürftig ist die erkenntnistheoretische Fragestellung, ob ein „bruchloser" Weg vom Alltagsdenken in die Physik hineinführt. Dies würde ja entweder voraussetzen, daß die wissenschaftsmethodische Subjekt/Objekt-Relation auch im Alltagsdenken existiert – was WAGENSCHEIN schon von seiner Verbundenheit mit dem Humanismus her nicht meinen kann und auch nicht meint – oder daß sie für wissenschaftliche Erkenntnis überflüssig ist.

3.3.2.2 Genetisches Lehren und die Idealgestalten der Physik

Naive Welterfahrung, genetisches Lehren und wissenschaftliches Erkennen

WAGENSCHEIN widerspricht ganz ausdrücklich der Auffassung, nach der ein prinzipieller Unterschied zwischen dem „ursprünglichen Verstehen und exaktem Denken" bestehe (womit aus der Vielzahl der von ihm für diesen Sachverhalt verwendeten Begriffe jene ausgewählt sind, die es ihm wert waren, als Buchtitel zu fungieren). Wo die Meinung vertreten werde, *die „gediegene geistige Denkweise des einfachen Mannes aus dem Volke" ... sei eine „besondere" und von ihr aus führe kein Weg zu den Anfangspunkten des wissenschaftlichen Verständnisses*, dort ist *offenbar ein Irrtum unterlaufen, ein Unglück geschehen* (1970, S. 176). Ähnlich äußert er sich an vielen Stellen, z. B.:

Versuchen wir die Kluft zwischen Schulphysik und Kind, die also weder durch die Natur der Physik noch durch die des Kindes gerechtfertigt ist, sondern wohl mehr ein historisches Unglück genannt werden kann, versuchen wir sie zu verhüten, so brauchen wir ein behutsames Erwecken der physikalischen Haltung aus den ursprünglichen Phasen des kindlichen Naturverhältnisses. Die Kinder sind anders als wir und doch spontan und stetig zur Naturwissenschaft hinlangend, hindrängend, auf sie wartend; ohne uns Erwachsene und unsere moderne Welt freilich nie hingelangend. Gelingt es uns, diese Spontaneität und Kontinuität zu achten, so ist zu hoffen, daß die Kinder ganz unmerklich „wissen", was sie tun, wenn sie „physikalisch werden". Er will, daß diese Kluft (...) gar nicht erst entsteht (1962, S. 109).

Die Antithese zu diesen Argumenten WAGENSCHEINS liefert in unmittelbarster Form REDEKER.[122] Er kommt nach einer sehr umfassenden Analyse, die hier nicht

---

[121] Insofern es in diesem Satz um Menschenbildung geht, bezieht er sich auf dessen „Unversehrtheit" (③), hinsichtlich des Denkens aber auf die Subjekt/Objekt-Spaltung (⑤).

[122] Die in diesem Abschnitt vorgetragene Kritik scheint mir im Kern gleichartig zu sein mit einer radikaleren, die REDEKER hinsichtlich des genetischen Lehrens entwickelt hat (sie umfaßt auch

nachgezeichnet werden kann, zu einem Ergebnis, das WAGENSCHEINS Bild von einer kontinuierlichen Entfaltung des Wissens völlig entgegensteht:

> *„Unsere Kinder"* sind sowenig wie der *„Indianerknabe" „auf dem Weg zur Physik",* noch berechtigt irgendetwas zu der Hoffnung, das lebensweltliche Wissen etwa um die Bedingung eines jeden Geschehens durch ein ganzes Geflecht von Ursachen … *„lichte"* sich auf ganz natürliche Weise zum Denken von Kausalitäten im Sinne neuzeitlicher Physik. Ein ernstes Bemühen dagegen, in *„Kontinuität"* aus dem *„volkstümlichen"* oder *„ursprünglichen Denken"* heraus zum *„Verstehen"* der Physik zu führen, macht, sofern das Bemühen um Kontinuität erfolgreich ist, ein Verstehen der Physik geradezu unmöglich (REDEKER 1982, S. 95; die Anführungszeichen innerhalb des Zitats verweisen auf Textstellen bei WAGENSCHEIN).

Entfremdung und *Entleerung* sind für WAGENSCHEIN Folgen eines falschen Umgangs mit Naturwissenschaft, keine Konstituenzien ihrer Methode. Hier steht WAGENSCHEIN sowohl im Widerspruch zu LITT als auch zur Realität der praktizierten Naturwissenschaft. Es sei an das Zitat von HEISENBERG erinnert: *… der Fortschritt der Naturwissenschaft wurde erkauft durch den Verzicht darauf, die Phänomene in der Natur unserem Denken durch Naturwissenschaft unmittelbar lebendig zu machen* (→ S. 110). Den Verlust der Qualitäten und die Entfremdung durch Abstraktion zu vermeiden, dies bedarf zwar auch nach WAGENSCHEINS Auffassung einer konstruktiven und reflektierenden Überschreitung des bloßen Erwerbs physikalischer Kompetenzen: *(Der Unterricht) ist dann kein rein physikalischer Unterricht mehr, und tatsächlich darf er das nicht sein, wenn er bilden will* (WAGENSCHEIN 1968a, S. 40), aber nur um ein „Unglück", nämlich den Bruch zwischen „volkstümlichem" und wissenschaftlichem Denken, zu vermeiden, der seiner Meinung nach auf einem „Irrtum" beruht (z. B. 1970, S. 176).

Bei dieser Überschreitung des bloßen Kenntniserwerbs nimmt der forschende oder lernende Mensch eine andere Haltung ein, als wenn er sich in der Sache selbst bewegt. Jedoch, was GOETHE als unvermeidliche „Entäußerung" und LITT als notwendige „Entpersönlichung" oder „Entleerung" (→ S. 111 bzw. S. 109) bezeichneten, dieses *Umschlagen* der geistigen Verfassung in einen Zustand, der für den entscheidenden Schritt naturwissenschaftlicher Erkenntnis eine holistische Weltwahrnehmung ausschließt, scheint es für WAGENSCHEIN nicht geben zu dürfen: *Die Erfahrung zeigt, daß die Schüler besser verstehen und auch nach Jahren noch ein*

---

noch das Bild des Kindes, von dem WAGENSCHEIN ausgeht – REDEKER 1982 und 1985). REDEKER gewinnt seine Argumente wesentlich aus philosophischen Analysen (aufbauend auf HUSSERLs Phänomenologie), die nur teilweise vergleichbar sind mit der in dieser Arbeit aufgebauten Argumentation. Während sich die vorliegende Argumentation wesentlich auf LITT stützt, nimmt REDEKER auf diesen keinerlei Bezug.

Eine weitere Argumentation mit diesem Ergebnis, die nicht nur WAGENSCHEINs Didaktik, sondern die erkenntnistheoretische Grundlage der Schulfächer insgesamt in Frage stellt, findet sich in GIELs Aufsatz *Operationelles Denken und sprachliches Verstehen.* GIEL knüpft an DAHRENDORFs Kritik der Soziologie an. Danach sind *Wissenschaft und common sense zwei … nebeneinander bestehende Erkenntnisweisen …,* wobei Wissenschaft *in keiner Weise* aus dem *common sense ableitbar sei* (S. 111).

vertrauteres Verhältnis zur Physik haben, wenn wir die physikalische Haltung aus der noch nicht physikalisch eingeengten Wirklichkeit, also aus der originalen Sache hervorkommen lassen. Es geht ihm darum, die Physik *aus der ganzen Weite aller Wirklichkeitsbezüge standfest hervorgehen zu lassen* (WAGENSCHEIN 1968, S. 376; Hervorhebung i. O.).

WAGENSCHEIN hebt zwar die „physikalische Haltung" als eine besondere hervor, betont aber zugleich die Notwendigkeit, *das Hervorgehen des Wissenschaftlichen aus dem Alltagsdenken klarzulegen* (1970, S. 176).[123]

Demgegenüber betont REDEKER, daß in der Subjekt/Objekt-Spaltung sowohl ein theoretisches Subjekt als auch ein Objekt *erzeugt* werden, die nicht wie der Kern aus einer Schale herauszupellen sind (→ S. 154 f).

WAGENSCHEIN meint, daß die *unglückseligste und zugleich unnötigste* Kluft zwischen „volkstümlichem" Denken und *dem von ihm, wie manche glauben, wesensfremden „wissenschaftlichen" Denken* nicht existiert, denn: *Wie sollte, wenn die beiden einander so fremd wären, Physik jemals habe entstehen können?!* (1962, S. 110). Man kann natürlich dagegenhalten: Daß die Denkweise der neuzeitlichen Physik kulturgeschichtlich erst sehr spät auftritt, ist ein deutlicher Hinweis darauf, daß sie nicht ohne weiteres aus dem Alltagsdenken erwächst, auch nicht aus dessen philosophischer Reflexion!

REDEKER arbeitet in einer ausführlichen Analyse deutlich heraus: *Weder wir noch Schüler haben einen in der täglichen Erfahrung liegenden haltbaren Grund, diese Erfahrung als solche in Zweifel zu ziehen. Es besteht darum auch keinerlei natürliche Veranlassung, sich um physikalische Begriffe zu bemühen – sind sie doch zudem noch für das Zurechtkommen in Umgangssituationen untauglich* (1982, S. 53).[124]

---

[123] Wie REDEKER aufzeigt, schließt die Pflege des Zusammenhangs von Alltagsdenken und physikalischem Denken auch bei WAGENSCHEIN nicht aus, daß sich Physiklernen als *krisenhaftes Geschehen* vollzieht (REDEKER 1993, S. 20), z. B. indem das Alltagsdenken zunächst in eine „aporetische Situation" führt, die ein Umlernen und eine Neustrukturierung des Wahrnehmungsfeldes und des Vorverständnisses erfordert. So gesehen ist ein im Vorverständnis gründender Erwartungshorizont geradezu die Voraussetzung dafür, das Spezifische des „physikalischen Blickes" (REDEKER 1985) zu erkennen. REDEKER behauptet allerdings auch, WAGENSCHEINS Hinweise auf die Unberechenbarkeit und Unstetigkeit physikalischen Verstehens verweise mahnend *nicht nur auf den illusorischen Schein einer harmonischen Genese physikalischen Verstehens aus der Vertrautheit ursprünglicher Welterfahrung. Sie verweist auch auf die stete Gefährdung des Entstehens physikalischen Verstehens durch alltäglich-praktische Interessen und der ursprünglichen, täglich bewährten empirisch-anschaulichen Verständlichkeit der Phänomene* (REDEKER 1993, S. 25). In der konkreten Formulierung REDEKERs ist das Mißverständnis angelegt, WAGENSCHEIN selbst sei es, der auf das „Illusionäre" eines solchen Vorgehens verweise, wogegen bei ihm doch das Vertrauen auf die Tragfähigkeit ursprünglicher Welterfahrung unerschüttert ist. In den anderen zitierten Beiträgen REDEKERs zu dieser Diskussion (1982 und 1985) ist seine Kritik in diesem Punkt radikal und stimmt mit der von mir dargelegten Auffassung zu den Widersprüchlichkeiten des „genetischen Lehrens" überein.

[124] Mütter und Väter unter der Physiklehrerschaft können vielleicht meine diesbezüglichen Erfahrungen als Vater zweier Töchter bestätigen: Wenn sie sich aufgrund konkreter Erlebnisse veranlaßt fühlten, von mir die eine oder andere Information zu einer Naturerscheinung oder einem

Wir befinden uns in einer Widerspruchssituation, die – in bezug auf die Notwendigkeit oder Überflüssigkeit der Subjekt/Objekt-Spaltung im Erkenntnisprozeß – keine Synthese erlaubt.[125] Wer denn nun recht hat, hängt von der Antwort auf die Frage ab, ob die Physik tatsächlich *aus* der „Wirklichkeit" entsteht, wobei Wirklichkeit für WAGENSCHEIN die phänomenologisch erfahrbare Welt ist. Das bestätigt auch sein leidenschaftlicher und viel beachteter Aufruf *Rettet die Phänomene! (Der Vorrang des Unmittelbaren).*[126] WAGENSCHEIN betont dort:

... abstrakte Begriffe, die nicht in ihrer Herkunft aus den Phänomenen („genetisch") zustande gekommen sind, werden mißverstanden: als nicht von uns konstruierte, sondern als vorgefundene, grob materielle oder auch magische Wesenheiten, von denen man glaubt, daß sie als letzte Ursachen hinter allem stecken, was es gibt, und die Phänomene verursachen: das ontologische Mißverständnis der Physik (1988, S. 98, Hervorhebungen i. O.).

Den philosophischen Schwierigkeiten, die WAGENSCHEIN in diesen m. E. nicht widerspruchsfreien Satz gepackt hat, kann hier nicht Genüge getan werden. Statt dessen soll in groben Zügen die Argumentation skizziert werden, an deren Ende tatsächlich die Auffassung steht, daß es Phänomene gibt, die von der Physik „verursacht" sind, und daß diese „produzierten Phänomene" (→ S. 151) den physikalischen Begriffen gerechter werden als die „natürlichen" Phänomene, oder anders ausgedrückt: Das physikalische Begriffssystem bezieht sich auf *ideelle* Strukturen, deren Realitätsgehalt mit Hilfe von „produzierten Phänomenen" in Form physikalischer Experimente überprüft oder nachgewiesen wird. Dazu paßt REDEKERs paradoxe Schlußfolgerung: *Um Physik lernen zu können, muß ich Physik schon gelernt haben* (1982, S. 105). Dies geht allerdings nicht ohne die Klärung des Verhältnisses der Physik zur real erlebten Welt.

> Wegen der notwendigen Klärung des Verhältnisses der Physik zur real erlebten Welt ist es wichtig und völlig unentbehrlich, die natürlichen Phänomene in den Unterricht mit einzubeziehen und in ein Verhältnis zur Physik zu setzen – nicht aber, weil die Physik aus ihnen erwüchse!

---

technischen Sachverhalt einzuholen, so pflegten sie stets hinzuzufügen: „Aber bitte erklär' mir das nicht so ausführlich physikalisch, ich will nur wissen, wie das praktisch geht."

[125] Eine solche ist bei anderen Aspekten der Spaltung durchaus erreichbar. Hinsichtlich der oben mit ① und ② bezeichneten Spaltungen („Experten und Laien" bzw. das „intrapersonale Schisma") besteht keinerlei Differenz zur der Auffassung WAGENSCHEINs, daß diese pädagogisch nicht zu tolerieren und auch vermeidbar sind. Die Probleme, die unter LITTs Begriff der „Antinomie" (③ und ④) fallen, werden hier nicht weiter verfolgt.

[126] Der Aufsatz ist erstmals in *Scheidewege* 1/1976, S. 76–93 veröffentlicht worden, dann in *Der mathematische und naturwissenschaftliche Unterricht*, 1977, S. 129–137. Wiedergegeben ist er auch z. B. in WAGENSCHEIN 1983, S. 135–153 und 1988, S. 90–104.

Es sei hier angemerkt, daß die zentrale Forderung dieses Aufsatzes, den Phänomenen wieder einen größeren Raum im Unterricht zu geben, nicht in Frage gestellt wird. Zur Diskussion steht nur die – das „genetische Verfahren" im Kern berührende – Frage, ob die Phänomene die entscheidende Quelle der Physik sind.

Woher also kommen die abstrakten Begriffe der Physik? Gäbe es die „Herkunft aus den Phänomenen" (s. o.), dann wäre HEISENBERGs Erfahrung nicht nachvollziehbar, nach der wir mit der „Mehrung der Kenntnis und Erkenntnis" unsere Ansprüche auf ein „Verständnis" der Welt fahren lassen müssen (→ S. 110 f). Geht man aber davon aus, daß die physikalische Erkenntnis auch andere Wurzeln hat als das unbefangene Welterleben, verliert HEISENBERGs Äußerung ihre Rätselhaftigkeit. Das soll etwas genauer ausgeführt werden:

WAGENSCHEIN beruft sich verschiedentlich auf C. F. V. WEIZSÄCKER, so auch auf dessen Satz, die Physik sei *aus einer Ehe zwischen Philosophie und Handwerk hervorgegangen* (in: WAGENSCHEIN 1970, S. 176). Aber im selben Zusammenhang sagt V. WEIZSÄCKER auch:

(Galilei) hat das Fallgesetz zuerst theoretisch abgeleitet und dann durch auf schiefen Ebenen rollende Kugeln in einer nicht sehr guten Näherung empirisch bestätigt. Bei dieser Ableitung mußte er auch das Trägheitsgesetz begrifflich benutzen, obwohl weder er noch irgendein anderer Mensch je eine wirkliche Trägheitsbewegung gesehen hat; denn es gibt keinen Körper, auf den gar keine Kräfte wirken. Wie ein solcher sich bewegen würde, kann man also, strenggenommen, empirisch nicht sehen. Man kann das nur als einen Grenzfall, einen idealisierten Fall betrachten. Beim Fallgesetz mußte Galilei davon sprechen, daß alle Körper gleich schnell fallen, was sie empirisch nicht tun. Sie würden es aber, so sagte er, im Vakuum tun. Ein Vakuum konnte man aber zu seiner Zeit empirisch gar nicht realisieren ... Aber der Begriff des Vakuums hat dazu verholfen, die Gesetze der Bewegung so einfach zu formulieren ... Die durch Galilei repräsentierte moderne Wissenschaft meistert die Erfahrung gerade dadurch, daß sie sich nicht schlicht an das hält, was die Erfahrung unmittelbar präsentiert (1974, S. 111/112).

An anderer Stelle führt V. WEIZSÄCKER aus: *Galilei tat seinen großen Schritt, indem er wagte, die Welt so zu beschreiben, wie wir sie nicht erfahren. Er stellte Gesetze auf, die in der Form, in der er sie aussprach, niemals in der wirklichen Erfahrung gelten und die darum niemals durch eine einzelne Beobachtung bestätigt werden können, die aber dafür mathematisch einfach sind* (1964, S. 107).

V. WEIZSÄCKER wendet sich gegen den *Mythos vom rein empirischen Galilei*, denn: *Wir formulieren mathematische Hypothesen und prüfen sie an der Erfahrung* (1974, S. 119). Den Hypothesen aber liegt die *Idee* in Form einer mathematischen *Idealgestalt* zugrunde.[127] Das Gewinnen solcher Ideen setzt zwar Erfahrung aus der Welt der „natürlichen Phänomene" voraus, aber sie sind nicht – und darauf kommt es V. WEIZSÄCKER an – auf dem Wege der Induktion ableitbar. EINSTEIN drückte diesen Sachverhalt prägnant aus:

Höchste Aufgabe der Physiker ist also das Aufsuchen jener allgemeinsten elementaren Gesetze, aus denen durch reine Deduktion das Weltbild zu gewinnen ist.

---

127 Aus diesem Grunde kann V. WEIZSÄCKER auch behaupten: *Die Naturwissenschaft ist das legitime Kind der Mathematik* (1983, S. 30), was WAGENSCHEINs Interpretation des anderen Zitats widerspricht, Physik sei aus dem Umgang mit naturgegebenen Phänomenen ableitbar.

Zu diesen elementaren Gesetzen führt kein logischer Weg, sondern nur die auf Einfühlung in die Erfahrung sich stützende Intuition (EINSTEIN, S. 109).

Die Fallrinnen, die GALILEI in mühevoller Arbeit konstruierte, wurden gemäß den Bedingungen der theoretischen Idealgestalt konstruiert, sind also das, was schon auf S. 151 als „künstlich hervorgebrachtes Phänomen" bezeichnet wurde. Sie bestätigen das Gesetz „in nicht sehr guter Näherung" (s. o.), aber offenkundig genau genug, um an der gedanklichen Idealgestalt festhalten zu können. *Das Selbstvertrauen einer in diesem Sinne begründeten Wissenschaft zeigt sich dann auch in der Askese gegenüber ungenauen Bestätigungen* (V. WEIZSÄCKER 1974, S. 120).

Die „hervorgebrachten Phänomene" der Physik folgen dem *vorher entworfenen Plane* (KANT; → S. 101). Dieser ist nicht nach dem Vorbild der *naturgegebenen* Phänomene entstanden, sondern nach „Vernunftprinzipien" und daher den mathematischen Idealgestalten angemessen.

Wollte man dagegen die Experimente an den naturgegebenen Phänomenen gewinnen, dann bliebe das „ein bloßes Herumtappen im Dunkeln". Man befände sich am „Gängelband" der Natur (→ S. 101). Wenn beispielsweise GALILEI in der schiefen Ebene, in der Wurfbewegung und im schwingenden Pendel die Gesetzlichkeit wiedererkennt (gleichförmig beschleunigte Bewegung), die dem freien Fall zugrunde liegt, dann ist dies nur auf der Grundlage einer *Idee* möglich, die von der unmittelbar gegebenen Erscheinungsform absieht. Denn letztere ist – bei den angegebenen Beispielen – phänomenologisch gerade dadurch gekennzeichnet, daß sie *keine* frei fallenden Gegenstände sind. Daher kann GALILEI auch behaupten, daß seine Idee unabhängig von der experimentellen Verifikation plausibel ist:

Simplicio: Ihr hättet also nicht nur nicht hundertmal, sondern auch nicht einmal die Probe darauf gemacht und seid doch des Erfolges ohne weiteres sicher? ...
Salvati (resp. GALILEI; H. M.)*: Ich bin ohne Versuch gewiß, daß das Ergebnis so ausfällt, wie ich es euch sage, denn es muß so ausfallen* (GALILEI 1891, S. 150–152).

Häufig zitiert wird auch die Äußerung GALILEIs im Zusammenhang mit der kopernikanischen Sicht der Himmelsbewegungen: *Ich kann nicht genug die Geisteshöhe derer bewundern, die sich ihr angeschlossen und sie für wahr gehalten, die durch die Lebendigkeit ihres Geistes den eigenen Sinnen Gewalt angetan, derart, daß sie, was die Vernunft gebot, über den offenbarsten gegenteiligen Sinnenschein zu stellen vermochten.*[128]

Erläuterungen anhand unterrichtlich bedeutsamer Beispiele

Erfahrung – auf der alle Intuition beruht – kann sich nur auf deren Repräsentation in der subjektiven kognitiven Struktur beziehen. Diese ist natürlich bei Physikern eine andere als bei Schülerinnen und Schülern. Letztere verfügen praktisch ausschließlich über lebenspraktisch gewonnene Erfahrung. Didaktisch entsteht dann das Problem, im Unterricht *vor aller Hypothesenbildung* den Erfahrungshorizont aufzu-

---

[128] GALILEI 1991, Dialoge ... (Dritter Tag). Hier zitiert nach SIMONYI, S. 187.

bereiten, auf den sich die Hypothesen beziehen. Erfahrung aber läßt sich nicht „mitteilen", sondern nur „machen".

Was mit einer *theoretischen Idealgestalt* im Unterschied zur unbefangenen Wahrnehmung gemeint ist, sollen weitere Beispiele einfacher Art verdeutlichen:

- Die „Ruhe" als einen Sonderfall der Bewegung aufzufassen, wie dies in der Mechanik geschieht, das ist ein Bruch mit der Wahrnehmungswelt. In dieser ist die Ruhe das *Gegenteil* der Bewegung. Aus der *Idealgestalt der Trägheitsidee* ergibt sich, daß, weil die Summe aller Kraftvektoren „Null" ergibt, eine formale Identität zwischen jeder gleichförmigen Bewegung und dem Ruhezustand besteht.

- Schatten als Negativum, als etwas *Fehlendes*, „*Nicht-Licht*" zu begreifen, *widerspricht* der Wahrnehmung und der an dieser orientierten Sprache. In ihr werden Schatten *erzeugt*, man kann „Fangen" mit ihnen spielen, sie werden größer und kleiner. „Fehlen von Licht" ist nicht das, was wir unbefangenerweise beobachten, wenn wir einen Schatten sehen. Auch hier ergibt sich die physikalische Sicht erst aus der Idealgestalt der geradlinigen Lichtausbreitung. (Ob diese so „trivial" und auf der Hand liegend ist, wie das der Unterricht oft suggeriert, wird in Kapitel IV erörtert; → Ü 4.4.2, S. 289.)

- Ein gängiges Beispiel, das sich auch bei WAGENSCHEIN findet: Der wahrgenommene Tagesgang der Sonne rechtfertigt im Alltag sehr wohl die Rede vom Sonnenauf- und -untergang. Sich die Erde als bewegt und die Sonne als ruhend zu denken, dies ist ein Bruch mit der Wahrnehmungswelt. (WAGENSCHEIN: *Daran zu glauben, ist nun wirklich für einen unbefangenen und selbständig denkenden Menschen eine noch viel größere Zumutung als die Anerkennung der Kugelgestalt;* 1988, S. 325.) Die dahinter stehende Idealgestalt des Planetensystems ist bekanntlich alles andere als offenkundig und hat, kaum daß sie Geltung beanspruchen konnte, die Welt revolutioniert.

- Der sogenannte „Energieerhaltungssatz der Mechanik" kann an der Stelle, an der er in den meisten Lehrplänen verankert ist, von den Schülerinnen und Schülern nur als „Glaubenssatz" angenommen werden. Empirisch läßt sich nur zeigen, daß er *nicht* gilt! (Die Rede vom „abgeschlossenen System" ist nur eine besondere Fassung des „Glaubenssatzes".) Die Abnahme der Energie eines mechanischen Systems als Folge einer Energieumwandlung zu begreifen, das setzt die Idealgestalt eines Energieerhaltungssatzes voraus, der zumindest auch die thermischen Vorgänge umfaßt. Diese Gestalt zu kreieren war bekanntlich eine der größten und umkämpftesten Leistungen der klassischen Physik. Sie ist nicht zufällig erst ca. 150 Jahre alt und bedurfte so genialer Köpfe wie Robert MAYER (1814–1878) und James P. JOULE (1818–1889).

- Die Idee in Form einer formalen Idealgestalt hat FARADAY neun Jahre lang (1822–1831) trotz aller empirischen Mißerfolge schließlich zum Induktionsgesetz geführt.

- OHM konnte, mehrjährigen experimentellen Mißerfolgen trotzend, 1826 schließlich den Zusammenhang zwischen den elektrischen Größen im Stromkreis formulieren – und diese damit konstituieren –, weil er diesen Zusammenhang als Idealgestalt vor sich sah.

Die Beispiele ließen sich fortsetzen. Immer ist es die *Idealgestalt*, die bestimmt, wie die Natur experimentell bearbeitet wird oder wie die naturgegebenen Phänomene interpretiert werden müssen, daß sich eine Entsprechung zum mathematischen Entwurf im Falle seiner Angemessenheit wenigstens näherungsweise einstellt.

Die Beispiele sollen die immanente pädagogischen Problematik verdeutlichen, aus der WAGENSCHEIN keinen Weg zeigen kann! Die Idealgestalten lassen sich eben nicht aus den Phänomenen „ausgraben" oder „freilegen" (1968a, S. 39/40), weil sie nicht *in* ihnen stecken (→ S. 154).[129]

> Wie entmutigend muß es für aufmerksame Schülerinnen und Schüler sein, nicht *das* in den Versuchen erkennen zu können, was im Unterricht nach dem Motto „Unsere Versuche haben uns gezeigt, daß ..." angeblich aus den Phänomenen „ausgegraben" oder „freigelegt" wird!
> Gerade die nachdenklichsten Schülerinnen und Schüler werden – geht man den wagenscheinschen Weg wirklich konsequent – notwendig zu dem Schluß kommen müssen, daß *sie* nicht begabt genug sind, das „hinter" den Phänomenen (angeblich) entdeckbare Physikalische zu erkennen.

Positiv gewendet, ergibt sich aus dieser Überlegung eine didaktische Forderung, die immer dort zu berücksichtigen ist, wo methodologische Einsichten erzeugt werden sollen:

> Insoweit das didaktische Ziel verfolgt wird, daß die Schülerinnen und Schüler in bezug auf ihre eigene Erfahrung lernen, wie Physik entsteht, müssen sie Gelegenheit haben, intuitiv und kreativ Idealgestalten zu entwerfen, um ihre Erfahrungswelt zu strukturieren.

Die erforderliche Kreativität wird aber erstickt, wenn nicht das gewachsene Erfahrungsfeld den Boden bereitet, aus dem die Intuition schöpfen kann, sondern eine sprachlich und apparativ bereits auf das angestrebte Ergebnis hin „zugerichtete" Lernumgebung des Physiksaals.

Es sei hier schon angemerkt, daß es wohl kaum angemessen sein kann, das selbständige Entwickeln der Idealgestalten zum durchgängigen Leitmotiv des Unterrichts zu machen. Das hat nach dem Gesagten nicht nur zeitökonomische Gründe. Vielmehr zwingt die fehlende Brücke zwischen Common sense und Wissenschaft dazu (→ S. 171 f), daß auf beiden Seiten dieser Grenze Bezugspunkte geschaffen

---

[129] Selbstverständlich ist WAGENSCHEIN nicht entgangen, daß die hier Idealgestalten genannten Ideen zum Schwierigsten gehören, was wir den Schülerinnen und Schülern zu lernen abverlangen. In Anlehnung an SPRANGER rechnet WAGENSCHEIN sie zu den „Elementaria" und sagt z. B. zu diesen: *Es ist jenes Einfache, das „nicht so einfach" ist, und mit dem die Schule deshalb nicht beginnen kann. Für den fertigen Könner das erste, was er „ansetzt", für den forschenden Neuling das Letzte, das aus der komplexen seltsamen Erscheinung Auszugrabende,* und einige Sätze später heißt es, man müsse *zum Elementaren hinabsteigen und es freilegen* (1968a, S. 39/40).

werden, die dem „Brückenbau" erst die notwendige Orientierung verleihen. (→ dazu Kap. IV, Abschnitt 4.5, S. 334).

Ein kleines Beispiel soll das pädagogische Problem veranschaulichen:

Katrin – Schülerin der Klasse 11 am Gymnasium – äußerte sich eines Tages wütend über den Physikunterricht: „Heute habe ich mich das letzte Mal in meinem Leben im Physikunterricht gemeldet". – „Warum?" – „Ich glaubte, was zu wissen – aber jetzt weiß ich nur, daß ich das nie kapieren werde!" Im Unterricht sollten Aufgaben zum „waagerechten Wurf" und zum „Energieerhaltungssatz der Mechanik" gelöst werden. Aus einem Flugzeug wird ein Paket abgeworfen, so die Aufgabe. Lehrer: „Wo trifft das Paket auf?" Klasse: „???" – Lehrer: „Welche Kräfte sind denn da am Werk?" – Katrin überwindet sich zur Meldung: „Der Luftwiderstand!" Lehrer (unwirsch): „Ach, davon sehen wir doch jetzt ab!" – Die nächste Aufgabe befaßte sich mit der Frage, wie hoch eine Kugel (bei gegebener Bewegungsenergie) eine schiefe Ebene hinaufrollt. Katrins Lösung war wieder falsch. Sie hat nicht verstanden, daß die Angabe der Reibungszahl bedeutet, daß in diesem Fall von der Reibung nicht abgesehen werden darf. „Woher weiß man denn das, wann man die Reibung vernachlässigt und wann nicht?" fragt sie mich und kommentiert meine Erklärungen zur Flugzeugaufgabe noch mit der abschließenden Bemerkung: „So 'n Quatsch, Flugzeug ohne Luftwiderstand! Das könnte doch gar nicht fliegen!" Physik ist Katrin zum Greuel geworden.

Um die Rolle der Idealgestalten durchsichtig zu machen, müssen sie an exemplarischen Beispielen ausführlich erläutert und mit den Alltagserklärungen konfrontiert werden einschließlich der historischen Genese und dem sie tragenden Erkenntnisinteresse. Solches Vorgehen hat aber den Charakter der Mitteilung. „Mitteilung" ist hier nicht im Sinne einer rein verbalen Information gemeint. Sie kann auch in der Gestalt einer didaktisch arrangierten Unterrichtssequenz mit integrierten experimentellen Demonstrationen erfolgen (→ Beispiel zum Gesetz von GAY-LUSSAC auf S. 284 f und Fußnote 185). Dies heißt:

> In vielen Fällen wird es aus pädagogischen Gründen geboten sein, *mitzuteilen*, in welch besonderer und oft überhaupt nicht naheliegender Weise die Physiker die Dinge betrachten. Dies kann dann ermutigend wirken, wenn Schülerinnen und Schüler erfahren, daß es nicht an ihrem persönlichen Unvermögen liegt, wenn sie die physikalische Idealgestalt nicht am sinnenhaft Gegebenen ent-decken können (z. B. durch „genaues Beobachten" oder „logisches Denken").

Die erkenntnistheoretische Grenze zwischen GOETHE und WAGENSCHEIN

Die hohe Wertschätzung naturgegebener Phänomene hat WAGENSCHEIN mit GOETHE gemein. Aber GOETHE warnt davor, in jenem die sinnliche Wahrnehmung transzendierenden mathematischen Entwurf von der Natur die tiefere Wahrheit zu sehen als in den naturgegebenen sinnenfälligen Erscheinungen.[130] Es ist erstaunlich konsequent von GOETHE, daß er die mathematische Naturwissenschaft genau dort bekämpft, wo sie, mathematisierenden Ideen folgend, die gegebene Natur „zurichtet". Dort beginnt die Spaltung des „Subjekts" vom „Objekt" Ergebnisse hervorzubringen, die der Weltverbundenheit des Menschen zuwiderlaufen. Die Gefahr der Entfremdung von der Natur hat GOETHE veranlaßt, in seiner Farbenlehre die berühmte und unglückliche Attacke gegen NEWTON zu reiten. Hier enden also die Gemeinsamkeiten zwischen GOETHE und WAGENSCHEIN, denn letzterer hielt an dem Irrtum fest, die ganze Physik in das humanistische Konzept harmonischer Weltverbundenheit integrieren zu können. An seinem Anspruch, den „Bruch zwischen GOETHE und NEWTON heilen" zu können (→ S. 170), mußte WAGENSCHEIN scheitern, weil er von falschen Voraussetzungen ausging.

Der Buchtitel *Kinder auf dem Weg zur Physik* beschreibt WAGENSCHEINs Auffassung, nach der eine Entwicklung des Denkens von der naiven Weltbegegnung bis zu den abstraktesten Modellen der Physik *kontinuierlich* möglich sein soll. Man erkennt darin unschwer die anthropologischen Voraussetzungen des Humanismus, nach denen Bildung als Programm der harmonischen Entfaltung innerer „Kräfte" zu ihrer höchstmöglichen Wirkung beschrieben werden kann. Es geht ihm *um den bildenden Beitrag der mathematischen Naturwissenschaft zur „inneren Welt des Menschen"* oder um das *fruchtbarste Ausgangserlebnis, ... (das) im Fortschreiten des forschenden Erklärens nicht etwa zur ernüchternden Selbstverständlichkeit, sondern zu dem höheren Staunen über den gesetzmäßigen Zusammenhang ... (führt)* (1965, S. 381 bzw. S. 283) – um nur zwei Beispiele aus der Fülle von Formulierungen zu zitieren, in denen die Verbindung zur Ideenwelt des „humanistischen Bildungsideals" zutage tritt. Dieser anthropologisch von LITT so sehr in Zweifel gezogenen Leitfigur fühlte sich WAGENSCHEIN verpflichtet. Das hat m. E. seinen pädagogisch so klaren Blick dort getrübt, wo es um die wissenschaftstheoretischen Voraussetzungen seines Anliegens ging.

Auch wenn sich WAGENSCHEIN des öfteren auf LITT beruft, so trifft dessen Kritik doch gerade auf ihn zu, *daß sein Sehnsuchtsblick auch heute noch an dem Kunstwerk der zur Harmonie durchgedrungenen Persönlichkeit haftet und daß er es versäumt hat, sich von der Unabweisbarkeit der Gegenmacht zu überzeugen, die immer wieder dem Bildner dazwischen fährt und dem werdenden Werk die Züge aufprägt, von denen sein Entwurf nichts wußte* (LITT 1955, S. 111; → Ü 3.1.1).

Was unserem Bildungsbemühen seitens der „Gegenmacht" „dazwischenfahren" kann, sind die im Abschnitt 3.2 beschriebenen Gefahren des Reduktionismus (→ Ü 3.2). Man wird sie nicht dadurch beseitigen können, daß man den Reduktionismus für überflüssig erklärt. Die Methode der Erzeugung physikalischen Wissens impliziert die Reduktion des Menschen auf Rationalität, die des Objekts auf

---

130 GOETHE schreibt in der *Farbenlehre*: *Das Höchste wäre, daß alles Faktische schon Theorie ist. Die Bläue des Himmels offenbart uns das Grundgesetz der Chromatik. Man suche nur nichts hinter den Phänomenen; sie selbst sind die Lehre.* (Zitiert nach Band 2, S. 117, der Ausgabe von OTT.)

Quantität und mathematische Struktur. Das ist, wie ausgeführt, nicht weiter beängstigend, wenn man die Grenzen des wissenschaftlichen Zugriffs klar sieht. Es gilt daher dasselbe wie bei der Nutzenorientierung: Erst aus der Anerkennung der Faktizität kann die Hoffnung erwachsen, Gefahren für die Menschenbildung bewältigen zu können.

3.3.2.3 Der Aspektcharakter der Physik

Zu den zentralen Anliegen WAGENSCHEINs gehört der Aufweis des begrenzten Wahrheitsanspruchs der Physik. Erst die Einsicht in diese Begrenzung schafft den Raum für die Anerkennung anderer Wahrheitswerte, z. B. jene, die oben mit dem Begriff „existentielle Wahrheiten" umschrieben wurden (→ S. 144).

Die Beschreibung der physikalischen Sichtweise der Natur in ihrem Verhältnis zu einer umfassenden, sich aus vielfältigen und andersartigen Erkenntnisweisen speisenden Weltsicht ist für WAGENSCHEIN Bestandteil der „Aneignung" von Physik. Das „Wurzelwerk", dem die Naturwissenschaft entwächst, darf nicht von ihr abgetrennt werden. Für WAGENSCHEIN ergibt sich der Erhalt der Ganzheitlichkeit der Natursicht aus der oben dargelegten Auffassung, die physikalische Betrachtung erwachse *bruchlos* aus der naiven Weltsicht und könne sich widerspruchsfrei mit dieser verbinden durch *die Einwurzelung in die ursprüngliche Welt, und das kontinuierliche, selbsttätige, möglichst produktive Gewinnen der an sich so unglaubhaften Einsicht* (1968a, S. 85). Der Mensch soll allmählich an der Sache geformt werden („Formatio", vgl. WAGENSCHEIN 1968, S. 76, 1970, S. 119 f), wobei die „Sache" in diesem Prozeß *aus* dem sinnlich wahrgenommenen Phänomen letztlich als abstrakteste Gedankenform *kontinuierlich* „freigelegt" wird, also gemäß diesem Bild in einer komplexen Wirklichkeit schon enthalten ist.

Je mehr sich einer Physik „aneignet", desto mehr ist das Herz immer dabei, und nichts stört die anderen Aspekte. So gibt es kaum ein Fach, dessen bildende Kraft auf die Einheit von Kopf, Herz und Hand so angewiesen wäre wie Physik (1962, S. 121).

In dem, was WAGENSCHEIN als Aneignen von Physik hervorhebt, steckt das didaktische Problem. Es ist – in heutiger Wissenschaftssprache – die Integration des gewonnenen Wissens in die Valenzstruktur der Person gemeint, also jene dem *Orientierungswissen* unabdingbar eigene Wirkung, aufgrund derer eine Person sich und die Welt anders sieht als zuvor und die sie anders urteilen und handeln läßt.

WAGENSCHEIN betont deshalb, daß *Physik aus einer besonderen Perspektive kommt und nicht „die" Wirklichkeit zeigt* (1962, S. 109; Hervorhebung i. O.). Das ist ihm *ein* Anlaß, vor der Orientierung des Unterrichts*wegs* am „System der Physik" zu warnen, dieses jedoch als *Ziel* durchaus anzustreben.[131] Denn das

---

131 Mit „System" meint WAGENSCHEIN im wesentlichen die traditionelle und historisch bedingte Abfolge der Themenbereiche der Physik (1962, S. 194 f). Der Begriff sollte nicht mit „systematischem Unterricht" gleichgesetzt werden. Auch WAGENSCHEINs Vorschläge zum Aufbau eines „Kanons" sind in einem bestimmten Sinne „systematisch" und „fachsystematisch"

„Freilegen" der Physik kann nur dann ohne Schaden für das Kind sein, wenn das Verhältnis zur individuellen ganzheitlichen Weltsicht mit ihren außerphysikalischen Wahrheitswerten stets berücksichtigt wird. Das erfordert eine Orientierung am Kind und nicht am System: *Das System als Lehrgang kann dem Kinde erst dann gemäß sein, wenn es auf die Dinge nicht mehr so blickt, wie sie im Alltagsleben miteinander zu tun haben* (1962, S. 199).

Die Problematik der „besonderen Perspektive" wird aber erst richtig deutlich, wenn man erkennt, daß sich durch sie nicht nur die *Hinsicht* auf die Dinge ändert, sondern die Gegenstände des Erkennens *selbst* nicht mehr identisch sind mit denen des täglichen Lebens bzw. mit den Phänomenen. Es war ja gerade der Bruch mit dem anschaulich Vorfindbaren, der es in der Neuzeit ermöglicht hat, die an die empirischen Gegebenheiten gebunde Natursicht der Antike zu überschreiten! Die Idealgestalten zeichnen sich dadurch aus, daß sie *absehen* von dem real und phänomenologisch unmittelbar Beobachtbaren.

Der *Aspektcharakter der Physik* ist daher nicht bereits hinlänglich beschrieben, wenn der Gegenstand der Physik als Teil eines aspektreichen real vorhandenen Ganzen erscheint – so wie der Kern einer Frucht, der zum Vorschein kommt, wenn man ihn seiner Schalen entblättert. Vielmehr gilt:

> In der physikalischen Betrachtung wird die phänomenologisch gegebene Wirklichkeit grundsätzlich transzendiert.

Der Weg des genetischen Lehrens scheint mir – unabhängig von der ausgeführten Unmöglichkeit, auf ihm zur Physik zu gelangen – nicht zur Einsicht in den Aspektcharakter zu führen. Denn gerade dann, wenn man unterstellt, die physikalische Erkenntnis schäle sich aus der komplexen Wirklichkeit heraus, ist kaum zu verhindern, daß sie für das „Eigentliche" gehalten wird, das durch das Beiwerk der „sekundären Qualitäten" verdeckt wird und deshalb „ent-deckt" werden muß.

Auch die Einsicht in den Aspektcharakter erreichen wir wohl eher durch bewußte und gezielte Konfrontation der naiven Weltwahrnehmung mit den Idealgestalten der Physik. Im Kapitel IV werden dafür Beispiele angeführt.

3.3.3 Stoffumfang und Unterrichtszeit: Keine Lösung des Dilemmas unter Berufung auf WAGENSCHEIN!

Als größte Hürde für die innere Entwicklung des Physikunterrichts gilt seit jeher die Stoffülle, die eine gründliche Beschäftigung mit den Inhalten verhindert. So beständig diese Klage den Physikunterricht begleitet, so zähebig und wirkungslos erweisen sich die Lösungsvorschläge: auf der einen Seite die Forderung der Fachverbände, die Unterrichtszeit ausreichend zu bemessen, auf der anderen Seite die

---

zumindest insoweit, als sie das „System" der Physik als Ziel und planmäßig anstreben (1962, Kap. XIV).

scheinbar entgegengesetzte Forderung der Bildungstheoretiker und Pädagogen, den Stoffumfang zu reduzieren und „exemplarisch" zu lehren.

Die Berufung auf die angeblichen Möglichkeiten des „Exemplarischen Lehrens" hat – zumindest insoweit man es im Sinne WAGENSCHEINs versteht – bisher noch zu keiner Entspannung in der Praxis geführt. Auch hier muß geprüft werden, ob dies an Inkonsistenzen des Konzepts, seiner falschen Interpretation oder an einer Innovationsresistenz der Schule liegt.

WAGENSCHEINs Vorschlag zum „Exemplarischen Lehren" stieß in den 60er und 70er Jahren in der Fachdidaktik auf großes Mißtrauen. Die Fachverbände sahen in ihm das Trojanische Pferd für jene pädagogischen Auffassungen, die das naturwissenschaftliche Sachwissen als Bildungsinhalt desavouierten (vgl. dazu KROEBEL 1967 und WAGENSCHEIN 1968b; → Ü 3.1, S. 130).

Aus heutiger Sicht scheint die Front zwischen Pädagogik und Fachdidaktik zumindest in Auflösung begriffen. „Exemplarisches Lehren" wird in offenkundiger Anlehnung an WAGENSCHEIN gegenwärtig u. a. auch von jenem Fachverband vorgeschlagen, der in den 60er Jahren am schärfsten gegen WAGENSCHEINs Vorschläge auftrat (→ S. 201 ff), nämlich dem „Deutschen Verein zur Förderung des mathematischen und naturwissenschaftlichen Unterrichts e.V" (MNU). Dabei besteht die Gefahr neuer Mißverständnisse, die diskussionbedürftige Differenzen im Blick auf die Ziele und Methoden des Unterrichts zu verschleiern drohen, statt sie konstruktiv zu bearbeiten (→ Ü, S. 184).

Im Zusammenhang mit Forderungen LAUTERBACHs wurde bereits auf die Aktualität der Diskussion um das „Exemplarische Lehren" hingewiesen und zugleich die Fragwürdigkeit der Begründungen angedeutet (→ S. 132). Da sich die meisten Autoren (und Lehrpläne) dabei mehr oder weniger direkt auf WAGENSCHEIN beziehen, wird der Begriff im weiteren in dessen Verständnis benutzt. Es soll der Frage nachgegangen werden, inwieweit aktuelle Vorschläge zum exemplarischen Lehren WAGENSCHEINs Vorstellungen entsprechen.

Zur Aktualität des „Exemplarischen"

Als neue Antwort auf die Frage, welche Inhalte und Kompetenzen *auch* unter qualifikatorischen Gesichtspunkten Gegenstand des Unterrichts sein sollen, hat der MNU 1988 für den Physikunterricht an der Sekundarstufe I für alle Schularten einen „Stoffkatalog" und einen „Verteilungsvorschlag" vorgelegt (EMPFEHLUNGEN …), der ausdrücklich Rücksicht darauf nimmt, *daß die Mehrzahl der jungen Menschen hauptberuflich mit diesem Fach nichts mehr zu tun haben wird. Alle aber werden während ihres ganzen Lebens von Physik und darauf basierenden technischen Entwicklungen betroffen sein* (S. IV). Die Erläuterungen zu diesem Vorschlag lassen erkennen, daß er im Bewußtsein der empirischen Lage des Physikunterrichts erarbeitet wurde, wie sie im ersten Kapitel dieser Arbeit dargestellt ist. Es werden auch Gestaltungsprinzipien empfohlen, die WAGENSCHEINs Ideen viel stärker entgegenkommen als frühere Forderungen dieses Vereins, z. B. die Verbindung einzelner Unterrichtsgegenstände, die in *exemplarisch vertiefender Arbeitsweise* behandelt werden sollen, mit *Brücken* in Form *zusätzlicher Informationen*.[132] Auch die Betonung, daß im Unterricht der *Jahrgangsstufe 7 ... Phänomene im Zentrum des Unterrichts stehen* sollen oder daß *die bisher vorherrschenden Rechenaufgaben sinnvoll zurückgedrängt werden müssen*, zeigt deutlich – bis in einzelne Formulierungen hinein –, daß WAGENSCHEIN in seinem Todesjahr auch seitens des MNU die Zustimmung findet, die ihm zur Zeit seines intensivsten Wirkens von dieser maßgeblichen Seite versagt geblieben war (→ Ü 3.4, S. 192).

Die „Empfehlungen" kritisieren ausdrücklich die stoffliche Überfrachtung der gegenwärtigen Lehrpläne, dennoch: Das Ziel der „Vermittlung eines Basiswissens" bleibt essentiell, die „Empfehlungen" enthalten einen immer noch respektablen Katalog von Begriffen, Gesetzen und Modellvorstellungen aus den traditionellen Teilgebieten der Physik. Vergleicht man den „Stoffkatalog" der „Empfehlungen" mit den Inhalten der gegenwärtig in der Bundesrepublik Deutschland gültigen Lehrpläne, so übertrifft sein Umfang die weitaus meisten amtlichen Pläne für die Sekundarstufe I.[133] Der Vorschlag schließt aber auch die Forderung ein, daß der Physikunterricht in der Sekundarstufe I von Klasse 7–10 mit mindestens zwei Wochenstunden erteilt werden soll. Dies ist gegenwärtig in den alten Bundesländern nicht der Fall.

„Grundlandschaft" und „Tiefenbohrung"

Es muß hervorgehoben werden, daß weder die aktuell gültigen Lehrpläne noch die „Empfehlungen" zur künftigen Lehrplangestaltung in ihrem inhaltlichen Umfang an das von WAGENSCHEIN für die Mittelstufe als realisierbar gehaltene „phänomenologische Grundgefüge der gesamten Physik" (→ Fußnote 118, S. 167) heranreichen. Zu ihm führt WAGENSCHEIN aus: *Dieser Kanon stellt den physikalischen Zusammenhang in einer gewissen Vollständigkeit vor. Es soll damit nicht gesagt sein, daß er in der Schule unbedingt in allen seinen Teilen „behandelt" werden müßte. Auch nicht in allen Teilen gleich intensiv ... Im übrigen halte ich es für m ö g l i c h , daß der ganze Inhalt des Kanons im Laufe der Schulzeit angeeignet wird* (1962, S. 234; Hervorhebung i. O.). Und an anderer Stelle betont er: *Für die Oberstufe der Höheren Schule und die letzten Jahre der Volksschule ist also ein solcher Kanon die Voraussetzung für exemplarische Tiefenbohrungen, die hinein führen in diese zuvor gelegte Grundlandschaft* (1968a, S. 37).[134]

---

[132] Aussage und Begriffswahl lassen keinen Zweifel daran, daß exemplarisches Lehren im Sinne WAGENSCHEINs empfohlen wird (z. B. WAGENSCHEIN 1962, Kap. XV oder 1968a, S. 27–74).

[133] Es handelt sich nicht um einen Maximalkatalog. Vielmehr ist das „Basiswissen" auf jene Inhalte beschränkt, hinsichtlich derer im Kreise der Physiklehrerschaft wohl ein weitgehender Konsens darüber besteht, daß eine unterrichtliche Behandlung notwendig ist. Vorgesehen und empfohlen wird eine *schulartspezifische Ausarbeitung*, wobei insbesondere auf die Möglichkeit hingewiesen wird, einzelne Unterrichtsgegenstände *in exemplarisch vertiefender Weise* zu behandeln, *andere in einem informativen Stil* (EMPFEHLUNGEN ..., S. V).

[134] *Solche exemplarischen Tiefenbohrungen auf der Oberstufe setzen voraus, daß die Mittelstufe ein in sich zusammenhängendes phänomenologisches Grundgefüge der ganzen Physik bereitgestellt hat ...* (WAGENSCHEIN 1965, S. 262).

Ein – wie auch immer geartetes und erworbenes – zusammenhängendes physikalisches Grundwissen ist also auch für WAGENSCHEIN „Voraussetzung" für das „genetisch-sokratisch-exemplarische" Lehren, die in den unteren Klassen „zuvor" geschaffen werden soll. Der eigentliche Ort für das „genetisch-sokratisch-exemplarische" Lehrverfahren ist für WAGENSCHEIN daher die Oberstufe (vgl. z. B. 1965, S. 259; 1968a, S. 37 f), wenngleich er die Grundzüge des Verfahrens auch in der Mittelstufe gelegentlich angewendet sehen will.[135] *Trotzdem möchte ich denen recht geben, die meinen, daß bis Ende Obersekunda eine in sich geschlossene Sicht durch das Ganze der Physik vorliegen müsse. Das physikalische Grundgebirge sozusagen, in das nun in der Prima einige Tiefengrabungen zu führen wären* (1965, S. 260).

Hinsichtlich der Bedeutung des Grundwissens besteht also kein grundsätzlicher Widerspruch zwischen WAGENSCHEIN und den gegenwärtigen Forderungen der Fachverbände. WAGENSCHEIN fordert vor allem eine Enthaltung im Bereich der Mathematisierung. *Das Phänomen hat immer Vorrang. Modellvorstellungen sind zugelassen, wo sie sich auf eine ungezwungene Weise aus der Sache heraus aufdrängen* (1962, S. 234). Interpretiert man dies als Aufforderung, lebenspraktische und naturgegebene Sachverhalte in den Vordergrund zu stellen und mit Formalisierungen so zurückhaltend wie möglich zu sein, dann ist auch diesbezüglich ein erfreulicher Konsens zu konstatieren.

WAGENSCHEIN geht von einer – an heutigen Verhältnissen gemessen – reichhaltigen Ausstattung des Physikunterrichts mit Unterrichtszeit aus: Nach drei Jahren ungefächertem Naturlehreunterricht (Klassen 5, 6 und 7) folgen weitere drei bzw. vier Jahre (Gymnasium) Fachunterricht in der Mittelstufe, wobei für den Fachunterricht nie weniger als zwei Wochenstunden pro Fach zugrunde gelegt sind (WAGENSCHEIN 1965, S. 261). In den alten Bundesländern sind heute mehr als sechs Wochenstunden für die Mittelstufe eine Ausnahme (Wahlpflichtbereiche). Unterhalb des 7. Schuljahrs werden physikalische Inhalte nur in wenigen Bundesländern mit einer Wochenstunde in Klasse 6 unterrichtet. An der unteren Grenze der Stundentafel bewegt sich Baden-Württemberg mit seinen Lehrplänen für den Pflichtbereich. Für die Hauptschule wird dort Physik nur in den Klassen 7, 8 und 9 mit jeweils *einer* Wochenstunde unterrichtet. An den Realschulen dieses Bundeslandes sind es noch fünfeinhalb Wochenstunden, beginnend in Klasse 8.

---

135 Wissenschafts- bzw. erkenntnistheoretische Fragen (z. B. *Was ist ein Modell?* oder *physikalische Erkenntnis als Gegenstand der Betrachtung*) will WAGENSCHEIN in der Mittelstufe ganz ausgeklammert haben! Von den „Funktionszielen" *Erfahren, was es in der exakten Naturwissenschaft heißt: eine erstaunliche Einzelerscheinung verstehen, erklären, eine Ursache finden* und *Erfahren, wie man ein Experiment, als eine Frage an die Natur, ausdenkt, ausführt, auswertet, und wie man daraus die mathematische Funktion gewinnt*, die im Rahmen des exemplarischen Lehrens eine grundlegende Rolle spielen, schreibt WAGENSCHEIN im Hinblick auf den „Kanon" der Mittelstufe, daß sich der Unterricht ihrer *nur selten, dann aber sehr gründlich, exemplarisch, annimmt* (1965, S. 259/260). Die Problematik dieser Enthaltsamkeit wird weiter unten wieder aufgegriffen (→ S. 290 f).

Es wäre sicher falsch, WAGENSCHEINs „Kompendium" bzw. „Kanon" als abzuarbeitenden Stoffkatalog zu verstehen, aber immerhin hält er eine Behandlung für sinnvoll und möglich.[136] Viele Inhalte, die bei ihm im Rahmen genetischer Lehrgänge vorkommen, sind zwischenzeitlich der Kürzung der Stundentafel geopfert worden. Betroffen sind überwiegend solche Bereiche, die eine phänomenologisch und erkenntnistheoretisch orientierte Behandlung erleichtern könnten, z. B. weite Teile der *Akustik* (sie fehlt in der Mehrheit der Lehrpläne ganz), der *Optik*, der *Mechanik der Flüssigkeiten und Gase*. Als weitgehend resistent gegen die Kürzung der Stundentafel haben sich die *Elektrizitätslehre*, die *Energetik*, die *mechanischen Maschinen* („goldene Regel der Mechanik") und teilweise auch die Grundlagen der quantitativen *Strahlenoptik* erwiesen (Lichtausbreitung einschließlich Reflexion und Brechung, optische Abbildung). Die Gründe für diese Akzentverschiebung gegenüber dem Wagenscheinschen „Kanon" werden im Abschnitt 3.4 noch deutlich werden.

Für WAGENSCHEIN sind die Inhalte des „Kanons" vor allem Medium für die Menschenbildung. Sie sind das Material, mit dessen Hilfe oder auf dessen Grundlage jene „Formatio" in Unterscheidung von „Informatio" oder „Deformatio" angestrebt wird, die *gerade heute von den Gebildeten erwartet werden* sollte (1968a, S. 76). Welche Inhalte exemplarisch in genetischen Lehrgängen vertieft behandelt werden und welche auf dem Weg straffer Information, das soll nach WAGENSCHEIN nicht festgelegt, sondern situationsbezogen entschieden werden. (Das geht hervor *aus dem Tun und aus den Problemen, die das Tun uns aufdrängt;* 1962, S. 234.) Nicht alles was der Kanon an Fachbegriffen usw. enthält, müssen die Schüler wissen: *Es genügen meist die qualitativen Grundlagen* (1962, S. 234).

Man kann aber die wagenscheinschen Vorschläge drehen und wenden, wie man will: Gemessen an der heute i. allg. zur Verfügung stehenden Unterrichtszeit bedeuten sie eine inhaltliche Überfrachtung des Unterrichts, auch wenn eine weitgehende Beschränkung auf die qualitativen Grundlagen erfolgt. Macht man sich die Mühe, die Unterrichtszeit aufzuaddieren, die sich allein aus den Beispielen ergibt, die WAGENSCHEIN zur Erläuterung seiner Lehrmethode in verschiedenen Schriften darstellt, so wird schnell klar, daß das größte Problem des Physikunterrichts, nämlich der Stoffdruck, sich nicht dadurch lösen läßt, daß man WAGENSCHEINs Vorschläge realisiert. Allein die Beispiele zehren das Zeitbudget vollständig auf. „Exemplarisches Lehren" wird von WAGENSCHEIN auch nicht empfohlen, um schneller durch den Stoff zu kommen und die Stundentafel kürzen zu können, sondern um Raum für genetisch-sokratisches Lehren zu gewinnen:

Das exemplarische Lehren ist kein aus Resignation eröffneter neuer Notausgang, es ist die Zurückbesinnung auf das, was Lehren schon immer nur sein konnte

---

[136] Die Überschriften zum „Kanon" lauten bei WAGENSCHEIN: *A. Das Greifbare – Drei Arten von Stoffen; B. Das Hörbare; C. Drei Zustandsarten der Stoffe; D. Der Wärmeaufruhr der Materie; E. Zusammenhaltende Kräfte; F. Wärmestrahlung; G. Fernwirkung; H. Leuchten und Licht; I. Die magnetische Kraft; K. Die elektrische Kraft; L. Die magnetische Kraft der bewegten Elektrizität; M. Die elektrische Kraft des bewegten Magnetismus; N. Zerfallende Grundstoffe.*

(1968a, S. 43/44). Ähnlich, aber noch pointierter wendet sich WAGENSCHEIN in seinem Aufsatz *Was Exemplarisches Lehren nicht ist* (1965, S. 324–327) gegen dieses in der Fachdidaktik weit verbreitete Mißverständnis. *(Das Exemplarische Lehren) ist kein Notausgang, kein Behelf, kein Verzicht auf Besseres, kein Rückzug in dem Sinne: „Da wir leider nicht alles durchnehmen können, müssen wir uns halt beschränken"* (S. 324).

In mancher Lehrplanpräambel ist der Begriff des Exemplarischen dagegen zu einer Generalausrede für Lückenhaftes verkommen, zu eben jenem „Notausgang", den das Exemplarische Lehren weder bilden soll noch kann. Die Rahmenbedingungen und die inneren Strukturen der Lehrpläne verhindern allzuoft die Realisierung von WAGENSCHEINs Forderung: *... ein streng exemplarisches Verfahren muß „genetisch" sein. Denn die besondere Art „Gründlichkeit", die zu ihm gehört, ist erst mit dem Attribut des „Genetischen" ganz erreicht*, und das Verfahren ist nicht *zeitraubend, sondern muße-fordernd* (1968a, S. 75/76) – und wie gesagt: Es ist auf ein Grundgebirge angewiesen

Es sei nochmals auf die „Empfehlungen" des MNU zurückverwiesen: Trotz des implizit eindeutigen Bezugs auf WAGENSCHEIN ist der Charakter des Stoffkatalogs am traditionellen „System als Lehr-Gang" (WAGENSCHEIN 1968a, S. 28) orientiert, also an den Begriffen und Gesetzen der Physik in der Gliederung nach dem historisch gewachsenen System Wärme – Optik – Mechanik – Elektrizitätslehre – usw. Die Autoren haben weitgehend auf eine differenzierte Begründung für die einzelnen Inhalte und ihre Anordnung verzichtet (Ausnahme: Kernenergie, Energieumwandlungen), sind also die Antwort auf die Frage schuldig geblieben, in welchen Lebenskontexten ein Inhalt für die Mehrzahl jener jungen Menschen von Bedeutung sein soll, die *hauptberuflich mit diesem Fach nichts mehr zu tun haben wird* (s. o.). Gerade dies aber wird wohl zu Recht von den Schülerinnen und Schülern direkt oder indirekt eingefordert. Eine Lösung des Problems der Stoffülle im Rahmen der geltenden Stundentafeln stellen die „Empfehlungen" des MNU nicht dar.

Exemplarisches Lehren bedeutet in erster Linie Gründlichkeit im Hinblick auf bestimmte *Funktionsziele* (→ S. 165 und Fußnote 117, S. 166). An einem einzelnen Inhalt sollen möglichst alle logischen und empirischen Zusammenhänge zu völliger Klarheit gebracht werden. Davon sollen dann auch jene Inhalte des „Grundgebirges" profitieren, die nicht so gründlich erarbeitet werden können. Das Einzelne ist „Spiegelung" des Ganzen, *nicht nur das Ganze des Faches, – im günstigsten Fall das Ganze der geistigen Welt – sie muß auch das Ganze des Lernenden (...) erhellen* (1968a, S. 34).

Damit etwas als Spiegelung des Ganzen zu erkennen ist, bedarf es einer nicht zu flüchtigen Kenntnis dessen, *was* da gespiegelt wird. Deshalb hat es einen guten Grund, wenn WAGENSCHEIN *vor* das exemplarische Lehren einen nicht zu knapp ausgefallenen Rahmen an Kenntnissen und fachlichen Erfahrungen setzt, das „Grundgebirge" eben, ohne das nichts ein Exempel für etwas sein kann!

Der heute dem Physikunterricht der Sekundarstufe I zugebilligte Zeitrahmen reicht nicht aus, das „Grundgebirge" aufzubauen, das für die exemplarischen

„Tiefenbohrungen" erforderlich ist. Die oben skizzierte Akzentverschiebung bei den Inhalten – weg von den auf die sinnliche Wahrnehmung bezogenen und der Primärerfahrung zugänglichen Inhaltsgebieten hin zu den Bereichen, in denen die Artefakte der Naturwissenschaft dominieren – birgt zusätzliche Hürden für exemplarisches Lehren; denn die aufzuklärenden Erkenntnisbedingungen und Erkenntnisfolgen sind bei den von der Naturwissenschaft *hervorgebrachten* (theoriegeladenen) Gegenstandsbereichen komplexer, als wenn es unmittelbar um „Natur" geht. Das bedeutet nichts weniger, als daß exemplarisches Lehren im Sinne WAGENSCHEINs unter den gegenwärtigen Bedingungen nicht realisierbar ist. Dennoch wäre es wohl so vergeblich wie bisher, die Forderung nach mehr Unterrichtszeit in den Vordergrund zu stellen. Sie muß von einer überzeugenden didaktischen Konzeption unterstrichen werden, die aufzeigt, wofür die Unterrichtszeit im einzelnen erforderlich ist und auf welchen Wegen die Ziele erreicht werden können.

Die Forderung nach Kontextorientierung und die Berücksichtigung des „Nutzens" der Wissenschaft im Sinne der Frage, welches Wissen, welche naturwissenschaftlichen Hervorbringungen bewirken in unserer Welt welche uns alle berührenden Veränderungen, verlangt die Diskussion konkreter Inhalte hinsichtlich dieser Relevanz. Ohne diese Diskussion verkommt der Hinweis auf das „Exemplarische" zur Generalausrede für Unvollkommenes, Flüchtiges, Lückenhaftes – daher:

> Wo immer exemplarisches Lehren vorgeschlagen wird, ist zugleich anzugeben, in welches „Grundgebirge" die „Tiefenbohrung" gelegt werden soll, was wofür Exemplum sein soll und welche Inhalte ihres Eigenwerts wegen unverzichtbar sind.

Exemplarisches Lehren hat *Orientierungswissen* zum Ziel. Der *Qualifizierungsauftrag* der Schule kann dagegen bei einer geringen, aber offenkundig ausreichenden Anzahl von Schülern (!) auch ohne Rücksicht auf die allgemeine Orientierungsfunktion erfüllt werden. Auf diese Weise bleibt „Naturbeherrschung" in einem instrumentellen Sinne in gesellschaftlich legitimiertem und politisch gewünschtem Umfang möglich, auch wenn die Naturerkenntnis, das Aneignen von Physik oder die Menschenbildung im Sinne WAGENSCHEINs dabei auf der Strecke bleiben. Das Bildungsproblem des naturwissenschaftlichen Unterrichts läßt sich daher auf der pädagogischen oder didaktischen Ebene allein nicht lösen, weder durch exemplarisches noch durch kursorisches Lehren. Es ist vielmehr ein Politikum.

Zur mißverstandenen Interpretation exemplarischen Lehrens in den Naturwissenschaften

Abschließend soll die Problematik des exemplarischen Lehrens an einem von KLAFKI gegebenen Beispiel dargestellt werden. Er beschreibt, wie am Besonderen neue generalisierbare Möglichkeiten gewonnen werden, zunächst für das *kleine Kind*:

> *Hat es an einem oder wenigen Fällen den Sinn der Verknüpfung eines „Subjekts" (...) mit einem „Verb" (...) an einem oder wenigen Fällen verstehend*

und/oder sprachhandelnd aufgefaßt („Papa kommt", „Mutti geht", „Auto fährt"), so hat es damit eine (...) „Einsicht" gewonnen, die es ihm ermöglicht, eine große Zahl von Aussagen gleicher Struktur zu verstehen, und es hat damit gleichzeitig eine Strategie erworben, mit deren Hilfe es ihm selbst bedeutsame Beziehungen von „Subjekten" und „Handlungen" bzw. „Geschehnissen" aussagen kann (...). – Eine analoge Grundstruktur des Bildungsvorganges liegt aber ... auch da vor, wo Schüler auf der Sekundarstufe I an einer ökologischen Streitfrage, die in ihrer Heimatgemeinde diskutiert wird, durch eigene (...) biologische und chemische Versuche und durch sozialkundliche Erkundungen generelle Einsichten erstens in faktische oder mögliche Zusammenhänge zwischen Industrieansiedlung, Schadstoffemissionen und Landschaftsveränderung bzw. -zerstörung gewinnen, zweitens in die Interessenbedingtheit und die ... Kompliziertheit der gesellschaftlich-politischen Lösungen solcher Probleme und drittens in die Grenzen möglicher Prognosen hinsichtlich der Folgewirkungen verschiedener Lösungsvorschläge (1993, S. 144/145).

Hinsichtlich der angesprochenen *naturwissenschaftlichen* Zusammenhänge, die hier exemplarisch behandelt werden sollen, scheint mir so ziemlich das Gegenteil dessen vorgeschlagen zu sein, was WAGENSCHEIN wollte. Keineswegs sind die „Strukturen" „analog" den grammtikalischen von „Vater kommt", „Auto fährt". Sie sind weitaus komplexer und vielschichtiger, auch in bezug auf vorausgesetztes Wissen und Erfahrung. Die Analyse der Luft nach Schadstoffen, die Bestimmung des Nitratgehalts des Trinkwassers, die Lärmbelastung eines Wohngebiets o. ä. Probleme erfordern eine Fülle von Detailkenntnissen, über die Schülerinnen und Schüler der Sekundarstufe I aufgrund des gegenwärtigen Unterrichts i. d. R. nicht verfügen können. Sie werden i. allg. darauf angewiesen sein, zu *glauben*, daß die Anzeigen der Meßinstrumente auch tatsächlich das wiedergeben, was ihnen zur Interpretation derselben *mitgeteilt* wird.

Ohne die erforderlichen Detailkenntnisse kann auf diesem Wege nicht mehr entstehen als *verdunkelndes Wissen* (WAGENSCHEIN 1968a, S. 61 f), ein *naturwissenschaftlicher Wissensanflug in Uniform*. Was an Kenntnissen produziert wird, gerät leicht zu dem, was WAGENSCHEIN *Wortgläubigkeit* nennt, *entwurzelndes Wissen: Scheinwissen* (ebd.).

Anständige Unkenntnisse, ehrliche, von schwierigen Dingen, gehören zur Bildung (ebd.), würde WAGENSCHEIN wohl gegen das Beispiel KLAFKIs einwenden, solange es uns nicht möglich ist, das notwendige Sachwissen um Nachweisreaktionen, Reaktionsgleichgewichte, Meßgenauigkeit, Vorhersagesicherheit usw. in einem Rahmen zu behandeln, der echte Gründlichkeit, echtes „Enracinement" ermöglicht. Erst wenn wir dazu von den schulischen Möglichkeiten in die Lage gesetzt werden, besteht Hoffnung, daß auch Absolventen der Sekundarstufe I einen Bericht zu einer Problematik der von KLAFKI geschilderten Art oder die Ergebnisse eines entsprechenden Projekts nachvollziehen und als plausibel und sachgerecht oder oberflächlich und lückenhaft einordnen können. Solche Urteilsfähigkeit müssen wir anstreben, und eben dies erfordert Gründlichkeit im Detail.

An dem von KLAFKI ausgeführten Exempel kann im Hinblick auf die Naturwissenschaften exemplarisch gelernt werden, wie kompliziert unsere Welt geworden ist. Auch das ist wichtig und muß m. E. in den Rahmen des naturwissenschaftlichen Unterrichts mit der Zielsetzung integriert werden, zu erkennen, welcher begrenzte Status dem von den Experten mitgeteilten Datenmaterial zukommt und wo in unserer Demokratie der einzelne gefordert ist, für die Bewertung der Daten und zu ergreifende Maßnahmen Mitverantwortung zu übernehmen.

Die Argumente wenden sich also nicht gegen Projekte der beschriebenen Art, wohl aber gegen das mögliche Mißverständnis, auf diesem Wege sei das Lernen *in* den Naturwissenschaften auf exemplarische Weise möglich. In Kapitel IV werden zum didaktischen Ort der Projekte im naturwissenschaftlichen Unterricht genauere Ausführungen gemacht.

Die Darlegungen zur inhaltlichen Überlastung des Physikunterrichts lassen sich zusammenfassen:

> Hinsichtlich der Notwendigkeit, in der Mittelstufe ein physikalisches Grundwissen aufzubauen, besteht zwischen den aktuellen Forderungen der Fachverbände und WAGENSCHEIN kein grundsätzlicher Unterschied mehr. Die Stoffülle des Physikunterrichts bewirkt aber im Rahmen der gegenwärtigen Stundentafeln eine Aporie, die nicht dadurch beseitigt werden kann, daß auf die Möglichkeit des exemplarischen Lehrens im Sinne WAGENSCHEINs verwiesen wird.

3.3.4 Wider vorschnelle Schlußfolgerungen

Die wissenschaftstheoretische Grundlage für die methodischen Leitkriterien des „genetischen Lehrens" im Sinne WAGENSCHEINs wurde durch die Argumente des Abschnitts 3.3.2 als unhaltbar ausgewiesen. Pädagogisch unmittelbar einleuchtende Forderungen WAGENSCHEINs sind aber deshalb nicht obsolet. Das Ziel der *Wissenschaftsverständigkeit*, die Notwendigkeit der Verknüpfung von Lebenswelt und Physikunterricht, Alltagsdenken und wissenschaftlichem Denken, Umgangssprache und Fachsprache, Naturphänomen und physikalischem Experiment usw. bleiben in ihrer pädagogischen Relevanz von den wissenschaftstheoretischen Schwierigkeiten unberührt. Nur WAGENSCHEINs Weg des genetischen Lehrens kann nicht in seinem Sinn übernommen werden. Er führt in eine Sackgasse.

Es bleibt auch ein zentrales Anliegen, den Physikunterricht aus der Gefangenschaft im *Modus des Physiktreibens* zu befreien. Sonst entsteht kein Verständnis, sondern eine *Korruption des Naturverstehens* (WAGENSCHEIN 1962, Kapitel XI). Die Übereinstimmung in diesem Ziel mit WAGENSCHEIN darf aber nicht dazu führen, den Reduktionismus und die Nutzenorientierung zu ignorieren. Sie *sind* Physik und müssen daher erfahren und *er*arbeitet werden. Erst dadurch werden sie der Reflexion und *Ver*arbeitung zugänglich.

WAGENSCHEINs Darstellung des genetischen Lehrens zielt darauf ab, die Brüche zwischen wissenschaftlichem und alltäglichem Zugriff auf die Wirklichkeit zu kaschieren, statt sie offenzulegen. Darin liegt die Gefahr, daß eines seiner wichtigsten Ziele, nämlich die Physik als einen spezifischen und begrenzten Aspekt menschlicher Naturbegegnung zu vermitteln, nicht erreicht wird. Dies setzt das Bewußtsein über die Lage der Grenzen voraus. Das Entlanggehen am Grenzzaun, ihn bewußt und systematisch abtasten, wahrzunehmen, was er voneinander scheidet, dies duldet kein Kaschieren von Brüchen, sondern erfordert, daß man sie genauestens in den Blick faßt.

Es wäre also ein Mißverständnis, die dargelegte kritische Bewertung des wagenscheinschen Weges zur Bildungsorientierung als Kritik an WAGENSCHEINs *Zielen* zu interpretieren. Im Verlauf der Arbeit wurde schon mehrfach deutlich gemacht, daß seine Diagnosen und Befürchtungen zu den *Wirkungen* des Unterrichts sich als uneingeschränkt zutreffend erwiesen haben. Er hat die Gefährdung deutlich gesehen, die in dem steckt, was in dieser Arbeit der *Modus des Physiktreibens* genannt wurde (→ S. 112 f) – sein ganzes Werk ist ein einziger Feldzug gegen diese Gefahr.

Das Herz muß ... erfahren, daß es nicht entthront wird zugunsten einer vermeintlich unbedingten und eiskalten Wahrheit, sondern, daß es sich nur vorübergehend in den Schatten stellt; daß auch das rationalste und mathematisierteste Erkennen in ihm verwurzelt bleiben kann (WAGENSCHEIN 1962, S. 122). Es sei hinzugefügt: Es genügt nicht, daß das Herz dies erfährt. Es muß verstandesmäßig verarbeitet werden, eben weil eine Kontinuität zwischen Wahrnehmung bzw. Alltagsdenken und physikalischem Entwurf nicht bruchlos bewahrt werden kann.

Das Verhältnis zwischen lebenspraktischer Welterfahrung und physikalischem Entwurf aufzuklären bleibt eine Aufgabe des Physikunterrichts. Dieses Anliegen WAGENSCHEINs scheint mir über alle Kritik erhaben zu sein, auch wenn es nicht auf dem von ihm vorgeschlagenen Weg des genetischen Lehrens möglich ist. Es gilt dann eben andere Wege zu suchen. Die Schlußfolgerung aus der vorstehenden WAGENSCHEIN-Kritik lautet zusammengefaßt:

> Daß WAGENSCHEIN die Physik nicht so sah oder sehen wollte, wie sie ist, nämlich in ihrem vom Alltagsdenken abgehobenen und diesem nicht abzuringenden Zugriff auf die Natur, der prinzipiell auf Naturbeherrschung gerichtet ist, darin liegt ein wesentlicher Grund, warum seine wertvollen Ideen in den Unterricht bisher so wenig eindringen konnten wie Wasser ins Entengefieder.

3.4 DER DURCHBRUCH DES PRAGMATISMUS

Die Veränderungen des Begründungszusammenhangs für den Physikunterricht, seiner Ziele, Inhalte und Methoden, wie sie hauptsächlich während der 60er und frühen 70er Jahre stattfanden, werden im folgenden holzschnittartig nachgezeichnet. Der Verzicht auf eine differenzierte Darstellung läßt allerdings viele Faktoren unerwähnt, die den Veränderungsprozeß beeinflußt haben. Insbesondere kann nur angedeutet werden, in welcher Beziehung die Wandlung des Physikunterrichts zu den vielschichtigen gesellschaftlichen Entwicklungen, sich wandelnden Weltanschauungen, zunehmend globaler werdenden ökonomischen und kulturellen Verflechtungen usw. stand.

Die pädagogische und fachdidaktische Diskussion bezog sich in den 50er Jahren noch überwiegend auf den gymnasialen Unterricht. Dem „Naturlehre"-Unterricht der Haupt- und Mittelschulen wurde bis zu Beginn der 60er Jahre wenig Aufmerksamkeit geschenkt, was sich dann allerdings mit der Gründung der Pädagogischen Hochschulen rasch änderte. Die fachdidaktische Diskussion des gymnasialen Unterrichts blieb aber auch für die anderen Schularten ein Maßstab, mit dem der Abstand zum Ziel eines wissenschaftsorientierten Unterrichts gemessen wurde. Hierzu werden typische Beispiele aus der damaligen Diskussion angeführt.[137]

Wenn in den folgenden Abschnitten versucht wird, die Entwicklung im Sinne einer Gegenbewegung zur Bildungsorientierung des Unterrichts zu verdeutlichen, so geschieht dies ungeachtet des Umstands, daß es natürlich während der ganzen Zeit in der Fachdidaktik und Lehrerschaft verschiedene Lager gab und gibt, Anhänger und Gegner einer humanistischen Orientierung des Unterrichts, WAGENSCHEINs, einer pragmatischen Ausrichtung usw. Die hier erforderliche Prägnanz macht die Beschränkung auf die Darstellung jener Strömung erforderlich, die sich schließlich in bezug auf die Unterrichtspraxis durchgesetzt hat. Eine Geringbewertung der jeweiligen Gegenseite ist damit keinesfalls verknüpft.

Die Auswahl der wiedergegebenen Zitate ist darum bemüht, möglichst typische Äußerungen für die jeweilige Argumentationsrichtung wiederzugeben. Ein anderes Vorgehen würde die in diesem Rahmen nicht leistbare systematische Darstellung der Fachzeitschriften und Publikationen jener Jahrgänge erfordern.

3.4.1 Die Bildungsrestauration der Nachkriegsjahre

Vom Zusammenbruch des Dritten Reiches war das Bildungswesen in mannigfacher Weise betroffen. Darauf wird nur insoweit eingegangen, als der Physikunterricht in spezifischer Art tangiert war:

---

[137] Zur Verflechtung zwischen den Schularten vgl. auch die Hinweise in der Einführung (→ S. 17).

Geordneter Physikunterricht war unmittelbar nach Kriegsende kaum möglich. Der größte Teil der naturwissenschaftlichen Sammlungen war zerstört. Es fehlten Lehrkräfte, und organisatorische Strukturen waren unter den Besatzungsmächten nur in mühevoller Arbeit und mit enger regionaler Begrenzung zu schaffen. Davon berichtet sehr anschaulich die Chronik des „Deutschen Vereins zur Förderung des mathematischen und naturwissenschaftlichen Unterrichts (MNU)" (KLEIN 1991).

Erst nach dem Inkrafttreten der Verfassung der Bundesrepublik Deutschland setzte eine intensive Diskussion um die Aufgabe des naturwissenschaftlichen Unterrichts ein. Sie entwickelte sich im Zeichen einer tiefen Verunsicherung, denn die Indienstnahme der Naturwissenschaften durch die Machtinteressen im Zweiten Weltkrieg konnte nicht ohne negative Wirkung auf die relative Sicherheit hinsichtlich des Bildungswerts des naturwissenschaftlichen Unterrichts bleiben, die sich während der Zeit der Reformpädagogik (z. B. KERSCHENSTEINER) eingestellt hatte. Im Bereich der Naturphilosophie bestand zudem ein Nachholbedarf hinsichtlich der Aufarbeitung der physikalischen Erkenntnisse aus der ersten Hälfte des Jahrhunderts.[138]

Die Bomben auf Hiroshima und Nagasaki und die atomare Aufrüstung zerstörten endgültig die Illusion, Physik diene in jedem Fall der Weiterentwicklung der Menschheit. Daß auch EINSTEIN als Pazifist mit zutiefst humanistischer Gesinnung sich den Verwicklungen der Physik mit den Machtinteressen nicht entziehen konnte, war ein Symbol für die Unausweichlichkeit der Verknüpfung von Macht und Naturwissenschaft.[139]

Von den zwei naheliegenden Reaktionen auf die offenkundig gewordene Ambivalenz des naturwissenschaftlichen Fortschritts, nämlich den potentiellen Nutzen oder Schaden durch eine Diskussion der Ziele und Inhalte zum Gegenstand der Fachdidaktik und des Unterrichts zu machen oder nun erst recht den Nutzenaspekt der Physik aus dem Bildungswesen auszuklammern, setzte sich zunächst die zweite Lösung durch. Physikunterricht wurde in den 50er Jahren fast ausschließlich unter dem Gesichtspunkt seines Bildungsbeitrags für eine allgemeine Menschenbildung diskutiert. Die Rückbesinnung auf den deutschen Humanismus und das Wiederanknüpfen an KERSCHENSTEINERs Bemühen um den Nachweis des Bildungswerts schienen geeignet, der Befürchtung zu begegnen, naturwissenschaftlicher Unterricht könnte mitverantwortlich für negative Folgen der gesellschaftlichen Verwertung naturwissenschaftlicher Erkenntnis sein.

---

[138] Die ideologische Ächtung vor allem der Theoriebeiträge EINSTEINs als „jüdische Physik" und LENARDs Gegenentwurf einer „deutschen Physik" fanden zwar auch während der Hitlerzeit so gut wie keinen Rückhalt in der Wissenschaftlergemeinschaft, behinderten aber eine breite öffentliche Diskussion und eine systematische Berücksichtigung im Bildungswesen (→ Fußnote 29, S. 45).

[139] EINSTEIN setzte sich – zumindest durch seine Unterschrift unter einen entsprechenden Brief im Herbst 1939 – bei Präsident ROOSEVELT für die amerikanische Atombombenforschung ein. Dem Vorgang lag die Befürchtung zugrunde, Deutschland könnte in diesem Bereich einen uneinholbaren Vorsprung erlangen (vgl. dazu die EINSTEIN-Biographie von HERNECK, S. 274–301).

Repräsentativ für diese Denkrichtung sind die von Fritz RAITH auf einem Festvortrag der MNU-Hauptversammlung 1957 gesprochenen Sätze: *Mochten am Anfang des Jahrhunderts beim naturwissenschaftlichen Unterricht noch vereinzelt utilitaristische Motive Pate gestanden haben, so haben sich seither unsere Fächer aus der Gefahr des Pragmatischen befreit und ihr Schwerpunkt ist in die Mitte der Menschenbildung gerückt ... Der Ruf nach rascher Ausbildung von dringend benötigten Ingenieuren und Technikern stellt hier eine Gefahr dar; denn der als Ausweg beschrittene „zweite Bildungsweg" über Berufs- und Fachschule wird zwar sicher tüchtige Techniker liefern, er wird aber in seiner gegenwärtigen Form weitergehenden Bildungsaufgaben kaum gerecht werden können.*[140]

Die humanistische Zielsetzung des Unterrichts sollte also gegen Forderungen verteidigt werden, die sich am gesellschaftlichen Bedarf nach vorberuflicher Qualifizierung orientierten. Angesichts der Qualifizierungsprobleme, die eine naturwissenschaftsfundierte und rasante Entwicklung der technisch-wirtschaftlichen Nachkriegszivilisation mit sich brachte, war dies ein utopisches Unterfangen. So sah sich beispielsweise der Physikunterricht Ende der 50er Jahre vor die Aufgabe gestellt, die Integration sowohl fachlich schwieriger als auch gesellschaftspolitisch umstrittener Inhalte wie die „friedliche Nutzung der Atomenergie" oder die „Elektronik" (Halbleiterphysik und Nachrichtentechnik) leisten zu müssen. Die geforderte Ausklammerung des Pragmatischen war in dieser Lage eine Illusion. HÖFLING skizzierte 1958 die komplexe Problematik mit den Sätzen:

Die Naturwissenschaften haben aufgehört, stille und reine Wissenschaften zu sein. Sie sind zu einem entscheidenden Faktor in der Machtpolitik der Menschen und Staaten geworden. Wie der Mensch von heute und morgen mit allen diesen Gegebenheiten fertig wird, hängt nicht zuletzt von der Erziehung ab, durch die er in der Jugend auf die Begegnung mit dieser durch die Naturwissenschaften und der Technik veränderten Welt vorbereitet wird. Wir sollten uns durch den Glanz des derzeitigen äußeren Lebens und den Kult eines übersteigerten Lebensstandards nicht darüber hinwegtäuschen lassen, daß unsere Jugend in eine mit schwersten Problemen belastete Umwelt hineinwächst und daß es für diese Probleme keine billigen Lösungen gibt.[141]

Die Forderungen nach pragmatischer Ausrichtung des Unterrichts begleiteten daher die didaktische Diskussion beständig und waren wohl in der Unterrichtspraxis auch voll wirksam, zumal die Probleme keineswegs von der Bildungstheorie gelöst werden konnten. Eine anerkannte bildungstheoretisch fundierte fachdidaktische Konzeption gab es nicht.[142] Die Pädagogik der Naturwissenschaften steckte in einem Zielkonflikt: Einerseits blieb die Orientierung an KERSCHENSTEINER trotz der Kritik an dessen formalen Erziehungszielen bestehen. FLITNERs Gymnasialkonzeption, die

---

140 RAITH in MNU 10/1957, Heft 58, hier zitiert nach KLEIN, S. 35.

141 HÖFLING in MNU 11/1958, Heft 59, hier zitiert nach KLEIN, S. 30.

142 Den weitreichendsten Versuch in dieser Richtung stellt WAGENSCHEINs Konzeption dar. Das Hauptwerk „Die pädagogische Dimension des Physikunterrichts" erschien aber erst 1962 – zu spät, wie sich zeigen sollte.

im „Deutschen Ausschuß für das Bildungswesen" erhebliches Gewicht bekam, paßte sehr wohl in diesen Rahmen. Aus den Fachverbänden mehrten sich andererseits Stimmen, die den Unterricht an wirtschaftspolitischen Aufgaben der Gesellschaft orientieren wollten. *(Eine so mangelhaft vorgebildete Jugend wird im internationalen Wettbewerb von vorneherein erhebliche Nachteile in Kauf nehmen müssen.)*[143]

Ein äußeres Indiz für die Ratlosigkeit, in der die Didaktik des naturwissenschaftlichen Unterrichts aufgrund der Vielfalt der Ansprüche Ende der 50er Jahre steckte, sind öffentlich ausgelobte Preise für wegweisende Arbeiten zur „Bildungsfunktion des Physikunterrichts" oder „Zur Anerkennung des Bildungswertes der Naturwissenschaften". Das erste Thema wurde vom „Förderverein" MNU gestellt und führte 1959 zur Veröffentlichung der Schrift Edgar HUNGERs („Bildungsaufgaben des physikalischen Unterrichts"), das zweite von der Heidelberger Akademie der Wissenschaften. Aus ihm ging das Buch von Otto BRÜGGEMANN mit entsprechendem Titel hervor (eingereicht und prämiert 1964). Die Veröffentlichung dieser Arbeiten fiel gemeinsam mit WAGENSCHEINs Entwurf jedoch in eine Zeit, in der bereits ein bildungspolitischer Boden bereitet war, auf dem die Saat nicht mehr aufgehen konnte – Beton für einen Physikunterricht auf der Grundlage der Humanitätsidee, wie der nächste Abschnitt zeigen wird.

3.4.2 Qualifizierung statt Bildung

3.4.2.1 „Sputnikschock" und Bildungsökonomie

Die Vollständigkeit, mit der sich in den 60er Jahren eine Abkehr von den humanistisch orientierten Bildungsvorstellungen vollzog, wird deutlich, wenn man die oben zitierten Sätze von RAITH (→ S. 194), die jeder pragmatischen Orientierung des Physikunterrichts eine Absage erteilten, mit dem Tenor des im gleichen Rahmen gehaltenen Festvortrags von C. MÜLLER vergleicht. Er stellte im Vortragsthema die Frage: *Naturwissenschaft – Kunst oder Macht?*[144] Schon die ersten Sätze geben die Antwort:

Die Naturwissenschaft, als wesentlicher Bestandteil unserer abendländischen Kultur, kann nicht mehr nur als Kunst der Naturerkenntnis aufgefaßt werden. Sie ist vielmehr einer der wichtigsten Bestandteile der Realpolitik der technischen Zivilisation geworden. Diesem Machtfaktor einen angemessenen Rahmen im staatlichen und gesellschaftlichen Gefüge zuzuweisen, wird Hauptaufgabe der Kultur und Wissenschaftspolitik sein (S. 97). MÜLLER fordert für den naturwissenschaftlichen Unter-

---

[143] Der Satz ist einer Entschließung entnommen, die auf der MNU-Hauptversammlung 1960 formuliert und veröffentlicht wurde (wiedergegeben in MNU 13/1960/61, S. 89) und die sich gegen die „Saarbrückener Rahmenvereinbarung" wandte (→ S. 22). Offenkundig hatten zu diesem Zeitpunkt die „Pragmatiker" dieses Fachverbands die Oberhand gewonnen.

[144] Festvortrag anläßlich der MNU-Hauptversammlung 1964 in Aachen, also nur sieben Jahre nach dem Vortrag von RAITH.

richt eine Abkehr vom humanistisch-philosophischen Begründungsrahmen. Die Wertmaßstäbe der Geisteswissenschaften stehen der notwendigen „realpolitischen" Orientierung des Bildungswesens entgegen:

Die Naturwissenschaft stellt heute für jeden zivilisierten Staat einen Faktor der wirtschaftlichen und politischen Macht dar ... Die Lösung der Bildungskrise erfordert daher die Anpassung unseres Bildungssystems an diese neue Situation (S. 99). *Alle Reformversuche haben nur dann Aussicht auf Erfolg, wenn sie dem Bereich der Bildungsideologie entzogen und auf die realpolitischen Bedürfnisse der Gesellschaft abgestellt werden* (S. 100).

Argumente, die wenige Jahre zuvor noch Proteststürme hervorgerufen hätten, lösten 1964 nur noch Beifall aus. „Realpolitik" im Sinne des Zitats war gleichbedeutend mit Machtpolitik.

Im Bereich der Fachdidaktik fand dieser Umschwung für die Legitimation des Physikunterrichts mit geringer Verzögerung ihren Niederschlag. Dies kann am verbreiteten fachdidaktischen Standardwerk von HAHN/TÖPFER: *Methodik des physikalischen Unterrichts* aufgezeigt werden. Es war in seiner dritten Auflage von 1962 zweibändig. Der erste Band befaßte sich ausführlich mit Fragen der „Bildung". Allein das Inhaltsverzeichnis enthält das Wort Bildung in verschiedenen Zusammensetzungen über 30 mal („Bildungsziel", „Bildungswert", „Bildungsauftrag"; „Bildungsprozeß" usw.). In der vierten Auflage von 1970 (HAHN/TÖPFER/BRUHN) gibt es dann den Begriff „Bildung" nicht mehr im Inhaltsverzeichnis. Auch inhaltlich konnte das Problem mit der Bildung weitgehend vernachlässigt werden, was das Gesamtwerk auf einen Einzelband mit dem halben Umfang der Auflage von 1962 schrumpfen ließ. Was war geschehen?

Sputnikschock

Die folgende Darstellung ist auf einige Schlaglichter beschränkt: Zu den Auslösern der beschriebenen Entwicklung gehörte der „Sputnikschock". Als es den Sowjets im Oktober 1957 gelang, den ersten Satelliten in eine Umlaufbahn zu schießen, nährte dies in der ganzen westlichen Welt die Befürchtung, in einen technologischen und wirtschaftlichen Rückstand gegenüber den Ostblockstaaten zu geraten. Das folgende Zitat aus einer Rede Präsident EISENHOWERs macht deutlich, wie sehr auch der naturwissenschaftliche Unterricht von der weltpolitischen Situation betroffen war:

Angesichts der sowjetischen Herausforderung sind die Sicherheit und das weitere Wohlergehen der Vereinigten Staaten wie nie zuvor abhängig geworden von der Entfaltung des naturwissenschaftlichen Wissens. Unser technologischer Fortschritt verlangt nach einem höheren Maß an Unterstützung der naturwissenschaftlichen Grundlagenforschung sowohl durch private als auch durch öffentliche Hilfsmittel. Er verlangt außerdem einen wachsenden Bestand an hochqualifizierten Arbeitskräften – Naturwissenschaftlern, Ingenieuren, Lehrern und Technikern ... (zitiert nach BLOCH u. a., S. 97). EISENHOWER kündigte außerdem breit angelegte Förderprogramme für den naturwissenschaftlichen Unterricht an, die mit Hilfe der „National Science Foundation" und dem „Departement of Health, Education and Welfare" auch alsbald realisiert wurden.

Diese Entwicklung erfaßte verständlicherweise auch die Bündnisstaaten, nicht zuletzt die Bundesrepublik Deutschland. Sie traf auf komplementäre gesellschaftliche Bedürfnisse, z. B. auf die Notwendigkeit, Arbeitskräfte höher zu qualifizieren, weil Wirtschaftswachstum nur über neue und höherwertige Produkte erreicht werden konnte. In beiden Fällen ging es um die „Nutzung von Bildungsreserven" (ELSNER in SPECK/WEHLE, S. 196).

Bildungsökonomie

Bildungsökonomisches Denken beeinflußte in den 60er Jahren vor allem die Bildungs*politik*. Die zugrundeliegenden Theorien sind den Wirtschaftswissenschaften zuzurechnen und erfassen das Bildungswesen nicht nach Maßgabe der Erziehungswissenschaft oder der Pädagogik, sondern sehen diese selbst als Variablen innerhalb einer volkswirtschaftlichen Theorie. Damit hängt es wohl zusammen, daß die Theorien der Bildungsökonomie innerhalb des Bildungssystems wenig bekannt – jedenfalls unpopulär – sind, was allerdings in krassem Gegensatz zu den enormen Auswirkungen steht, die dieses Denken auf die äußeren und inneren Strukturen des Bildungswesens hat.[145] Im folgenden werden einige Sätze aus der bildungsökonomischen Literatur zitiert, um einen Eindruck von dem Wandel zu vermitteln, den der Bildungsbegriff durch diesen Zugriff erfährt. Da die umfangreiche Literatur zu diesem Themenkreis hier nicht im Detail von Interesse ist, sind die Zitate der zusammenfassenden Darstellung von ELSNER entnommen:

Versucht man aus der Kasuistik der verschiedenen Ursachen des technischen Fortschritts gemeinsame generelle Eigenschaften zu finden, so kann man approximativ die Verbesserung der Faktorproduktivitäten[146] *zurückführen auf die Steigerung der zumeist manuellen Geschicklichkeiten, auf die Vergrößerung der Kenntnisse der Individuen, als Zerebralbestände gespeichert, also eine Anzahl von Qualifikationen, die durch den Lernprozeß vermittelt werden können* (in SPECK/WEHLE, S. 185–209).

Bildung wird in diesen Theorien als volkswirtschaftliche Größe betrachtet, die neben den Inputvariablen Kapital und Arbeit das wirtschaftliche Wachstum bestimmt. Dabei wird unterschieden zwischen dem originären Wissenserwerb durch wissenschaftliche Forschung und der *Kommunikation der Wissensbestände in Ausbildungsprozessen … Die Ausbildung besteht dann aus einer Menge von Aktivitäten, von denen einige organisiert sind, z. B. Schulen, andere unorganisiert sind, wie die familiäre Erziehung. Die Erforschung neuer Erkenntnisse und die Kommunikation von Wissensbeständen in der Ausbildung werden als Produktionsfaktoren angese-*

---

145 Es hat den Anschein, daß die im Bildungswesen Engagierten (Lehrkräfte, Eltern, Schülerschaft, Bildungswissenschaftler) die Relevanz bildungsökonomischer Argumente auf bildungspolitische Entscheidungen regelmäßig unterschätzen. Auch in der Gegenwart lassen mehrere Länderregierungen für ihr Schulsystem eine „Wirtschaftlichkeitsprüfung" durchführen. „Pädagogik" kann darin nur als ökonomisch bewertete Variable eine Rolle spielen, d. h., sie wird unweigerlich funktional abhängig von der Bildungspolitik, solange dieser Zusammenhang nicht reflexiver Bestandteil pädagogischer Theoriebildung ist.

146 „Faktoren" sind die „Inputvariablen" Kapital und Arbeit.

hen, in die Aufwendungen bestimmter Art: Bauten, Maschinen, Arbeitsstunden von Dozenten und Lernenden sowie Materialien als Inputgrößen eingesetzt werden, um bestimmte Leistungen als Outputgrößen zu erhalten, bestimmte Fertigkeiten, Kenntnisse, Zerebralbestände (ebd.).

Natürlich waren die bildungsökonomischen Theorien darauf angelegt, Optimierungsprozesse in Maß und Zahl zu erfassen und das komplexe Variablengeflecht durch quantifizierbare Größen zu beschreiben. Zu diesem Zweck wurden die größten damals verfügbaren Rechner eingesetzt. Den Zusammenhang mit dem Physikunterricht vermag das folgende Zitat zu verdeutlichen:

Ende der fünfziger Jahre wurden in einigen Industriezweigen Wachstumsschwierigkeiten registriert, die auf den Mangel an technisch und naturwissenschaftlich qualifizierten Arbeitskräften zurückzuführen waren. Es entstanden Vorschläge, den Ausbildungsprozeß für qualifizierte Arbeitskräfte jeder Art zu rationalisieren, ... Das Neue an dieser Konzeption war die Einbeziehung des Ausbildungssektors in die langfristige volkswirtschaftliche Allokationsplanung (in SPECK/WEHLE, S. 189).

Der Umstand, daß bildungspolitische Entscheidungen der 60er Jahre in erheblichem Ausmaß durch bildungsökonomische Überlegungen beeinflußt waren, ist einerseits durch zahlreiche Äußerungen maßgeblicher Politiker hinreichend belegt und andererseits auch eine zwangsläufige Konsequenz aus dem alle Industrienationen beherrschenden Zwang zur Teilnahme am technologischen Wettlauf (vgl. ZENKE und BAETHGE). Verständlicherweise waren die naturwissenschaftlichen Unterrichtsfächer davon in besonderem Maß betroffen.

Gleichzeitig zwangen demographische Entwicklungen zu einem gewaltigen Ausbau des Bildungssystems. Repräsentativ und wirkungsvoll für diese Entwicklungskomponente war PICHTs Proklamation einer „Deutschen Bildungskatastrophe" (PICHT 1964) für den Fall, daß das Bildungssystem nicht rasch einen quantitativen und qualitativen Ausbau erführe. In der Folge wurden Schulen neu gegründet, das Fachlehrersystem für alle Schularten eingeführt, das Real- und Fachschulwesen ausgebaut, die Lehrerbildung intensiviert und auch für die Volks- und Realschullehrer stärker an den Fachwissenschaften ausgerichtet. Nicht zuletzt wurden die Unterrichtsfächer nach dem Vorbild der universitären Wissenschaftsdisziplinen umstrukturiert. Aus der „Naturlehre" entstanden auch an der Volksschule die Fächer Physik und Chemie.

Auch die Gestaltung der Lernprozesse im Unterricht wurde Kriterien der Lernökonomie unterworfen. Lernpsychologische Theorien hatten „Hochkonjunktur", in denen die Schülerinnen und Schüler als Black-Box-Systeme betrachtet wurden, bei denen ein geeigneter Input einen Output in Form von Verhaltensänderungen erzeugen soll, die ihrerseits Indikatoren für Lernprozesse darstellen. Konkrete Gestalt nahmen diese Theorien z. B. im programmierten Unterricht, in der behaviouristischen Ausprägung der „lernzielorientierten Didaktik" und der dieser entsprechenden Unterrichtsgestaltung an. Im Mittelpunkt der Didaktiken stand das Problem einer möglichst effizienten Unterrichtsmethode. Gemäß den behaviouristischen Lerntheorien sollte der vorgegebene Unterrichtsstoff in kleinste Portionen aufgeteilt, in logischen Lernschritten geordnet und nach einem spezifischen Regelwerk verabreicht werden. Schülerinnen und Schüler treten in diesen Theorien als „Lernsysteme" auf, deren manipulative Behandlung durch die entsprechenden psychologischen Theorien vorgezeichnet wird.

In dieser knappen Skizze ist bereits die Analogie zum naturwissenschaftlichen Reduktionismus und zum cartesisch-baconschen Regelsystem zu erkennen (→ Abbildung 16, S. 108). Eine hohe Anfälligkeit des Physikunterrichts für diese Theorien wird dadurch plausibel.

Die Diskussion der Unterrichtsinhalte war in den didaktischen Theorien ebenso zweitrangig wie in den humanistisch-bildungstheoretisch orientierten, wenn auch aus ganz anderen Gründen. Man kann die Zielrichtung der vom bildungsökonomischen Denken geprägten Didaktik etwas überspitzt mit dem Motto ausdrücken: „Möglichst viel Wissenschaft in möglichst kurzer Zeit in möglichst viele Köpfe." Damit war zunächst ein recht schlichtes Verständnis von Wissenschaftsorientierung des Unterrichts verknüpft. Es galt, die Wissensbestände und Verfahren der Wissenschaft zu vermitteln, wodurch sich die Inhaltsproblematik auf die Frage reduzierte, welche Inhalte die Wissenschaft am besten repräsentieren, in welchem Umfang sie Eingang in die Lehrpläne der unterschiedlichen Schularten finden sollen und wie sie zu elementarisieren sind. Die Kriterien dafür sollten aus der Fachdisziplin selbst gewonnen werden. Allenfalls arbeitsmarktorientierte Gesichtspunkte spielten noch eine Rolle. Um es nochmals in der bildungsökonomischen Sprache auszudrücken: Das Ziel des so verstandenen wissenschaftsorientierten Unterrichts war die Maximierung der gesellschaftlichen „Zerebralbestände" unter ökonomischen Gesichtspunkten.

Eine bildungstheoretisch orientierte Lehrplantheorie war unter dieser Perspektive überflüssig. Für das Fach Physik liegt eine solche bis heute nicht vor, zumindest nicht in einer Form, die das überschreitet, was KERSCHENSTEINER oder WAGENSCHEIN in dieser Hinsicht vorgeschlagen haben.[147] Die Verlagerung des unterrichtlichen Schwerpunkts weg von den bildungstheoretischen Forderungen hin zur Wissensvermittlung bewirkte die fachdidaktische Vernachlässigung der Erkenntnisvoraussetzungen, Erkenntnisinteressen, Erkenntnisgrenzen und der Folgen

---

[147] Ansätze zu curricularen Theorien liegen in aktuellen Lehrplänen vor. Konsistente didaktische Theorien sind in der Lehrplanarbeit aber nicht entstanden, eher Lösungsvorschläge pragmatischer Art, mit denen versucht wird, die brennendsten Probleme aufzugreifen.

Für den gymnasialen Bereich liegt mit dem „Karlsruher Physikkurs" ein Vorschlag vor, der bundesweit viel Beachtung findet (FALK/HERRMANN und HERRMANN). Den Autoren geht es um eine Neustrukturierung der Physik vom gegenwärtigen theoretischen Stand her. Durch die Ausnutzung von Strukturgleichheiten in verschiedenen Teilgebieten soll *die Physik als ein einheitliches Gedankengebäude* (FALK/HERRMANN, Lehrerheft, S. 5) präsentiert werden. Physikvermittlung soll effizienter werden, indem historische Umwege der Theoriebildung vermieden werden. Es ist sicher nicht nur die von einer Neustrukturierung der Physik ausgehende faszinierende Wirkung auf die Lehrerschaft, die den Erfolg begründet, sondern auch die Vielzahl hervorragender methodischer Ideen für die Unterrichtspraxis. Im Sinne dieser Arbeit handelt es sich aber um einen konservativen Entwurf, der darauf angelegt ist, die *gewordene* Physik als ahistorischen Wissenskomplex möglichst ökonomisch in die Köpfe der Kinder zu transportieren.

physikalischer Theoriebildung. Sie führte zu einem unterrichtlichen Grundmuster, das gerade wegen seiner Beschränkung auf den *Modus des Physiktreibens* nicht mehr geeignet ist, die Voraussetzungen und Folgen dieses Tuns aufzuklären. Dadurch wurden die Gefährdungen zum Faktum, die im Abschnitt 3.2 beschrieben sind. Die Art, in der seitens der Physikdidaktik dem bildungsökonomischen Denken Raum gegebenen wurde, wird im folgenden noch kurz dargestellt.

3.4.2.2 Die Auswirkungen auf den Physikunterricht

Die Wirkungen des didaktischen Zeitgeists der 60er Jahre auf den Physikunterricht sind konkret nachweisbar: Aus der geschilderten bildungspolitischen Situation ergab sich eine Funktionalisierung des naturwissenschaftlichen Unterrichts für partikulare gesellschaftspolitische Machtinteressen. Die mühsame pädagogisch-geisteswissenschaftliche Diskussion um die Legitimation des naturwissenschaftlichen Unterrichts der 50er Jahre war plötzlich hinfällig geworden. Die Fachdidaktik verabschiedete sich keineswegs klammheimlich aus dieser Auseinandersetzung, sondern explizit und offensiv. Dies soll mit einigen Zitaten aus der damaligen Zeit belegt werden. In der erwähnten vierten Auflage der „Methodik" (!) von HAHN/TÖPFER/BRUHN ist nachzulesen:

Für die Didaktik einer nicht mehr nach Bildungsprinzipien, sondern an den Fachwissenschaften orientierten Schule muß das Verhältnis von Pädagogik und Fachwissenschaft neu festgelegt werden. Die didaktischen Maßstäbe müssen aus der Struktur des wissenschaftlichen Fachgebietes gefunden werden. Sie können nicht an den Forderungen einer „allgemeinen Didaktik" orientiert sein. Fachdidaktik hat die Aufgabe, ... *daß sie Wege für die ökonomische Vermittlung (sic!) der Erkenntnisse aufzeigt* (S. 19). Das Zitat bringt die vermeintliche Autonomie der Fachdidaktik, ihre scheinbare Unabhängigkeit von den Erziehungswissenschaften deutlich zum Ausdruck. Der *(moderne) Mensch muß vielseitig ausgebildet ... sein ... Bei solcher Zielsetzung kommt der Bildung, wie man sie früher einmal verstand, nur noch eine untergeordnete Bedeutung zu ... Der Schwerpunkt der Ausbildung in der Schule aber wird eine wesentliche Verschiebung erfahren müssen [Fußnote: H. Roth, Schule als optimale Organisation von Lernprozessen. Die Deutsche Schule 9/1969, S. 520]* (S. 17, Hervorhebungen H. M.).

Der diesen fachdidaktischen Maximen angemessene Unterricht wurde bereits im Abschnitt 3.2.2 (→ S. 148 ff) beschrieben. Insbesondere stammen auch die Zitate im Abschnitt 3.2.2.2 (→ S. 152 ff) aus dieser auflagenstärksten „Methodik des Physikunterrichts". Daran wird deutlich, daß die unangemessene Übertragung reduktionistischer Vorgehensweisen in das Feld der Pädagogik deshalb möglich und naheliegend war, weil der Physikunterricht einer bildungspolitischen Funktionalisierung unterworfen wurde, die mit den inneren Strukturen der Physik in hohem Maße kompatibel ist.

Die geschilderte Entwicklung war keineswegs auf den gymnasialen Unterricht beschränkt. Sie traf die Volks- und Mittelschulen in fast noch stärkerem Maß. Unter der Federführung maßgeblicher Fachdidaktiker (MOTHES, HARM, NIMMERRICHTER

u. a.) wurde schon 1961 eine „Notgemeinschaft zur Förderung der Naturlehre (Physik/Chemie)" gegründet, die sich in ihren Aktivitäten bei Regierungen, Verbänden, Schulverwaltungen, Schulträgern u. a. für eine Beseitigung des *besorgniserregenden Bildungsnotstandes der Naturwissenschaften* einsetzte.[148] Auch für die Volksschulen waren pragmatische Begründungen des Physikunterrichts unversehens „salonfähig" geworden. NIMMERRICHTER beginnt seinen Bericht *Wünsche der Lehrerschaft an die „Bundesvereinigung zur Förderung des naturwissenschaftlichen Unterrichts"* mit dem Satz: *Die industrielle Entwicklung verlangt gebieterisch eine Ausweitung und Intensivierung des Physik- und Chemieunterrichts auf allen Schulstufen, auch in der Volks- und Mittelschule* (ZfNuN 9/1961, S. 293).

Die Ausrichtung des Unterrichts aller Schularten auf pragmatisch-ökonomische Erfordernisse ist an zahllosen Äußerungen aus der damaligen Zeit zu erkennen. Wie sehr dies auch zur Angleichung curricularer Strukturen der verschiedenen Schularten beitrug, zeigen die folgenden Zitate:

Im Rahmen dieser Bildungsfunktionen kommt der Naturlehre eine wichtige Stellung schon deshalb zu, weil die Mehrzahl unserer Schulabgänger technischen und handwerklichen Berufen zustrebt ... Volkstümliche Physik und Chemie, die das abstrakt-theoretische Denken ausklammert ... haben in diesem Abschlußjahr (9. Schuljahr an Volksschulen; H. M.) *erst recht keinen Raum mehr* (STAHLSCHMIDT 1961, S. 225). Die Worte „erst recht" verweisen auf einen anderen Beitrag desselben Autors, in dem er *wissenschaftliche Physik auf der Volksschule* fordert, die das Ziel hat, einen Überblick und Grundwissen zu vermitteln (STAHLSCHMIDT 1960).

Die Abwehr bildungstheoretischer Ansprüche an den naturwissenschaftlichen Unterricht

Erstaunlicherweise stieß der gesamte Prozeß der völligen Abkehr vom bildungstheoretischen Begründungszusammenhang des Physikunterrichts zunächst nicht auf eine geschlossene Ablehnung seitens der Pädagogik. Die Reibungslosigkeit der Um- und Neustrukturierung ist m. E. auf einen breiten bildungspolitischen Konsens in der gesamten Gesellschaft der damaligen Zeit zurückzuführen. Es wäre deshalb völlig verfehlt, die Verantwortung für die Schwierigkeiten, die dieser Vorgang später hervorrief, einzelnen Personen, der Lehrerschaft oder der Fachdidaktik zuzuschreiben. Letztere wurde vor allem an den neu entstehenden Pädagogischen Hochschulen erst eingerichtet und dabei mit dem bildungspolitischen Auftrag versehen, die theoretischen Grundlagen für einen Unterricht im Sinne des bildungsökonomischen „Zeitgeistes" zu entwickeln. Konsequenterweise verstanden sich die Fachdidaktiken zunächst auch als Teildisziplinen ihrer Bezugswissenschaft – eine Auffassung, die sich trotz aller darin enthaltenen wissenschaftstheoretischen Widersprüche bis heute hartnäckig hält (vgl. MUCKENFUß 1979a). Die Art der Institutionalisierung der Physikdidaktik und die bildungspolitische Legitimation einer pragmatischen Orien-

---

[148] Die Vorgänge sind dokumentiert in der *Zeitschrift für Naturlehre und Naturkunde* (ZfNuN) ab Januar 1961.

tierung des Unterrichts bewirkten eine weitreichende Immunisierung der Fachdidaktik und des Unterrichts gegen Ansprüche, die aus anderen Quellen als der Fachwissenschaft selbst abgeleitet waren.

Lediglich gegen WAGENSCHEIN hatte man sich vehement zu wehren, weil seine Unterrichtsvorschläge nicht nur von pädagogischer Intuition, sondern auch in hohem Maße von Sachkompetenz zeugten. Zwischen 1967 und 1970 spiegelte sich diese Auseinandersetzung auch in den fachdidaktischen Zeitschriften wider, vor allem im Organ des nach wie vor für die Entwicklung des Physikunterrichts ausschlaggebenden MNU.

In einem vielbeachteten Aufsatz wandte sich z. B. SETTLER 1967 gegen die Vorschläge zum Physikunterricht, die WAGENSCHEIN in seinem Buch *Die Pädagogische Dimension der Physik* machte:

Worin besteht nun die Pädagogische Dimension des Physikunterrichts? ... Sie besteht in der Mitteilung. Der Physikunterricht hat nur eine Aufgabe, nämlich dem Schüler die Physik mitzuteilen: Ihren Inhalt (in Auswahl), in der ihr gemäßen Arbeitsweise, Denkweise und Sprache. Diese drei brauchen nicht explizit behandelt zu werden, sie können sich in der Unterrichtstätigkeit zwanglos mitteilen ... Der Physikunterricht bedarf keiner Rechtfertigung durch einen tieferen Sinn. Ein Lebensphänomen nämlich ist weltweit unumstritten. Der Geist unserer Zeit ist der Geist der Technik, der Physik ... Wer heute gegen ihn argumentiert, hat schon verloren. Er hat die Stimme der Zeit nicht gehört (MNU 20/1967, S. 157–162).

KROEBEL warf WAGENSCHEIN vor, einem überholten und nur *vage festgelegten Bildungsbegriff* anzuhängen und *die Naturwissenschaften wesentlich einer ästhetischen und religiösen Wertung* sowie einer überholten *Bildungsideologie* zu unterwerfen. *Diese Bildungskonzeption ist aber ... heute nicht mehr vertretbar.* KROEBEL betont, *daß das durch die Naturwissenschaften vermittelte Sachwissen selber zu einem notwendigen Teil unserer heutigen Bildung schlechthin gehört* (MNU 20/1967, S. 152–156). WAGENSCHEIN sah sich genötigt, diesem Aufsatz zu widersprechen. Er erläuterte seine Konzeption sehr prägnant (MNU 21/1968, S. 374–378), aber letztlich ohne Erfolg, obwohl (oder weil?) er in Leserbriefen von namhaften Pädagogen und Bildungstheoretikern unterstützt wurde (MNU 21/1968, S. 350 f). Der Herausgeber der Zeitschrift, Erich TÖPFER, förderte die Diskussion um WAGENSCHEIN u. a. mit folgender Begründung:

Mit diesen Beiträgen will die Schriftleitung versuchen, die zweifellos vorhandenen Verdienste WAGENSCHEINs abzugrenzen gegen die Ablehnung, die er im Kreise der Fachlehrer der Physik in hohem Maße gefunden hat (MNU 20/1967, S. 108). TÖPFERS „Würdigung" der *vorhandenen Verdienste WAGENSCHEINS* war zwar in konziliantem Herausgeberton abgefaßt, nahm aber das für WAGENSCHEIN negative Ergebnis der Diskussion vorweg. Horst RUMPF warf TÖPFER eine versteckte Diffamierung WAGENSCHEINS vor. Die Stellungnahme des MNU-Herausgebers sei *eine recht denkwürdige Würdigung: Ein Autor* (gemeint ist WAGENSCHEIN; H. M.) *mit suggestiven Fähigkeiten, nichts Neues bringend, von der modernen Problemlage der Physik ablenkend, Geisteswissenschaftler letztlich verführend – und so ... für den*

Ruin des Physikunterrichts der Gegenwart „mitverantwortlich" (MNU 21/1968, S. 350).

Sachlich formuliert lautet die – zumindest für den gymnasialen Bereich repräsentative – vorläufig mit WAGENSCHEIN abschließende Bewertung seines Werks:

Bei voller Anerkennung der Bemühungen Wagenscheins, den Wirkungsgrad unseres Unterrichts zu erhöhen, und der berechtigten Warnung, „Kurzschlüsse" in der Gedankenarbeit des Schülers zu vermeiden, können wir der Art, wie Wagenschein die Physik sieht und unterrichtet sehen möchte, in vielen Fällen nicht zustimmen (HAHN/TÖPFER/BRUHN, S. 50).

Wie sehr auch die für die Volks- und Realschulen zuständigen Fachdidaktiker um die Abwehr einer Fremdbestimmung der Fächer Physik und Chemie durch bildungstheoretisch und pädagogisch begründete Forderungen bemüht waren, zeigt die Auseinandersetzung um die Fachdidaktikerin Gerda FREISE. Sie war damals Dozentin für das Fach Chemie an der Pädagogischen Hochschule Heidelberg.

FREISE veröffentlichte 1969 in der Zeitschrift *Die Deutsche Schule* einen Aufsatz, in dem sie grundsätzliche Zweifel daran äußerte, daß das Fach Chemie in systematischem Sinne schon in der Sekundarstufe I lehrbar ist. Sie kam nach einer ausführlichen Analyse der Fachstrukturen und Lernbedingungen zu dem Schluß: *Das Fach Chemie – im umfassenden Sinne der Definition – kann nicht Gegenstand eines naturwissenschaftlichen Anfangsunterrichts sein* und folgerte weiter, daß Chemie *nur ein integrierter Bestandteil eines von der Physik her konzipierten naturwissenschaftlichen Experimentalunterrichts* sein könne (1969, S. 155). Sie entwickelte ihre Ideen weiter in einem Beitrag unter dem Titel *Interdisziplinärer Unterricht oder Zementierung der Realfächer* und schlug in diesem Aufsatz vor, den Unterricht in Form von Projekten zu gestalten. Sie erläuterte die damals noch kaum diskutierte Unterrichtsform am Thema *Wenn der Rhein dampft* (*Neue Sammlung* 1971). In *Westermanns Pädagogische Beiträge* folgten weitere Beschreibungen und Erfahrungsberichte zu durchgeführten Projekten (z. B. 1973).

Schon der Umstand, daß FREISE ihre Argumente nicht in den fachdidaktischen, sondern in pädagogischen Zeitschriften veröffentlichte, löste Mißtrauen und Empörung aus. Es wurde eine Art Trojanisches Pferd in ihr vermutet, mit dessen Hilfe die soeben neu gegründeten Fächer zerstört werden sollten. Eine gewaltige Kampagne der Fachdidaktiker gegen FREISEs Vorschläge zeugt von der Entschlossenheit, mit der damals gegen alle Bestrebungen angegangen wurde, die die eben etablierten Fachstrukturen in Frage stellten. Zur Veranschaulichung werden einige Zitate von renommierten Fachdidaktikern angeführt, die alle aus veröffentlichten Stellungnahmen entnommen sind.[149]

- *Statt sich endlich mit der Realität auseinanderzusetzen und an der Verbesserung der augenblicklichen Verhältnisse zu arbeiten, jagt sie dem Phantom eines nebulösen Gesamtunterrichts nach* (ZENKER).

---

[149] Die hier zitierten Stellungnahmen sind veröffentlicht in der Zeitschrift *Naturwissenschaften im Unterricht. Physik/Chemie/Biologie* (früher *Zeitschrift für Naturkunde und Naturlehre*) 19/1971, Heft 10, S.441–444.

• *Es wäre interessant, zu erfahren, was sich der Herr Kultusminister von Baden-Württemberg unter einer solchen „Gralshüterin" ihrer Wissenschaft vorstellt!! Aus ministeriellen Erlassen seines Ressorts ist noch kein Wink, sich Reserve aufzuerlegen, bekannt geworden. Erst muß die Wissenschaft Zeichen der Agonie von sich geben, ehe man sich zu sanierenden Maßnahmen entschließt. Ein verrücktes Deutschland!!* (DORST).

• *Die geplante Unterrichtseinheit „Wenn der Rhein dampft" über 96 Stunden ist eine Utopie und darf auf keinen Fall dazu führen, daß die Fächer Biologie, Physik und Chemie zugunsten eines Gesamtunterrichtes abgebaut bzw. gar verschwinden sollten ...* (HOFSOMMER).

• *Wir brauchen nicht den übrigens schon recht alten „überholten pädagogischen Eintopf", wo in einer seichten, verwässerten Einheitssuppe gelegentlich ein anscheinend allgemein appetitliches, naturwissenschaftliches Häppchen schwimmt* (BUKATSCH).

Die Liste dieser Zitate ließe sich erheblich verlängern. Sie zeigt, auf welchem Niveau die „wissenschaftliche" Auseinandersetzung geführt wurde. Die Polemik ist ein Indiz dafür, auf welch tönernen Füßen die Fachdidaktik als wissenschaftliche Disziplin stand (und bis heute steht). Eine wissenschaftstheoretische Legitimationsbasis für die Fachdidaktik als Voraussetzung für eine Diskussion, die es erlaubt, auch das Unterrichtsfach und die Objekttheorien[150] in Frage zu stellen, ist bis heute nicht in konsensfähiger Form erarbeitet. Möglicherweise stößt dies auch auf logische Schwierigkeiten, die mit dem Begriff „Fach"-Didaktik zusammenhängen. Was geschieht mit einer solchen Wissenschaft, wenn das Bezugsfach als Lehrgegenstand sich z. B. in einem Gegenstandsbereich auflöst, was wohl eine der Konsequenzen aus den Vorschlägen FREISEs wäre?

---

[150] Das wären in diesem Fall z. B. die Theorien über das Lehren und Lernen *im Fach.*

3.5 ABSCHLIESSENDE ANMERKUNGEN ZUR GEGENWÄRTIGEN ENTWICKLUNG

Die Schilderung der „pragmatischen Wende" sollte vor allem verdeutlichen, daß es völlig unangemessen wäre, dies für Historie ohne direkte Wirkung auf die Gegenwart einzustufen. Trotz des Vierteljahrhunderts, das seitdem verstrichen ist, unterrichten weit überwiegend Lehrerinnen und Lehrer das Fach Physik, die ihre Ausbildung in den späten 60er und frühen 70er Jahren erhalten haben. Diese Ausbildung hat sie befähigt, gemäß der Fachsystematik und unter Berücksichtigung psychologischer und soziokultureller Voraussetzungen physikalisches Wissen – auch Verfahrenswissen (Know-how) und experimentelle Kenntnisse – zu vermitteln. Die Fähigkeit, den Fachunterricht nach außerphysikalischen Gesichtspunkten oder fachübergeordneten Zielsetzungen zu gestalten, gehörte allenfalls zu den peripheren Ausbildungsinhalten. Viele Lehrkräfte haben sich in diesem Feld durch persönliche Anstrengungen autodidaktisch zu pädagogischen Experten der Praxis weitergebildet. Die Wissenschaft ist es ihnen schuldig, die theoretische Basis zu liefern; denn *nur* auf Intuition und pädagogischen Eros zu setzen, kann für ein staatliches Schulwesen nicht über längere Zeit hinweg zum Erfolg führen. Gerade dies verlangen aber die aktuellen Lehrpläne, weil deren theoretische Grundlagen heute noch weniger durchformuliert sind als die des wissenschaftsorientierten Unterrichts der 60er Jahre. Wenn die eine ideologische Basis des Physikunterrichts lediglich gegen eine andere ausgewechselt wird, bleiben Innovationswiderstände zu Recht nicht aus.

Aber nicht nur die personalen, sondern auch die materiellen Rahmenbedingungen des heutigen Physikunterrichts spiegeln die Didaktik der 60er und frühen 70er Jahre wider. Räume mit steigendem Gestühl und nur *einer* größeren Experimentierfläche für die Lehrerdemonstration – einschließlich der darauf abgestimmten Lehrmittelsammlung – bilden immer noch den Standard. Auf dem Türschild des Physikraums einer hiesigen Realschule steht „Hörsaal Physik", der Fachraum hat nur Milchglas-Oberlichter (im Stockwerk drunter gibt es nur noch Kunstlicht) und zwingt durch seine ganze Ausstattung Lehrkräfte und Schülerschaft in die behaviouristisch definierten Rollen von „Instruktor" und „Lernsystem". Es wäre völlig illusorisch zu glauben, daß Lehrplan- oder Stundentafeländerungen allein ausreichen, den gewachsenen Strukturen und Rahmenbedingungen ihren Einfluß zu nehmen. Ohne fundierte didaktische Theorie, eine institutionalisierte, wissenschaftlich-fachdidaktische Lehrerfortbildung und andere Investitionen bleibt (nicht nur) der Physikunterricht eine Funktion kurzatmiger bildungspolitischer Setzungen.

Seit Mitte der 70er Jahre steigt die Kritik am Physikunterricht an. *Wozu sollen Schüler Physik lernen? – Das ist die Grundfrage aller Fachdidaktik der Physik*, stellte Karl v. OY 1977 in einem Vortrag auf der MNU-Hauptversammlung fest und betonte dabei, daß die Antwort im Hinblick auf jene „85 %" der Schülerinnen und Schüler am dringlichsten ist, die später weder im Studium noch im Beruf Physikkenntnisse brauchen. Daß diese Antwort nicht aufgrund physikalischer Kompetenz gefunden werden kann – wobei völlig selbstverständlich ist, daß es *auch* dieser bedarf –, ist heute nicht mehr ernsthaft umstritten (und hätte schon aus logischen Gründen noch niemals umstritten sein dürfen), auch wenn bisweilen immer noch die *mißliche Situation der Überfremdung* beklagt wird (HÄUßLING; vgl. MUCKENFUß 1979a).

Die Wiedergabe dieses Vortrags V. OYs im Vereinsorgan wurde von der Redaktion mit dem Aufruf an alle Leser versehen, ihre eigenen Vorschläge zur Verbesserung des Physikunterrichts in einen Arbeitskreis einzubringen, der sich um die konstruktive Umsetzung der geäußerten Kritik bemühen wollte (MNU 31/1978, Heft 1, S. 1–7). Dies ist ein Beispiel für viele Vorgänge, Vorschläge und Versuche, die seither die Bereitschaft signalisieren, Konsequenzen aus der bedrückenden Erfahrung zu ziehen, daß der Physikunterricht auf allzu viele Schülerinnen und Schüler demotivierend wirkt. Die Voraussetzungen für eine Überwindung der Schwierigkeiten waren in den letzten drei Jahrzehnten nie so günstig wie gegenwärtig. Denn während dieser Zeitspanne hat die Überzeugung eine ständig größer werdende Anhängerschaft gefunden, daß der Physikunterricht für die übergroße Mehrheit der Schülerinnen und Schüler weder an den Erfordernissen einer vorberuflichen Bildung noch an anderen Partikularinteressen der Industrie oder Wirtschaft – z. B. die Technikakzeptanz zu fördern – orientiert sein soll. Es sei daran erinnert, daß diese Ziele z. B. in der Delphi-Studie die *niedrigste* Priorität hatten (→ S. 32). Demnach ist ihre politische Bedeutung auch in den Augen sachverständiger Gesellschaftsgruppen außerhalb der Schule zerfallen. Sogar in den Lehrplanempfehlungen des größten Fachverbands der naturwissenschaftlichen Lehrerschaft (MNU; → S. 183 f) sind wirtschaftspolitische Legitimationsgründe nicht mehr genannt.

Keineswegs aber wird der Zusammenhang der pädagogisch fatalen Situation des Physikunterrichts (→ Kapitel I) mit seiner Funktionalisierung durch Machtinteressen heute überall klar gesehen. Die Begründung für die Einrichtung naturwissenschaftlich ausgerichteter Spezialgymnasien in Baden-Württemberg (→ S. 134), Bemühungen in der Art des von BEINKE geleiteten BLK-Projekts (→ S. 48 ff), die „Mädchen-Technik-Tage" (→ S. 48) und viele andere Aktivitäten weisen noch immer in die entgegengesetzte Richtung.

Der DEUTSCHE PHILOLOGENVERBAND fordert in einem aktuellen „Memorandum" (Datum 11. 7. 1994) unter dem Thema *Bildung – Innovation – Kreativität* die Erneuerung der machtpolitischen Orientierung der naturwissenschaftlichen Bildung. Im Pressedienst wird das Memorandum mit der Notwendigkeit begründet, *... mit Investitionen in Bildung und Ausbildung heute die Voraussetzungen dafür zu schaffen, daß Deutschland im sich verschärfenden internationalen Wettbewerb des nächsten Jahrhunderts konkurrenzfähig bleibt.* Die folgenden Zitate stammen aus diesem Schriftstück:

• *Der Wirtschaftsstandort Deutschland bedarf des Bildungsstandorts Deutschland. ... Für Deutschland als rohstoffarmes Land ist das geistige Know-how seiner Menschen die wichtigste Ressource ...* (Punkt 1).

- *Deutschland steht in einem globalen Produktions- und Gedankenwettbewerb mit Milliarden von Menschen. Sie streben wie wir auf die Märkte ... Auch sie haben die Bedeutung von Bildung und technischem Können erkannt ... Der Wettbewerb der Zukunft wird nicht nur ein Wettbewerb der Technologien, sondern einer der Ausbildungssysteme und der Kulturen sein* (Punkt 2).

- *Wir brauchen in Deutschland wieder ein forschungs- und innovationsfreundliches Klima. Dies aber beginnt in Bildung und Ausbildung ... Was heute nicht in den Köpfen und Herzen der jungen Menschen entsteht, wird morgen nicht in den Konstruktionsbüros entwickelt und mit Intelligenz genutzt werden* (Punkt 7).

- Auch die ethische Verantwortbarkeit des Machbaren wird angesprochen. Gymnasiale Bildung muß um die *ethische Dimension* erweitert werden, aber: *Diese hat sich auch mit der Bedenkenmentalität gegen alles Neue und gegen großtechnische Projekte kritisch auseinanderzusetzen ...* (Punkt 9).

- *Alle ethische Erziehung der jungen Menschen hat sich an der Gesamtheit der Grundbedürfnisse des Menschen zu orientieren. In ihrer höchsten Form sind diese geprägt von der Suche nach dem Sinn des Lebens und einer daseinszielsetzenden Orientierung* (Punkt 10).

Der letzte Punkt des Memorandums will m. E. nicht so recht zum Tenor des gesamten Papiers passen.[151] Die Berücksichtigung der „Gesamtheit der Grundbedürfnisse des Menschen" kann sehr wohl in Konkurrenz zu nationalen und wirtschaftlichen Interessen treten. Wer ist mit „des Menschen" gemeint – *alle* Menschen dieser Erde oder vielleicht doch nur die Deutschen? –, die *jetzt und hier* Lebenden oder auch die Urenkelgeneration der heutigen Afrikaner? In dem Memorandum stecken Widersprüche, die so lange unvermeidbar sind, wie allgemeinbildender Unterricht durch Partikularinteressen gerechtfertigt wird (→ Kasten S. 120 und S. 125).

Die geschilderte Situation sich widersprechender Forderungen kennzeichnet die in der Einführung beschriebene Suchbewegung (→ S. 24) und bestätigt das Bild vom verstopften Brunnen, dessen Wasser nutzlos verspritzt (→ S. 28). Dieses Kapitel hat deutlich gemacht, daß der naturwissenschaftliche Unterricht seine inneren Probleme der Unterwerfung unter einseitige Ideologien verdankt. Mal war es das individualpädagogisch reduzierte Bildungsideal der deutschen Klassik mit seiner Ablehnung jeder pragmatischen Rechtfertigung von Bildungsinhalten, mal die Funktionalisierung durch partikulare (nationale, wirtschaftspolitische u. ä.) Machtinteressen. Schule wird als gesellschaftliches Subsystem immer solchen Funktionalisierungsprozessen ausgesetzt sein. Erziehungswissenschaft und Fachdidaktik fällt m. E. die Aufgabe zu, solcher Funktionalisierung entgegenzuwirken, wenn Gefährdungen der individuellen, personalen Entwicklungsmöglichkeiten offenkundig werden, wenn antidemokratische Tendenzen durch die Pflege eines Expertentums

---

151 Dieser Punkt war im Entwurf des Memorandums – wie er einem Teil der unterzeichnenden Persönlichkeiten vorgelegt worden war – noch nicht enthalten. Dafür war dort die Forderung, die nationale Wettbewerbsfähigkeit zum Anliegen der Bildung zu machen, noch wesentlich schärfer formuliert. Die „Glättungsarbeit" an der Endfassung ist Ausdruck des Zielkonflikts.

nachweisbar sind – dessen Macht die von der Sachkompetenz gezogenen Grenzen überwuchern kann, weil den Laien der Zugang zum „Herrschaftswissen" verschleiert wird – und wenn partikulare Interessen nicht mehr nach der Maßgabe bewertet werden, was ihre Befriedigung „zum Wohl der *ganzen* Menschheit" beitragen kann. Mit diesen Formulierungen soll selbstverständlich nicht ausgesagt sein, unsere Gesellschaft könne auf Experten oder technologischen Fortschritt verzichten. Naturwissenschaft gehört zur existenziellen Voraussetzung einer Sechsmilliarden-Weltbevölkerung. Ihren Nutzen aus dem Blick zu verlieren wäre gerade im Bildungswesen derjenigen Staaten nicht zu verantworten, die aufgrund ihres Stands der technischen Zivilisation, ihrer Wissenschaft und ihrer wirtschaftlichen Potenz den Schlüssel für die Zukunft der Menschheit in Händen halten. Gesellschaftlich verantwortet werden müssen aber auch die potentiellen Schäden, die nicht nur eine mögliche, sondern eine unausweichliche Folge der Naturwissenschaftsanwendung sind.

„Bedenkenmentalität", gegen die sich der Deutsche Philologenverband wendet (→ s. o. Punkt 9), ist daher wohl eine unverzichtbare demokratische Tugend. Es wäre allerdings angemessener, von *Kritikfähigkeit als Voraussetzung für die Partizipation* an demokratischen Prozessen zu reden. Diese Partizipation bedarf freilich jener breiten Kompetenz, die mit dem Begriff *Orientierungswissen* umschrieben ist. Für den Aufbau dieses Kompetenzgefüges theoretisch begründete Vorschläge anzubieten ist in bezug auf den Physikunterricht die Aufgabe der Fachdidaktik. Mit dem folgenden Kapitel soll dazu ein entsprechender Beitrag geleistet werden.

KAPITEL IV

ENTWURF EINER ZEITGEMÄSSEN

DIDAKTIK

DES PHYSIKUNTERRICHTS

4.0   ZU DIESEM KAPITEL

Der in diesem Kapitel vorgestellte Entwurf einer Didaktik des Physikunterrichts bricht einerseits nicht um jeden Preis mit den Traditionen des herkömmlichen Fachunterrichts, soll aber andererseits die ideologischen Barrieren überwinden, die bislang eine gegenwartsangemessene Entwicklung verhindert haben. Die Kerngedanken sind soweit durchformuliert, daß sie für eine kritische Verarbeitung im Zusammenhang mit Curriculumdiskussionen, in der Lehrplan- und Schulbucharbeit oder in Fachkonferenzen eine konkrete Hilfestellung sein können.

Im Abschnitt 4.1 wird ein *Orientierungsrahmen* entwickelt, der der Forderung Rechnung trägt, *Orientierungswissen* aufzubauen. Der Orientierungsrahmen integriert die *Leitlinien* für die curriculare Gestaltung des Physikunterrichts. Es handelt sich dabei um überfachliche Richtziele, die sich aus dem Prinzip ableiten lassen, Unterricht in den Dienst der Befähigung zur besseren Bewältigung gegenwärtiger und künftiger Lebenspraxis in einer demokratischen Gesellschaft zu stellen.

KLAFKIS neuere Arbeiten zu einer zeitgemäßen Allgemeinbildung, insbesondere seine Forderung, die „epochaltypischen Schlüsselprobleme" als zentralen inhaltlichen Bestandteil der Allgemeinbildung zu verstehen, haben in den letzten Jahren auch manche Lehrplankommission für den naturwissenschaftlichen Unterricht beeinflußt. Darüber hinaus stellt sich im Zusammenhang mit KLAFKIS Allgemeinbildungskonzept die ohnehin stets virulente Frage verschärft, welche Rolle dem fachmonistischen Unterricht im Verhältnis zu anderen Unterrichtsformen heute noch zukommt. Dieser Problemkreis ist Gegenstand des Abschnitts 4.2.

Unter den Leitlinien des Orientierungsrahmens kommt dem Ziel der *Kommunikationsfähigkeit* besondere Bedeutung zu: einerseits, weil die Kommunizierbarkeit des Gelernten eine Grundvoraussetzung des Orientierungswissens ist (ohne die lebenspraktische Relevanz nicht zu gewinnen ist), andererseits, weil diesem Aspekt bisher in der Fachdidaktik und Unterrichtspraxis nur eine untergeordnete Aufmerksamkeit zuteil wurde. Diese Leitlinie erfährt daher im Abschnitt 4.3 eine besondere Betonung.

Im Abschnitt 4.4 geht es um die curricularen Strukturelemente. Sie stellen das Rückgrat des didaktischen Entwurfs hinsichtlich des Anliegens dar, lebenspraktische Bedeutsamkeit mit Wissenschaftsorientierung bzw. Wissenschaftsverständigkeit so zu verknüpfen, daß nicht die Realisierung des einen zu Lasten des anderen geht. Dazu dient das Konzept der *Rahmenkontexte*, in dem sich diese Forderungen an den Fachunterricht gegenseitig stützen sollen.

Schließlich werden im Abschnitt 4.5 noch einige Hinweise zur Unterrichtsmethodik angeführt. Sie beschränken sich auf wenige Kernaussagen. Diese Beschränkung darf nicht in dem Sinne mißverstanden werden, daß dem Problemfeld der Unterrichtsmethoden nur eine untergeordnete Bedeutung zukäme, im Gegenteil: Es ist wohl so komplex und schwierig, daß es in einem Unterabschnitt dieses Buchs nur sehr grob skizziert werden kann.

4.1 DER ORIENTIERUNGSRAHMEN

Die Überlegungen der vorangegangen Kapitel haben zu der umfassenden Forderung an den Physikunterricht geführt, den Aufbau eines Kompetenzgefüges anzustreben, das mit dem Begriff *Orientierungswissen* umschrieben wurde (→ Ü, S. 64). Die Forderung ist dabei zweifach begründet: durch die empirische Lage des Unterrichts sowie durch die bildungstheoretische Bewertung wissenschaftstheoretischer und gesellschaftpolitischer Implikationen der neuzeitlichen Naturwissenschaft (→ Ü 2.3, S. 121).

Das Orientierungswissen dient – in prinzipieller Hinsicht – der Klärung und Begründung des Verhältnisses des Menschen zur Natur im allgemeinen sowie der individuellen Konstituierung des Naturbilds einschließlich der zur Genese und Ausgestaltung dieses Verhältnisses notwendigen Sachkompetenz, Urteilsfähigkeit, Handlungsbereitschaft und -fähigkeit. Das individuelle Naturbild ist gewissermaßen ein Spiegel des Menschenbilds. Es trägt zur ethischen Haltung bei, die dem individuellen Handeln, den Werturteilen und Zwecksetzungen zugrunde liegt (→ These 6, S. 65). Daraus folgt:

> Unterrichtsinhalte sind im Lichte ihrer Orientierungsfunktion dazu bestimmt, sich im Prozeß des Unterrichts zu subjektiv bedeutungsgeladenen, ethisch bewerteten Weltgehalten umzuwandeln.

Der Begriff „Orientierung" soll dabei besagen, daß es nicht darum geht, moralische Appelle, *bestimmte* politische Einstellungen, *spezielle* Interpretationen von Tugendhaftigkeit o. ä. mit dem Lern- und Erziehungsprozeß im Fach Physik zu verknüpfen. Dies wäre hinsichtlich der Unsicherheiten und Risiken, mit denen die Zukunftsentwicklungen einzelner Gesellschaften, Kulturen und der ganzen Menschheit behaftet sind, nicht verantwortbar. Diese Unsicherheiten und Risiken erfordern angesichts rascher globaler Entwicklungen auch eine Offenheit für Veränderungen des ethischen Rahmens. Niemand vermag z. B. heute verbindlich vorauszusagen, welche Umschichtungen in den individuellen Wertmaßstäben und gesellschaftlichen Wertepyramiden bis zum Jahre 2010 stattfinden werden bzw. stattfinden müssen. Erziehungsmaßnahmen, die der notwendigen Offenheit entgegenstehen, wären als Indoktrination zu bezeichnen. Sie widersprächen auch dem pädagogischen Anliegen, die *Selbstbestimmungsfähigkeit* der Schülerinnen und Schüler zu entwickeln.

Auf der anderen Seite bedeutet „Orientierung" aber auch eine Absage an einen unverbindlichen ethischen Relativismus, der nichts anderes wäre als Gleichgültigkeit gegenüber ethischen Fragen, was dann ihre Ausklammerung aus dem Unterricht rechtfertigte. Gefordert ist vom Physikunterricht vielmehr ein Beitrag zur Lebensorientierung in dem Sinne, daß er Hilfen für die individuell zu beantwortenden ethischen Grundfragen „Was ist gut?", „Wie soll ich handeln?" bereitstellt. Darüber hinaus muß der Unterricht verdeutlichen, daß diese Fragen notwendigerweise und unausweichlich zu beantworten sind, von jedem auch faktisch durch seine Lebensgestaltung beantwortet werden, ob bewußt und reflektiert oder nicht. Die geforderte Offenheit hinsichtlich der Möglichkeit, ethische Maßstäbe individuell zu finden und zu verantworten, bedeutet also gerade *nicht* Enthaltsamkeit hinsichtlich der Diskussion dieser Fragen. Wertfreiheit in diesem Sinne öffnete nur das Tor für ideologische Funktionalisierungen, wie dies die Betrachtung der historischen Entwicklung des Physikunterrichts gezeigt hat (→ Kapitel III, S. 120 ff). Die Auswahl der Unterrichtsinhalte, ihre intentionale Ausrichtung und die Gestaltung der Unterrichtsverfahren müssen auch für die Schülerinnen und Schüler erkennbar darauf angelegt sein, solcher Lebensorientierung dienlich zu sein.

4.1.1 Zum Zusammenhang zwischen Zielen und curricularen Entscheidungen

In den folgenden Abschnitten werden die Leitlinien für einen Physikunterricht dargelegt, der durch das *Lernen im sinnstiftenden Kontext* den Aufbau von *Orientierungswissen* erreichen will. Die im Begriff *Orientierungswissen* enthaltenen allgemeinen Forderungen sind weder originell noch neu. In der fachdidaktischen Diskussion wurden sie immer wieder erhoben und auch in differenzierte Unterrichtziele transformiert. WAGENSCHEINs „Funktionsziele", beispielsweise, sind Teil eines gleichgerichteten Programms (→ Fußnoten 117 und 118 auf S. 166), reichen jedoch wegen der individualpädagogischen Verengung bzw. wegen der Ausklammerung der gesellschaftspolitischen Funktion des Unterrichts nicht aus (→ Kasten S. 167; → Kasten S. 191). v. OY forderte in einem vielbeachteten Vortrag von 1977 (→ S. 205) ebenfalls einen Unterricht, der das Orientierungswissen ins Zentrum rückt und formulierte eine Reihe von Aufgaben und Zielen, die auch für das vorliegende Kapitel von Bedeutung sind.[152] Es wäre eine ganze Bibliographie erforderlich, wollte man all die Beiträge auch nur der letzten zwei Jahrzehnte hier aufführen, die in mehr oder weniger umfassender, impliziter oder explizierter Weise darauf angelegt sind, Orientierungswissen aufzubauen. Auch aktuelle Lehrpläne enthalten in ihren Präambeln vielfach Grundforderungen, die zumindest eine hohe Affinität zum Orientierungswissen zeigen.

In der Praxis haben alle diese Bemühungen bislang wenig verändert. Dies ist u. a. ein Hinweis darauf, daß die bisher angewandten Innovationsstrategien nicht ausreichten, die ideologische Verwurzelung des Unterrichts aufzubrechen. Dieses Problem hat schon in Abschnitt 3.3 (→ S. 162 ff) eine WAGENSCHEIN-Kritik notwendig gemacht und müßte in analoger Weise auch für andere relevante Theorien

---

[152] v. OY verwendete den Begriff *Orientierungswissen* nicht explizit, aber seine inhaltlichen Forderungen entsprechen diesem völlig. Während er noch die Notwendigkeit betonte, seine Hypothese empirisch abzusichern, daß ein solcher Unterricht auch dem Interesse von Schülerinnen und Schülern entspräche, kann dies gemäß den Ergebnissen von Kapitel I heute als gesichert angenommen werden.

oder Theorieelemente zu einer kritischen Betrachtung führen. Das ist im gegebenen Rahmen jedoch nicht leistbar.

Erwähnenswert ist aber das Buch von HÄUßLER und LAUTERBACH. Die Autoren haben bereits 1976 eine Konzeption zum naturwissenschaftlichen Unterricht vorgelegt *(Ziele naturwissenschaftlichen Unterrichts. Zur Begründung inhaltlicher Entscheidungen)*, die durchaus den Ausgangspunkt für seine Neugestaltung auch im Sinne der vorliegenden Arbeit hätte bilden können. Es ist der wohl umfassendste systematische Versuch einer neuen Zielbestimmung für den naturwissenschaftlichen Unterricht. Wären die Vorstellungen der Autoren praxisleitend geworden, hätte die vorliegende Arbeit nicht geschrieben werden müssen.

Daß dies nicht eintrat, dürfte wesentlich damit zusammenhängen, daß die Autoren einen komplexen und sehr systematischen Weg zur Herstellung von Zusammenhängen zwischen Zielen und Inhalten vorschlagen, der zudem noch Züge der damaligen behaviouristen Lernzieldiskussion trägt. Dieser Weg ist m. E. – unabhängig von seinen inneren wissenschaftstheoretischen Problemen – praxisfern. Denn so stringent und systematisch wird an der entscheidenden Stelle, nämlich in der von den Kultusverwaltungen gelenkten Lehrplanarbeit, nicht vorgegangen. Mir ist aus Gesprächen mit Mitgliedern verschiedener Lehrplankommissionen bekannt, daß meist die Erstellung der Stoffkataloge und nicht die Zieldiskussion im Mittelpunkt steht. Dabei wird das Problem der Stoffauswahl üblicherweise im Wege der kompromißbehafteten Einigung über die individualbiographisch gewonnenen Präferenzen der Kommissionsmitglieder und andere pragmatische Bedingungen bzw. Vorgaben (z. B. möglichst geringe Veränderungen am vorangegangenen Lehrplan) gelöst. Vor nicht langer Zeit bekam ich vertraulich den Vorschlag einer Lehrplangruppe zum Stoffplan mit der Bitte zugesandt, meine Meinung zu äußern. Telefonisch meldete ich zurück, daß mir eine Beurteilung schwerfalle, solange mir die Zielvorstellungen nicht bekannt seien. „Die Ziele formulieren wir erst hinterher!" war die Antwort. Für mehrere Kommissionen ist mir diese Reihenfolge bestätigt worden. Einmal wurde ich – nicht als Mitglied, sondern als beratender Gast – für einen Tag zu einer Kommission eingeladen, um über die Stoffauswahl und -verteilung zu diskutieren. Als ich nach den Formulierungen in der Präambel fragte, teilte mir der Vorsitzende mit, daß diese von einer Präambelkommission erstellt werde, die Rahmenziele und der Stoffplan also erst nach ihrer Fertigstellung redaktionell zusammengeführt würden!

Auch wenn dies extreme Ausnahmen sein sollten (ich glaube eher daran, daß sie die Regel darstellen), so zeigen sie doch tendenziell, daß ein aufwendig systematisierter Entscheidungsprozeß in der Praxis der Lehrplanarbeit wenig Chancen für eine Realisierung hat. Dies gilt nach meiner Erfahrung auch für die Schulbucharbeit, zumal diese an die Vorentscheidungen der Lehrpläne mehr oder weniger eng gebunden ist.

Eingedenk solcher Erfahrungen werden im folgenden – zwar weniger systematisch, dafür aber hoffentlich mit einem Gewinn an Praktikabilität – Begründung und Ziele einzelner curricularer Elemente in engem Zusammenhang mit deren Explikation formuliert. Die Inhalte werden also nicht aus den Zielen deduziert. Die Verknüpfung mit den Argumenten der vorangegangenen Kapitel wird durch Rückverweise hergestellt.

Ein solches Vorgehen ist wohl auch aus Gründen der Redlichkeit angemessen; denn die curricularen Vorschläge dieses Kapitels sind nicht durch logische Deduktion aus explizierten allgemeinen Zielvorstellungen hervorgegangen. Ihnen liegt vielmehr ein komlexer Prozeß persönlicher Erfahrung zugrunde. Er wurde von den mir übertragenen Aufgaben in Gang gehalten, konkrete curriculare Vorschläge zu erarbeiten, mal von vorgegebenen Inhaltsbereichen ausgehend (z. B. Unterricht und Schulbucharbeit), mal mehr von Zielvorstellungen gesteuert (z. B. Seminare und Fortbildungsveranstaltungen). Die allmähliche Ausdifferenzierung der Strukturen sowohl auf der Inhalts- als auch auf der Zielebene geschah also nicht im Wege eines logisch oder linear vorgezeichneten Ablaufs oder durch das „Abarbeiten" einer Taxonomie, sondern in einer Art hermeneutischem Prozeß. Dies verdeutlicht zugleich, warum die didaktischen Vorschläge als offener Entwurf bezeichnet werden: Das Ende eines quasi-hermeneutischen Strukturierungsprozesses ist prinzipiell nicht festzulegen. Dies ist im übrigen wohl typisch für jede Theoretisierung von Praxis.

Schließlich ist hier nocheinmal an die Erläuterungen in der Einführung zu erinnern, wonach die vorliegende Arbeit nicht vorrangig durch die Absicht geprägt ist, mit Hilfe einer Theorie nicht vorhandene Praxis zu konstituieren. Weit mehr geht es um das Anliegen, die bereits vielfach vorliegenden, aber noch nicht in die Breite wirkenden, praktischen Ansätze durch eine theoretische Struktur abzusichern und die Richtung ihrer Weiterentwicklung und Koordination mitzubestimmen.

4.1.2 Leitlinien eines kontextorientierten Physikunterrichts

Die eben begründete Absicht, curriculare Vorschläge nicht aus vorgängigen Zielkatalogen zu deduzieren, sondern die enge Verflochtenheit von Zielen, Inhalten und Methoden auch in der Darstellung zu berücksichtigen, erübrigt es allerdings nicht, die generellen *Leitlinien* noch genauer darzustellen, als dies bisher geschehen ist. Sie bilden den normativen Hintergrund für die weitere Theoriebildung und ergeben sich aus den Thesen und Argumenten der vorangegangenen Kapitel. Auch für diesen Fragenkreis liegen bereits so viele Veröffentlichungen vor, daß ein systematischer Vergleich den gegebenen Rahmen sprengen würde, zumal hierfür auch die aktuelle erziehungswissenschaftliche Diskussion des Bildungsbegriffs von Bedeutung wäre. Statt dessen soll für die Darstellung der Leitlinien auf ein Papier des NIEDERSÄCHSISCHEN KULTUSMINISTERIUMS zurückgegriffen werden. Dadurch wird auch nochmals die Verflechtung von Bildungspolitik und Wissenschaft deutlich, derer man sich im Umfeld von Schule nicht entziehen kann – ob sie nun der subjektiv angestrebten Verpflichtung auf Wissenschaftlichkeit entgegensteht oder nicht. Im vorliegenden Fall scheinen bildungspolitische Interessen und die hier vorgetragenen pädagogischen Begründungen für eine neue Gestalt des Physikunterrichts in die gleiche Richtung zu weisen.

4.1.2.1 Strukturierungshilfe:
Die Leitlinien des Niedersächsischen Kultusministeriums

Das NIEDERSÄCHSISCHE KULTUSMINISTERIUM hat *Grundsätze für eine reformpäd-agogische Neugestaltung des naturwissenschaftlichen Unterrichts* erstellen lassen, die als Leitlinien für die Lehrplanarbeit und Lehrerfortbildung vorgesehen sind (Entwurf vom 25. 9. 1992).[153] Die Existenz des Papiers belegt den bildungspoliti-schen Handlungsdruck, dem die Schulverwaltung nachgeben muß, notfalls eben auch ohne sich auf einen begleitenden wissenschaftlichen Diskurs beziehen zu kön-nen.

Das bemerkenswerte an diesem „Grundsätze-Papier" ist seine weitgehende Übereinstimmung mit den Forderungen dieser Arbeit, insbesondere der (implizite) Verzicht auf eine Legitimation des Unterrichts durch partikulare, ökonomische In-teressen. Die Ausführungen gehen von der Aufgabe der Schule aus, *daß die jungen Menschen sich zunehmend selbstständiger orientieren, Sachverhalte erschließen, Erfahrungen über alle Sinne sammeln, ordnen und bewerten sowie Verantwortung für sich und andere übernehmen können* (S. 1).

An der gegenwärtigen Lehrpraxis wird kritisiert, *daß der naturwissenschaftli-che Unterricht bis in die Gegenwart weithin noch in dem positivistischen Geist er-teilt wird, der in den wissenschaftlichen Disziplinen selbst lange dominierte* (S. 1).

Im folgenden werden zentrale Aussagen des Grundsätze-Papiers zitiert. Um die Verbindung mit den Argumenten dieser Arbeit zu unterstreichen, sind hinter den Zitaten Querverweise auf den Begründungszusammenhang in den Kapiteln I–III aufgeführt („Ü": Text unter der angegebenen Überschrift):

Neu ist das Bewußtsein, daß Naturwissenschaften, Technik und Ökonomie sowie das individuelle, soziale und politische Leben auf vielfache Weise miteinander verflochten sind. Die mit Hilfe der Wissenschaften ausgeübte Herrschaft des Men-schen über die Natur ist zweideutig geworden (S. 2). Die Autoren sprechen hin-sichtlich des *lange vorherrschenden Zukunftsoptimismus* von einem *Wendepunkt, der nicht ohne Auswirkungen auf den Unterricht bleiben kann* (S. 1; → Ü 2.3, S. 121; → S. 125 f).

Für den Bildungsauftrag des naturwissenschaftlichen Unterrichts werden vier „Aufgaben" hervorgehoben (S. 3):

- *Neue primäre Erfahrungen sind zu ermöglichen. Lebensweltliche Erfahrungen der Kinder und Jugendlichen sind aufzugreifen, möglichst problemorientiert mit wissenschaftlich fundierten Konzepten zu konfrontieren und zu einem integrieren-den Verständnis zu führen* (→ Ü 3.2.1, S. 143; → Kasten S. 178).

- *Die jungen Menschen müssen heute mehr denn je urteils- und entscheidungsfähig werden. Das gilt sowohl in fachlichen als auch ethischen Fragen, damit die All-*

---

153 Diese Funktionsbestimmung wurde mir mündlich von einem der offiziell nicht genannten Auto-ren des Papiers mitgeteilt.

tagspraxis bewältigt und auch globalen Gefährdungen angemessen begegnet werden kann (→ These 7, S. 72; → Ü 2.3, S. 121; → S. 123 f).

- *Den jungen Menschen ist eine zeitgemäße kritische Weltsicht zu ermöglichen, die ihnen hilft, sich auf der Grundlage ihres Vorverständnisses angesichts der Vielfalt der in der Gesellschaft angebotenenen Weltdeutungen zu orientieren und zu eigenverantwortlicher Entscheidung zu kommen* (→ Ü, S. 64; → These 6, S. 65; → These 7, S. 72; → S. 208).

- *Die jungen Menschen müssen kommunikationsfähig werden, damit sie an den gesellschaftlichen Willensbildungsprozessen teilnehmen können. Dazu gehört vor allem die Vermittlung zwischen Alltagssprache und Wissenschaftssprache* (→ Ü, S. 155; → Kasten S. 157).

Aus diesen Aufgaben leiten die Autoren vier *Konzepte naturwissenschaftlicher Bildung* ab (S. 3–8). Sie werden fortan als „Leitlinien" bezeichnet. Die Leitlinien können folgendermaßen gekennzeichnet werden. (Die hervorgehobene Überschrift ist eine von mir hinzugefügte Kurzbezeichnung.)

Nutzungsfähigkeit

Naturwissenschaftlicher Unterricht und Erschließen von Alltagswelt:

Der Kern dieser Leitlinie wird an den folgenden Formulierungen deutlich: *Aufgabe des Unterrichts ist es, die Phänomene neu zu befragen, die mitgebrachten Erklärungen altersgemäß an die Erkenntnisse der Naturwissenschaften anzuschließen, sie zu präzisieren und sie schließlich kritisch miteinander zu konfrontieren. Auf diese Weise muß er die wissenschaftlich fundierten Erkenntnisse wieder zurückbeziehen auf die hergebrachte Betrachtung und Beschreibung der Phänomene. Ziel ist es, ein differenziertes Sachwissen und ein rationales aufgeklärtes Verhältnis zu Wissenschaft, Natur und Technik aufzubauen; naturwissenschaftlicher Unterricht soll aber auch die Schülerinnen und Schüler für die Wahrnehmung der Natur sensibilisieren und die Entwicklung emotionaler Beziehungen zwischen ihnen und den Naturphänomenen fördern* (S. 4). Ferner schließt die Leitlinie die Befähigung ein, *alltagspraktische Anforderungen* bewältigen zu können (→ Ü 3.2.1, S. 143 ff; → Ü 3.3.2.3, S. 181 f; → Ü 3.3.4, S. 190 f).

Verantwortlichkeit

Naturwissenschaftlicher Unterricht und Urteils- und Entscheidungsfähigkeit angesichts wissenschaftlichen Fortschritts, ökonomischer Anforderungen und globaler Herausforderungen:

Für diese Leitlinie sind die folgenden Formulierungen von Bedeutung: *Naturwissenschaftlicher Unterricht kann sich nicht auf die Lösung reiner Fachprobleme beschränken. Er muß auch Verflechtungen von Wissenschaft, Technik, Ökonomie, Ökologie und Politik transparent machen, und zwar in der Vielfalt der divergierenden Interessen und Bewertungen. Angesichts der*

*weltweiten Herausforderungen der Menschheit, der Gefährdung der Lebens-
grundlagen, der Störung der großen Kreisläufe, der Bevölkerungsentwick-
lung und des militärischen Potentials zur Selbstzerstörung muß der naturwissenschaftliche Unterricht die Einsicht wecken, daß der Mensch Teil und Gegenüber der Natur zugleich ist ... Lösungen für die globalen Probleme sind
daher nur mit Hilfe einer rationalen und verantwortbaren Weiterentwicklung
der Naturwissenschaften und einer globalverträglichen Technikgestaltung zu
erwarten. Der naturwissenschaftliche Unterricht muß aus diesem Grunde
mehr als bisher die Vermittlung fachlicher Grundlagen auf die globalen
Probleme beziehen.*[154]

Wissenschaftsverständigkeit

*Naturwissenschaftlicher Unterricht und sein Beitrag zur Entwicklung einer
zeitgemäßen Weltsicht:*

Im Mittelpunkt dieser Leitlinie steht die Forderung, die erkenntnistheoretischen und methodologischen Voraussetzungen der Naturwissenschaften zu verdeutlichen (→ Ü 3.3.2.2, S. 171), den Aspektcharakter der Physik
transparent zu machen (→ Ü 3.3.2.3, S. 181) und *die Fundamente eines
zeitgemäßen Weltverständnisses* aufzuzeigen: *zentrale Begriffe, grundlegende
Konzepte, Theorien und Modelle aus Naturwissenschaft und Technik, in denen heute Weltdeutung versucht wird* (S. 6/7). Dieses Konzept schließt also
die Forderung nach fachsystematischer Fundierung des Unterrichts mit ein
und entspricht weitgehend dem Konzept D der Delphi-Studie (*Physik als
Denkgebäude*, → S. 32).[155]

Kommunikationsfähigkeit

*Naturwissenschaftlicher Unterricht hat die Aufgabe, die Sprachkompetenz zu
vermitteln, die heute zur Teilhabe an Entscheidungsprozessen in einer demo-
kratisch verfaßten Gesellschaft erforderlich ist* (S. 7).

Um dieses Ziel zu erreichen, *„müssen einerseits wesentliche Elemente des
wissenschaftlichen Sprachgebrauchs altersangemessen erlernt, andererseits
aber auch diese Elemente in die Alltagssprache hineingenommen werden.
Dazu gehört, andere ungewohnte Gedanken verstehen zu lernen und eigene
ausdrücken zu können, Probleme also wortfähig zu halten. Wissenschaftliche*

---

[154] Dieses Konzept berührt eine Vielzahl der in den vorgehenden Kapiteln aufgearbeiteten Argu-
mente. Verwiesen sei nur auf einige der zentralen Beziehungen zum vorangegangenen Text:
Naturbeherrschung und Fortschrittsambivalenz (→ Ü 2.2, S. 113 ff). *Globale Orientierung*
(→ Kasten S. 120 und S. 125). *Verflechtung der Physik mit anderen Bereichen* (→ These 7,
S. 72 sowie in der WAGENSCHEIN-Kritik insbesondere → Ü, S. 166). *Antinomieproblem*
(→ S. 131 [LITT] und → Ü 3.3.2, S. 168 [WAGENSCHEIN]).

[155] Vgl. auch → These 1, S. 35 und → These 6, S. 65. Die Frage, wie denn eine lebenspraktische
Orientierung des Unterrichts mit einer systematischen Ausrichtung zu vereinbaren sein könnte
(→ S. 10), steht im Mittelpunkt der weiter unten vorgeschlagenen curricularen Struktur
(→ Kap. 4.4).

Probleme müssen in die Alltagssprache übersetzt werden, damit sie diskutierbar bleiben ...

Sachlichkeit, Beziehungsdenken und Gesprächsfähigkeit sind aufeinander bezogene Ziele naturwissenschaftlichen Unterrichts. Kommunikationsfähigkeit ist auch Voraussetzung für die Selbstinstruktion im Sinne eines lebenslangen Weiterlernens (S. 8; → Ü, S. 155 und → Kasten, S. 157).

Jede der vier skizzierten Leitlinien umfaßt eine Gruppe von Argumenten für die Konzeptualisierung von Unterricht. Die Zusammenfassung aller Leitlinien wird im folgenden als *Orientierungsrahmen* bezeichnet. In konkreten Zusammenhängen werden die Leitlinien im Verlauf dieses Kapitels noch weiter expliziert.

4.1.2.2 Übersicht zum Orientierungsrahmen

Die angeführten vier *Leitlinien* weisen wegen ihres normativen Charakters über die Physik hinaus. Sie erfordern eine Orientierung des Unterrichts an den lebenspraktischen Bereichen, in denen entsprechende Kompetenzen zum Tragen kommen sollen. Sie sind daher konstitutiv für das *Lernen in sinnstiftenden Kontexten*.

Die Leitlinien stehen nicht isoliert nebeneinander, sondern fundieren, bedingen und ergänzen sich wechselseitig. Besonders die Leitlinie *Wissenschaftsverständigkeit* bildet eine Grundlage für die anderen Zielvorstellungen. Denn die *Nutzungsfähigkeit* im Sinne sachverständiger Naturwissenschaftsanwendung bedarf ebenso der fachlichen Fundierung wie die den Menschen im privaten und gesellschaftlichen Bereich zufallende *Verantwortlichkeit*.

Naturwissenschaftsanwendung muß verantwortet werden. Dies gilt einerseits für die nutzbringende *Anwendung* naturwissenschaftlicher Kenntnisse und Fähigkeiten im privaten oder beruflichen Bereich; denn insofern sie nutzbringend im Sinne der Naturbeherrschung, ökonomischer oder sozialer Vorteile sind, verändern sie auch die Welt mehr oder weniger. Andererseits bezieht sich diese Aussage auch auf die *Nutzung* naturwissenschaftlich fundierter *Technik*, vom Haarfön bis zum Transatlantikflug. Dies bedeutet, daß die Leitlinie *Nutzungsfähigkeit* von der *Verantwortlichkeit* fundiert sein muß.

Die Leitlinie *Verantwortlichkeit* betrifft nicht nur die persönliche Nutzungfähigkeit. Die Verantwortlichkeit des einzelnen reicht auch in den gesellschaftlich relevanten Bereich hinein, z. B. im Rahmen der Partizipation an demokratischen Entscheidungsprozessen oder durch die Vorbildfunktion, die mit sozialen oder beruflichen Rollen verknüpft ist. Auch wo nicht die persönliche Nutzung der Naturwissenschaft im Vordergrund steht, kann man sich der Mitverantwortung für die Formen ihrer allgemeinen Verwertung in einer Demokratie nicht entziehen.

Der Leitlinie *Kommunikationsfähigkeit* kommt eine Sonderstellung zu. Die Mehrzahl unserer Schülerinnen und Schüler wird später noch Physik im gängigen Sinne treiben, also experimentierend, messend und rechnend den Gesetzen der Natur nachspüren. Dennoch wird auch ihnen Physik in ihrem späteren Leben ständig begegnen, in der Natur, in den technischen Objektivationen und vor allem in kommunikativen Zusammenhängen, z. B. in Reportagen, Artikeln, Berichten, Büchern,

Diskussionen. In diesen Zusammenhängen herrscht nicht die „harte" Fachsprache vor, sondern die Umgangssprache. Der Rekurs auf die Fachsprache muß jedoch möglich sein, wenn Mißverständnisse drohen, zu ungenaue Ausdrucksweisen Verstehen erschweren usw. Verlangt ist also eine stetige Übersetzungsleistung von der Umgangssprache in die Fachsprache und zurück. Intellektuelle Kompetenzen können – auf welchem Niveau auch immer – in den Bereichen der *Wissenschaftsverständigkeit* und *Verantwortlichkeit* überhaupt nicht und im Bereich der *Nutzungsfähigkeit* nur eingeschränkt fruchtbar werden, solange sie nicht kommunizierbar sind. Die Leitlinie *Kommunikationsfähigkeit* überformt daher die drei anderen Bereiche.

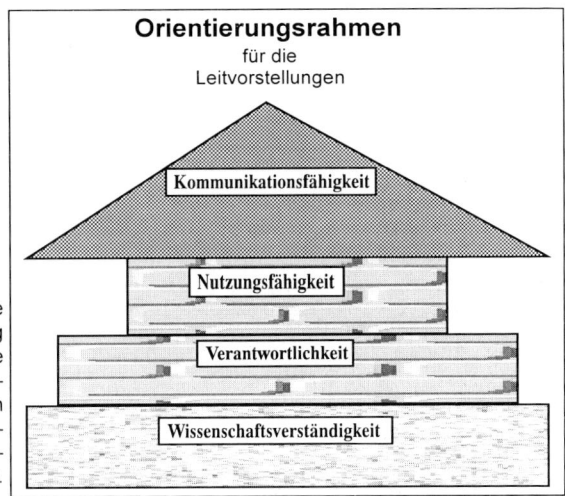

Orientierungsrahmen
für die
Leitvorstellungen

Kommunikationsfähigkeit

Nutzungsfähigkeit

Verantwortlichkeit

Wissenschaftsverständigkeit

Abbildung 19: Symbolische Darstellung der Beziehung zwischen den Leitlinien. Diese sind in den vier Konzepten geordnet. Die Leitlinien bilden insgesamt den Orientierungsrahmen für die Konzeptualisierung des Unterrichts.

Die skizzierten Verhältnisse zwischen den vier Leitlinien lassen sich in einer Näherung symbolisch durch ein „Gebäude" darstellen. Das Fundament wird von der Wissenschaftsverständigkeit gebildet. Auf ihm ruhen die Verantwortlichkeit und die Nutzungsfähigkeit. Vor dem Zerfall bewahrt – und damit funktionsfähig gehalten – wird das Gebäude durch das von der Kommunikationsfähikeit gebildete Dach (→ Abbildung 19). Was diese Metapher nur unzulänglich ausdrückt, ist, daß sich die einzelnen Leitlinien gegenseitig durchdringen. Das Bild soll deshalb auch nicht besagen, das Gebäude müßte in der Reihenfolge vom Fundament zum Dach erstellt werden. Gerade dies ist wegen der wechselseitigen Durchdringung der Bereiche nur bedingt möglich. Beispielsweise bedarf und dient schon der Fundamentbau der Kommunikationsfähigkeit. Es würde dem zentralen Anliegen dieser Arbeit geradezu widersprechen, die Konzepte sukzessive aufzubauen, etwa nach dem Argument „bevor wir es wagen können, über den Sinn und Zweck einer Sache zu diskutieren, müssen wir *zuerst* das notwendige Sachwissen erwerben". Dieses Lernen „auf Vorrat" hat wesentlich zur Unbeliebtheit des Physikunterrichts beigetragen (→ Kapitel I).

4.2 ZUR BEGRÜNDUNG DES PHYSIKUNTERRICHTS ALS FACHUNTERRICHT

4.2.1 Anmerkungen zum Allgemeinbildungskonzept KLAFKIS

4.2.1.1 Zur inhaltlichen Bestimmung der Allgemeinbildung bei KLAFKI

Aus der jüngeren erziehungswissenschaftlichen Diskussion um den Bildungsbegriff hat innerhalb der Naturwissenschaftsdidaktik besonders die Theorie KLAFKIS zu kontroversen Diskussionen geführt. BRUHN teilt bereits 1983 in der angeführten Veröffentlichung mit (→ Zitat S. 11), daß in den Kultusministerien mehrerer Bundesländer die Frage diskutiert werde, *wie die Lehrpläne geändert werden müßten, um Raum für eine unterrichtliche Behandlung der Schlüsselprobleme unserer Zeit zu schaffen* (S. 195). „Epochaltypische Schlüsselprobleme" bilden ein Kernstück in KLAFKIs Bildungstheorie. Die Vorgabe für die Lehrplanrevision in Schleswig-Holstein, „Kernprobleme" in der Lehrplanarbeit zu berücksichtigen, zeigt in der Explikationen dessen, was als „Kernproblem" anzusehen ist, unmittelbar den Zusammenhang mit der Bildungstheorie KLAFKIs.[156] Ministerielle Vorgaben zur Lehrplanarbeit einiger anderer Bundesländer, von denen ich auf informellem Weg Kenntnis erhalten habe, weisen inhaltlich einen engen Zusammenhang mit KLAFKIs Theorie zumindest in dem Sinne auf, daß ihnen eine analoge Sicht der Bildungsproblematik zugrunde liegt. Zustimmung, Kritik und Befürchtungen, die damit verknüpft sind, betreffen auch die Vorschläge in diesem Kapitel. Es ist deshalb erforderlich, die für unseren Zusammenhang wichtigsten Argumente am Beispiel von KLAFKIs bildungstheoretischen Vorstellungen kurz darzulegen und zu bewerten.

KLAFKI hat im Rahmen seiner *Studien für eine zeitgemäße Allgemeinbildung und kritisch-konstruktive Didaktik* (³1993) den Versuch unternommen, den Bildungsbegriff unter Berücksichtigung seiner historischen Entwicklung, Interpretationen und Fehlinterpretationen neu auszulegen. Die Beziehung seiner Überlegungen zur Problemstellung der vorliegenden Arbeit zeigt sich schon am expliziten Rückgriff auf HEYDORN, den KLAFKI mit den programmatischen Sätzen zitiert: *Es ist das Ziel aller Bildung, Macht aufzuheben, den freigewordenen Menschen an ihre Stelle zu setzen* oder: *Bildungsfragen sind Machtfragen; die Frage der Bildung ist die Frage nach der Liquidation der Macht* (KLAFKI, S. 46). Im Kapitel II wurde der Zusammenhang zwischen Macht und Naturwissenschaft dargelegt und als Einflußfaktor ausgewiesen, der immer wieder seinen Beitrag zur Funktionalisierung des naturwis-

---

156 Vgl. DIE MINISTERIN FÜR BILDUNG, WISSENSCHAFT, KULTUR UND SPORT DES LANDES SCHLESWIG-HOLSTEIN (Hrsg.): Lehrplanrevision in Schleswig-Holstein. Dokumentation. 1992.

senschaftlichen Unterrichts leistete. KLAFKIs Bestimmung des Bildungsbegriffs ist daher für die hier angestellten Überlegungen von unmittelbarer Bedeutung.

Anknüpfend an die Errungenschaften der Aufklärungsbewegung begreift KLAFKI *Pädagogik als eine(r) Sachwalterin des Anspruchs jedes jungen Menschen auf Entwicklung seiner Möglichkeiten einschließlich der Mitbestimmung über die Entwicklung der Gesellschaft* ... (S. 50). Er fordert von der *Bildungstheorie und Bildungspraxis ..., auf gesellschaftliche Verhältnisse und Entwicklungen nicht nur zu reagieren, sondern sie unter dem Gesichtspunkt der pädagogischen Verantwortung für gegenwärtige und zukünftige Lebens- und Entwicklungsmöglichkeiten ... zu beurteilen und mitzugestalten* (S. 50/51; Hervorhebung i. O.). Aus dem Zusammenhang zwischen den *personalen Grundrechten* und der *Leitvorstellung einer fundamental-demokratisch gestalteten Gesellschaft* deduziert er die Ablehnung jeder Form von *Elitebildung* und von *Rechtfertigung gesellschaftlicher Ungleichheit.*

Es ist offenkundig, daß damit die spaltenden Wirkungen des gegenwärtigen Physikunterrichts den Bildungsvorstellungen KLAFKIs diametral entgegenstehen (→ Ü 1.2.4.3, S. 83; → These 8, S. 86). Zugleich offenbaren die wiedergegebenen Zitate die hohe Übereinstimmung des so gefaßten Bildungsbegriffs mit den oben explizierten Leitlinien (→ Abbildung 19).

4.2.1.2 Die „epochaltypischen Schlüsselprobleme"

Von besonderem Interesse an KLAFKIs Bildungsbegriff ist die inhaltliche Bestimmung dessen, was die comenische Triade „omnes – omnia – omnino" im Begriff des „Allumfassenden" (omnino) auszudrücken versucht (→ S. 110 und Fußnote 78). KLAFKI spricht von *Bildung im Medium des Allgemeinen* und führt u. a. dazu aus: *Allgemeinbildung muß verstanden werden als Aneignung der die Menschen gemeinsam angehenden Frage- und Problemstellungen ihrer geschichtlich gewordenen Gegenwart und der sich abzeichnenden Zukunft und als Auseinandersetzung mit diesen gemeinsamen Aufgaben, Problemen, Gefahren ... Der Horizont, in dem dieses uns alle angehende Allgemeine bestimmt werden muß, kann heute nicht mehr national, ja nicht einmal nur eurozentrisch begrenzt werden, er muß universal, muß ein Welt-Horizont sein* (S. 53). Nur am Rande sei angemerkt, daß diese Einsicht nicht gar so weit über BACON hinausreicht, der schon zu Beginn des 17. Jahrhunderts davor gewarnt hat, die Wissenschaft in den Dienst partikularer Machtinteressen zu stellen, statt sie zum Wohl der ganzen Menschheit zu nutzen (→ S. 115; → Kasten S. 120).

Diese Bestimmung des Bildungsbegriffs führt nun KLAFKI unmittelbar zu seiner *Kernthese: Allgemeinbildung bedeutet in dieser Hinsicht, ein geschichtlich vermitteltes Bewußtsein von zentralen Problemen der Gegenwart und – soweit erkennbar – der Zukunft zu gewinnen ... Abkürzend kann man von der Konzentration auf epochaltypische Schlüsselprobleme unserer Gegenwart und der vermutlichen Zukunft sprechen* (S. 56, Hervorhebung i. O.).

Er führt insgesamt fünf dieser Schlüsselprobleme an und erläutert, welche Rolle er ihnen als Unterrichtsinhalte zuweisen will und welche Unterrichtsmethoden er für angemessen hält.[157] KLAFKIs Beispiele werden hier nur soweit ausgeführt, daß der Zusammenhang mit dem *Orientierungsrahmen* sichtbar wird. Dabei soll aber auch die Distanz zwischen den Schlüsselproblemen und den alltäglichen Inhalten und Fragen des Fachunterrichts deutlich werden. Es wird wesentlich darauf ankommen, wie die Möglichkeiten einzuschätzen sind, diese Distanz zu überbrücken.

Friedensfrage

Als erstes Schlüsselproblem nennt KLAFKI die „Friedensfrage" und betont dabei zwei *Faktorenkomplexe: Zum einen muß es im Unterricht darum gehen, an Beispielen makrosoziologische und makropolitische Ursachen der Friedensgefährdung bzw. von Kriegen erkennbar zu machen.* Damit sind ökonomische Interessengegensätze, imperialistische Bestrebungen sowie Ungleichheit und Unrechtsverhältnisse zwischen Staaten oder Staatengruppen gemeint. Der zweite Faktorenkomplex betrifft die Rechtfertigungsfrage von Kriegen *angesichts der historisch beispiellosen Vernichtungswirkung moderner Waffensysteme und der weitgehend unmöglichen Begrenzung dieser Wirkungen auf sogenannte „kriegswichtige Ziele"* (S. 57/58).

Umweltfrage

Als zweites Schlüsselproblem wird die Umweltfrage genannt, *d. h. die in globalem Maßstab zu durchdenkende Frage nach der Zerstörung oder Erhaltung der natürlichen Grundlagen menschlicher Existenz und damit nach der Verantwortbarkeit und Kontrollierbarkeit der wissenschaftlich-technischen Entwicklung.* KLAFKI zeigt den Zusammenhang mit der Friedensfrage anhand der technischen und industriellen Diskrepanz zwischen hoch- und wenig entwickelten Gesellschaften auf und betont, *daß die Weiterentwicklung der industriellen Gesellschaft ... mit Sicherheit nicht auf der Bahn jener linear verkürzten Fortschrittslogik erfolgen kann, die in Wahrheit ökonomisch-technologisch bestimmte Wachstumslogik ist ..., eine unreflektierte Logik, die weithin noch heute das Bewußtsein vieler Zeitgenossen, die technologische Entwicklung, die Organisation der industriellen Produktion, unsere durch sie tief beeinflußten Konsumgewohnheiten und nicht zuletzt die Wirtschaftspolitik, die Wissenschafts- und Technologiepolitik sowie die Verkehrspolitik bestimmt, aber auch Bildungs- und Gesundheitspolitik beeinflußt ...* (S. 58).

Für die Bildungsarbeit fordert KLAFKI den Aufbau eines Problembewußtseins für die Grenzen natürlicher Ressourcen und für die Umweltzerstörung, die als Folge ethisch unkontrollierter technologisch-ökonomischer Entwicklung unvermeidbar ist. Außerdem verlangt er *Einsicht in die Notwendigkeit, ressourcen- und energiesparende Techniken und umweltverträgliche Produkte und Produktionsweisen zu entwickeln ...* Und unter weiteren Forderungen findet sich auch die nach der *Einsicht in die Notwendigkeit einer permanenten demokratischen Kontrolle der ökonomisch-technologischen und der entsprechenden wissenschaftlichen Entwicklung ...* (S. 59).

---

[157] Zwar betont KLAFKI den Beispielcharakter der von ihm benannten fünf „Schlüsselprobleme", zugleich hält er ihre Anzahl nicht für *beliebig erweiterbar*, weil sie dem Kriterium *weltumspannender Bedeutung* zu genügen haben (S. 60).

KLAFKIs Argumente und Forderungen im Zusammenhang mit der Friedens- und Umweltfrage decken sich weitgehend mit den Auffassungen BÖHMEs, die in Kapitel II zitiert wurden (→ S. 125 f). Im dortigen Zusammenhang wurde begründet, warum Physikunterricht nicht durch partikulare Interessen funktionalisiert werden darf (→ Kasten S. 125), was hinsichtlich dieser Problembereiche gleichbedeutend mit der von KLAFKI geforderten „globalen Perspektive" ist. Die damit verknüpfte didaktische Aufgabe läßt sich auch in die Forderung kleiden:

Unterricht muß erkennbar eine Meinungsbildung darüber ermöglichen, was es dem einzelnen und der Menschheit nützt oder schadet, wenn bestimmte naturwissenschaftliche Kenntnisse angewandt werden, und warum es im Hinblick darauf wichtig ist, sich mit den entsprechenden Inhalten und Methoden lernend auseinanderzusetzen.

Ungleichheit

Das dritte Schlüsselproblem ist die *gesellschaftlich produzierte Ungleichheit* innerhalb und zwischen den Gesellschaften. Unter den Beispielen, die KLAFKI dazu anführt, ist der Physikunterricht unmittelbar von der *Geschlechterdifferenz* betroffen (S. 59). Die vielfältigen Bemühungen um den Abbau geschlechtskorrelierter Unterschiede im Physikunterricht wurden in Kapitel I angeführt, wobei einige der gegenwärtigen Maßnahmen sich als pädagogisch kontraproduktiv erwiesen haben (→ These 3, S. 46; → These 5, S. 64; → These 6, S. 65; → Ü 1.2.3.2, S. 60). Die curricularen Vorschläge weiter unten in diesem Kapitel berücksichtigen die Notwendigkeit, der Geschlechterdifferenz hinsichtlich der Fach(un)beliebtheit und damit auch deren sozialen Folgen zu begegnen.

Informations- und Kommunikationstechnologie

Als viertes Schlüsselproblem führt KLAFKI die Gefahren und Möglichkeiten der neuen technischen Steuerungs-, Informations- und Kommunikationsmedien an. Er verlangt für das Bildungssystem eine *kritische informations- und kommunikationstechnologische Grundbildung als Moment einer neuen Allgemeinbildung.* KLAFKI fordert, *daß die Einführung in die Nutzung und in ein elementarisiertes Verständnis der modernen, elektronisch arbeitenden Kommunikations- Informations- und Steuerungsmedien immer mit der Reflexion über ihre Wirkungen auf die sie benutzenden Menschen, über die möglichen sozialen Folgen des Einsatzes solcher Medien und über den möglichen Mißbrauch verbunden werden* (S. 60).

Für den Physikunterricht werden in den Fachzeitschriften regelmäßig Vorschläge insbesondere zur Elektronik gemacht, die sich durchaus auf diesen Problemkreis beziehen. Allerdings fehlt bislang in bezug auf den Physikunterricht ein Entwurf zu einer umfassenden curricularen Struktur für eine Unterrichtseinheit „Kommunikations- und Informationstechnologien" (vgl. aber den Hinweis auf CONRADS/UHLENBUSCH; → S. 60). Weil der weitere Fortgang dieser Arbeit nicht mehr zu einer systematischen Erörterung des Problems führt, soll hier ein vielleicht

(bzw. *hoffentlich*) randständiger Aspekt dieses Problemkreises angesprochen werden, der an den Ausführungen des Abschnitts 3.2.2.1 (→ S. 148) anknüpft:
    Zuwenig Aufmerksamkeit wird m. E. bisher der didaktischen Thematisierung der psychologischen, pädagogischen und erkenntnistheoretischen *Wirkungen* dieser Technologien im Physikunterricht geschenkt, vor allem dort, wo sie als Werkzeug zur Darstellung physikalischer Sachverhalte dienen. Moderne Technologien haben auch das physikalische Experiment ein erhebliches Stück weiter in den Bereich der Theorie hineinverschoben – zu Lasten unmittelbar sinnlich zugänglicher Erfahrung (→ S. 148 ff; → Kasten S. 151; → Kasten S. 151). Heute sind z. B. auf jeder Lehrmittelausstellung Fahrbahnen u. ä. zu sehen, bei denen die elektronische Aufnahme der Meßwerte und deren computerisierte Verarbeitung das Versuchsergebnis in Sekundenschnelle als Diagramm auf den Bildschirm bringen. Man kann die Ergebnisse auch auf der Festplatte speichern und braucht dann keine Sorge um das „Stundenziel" mehr zu haben, wenn der Versuch mal nicht so glatt läuft oder die Pause nicht ausreicht, das Experiment aufzubauen. Es ist zu hoffen, daß die Darstellung dieser Gefahr – gemessen am praktizierten Unterricht – eine Übertreibung ist und bleibt. Aber die Sorge ist wohl nicht ganz unberechtigt, daß es hauptsächlich an der finanziellen Ausstattung der Schulen liegen könnte, wenn derartige Apparaturen zur Produktion „künstlicher physikalischer Phänomene" die Physikräume noch nicht beherrschen (→ Kasten, S. 154). Es käme im Sinne von KLAFKIS Forderungen darauf an, im Unterricht zu zeigen, welcher Realitätscharakter so gewonnenen Ergebnissen zukommt, wie sie mit den *natürlichen* Phänomenen in Beziehung stehen und inwieweit wir bei so gewonnenen Meßdaten darauf angewiesen sind, zu *glauben*, daß die elektronischen Apparate etwas anzeigen, dem auch ohne sie ein entsprechender Realitätsgehalt zukommt. Mit anderen Worten: Keine moderne Technologie kann die für ihr Verständnis erforderlichen Primärerfahrungen ersetzen!

Beziehungsfähigkeit und Selbstbestimmung

Als fünftes Schlüsselproblem nennt KLAFKI die *Erfahrung der Liebe* in unterschiedlichen Aspekten (z. B. Sexualität, Beziehungen zwischen den Geschlechtern, zwischenmenschliche Verantwortung).
    Die erwähnten „Kernprobleme" für die Lehrplanrevision in Schleswig-Holstein – es sind ebenfalls fünf – sind keine schlichte Reproduktion der Formulierungen KLAFKIs, decken aber etwa das gleiche Problemspektrum mit entsprechender Intention ab. Als fünftes Kernproblem wird dort *das Recht aller Menschen zur Gestaltung ihrer politischen, kulturellen und wirtschaftlichen Lebensverhältnisse ...* genannt (DIE MINISTERIN ... 1992). Dies ist durchaus ein zusätzlicher Aspekt, dessen Ausbalancierung mit der Forderung nach dem Abbau von Ungleichheiten und der Zuwendung zum Mitmenschen wohl erhebliche pädagogische Anstrengungen erfordert.

4.2.1.3 Zu den Einwänden gegen die zentrale Stellung der „Schlüsselprobleme"

Die Forderung, die zentralen Probleme unserer Zeit für die curriculare Gestaltung des Unterrichts als Leitlinien anzusehen – KLAFKI spricht von der „Konzentration auf die Schlüsselprobleme" – stößt bei aller grundsätzlichen Anerkennung der Bedeutung dieser Problematik auf viele Vorbehalte und Befürchtungen. Sie sollen in anekdotischer Darstellung von Reaktionen aus der Physiklehrerschaft kurz verdeutlicht werden:

In den Jahren 1991 und 1992 wurde ich mehrfach eingeladen, Vorträge zum Themenkreis „Ökologie, Umwelt" bzw. „globale Probleme im Physikunterricht" zu halten.[158] Schon die Häufigkeit, mit der die Thematik in den Mittelpunkt größerer fachdidaktischer Tagungen gestellt wurde, signalisiert die Betroffenheit der Fachlehrerschaft. Ich wählte für meine Vorträge zwar unterschiedliche Titel, aber nur *eine* Thematik, die z. B. in der folgenden Formulierung sichtbar wird: „Von der Wahrnehmung über das Wissen zum ökologischen Denken. Aufgezeigt an Beispielen aus dem Optikunterricht". Solche Formulierungen weckten erhebliche Neugierde, weil eben gerade nicht die ansonsten gängigen ökologischen Aspekte im Umfeld der Begriffe Energie, Klima, Müll, Schadstoffe usw. im Vordergrund standen. Hier – so wurden auch die Erwartungen im Vorfeld und den anschließenden Diskussionen formuliert – versprach man sich einen Beitrag zu der Frage, ob und wie sich der bisherige Fachunterricht grundsätzlich mit den Schlüsselproblemen verknüpfen läßt. Dies war auch das Anliegen meiner Vorträge. Ich versuchte darzulegen, daß der Umgang mit den zentralen Problemen unserer Zeit eine Frage der Welt*wahrnehmung* ist, in der sich Haltungen ausdrücken, die im täglichen Leben und somit auch im täglichen Unterricht sukzessive aufgebaut und stabilisiert werden, ob es nun reflexiv und zielgerichtet oder unbewußt geschieht. Wahrnehmung hat aber etwas mit *Sehen* zu tun. Daß der Optikunterricht hier eine wichtige Rolle spielen könnte, ist aus dem Blick geraten, seit er – in der Folge der oben erwähnten Akzentverschiebung des Physikunterrichts (→ S. 186; → S. 187 und → S. 195 ff) – mehr von den optischen Apparaten als vom Sehen handelt. (Dies wird in einem späteren Abschnitt genauer erläutert.)

In den Diskussionen zu den Vorträgen der Tagungen wurden immer wieder Vorbehalte gegen eine Ideologisierung des naturwissenschaftlichen Unterrichts geäußert. Sie konkretisierten sich in einem ausführlichen Streitgespräch außerhalb des offiziellen Tagungsrahmens, an dem auch Mitarbeiter von Lehrplankommissionen beteiligt waren, die sich – nach ihren eigenen Worten – *mit den „Kernproblemen" herumzuschlagen hatten*. Die wichtigste Kritik an einer Konzentration auf die Schlüsselprobleme wird im folgenden zitiert. Die Annahme ist wohl berechtigt, daß die Äuße-

---

158 Diese Thematik habe ich u. a. auf der MNU-Jahrestagung des Landes Rheinland-Pfalz in Boppard (Febr. 1991), auf der MNU-Bezirkstagung in Bremerhaven (Nov. 1991), auf der MNU-Bundestagung in Bielefeld (April 1992) sowie auf Regionaltagungen in Heilbronn, Hannover und Berlin vorgetragen.

rungen für eine Mehrheit der naturwissenschaftlichen Fachlehrerschaft repräsentativ sind. Die Argumente sollten sehr ernstgenommen werden. Der konstruktive Umgang mit ihnen, gerade seitens der Befürworter einer grundlegenden Reform des naturwissenschaftlichen Unterrichts, ist die Bedingung dafür, daß nicht zwei sich bekämpfende Lager entstehen, die alle Innovation erschweren:

- *Wenn wir den Schlüsselproblemen eine so zentrale Stellung einräumen, dann führt das nur zu noch mehr Projektunterricht. Diese Zeit wird dem Fachunterricht genommen, dem sie ohnehin hinten und vorne fehlt.*

- *Schlüsselprobleme sind viel zu komplex, als daß ihre Behandlung ein gründliches Durchdringen der fachlichen Schwierigkeiten erlauben würde.*

- *Wir indoktrinieren dann nur noch, weil wirklich durchschauen tun wir die Zusammenhänge doch selber nicht – was wollen wir dann vermitteln?*

- *Da bleibt nur oberflächliches, situationsbezogenes Wissen und eine emotionale Haltung ohne rationale Basis übrig.*

- *Bevor wir nicht in die Lage versetzt werden, gründliches Fachwissen aufzubauen, sollte man in der Schule die Finger von so komplexen Themen lassen.*

- *Wenn ich in meinem Unterricht auf ökologische Fragen zu sprechen komme, dann stöhnen die Schüler: „Schon wieder!!" Der Religionslehrer hat das längst behandelt – und nicht nur einmal.*

- *Die Schüler haben ein Recht auf gründliche Sachinformation, die Politik muß nachgeordnet bleiben und gehört höchstens am Rande in den Physikunterricht.*

- *Ich bin davon überzeugt, daß es wichtig ist zu wissen, was man in der Physik unter „Spannung", „Masse", „Temperatur" usw. versteht. Was hat das mit den Schlüsselproblemen zu tun? – Sollen wir vielleicht künftig auf dieses Wissen verzichten?*

- *Reine Glücksache, wenn ich im Physikunterricht mal die Zeit finde, über solche Zusammenhänge zu diskutieren. Im Vordergrund geht es doch um die sachliche Durchdringung von Begriffen und Gesetzen, z. B. „Auftrieb", „Hebelgesetz", „Energie" – und die Zeit reicht nicht mal dazu!*

KLAFKIs Darlegungen sind nicht geeignet, die Skepsis der Fachlehrerschaft zu entkräften. *Die alte reformpädagogische Forderung nach nicht nur gelegentlichen fächerübergreifenden Veranstaltungen oder Hinweisen ... erhält ... ein ganz neues Gewicht,* betont er (S. 64) und entwickelt die Forderung, *Problemunterricht als einen der Kernbestandteile einer Schule zu verankern* (S. 67). Vier Grundsätze hält KLAFKI für die Unterrichtsgestaltung für unverzichtbar:

- *Exemplarisches Lehren und Lernen* im Sinne *gründlichen, verstehenden bzw. entdeckenden Lernens* (S. 62 bzw. S. 67).[159]

---

159 Vgl. dazu auch die *Vierte Studie* KLAFKIs: *Exemplarisches Lehren und Lernen,* in [3]1993, S. 141–161.

- *Methodenorientiertes Lernen* im Sinne von *übertragbaren Verfahrensweisen des Lernens und Erkennens sowie der Übersetzung von Erkenntnissen in praktische Konsequenzen* (S. 68). (Gemeint ist also *nicht* die fachspezifische Methodenkenntnis.)
- *Handlungsorientierter Unterricht* bzw. *praktisches Lernen* im Sinne des *praktischen Tuns und Herstellens ...* (gedacht ist an Erkundungen, Befragungen, Medienherstellung usw.) *bis hin zur Durchführung von Praktika und Projekten* (S. 68).
- Die *Verbindung von sachbezogenem und sozialem Lernen* (S. 68).

Eindeutig hält KLAFKI die Projektmethode für die angemessenste Unterrichtsform, die möglichst im Rahmen von Epochenunterricht realisiert werden sollte. Bereits weiter oben wurde angedeutet, welche Schwierigkeiten für den Erwerb physikimmanenten Sachwissens entstehen, wenn es innerhalb von Projekten der Art erworben werden soll, die KLAFKI als Beispiele für exemplarisches Lehren im Bereich der Schlüsselprobleme anführt (→ S. 188 ff). Die Projekte können für viele Lernerfordernisse exemplarisch sein, z. B. für das Erkennen der Verflechtung von Wissenschaft und Lebenswelt, für die Einsicht in die Notwendigkeit demokratischer Mitverantwortung, für soziales Lernen u. a. Ein gründliches, verstehendes Lernen *in* den Naturwissenschaften, also der Erwerb von strukturell (nicht nur situativ) bedeutsamem Wissen, fachspezifischen Methoden usw., stößt aber auf die bereits skizzierten Schwierigkeiten. Sie werden weiter unten an inhaltlichen Beispielen noch verdeutlicht.

Das Verhältnis von Fachunterricht und Problemunterricht bei KLAFKI

Meines Erachtens ist bei KLAFKI das Verhältnis von Fachunterricht und fächerübergreifendem bzw. Projektunterricht nicht in befriedigender Weise geklärt. Fachunterricht, soweit er nicht im Rahmen des „Problemunterrichts" angesiedelt ist, dient nach KLAFKI der Pflege eines „vielseitigen Interesses" und der Entfaltung aller Fähigkeiten der Schülerinnen und Schüler. Er bildet eine *polare Ergänzung zur Konzentration auf Schlüsselprobleme* (S. 69). KLAFKI führt dazu aus: *So notwendig nämlich einerseits die Konzentration auf Schlüsselprobleme ist, sie führt andererseits auch die Gefahr von Fixierungen, der Blickverengung, mangelnder Offenheit mit sich. Überdies ist jene Konzentration auf Schlüsselprobleme mit Anspannungen, Belastungen, Anforderungen intellektueller, emotionaler und moralisch-politischer Art verbunden, die nicht zuletzt auch für junge Menschen zur Überforderung und zur Einschränkung ihrer gegenwärtigen und zukünftigen Möglichkeiten werden könnten, wenn sie die Bildungsprozesse ausschließlich bestimmen würden* (S. 69, Hervorhebungen i.O.).

Diese Sicht des Fachunterrichts erinnert etwas an die Rolle der Naturalienkammer im Pädagogium der Franckeschen Stiftungen. In der Schulordnung von 1721 heißt es dort: *Über die Naturalien-Kammer wird gleichfalls wöchentlich eine Stunde gelesen, wozu bald eine Freistunde, bald eine andere von einer Lection genommen wird, damit es den Knaben zugleich eine Recreation sei, wenn sie unvermu-*

tet aus einer anderen Lection zu dieser gerufen werden (HIRSCHI, S. 48). Auch wenn KLAFKI nicht nur an „Recreation" denkt, sondern darüber hinaus an Interessenschwerpunkte, berufsfeldbezogene Schwerpunktsetzungen u. ä., so bleibt doch insgesamt der Eindruck einer Zweitrangigkeit und Nachordnung des Fachunterrichts bestehen (S. 69–72). Daß dies unter Fachlehrern Mißtrauen und Ablehnung hervorruft, ist geradezu selbstverständlich und – wie sich zeigen wird – auch berechtigt.

Schlüsselprobleme erfordern eine Intensivierung des naturwissenschaftlichen Fachunterrichts

Dem bei KLAFKI skizzierten Verhältnis soll eine völlig andere Bewertung des Verhältnisses von Fachunterricht und „Problemunterricht" gegenübergestellt werden: Die „epochaltypischen Schlüsselprobleme" sind von so enormer Komplexität – sie sind dazu nicht statisch, sondern in ständigem Wandel begriffen, wegen der Vorhersagegrenzen der Wissenschaft hinsichtlich anzubietender Lösungsmöglichkeiten offen und mit großen Unsicherheiten behaftet –, daß innerhalb eines situationsspezifischen Projektunterrichts die Fachkenntnisse nicht gründlich erworben und mit dem erforderlichen Transferpotential ausgestattet werden können.[160] Wieviel Fachwissen und Methodenkenntnis muß beispielsweise verfügbar sein, um die Entstehungsmechanismen und Auswirkungen der Ozonreduktion in der Stratosphäre nachvollziehen zu können? Man hat es mit bindungsenergetisch komplizierten photolytischen und katalytischen Reaktionsmechanismen zu tun. Die Vorgänge sind extrem von Temperatur- und Strahlungseinflüssen abhängig, also auch von den geophysikalisch beeinflußten Strahlungsbedingungen, von globalen energetischen Verteilungsprozessen, ganz zu schweigen von den biochemischen und biophysikalischen Wechselwirkungen zwischen Lebewesen, Strahlung, thermischem Energieangebot usw. Wenn man zusätzlich bedenkt, daß die Ultraviolettstrahlung über ihre schädigende Wirkung auf CO_2-produzierende Organismen (Phytoplankton) den „Treibhauseffekt" beeinflußt, dieser die globalen Meeresströmungen verändert, letztere wieder klimabestimmend sind usw., dann wäre schon viel Optimismus oder Leichtfertigkeit nötig, um an die Verzichtbarkeit einer gründlichen, ausführlichen und anspruchvollen naturwissenschaflichen Grundbildung glauben zu können.

Dieses knapp skizzierte Beispiel für ein Schlüsselproblem mit naturwissenschaftlichem Bezug soll verdeutlichen, daß gerade eine Orientierung an „epochaltypischen Schlüsselproblemen" den naturwissenschaftlichen Unterricht insgesamt

---

[160] Erst in den letzten Jahrzehnten sind die Grenzen wissenschaftlicher Prognostizierbarkeit zum *Gegenstand* der Wissenschaft geworden („Chaos-Theorie"). Was dabei allmählich in einem theoretischen Aussagesystem auszudrücken gelingt, hat SAINT-EXUPÉRY seinen *in der Dummheit festverwurzelten Generälen*, die von der prinzipiellen Vorhersagbarkeit des Künftigen überzeugt waren, als Metapher entgegengehalten: *Ich aber werde ihnen antworten, daß ich jederzeit den nächsten Schritt der Karawane vorhersehen kann, der sich dem anschließt, den sie zuletzt ausführte. Dieser Schritt wird zweifellos den vorhergegangenen hinsichtlich seiner Richtung und seines Ausmaßes wiederholen. Er gehört zur Wissenschaft der Dinge, die sich wiederholen. Die Karawane aber wird bald von dem Wege abweichen, den ihr meine Logik vorgeschrieben hat, denn ihr Verlangen wird sich ändern …* (SAINT-EXUPÉRY, S. 51).

nicht beschneiden, sondern massiv fördern müßte. Wenn wir erreichen wollen, daß die Absolventen unserer Schulen in die Lage kommen – auf welchem Niveau auch immer –, Expertenmeinungen, politische Entscheidungen, individuelle Verantwortung usw. kritisch beurteilen zu können, dann ist es auch notwendig, ihnen ein Fundament an fachlichen Kompetenzen zu vermitteln, das allgemeingültig und abstrakt genug ist, um auf ihm weiterbauen zu können.

Aus der Sicht des Physikunterrichts soll dies noch weiter konkretisiert werden:

Man betrachte zwei oder drei der global relevanten Problemfelder mit hoher Affinität zu den Naturwissenschaften unter dem Gesichtspunkt ihres *fachlichen* Inhalts. Dazu trete die Voraussetzung, daß Unterricht zumindest in dem Sinne *Wissenschaftsverständigkeit* und *Verantwortlichkeit* erreichen soll, daß die Schülerinnen und Schüler beurteilen können, inwieweit sie selbst fähig sind oder sich selbständig befähigen können, Expertenmeinungen, Zeitungsberichte o. ä. rational nachzuvollziehen, und inwieweit sie darauf angewiesen sind, zu *glauben*, was ihnen zu einem Zusammenhang mitgeteilt wird. Man wähle in diesem Sinne das eben erwähnte Beispiel „globaler, anthropogener Klimaveränderungen" und zusätzlich, was als Komplement ohnehin erforderlich wäre, das Problem der Energieversorgung einer Sechsmilliarden-Bevölkerung einschließlich der Möglichkeiten der Energiegewinnung, der Energieverteilung, des Energiesparens, der Energieentwertung und der globalen Energieströme. Ferner denke man noch die von KLAFKI geforderten Grundkenntnisse im Hinblick auf moderne Kommunikations- und Informationstechnologien hinzu:

Auch ohne es hier im Detail auszuführen, stellt die Behauptung keine Übertreibung dar, daß das Ergebnis einer entsprechenden Inhaltanalyse dieser drei Komplexe kaum einen der gegenwärtigen Lehrplaninhalte des Physikunterrichts unberührt lassen wird. Manche Inhalte werden vielleicht weniger wichtig, andere wichtiger, als wenn ihre Bedeutung nur vom Kriterium innerfachlicher Systematik festgelegt wird.[161] Bedeutender ist wohl, daß man bei einer solchen Analyse auf notwendig zu erarbeitende Sachverhalte stößt, die bisher höchstens am Rande des Fachunterrichts in der Sekundarstufe I angesiedelt waren, z. B. der Aspekt der Energieentwertung oder die Strahlungsgesetze. Dies heißt nicht weniger als:

> Ein auf die „epochaltypischen Schlüsselprobleme" hin orientierter Unterricht erfordert zwingend eine Intensivierung der fachlichen Grundbildung in den Naturwissenschaften.

4.2.1.4 „Epochaltypische Schlüsselprobleme" – Ziel oder Weg?

Die soeben hervorgehobene Schlußfolgerung für das Verhältnis von fachlichem Lernen und dem, was KLAFKI Problemunterricht nennt, bedeutet selbstverständlich

---

[161] Zur Erläuterung: Innerfachlich ist der Impulserhaltungssatz mindestens ebenso wichtig wie der Energieerhaltungssatz (wegen der Lorentz-Invarianz vielleicht sogar umfassender), aber im Hinblick auf die „Schlüsselprobleme" kommt dem Energiesatz – einschließlich des zweiten Hauptsatzes der Thermodynamik – sicher die größere Bedeutung zu.

nicht, daß der Fachunterricht so bleiben soll, wie er ist, und nur mit mehr Unterrichtszeit auszustatten wäre. Aber die Überlegungen zeigen, daß auch KLAFKIS Konzept der „Konzentration auf epochaltypische Schlüsselprobleme" bei genauem Hinsehen eine umfassende fachliche Fundierung nicht erübrigt, sondern erfordert. Dasselbe wurde schon weiter oben im Zusammenhang mit dem Exemplarischen Lehren dargelegt, das auch nach WAGENSCHEIN auf jenes „Grundgebirge" an fachlichen Kompetenzen angewiesen ist, ohne das *Wissenschaftsverständigkeit* nicht zu erreichen ist (→ S. 182 ff).

WAGENSCHEIN hat *das Wissen um das System* der Physik als *Ziel* des Fachunterrichts anerkannt, aber zugleich betont, daß es darauf ankommt, das *System als Lehrgang* und das *System als Ziel des Lehrgangs* zu unterscheiden. Das System als *Ziel* zu wollen schließt nicht ein, daß es für den *Weg* des Lernens als Leitlinie fungiert (WAGENSCHEIN 1962, XIII. Kapitel). WAGENSCHEIN wendet sich mit guten Gründen gegen das „System" als Leitfaden des Lernens und fordert eine Orientierung des Lernwegs am Kind, an seinen Auffassungsmöglichkeiten, seiner Weltwahrnehmung und seinem Erkenntnisdrang. Mir scheint nun die Kritik WAGENSCHEINs an der Gleichsetzung von Weg und Ziel auch auf KLAFKI übertragbar zu sein.

Für den Problemunterricht im Sinne KLAFKIS bildet nicht mehr „das System" der Fachwissenschaft das *Ziel* des Unterrichts, sondern die Fähigkeit, sich kritisch und konstruktiv mit den „epochaltypischen Schlüsselproblemen" auseinandersetzen zu können. Für den *Weg* fordert er: *Im Unterricht können und sollten die genannten Aufgaben soweit wie möglich in der Form handlungsorientierter Projekte in Angriff genommen werden, und zwar von den frühesten Bildungsstufen an, also im Grunde schon im Vorschulbereich, mindestens aber in der Grundschule beginnend* (S. 59). Wohlgemerkt: Bei den „genannten Aufgaben" handelt es sich um die oben näher beschriebenen Schlüsselprobleme (→ S. 220 ff).

Das Ziel zum Leitprinzip des Wegs zu machen ist wohl für den Problemunterricht gleichermaßen fragwürdig wie für das System des Faches im Sinne WAGENSCHEINS. Einer der Gründe wurde schon expliziert: Die fachliche Komplexität der Schlüsselprobleme. Ein weiterer Grund liegt in der psychologischen Wirkung einer frühen Konfrontation mit Existenzfragen, zu denen keine definitiven, die Hoffnung stabilisierenden Lösungen aufgezeigt, sondern nur verschiedene Möglichkeiten zur Problemlösung diskutiert werden können, hinsichtlich derer die Schülerinnen und Schüler aber die Erfahrung machen, daß sie in der gesellschaftlichen Praxis allenfalls zögerlich genutzt werden. Als Vater zweier mittlerweile erwachsener Töchter könnte ich ein Lied davon singen, wieviel Mühe und Überzeugungskraft aufgewendet werden müssen, um die Depressionen zu korrigieren, die eine allzufrühe Konfrontation mit völlig ungewissen und negativen Perspektiven der Menschheit mit sich bringt. Diese auszuhalten erfordert ein Grundvertrauen, das eben auch von der Erfahrung eigener Handlungsmöglichkeiten, Sachkompetenz und Selbstbestimmungsfähigkeit getragen wird. Letztere aufzubauen ist wohl ein pädagogisches Desiderat, dem als Voraussetzung für die Rechtfertigung der Konfrontation mit den „epochaltypischen Schlüsselproblemen" entsprochen werden muß.

Kompetenzerfahrung, Spaß am Lernen, Neugierde, Lebensmut und Lebensfreude usw., dafür eignet sich das Feld der Schlüsselprobleme weniger als andere Kontexte.[162] Diese anderen Kontexte müssen ebenfalls lebensbedeutsam sein, Kompetenzerfahrung ermöglichen sowie die Handlungsfähigkeit und -bereitschaft entwickeln. Dabei sollen Sach- und Selbstkompetenz, Ichstärke und Selbstvertrauen soweit gefördert werden, daß die Schülerinnen und Schüler durch die Konfrontation mit den wirklich schwerwiegenden Menschheitsproblemen in ihrem Lebensmut nicht beeinträchtigt werden.

Erläuterungen gegen ein mögliches Mißverständnis

In diesem Zusammenhang soll einem möglichen Mißverständnis begegnet werden: Die Kritik an einer verfrühten Konfrontation mit „epochaltypischen Schlüsselproblemen" betrifft nicht ökologisch orientierte Projekte und ähnliche pädagogische Lernformen in der Grundschule oder später. Wenn z. B. eine Grundschulklasse einen Schulteich anlegt, pflegt, unterhält, in ihm Lebensformen und Lebensbedingungen studiert, dann dient das der Einfühlung in die Natur, der *Empathie* im Sinne der Erfahrung der Verbundenheit und somit dem Aufbau einer Haltung, die auch die Bereitschaft und Fähigkeit fördert, sich zu gegebener Zeit mit schwierigeren ökologischen Fragen und Zusammenhängen auseinanderzusetzen. Ein Schulteich ist kein „epochaltypisches Schlüsselproblem", wenngleich die an ihm zu gewinnenden Lernerfahrungen und Einstellungen für die spätere Arbeit mit den Schlüsselproblemen hilfreich sind.[163] Es handelt sich also um einen Schritt auf dem Weg, der seinen Sinn in sich selber trägt und nicht erst dann seine Erfüllung findet, wenn die direkte Beschäftigung mit den Menschheitsproblemen ansteht.

Zur Genese einer *emotionalen* Haltung muß der Aufbau einer *rationalen* Einstellung hinzutreten – nicht sie verdrängen. Engagement für sich genommen bleibt anfällig für Ideologien jeder Provenienz, wenn es nicht von fachlichem Wissen und Können getragen ist.

Im folgenden wird der Nachweis zu erbringen sein, daß der Aufbau einer emotionalen *und* rationalen Haltung im Fachunterricht möglich ist, daß dieser Aufbau zum Ziel der Wissenschaftsverständigkeit, Verantwortlichkeit, Nutzungsfähigkeit und Kommunikationsfähigkeit *auch* im Zusammenhang mit den „epochaltypischen Schlüsselproblemen" führt, und zwar ohne daß diese schon ihre unvermeidlichen Schatten auf den Weg des Lernens werfen. Sinnstiftende Kontexte, die

---

162 Ich habe mich an anderer Stelle ausführlicher zum Zusammenhang von Lernfreude, Spaß und Physikunterricht geäußert, als es hier möglich ist (MUCKENFUß 1986).

163 Es ist wohl möglich, daß KLAFKI ein Schulteichprojekt o. ä. zum Problemunterricht rechnen würde. Ausgeführt hat er dies allerdings nicht. Es wären dann Kriterien erforderlich, nach denen beurteilt werden kann, ob ein Unterrichtsinhalt der Beschäftigung mit den „epochaltypischen Schlüsselproblemen" zuzurechnen ist oder nicht, auch wenn diese nicht unmittelbar angesprochen werden. Ohne solche Kriterien wäre dem Mißbrauch dieser Legitimation Tür und Tor geöffnet. Man könnte beispielsweise einen „trockenen" Unterricht zum Kraftbegriff mit dem Verweis auf den Energiebegriff und dessen Bedeutung in den Schlüsselproblemen rechtfertigen.

dabei wohl unverzichtbare Konstituenzien des Fachunterrichts sind, treten nicht erst im Umfeld des Schlüsselprobleme ins Blickfeld, sondern schon in der alltäglichen Welterfahrung und Weltwahrnehmung.

4.2.2 Zergliederung und Integration von Sinnzusammenhängen in den Schulfächern

HÄUßLER/LAUTERBACH plädieren in ihrer Theorie einer Ziel- und Begründungsstruktur (→ S. 213) für einen „Intergrierten naturwissenschaftlichen Unterricht" (ICN). *Integration bedeutet zuerst und hauptsächlich Integration der Disziplinen Physik, Chemie und Biologie* (S. 23). Auch KLAFKI mißt der Pflege des naturwissenschaftlichen Unterrichts in seiner herkömmlichen Gliederung nach Fächern keine explizite Bedeutung zu. Im Zusammenhang mit der Aufgabe, eine *vielseitige Interessen- und Fähigkeitsentwicklung* herbeizuführen, spricht KLAFKI von der Notwendigkeit Zugänge unter anderem *zur naturwissenschaftlichen Weise der Wirklichkeitserkenntnis und zum vor- und außerwissenschaftlichen, betrachtenden oder aktiven Umgang mit der Natur ...* zu eröffnen (S. 70). Statt des Unterrichts in den Einzelfächern Biologie, Chemie und Physik wird ein „naturwissenschaftlicher Unterricht" diskutiert. Schon die rein terminologische Zusammenfassung der Fächer Biologie, Chemie und Physik unterstellt mehr oder weniger explizit, daß Methoden und Inhalte der drei naturwissenschaftlichen Fächer so wenig different sind, daß ihre Zusammenfassung im Begriff oder Fach „Naturwissenschaften" keine wesentlichen Strukturen zum Verschwinden bringt. Das wird weiter unten näher zu prüfen sein.

Die Forderung eines ICN hat eine breite Anhängerschaft gefunden, aber ebensosehr den Widerstand vieler Fachlehrerinnen und -lehrer sowie der Fachverbände geweckt. Das in angelsächsischen Ländern eingerichtete Fach „Science" wird dabei von Befürwortern und Gegnern gleichermaßen als Vorbild wie als mißglücktes Modell angeführt. Wie oben berichtet, stieß z. B. der Versuch der Kultusministerin Baden-Württembergs, ein Fach „Naturwissenschaftliche Themenkreise" einzuführen, auf unüberwindliche bildungspolitische Widerstände (→ S. 9).

Das alle Reformansätze hinsichtlich der Fächerstruktur einigende Ziel ist das Bemühen, lebensweltliche Sinnzusammenhänge nicht zu zerreißen, sondern sie in ihrer Ganzheitlichkeit zum Gegenstand des Unterrichts werden zu lassen. Dabei wird angenommen, daß der Fachunterricht zwangsläufig zu einer Zergliederung von Sinnzusammenhängen und damit zu deren Zerstörung führen müsse, weil die Integration fachlicher Einzelaspekte den Schülerinnen und Schülern überlassen bleibe und sie überfordere. Daß dies vielfach faktisch zutrifft, ist nicht zu bestreiten. Dies sind aber zuvorderst die Folgen der Betonung des kontextlosen Verfügungswissens in den Einzelfächern und deshalb eine Konsequenz der Funktionalisierung (→ Kapitel III). Gleichermaßen trägt – zumindest im Hinblick auf den Physikunterricht – die Interpretation von *Wissenschaftsorientierung* im Sinne einer Wissenschaftspropädeutik ihre sinnentleerende Wirkung bei (→ Kasten S. 126; → Kasten

S. 146). Es ist aber weder empirisch noch theoretisch gesichert, daß eine *Reform der Fächerstruktur* – also eine neue Einteilung oder Einführung von Schulfächern – hier eine effektivere Gegenmaßnahme darstellt als eine *innere Reform der Fächer* selbst.

4.2.2.1 Komplementarität und Konkurrenz von Unterrichtsformen

Einige Aspekte der Integration bzw. Abgrenzung von Fächern und Inhalten berühren die Konzeption des Fachunterrichts grundlegend. Sie werden im folgenden erörtert, allerdings ohne die gesamte terminologische und inhaltliche Problematik der Diskussion um „fächerübergreifenden", „fächerverbindenden", „mehrperspektivischen", „integrierten", „projektorientierten" „offenen" „problemorientierten" usw. Unterricht aufzurollen.[164] Das geschieht nur ansatzweise, soweit es das Verständnis der curricularen Vorschläge des Abschnitts 4.4 erfordert.

Projektunterricht

Der Projektunterricht in seiner genuinen Form, wie er z. B. als Problemunterricht von KLAFKI gefordert wird, liegt dabei außerhalb des kritisch zu diskutierenden Fragenkreises, sofern er nicht den Anspruch erhebt, Fachunterricht generell oder in weiten Teilen substituieren zu wollen. Projektunterricht in diesem Sinne ist über- bzw. außerfachlich. Er greift lebenspraktisch bedeutsame ganzheitliche Zusammenhänge auf, verbindet viele Unterrichts- und Arbeitsformen; er betont den Lern*prozeß* bzw. den Erwerb von Handlungskompetenz, die Befähigung zu selbständigem Lernen, soziales Lernen usw. mindestens ebensosehr wie das zu erwerbende Wissen und führt zu *Produkten* als Ausdruck des Lernergebnisses. Unter den Begriff Projekt fallen auch viele Vorschläge, die als offenes oder fächerübergreifendes Lernen firmieren.

Sofern so verstandener Projektunterricht praktiziert wird, löst er den fachunterrichtlichen Zeitplan und die Gebundenheit an den Fachlehrer häufig sehr weitgehend auf, bezieht Eltern, Experten und außerschulische Lernorte ein und findet häufig auch nicht im Klassenverband statt. Den zeitlichen Rahmen bilden oft die sogenannten Projektwochen oder Projekttage zu Beginn oder am Ende des Schuljahrs. Die pädagogische Berechtigung dieser Unterrichtsform und ihre erziehungswissenschaftliche und bildungstheoretische Begründung wird hier nicht Frage gestellt. Lediglich die Stellung so verstandenen Projektunterrichts im Verhältnis zum Fachunterricht wird noch aufzuzeigen sein.

Konflikte im Zusammenhang mit „Projektorientierung"

Zu theoretischen und praktischen Konflikten führen die mannigfachen Versuche, die Ideen des eben skizzierten Projektunterrichts in den Fachunterricht zu integrieren. Signalisiert wird dies durch Lehrplaneinheiten, die z. B. mit der Bezeichnung pro-

---

164 Eine ausführliche Erörterung der Unterrichtsmethoden findet sich z. B. bei Hilbert MEYER: *Unterrichtsmethoden* (Theorieband). Vgl. besonders den dortigen Überblick auf S. 208–217.

jekt*orientiert* versehen werden, aber dennoch Bestandteil fachmonistischer Lehrpläne sind. Gleiches gilt für in der Literatur beschriebene fachunterrichtliche Vorhaben, die das Signum „projektorientiert" im Titel tragen oder als fachspezifische Projekte bezeichnet werden.[165] Hier wäre im Einzelfall zu prüfen, inwieweit der Anspruch des Projektunterrichts, auf ganzheitliche Sinnzusammenhänge gerichtet zu sein, durch die fachunterrichtliche Beschränkung beeinträchtigt wird bzw. inwieweit fachunterrichtliche Zielsetzungen anderen – durchaus begründeten – pädagogischen Zielen „geopfert" werden. Dazu seien einige knapp gefaßte Beispiele angeführt:

Die *erste* Gefahr (Beschneidung wesentlicher Ziele des Projektunterrichts) wird z. B. deutlich, wenn in den Richtlinien Physik für die Hauptschulen Nordrhein-Westfalens *projektorientiertes* Arbeiten gefordert wird (S. 67), der Lehrplan dazu die Inhalte zu *projektorientierten Unterrichtssequenzen* vermittels *Themen* zusammenfaßt, aber einen Stoffplan auflistet, der sich nicht wesentlich von den traditionellen unterscheidet.[166] Hier wird insofern unter falscher Flagge gesegelt, als die Ziele des Fachunterrichts weitgehend beibehalten werden und außerfachlichen Sinnzusammenhängen nur soviel Raum gegeben wird, als es lernpsychologische Gründe erfordern (Motivation).

Die *zweite* Gefahr (Preisgabe wesentlicher Ziele des Fachunterrichts) ist oft dann gegeben, wenn z. B. *im* naturwissenschaftliche Unterricht Projekte realisiert werden. So berichtet die Gruppe „SozNat" u. a. von Erfahrungen mit dem Projekt „Fliegen", die mit denen vollkommen übereinstimmen, die wir in einem gleichbenannten Projekt an der Pädagogischen Hochschule Weingarten gemacht haben. Bei „SozNat" lautete die Aufgabe an die Schüler: „Baue einen Apparat, der sich möglichst lange in der Luft hält, wenn er aus dem 2. Stock der Schule fallengelassen wird" (REDAKTION SOZNAT, S. 91). Die vielfältigen und kreativen Lösungen der Schülerinnen und Schüler, die sie in mehrwöchiger Arbeit entwickelt haben, stehen hier ebensowenig zur Debatte wie die dabei gewonnenen Lernerfahrungen und Kompetenzen. Bezeichnend ist aber die Feststellung, daß die Schülerinnen und Schüler *kein* Interesse am Erwerb systematischen Wissens entwickelten, z. B. an *einer grundsätzlichen Erarbeitung des Rückstoßprinzips* (S. 92). Die Autoren stellen fest, *daß Versuche, die Schüler zur Erarbeitung des actio-reactio-Prinzips zu bringen, weniger gut ankamen als der konkrete Bau und Start eines richtigen Raketenautos* (S. 93). Wir selbst wollten im Rahmen unseres Projekts neben den projektspezifischen Zielen die Konzeptualisierung des newtonschen Kraftbegriffs erreichen. Ein Abschlußtest konnte diesbezüglich keinen Erfolg nachweisen. Ausweislich solcher Erfahrungen werden in fachspezifischen Projekten physikalische Kenntnisse von den Schülerinnen und Schülern nur insoweit angestrebt und erworben, als sie der Lö-

---

[165] Der Buchtitel von MIE/FREY „Physik in Projekten" stellt hierfür ein Beispiel dar.

[166] Aus dem zitierten Lehrplan sei ein Beispiel angeführt: Die Inhalte *Ausbreitung*, *Brechung* und *Reflexion des Lichts*, *Abbilden mit Hilfe von Sammellinsen*, *Optische Geräte*, *Bau und Funktion des Auges* werden zu dem „projektorientierten Themenvorschlag" *Bilder von Menschen und Dingen* gruppiert. Im Stoffplan selbst werden dann weitgehend die üblichen Inhalte abgearbeitet (S. 114–121).

sung des unmittelbar gegebenen Sachproblems dienen. Weder die Allgemeingültigkeit der Gesetze noch die Abstraktheit der Begriffe und deren Eingebundenheit in eine Theorie lassen sich auf diesem Wege ohne weiteres vermitteln. Natürlich machen Schülerinnen und Schüler andere wertvolle Lernerfahrungen. Ob allerdings *Wissenschaftsverständigkeit* im Sinne der Ziele des Fachunterrichts auf diesem Wege erreichbar ist, erscheint mehr als zweifelhaft.

Die Beispiele verweisen darauf, daß Projektunterricht – bzw. intentional vergleichbare Unterrichtsformen – und Fachunterricht jeweils eigene Zielsetzungen verfolgen, je spezifische Kompetenzgefüge anstreben, sich also gegenseitig ergänzen, aber nicht substituieren können. Diese Folgerung ist in ihrem Kern wohl kaum umstritten und dennoch bis heute nicht in ein curriculares Konzept umgesetzt, das die Komplementarität der Unterrichtsformen konstruktiv, inhaltlich und quantitativ aufgreift (→ S. 10).

4.2.2.2 Destruktivität und Komplementarität von Unterrichtsfächern

Beispiel: Der Wahlpflichtbereich Technik und sein Einfluß auf den Physikunterricht

Obwohl „vernetzendes Denken" und die Bewahrung von Sinnzusammenhängen in den Unterrichtsinhalten weitgehend unumstrittene Ziele auch ausweislich der Lehrpläne darstellen, setzen sich immer wieder Bestrebungen nach zusätzlichen oder neuen Fächern durch. Ein Beispiel wurde bereits erwähnt, nämlich die Schaffung des Wahlpflichtfachs *Natur und Technik* an den Realschulen Baden-Württembergs im Jahre 1984 (→ Fußnote 53, S. 77). Es wird in den Klassen 7–10 mit je drei Wochenstunden unterrichtet, d. h., *Natur und Technik* steht mehr als die doppelte Unterrichtszeit wie dem Fach *Physik* zur Verfügung. Im Schuljahr 1993/94 wählten 38 % der Schülerschaft *Natur und Technik* (72 % der Jungen und nur 6 % der Mädchen).[167] Die Gründe für die Einführung dieses Fachs und seine Ziele brauchen hier nicht weiter diskutiert zu werden; auch soll seine Einführung nicht beklagt werden. Es geht nur um die Wirkung auf das Fach Physik und deren ausgebliebene fachdidaktische Aufarbeitung. Die Folgen für den Physikunterricht sind nämlich fatal. Es gibt eine Vielzahl inhaltlicher Überschneidungen zwischen dem Wahlpflichtfach *Natur und Technik* und dem Pflichtunterricht in *Physik*. Dadurch werden Inhalte bzw. Sinnzusammenhänge entgegen allen Absichtserklärungen in der Lehr-

---

[167] Die Verteilung änderte sich seit der Einführung der Wahlpflichtbereiche nicht wesentlich. Im angeführten Schuljahr wählten die beiden anderen Fächer: 30 % von allen das Fach *Hauswirtschaft/Textiles Werken* (52 % der Mädchen und 6 % der Jungen) und 32 % die *zweite Fremdsprache* (42 % der Mädchen und 22 % der Jungen). Quelle: Statistisches Landesamt Baden-Württemberg.

planpräambel zerrissen. Einige Beispiele aus dem aktuellen Lehrplan können dies verdeutlichen.[168]

• Im *Physikunterricht* werden die Grundbegriffe und Gesetze zur *Elektrizitätslehre* eingeführt (Klasse 8). Das Fach *Natur und Technik* behandelt im gleichen Schuljahr *Grundlagen der Elektrotechnik*, z. B. die Messung elektrischer Größen, Aufbau, Ergonomie und Sicherheit elektrischer Geräte, elektrische Bauteile (Schalter, Lampen, Motoren usw.). Außerdem werden Schaltungen und Modelle mit lebenspraktischem Bezug hergestellt.

• Die Lehrplaneinheit *Kraft, Arbeit und Energie in der Mechanik* dient im *Physikunterricht* dazu, die Begriffe und Gesetze einzuführen (Klasse 8). Ebenfalls im gleichen Schuljahr steht in *Natur und Technik* die Behandlung der Einheit *Maschinen und ihre Funktion für die Menschen* mit der Zielsetzung an, die Bemühungen des Menschen um die „Verstärkung und Erweiterung" seiner physiologischen Möglichkeiten durchsichtig zu machen. Dabei werden Modelle für Maschinen gebaut und erklärt (z. B. Flaschenzug, Hebebühne, Pumpen) und in ihrem Technik-historischen Zusammenhang und ihren kulturellen Wirkungen behandelt.

• Im Bereich der Wärmelehre und Elektrizitätslehre soll der *Physikunterricht* im 9. Schuljahr wesentliche Einsichten in den *Energiebegriff*, zu den *Energieumwandlungen* und in die Gesetze zum *Energietransport* liefern. In *Natur und Technik* werden dann die gesellschaftlich relevanten Zusammenhänge behandelt, z. B. im Rahmen von Lehrplanthemen wie *Energieumwandlung in Wärmekraftmaschinen, Historische Entwicklung der Wärmekraftmaschinen, Auswirkungen auf Umwelt und Gesellschaft, Energienutzung im privaten Bereich.*

Diese Beispiele könnte man fast ad libitum fortsetzen. Sie sind auch kein Spezifikum der Realschulen Baden-Württembergs. Entsprechende Zerschneidungen ergeben sich in allen Curricula, die ein Unterrichtsfach „Technik" o. ä. umfassen. Was bedeutet dies für den Physikunterricht?

• Zunächst ist seine Unterrichtszeit knapp genug bemessen, um die Gefahr einer Doppelbehandlung der anwendungsorientierten, gesellschaftlichen oder historischen Unterrichtselemente auszuschließen. Der Physikunterricht wird daher in diesen Bereichen wesentlicher Sinnorientierungen beraubt. Er verfällt per Lehrplandekret der Reduktion auf physikalisch-theoretische Grundlagen. Viele der begründeten Forderungen nach Einbeziehung lebenspraktischer Zusammenhänge, die der Sinnorientierung dienen und der Unbeliebtheit entgegenwirken sollen, bleiben unerfüllt.

---

[168] *Quellenangabe:* Die Lehrplaneinheiten für die Klasse 8 finden sich in KULTUS UND UNTERRICHT 3/1994, S. 241/42 (Physik) bzw. S. 259–261 (Natur und Technik). Klasse 9: S. 315/316 (Physik) bzw. S. 334–336 (Natur und Technik).

Im Abschnitt 4.4.1 wird dargelegt, daß gerade diese Sinnzusammenhänge des Themas „Mensch und Maschine" auch dem Themenbereich der Mechanik im Physikunterricht wesentliche Orientierungen liefern könnten (→ S. 271).

- Der Physikunterricht gerät in eine „Zubringerfunktion" für andere Fächer, d. h., es entsteht eine neue Variante seiner Funktionalisierung. Die Chancen, die im Orientierungsrahmen (→ Abbildung 19, S. 219) enthaltenen fachübergeordneten Zielsetzungen zu erreichen, schwinden.

- Die spaltende Wirkung des Physikunterrichts wird erheblich verstärkt. Es liegt auf der Hand, daß diejenigen Schüler, die ein Wahlpflichtfach wie *Natur und Technik* gewählt haben (Mädchen sind kaum darunter), in doppelter Hinsicht zu Lasten der Mehrheit profitieren. Denn einerseits zeigt ihre Fachwahl, daß sie stärker als die Mehrheit der Klasse (und im Gegensatz zu den meisten Mädchen) der Technik zugewandt sind, daß ihnen also ein technikorientierter Physikunterricht entgegenkommt. Zum anderen – und das ist eine massive Erfahrung in jeder entsprechenden Klasse – dominieren die „Techniker" den Unterricht wegen ihrer weitaus günstigeren Lernvoraussetzungen, die der intensivere Kontakt mit dem Gegenstandsfeld mit sich bringt.

- Die genannten Effekte werden verstärkt, weil *Physik* und *Natur und Technik* häufig von derselben Lehrkraft unterrichtet werden. Es ist naheliegend, daß sie die Wechselbeziehungen zwischen den beiden Fächern konstruktiv, also zugunsten der „Techniker" und zu Lasten der anderen, nutzt.

- Da Fächer wie *Natur und Technik* meist explizit berufsfeldbezogen sind (wogegen im Falle eines Wahlpflichtbereichs nichts eingewendet sein soll), gerät auch das Fach *Physik* unter diesen Einfluß. Daß sich dies für den Physikunterricht besonders negativ auswirkt, wurde oben mit verschiedenen und sich ergänzenden Begründungen dargelegt (→ These 6, S. 65; → These 7, S. 65; → Kasten S. 125; → Kasten S. 133). Die Gefahr, daß der Physikunterricht partikularen Interessen statt der im Orientierungsrahmen geforderten globalen Problemsicht dient, wird unter diesen Umständen besonders groß.

Es spricht vieles dafür, daß die besonders deutlich ausgeprägte Ablehnung des Physikunterrichts seitens der Mädchen an Baden-Württembergs Realschulen in der Wirkung des Fachs *Natur und Technik* einen wesentlichen Grund hat (→ Abbildung 6, S. 77).

Die Technikorientierung des Physikunterrichts ist für Baden-Württembergs Realschulen laut aktuellem Lehrplan explizit angestrebt: *Der Lehrplan verstärkt die Bezüge zur Technik ...: So werden in vielen Fällen die physikalischen Inhalte und Verfahren an technischen Geräten erarbeitet ...* (KULTUS UND UNTERRICHT 3/1994, S. 24). Nach der Analyse der empirischen Befunde von Kapitel I fällt die Vorhersage leicht, daß diese Ausrichtung nichts zur Erhöhung von Beliebtheit und Effizienz des Physikunterrichts beitragen wird, wohl aber zur Spaltung der Schülerschaft in all ihren Facetten (→ S. 60 ff; → These 6, S. 65; → These 8, S. 86).

Alternative: Komplementarität statt Zergliederung der Inhalte

Es zeigt sich an dem gegebenen Beispiel, daß die Diversifikation der Schulfächer tatsächlich Sinnzusammenhänge zu zerstören vermag. Dies ist allerdings keine notwendige Folge der Existenz beider Fächer, sondern das Ergebnis didaktischer Fehlkonzeptualisierung, in diesem Fall besonders des Physikunterrichts. Denn die empirischen Ergebnisse haben bereits deutlich den Weg gewiesen, auf dem die aufgezeigten negativen Einflüsse auf den Physikunterricht zu vermeiden wären:

Der Physikunterricht könnte sich durch die technisch orientierten Wahlpflichtbereiche entlastet fühlen. Er könnte die bei der Mehrheit unbeliebten berufsfeldbezogenen und technikspezifischen Inhalte und Ziele reduzieren und statt dessen jene Inhaltsbereiche wieder verstärkt im Unterricht aufgreifen, die der Akzentverschiebung in Richtung des Verfügungswissens zum Opfer gefallen sind (→ S. 186). Einige Beispiele seien genannt: *Optik als Lehre von der Wahrnehmung* (nicht als technisch orientierte Apparatephysik); *Akustik*; *Mechanik der Flüssigkeiten und Gase* (z. B. auch unter dem Gesichtspunkt der Lebensbedingungen und Lebensmöglichkeiten in Gewässern); physikalische Grundlagen der *Wetterkunde*; *Astronomie* bzw. *Astrophysik*. Dort, wo Überschneidungen unvermeidlich sind, darf der Schnitt durch die Fächer nicht in der Weise erfolgen, daß Sinnzusammenhänge zerstört werden. Das geschieht regelmäßig dann, wenn dem Physikunterricht die Aufgabe zugewiesen wird, die theoretischen Grundlagen für andere Fachbereiche zu liefern, z. B. in der Mechanik, Elektronik oder im Zusammenhang mit dem Energiebegriff. Die empirischen Befunde zeigen, daß eine zur Technik komplementäre – nicht ihr zuliefernde – Ausrichtung des Physikunterrichts keine Beinträchtigung der Motivation bei denjenigen zur Folge hat, die der Technik zugewandt sind, wohl aber das Interesse aller anderen erheblich zu steigern vermag (→ Abbildung 10, S. 81 und Abbildung 11, S. 82 sowie → These 6, S. 65 und → These 7, S. 72].

Weitere Anmerkungen zu Sinn und Unsinn fachmonistischer Strukturen

Das Magazin FOCUS (37/1994, S. 216/217) berichtet von einer FORSA-Umfrage, derzufolge 66 % der Lehrerschaft die Einführung eines neuen Unterrichtsfachs *Energie und Umwelt* begrüßen würden. Auch ohne dieser Untersuchung allzuviel Aussagekraft beizumessen, enthält das zitierte Ergebnis doch einen deutlichen Hinweis darauf, daß der Physikunterricht bislang nicht zu vermitteln vermochte, daß das Thema Energie und Umwelt zu seinen zentralen Inhalten gehört oder zumindest gehören sollte. Der Umfragehinweis bestätigt indirekt den empirischen Befund, daß der Physikunterricht überwiegend als lebensfern und abstrakt empfunden wird. Daß solche Eindrücke das Verlangen nach neuen Fächern fördern („mit denen man im Leben etwas anfangen kann"), ist nur allzu verständlich. Neue Fächer würden aber den formalen und abstrakten Charakter des Fachs Physik nur verstärken, wie am Beispiel *Natur und Technik* eben gezeigt wurde. Notwendig ist vielmehr die *innere* Reform des Fachcurriculums.

Es gibt aber auch klare Fälle, in denen das Fach Physik keine sinnvolle Struktur im Fächerkanon mehr darstellt. Dazu ist z. B. der Physikunterricht an den Hauptschulen Baden-Württembergs zu zählen. Dort wird gegenwärtig im Pflichtbereich Physik in den Klassen 7, 8 und 9 jeweils mit nur *einer* Wochenstunde unterrichtet. Es ist kein fachdidaktischer Entwurf bekannt, der es für möglich hält oder gar den Aufweis erbringt, daß die fachspezifischen Ziele des Physikunterrichts innerhalb eines solch minimalistischen Zeitrahmens erreichbar sind. Für die im o. g. Orientierungs-rahmen enthaltenen Ziele ist das auszuschließen, was weiter unten noch deutlicher werden wird. Aber auch dieser Minimalplan verlangt neben dem *Erwerb von physikalischen Kenntnissen* die Entwicklung *physikalischer Denkweisen* – die Einsicht in die *Grenzen physikalischen Tuns* und in dessen *Gefahren und Folgen*, das *typische naturwissenschaftliche Vorgehen, langfristig wirksame Fähigkeiten, Einstellungen und Werthaltungen* und die Fähigkeit *zu lebenslanger Weiterbildung.* Dies und anderes mehr wird von den auf drei Jahre verteilten ca. 100 Unterrichtsstunden erwartet (KULTUS UND UNTERRICHT 2/1994, S. 23).

Die zitierten Ziele innerhalb des gegebenen Zeitrahmens sind m. E. unerreichbar und daher Etikettenschwindel. In derartigen Fällen bleibt – solange bildungspolitisch kein ausreichender Zeitrahmen für den Physikunterricht durchgesetzt werden kann – nur die Möglichkeit der Integration in ein anderes Fach oder einen Fachbereich. Sie muß aber konstruktiv und nicht rein additiv sein. Im genannten Beispiel bietet sich eine entsprechende Ausweitung der Stundentafel für das Fach Technik an. Denn es weist ohnehin – in ähnlicher Form wie es oben für das Fach *Natur und Technik* dargestellt wurde – starke Überschneidungen mit der Physik auf. Naturwissenschaftliche Kompetenzen könnten dann im Rahmen von sinnganzen Unterrichtseinheiten innerhalb des Fachs Technik angebahnt werden. Dabei darf aber nicht erwartet werden, daß die zitierten Ziele des Physiklehrplans oder gar die des Orientierungsrahmens erreicht werden.

4.2.2.3 Einzelfächer oder integrierter naturwissenschaftlicher Unterricht (ICN)?

Die bundesweit mächtigste Innovationsbewegung im Hinblick auf eine Veränderung der Fächerstruktur im naturwissenschaftlichen Bereich strebt die Auflösung der Einzelfächer Biologie, Chemie und Physik in einem *Integrierten Curriculum Naturwissenschaft* (ICN) an.[169] Ohne die Vertreter dieser Bewegung und deren Argumente im einzelnen einer kritischen Betrachtung zu unterziehen, ist doch eine Erläuterung erforderlich, warum in den curricularen Vorschlägen der nachfolgenden Abschnitte am fachmonistischen Unterricht festgehalten wird.

Die Forderung nach einem ICN hat im wesentlichen drei Wurzeln: Die eine gründet in der Einsicht, daß die naturwissenschaftlichen Einzelfächer in ihrer gegenwärtigen Ausprägung die in sie gesetzten Erwartungen nicht erfüllen. Dabei wird zugleich unterstellt, daß dies in den fachmonistischen Strukturen auch nicht möglich sei. Die zweite Begründung knüpft an der Tatsache an, daß die lebensprak-

---

169 Neben den bereits zitierten Publikationen von FREY, FREY/BLÄNSDORF, HÄUßLER/LAU-TERBACH weisen z. B. die Arbeiten der Berliner PROJEKTGRUPPE PINC und einer gegenwärtig sehr aktiven Gruppe mit der Bezeichnung PING (Praxis integrierter naturwissenschaftlicher Grundbildung) in die gleiche Richtung. PING wird im wesentlichen vom IPN und dem Land Schleswig-Holstein getragen. Bisher hat diese Gruppe vor allem Materialien für die Schuljahre 5 und 6 vorgelegt. Einen Überblick zu Publikationen und Projekten im Zusammenhang mit dem ICN gibt BUCK (→ Fußnote 3, S. 10).

tisch bedeutsamen Probleme gewissermaßen quer zur Einteilung der Schulfächer liegen, woraus gefolgert wird, daß sie sich einem fachmonistischen Zugriff entziehen. Die dritte Begründung bezieht sich auf den Umstand, daß die naturwissenschaftlichen Disziplinen im heutigen Wissenschaftsbetrieb faktisch vielfältige Überschneidungen, Wechselwirkungen und gemeinsame Objektfelder aufweisen. Daraus wird dann abgeleitet, daß eine Trennung der Schulfächer nicht mehr mit der Getrenntheit wissenschaftlicher Bezugsdisziplinen gerechtfertigt werden könne.

Zur generellen Fragwürdigkeit angeblicher Vorteile des ICN

HÄUßLER/LAUTERBACH führen selbst einige gravierende Gründe an, warum sich der ICN bislang nicht durchsetzen konnte: *Es gibt kaum „Naturwissenschaftslehrer", keine „Naturwissenschaftsdidaktiker", und ohne Ausbildungsorte und Ausgebildete ist es auch schwierig, einen solchen Anspruch der Integration ernsthaft zur Konkretisierung zu verhelfen* (S. 21). Sie halten es deshalb für eine akzeptable Alternative, wenn *die herkömmlichen Fachgrenzen ... über die didaktisch umfassendere Behandlung komplexer Problembereiche überschritten (werden). Diese Entwicklung scheint uns am zukunftsträchtigsten zu sein. Sie ist gleichzeitig die zweite der beiden Behandlungstypen naturwissenschaftlicher Sachverhalte, die wir didaktisch für verantwortbar halten* (S. 25).

Die angeführten Argumente für einen ICN sind bei genauerer Prüfung nicht so stichhaltig, wie sie auf den ersten Blick wirken. Für den Physikunterricht gibt es durchaus Möglichkeiten, daß er sich aus seiner aktuellen Krise befreien kann. Daß die Probleme der Lebenswirklichkeit sich nicht an Fächergrenzen halten, spricht nicht notwendig für die Auflösung der Einzelfächer, im Gegenteil: Die Komplexität unserer Welt erfordert in allen Lebensbereichen ein hohes Maß an Spezialisierung als *Voraussetzung* für die Problemlösung. Die Schule an sich und ihre Infrastruktur kann insgesamt auch als Produkt solcher Spezialisierungsprozesse interpretiert werden. Spezialisierungen wurden für die Menschheit um so unausweichlicher, je komplexer die zu bewältigenden Aufgaben waren. Fachlehrer oder Fachlehrerin wird man z. B. eben aus dem Grund, daß man den Gesamtkomplex an zu tradierendem Bildungsgut und zu bewältigendem Erziehungsauftrag als Individuum nicht verwirklichen kann. Spezialisierung kann allerdings ihre Fruchtbarkeit nur unter der Voraussetzung entfalten, daß sie auf die Integration zu einem Ganzen hin angelegt ist. Es gibt weder sichere Hinweise noch Garantien, daß dies in einem ICN erfolgreicher leistbar ist als in *sinnvoll* gestalteten Einzelfächern. Auch zwingt die Verschmelzung der Naturwissenschaften in manchen Bereichen des hochentwickelten Forschungsbetriebs nicht dazu, dies in den Schulfächern nachzuvollziehen. Denn die Unterrichtsinhalte sind schon aus lernpsychologischen Gründen wesentlich elementarer und müssen dies auch in einem ICN bleiben, will man nicht jenem oberflächlichen „Wissensanflug" und den negativen psychologischen Wirkungen zuarbeiten, die weiter oben dargelegt wurden (→ S. 188 ff; → S. 229 ff].

Neben diesen allgemeinen Argumenten gegen eine allzu forsche Auflösung gewachsener Fächerstrukturen gilt es aber auch, inhaltliche Bedenken gegen ein

ICN zu berücksichtigen, von denen einige aus physikdidaktischer Sicht ausgeführt werden.

Die in der Formel „naturwissenschaftlicher Unterricht" implizierte Annahme einer engen Beziehung zwischen den Methoden und Inhalten der Einzeldisziplinen hält – bezüglich der elementaren Grundlagen der Fächer – allenfalls einer vergröbernden, recht distanzierten Betrachtung stand. Bei näherem Hinsehen werden pädagogisch relevante Unterschiede offenbar, die im folgenden skizziert werden:

Zum Verhältnis zwischen Physik und Chemie

FREISE (1969) zeigt in einer Analyse der Inhalte und Verfahren der elementaren Chemie, daß z. B. die von WAGENSCHEIN für den Physikunterricht aufgestellten Funktionsziele und das exemplarisch-genetische Lehren für den Chemieunterricht unerreichbar bzw. nicht tragfähig sind. Der wesentliche Grund hierfür liegt in der großen Distanz zwischen den chemischen Phänomenen und den Theorien, durch die sie erklärt werden. Schon einfache Begriffe wie Säure, Base oder Oxidation werden nach FREISE nur mißverstanden, wenn man sie über phänomenologisch gegebene Eigenschaften (Geschmack, Salzbildung, Veränderung von Stoffeigenschaften) inhaltlich festlegt. So gewonnene Begriffe befähigen nach FREISE die Schülerinnen und Schüler nicht, *sie planend oder erklärend auf Reaktionen mit ihnen noch unbekannten Substanzen anzuwenden* (S. 145). Die Theorie der chemischen Bindung, die symbolische Darstellung chemischer Reaktionen, die Strukturformeln usw. beruhen durchweg auf atomaren bzw. subatomaren Modellvorstellungen, für die in der Schule bzw. im Anfangsunterricht ein schlüssiger Zusammenhang mit den experimentell produzierten Phänomenen nicht auf dem Wege theoretischer Durchdringung empirischer Befunde hergestellt werden kann. (Die Grundlage der Bindungstheorie ist die Quantenphysik!) Dies bedeutet, daß der Chemieunterricht in weit höherem Maße auf Information und Übernahmebereitschaft hinsichtlich seiner theoretischen Grundlagen angewiesen ist als beispielsweise der Physikunterricht. Das zeigt sich auch in den Lehrplänen. Meist werden Atommodelle bereits in den ersten Unterrichtseinheiten eingeführt. Dagegen kann die klassische Physik sehr weitgehend auf atomare Modelle verzichten. Eine Ausnahme bildet lediglich die kinetische Wärmetheorie, die aber zunächst nur ein undifferenziertes Teilchenmodell erfordert.[170]

Zum Verhältnis zwischen Physik und Biologie

Sind es zwischen Chemie und Physik mehr graduelle Unterschiede in der Art der Theoriebildung und in den methodischen Verfahrensweisen im Unterricht, die allerdings durchaus prägend für einen unterschiedlichen Charakter beider Fächer sind, so zeigen sich zwischen Physik und Biologie grundsätzlichere Differenzen.

---

[170] Daß im Bereich der Elektrizitätslehre meist schon sehr früh Vorstellungen vom Materieaufbau (Elektronen, Atomrümpfe) eingeführt werden, hat keine wissenschaftstheoretisch zwingenden, sondern nur didaktische Gründe. Die klassische Theorie der Elektrizitätslehre war abgeschlossen („Maxwellsche Gleichungen", 1862), bevor etwa um die Wende zum 20. Jahrhundert das Elektron als Materiebaustein in die Theorie integriert wurde.

C. F. V. WEIZSÄCKER (1963) hat sich in einer kleinen Abhandlung mit dem Verhältnis zwischen Physik und Biologie auseinandergesetzt. Er kommt zu dem Ergebnis, daß ein Unterschied zwischen diesen beiden Disziplinen nicht zwingend an ihrem Objektbereich („belebt" ↔ „unbelebt") festgemacht werden kann, wie das in der Schule durchaus üblich ist. Hier gibt es Übergangsformen und Analogien zwischen organischen und anorganischen Prozessen, die jeden Versuch einer klaren Trennlinie zwischen den Objektbereichen scheitern läßt. Für V. WEIZSÄCKER liegt der wesentliche Unterschied zwischen Biologie und Physik in der Weise der Wirklichkeitsbegegnung. *Welche Erkenntnisquellen außer der Sinneserfahrung und dem logischen Denken, welche beide auch die Physik verwendet, kann die Biologie noch haben, wenn sie nicht zur Mystik werden will?* (S. 21). Seine Frage beantwortet V. WEIZSÄCKER im Sinne der Zugehörigkeit des Menschen zum Bereich des Lebendigen, aus der eine andere Verstehensweise resultiert als in der Physik: *Einen Stein kenne ich freilich nur als Objekt, ein Mensch aber ist mir notwendigerweise „Mitmensch". Seine Äußerungen sind Träger einer Bedeutung, die ich verstehen kann, weil ich selbst ein Mensch bin ... Die biologische Sphäre nun ist von beiden Deutungsweisen durchzogen, ohne auf eine von ihnen verzichten zu dürfen* (S. 21/22). V. WEIZSÄCKER zeigt an mehreren Beispielen auf, daß in der Begegnung mit Lebendigem immer etwas vom Verhältnis zwischen Mensch und Mitmensch bewahrt bleibt, so weitläufig oder partiell die Verwandtschaft mit Formen des Lebendigen auch sein mag. *Soweit hingegen die Biologie die Lebewesen als äußere Objekte behandelt, so wie die Physik, wird auch ein immer engerer Zusammenschluß mit der Physik ihr Schicksal sein* (S. 23).

Diese Differenz zwischen Biologie und Physik wurde bereits im Kapitel I als ein Unterschied im Mensch/Natur-Verhältnis bezeichnet (→ S. 95 f). Die Zielformulierungen in den Lehrplänen bewahren dieses von der Physik verschiedene Naturverhältnis, und es gibt wohl keine pädagogischen Argumente, die gegen diese Bewahrung sprechen, im Gegenteil: Diese Differenz bildet ein Element der Antinomie, die auszuhalten wir die Schülerinnen und Schüler zu befähigen haben (→ S. 131).

Die polyperspektivischen Gegenstandsbezüge des Fachs Physik

Diese knappen Ausführungen zum Unterschied zwischen den naturwissenschaftlichen Fächern zeigen bereits, daß es nicht unproblematisch wäre, sie in einem gemeinsamen Fach zusammenzuführen. Das wird noch deutlicher, wenn man sich auf die Ebene der Unterrichts*inhalte* begibt. Dort zeigt sich, daß durchaus kein symmetrisches Verhältnis zwischen den Einzelfächern besteht. Der Chemieunterricht ist auf physikalische Grundlagen angewiesen (z. B. auf die Begriffe Masse, Dichte, Ladung, Elektron, elektrostatische Kräfte, Energie), dies gilt aber umgekehrt für die elementare Physik nicht. Zwischen Biologie und Physik bestehen z. B. im Bereich der Sinneswahrnehmung Berührungspunkte (Funktionsweise von Auge und Ohr), bei ökologischen und physiologischen Themen – vor allem durch die Bedeutung des Energiebegriffs – sowie hinsichtlich der Nutzung „physikalischer" Apparate (z. B. Mikroskop, Lupe). Aber auch hier gilt, daß die physikalische Begriffs- und Theoriebildung in ihren Anfangsgründen nicht des Rückgriffs auf spezifisch biologische Begriffe, Theorien oder Betrachtungsweisen bedarf.

Die Integration der drei Fächer hätte demnach zwei Gefahren zur Folge. Erstens könnte der Physikunterricht einer analogen Funktionalisierung unterworfen werden, wie dies oben im Zusammenhang mit dem Fach *Natur und Technik* beschrieben wurde, d. h., die genuinen Ziele des Fachs wären in dem Maße gefährdet, wie die inhaltliche Ausrichtung des Physiklernens „fremdbestimmt" würde. Zweitens wäre auch ein unangemessener „Physikalismus" (WAGENSCHEIN) in den beiden anderen Fächern nicht auszuschließen, dem insbesondere das Mensch/Natur-Verhältnis des Fachs Biologie zum Opfer fallen könnte.

Schließlich soll noch ein letztes, aber wichtiges Argument gegen den ICN angeführt werden. Die Integration der Naturwissenschaften würde zwangsläufig neue Grenzen zwischen „innen" und „außen" ziehen, die keineswegs pädagogisch harmloser wären als die derzeitigen Fachgrenzen. Dies soll am Beispiel einer kleinen Schulbuchanalyse aufgezeigt werden:

Eindeutig weisen die Physikbücher des CORNELSEN-Verlags die umfassendste Integration „außerfachlicher" Inhalte in die Unterrichtswerke auf. Spezielle Textelemente tragen den Untertitel „Aus der Geschichte" oder „Aus Umwelt und Technik" und haben einen Umfang von einer Drittel- bis zu zwei Druckseiten. Aber auch in den „Einstiegen", „Versuchen" und „Aufgaben" finden sich eine Fülle über das Fach Physik hinausweisenden Elemente. Ein zweites vergleichbares Buch, das die CORNELSEN-Konzeption weitgehend „übernommen" hat, ist beim Verlag VOLK UND WISSEN erschienen. Dort tragen die entsprechenden Textelemente die Untertitel „Ein Blick in die Technik", „Ein Blick in die Natur" und „Ein Blick in die Geschichte". Es ist nun durchaus interessant, zu welchen außerphysikalischen Sachbereichen in diesen Büchern von der Physik her ein Zugang eröffnet wird. Zu diesem Zweck habe ich jeweils ein Lehrwerk der beiden Verlage untersucht.[171] Sie haben zwar einen unterschiedlichen Umfang, umfassen aber etwa die gleichen Inhaltsgebiete. Die Tabelle stellt die Anzahl der Textelemente, aufgeschlüsselt nach Sachbereichen, dar. Gezählt wurden alle durch die genannten Untertitel ausgewiesenen Texte und zusätzlich „Einstiege", sofern diese mehr als eine Drittelseite mit entsprechendem Bezug umfassen (→ Abbildung 20).[172]

---

[171] Es handelt sich in beiden Fällen um Lehrwerke für die Sekundarstufe I des Gymnasiums. Das Werk des CORNELSEN-Verlags umfaßt zwei Bände, die aufeinander aufbauen (insgesamt ca. 570 S.), der erste für das 6. Schuljahr (Nr. 33546) und der zweite für das 7. bis 10. Schuljahr (Nr. 33490). Sie sind für den Lehrplan Nordrhein-Westfalens konzipiert. Das Werk des Verlags VOLK UND WISSEN ist einbändig, vorwiegend für die neuen Bundesländer konzipiert und umfaßt ca. 290 Seiten (Nr. 020712).

[172] Zur Veranschaulichung wird zu jedem der aufgeführten Sachbereiche die Textüberschrift eines typischen Beispiels aus dem CORNELSEN-Werk aufgeführt. Die Klammer gibt einen Hinweis auf den physikalischen Kontext: Geschichte: *Als es noch keinen Kühlschrank gab* (Schmelzwärme); Technik: *Der Mensch und das Auto* (Wärmeenergiemaschinen); Biologie/Natur: *Menschen im Gleichgewicht* (Schwerpunkt, Drehmoment); Astronomie/Kosmologie: *Licht und Schatten auf dem Mond* (Licht und Schatten); Kunst: *Groß und klein – nah und fern in der Kunst* (Sehwinkel,

Vielleicht ist der fast fehlende Bezug zur Chemie überraschend. Im COR-NELSEN-Verlag sind unter den Physikbuchautoren und -beratern auch Chemielehrer. Die Redakteure verlegen auch Chemiewerke. Querverbindungen zur Chemie wurden nicht etwa nur übersehen, sondern sind vom Physikunterricht aus gesehen tatsächlich bei weitem weniger wesentlich, als gemeinhin angenommen wird. Darin kommt nur der allgemein bekannte Sachverhalt zum Ausdruck, daß die Physik innerhalb der Naturwissenschaften eine Grundlagendisziplin darstellt.

Unterrichtswerk	*Cornelsen*	*Volk und Wissen*
Textelemente zu den Bereichen:		
Geschichte (Kultur, Wissenschafts- und Technikgeschichte)	72	30
Technik (einschließlich Wirtschaft, Gesellschaft, Ökologie)	113	37
Biologie/Natur (einschließlich Physiologie, Medizin)	49	29
Astronomie/Kosmologie	3	1
Kunst	5	–
Geographie (einschließlich Ökologie/Umwelt)	30	5
Chemie	1	-
Gesamtzahl aller Textelemente	273	102

Abbildung 20: Anzahl von Texten mit Bezug zu außerphysikalischen Sachgebieten in ausgewählten Lehrwerken zum Physikunterricht

Die Übersicht zeigt die Willkür, die mit der Integration der Fächer Biologie, Chemie und Physik verbunden wäre. Es gibt nur wenige Sachfächer, die vom Physikunterricht nicht berührt werden, aber einige, zu denen die Querverbindungen offener zutage liegen als zu den beiden anderen Naturwissenschaften! Der ICN würde aber die Gefahr herbeiführen, daß die Herstellung einer wechselseitigen Beziehung zwischen den Naturwissenschaften andere und relevantere fachüberschreitende Zusammenhänge aus dem Blick geraten läßt. Die integrierte Naturwissenschaft könnte dadurch ein Denken befördern, das die naturwissenschaftliche Zugriffsweise auf die Welt noch mehr isoliert und andere Erkenntnisweisen noch stärker abwertet, als es bereits jetzt beim Fach Physik beklagt wird. Fazit:

Es gibt gute Gründe für die Beibehaltung der Fächergliederung.

Perspektive); Geographie: *Melonen, Datteln und Feigen – aus Island!* (geothermische Energie); Chemie: *Spektrallinien – „Fingerabdrücke" der Stoffe* (Farbenlehre).

4.3 KOMMUNIKATIONSFÄHIGKEIT, FACHSPRACHE UND BEGRIFFSBILDUNG

So plausibel die Forderung ist, daß Physikunterricht Kommunikationsfähigkeit anstreben muß, damit seine Lernergebnisse in lebenspraktischen Zusammenhängen fruchtbar werden können (→ Kasten S. 157), so wenig sind die entsprechenden fachdidaktischen Konsequenzen bisher von der Unterrichtspraxis rezipiert worden. Noch immer beherrscht eine Begabungstypologie das Meinungsbild bei Schülerinnen und Schülern, Lehrerinnen und Lehrern, etwa derart, daß es eine Sprachbegabung gäbe, die besonders im Bereich sprachlicher Unterrichtsfächer zum Tragen komme, wogegen die sprachlichen Anforderungen in den Naturwissenschaften geringer seien. Dort käme es mehr auf formales und logisches Denken und auf praktisch-technische Fähigkeiten an; Defizite im Bereich der schriftlichen und mündlichen Ausdrucksfähigkeit seien in einem Fach wie Physik leichter zu verschmerzen als in den sprachlichen Fächern. In den folgenden Abschnitten wird dargelegt, daß hinter dieser pädagogischen Schablone eine unhaltbare Vereinfachung steckt.

Innerhalb der Fachdidaktik gibt es eine durchaus intensive Diskussion der Begriffsbildungsproblematik, die eng mit dem Sprachproblem verknüpft ist. Im Zusammenhang mit unserer Fragestellung geht es allerdings nicht in erster Linie um die weitere theoretische Klärung der Fachsprachen- bzw. Begriffsbildungsproblematik, sondern eher um die Transformation des im Prinzip Geklärten auf eine unterrichtspraktische Ebene. Denn die Diskrepanz zwischen fachdidaktischer Theoriebildung und ihrer Rezeption in der Unterrichtspraxis ist in diesem Problemfeld besonders auffällig.

Als BRÄMER/CLEMENS 1980 empirische Befunde publizierten, nach denen Physikunterricht schon allein aus quantitativen Gründen als Fremdsprachenunterricht bezeichnet werden müsse, fand dies breite Beachtung. Immerhin wurde nachgewiesen, daß die Zahl der im Physikunterricht zu erwerbenden Fachvokabeln diejenige der Fremdsprachen übertrifft. Solche Erkenntnisse haben sicher mit dazu beigetragen, daß die Forderung an den Physikunterricht, eine Einführung in die Fachsprache zu leisten, seit den 80er Jahren in den Lehrplänen wesentlich moderater gefaßt ist als zuvor. Insgesamt wird aber dem Verhältnis zwischen Alltagssprache und Fachsprache in den Lehrplänen nur eine randständige Bedeutung zugemessen, wobei manche Formulierungen hierzu ein völlig verkürztes Verständnis dieses Zusammenhangs implizieren. Die vor allem an Quantitätskriterien orientierte Forderung nach Zurückhaltung bei der Einführung der Fachsprache hat auch Auswirkungen auf die Schulbucharbeit. Dort müssen die Autoren nach meiner eigenen Erfahrung praktisch bei jedem neu eingeführten Fachwort dessen Unverzichtbarkeit rechtfertigen, es sei denn, es werde vom Lehrplan ausdrücklich verlangt.

Anscheinend gewinnen quantitative Argumente für das Praxisfeld schneller Bedeutung als strukturelle, kognitionspsychologische und erkenntnistheoretische.

Hinsichtlich der Funktion, die der Fachsprache unterlegt wird, zeigen die Lehrpläne keine differenziertere Sicht als vor 30 Jahren. Sie wird im wesentlichen als eine Ausschärfung der Umgangssprache mit präziseren Begriffen und klarerer Syntax als die der Umgangssprache verstanden. Die Fachsprache erscheint dann als eine Art Steigerung der Umgangssprache, als die „bessere", dem Gegenstandsfeld angemessenere Ausdrucksweise. Auf der anderen Seite wird dann der graduelle Verzicht auf die Fachsprache und deren Substitution durch die Umgangssprache als Unvollkommenheit angesehen, die aus pragmatischen Gründen in Kauf zu nehmen ist, aber eben nur wegen der durch die Grenzen des Unterrichts bedingten Nichterreichbarkeit des Ideals vollkommen „exakter" fachsprachlicher Ausdrucksformen.

Die folgenden Abschnitte sollen erläutern, warum diese Sicht des Verhältnisses zwischen Fachsprache und Alltagssprache den wissenschafts- und erkenntnistheoretischen Implikationen der Fachsprache nicht gerecht wird und daß die übergeordnete Leitlinie *Kommunikationsfähigkeit* (→ Abbildung 19, S. 219) nicht effektiv umgesetzt werden kann, solange Physikunterricht nicht ausdrücklich auch als ein *Problem des Erwerbs von Sprachkompetenz* angesehen wird. Dabei hat der quantitative Vergleich mit dem Lernen von Fremdsprachen den Blick von wichtigeren Gesichtspunkten abgelenkt. Vereinfachend mag dies ein kleines Beispiel zum Unterschied zwischen dem Lernen einer englischen Vokabel und einem physikalischen Begriff verdeutlichen:

Soll die englische Vokabel „dog" gelernt werden, so beinhaltet dies den Erwerb einer neuen Bezeichnung für einen hinreichend vertrauten Inhalt, wobei allenfalls die zulässigen grammatikalischen Verknüpfungen und eventuell sprachraumspezifischen Bedeutungsnuancen mitgelernt werden müssen. Völlig anders liegen die Verhältnisse, wenn der physikspezifische Inhalt des Fachworts „Kraft" gelernt werden soll. Die Vokabel als solche ist bekannt, und ihre sinnvolle Verwendung in lebenspraktischen Bewandtnissen wird – trotz aller Bedeutungsvielfalt und Unmöglichkeit einer scharfen Abgrenzung von ähnlichen alltagssprachlichen Begriffen – relativ sicher beherrscht. Der *physikalische* Begriff „Kraft" ist aber nur im Kontext der Theorie der Mechanik zu verstehen, er ist grundsätzlich verschieden von den alltagssprachlichen Bedeutungen und nicht aus diesen ableitbar. (Dies wird weiter unten genauer dargestellt; → Ü 4.3.2.1, S. 253.) Der Erwerb fachsprachlicher Kompetenzen ist vom Erwerb komplexer – und lebenspraktisch nicht unmittelbar bedeutungsvoller – Theorieeinsichten nicht zu trennen. Im Aspekt des „Vokabellernens" geht dieser Zusammenhang völlig unter.

Die folgenden Ausführungen bauen auf früheren Abschnitten auf (→ S. 155 f). Vorsorglich sei darauf verwiesen, daß für den hier zu bearbeitenden Problembereich die kritischen Betrachtungen zum genetischen Lehren (→ S. 171 ff) von besonderer Bedeutung sein werden.

4.3.1 In welchem Sinn ist die Fachsprache präzise?

Naturwissenschaftler tendieren dazu, Bedeutungsunschärfe von Sätzen und Begriffen grundsätzlich negativ zu bewerten. Für Lehrerinnen und Lehrer naturwissenschaftlicher Fächer steckt ein Stück professioneller Identität in dem Bewußtsein, ein Fach zu vertreten, dessen Inhalte nicht mühsam über semantische Klippen einer Sprache erklommen werden müssen, deren Unzulänglichkeit auch in endlosen Erörterungen und Diskussionen nicht überwunden werden kann. Man fühlt sich – auch während des gelegentlichen Gebrauchs laxer Formulierungen im Unterrichtsgespräch – über das festgeknüpfte Begriffsnetz der Fachsprache abgesichert und abgehoben von jenem Kampf um das richtige Wort, der zum Alltag der Geisteswissenschaften gehört.

Andererseits ist es eine tägliche Erfahrung im Physikunterricht, daß eine noch so „saubere" Begriffsdefinition Mißverstehen bei den Schülerinnen und Schülern nicht ausschließt. Mißverstehen oder Nichtverstehen trotz einer scheinbar vorhandenen „exakten" Begrifflichkeit erzeugt eine doppelte pädagogische Gefahr:

- Erstens wird der Grund für Fehlleistungen im subjektiven Unvermögen der Lernenden gesehen.

- Zweitens erscheint den Lernenden die „Exaktheit" im Gewand der Abstraktheit oder des Formalismus. Exaktheit wird damit jenen Merkmalen zugerechnet, die einen Inhalt schwierig, lebensfern und unattraktiv erscheinen lassen.

Es handelt sich bei beiden Wahrnehmungsweisen um nichts weniger als um eine Fehlinterpretation dessen, was „präzise" im Zusammenhang mit naturwissenschaftlichen Begriffen bedeutet.

In der täglichen Unterrichtspraxis helfen Merksätze oder äußerliche Sprachregelungen, die auswendig gelernt oder eingeübt werden, scheinbar aus dem Dilemma. *(Man sagt: „Kraft wirkt", nicht „hat Kraft"!)* Schülerinnen und Schüler lernen schnell, was Lehrerinnen und Lehrer hören wollen. Merksätze und Sprachregelungen dienen dann allerdings vornehmlich der Verschleierung von Mißverständnissen.

Besonders hervorzuheben ist hier nochmals die Begrenztheit des Anwendungsfelds der Fachsprache (→ S. 155 f). Der Sinngehalt der Alltagswelt wird in der Alltagssprache beschrieben bzw. repräsentiert. Ob die physikalische Fachsprache hier eine Steigerung bzw. Verbesserung bewirken kann, möge die Antwort auf die folgende Frage zeigen:

Was beschreibt die Realität zutreffender, der Satz

Die Suppe ist lauwarm!

oder

Die Suppe hat eine Temperatur von 32,5 °C!?

Auf Anhieb können vermutlich nur wenige Menschen mit letzter Sicherheit sagen, ob sie eine Suppe mit der Temperatur von 32,5 °C als lauwarm, kalt oder heiß einordnen würden. Es würde auch nicht viel Sinn machen, das Wort lauwarm durch die physikalische Definition eines Temperaturbereichs beschreiben zu wollen. Das Kriterium für die Angemessenheit einer solchen „Definition" bliebe weiterhin die „unphysikalische" sinnliche Wahrnehmung. In dem Beispiel geht es um sinnliche Qualitäten, denen die Physik nichts Überlegenes entgegensetzen kann und deren Bedeutung im Erfahrungsbezug der Alltagssprache genauestens aufgehoben ist.

Was sich für die physische Welt schon als problematisch ausweist, gilt erst recht für andere Erfahrungsbereiche. Keine wissenschaftliche Abhandlung könnte genauer als z. B. HEBBELs *Herbstbild (Dies ist ein Herbsttag ...)* beschreiben, was unsere Sprache im Wort „Herbst" auszudrücken vermag.

4.3.1.1 Die Vagheit der Alltagssprache als Voraussetzung für Verstehen

Ein kleines Urlaubserlebnis soll Wesentliches illustrieren: Der Vorgang spielte sich auf einem Campingplatz ab. Dort liegen die Elektrokabel herum, mit denen die Wohnwagen an die Verteiler angeschlossen sind. Timo, ein fünfjähriger Junge, macht sich ein Vergnügen daraus, auf den Kabeln entlang zu balancieren, barfuß. Sein Vater verbietet ihm das und erläutert mit vielen Worten, aber durchaus sachgerecht die Gefährlichkeit solchen Tuns. Einige Minuten später kommt Timos ältere Schwester und tritt versehentlich auf ein Elektrokabel. „Paß auf", ruft Timo, „nicht da drauftreten, sonst bekommst du *Stromentzündung.*"

Timo hat Vaters Hinweis „verstanden", d. h., ihm den Sinngehalt zugeordnet, den er aufgrund seiner Erfahrung und seines Wissens zuordnen konnte. Dies geschah spontan und sicher nicht in der Form, wie es der Vater erwartet hatte.

Man könnte die „Stromentzündung" als Ergebnis eines Mißverständnisses interpretieren, so wie das in der Schule oft mit den sogenannten „falschen" Antworten der Schülerinnen und Schüler geschieht. Es war aber genau das Verständnis, das für Timo aufgrund seiner kognitiven Struktur möglich war. Derartige „Mißverständnisse" sind auch beim Physiklernen unvermeidlich. Sie sind Ausdruck der jeweils individuellen *Verstehensmöglichkeit.* Ein physikalischer Begriff, ein Gesetz, ein Satz kann im Denken einer bestimmten Schülerin bzw. eines bestimmten Schülers ausschließlich die Bedeutung erlangen, die aus der möglichen und faktischen Einordnung in die individuelle Denkstruktur folgt. 25 Schülerinnen und Schüler ordnen denselben Inhalt in ihre Denkstruktur ein – mit 25 verschiedenen Verknüpfungsmustern und Bedeutungsinhalten und mit 25 verschiedenenartigen Konsequenzen für das weitere Lernen. Das ist letztendlich der Grundstein geistiger Individualität und menschlicher Kreativität. Daher gilt:

> Kein Begriff, keine Aussage ist präziser zu verstehen, als es die individuelle Denkstruktur jeweils zuläßt. Die Diversifikation des Bedeutungsinhalts bei der Einordnung eines Begriffs, Satzes oder Theorieelements in das individuelle Denken ist eine zwangsläufige Begleiterscheinung des Lernvorgangs und zugleich die Voraussetzung dafür, daß es überhaupt zu einem Verstehen kommt.

Ein didaktisches Vorgehen, das darauf angelegt ist, in allen Individuen identische Bedeutungszuweisungen zu erreichen, ist nicht nur eine Utopie, sondern zugleich ein kreativitätsfeindliches Programm der Entindividualisierung. Daß dem Physikunterricht diese Tendenz aus Gründen der Wissenschaftsorientierung immanent ist, wurde weiter oben ausführlich dargelegt (→ S. 157 ff).

Die Vagheit alltagssprachlicher Begriffe ist – und dies zu zeigen war das Anliegen dieser Ausführungen – kein Mangel, sondern die Voraussetzung für ihre Eignung zu zwischenmenschlicher Kommunikation. Da Unterricht ein kommunikativer Prozeß ist, bleibt er auf „unexakte" Begriffe angewiesen, oder, wie WAGENSCHEIN dies ausdrückte: *Die Sprache der Physik ist also nicht einfach die Sprache des Physikunterrichts. Muttersprache ist nicht Abraum, sondern Fundament* (1988, S. 137; Hervorhebung i. O.). Dies ist nicht in dem trivialen Sinn gemeint, daß Unterricht als komplexes kommunikatives Geschehen ohnehin nicht außerhalb der Alltagssprache stattfinden kann, sondern daß *die Physik selbst* alltagssprachlich ausgedrückt werden muß.

Mit dem Hinweis auf die nicht völlig festgelegten Bedeutungshöfe alltagssprachlicher Begriffe als Basis der Verständigungsmöglichkeit soll natürlich nicht für die Willkür der Bedeutungszuweisung argumentiert werden. Auch diese würde Verständigung unmöglich machen. Das semiotische Problem der Optimierung des Verhältnisses von Festlegung und Offenheit alltagssprachlicher Begriffe und Sätze braucht aber in unserem Zusammenhang nicht weiter vertieft zu werden.

Die Diskrepanz zur Auffassung WAGENSCHEINs

Es soll der Klärung der hier vertretenen Position dienen, wenn der zentrale Unterschied zu WAGENSCHEINs Auffassung schon hier hervorgehoben wird: WAGENSCHEIN will zwar die Verwurzelung der Fachsprache in der Alltagssprache bewahren, hält aber daran fest, die Fachsprache als *Ziel* des Unterrichts zu sehen: *(Muttersprache) führt zur Fachsprache, sie beschränkt s i c h auf sie h i n. Sie entläßt sie mit ihrem Segen* ... (1988, S. 137; Hervorhebungen i. O.). Für WAGENSCHEIN führt der Weg des Unterrichts linear aufsteigend von der Muttersprache bis zur Formelsprache. Dagegen folgt aus dem Orientierungsrahmen (→ Abbildung 19, S. 219):

> Wenn man eine wesentliche Aufgabe des Physikunterrichts darin sieht, Physik in lebenspraktischen Zusammenhängen kommunizierbar zu machen, dann bildet die Fähigkeit, Physikalisches alltagssprachlich ausdrücken zu können, das Unterrichts*ziel*. Kommunikative Kompetenz auf der Ebene der Alltagssprache steht dann *am Ende* des Lernprozesses und ist *kein Durchgangsstadium*.

Der Fachsprache kommt eine Mittlerfunktion zu, soweit sie den Interpretationshintergrund bildet, an dem die (Alltags-)Sprachkompetenz sich entwickeln muß. WAGENSCHEINs aufsteigende Stufenfolge: gesprochene *Muttersprache* → *Alltagssprache (Schriftsprache)* → *Fachsprache* ist ausdrücklich nicht der Weg, der zur Kommunikationsfähigkeit im Sinne des *Orientierungsrahmens* führt (→ Abbildung 19, S. 219). Es soll vielmehr deutlich werden, daß es darum geht, aus der umgangssprachlichen Auseinandersetzung mit den Inhalten und deren fachsprachlicher Fassung eine Kompetenzsteigerung in der *alltagssprachlichen* Ausdrucksfähigkeit zu gewinnen.

4.3.1.2 Die Präzisheit physikalischer Begriffe

Die Behauptung, Physikunterricht sei auf „unexakte" Begriffe angewiesen, trifft ins Mark des üblichen Verständnisses von Physikunterricht, dem nach doch alles darauf angelegt ist, „präzise" Aussagen, Begriffe oder Sätze zu gewinnen. Daher seien noch einige Erläuterungen hinzugefügt:

Es soll zunächst von der Fiktion ausgegangen werden, es gäbe Begriffe, die in dem Sinne eindeutig (präzise) sind, daß nur eine einzige scharf umgrenzte Bedeutungszuordnung möglich ist. Einen solchen Begriff könnte nur derjenige verstehen, dessen subjektive Denkstrukturen bereits das Beziehungsgefüge enthalten, das dem *ein*deutigen Begriff zugeordnet werden soll. Weder andere, noch mehr, noch weniger Beziehungen darf es im Kontext einer solch *ein*deutigen Festlegung geben. Ein teilweises Verstehen des Begriffs wäre gleichbedeutend mit einem Nicht–Verstehen. Für einen Lernenden gibt es in diesem Fall nur zwei Möglichkeiten. Entweder er verfügt über die entsprechende Denkstruktur, dann erfährt er durch den eindeutigen Begriff nichts grundsätzlich Neues (er vermag lediglich neue Ordnungsstrukturen zwischen bekannten Inhalten herzustellen); oder er versteht den Begriff nicht. Pointiert formuliert bedeutet das:

> Begriffe, die in dem Sinne „präzise" sind, daß ihnen nur *eine* scharf umrissene Bedeutung zugeordnet werden darf, sind für den Lernprozeß von geringem Wert, weil sie subjektiv keine neuen Inhalte konstituieren, sondern nur bereits Bekanntes ordnen oder aber nicht verstanden werden.

Strenggenommen, aber glücklicherweise gibt es auch in der Physik keine Begriffe, die in diesem Sinne eindeutig sind. Aber angestrebt ist diese Präzision in der Fachsprache schon. Das mögen einige Zitate aus den DIN-NORMEN FÜR DEN UNTERRICHT (1985) belegen. Dort wird u. a. festgelegt, wie unterrichtsrelevante physikalische Größen zu definieren sind.

Für die Größe *Gewichtskraft* gilt:

Die Gewichtskraft G ist das Produkt aus der Masse m eines Körpers und der (örtlichen) Fallbeschleunigung g: G = m·g
Die Gewichtskraft setzt sich aus der Gravitationskraft und der Zentrifugalkraft zusammen. Der Auftrieb ist nicht Teil der Gewichtskraft.
Die Gewichtskraft ist ortsabhängig (S. 222).

Für den Begriff *Masse* wird festgelegt:

Die physikalische Größe Masse m ist die Eigenschaft eines Körpers, die sich sowohl in Trägheitswirkungen gegenüber einer Änderung seines Bewegungszustandes als auch in der Anziehung auf andere Körper äußert.
Die Masse ist ortsunabhängig (S. 222).

Für ein Verstehen wäre offenkundig nichts gewonnen, wenn Schülerinnen und Schüler solche Sätze auswendig hersagen könnten. Die verwendeten Begriffe sind sämtlich theoriegeladen, die Sätze daher nur im Rahmen der Theorie zu verstehen, der sie zugehören. Damit bestätigt sich die Behauptung, daß „präzise" physikalische Begriffe nur von denjenigen verstanden werden können, die das Theoriegebäude bereits kennen, auf das sich diese Begriffe beziehen. Wer die Theorie aber schon kennt, lernt durch diese Definitionen nichts grundsätzlich Neues. Außerdem soll nochmals betont werden, daß die Definitionen sich *nur* auf die *Theorie* beziehen und daher noch keinen konkreten Verweis auf einen bestimmten lebenspraktischen, bedeutungsgeladenen Zusammenhang enthalten (→ Kasten S. 144).

Die Beispiele zeigen, daß eine vorwiegend um Präzision bemühte Sprache geeignet ist, Verstandenes zu ordnen, nicht jedoch Verstehen zu initiieren. *Die Muttersprache ist die Sprache des Verstehens, die Fachsprache besiegelt es, als Sprache des Verstandenen* (WAGENSCHEIN 1988, S. 137). Deshalb sind die DIN-Normen auch nur für Fachleute geeignet. Definitionen im Physikunterricht machen ebenfalls erst einen Sinn, *nachdem* die Inhalte und deren theoretische Verankerung verstanden sind, also *nachdem* gelernt wurde.

Die abschottende Wirkung der Fachsprache

Vor diesem Hintergrund wird ein Phänomen verständlich, auf das man stößt, wenn Fachleute – z. B. Physikbuchautoren – gebeten werden, einen Begriff doch verständlich zu erklären. JUNG (1982b) hat dies ausführlich dargestellt: *Auf die Frage, was Kraft sei, wird z. B. mit einer Formel wie F = dp/dt geantwortet* (S. 142). Dies ist nur eine spezielle Form der Beschreibung der „Sprachlosigkeit der Wissenschaftler" (→ S. 156 und Fußnote 110). Innerwissenschaftlich sind solche Probleme der Begriffsexplikation nämlich von untergeordneter Bedeutung. Die Definitionen legen den innerwissenschaftlichen Umgang mit den Begriffen durchaus präzise fest. JUNG (1982b) schreibt dazu: *Da natürlich Physiker definieren, was Physik ist, und sie Physik verstehen, müssen sie ja offenbar ohne Antwort auf solche Fragen auskommen können* (S. 143). Aus meiner Erfahrung als Schulbuchautor kann ich von entsprechenden Diskursen unter Fachleuten berichten: Geht es darum, wie man einen physikalischen Begriff im Schulbuch, also für Laien, verständlich darstellen soll – man denke an Begriffe wie Temperatur, Wärme, Energie, Spannung –, so entstehen für Unbeteiligte kaum vorstellbare, stundenlange Auseinandersetzungen, an deren Ende meist ein Kompromiß formuliert wird, den *Physiker* oft als höchst unbefriedigend empfinden. Diese Diskussionen wiederholen sich dann bei allen Neubearbeitungen der Texte im gleichen Expertenkreis ohne erkennbaren Fortschritt im Sinne einer abschließenden Formulierung. Es handelt sich eben nicht um logische, sondern um hermeneutische Probleme.

Vom Standpunkt der Fachsprache aus stellt sich die Physik nach dem Gesagten als abgeschottetes Gebilde dar. Dies entspricht dem tendenziell elitären Charakter der Physik (→ These 8, S. 86). *Im Endzustand schnürt sich die physikalische Aussage sogar von der Sprache ab und verdichtet sich in mathematischen Symbolen*

(WAGENSCHEIN 1988, S. 135). „Präzise" sind physikalische Begriffe in dem Sinne, daß ihre Stellung innerhalb der Theorie durch die Definitionen exakt festgelegt ist. Die physikalische Theorie ist aber, wie oben dargelegt wurde, von konkreten Sinnbezügen zur Lebenspraxis entkleidet (→ S. 143 ff), insofern also abstrakt, als sie keine *unmittelbare,* sondern nur *potentielle* lebenspraktische Bedeutung beansprucht. Anders formuliert: Physikalische Begriffe sind Produkte der Bedeutungsentleerung, die mit dem reduktionistischen Weg der Theoriebildung verknüpft ist.

Damit erweist sich die Präzisheit physikalischer Begriffe im Hinblick auf das Ziel der Kommunikationsfähigkeit in lebenspraktischen Zusammenhängen und für die Aufklärung konkret bedeuteter Inhalte als unfruchtbar. Denn die Fachsprache ist eben deshalb präzise, weil sie (tendenziell) *absieht* von aller alltagssprachlichen Bedeutung. Das erleichtert die Verständigung der Physiker untereinander in globalem Maßstab enorm. Naturwissenschaftliche Entdeckungen oder Theorien verbreiten sich über alle Sprachgrenzen hinweg innerhalb kürzester Zeit. Es ist eben unerheblich, ob alle Physiker mit einem physikalischen Begriff den gleichen Sinngehalt verbinden. Es ist präzise festgelegt, wie man eine Größe mißt und auf welche Weise sie in den formalen Zusammenhängen der Theorie verknüpft ist, z. B. in welchen Formeln sie vorkommt. Das heißt aber:

> Die physikalische Fachsprache ist so konzeptualisiert, daß sie von der Bedeutungsvarianz unabhängig wird, die in alltagssprachlichen Verständigungsprozessen unverzichtbar ist. Fachsprache ist tendenziell nichtkommunikativ.

Im *Absehen* von konkreten Sinngehalten gewinnen also physikalische Begriffe ihre „präzise" Gestalt und nicht durch ein präzise festgelegtes Bedeutungsvolumen. Letzteres ist gewissermaßen unerschöpflich und damit nicht „präzise" begrenzt, sondern „grenzenlos" (→ Kasten S. 147). Es ist nicht dem physikalisch-theoretischen Begriffsinhalt zuzuordnen.

4.3.2 Der kommunikative Zugang zur Physik

Es ist offenkundig, daß die Abgeschlossenheit des physikalischen Begriffssystems, die auch als *Ein*geschlossenheit in das physikalische Theoriegebäude verstanden werden muß, nur von der Alltagssprache her durchbrochen werden kann. C. F. v. WEIZSÄCKER hat dies in ähnlichem Zusammenhang folgendermaßen formuliert:

Es gibt einen immer schon erschlossenen Bereich, in dem man sich gut genug verständigen kann, um – auf das dort herrschende Verständnis aufbauend – neue Bereiche zu erschließen. Der schon erschlossene Bereich, in dem wir uns verständigen können, ist uns erschlossen nicht nur, aber weitgehend durch die Sprache, die wir immer schon sprechen. Daher ist die „natürliche" Sprache, d. h. die Sprache, die wir jeweils schon haben und die die Logiker heute manchmal Umgangssprache nennen, die Voraussetzung der weiteren Erkenntnis und damit auch der weiteren Verschärfung der Begriffe. Verschärfung der Begriffe heißt aber: Korrektur der

Umgangssprache. Und so ist diese Sprache ein Mittel, das uns immer von neuem Wirklichkeit erschließt und uns an Hand der erkannten Wirklichkeit gestattet, jenes Mittel selbst zu korrigieren. Dieser, wenn man so will, zirkelhafte Vorgang scheint mir derjenige zu sein, der, von der sprachlichen Seite her gesehen, in einer Wissenschaft wie der Physik unablässig geschieht (1972, S. 105).

Beschrieben wird hier der Weg *aus* der Alltagssprache *in* die Wissenschaftssprache. Daß dies nicht notwendig ein Weg zu höherer kommunikativer Kompetenz sein muß, ist bereits deutlich geworden. In dem Zitat kommt aber die Eigenschaft der Alltagssprache zum Ausdruck, sich jederzeit transzendieren zu können. Dies ist nicht nur die Voraussetzung für die Weiterentwicklung der Wissenschaft, sondern für alle Formen sprachlicher Wirklichkeitserschließung, ob im Vorgang alltäglicher Verständigung, in der Dichtung oder anderen Feldern (z. B. dem des Unterrichts). Trotzdem darf diese Sichtweise nicht in dem Sinne mißverstanden werden, als sei damit auch schon die Genese einer neuen Theorie an eine *stetige* Ausschärfung der alltagssprachlichen Begriffe gebunden. Es hat sich ja bereits gezeigt, daß die Grundelemente einer physikalischen Theorie, nämlich die *mathematischen Idealgestalten*, intuitiv und im Absehen von den realen phänomenologischen Gegebenheiten gewonnen werden (→ S. 171 ff). Die Begriffe, in denen diese mathematischen Idealgestalten versprachlicht werden, sind zwar häufig der Alltagssprache entnommen, erfahren aber im Augenblick ihrer Verankerung in der physikalischen Theorie einen Bedeutungs*umschlag*, der sie – nicht immer, aber auch nicht selten – ihrem alltagssprachlichen Bedeutungfeld vollkommen entfremden kann.

4.3.2.1 Ein Beispiel: Kraft

Am Beispiel des bereits oben erwähnten Kraftbegriffs läßt sich erläutern, wie wichtig die Einsicht in die Nicht-Ableitbarkeit des physikalischen Begriffsinhalts aus der Alltagssprache ist. Innerhalb der Fachdidaktik ist das Mißverstehen des Kraftbegriffs seit langem ein Diskussionspunkt. Auch zu den im folgenden skizzierten Verständnisschwierigkeiten liegt eine Fülle von Literatur[173] vor. Dennoch haben sich selbst die viel publizierten Einsichten in der Unterrichtspraxis weithin nicht durchgesetzt. Die Gründe dafür werden weiter unten noch erörtert.

In der Alltagssprache wird der Kraftbegriff in mannigfachen Zusammenhängen verwendet. „Sehkraft", „Waschkraft", „Überzeugungskraft" sind außerphysikalische Beispiele. „Motorkraft", „Magnetkraft", „Muskelkraft", aber auch „Kraftwerk", „Kraftrad", „Kraftstoff", „Kraftfahrzeug" sind Begriffe, die auf einen physikalischen Kontext verweisen. In allen Fällen bezeichnen die Begriffe ein „Vermögen" bzw. eine „Potenz", die so etwas wie die „Wirkungsfähigkeit" eines Körpers, eines Gegenstands, einer Person, einer Substanz o. ä. charakterisiert. Be-

---

173 Eine kleine Auswahl typischer Arbeiten soll hier angeführt werden: JUNG/WIESNER 1979 und 1981; JUNG/WIESNER/ENGELHARDT 1981, JUNG 1983; NATURWISSENSCHAFTEN IM UNTERRICHT 4/1988, Heft 34. Einen umfassenden Überblick findet man in der Bibliographie von PFUND/DUIT und bei SCHECKER 1985. Die vorliegenden Ausführungen im Text waren auch schon Grundlage eines früheren Artikels (MUCKENFUß 1988b).

schränkt man sich auf jene Kontexte, die auch im Physikunterricht üblicherweise zur Erarbeitung des Kraftbegriffs herangezogen werden, dann bezeichnet „Kraft" die Fähigkeit eines physikalischen Körpers, bestimmte Wirkungen hervorzurufen. Üblicherweise werden diese Wirkungen als „Verformung" und „Bewegungsänderung" bezeichnet.

Demgegenüber fassen die DIN-Normen für den Unterricht den physikalischen Kraftbegriff in folgender Explikation:

> *Die physikalische Größe Kraft F kann als das Produkt der Masse m eines Körpers und der Beschleunigung a, die er unter der Einwirkung der Kraft F erfahren würde, dargestellt werden:*
>
> $$F = m \cdot a \quad \text{(S. 222)}.$$

Diese physikalische Beschreibung bezieht sich natürlich auf den newtonschen Kraftbegriff. Diesem liegen der Trägheitssatz, dessen quantitative Fassung $F = m \cdot a$ und das Wechselwirkungsgesetz zugrunde. Diese Gesetze werden im einführenden Physikunterricht aber selten gründlich behandelt. Statt dessen wird die *Verformung* in den Mittelpunkt der Betrachtung gestellt. Das folgende Lehrplanzitat ist für diese Auffassung repräsentativ:

> *Kräfte werden in der Sekundarstufe I vornehmlich als Ursachen von Formänderungen aufgefaßt. Die bewegungsändernden Wirkungen von Kräften werden erst auf der Sekundarstufe II thematisiert. Sie lassen sich in Klasse 9 wegen der Schwierigkeit des Begriffs Beschleunigung kaum sachgerecht behandeln* (DIE SCHULE IN NORDRHEIN-WESTFALEN ..., S. 38).[174]

Hervorzuheben ist, daß in der Begriffsexplikation der DIN-Normen nicht der Körper auftritt, der eine Kraft *ausübt* – von einem solchen ist nicht die Rede –, sondern nur derjenige, der eine Kraft *erfährt*[175]. Von der Verformung bzw. den Formänderungen eines Körpers ist in der physikalischen Explikation ebenfalls nicht die Rede. Denn die newtonsche Mechanik ist eine Theorie der „Massenpunkte". Punkte können sich nicht verformen. Im übrigen tritt eine Verformung auch an ausgedehnten Körpern nur unter der Voraussetzung auf, daß eine Kraft nicht gleichmäßig auf alle Teile eines Körpers wirkt. In homogenen Kraftfeldern, z. B. bei einem Apfel im Gravitationsfeld, verformen sich Körper nicht. Verformung ist also kein Konstituens des Kraftbegriffs.

Als Definitionselemente bilden Trägheitssatz und Wechselwirkungsgesetz die Verständnisgrundlage der newtonschen Mechanik. Wurzelt das Wissen zum Kraft-

---

174   Die Behauptung dieses Lehrplans, die bewegungsändernden Wirkungen würden Schülerinnen und Schüler der Sekundarstufe I überfordern, ist unhaltbar. Es gibt eine ganze Reihe von Vorschlägen, wie der newtonsche Kraftbegriff auch schon zu Beginn des Physikunterrichts ohne formalen Aufwand erarbeitet werden kann (vgl. z. B. CORNELSEN Nr. 33490, S. 132–141, WIESNER 1994a, MUCKENFUß 1988b). Ich halte die Behauptung für eine Sekundärrationalisierung der weiter unten erläuterten ideologischen Grundposition.

175   Die Konditionalform im Zitat („erfahren würde") berücksichtigt, daß der Körper trotz der „Einwirkung" auch in Ruhe bleiben oder eine Beschleunigung mit anderem Größenwert erfahren könnte, nämlich dann, wenn er auch noch weiteren „Einwirkungen" ausgesetzt ist. Korrekt wäre dann allerdings nur die Formulierung „erfährt oder erfahren würde".

begriff nicht in diesen Gesetzen oder widerspricht es ihnen auch nur implizit, so muß das unterrichtliche Treiben weithin erfolglos bleiben, was es nach allen vorliegenden Untersuchungen zum Kraftbegriff auch tut (→ Lit.: Fußnote 173). Der zitierte Lehrplan fordert nichts weniger, als die Kriterien für ein Urteil darüber im Verborgenen zu lassen, unter welchen Bedingungen ein Körper seinen Bewegungszustand ändert und sich dabei zugleich verformt, unter welchen Voraussetzungen eine dieser Wirkungen für sich alleine auftritt und von welchen Parametern die Wirkungen jeweils abhängig sind. Die Verwendung des Kraftbegriffs für die Vorhersage physikalischer Wirkungen bleibt ohne Kenntnis des Trägheitssatzes und Wechselwirkungsgesetzes notwendigerweise spekulativ und damit unphysikalisch.

Trotz der klaren aus der Theorie abzuleitenden Forderungen an die Konstitution des physikalischen Kraftbegriffs ist es weithin üblich, diesen im Unterricht mit Wortverbindungen wie „Muskelkraft", „Magnetkraft" usw. zu verbinden. Diese Begriffe betonen den Aspekt der „Potenz" im Sinne einer „Kraft", die den „kraftausübenden" Körpern (Muskel, Magnet o. ä.) als Eigenschaft zugesprochen wird. Sie lenken den Blick weg von dem Körper, *der die Kraft erfährt* und um den es bei der Genese der Trägheitsvorstellung zuallererst geht. Daß der Betrag der wirkenden Kraft von *dem* Körper entscheidend mitbestimmt wird, *auf den sie wirkt* (Wechselwirkungsgesetz), wird durch diese Begriffsbildung ebenfalls verschleiert.

Nur am Rande sei hier darauf hingewiesen, daß der alltagssprachliche Kraftbegriff mehr Gemeinsamkeiten mit dem Energiebegriff aufweist als mit der Konzeptualisierung von „Kraft" in der newtonschen Mechanik. Darin liegt wohl ein wesentlicher Grund, warum es Schülerinnen und Schülern so schwer fällt, zwischen Kraft und Energie zu unterscheiden.

Der übliche Unterrichtsweg zum Kraftbegriff versperrt daher den Lernenden die Einsicht in den Sinn fachsprachlicher Formulierungen, z. B. in den Satz: „eine Kraft wirkt".[176] „Muskelkraft", „Motorkraft", „Magnetkraft" sind Wortverbindungen, die eine semantische Deutung im Sinne von „die Kraft *des* Motors, *der* Muskeln, *des* Magneten" beinhalten. Ein „starker" Magnet, Mensch oder Motor *hat* dann eben mehr Kraft als ein „schwacher". Bei dieser Sprache ist die Idee, daß ein Magnet keine größere Kraft auf eine an ihm hängende Stecknadel ausübt als die Nadel auf den Magneten, nicht naheliegend. „Der Magnet zieht Eisen an", sagen die Schülerinnen und Schüler (weil es ihnen so mitgeteilt wurde). Dabei *hat* ein „starker" Magnet gemäß seiner größeren Potenz eben eine größere Kraft als ein „schwacher". Daß auch ein Eisenstück einen Magneten anzieht, gehört so wenig zum Schulwissen, wie daß ein Apfel die Erde exakt gleich anzieht wie diese ihn.

Manchmal sind die vor–newtonschen bzw. alltagssprachlichen Bedeutungselemente auch noch in der etablierten Fachsprache vorhanden. Es ist z. B. durchaus

---

176 Durch die Syntax solcher Sätze wird die Kraft zum tätigen „Subjekt". Auch dies widerspricht der newtonschen Konzeptualisierung als einer Größe, die eine *Beziehung zwischen Körpern* beschreibt. Ähnliche Schwierigkeiten gibt es in der Fachsprache dutzendweise. Beispielsweise wird in der Formulierung „der Strom fließt" *Strom* zu einer *Sache*, wogegen eine Konzeptualisierung im Sinne eines *Prozesses* (Strömungsvorgang) erforderlich wäre.

üblich, von der Gewichtskraft *des* Körpers zu reden statt von der Gewichtskraft *auf* den Körper. Viele Schulbücher und Lehrkräfte pflegen hier unterschwellig die Potenzvorstellung in dem Sinne, daß die Gewichtskraft eine Körpereigenschaft sei. Nicht nur beim Kraftbegriff, sondern in vielen fachsprachlichen Regelungen impliziert und induziert die Sprache Vorstellungen, die den explizit angestrebten entgegenstehen.

Die Schülerinnen und Schüler lernen, daß man im Physikunterricht nicht sagen darf „*hat* Kraft". Den Sinn dieses Verbots können sie aber nicht erkennen, solange sie keinen tieferen Einblick in die newtonsche Theorie der Trägheit von Körpern haben. Solange der Physiklehrer gegenwärtig ist, sagen sie wie erwartet „Kraft *wirkt*" – womit dann Mißverstandenes verschleiert ist.

4.3.2.2 Zur Kluft zwischen Alltagssprache und theoriegeladenen Begriffen

Der Kraftbegriff diente nur als Beispiel für viele ähnliche Sprachprobleme im Bereich der elementaren Physik. Einige davon werden in späteren Abschnitten noch in den Blick kommen. An dieser Stelle sind nur die Konsequenzen für die Kommunizierbarkeit des physikalischen Wissens von Bedeutung.

Die Frage ist, warum sich – im hier gegebenen Beispiel – der kontraproduktive didaktische Weg zum Kraftbegriff so hartnäckig in der Unterrichtspraxis hält. Es kann weder an fehlenden Alternativen liegen (→ Fußnote 174) noch an den notwendigen Informationen. Letztere werden einfach nicht zur Kenntnis genommen. *Ein* Teil der Erklärung ist: Der Weg über die Verformung von Körpern führt unmittelbar zur Kraft*messung*. Nachdem dann der Kraftmesser eingeführt ist, ist Kraft eben das, was der Kraftmesser mißt. Der Verzicht auf ein weitergehendes Verständnis entspricht durchaus dem oben skizzierten Verzicht der Physik auf eine differenzierte *semantische* Explikation ihrer Begriffe. *Innerhalb* der Physik erwachsen daraus keine Probleme, solange richtig gemessen und gerechnet wird. Wenn die Aufgabe des Unterrichts darin gesehen wird, Schülerinnen und Schüler *in die Physik einzuführen*, fällt der Mangel (scheinbar) nicht so sehr ins Gewicht. Theoretisch ist ein Nobelpreisträger für Physik vorstellbar, der noch nie mit den semantischen Problemen des Kraftbegriffs in Berührung kam. Sie entstehen erst, wenn die Begriffe, Gesetze oder Sätze in einem konkreten lebenspraktischen Zusammenhang kommunikativ *ge-deutet* und *be-deutet* werden müssen. Dort geht es um die „Wortfähigkeit" der physikalischen Erkenntnisse, an der ja auch kompetente Physiker scheitern können („Sprachlosigkeit der Wissenschaftler"). Daraus folgt zunächst:

> In einem der Förderung der Kommunikationsfähigkeit verpflichteten Physikunterricht müssen die Schülerinnen und Schüler *mehr* lernen, als für das Treiben von Physik erforderlich ist.

Diese Erklärung des weitverbreiteten Verzichts auf eine physikalisch vertretbare Konzeptualisierung des Kraftbegriffs ist aber noch unvollständig. Wenn es nur darum ginge, durch eine terminologische Tautologie („Kraft ist, was der Kraftmesser mißt") in den Theorieraum der Physik einzudringen, dann wären die vielfältigen Anstrengungen überflüssig, den physikalischen Kraftbegriff aus der Alltagssprache heraus zu entwickeln. (Daß solche Bemühungen in die Irre führen, ist ja im allgemeinen nicht bewußt.)

Diesen Anstrengungen liegt die Überzeugung zugrunde: *Wissenschaftliche Aussagen, Gesetze und Termini sind nichts anderes als die Verwesentlichung dessen, was wir leibhaft, im Umgang erfahren haben oder doch erfahren können. In der Wissenschaft wird nur zum klaren Bewußtsein gebracht, was wir, ohne uns darüber im klaren zu sein, immer schon erfahren haben* (GIEL, S. 116). Es handelt sich hier um die Position, die auch WAGENSCHEIN vertritt (sie ist *nicht* zugleich die Position GIELS). Sie wurde weiter oben durch den Nachweis als unhaltbar ausgewiesen, daß die Physik den Erfahrungsraum transzendiert und neu entwirft (→ S. 171 ff). Die Sichtweise des Werdens der Fachsprache als eine stetig fortschreitende, graduell sich bis zum Formalismus steigernde Entfaltung der Alltagssprache wurzelt in der ideologischen Position des „Bildungsideals der deutschen Klassik" (→ vgl. auch S. 148 ff). Jene dort behauptete Auffassung, nach der das Wissen sich *bruchlos* aus der Erfahrung entfaltet, wobei Mensch und Welt eine Formatio erfahren, erweist sich in ihrer Konkretisierung durch Spracharbeit, nach der die wissenschaftlichen Begriffe durch stetige Ausschärfung aus der Alltagssprache zu entwickeln seien, aufgrund dieser falschen Voraussetzung als kontraproduktiv. Um es nochmals zu wiederholen: Die Voraussetzung bruchloser Ausschärfung ist falsch, weil die Fachsprache Bestandteil einer *abstrakten* Theorie ist, in der jede *konkrete* lebenspraktische Bedeutung – und damit auch die ihrer Begriffe – abgestreift ist.

Besonders für Fachwörter, die zugleich alltagssprachliche Begriffe sind (Kraft, Wärme, Arbeit, Leistung usw.), entstehen Lernprobleme wegen der Kluft zwischen dem Theoriegehalt der Begriffe und der nicht selten inkommensurablen alltagssprachlichen Semantik. Vielfach ist es notwendig, gegen die Semantik der Begriffe „anzudenken". Didaktische Forderungen in der Richtung, daß als Fachwörter möglichst bekannte Begriffe aus der Alltagssprache zu wählen und Fremdwörter zu vermeiden seien, sind dem Lernen physikalischer Theorien demnach nicht dienlich.

Aber auch für die weniger vorbelasteten Fachwörter (z. B. Fremdwörter) ist die Aufgabe zu lösen, die mit ihnen codifizierten Sachverhalte kommunizierbar zumachen. Dies ist aber nicht *innerhalb* der Fachsprache zu leisten.

4.3.2.3 Physik lehren und lernen heißt: Physik interpretieren

Aus der mit dem Prozeß der Theorieentwicklung verbundenen Bedeutungsentleerung (→ S. 143 ff) folgt – nicht als pädagogisches Desiderat, sondern *logisch* – daß Physik außerhalb ihres Theorieraums, also in lebenspraktischen Kontexten, in denen Physik für die Schülerinnen und Schüler kommunikativ, nutzbar und aufklärend wirken soll, zuallererst *be*–deutet werden muß, um sie einer individuellen Sinnkonstitution zugänglich zu machen. Es geht dann um die Interpretation der Physik im Hinblick auf ihre möglichen Aussagen zu einem konkreten bedeutungsgeladenen Zusammenhang.

Beipiel: Geschwindigkeit

Um nicht gänzlich im Abstrakten zu bleiben, soll ein kleines Beispiel eingeschoben werden: Geschwindigkeit ist eine physikalische Vektorgröße, die im Theorieraum als Differentialquotient ds/dt, „Es-Punkt", in zahlreichen Formeln vorkommt, wodurch der innerfachliche Umgang mit dieser Größe präzise – im oben ausgeführten Sinne – festgelegt ist.

Im Augenblick, in dem dieses „Es-Punkt" in lebenspraktischen Zusammenhängen angewendet werden soll, erfährt es eine Bedeutungszuweisung, d. h., es muß geklärt werden, welche Situationen einen konkreten Fall von „Es-Punkt" darstellen und welche nicht. Diese Bedeutungskonstitution muß über die Alltagssprache erfolgen. Dort umfaßt der Begriff Geschwindigkeit eine Fülle von Bedeutungen, die zunächst völlig unabhängig von „Es-Punkt" existieren. Sie reichen von „rascher Fortbewegung" über „schnelle Erledigung" bis zum jargonhaften „Affenzahn" und „Schneckentempo"; von der „schnell verstreichenden Zeit" über die „Datenübertragungsgeschwindigkeit" der Computerfestplatte bis zu „Tempo-Dreißig" u. v. a. m. In der subjektiven Erfahrung ist Geschwindigkeit nicht durch einen Quotienten repräsentiert, sondern durch erlebnishaft gewonnene Sinnzusammenhänge zwischen den eben angedeuteten Bedeutungsfeldern und der subjektiven Disposition in Form von Haltungen, Wertzuschreibungen, Wünschen usw. (Vielleicht atme ich auf, wenn in unserem Wohngebiet „Tempo-Dreißig" eingeführt wird, vielleicht ärgere ich mich.) „Hohe Geschwindigkeit", das erinnert mich zunächst nicht an einen Quotienten, sondern an das flaue Gefühl, das mich jeden Morgen befällt, wenn ich – zur Arbeit eilend – auf meinem Fahrrad in eine Kurve einbiege, ohne ganz sicher zu sein, daß ich sie auch „kriege". (Der letzte rollsplittbedingte Sturz ist noch nicht vergessen.)

Aus solchen Bedeutungshöfen des alltagssprachlichen Begriffs werden nun Situationen „herausgeschnitten", die mit „Es-Punkt" bzw. im einführenden Unterricht mit dem Quotienten $v = \Delta s/\Delta t$ neu beschrieben werden können. So kann es gelingen, daß ein Schüler seine Höchstgeschwindigkeit im sportlichen Wettkampf, die „Zwölf-Sieben-auf-hundert-Meter" in einem neuen Licht sieht. Er erfährt, daß dies einer physikalischen Geschwindigkeit von ca. 28 km/h entspricht („Tempo-Dreißig"), daß eine Schwalbe leicht die doppelte Geschwindigkeit erreicht, daß der schnellste Mensch in einem Wohngebiet „Strafzettel-gefährdet" wäre usw.

Es gäbe natürlich noch viel zur Didaktik des Geschwindigkeitsbegriffs zu sagen, beispielsweise zu seiner kulturellen und kulturhistorischen Bedeutung. In weniger schnellebigen früheren Zeiten brauchte man keinen Geschwindigkeitsbegriff im Alltag; „Tagesreisen" oder „Wegstunden" reichten für den entsprechenden Kommunikationszusammenhang aus. Ebenso interessant sind seine Verknüpfung mit anderen Begriffen der Theorie (Beschleunigung, Trägheitsgesetz) und die methodischen Wege für die Definition des Quotienten $v = \Delta s/\Delta t$. Dies auszuführen ist nicht meine Absicht. Hier kommt es nur auf die Veranschaulichung des oben Gesagten an, daß die bedeutungsleeren formalbegrifflichen physikalischen Strukturen durch ihre Anwendung auf lebenspraktische Zusammenhänge eine Bedeutungszuweisung erfahren. Diese stellt eine hermeneutische Interpretation des im Fachwort codifizierten Theoriezusammenhangs dar. Für den einzelnen resultieren dann aus dieser Interpretation noch ganz unterschiedliche Sinnzuschreibungen: Was dem einen wichtig ist, kann dem anderen belanglos erscheinen. Das *potentielle* Bedeutungsvolumen von „Es-Punkt" ist mit dem skizzierten Bedeutungshof ersichtlich nicht ausgeschöpft und wegen der unbegrenzt möglichen Vielzahl relevanter Lebenssituationen auch prinzipiell nicht auszuschöpfen. Das gilt für alle physikalischen Begriffe.

Interpretationen als Basis der Kommunizierbarkeit

Die Interpretation einer physikalischen Definitionsgleichung, eines Fachworts, eines Gesetzes im Hinblick auf lebenspraktische Bedeutungen weist durchaus Analogien zu anderen Bereichen auf, in denen das Interpretieren zur selbstverständlichen Grundlage des Verstehensprozesses gehört, etwa im Bereich der Kunst. Man denke z. B. an die Vernissage einer Kunstausstellung, bei der abstrakte Bilder den Besuchern durch sprachliche Auslegung näher gebracht werden. Für den einzelnen Betrachter eines abstrakten Gemäldes kann sich durch die sprachlich gestützte Bedeutungszuweisung ein subjektiver Sinngehalt ergeben. Eine vollständige Versprachlichung des Sinngehalts eines Gemäldes ist aber nicht möglich. Sonst wäre das Bild überflüssig, weil durch Sprache ersetzbar. Auch jede sprachliche Interpretation eines formal dargestellten physikalischen Beziehungsgefüges bewirkt eine begrenzte Bedeutungszuweisung. Eine sachgerechte sprachliche Interpretation stellt eine Teilklasse der dem *potentiellen* Bedeutungsvolumen zuzuordnenden Aussagen dar. Diese Teilklasse bezieht sich auf den jeweiligen lebenspraktischen Erkenntniszusammenhang. Eine physikalische Gleichung, eine physikalische Begriffsdefinition oder ein formal formuliertes Gesetz sind aber ebensowenig vollständig durch Sprache zu ersetzen wie ein Kunstwerk.

Spracharbeit im Bereich der physikalischen Begriffsbildung muß sich demnach in der *Konfrontation* von Fachsprache und Alltagssprache abspielen. Dies ist dann nur ein Aspekt der umfassenderen Gegenüberstellung von nicht induktiv zu gewinnenden Idealgestalten mit Alltagsvorstellungen. Letztere sind gewöhnlich weder sinnlos noch unbegründet, aber meist nicht physikalisch. Da die Idealgestalten nicht „entdeckt" werden können, wohl auch nur in seltenen Fällen der Intuition der Schülerinnen und Schüler entspringen dürften, sind wir auf didaktisch aufbereitete Mitteilung angewiesen (→ Kasten S. 179), worunter selbstverständlich kein Verbalismus zu verstehen ist.

Zum selben Ergebnis gelangt auch GIEL: *Theoretische Aussagen, wo immer und in welcher Form auch immer sie an den Nichtfachmann herangetragen werden, bedürfen der ausdrücklichen Aneignung und des Verständnisses, in welchem Sinne sie genommen werden sollen* (S. 121). GIEL beschreibt dann ein Beispiel dafür, auf welchem Weg *im Medium der Sprache erklärt und verständlich gemacht werden kann, in welcher Weise ein Sachverhalt in wissenschaftlichen Aussagen angegangen worden ist. Schon die Frage nach der Anwendbarkeit auf einen konkreten Fall setzt die Umsetzung der Aussage in die Umgangssprache voraus* (S. 120). GIELs Beispiel bezieht sich auf den oben diskutierten Kontext des Kraftbegriffs:

Wir führten die Schüler zunächst an rätselhafte Erscheinungen heran, die sie mit den erworbenen Erklärungsschemata der Umgangssprache nicht deuten konnten. Daraufhin gaben wir ihnen die entsprechende wissenschaftliche Information, die für die Schüler zunächst noch rätselhafter war als die Erscheinung selbst. Vor die Frage gestellt, was denn nun das Trägheitsprinzip ... besage, kamen, nicht nur in der Sprachführung, originelle Erklärungsversuche zutage, sondern die Schüler fingen an, mit der Sprache zu ringen, unterbrachen sich selber mit Bemerkungen: „nein, so geht es nicht" –, in jedem Fall aber wurde das Sprechen argumentierend und begründend, nicht wie es sonst meistens in der Schule geschieht, beschreibend oder bloß aufzählend; argumentierend auch hinsichtlich der Wortwahl (S. 122).

Von meinen eigenen Erfahrungen her kann ich GIELs Ausführungen nur bestätigen. Freie Kommunikation kann erst dort entstehen, wo der Eindruck nicht mehr seine knebelnde Wirkung tut, es ginge darum, aus der Alltagssprache jene Bedeutungsvarianten von Begriffen herauszukitzeln, die der Lehrer oder die Lehrerin hören wollen, weil sie der physikalischen Theorie entsprechen.

4.3.3 Zur Theoriegeladenheit physikalischer Begriffe

Es ist bereits hinlänglich deutlich geworden, daß physikalische Begriffe nicht im Sinne von Vokabeln lehr- und lernbar sind. Vielmehr sind sie aus dem Netz ihres theoretischen Zusammenhangs nicht herauslösbar. Eine sachgerechte Interpretation muß immer den definitorischen Theoriezusammenhang mit berücksichtigen, also den wissenschaftlichen *Rahmen*, in dem der Begriff verankert ist. Geschieht dies nicht, dann werden Begriffe falsch konzeptualisiert, so wie dies oben für den Kraftbegriff dargestellt wurde.

Die Theoriegeladenheit physikalischer Begriffe stellt daher eines der fundamentalen didaktischen Probleme dar. Denn ein Verständnis der Begriffe ist an den Erwerb des Theoriezusammenhangs geknüpft, der, je nach Komplexität, eine mehr oder weniger umfassende und zeitaufwendige Bearbeitung verlangt. Beim Kraftbegriff ist es beispielsweise der in den newtonschen Axiomen enthaltene Definitionszusammenhang. Geht man dabei nach einer Unterrichtskonzeption vor, wie sie unter dem Diktat eines minimalen Zeitvolumens entwickelt wurde (MUCKENFUß 1988b), so erfordert dies etwa 10–14 Unterrichtsstunden. Die soeben ausgeführte, für das Verstehen unabdingbare Forderung, den jeweiligen Theoriezusammenhang im einem sinnstiftenden lebenspraktischen Kontext interpretatorisch zu entwickeln, schließt wesentliche Verkürzungsmöglichkeiten aus. Es ist ersichtlich, daß – bedenkt man die Vielzahl der zu vermittelnden physikalischen Begriffe – die dem Physikunterricht zur Verfügung stehende Unterrichtszeit sinnstiftendem Lernen beängstigend enge Grenzen setzt. Da aber auf andere Weise Physik nicht gelernt werden kann, kommt alles darauf an, daß die Theorieelemente einschließlich der zu er-

hellenden lebenspraktischen Kontexte eng aufeinander abgestimmt sind, um am Ende des Unterrichts die im Orientierungsrahmen vorgezeichneten Kompetenzen aufbauen zu können. Dieses Abstimmen von Theorieelementen und Kontexten beinhaltet die Herstellung einer neuen Systematik, die sich nicht nur auf die Wissenschaft
Physik bezieht, sondern auch auf den Interpretationsrahmen für die Physik.

Aus dem Umstand, daß nie nur einzelne Begriffe gelernt werden, sondern
ganze Theorieelemente, resultieren auch Erleichterungen. Die Theorieelemente stehen untereinander zumindest partiell in einer Teilklassenbeziehung und überlappen
sich vielfach. So setzt z. B. der Begriff des Auftriebs das Druckkonzept und dieses
das Kraftkonzept voraus. Es werden daher nicht einzelne Begriffe erworben, sondern theorieadäquate Begriffsgefüge.

4.3.3.1 Zur Komplexitätsreduktion theoriegeladener Begriffe durch die sinnstiftende Interpretation von Fachbegriffen

Beispiel: Elektrische Spannung

Die Theoriegeladenheit der Begriffe ist unterschiedlich komplex. Hält sie sich beim
newtonschen Kraftbegriff noch in einem überschaubaren Rahmen, so eskaliert sie
bei anderen Begriffen enorm. Als Beispiel möge die *elektrische Spannung* dienen
(vgl. MUCKENFUß/WALZ, S. 18–62; MUCKENFUß 1988a und 1991). Den Ausgangspunkt mögen wieder die DIN-Normen bilden, auch wenn dies zunächst eher abschreckend wirkt:

(1) *Das Linienintegral der elektrischen Feldstärke, das von einem Anfangspunkt 1 zu einem Endpunkt 2 einer Wegkurve s erstreckt wird, heißt
elektrische Spannung:*

$$U_{12} = {}_1\!\int^2 Eds\text{"}$$

(DIN 1324, 2. Elektrische Spannung, 1. Absatz).

oder:

(2) *Ein kleiner Körper, der die gleichbleibende Elektrizitätsmenge Q
trägt, legt in einem elektrischen Feld (siehe DIN 1324) einen Weg s von einem Anfangspunkt 1 zu einem Endpunkt 2 zurück. Dabei verrichten die
Feldkräfte an dem Körper eine Arbeit A_{12}, die proportional zur Elektrizitätsmenge Q ist. Der Quotient A_{12}/Q ist deshalb eine von Q unabhängige,
dem Weg s von 1 nach 2 zugeordnete Größe. Diese wird elektrische Spannung U zwischen 1 und 2, kurz U_{12} genannt. Es ist also $U_{12} = A_{12}/Q$* (DIN
1323, Abschnitt 1.1., 1. Absatz).

Es braucht wohl nicht eigens erläutert zu werden, daß diese den Theorieinhalt des
Spannungbegriffs umfassenden Definitionen nicht im Sinne eines Unterrichtsziels
für die Sekundarstufe I verstanden werden können. Sie stellen aber den Zusammenhang dar, auf den jede sachgerechte unterrichtliche Formulierung, wie elementar sie
auch immer sein möge, bezogen bleiben muß, wenn der zu lernende Spannungsbegriff ein physikalischer bleiben soll. Was sonst geschieht, nämlich ein völliges Miß-

verstehen des Spannungsbegriffs, ist allgemein bekannt und im populärsten Wörterbuch der deutschen Sprache schön dokumentiert. Dort wird auf folgende Weise erläutert, was im Sinne des *Common sense* unter der elektrischen Spannung zu verstehen ist:

(3)   *Spannung, die: ... 2. el.: Stärke des elektrischen Stromes*
        (Duden, Deutsches Universal-Wörterbuch, Stichwort „Spannung").

Das Herzensanliegen aller Physiklehrkräfte, nämlich die sichere Differenzierung der beiden elektrischen Fundamentalgrößen *Spannung* und *Stromstärke*, wird durch die Begriffsexplikation des Duden in ihr Gegenteil verkehrt.

Dieses Beispiel soll aufzeigen, wie im Fall hoher Theoriegeladenheit eines wichtigen physikalischen Begriffs didaktisch verfahren werden kann. Der Spannungsbegriff dürfte dabei zu den besonders problematischen Größen gehören. Nimmt man nämlich die definitorischen Grundlagen der in (1) und (2) benutzten Begriffe und Symbole zusammen und berücksichtigt, daß jeder der Begriffe wieder in einem eigenen theoretischen Definitionszusammenhang steht, dann wird deutlich, daß der Spannungsbegriff in seiner wissenschaftlichen Form mehr physikalische Theorie integriert, als gegenwärtig in der Sekundarstufe I behandelt werden kann.

Daraus folgt, daß ein physikalisches Verständnis des Spannungsbegriffs den Definitionen (1) und (2) nicht in der Weise gerecht werden kann, daß sich die Bedeutungszuweisung in einem sinnstiftenden Kontext (die sich ja als unverzichtbar erwiesen hat) auf den *gesamten* implizierten Theorierahmen bezieht. Einen Ausweg zeigt die folgende Darstellung der wichtigsten formalen Strukturen, die den Spannungsbegriff konstituieren (→ Abbildung 21):

Ebene	innerwissenschaftlicher Realitätsbereich	Gleichungen (Operationen)	Einheitengleichungen
IV	Potentialdifferenzen in E-Feldern	$U_{12} = {}_1\!\int^2 E ds \to$ für homogene Felder: $U = E \cdot s$	$1\ V =$ $1\ (V/m)\cdot 1\ m$
III	Bewegung elektrischer Ladungen in E-Feldern	(für $E = F/Q$ bzw. $F \cdot s = W$): $U_{12} = {}_1\!\int^2 F/Q \cdot ds$ bzw. $U = F \cdot s/Q \to W/Q$	$1\ V =$ $1\ (N/As)\cdot 1\ m$ $= 1\ J/As$
II	Stromkreise mit kontinuierlicher Ladungsträgerbewegung	(Multiplikation mit t/t): $U = (F/I) \cdot v \to U = F \cdot v/I$ $\to U = P/I$	$1\ V =$ $1\ N \cdot (m/s)/A$ $= 1\ W/A$
I	Ströme durch ohmsche Leiter	(Substitution: $P = I^2 \cdot R$): $U = I \cdot R$	$1\ V =$ $1\ A \cdot 1\ \Omega$

Abbildung 21: Abstraktionsebenen und innerwissenschaftliche Realitätsbereiche, auf die sich der Spannungsbegriff in seinen formalen Verknüpfungen bezieht

Die Darstellung sieht noch recht kompliziert aus. Dennoch erleichtert sie die notwendige Aufgabe, den Theorieumfang sinnvoll zu begrenzen, der über den unterrichtlich zu vermittelnden Spannungsbegriff erschlossen werden soll.

Die Gleichungen, in denen der Spannungsbegriff vorkommt, sind in vier Ebenen geordnet, die ein vom IV nach I abnehmendes Abstraktionsniveau beinhalten. Die jeweils unterhalb liegende Ebene ist durch formale Operationen abgeleitet. Die Ordnung der Ebenen enthält eine Teilklassenbeziehung:

- Die *Ebene IV* bezieht sich auf elektrische Potentialdifferenzen. Sie definieren z. B. *Bedingungen* für alle möglichen Energieumsätze in elektrischen Feldern.
- Die Gleichungen der *Ebene III* beschreiben eine Teilklasse von Sachverhalten der Ebene IV, nämlich alle diejenigen, bei denen tatsächlich elektrische Ladungen („*Q*") in elektrischen Feldern bewegt werden.
- Die *Ebene II* grenzt wieder eine Teilklasse der Vorgänge der Ebene III aus, nämlich all jene, in denen eine kontinuierliche Ladungsbewegung stattfindet. Sie bezieht sich in diesem Sinn auf elektrische Strömungen („Ströme").
- Schließlich hat der Theorieumfang der *Ebene I* einen recht begrenzten Gültigkeitsbereich. Er bezieht sich nur auf diejenigen Ströme der Ebene II, bei denen ein ohmscher Zusammenhang zwischen Stromstärke und Spannung gegeben ist. Die Bauteile dieser Stromkreise müssen also spezifische Bedingungen erfüllen.

Auf welchem Niveau nun der Spannungsbegriff im Unterricht erfaßt werden muß, hängt von dem sinnstiftenden Kontext ab, in dem seine Bedeutung konstituiert werden soll. Es ist unter bestimmten Voraussetzungen möglich, den Bedeutungsumfang des Spannungsbegriffs kommunikativ zu erfassen, also in wortfähiger Form für alltägliche Zusammenhänge nutzbar zu machen, ohne die Ebene II zu überschreiten: *Wenn als lebenspraktischer Kontext das Problemfeld gewählt wird, wie mit Hilfe elektrischer Anlagen Energie übertragen und umgewandelt wird, was diese Energieübertragungssysteme in unserem Alltag für eine gesellschaftliche, ökologische und politische Bedeutung haben, wie sie privat sinnvoll zu nutzen sind, und welche Folgen diese Nutzung zeitigt, dann kann die Gleichung $U = P/I$ der Ebene II den Definitionsumfang begrenzen.*

Welche sprachliche *Interpretation* die Größe „elektrische Spannung" unter diesen Voraussetzungen erfährt, soll kurz dargestellt werden:

Der theoretische Rahmen, auf den sich die Interpretation beziehen muß, ist durch den Quotienten P/I bzw. die Ebene II symbolisiert. Es kommt also darauf an, wie dieser Quotient wortfähig gemacht wird. Für die Größe I ist das weitgehend geläufig. Sie wird unglücklicherweise als „Stromstärke" bezeichnet, obwohl sie mit der Semantik des Begriffs „Stärke" im Sinne von „Kraft haben", „stark sein" bzw. mit der Fähigkeit, mehr oder weniger große Wirkungen zu erzeugen, gerade nichts zu tun hat.[177] Sie beschreibt die Strömung von Elektrizität rein quantitativ. Kontinuierliche Strömungen aller Substanzarten (Luft, Wasser usw.) können über die Menge dieser Substanz beschrieben werden, die in einer Zeiteinheit durch eine bestimm-

---

[177] Zur Erläuterung: Die Stromstärke von 0,6 A in einem 4 V-Glühlämpchen „bewirkt" wesentlich weniger als die von 0,26 A in einer 60 W-Haushaltsglühlampe. Letztere vermag ein Zimmer hinlänglich zu beleuchten, erstere reicht nur bei einem Abstand von weniger als einem Meter, um den vorliegenden Text zu lesen.

te Stelle des Strömungsquerschnitts, z. B. durch die Öffnung eines Wasserhahns fließt. Mathematisch wird dies durch den Quotienten „Substanzmenge durch Zeit" beschrieben. Die Maßeinheit „1 A" bezieht sich dann auf die Elektrizitätsmenge, die pro Sekunde durch einen „Strömungskanal", z. B. durch einen Draht fließt. Es folgt daraus, daß der Vermittlung des Spannungsbegriffs Erfahrungen vorausgehen müssen, die eine Vorstellung von I als Elektrizitätsströmung einschließlich ihrer Maßeinheit erzeugen.

Wesentlich schwieriger zu beantworten ist die Frage, wie der Ausdruck P interpretiert werden soll. Definitionsgemäß handelt es sich um den Quotienten W/t bzw. E/t. W steht hier für die physikalische Größe *Arbeit*. Sie erfaßt den *Vorgang des Arbeitens*. Arbeit beschreibt die Umwandlung von Energie und/oder deren Übertragung auf eine anderes System. Wenn z. B. in physikalischem Sinne körperlich gearbeitet wird (Physiker sprechen von „Arbeit verrichten", um durch diese Substantivierung syntaktisch eine physikalische Größe zu konstituieren), dann wird Energie umgewandelt und übertragen auf ein anderes System: Aus der im System „menschlicher Körper" biochemisch gespeicherten Energie wird z. B. beim Fahrradfahren kinetische Energie des Systems „Fahrrad plus Fahrer" bzw. thermische Energie der Umgebungsluft, die beim Fahren „durchschnitten" wird.

Es ist nun leicht ersichtlich, daß man in einer bestimmten Zeit viel oder wenig arbeiten kann. Es gibt also ein „Arbeitstempo", das ausdrückt, wieviel innerhalb einer Zeiteinheit, z. B. pro Sekunde, gearbeitet wird. Arbeit muß dazu meßbar gemacht werden, wofür es verschiedene Möglichkeiten gibt, die hier nicht weiter ausgeführt werden. Die Maßeinheit der Arbeit ist „1 J" *(Joule)*, für die des Arbeitstempos folgt daraus 1 J/1 s = 1 W. In *dieser* Interpretation bezeichnet der Quotient P das „Arbeitstempo", das in der Physik *Leistung* genannt wird.

Eine andere Interpretation des Ausdrucks P wird möglich, wenn nicht der Arbeitsbegriff der Gleichung $P = W/t$ herangezogen wird, sondern der Energiebegriff der Gleichung $P = E/t$. *Formal* sind beide Gleichungen identisch, denn die Größenwerte für E und W unterscheiden sich nicht, weil auch die Energie in der Einheit *Joule* gemessen wird. Das hat rein historische Gründe. *Interpretatorisch*, also im Hinblick auf die durch Sprache konstituierten Vorstellungen, besteht allerdings *keine* Identität. Energie ist eine mengenartige Größe. Man kann sie transportieren, übertragen, speichern, verteilen, kaufen und verkaufen.

Es gibt nun Energietransportsysteme mit einer kontinuierlichen Energieübertragung von einem Ort zu einem anderen. Elektrische Anlagen sind solche Transportsysteme und zu einem erheblichen Teil auch eigens dafür gebaut, Energie transportieren und anschließend umwandeln zu können. Betrachten wir als Beispiel einen elektrischen Staubsauger: Er wandelt pro Sekunde etwa 1000 J elektrische Energie in mechanische (Luftströmung und Staubtransport) und thermische Energie um (Aufheizen der Umgebung). Der Staubsauger ist also – wie jedes andere elektrische Gerät – ein Energiewandler. Die Energie muß dem Staubsauger zugeführt werden. Sie strömt über das Anschlußkabel in das Gerät hinein, wird dort umgewandelt und strömt in die Umgebung. Seinen Ursprung hat dieser Energiestrom bekanntlich im

*Kraft*werk. Dort wird die Energie in das Leitungssystem eingespeist, nachdem sie vorher anderen Systemen entzogen und in elektrische Energie umgewandelt wurde. Auch am Beginn der Übertragungsstrecke steht also ein Energiewandler (elektrische Energiequelle).

Der Quotient $P = E/t$ ist in dieser Interpretation ein Maß für den *Energiestrom*, der von einer „Energiequelle" (Energiewandler I) zu einem „Energieverbraucher" (Energiewandler II) strömt. Die Größe *Energiestrom* wird anschaulich und erfahrungsbezogen, wenn man den menschlichen Körper als Energiequelle betrachtet. Er ist dann im Ruhezustand mit einer Glühlampe vergleichbar, denn er heizt seine Umgebung ständig durch einen (nicht-elektrischen) Energiestrom von ca. 80 W auf. Beim sportlichen Ausdauertraining kann der Energiestrom, der unseren Körper verläßt, auch schon mal 150–200 W betragen.

Daraus ergibt sich nun eine sinnvolle Interpretation des Spannungsbegriffs: Beispielsweise gibt die elektrische Spannung einer Energiequelle an, wie groß der Energiestrom ist, der die Quelle bei einer Elektrizitätsströmung von 1 A verläßt (aus $U = P/I$ folgt die Einheitengleichung 1 V = 1 W/A). Eine Autobatterie mit 12 V erzeugt einen Energiestrom von 12 W, wenn die Elektrizitätsströmung 1 A beträgt. Sind am Auto die Lichter eingeschaltet, so erfordert dies einen Energiestrom vom 120 W. Sie mit „physiologischer" Energie zu betreiben, wäre schon eine beachtliche sportliche Leistung. Die Autobatterie bringt diese Anstrengung auf, indem sie eine Elektrizitätsströmung von 10 A durch die Leitungen treibt. Der Anlasser muß beim Start eines kalten Motors 1200 W leisten. Entsprechend groß muß der Energiestrom sein, was durch eine Elektrizitätsströmung von 100 A ermöglicht wird. Das erfordert dann schon recht dicke Kabel, damit die Energie wirklich zum Anlasser gelangt und nicht schon unterwegs durch die Erwärmung von Drähten in der Umgebung verschwindet.

Haushaltsgeräte werden bei 230 V betrieben. Dies bedeutet, daß eine Elektrizitätsströmung von 1 A einen Energiestrom von 230 W erzeugt. Der oben erwähnte Staubsauger (1000 W) erfordert also eine Elektrizitätsströmung durch die Drähte von etwas mehr als 4 A. Es wären schon acht bis zehn gut trainierte „Sklaven" erforderlich, um einen entsprechend leistungsfähigen Staubsauger „physiologisch" zu betreiben. Mißt man an einem elektrischen Gerät oder Bauteil eine bestimmte Spannung, so gibt sie an, wie groß der Energiestrom pro 1 A ist, der in dieses Gerät hineinfließt, umgewandelt wird und es wieder verläßt. Auf handelsüblichen Geräten ist dieser Energiestrom angegeben.

In der Bundesrepublik Deutschland wird pro Einwohner im Jahresmittel ein *elektrischer* Energiestrom von knapp 700 W erzeugt (elektrische „Nutzleistung"; primärseitiger Energiestrom >2000 W). Ständig erfordert daher die Lebensform unserer Zivilisation pro Einwohner allein einen elektrischen Energiestrom, der einer sportlichen Leistung von sechs erwachsenen Männern entspricht. Bei den üblichen 230 V Netzspannung ist also ständig eine Elektrizitätsströmung von ca. 3 A pro Person nötig. Deshalb sind wir auch überall von elektrischen Leitungen umgeben. Übrigens ist der *gesamte* kommerziell erzeugte (Primär-)Energiestrom, einschließlich Straßenverkehr, Industrie usw. pro Einwohner der Bundesrepublik Deutschland knapp 6000 W groß. Für einen Inder wird dagegen ein Energiestrom von weniger als 400 W erzeugt, bei einem Afrikaner sind es etwa 630 W, bei einem Amerikaner 9400 W.

Das Beispiel soll zeigen, daß die sinnstiftende Interpretation physikalischer Größen lebenspraktisch bedeutsame Einsichten ermöglicht, bis hin zu den Schlüsselproblemen der Menschheit. Wie dies im Falle des Elektrikunterrichts auch methodisch zu erreichen ist, wurde an anderer Stelle ausführlich dargelegt (MUCKENFUß/WALZ, Kapitel I–III). Der Abschnitt 4.4.3 wird dazu einige Hinweise liefern.

Nicht alle physikalischen Begriffe sind gleichermaßen theoriegeladen. Auch ist es nicht immer möglich, den Bogen von einem Begriff über die Interpretation seines Theoriegehalts bis hin zu den Schlüsselproblemen zu spannen. Daß aber prinzipiell auf diesem Wege Physik zum sinnvollen Repertoire an Kenntnissen und Fähigkeiten werden kann, sollen die nächsten Abschnitte erweisen.

4.3.4 Kommunikationsfähigkeit als didaktisches Konzept – eine Zusammenfassung

Kommunikationsfähigkeit im Hinblick auf physikalische Sachverhalte erfordert eine veränderte Sicht des Verhältnisses von Fachsprache und Alltagssprache. Da sich die Fachsprache aus den kommunikativen Kontexten „auskoppelt", kann sie nicht das *Ziel* des Unterrichts sein. Auf die Sichtweise des Unterrichtsprozesses, wie sie uns bei WAGENSCHEIN begegnet und auch von den Lehrplänen nahegelegt wird (→ Abbildung 22), darf sich ein auf Kommunikationsfähigkeit ausgerichteter Unterricht nicht festlegen lassen.

Abbildung 22: Zur kritisierten Sichtweise des Verhältnisses von Alltagssprache und Fachsprache. Kommunikationsfähigkeit als Unterrichtsziel bedeutet im Gegensatz zur abgebildeten Darstellung, daß die Fachsprache *nicht* das Ziel darstellt.

Es kommt für wissenschaftsverständige Laien, die wissenschaftliche Kenntnisse und Fähigkeiten für die verantwortliche Mitgestaltung des gesellschaftlichen und privaten Lebens nutzen wollen, alles darauf an, daß der Erwerb von Fachkompetenz unauflöslich mit ihrer Kommunizierbarkeit verknüpft wird. Da die physikalische Fachsprache tendenziell nicht-kommunikativ ist, bedarf sie der Interpretation durch Bedeutungszuschreibungen, die ihrerseits nur aus der Verknüpfung von Lebenspraxis und Wissenschaft resultieren können. Im Prozeß der Konfrontation von Wissenschaft und Alltag konstituieren sich neue Sichtweisen, die auch eine neue sprachliche Kompetenz erfordern. In dieser werden sowohl die vorhergegangene Alltagssprache als auch die bedeutungsentleerte Fachsprache überschritten. Das soll die Abbildung 23 ausdrücken.

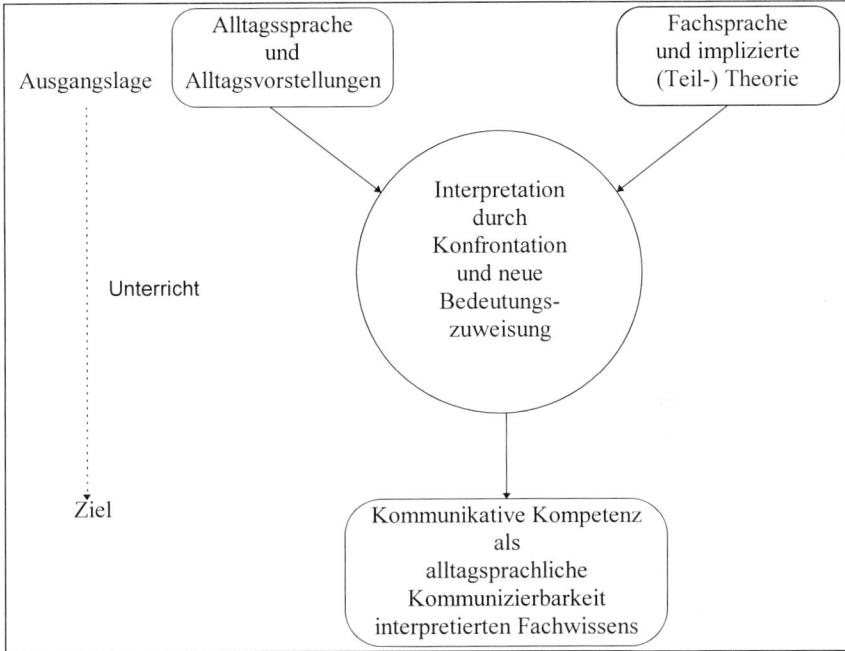

Abbildung 23: Schematische Darstellung des Wegs zu kommunikativer Kompetenz

Die Aufgabe des Unterrichts wird dadurch verändert. Methodische Formen der Sprachförderung erhalten auch im Physikunterricht einen erhöhten Stellenwert. Andererseits bleibt die Fachsprache notwendig Inhalt des Unterrichts. Da über sie die zu erwerbenden theoretischen Zusammenhänge codiert sind, gehört die Fachsprache zur Basis, von der aus eine neue kommunikative Kompetenz erworben wird.

4.4 RAHMENKONTEXTE: CURRICULARE STRUKTURELEMENTE

In diesem Abschnitt geht es um einen Lösungsvorschlag für das zentrale Anliegen, Physik in sinnstiftenden Kontexten zu lehren. Bereits die empirischen Befunde des Kapitels I haben ergeben, daß die Unattraktivität des Physikunterrichts damit zusammenhängt, daß Schülerinnen und Schüler die lebenspraktische Bedeutung des zu erwerbenden physikalischen Wissens mehrheitlich nicht zu erkennen vermögen (→ These 4, S. 56). Schon aus motivationalen Gründen ist es daher erforderlich, Physik so zu aspektieren, daß dem Bedürfnis Rechnung getragen wird, *die Menschen, die Bedingungen ihrer Existenz und ihr Handeln zu verstehen* (→ These 6, S. 65). Aus der Analyse der empirischen Situation des Physikunterrichts wurde im Kapitel I die Aufgabe des Physikunterrichts abgeleitet, der allgemeinen Lebensorientierung und nicht vorrangig einer spezifischen Qualifizierung dienen zu sollen.

Die neuzeitliche Naturwissenschaft hat sich die Veränderung der Welt auf dem Wege der Naturbeherrschung zum Ziel gesetzt, und zwar des gesellschaftlich-praktischen Nutzens wegen, *der zum Wohl der Menschheit* aus diesen Wissenschaften zu ziehen ist (→ Kasten S. 102, S. 105 und S. 120). Die Indienstnahme der Naturwissenschaft für die Macht von Menschen über Menschen hat wesentlich zu den Schwierigkeiten beigetragen, die sich heute vielfach als globale Probleme darstellen (→ Kapitel II). Daß diese Funktion der Naturwissenschaft im Physikunterricht nicht explizit thematisiert und erkenntnisleitend wurde, hat, wie im Kapitel III ausführlich erörtert wurde, seiner Funktionalisierung zu allen Zeiten Vorschub geleistet. Auch aus diesem Zusammenhang heraus ergab sich die Forderung, Physik nicht um ihrer selbst willen zu lehren. Vielmehr sollte durch Physikunterricht erkannt werden können, auf welchen Wegen und mit welchen Folgen Naturwissenschaften und Technik unser Leben verändern. Auch soll er einsehbar machen, welcher persönliche Gewinn hinsichtlich konkreter Welterfahrung und geistiger Welterschließung aus dem Erwerb physikalischer Kompetenzen erwachsen kann (→ Kasten S. 148).

Die Problemstellung

Wissenschaftsverständigkeit, Verantwortlichkeit, Nutzungs- und Kommunikationsfähigkeit, wie sie im *Orientierungsrahmen* (→ S. 214 ff) expliziert wurden, sind an gründliche erkenntnistheoretische und fachliche Kompetenzen gebunden. Weder kann allein Unterricht *über* Physik ausreichend Klarheit über die Wirkungen dieser Wissenschaft herbeiführen, noch reicht Unterricht *in* Physik aus, die geforderten lebenspraktischen Kompetenzen aufzubauen. Auch sind Nutzen und Schaden durch die Weltveränderungen, die durch die Physik möglich gemacht werden, nicht von den konkreten physikalischen *Inhalten* ablösbar. Eben aus diesem Grunde ist das Allgemeinbildungskonzept KLAFKIs nicht „allgemein", sondern konkret inhaltlich bestimmt. Selbst wenn die „epochaltypischen Schlüsselprobleme" aus guten Gründen nicht jede Unterrichtsstunde bestimmen können und auf dem Weg zu einer entsprechenden Problemsicht viele aus anderen Zusammenhängen abgeleitete Bedingungen und Forderungen zu berücksichtigen sind (→ S. 220 ff), so bilden sie doch einen inhaltlichen Bestandteil des Orientierungsrahmens für einen sinnstiftenden Unterricht.

Wenn der Physikunterricht die erforderliche fachliche Fundierung für verantwortliches Handeln im persönlichen Bereich und für die Partizipation in einer demokratischen Gesellschaft leistet, hat der Fachunterricht die Chance, jene Aufmerksamkeit und Anerkennung zu finden, die ihm zukommt, aber gegenwärtig versagt bleibt. Aus den Anforderungen an einen kontextorientierten Unterricht folgt:

> Die curriculare Grundstruktur des Physikunterrichts muß fachliche Kompetenzen, relevante Inhalte, lebenspraktische Bedeutsamkeit und darauf bezogene außerfachliche Fähigkeiten zu einem tragfähigen Gesamtkonzept verknüpfen.

Das System der Physik, wie es z. B. WAGENSCHEIN verstand und als *Ziel* des Unterrichts anerkannte, nämlich ein Gefüge sich ergänzender, historisch gewachsener Teilbereiche der Physik, kann für den kontextorientierten Fachunterricht nicht unbesehen als Vorgabe dienen. Es konnte und kann diesen Anforderungen – wie in den vorangegangenen Kapiteln dargelegt – prinzipiell nicht genügen. Andererseits ist dieses System nicht grundlos bis heute mehr oder weniger umfassend in den Lehrplänen verankert. Es impliziert eine heuristische Struktur, die zwar kein Dogma darstellt, aber doch in vielfältiger Weise praxisleitend geworden ist. Auch hat sich die fachliche und fachdidaktische Kompetenz der Lehrkräfte innerhalb dieses Systems entwickelt. Es wäre deshalb leichtfertig, diese gewachsenen Strukturen völlig unbeachtet zu lassen. Vielmehr gilt es, sie zu nutzen, soweit sie den übergeordneten Leitlinien des Orientierungsrahmens nicht entgegenstehen. Nicht die Systematik historisch gewachsener Teilgebiete an sich hat dem Physikunterricht geschadet, sondern die Dominanz, bisweilen sogar Ausschließlichkeit, mit der sie Weg und Ziel des Unterrichts bestimmte. In diesem Zusammenhang sei auch nochmals daran erinnert, daß, wenn Physikunterricht überhaupt einen Langzeiterfolg zeitigte, dies nachweisbar nur im fachsystematisch fundierten Unterricht gelang (→ S. 33 f und 38 ff). Dies ist auch nicht verwunderlich. Es ließ sich ja zeigen, daß physikalische Begriffe, Sätze und Gesetze erst im Rahmen ihres theoretischen Zusammenhangs und dessen alltagssprachlicher Interpretation zu verstehen sind.

> Physikunterricht muß systematischer Unterricht bleiben, auch wenn das System im Sinne eines Gefüges aus physikalischen Teilgebieten weder das Ziel noch den Weg des Unterrichts überwiegend oder gar ausschließlich bestimmt. Welche Begriffe, Teilgebiete oder (Teil-)Theorien für den Unterricht maßgeblich sind, muß durch deren jeweilige lebenspraktische Bedeutung mitbegründet werden.

Rahmenkontexte

Seit vielen Jahren „experimentiere" ich didaktisch mit einer Grundstruktur für den Physikunterricht, in der die genannten Forderungen verknüpft werden. In Teilbereichen hat diese Grundstruktur bereits zu einer akzeptierten Ausgestaltung von Lehrplansequenzen geführt, insbesondere im Bereich der Optik und Elektrik.[178] Die tragenden Elemente dieser Struktur werden im folgenden *Rahmenkontexte* (RK) genannt. In diesen werden lebenspraktische Bedeutungsfelder und physikalische Sachstrukturen zu sinnganzen Einheiten geordnet. Abbildung 24 zeigt den schematischen Aufbau eines solchen curricularen Grundelements.

Rahmenkontext			
Lebenspraktisch bedeutsamer Themenbereich, dessen physikalische Erschließung eine differenzierte Sichtweise eröffnet sowie die Kommunikations- und Handlungsfähigkeit vergrößert.			
Teilkontexte	**Kontextbezogene Inhalte**	**Sachstrukturelle Inhalte**	**Anwendungen**
Thematische Untereinheiten des Rahmenkontexts	Phänomene; Alltagserfahrungen; umgangssprachliche Beschreibungen und kontextbezogene Fachbegriffe; gesellschaftliche, historische, politische Zusammenhänge	Physikalische Fachbegriffe, Gesetze, Größen, Konstanten, Modelle, Methoden usw.	Ausblicke; ergänzende oder nicht zum Rahmenkontext gehörende Erfahrungsbereiche aus Umwelt, Technik, Geschichte usw. mit analoger Sachstruktur

Abbildung 24: Schema zum Aufbau einer kontextorientierten Unterrichtseinheit

Zum besseren vorläufigen Verständnis werden hier die Themen einiger möglicher Rahmenkontexte angeführt, mit denen ich Erfahrungen sammeln konnte. Weiter unten werden dann einige dieser Rahmenkontexte weiter expliziert und auch an Beispielen aufgezeigt, wie der Zusammenhang mit dem *Orientierungsrahmen* hergestellt ist. In Klammern ist jeweils das physikalische Teilgebiet bzw. der Theorieausschnitt („sachstrukturelle Inhalte") genannt, der mit dem jeweiligen Kontext abgedeckt wird:

- *Elementare Kosmologie* (Optik, Geophysik)
- *Sehen und Erkennen* (Optik)
- *Die Bedeutung von Abbildungen für die Menschen* (Optik)

---

[178] Die Vorstellungen zum *Optik*unterricht konnte ich vor allem in den gymnasialen Lehrwerken des CORNELSEN-Verlags umsetzen. Aber auch im Bereich der Real- und Hauptschulen boten einige Lehrpläne die Möglichkeit, Unterrichtseinheiten zur Optik wenigstens teilweise im hier explizierten Sinne aufzubereiten. Vgl. z. B. die im Literaturverzeichnis angeführten Lehrwerke des CORNELSEN-Verlags; für die Hauptschule vor allem Nr. 73092.

Zur Elektrik vgl. MUCKENFUß/WALZ.

- *Einfache Maschinen im Dienst des Menschen* (Mechanik)
- *Straßenverkehr* (Mechanik, Energetik)
- *Wettererscheinungen und Klimaprobleme* (Wärmelehre bzw. Thermodynamik; Mechanik der Flüssigkeiten und Gase)
- *Die Bedeutung elektrischer Anlagen für unsere Energieversorgung* (Elektrik)
- *Großtechnische Energieversorgungssysteme* (Elektrik, Atomphysik, Thermodynamik, Energetik)
- *Information und Kommunikation* (Elektronik, Optik, Akustik).

Die Rahmenkontexte liefern die sinnstiftenden Zusammenhänge, in denen die Sachstrukturen erarbeitet werden. Zugleich bilden sie Brücken zur Lebenspraxis oder zu anderen Unterrichtsfächern. Auch Projekte oder spezielle fächerübergreifende Vorhaben können an diese Themenkreise angekoppelt werden. Gleichzeitig setzen sie natürlich Akzente hinsichtlich der Begriffe, Gesetze und Aussagen, die als wichtig oder entbehrlich gelten. Sind die fachlichen Zusammenhänge erarbeitet, so lassen sie sich auf weitere Kontexte (die teilweise mit dem übereinstimmen, was man üblicherweise als Anwendungen bezeichnet) übertragen, um eben die Allgemeingültigkeit auch erfahrbar zu machen. Die genannten Beispiele ließen sich sicher noch erheblich vermehren oder anders formulieren. Allerdings ergeben sich aus den didaktischen Anforderungen an einen RK auch wesentliche Einschränkungen hinsichtlich der Themenwahl. Außerdem sollen die einzelnen RK nicht als isolierte Elemente fungieren, sondern zu einem Gesamtcurriculum führen, das den Forderungen des Orientierungsrahmens entspricht.

Um die aufgeführten Bedingungen näher zu erläutern, werden im folgenden Abschnitt je ein übersichtliches („Straßenverkehr") und ein komplexeres Beispiel („Wettererscheinungen und Klimaprobleme") genauer ausgeführt. Daran werden die Aufgaben erörtert, die den einzelnen Elementen der schematischen Struktur zugedacht sind.

4.4.1 Die Elemente der Kontextstruktur

Zur Auswahl der beiden Beispiele

Die im folgenden skizzierten Beispiele zur Struktur von Rahmenkontexten sind *nicht* unter dem Gesichtspunkt des Stellenwerts ausgewählt, die sie im weiter unten darzustellenden Gesamtgefüge einnehmen. So ist das Beispiel *Straßenverkehr* möglicherweise weniger bedeutungsvoll als der RK *Wettererscheinungen und Klimaprobleme.* Zeigen sollen diese Beispiele vor allem, daß Rahmenkontexte mehr oder weniger umfassende physikalische Theoriezusammenhänge berücksichtigen, die sich auch bisher schon als Inhalte in den Lehrplänen finden. Sachstrukturell deckt der RK *Straßenverkehr* die Lehrplaninhalte ab (und überschreitet sie teilweise), die in vielen Lehrplänen für die Klassenstufe 10 zur Kinematik und Dynamik ausgewiesen sind. Vorschläge für die unterrichtliche Umsetzung dieser Einheiten finden sich

z. B. in den Realschulwerken des CORNELSEN-Verlags.[179] Die Umsetzung in den Schulbüchern folgt allerdings selten genau den hier explizierten Vorstellungen, da die Lehrpläne mehr oder weniger enge Grenzen setzen.

Der RK *Wettererscheinungen und Klimaprobleme* umfaßt sachstrukturell die in manchen Lehrplänen zur Wärmelehre ausgewiesenen Inhalte. Auch hier ergeben sich durch die Kontextorientierung Überschreitungen und Akzentverschiebungen gegenüber den Lehrplanvorgaben.

Beide angeführten RK bauen auf zuvor erworbenen Kenntnissen auf. So werden u. a. Erfahrungen und Kenntnisse zum Energiebegriff vorausgesetzt. Sie können in vorangehenden Klassenstufen, z. B. im RK *Einfache Maschinen im Dienst des Menschen*, geschaffen werden. Dort ist es möglich, den Energiebegriff eng mit physiologischen Erfahrungen zu verknüpfen, indem man beispielsweise mechanische Maschinen als ergonomische Vorrichtungen behandelt, die an die Möglichkeiten des Menschen zur Energieumwandlung angepaßt sind (→ Abschnitt 4.4.4, S. 331). Für den RK *Wettererscheinungen ...* ist es günstig, wenn bereits Kenntnisse aus der Optik vorhanden sind (z. B. Absorption, Farben, Spektrum). Im Abschnitt 4.4.4 werden zum Gesamtgefüge der Rahmenkontexte einige Ausführungen gemacht.

---

[179] Vgl. dazu die Kapitel z. B. CORNELSEN: *Physik für Realschulen,* Nr. 29212, S. 6–37.

Rahmenkontext: Straßenverkehr

Teilkontexte	Kontextbezogene Inhalte	Sachstrukturelle Inhalte	Anwendungen
I. Erfahrungen mit Kräften und Bewegungen im Verkehr; Bewegungswiderstände	Beschleunigen, Bremsen, Kurvenfahrt; Erlebnisse beim Omnibusfahren; Fahrbahnzustände; Reifenprofile.	Trägheitsgesetz; beschleunigte und verzögerte Bewegung; Durchschnitts- und Momentangeschwindigkeit; $v = \Delta s/\Delta t$; $a = \Delta v/\Delta t$; Newtonsche Kraftgesetze; Reibung $F_R = \mu \cdot F_G$; (c_w-Wert).	Fallbewegungen (GALILEI und das Fallgesetz); Kräfte und Bewegungen im Sport; Bewegungswiderstände in der Natur (Fische, Vögel).
II. Energieumsätze in Abhängigkeit von Geschwindigkeit, Fahrstil, Verkehrsbedingungen; Vergleich von Verkehrssystemen	Energieumsätze beim Beschleunigen und Bremsen; Energieumsätze bei konstanter Geschwindigkeit; Treibstoffverbrauch.	Bewegungswiderstände [$F = f(v)$]; Reibungsenergie ($W = F_R \cdot s$); Beschleunigungs- und Bremsenergie ($W_a = m \cdot a \cdot s$); Bewegungsenergie ($W_{kin} = \frac{1}{2}\, mv^2$).	Maximalgeschwindigkeiten von Verkehrsmitteln (Flugzeug, „Schallmauer"); energetische Optimierung in der Tierwelt (z. B. Delphin); Sinkgeschwindigkeit von Niederschlagselementen.
III. Bremswege, Überholvorgänge	Anhalte-, Reaktions- und Bremsweg; „Faustformeln"; „ABS" u. ä.	Weg-Zeit-Gesetze ($s = \frac{1}{2}\, at^2$); maximale Verzögerung ($a = \mu \cdot g$).	Brems- und Anhaltewege anderer Verkehrsmittel (Bahn, Schiffe).
IV. Kurvenfahrten	Kurvengeschwindigkeiten; Kurvenschneiden; Schleudergefahren; Schräglage beim Motorradfahren.	Zentripetalkraft; Zentripetalbeschleunigung ($F_z = mv^2/r$); vektorielle Kräftezerlegung.	Schleuderball, Hammerwurf; Satelliten- und Planetenbewegung.
V. Passive Sicherheit; Gefahrenquellen; Unfallstatistik	Rückhaltesysteme; Knautschzonen; Crashtest usw; Kräfte auf den menschlichen Körper; Verantwortung im Verkehr.	Energieumwandlungen; 1. Hauptsatz der Thermodynamik.	Grenzbeschleunigungen für Menschen: Raumfahrt; Fliegerei; Aufprall bei Sprüngen u. ä.

Abbildung 25: Beispiel für den Aufbau einer kontextorientierten Unterrichtseinheit

Rahmenkontext: **Wettererscheinungen und Klimaprobleme**			Seite 1
Teilkontexte	**Kontextbezogene Inhalte**	**Sachstrukturelle Inhalte**	**Anwendungen**
I. Temperaturen und Thermometer – Wärme und Kälte	Der Temperaturbegriff in der Alltagssprache; Temperatursinn und Temperaturmessung; Thermometerformen; Tages- und Jahresgang der Temperatur; Durchschnittstemperaturen in verschiedenen Klimazonen; Wärme/Kälte und Temperatur; Wärmequellen und Temperaturausgleich (Richtung der Energieübergänge).	Physikalischer Temperaturbegriff; kinetische Wärmetheorie; Thermische Energie (Wärme) und ihre Messung; spezifische Wärmekapazität von Wasser; innere Energie und ihre Änderung; 1. Hauptsatz der Thermodynamik (quantitativ). Aspekte des zweiten Hauptsatzes (Temperaturausgleich).	Körpertemperaturen und thermischer Energiehaushalt bei Menschen und Tieren. Der Temperatursinn und seine Grenzen. Verschiedene Thermometer und typische Anwendungsfälle (Fieber-, „Minimax"-, Bimetallthermometer). Thermische Energieumsätze in Alltagssituationen (Kochen, Heizen, Bügeln).
II. Energie von der Sonne; Strahlungshaushalt der Erde und seine anthropogene Veränderung	Erwärmung der Erde in Abhängigkeit von Jahreszeit, Tageszeit, Breitengrad. Strahlungsschutz durch die Atmosphäre; das Ozonloch und seine Folgen.	Energieübertragung durch Strahlung; Energiestromdichte (W/m^2); Messung der (lokalen) Einstrahlung. Absorption, Reflexion und Transmission von Strahlung. Spektrale Verteilung der Solarstrahlung.	Schutz vor übermäßiger Bestrahlung. Hautfarben und Kleidung in verschiedenen Klimazonen. Gesundheitsgefahren. Passive und aktive Sonnenenergienutzung.
III. Die Erde im Strahlungsgleichgewicht	Die Temperaturen auf der Erde und ihre Abhängigkeit von den Strahlungseigenschaften der Erde. Strahlungsbilanz in verschiedenen Breitengraden; Treibhauseffekt.	Strahlungseigenschaften von Körpern. Strahlungsgesetze von Planck, Wien, Stefan-Boltzmann (jeweils qualitativ). Selektive Absorption von IR (z. B. CO_2).	Temperaturen verschiedener Strahler (Glühlampen, Herdplatte, Heizkörper). Nutzung und Abschirmung der Strahlungsenergie (Isolierverglasung, Treibhäuser u. ä.).
IV. Das Verhalten der Luft in der Troposphäre: Die Entstehung von thermischen Hoch- und Tiefdruckzonen und Winden	Entstehung und Messung des Schweredrucks am Erdboden; Luftdruckschwankungen. Wetterkarte; Temperaturschichtung in der Atmosphäre; Temperaturinversionen; thermische Hoch- und Tiefdruckgebiete; Entstehung von Winden; lokale Windsysteme.	Schweredruck (Abhängigkeit von Höhe und Dichte); statischer Auftrieb. Volumenänderung und Temperatur (Gesetz von Gay-Lussac: $V \sim T$). Druckänderung und Temperatur (Gesetz von Amontons: $p \sim T$). Adiabatische Zustandsänderung.	Leben unter niedrigem und hohem Druck (z. B. Tiefseefische, Wale). Historisches (Guericke, Torricelli, Pascal). Die Bedeutung des Luftdrucks in der Fliegerei. Heißluftballons (Bau, Berechnung und Erprobung). Energietransport durch Konvektion.

Rahmenkontext: **Wettererscheinungen und Klimaprobleme**			Seite 2
Teilkontexte	**Kontextbezogene Inhalte**	**Sachstrukturelle Inhalte**	**Anwendungen**
V. Wolken und Niederschläge – Nebel, Tau und Reif	Das Wasser und seine Aggregatzustände auf der Erde. Relative und absolute „Luftfeuchtigkeit"; Nebel und Wolkenbildung; Wolken- und Niederschlagsformen und ihre Enstehungsbedingungen (Kondensation und Kondensationskerne, Koagulation, Eiskeime, Findeisen-Bergeron-Effekt). Hebungsvorgänge in der Atmosphäre und ihre Bedeutung für Wettererscheinungen (Konvektion, Advektion, Steigungsregen und Föhnlagen). Globale Energietransportsysteme (Luft-, Wasserdampf- und Meeresströmungen).	Aggregatzustände, ihre Änderung und die Umwandlungsenergien: Schmelzen/Erstarren; Verdampfen/Kondensieren; Sublimation/Resublimation. Verdunstungskühlung. Dampfdruck und Temperatur (Dampfdruckkurven/Feuchtediagramm). Gefrierpunktserniedrigung und Siedepunktserhöhung. Energietransport durch Konvektion von Wasser/Wasserdampf.	Aggregatzustandsänderungen bei anderen Stoffen als Wasser (Frostschutzmittel; Gefrierpunktserniedrigung durch Salzstreuung; Latentspeicher). Sieden bei erhöhtem und verringertem Druck (Dampfkochtopf, Geysire). Kühlschrank und Wärmepumpe. Wasser und Wasservorräte der Gletscher und Polkappen. Farberscheinungen in der Atmosphäre (Regenbogen, Halos, Abendrot, Himmelsblau). Gewitter und andere elektrische Erscheinungen in der Atmosphäre.
VI. Kalt- und Warmluftmassen, Polarfront; Wetterfronten, dynamische Drucksysteme	Entstehung großer Luftmassen (Tropik-, Polar-, Arktik- und Äquatorialluftmassen). Warmfront-Advektion, Kaltfront-Konvektion; Wetterkarte. Entstehung von Wetterfronten. Globale Windsysteme, Strahlstrom, Zyklonen.	Überlagerung von Bewegungen. Coriolis-Ablenkung (Erddrehung). Vertiefung der Inhalte aus den bisherigen Teilkontexten.	Wetterbeobachtung, Wetterstationen, Wetterkarten. Satellitenbeobachtung; Wetterballons; Wetterregeln.

Abbildung 26: Beispiel für einen Rahmenkontext, der sich sachstrukturell auf die Thermodynamik bezieht

4.4.1.1 Bedingungen und Merkmale für Rahmenkontexte

Rahmenthemen

Die Rahmenkontexte selbst sollen *nicht* als Projektthemen verstanden werden, denn sie zielen im Fachunterricht vorrangig auf die Erarbeitung physikalischer Begriffe in deren Theoriezusammenhängen. Sie sind in diesem Sinne *wissenschaftsorientiert.* Ein RK muß so umfassend sein, daß an ihm ein sinnvoller Theorieausschnitt der Physik erarbeitet werden kann. Der RK *Straßenverkehr* ermöglicht dies für die Kinematik und Dynamik; der RK *Wettererscheinungen und Klimaprobleme* erlaubt es, wichtige Grundbegriffe und Gesetze der Wärmelehre bzw. Thermodynamik zu behandeln. Die physikalischen Begriffe und Gesetze bekommen eine lebenspraktische Bedeutung durch den Erfahrungsbereich, auf den sie bezogen werden. Dadurch erscheint die Physik weniger abstrakt; zugleich muß aber in Kauf genommen werden, daß die Begriffe und Gesetze *zunächst* nicht in ihrer Allgemeingültigkeit erfaßt werden, sondern eine *spezielle* Bedeutung erhalten. Die Zentripetalkraft, um ein Beispiel aus dem RK *Straßenverkehr* heranzuziehen, ist eben zunächst die Kraft, mit der ein Auto in die Kurve gezwungen wird. Auch die Bewegungsgesetze erscheinen vorläufig nicht in ihrer allgemeinen Form ($v_t = v_0 + at$; $s_t = s_0 + vt + \frac{1}{2} at^2$). Das Bremsen wird z. B. nicht als beschleunigte Bewegung mit negativem „a" verstanden, sondern als verzögerte Bewegung.

Eine fachsystematische Orientierung der RK bedeutet nun aber nicht, daß die lebenspraktischen Inhalte diesen Zielen untergeordnet werden. Vielmehr bildet der Beitrag der Physik zur Aufklärung der Lebenspraxis das vorrangige Ziel des Unterrichts. Dabei muß ein RK die Möglichkeit bieten, die physikalischen Begriffe und Gesetze gemäß ihrer Theoriegeladenheit in größeren physikalischen Zusammenhängen zu interpretieren (→ S. 260 ff). Dies erfordert auch eine entsprechende Komplexität des RK. Dies soll an einem Beispiel verdeutlicht werden:

Zum Unterschied zwischen Rahmenkontexten und Projektthemen

In der Diskussion über einen Vortrag[180] für Lehrerinnen und Lehrer baden-württembergischer Gymnasien wurde der Vorschlag gemacht, das „Fahrrad" als Rahmenkontext zu wählen. Dem konnte ich nicht zustimmen: Zwar taucht das Fahrrad im RK *Straßenverkehr* selbstverständlich auf, z. B. hinsichtlich des Energieumsatzes im Vergleich mit einem Pkw, bei der innerörtlichen Durchschnittsgeschwindigkeit, beim Vergleich von Bremswegen verschiedener Fahrzeuge. Aber es ist nur ein Teilthema innerhalb des RK *Straßenverkehr*. Würde man *nur* das Fahrrad betrachten, wären die physikalischen Begriffe und Gesetze sehr eng an einen konkreten Gegenstand geknüpft. Vieles käme nicht und manches nur unter einem speziellen Blickwinkel zur Sprache. Ein RK ermöglicht zwar Schwerpunktbildungen innerhalb der zu behandelnden Inhalte, jedoch sollte sich dies nicht zu Lasten des sachstrukturellen Komplexes auswirken. So ist im gegebenen Beispiel die Erkenntnis

---

180   Jahrestagung der Landesstelle für Erziehung und Unterricht im März 1994 in Stuttgart.

wichtig, daß die Begriffe und Gesetze der Kinematik und Dynamik gleichermaßen gelten – ob sie nun auf einen Omnibus, ein Fahrrad oder die Straßenbahn angewendet werden. Dies ist ein erster, aber unverzichtbarer Schritt auf dem Weg zur Einsicht in den allgemeingültigen Charakter der Physik.

„Das Fahrrad" könnte aber ein *Projektthema* sein, das in Zusammenarbeit mit anderen Fächern *im Anschluß* an die Behandlung des RK *Straßenverkehr* durchgeführt wird. Auch Themen wie „Der Mensch und das Auto" und „Verkehrssicherheit" wären reizvolle Projekte. In Projekten muß es Schülerinnen und Schülern bzw. einzelnen Gruppen freigestellt bleiben, mit welchen Aspekten dieser Thematik sie sich jeweils intensiver beschäftigen wollen. Physik ist dann nur *ein* Aspekt unter vielen. Die Mehrperspektivität eines Projektthemas erfordert engere thematische Grenzen als die Rahmenkontexte, wenn eine Bewältigung im schulischen Rahmen möglich sein soll. Rahmenkontexte bieten deshalb viele Anknüpfungspunkte für Projekte und Formen offenen Unterrichts. Obwohl diese Möglichkeiten konstitutiv für mögliche Rahmenkontexte sind, darf deren Hauptfunktion nicht übersehen werden, nämlich eine sinnvolle Basis für den systematischen Fachunterricht zu bilden.

Die außerphysikalischen Dimensionen des RK müssen aber auch im Fachunterricht zumindest insoweit berücksichtigt werden, daß deutlich wird, in welchen Bereichen und mit welchen Grenzen die Physik zuständig ist und wozu sie keine Aussagen machen kann. Es ist ein Kennzeichen der Rahmenkontexte, daß vielerlei außerphysikalische Zusammenhänge ständig berührt werden. Im RK *Straßenverkehr* sind es z. B. gesellschaftspolitische Fragen des Gleichgewichts zwischen Mobilität und Ökologie, zwischen Marktwirtschaft und gesetzlichen Begrenzungen, zwischen individuellem Freiheitsbedürfnis und gesellschaftlicher Verantwortung. Physikalische Kenntnisse sind bei der Erörterung solcher Fragen immer hilfreich, oft unentbehrlich, aber niemals ausreichend, um menschliches Wollen und Handeln zu begründen und zu beurteilen.

Die Bedingung an die Rahmenkontexte, lebenspraktisch bedeutsame Themen aufzugreifen, schließt ihren fächerübergreifenden Charakter ein. Das gilt zumindest, soweit sich auch andere Schulfächer an lebenspraktisch bedeutsamen Problemen orientieren. Dies bedeutet aber nicht, daß die Rahmenkontexte auch für andere Fächer *als solche* fungieren müssen; die Forderung, wesentliche Theorieteile zu umfassen und in ihrer Gesamtheit ein *Fach*curriculum zu konstituieren, kann wohl kaum für mehrere Fächer mit denselben Themen gelingen. Aber es ist ohne weiteres möglich, daß der Rahmenkontext in einem anderen Fach im Sinne einer „Anwendung" auftaucht oder daß es Teilkontexte gibt, die in mehreren Fächern vorkommen. Treibstoffverbrauch und Energieumsätze können beispielsweise auch in den Fächern Geographie im allgemeineren Rahmen der Ressourcenproblematik eine Rolle spielen, in der Chemie bei der Behandlung von Schadstoffproblemen, in Gemeinschaftskunde/Politik unter dem Gesichtspunkt der globalen Ungleichheit hinsichtlich des Vorkommens und der Nutzung der Güter der Erde und den damit verknüpften Spannungen und Gefahren für die Menschheit und einzelne Völker.

Rahmenkontexte sind sogar regelrecht darauf angewiesen, daß einzelne Inhalte von anderen Fächern ebenfalls aufgegriffen werden. Erst dadurch wird auch für die Schülerinnen und Schüler deutlich, wie wichtig und hilfreich physikalische Kompetenzen *außerhalb* der Physik sind, aber auch, daß sie nicht ausreichen, um die lebenspraktischen Probleme zu bewältigen. Dem Physikunterricht fällt die wichtige Aufgabe zu, naturwissenschaftliche Fakten zu klären und die Fähigkeit aufzubauen, mit Hilfe von Daten und Grundkenntnissen größere Zusammenhänge zu erschließen. Im eben angeführten Beispiel der Treibstoff- und Energieumsätze müssen Schülerinnen und Schüler durch den Physikunterricht z. B. befähigt werden,

- „hochrechnen" zu können, was es für die Ressourcen bedeutet, wenn weitere zwei Milliarden Menschen unsere „Automobilität" für sich realisieren;
- quantitativ abschätzen zu können, welche energetischen Konsequenzen es hätte, wenn der durchschnittliche Kraftstoffverbrauch pro Auto um 10 % sinkt (durch technische oder steuerpolitische Maßnahmen);
- beurteilen zu können, welche physikalischen Möglichkeiten zur Steigerung von Wirkungsgraden es gibt und auf welche Grenzen solche Maßnahmen stoßen.

Im Physikunterricht müssen solche Beispiele durchgedacht werden. Dabei erscheint mir die Befähigung zu einfachen Überschlagsrechnungen mit Hilfe „bürgerlicher Schlußrechnung" weitaus wichtiger als Formelrechnen. Auch muß jeweils mitgelernt werden, wie man die Genauigkeitsgrenzen einer solchen Rechnung abschätzt.

Im RK *Wettererscheinungen und Klimaprobleme* gibt es eine Fülle von Problembereichen, die physikalisch fundiert, aber auch von anderen Fächern aufgegriffen werden müssen (Solarenergie und ihr Nutzungspotential, Wirkungsgrade, „Treibhauseffekt", „Ozonloch", Niederschläge, Windsysteme usw.). Ein pädagogisch wichtiger Aspekt dieser Thematik ist die Einsicht in die Unausweichlichkeit *globaler* Betrachtungsweisen und in die Vielfältigkeit der Verflechtung von zunächst als Einzelphänomene wahrgenommenen Sachverhalten. Um es in einem Beispiel anzudeuten: Eine Veränderung der Geschwindigkeit des Golfstroms hätte tiefgreifende Folgen für das Klima in Europa. Eine Verlangsamung des Golfstroms könnte durch einen geringfügigen Temperaturanstieg und durch das „Aussüßen" der Polarmeere (Schmelzwasser) bewirkt werden. Dies könnte eine Folge des steigenden Kohlenstoffdioxidgehalts und anderer „Treibhausgase" der Atmosphäre sein, deren anthropogene Veränderung eine Funktion der Bevölkerungszahl und der Lebensformen ist. Die Rückkopplung der stratosphärischen Ozonschicht auf den Treibhauseffekt über die Wechselwirkung der Strahlung mit dem Phytoplankton wurde oben bereits erwähnt (→ S. 228).

Um solche Zusammenhänge durchschauen zu können, sind eine Vielzahl physikalischer Kenntnisse erforderlich. Im gegebenen Beispiel müssen die *Strahlungsgesetze* auf den Strahlungshaushalt der Erde angewendet werden. Die *thermische Konvektion* und ihre Antriebsmechanismen bedürfen der physikalischen Durchdringung. Den Mechanismen des globalen Energietransports – als deren Folge alle Wettererscheinungen interpretiert werden können – liegen physikalische Gesetze zugrunde, die zunächst an einfachen und überschaubaren Verhältnissen „auf dem Experimentiertisch" zu erarbeiten sind. Der RK *Wettererscheinungen und Klimaprobleme* ist so komplex, daß er auf eine umfassende physikalische Fundierung angewiesen ist. Daß dies nicht im Rahmen von Projekten zu erreichen ist, wurde oben im Zusammenhang mit KLAFKIs Vorschlägen schon diskutiert (→ S. 225 ff); es sollte auch durch die Aufschlüsselung des Themas in der Tabelle (→ S. 275) deutlich geworden sein.

4.4.1.2 Teilkontexte und Sachstrukturen

Die Aufschlüsselung der Rahmenkontexte in Teilkontexte dient nicht nur der pragmatischen Untergliederung des Themas. Sie bildet vielmehr auch eine innere Struktur, an der die *Wissenschaftsorientierung* der Rahmenkontexte besonders klar hervortritt. Der rote Faden bzw. die Abfolge der Teilkontexte wird nämlich ganz wesentlich durch die Sachstruktur vorgegeben. Am Beispiel des RK *Wettererscheinungen und Klimaprobleme* läßt sich dies veranschaulichen:

Der Teilkontext IV *Das Verhalten der Luft in der Troposphäre: Die Entstehung von thermischen Hoch- und Tiefdruckzonen und Winden* behandelt die Bedingungen der Vertikalzirkulation in der Atmosphäre. Dies setzt die Kenntnis der normalen (adiabatischen) Temperaturschichtung der Troposphäre voraus. Dazu sind nicht nur der Temperaturbegriff (Teilkontext I) und der Druckbegriff unentbehrlich, sondern auch die Absorptions- und Emissionsverhältnisse der Troposphäre, z. B. die Erkenntnis, daß die Luft vom Erdboden her erwärmt wird (Teilkontexte II und III). Außerdem müssen die Gasgesetze soweit geklärt sein, daß die Aufstiegsbedingungen für erwärmte Luftmassen und die Erwärmung beim Absinken physikalisch beschrieben werden können. Adiabatische Vorgänge bestimmen das Geschehen in vertikalen Zirkulationen. Die physikalischen Grundlagen lassen sich an einfachen Experimenten qualitativ erarbeiten.[181] Sogar eine quantitative Behandlung der Temperaturabnahme mit der Höhe (1 K/100 m) ist in der Sekundarstufe I am Gymnasium (nach meinen Erfahrungen auch in der Realschule) möglich.[182] Um die Zirkula-

---

[181] Um das Niveau zu verdeutlichen, auf dem die Behandlung gedacht ist, wird kurz ein experimentelles Beispiel beschrieben: Ein Volleyball wird mit der Pumpe rasch und sehr hart aufgepumpt. Anschließend steckt man einen elektronischen Temperaturfühler durch das Ventil. Die Temperatur beträgt zwischen 35 °C und 40 °C. Läßt man dann mit einem Röhrchen die Luft rasch austreten und hält den Fühler in den Luftstrom, so mißt man eine Temperatur zwischen 10 °C und 15 °C. Weitere einfache Experimente aus der Literatur können hinzutreten, um folgendes einsichtig zu machen: Gasvolumina, die komprimiert werden, erwärmen sich, bei einer Dekompression kühlen sie ab. Die gaskinetische Deutung der Experimente ist in der Sekundarstufe I kein größeres Problem.

[182] Man erhält die „trockenadiabatische" Temperaturabnahme um 1 K/100 m in der Vertikalrichtung einer freien, gleichmäßig durchmischten Atmosphäre aus folgender Überlegung: Der Druck in einem (idealen) Gasvolumen ist ein Maß für die darin gespeicherte Energie. Druckänderungen bedeuten Änderungen des Energieinhalts des Volumens: $\Delta p = \Delta W/V$ (1). Für die Berechnung der Änderung der inneren Energie steht die Gleichung $\Delta W = mc_p \Delta \vartheta$ (2) zur Verfügung. (Adiabatische Vorgänge sind mit Druckausgleich verknüpft, weshalb die spezifische Wärmekapazität der Luft $c_p \approx 1$ kJ/kg für die Berechnung eingesetzt wird.) Aus (2) in (1) folgt: $\Delta \vartheta / \Delta h = 1$ K/100 m.

tionen als Transportsysteme für die Energie begreifen zu können, muß der Zusammenhang zwischen thermischer Energie und Temperatur geklärt sein (Teilkontext I). Andererseits bilden die Inhalte des Teilkontexts IV eine Voraussetzung für die Einsicht in die atmosphärischen Bedingungen der Kondensation und damit der Niederschlagsbildung, ohne diese allerdings schon hinlänglich aufklären zu können. Unter welchen Voraussetzungen sich Wolken und Nebel bilden, warum es in diesen mal zu Niederschlägen kommt und mal nicht, welche Niederschlagsarten sich unter welchen Bedingungen bilden u. v. a., ist ohne die Verfügbarkeit der physikalischen Kenntnisse vorausgegangener Teilkontexte nicht plausibel zu erklären.

Die Teilkontexte bauen in der Weise aufeinander auf, daß hinsichtlich der erforderlichen physikalischen Grundlagen die Schwierigkeit und Komplexität im Verlauf ihrer Abfolge zunimmt. Bestimmend für den inneren Aufbau des Rahmenthemas ist also die Sachstruktur. Aber die Teilkontexte sollen auch selbst lebenspraktisch bedeutsame Inhaltsbereiche abgrenzen. Dadurch wird einer pädagogischen Gefahr begegnet, die in Argumenten zur Verteidigung des Fachunterrichts gegen andere Unterrichtsformen immer wieder auftaucht: Man müsse, um die komplexen Probleme der Menschheit diskutieren zu können, *zuerst* einmal gründliche Fachkenntnisse erwerben. Das kann dann auch so interpretiert werden, daß man sich zunächst einmal unabhängig von Bedeutungszuweisungen („wertfrei") durch die Physik durchbeißen müsse, um dann nach langem Anlauf auch die Nützlichkeit des erworbenen abstrakten Wissens an der einen oder anderen Anwendung kennenlernen zu dürfen.

Entgegen dieser Sichtweise fordert das Konzept der Rahmenkontexte, daß auch die sachstrukturellen Teilzusammenhänge (z. B. Aggregatzustandsänderungen) auf lebenspraktisch bedeutsame Inhalte des Kontextthemas bezogen werden müssen (z. B. Wolken und Niederschläge). Auf diese Weise zu Teilkontexten gruppierte Inhalte bilden auch für sich genommen sinnganze Erfahrungsbereiche, so daß die physikalische Theorie während des Lernprozesses auf die Lebenspraxis bezogen bleibt. Damit wird auch die Forderung eingelöst, daß der Beitrag des Physikunterrichts zur Auseinandersetzung mit den „epochaltypischen Schlüsselproblemen" durchaus als ein *Ziel* des Unterrichts anerkannt wird (→ S. 229 ff), daß aber auf dem *Weg* zu diesem Ziel auch andere weniger fundamentale und trotzdem bedeutungsvolle Zusammenhänge den Gang des Unterrichts mitbestimmen.

Der Bezug zu den „epochaltypischen Schlüsselproblemen" läßt sich in mehreren Rahmenkontexten ebenso problemlos herstellen wie in den beiden hier skizzierten Beispielen. Andererseits sollte dies nicht unmittelbar als Forderung verstanden werden, der die Rahmenkontexte in jedem Fall genügen müssen. Maßgeblich ist die Verbindung zu den Leitlinien des Orientierungsrahmens (→ S. 214 f; *Kommunikationsfähigkeit, Wissenschaftsverständigkeit, Nutzungsfähigkeit* und *Verantwortlichkeit*).

Die Leitlinie *Verantwortlichkeit* wird mit zunehmender Klassenstufe höheres Gewicht erlangen, wogegen *Wissenschaftsverständigkeit* und *Kommunikationsfähigkeit* von Beginn des Fachunterrichts an unverzichtbare Zielorientierungen darstellen. Die Beispiele *Wettererscheinungen und Klimaprobleme* und *Straßenverkehr* sind für die Klassenstufen 9 bzw. 10 gedacht. Dort soll und kann der Bezug zur Leitlinie *Verantwortlichkeit* und damit auch zu den „epochaltypischen Schlüsselproblemen" ein größeres Gewicht erlangen als in früheren Klassenstufen. Dazu werden weiter unten ergänzende Erläuterungen folgen (→ vgl. auch S. 229 ff).

4.4.1.3 Anwendungen

Die in der vierten Spalte des Schemas zum Aufbau der Rahmenkontexte aufgeführten *Anwendungen* bedürfen noch einer besonderen Erläuterung. Sie haben notwendigerweise einen anderen Status als im traditionellen fachsystematischen Unterricht. Dort werden Anwendungen aus überwiegend motivationalen Gründen als Ergänzung eines im übrigen weitgehend innerphysikalischen Unterrichts behandelt. Dies würde sich bei einem kontextorientierten Unterricht erübrigen, weil die lebenspraktische Bedeutsamkeit zu dessen Voraussetzung gehört und über das Rahmenthema und die kontextbezogenen Inhalte abgedeckt ist.

Dennoch bilden die *Anwendungen* auch im kontextorientierten Unterricht ein unverzichtbares Element. Das wichtigste Ziel ist ihr Beitrag zur *Wissenschaftsverständigkeit*, der durch den Aufweis des Transferpotentials bzw. der Verallgemeinerbarkeit physikalischer Begriffe und Gesetze erbracht wird. Der begrenzte inhaltliche Bereich des Rahmenkontexts bewirkt ja ein konkretes „*Be*-deuten" der physikalischen Aussagen, und damit – wie erwähnt – einen Verlust an Abstraktheit, die der Allgemeingültigkeit zugrunde liegt. Die Behandlung von sachstrukturell verwandten, aber phänomenologisch oder bedeutungsmäßig vom Rahmenkontext verschiedenen Inhalten kann diesem Nachteil der Kontextorientierung entgegenwirken. Die didaktische Schwierigkeit besteht dabei hauptsächlich in der Notwendigkeit, die inhaltliche Diversifikation im Unterricht so auszubalancieren, daß die Arbeit im Rahmenkontext nicht auseinanderfällt. Dies erfordert die Begrenzung der Anwendungen auf wichtige Beispiele.

Zur Erläuterung möglicher Vorgehensweisen können wieder die beiden tabellarisch skizzierten Rahmenkontexte dienen (→ Abbildungen 25, S. 273 und 26, S. 274).

In vielen Fällen wird es sich anbieten, die in der Tabelle als *Anwendungen* ausgewiesenen Inhalte im Anschluß an die innerhalb eines Teilkontexts erfolgte Erarbeitung physikalischer Gesetze und Begriffe zu behandeln. Dies gilt beispielsweise für die Übertragung der Gesetze zur Kreisbewegung auf die Satelliten- und Planetenbewegung (→ RK *Straßenverkehr*, Teilkontext IV) oder für die Wirkung der UV-Strahlung auf Lebewesen im Anschluß an die Behandlung der energetischen Wirkung der Solarstrahlung in der Atmosphäre (→ RK *Wettererscheinungen und Klimaprobleme*, Teilkontext II). Es wäre aber verfehlt, die nachträgliche Übertragung physikalischer Kenntnisse auf andere Bereiche als Regel zu postulieren. Nicht selten ist es nämlich sinnvoll, aus einem Anwendungszusammenhang heraus den *Zugang* zu den Inhalten des Rahmenthemas zu eröffnen. Dazu werden zwei Beispiele etwas ausführlicher besprochen, um zugleich aufzuzeigen, wie die Unterrichtsarbeit unter der Prämisse der Kontextorientierung auch den in Kapitel III diskutierten methodischen und objektbezogenen Reduktionismen entgegenwirken kann. Die Diskussion methodischer Fragen in Abschnitt 4.5 wird sich ebenfalls auf diese Beispiele stützen.

Beispiel 1: Fallende Steine

Beschleunigte und verzögerte Bewegungen von Fahrzeugen genügen den physikalischen *Idealgestalten* (z. B. $v_t = a\Delta t$ oder $s_t = \frac{1}{2} at^2$) höchstens während kurzer Zeitspannen oder über kleine Strecken. Die Demonstration der Gültigkeit dieser Gesetze auf den Fahrbahnen der Lehrmittelfirmen trägt alle Züge des oben kritisierten Reduktionismus ($\rightarrow$ S. 148 ff). Sie sollte allenfalls im *Anschluß* an die Untersuchung von Vorgängen aus der Alltagserfahrung erfolgen, um zu zeigen, welche Maßnahmen erforderlich sind, um die Natur dem Diktat der Gesetze zu unterwerfen. Dabei ist die Erfahrung durchaus wesentlich, daß man die Natur – wenn auch mit einigem Aufwand – zwingen kann, auf die Fragen „eines bestallten Richters" zu antworten ($\rightarrow$ Zitat von KANT, S. 101).

Die Fallbewegung bietet u. a. wegen der historisch bedeutungsvollen Widerlegung der aristotelischen Auffassung durch GALILEI einen reizvollen Zugang zur Idealgestalt der gleichförmig beschleunigten Bewegung ($\rightarrow$ Fußnote 69, S. 100). Schülerinnen und Schüler reagieren auf die Behauptung GALILEIs, daß alle Körper gleich schnell fallen (daß also ein großer Stein also keineswegs früher am Boden angelange als ein kleiner), ebenso skeptisch wie „Simplicio". An diese Skepsis anknüpfend, bietet sich eine kleine Versuchsreihe an, die in jedem mehrstöckigen Schulhaus durchgeführt werden kann:

Untersucht werden soll die Frage, wie die Fallbewegung von Körpern verläuft. Hierfür bieten sich Steine als jederzeit verfügbare Fallkörper an. Es müssen die Fallhöhen und die Fallzeiten gemessen werden. Für letztere werden einige Schülerinnen und Schüler mit – im Vergleich zu GALILEIs Möglichkeiten luxuriösen – Handstoppuhren ausgestattet. Da die Fallzeiten teilweise weniger als eine Sekunde betragen, sind die Reaktionszeiten beim Stoppen eine mögliche Fehlerquelle. Man kann die Meßfehler minimieren, wenn sowohl für den Start- als auch für den Aufschlagzeitpunkt ein akustisches Signal gegeben wird. Dazu legt man den Stein auf ein kleines Brett, das an einem Ende mit der Hand horizontal gehalten wird. (Als Griff hat sich ein kurzer Stativstab bewährt.) Auf das andere Ende des Brettes wird kräftig mit dem Hammer geschlagen, so daß es wegschwingt und der Stein zu fallen beginnt. Auch im Auftreffbereich liegt ein Brett, auf das der Stein aufschlägt.

Läßt man zunächst kleine Steine mit einem Durchmesser von etwa 2 cm fallen und vergleicht die Fallzeiten mit denen faustgroßer Steine, so sind die Schülerinnen und Schüler überrascht, daß kein Fallzeitunterschied festgestellt werden kann. Bei winzigen Steinchen sind dann allerdings doch noch geringfügig längere Fallzeiten meßbar. Man lasse außerdem ein Blatt Papier in die Tiefe schweben, und die Schülerinnen und Schüler werden den Luftwiderstand als „Störfaktor" erkennen. Die Fallhöhe sollte bei diesen Messungen um die 10 m betragen (Fallzeit ca. 1,4 s).

Bei der Untersuchung des Verlaufs der Fallbewegung haben wir bei größeren Kieselsteinen im Unterricht folgende Mittelwerte gemessen (im vom Dachgeschoß bis zum Keller durchgängig offenen Treppenhaus eines mehrstöckigen Gebäudes):

Δh	Δt
4,8 m	1,00 s
9,8 m	1,40 s
14,7 m	1,70 s
18,5 m	1,93 s

Abbildung 27: Meßstrecken und Fallzeiten, ermittelt an fallenden Kieselsteinen

Man lasse die Schülerinnen und Schüler auf sich selbst gestellt in diesen Zahlen nach einem Gesetz „suchen". Der Hinweis, daß GALILEI sich mit viel ungenaueren Werten zufrieden geben mußte und trotzdem ein Gesetz „fand", kann dabei als Ansporn dienen. Nach meinen Beobachtungen können weder Schülerinnen und Schüler noch Studierende in diesen Zahlen irgendwelche Gesetzmäßigkeiten erkennen. (Bei den Studierenden muß natürlich explizit ausgeschlossen werden, daß sie mit den Gesetzen arbeiten, die es erst zu formulieren gilt.) Aus dem vorangegangenen Unterricht sind die Begriffe *Durchschnittsgeschwindigkeit* und *Momentangeschwindigkeit* bekannt. Daher taucht meist der Vorschlag auf, die Durchschnittsgeschwindigkeit v_D aus Fallhöhe und Fallzeit zu berechnen. Aber auch diese Wertereihe läßt kein Gesetz erkennen ($\rightarrow$ Spalte 3 in Abbildung 28).

An dieser Stelle ist es nun wichtig, die Schülerinnen und Schüler erneut daran zu erinnern, daß weder GALILEI noch Physiker im allgemeinen planlos in Meßwerten nach Gesetzen stöbern. Sie haben solche Gesetze schon *vor jeder Messung* als Idee im Kopf ($\rightarrow$ S. 171). GALILEI ging von der Trägheitsvorstellung aus: Da die Erde ständig eine Kraft auf alle Körper ausübt, werden fallende Körper – falls sie keinen weiteren Einflüssen ausgesetzt sind – immer schneller. Für dieses „Immerschneller-werden" liegen nun zwei verschiedene einfache Beschreibungsmöglichkeiten auf der Hand: Entweder die Geschwindigkeit wächst mit der *Strecke*, die der Körper zurücklegt, oder mit der *Zeit*. GALILEIs Idee war nun, daß Körper um so schneller werden, je *länger* eine Kraft auf sie einwirkt.

Δh	Δt	v_D	$v_E = 2v_D$	$v_E/\Delta t$
4,8 m	1,00 s	4,8 m/s	9,6 m/s	*9,6 m/s^2*
9,8 m	1,40 s	7,0 m/s	14,0 m/s	*10,0 m/s^2*
14,7 m	1,70 s	8,6 m/s	17,2 m/s	*10,1 m/s^2*
18,5 m	1,93 s	9,6 m/s	19,2 m/s	*9,9 m/s^2*

Abbildung 28: Zur Auswertung der Meßreihe aus Abbildung 27 mit Hilfe von GALILEIs Idealgestalt

Um zu prüfen, ob diese *Idealgestalt* die Bewegung frei fallender Körper zutreffend beschreibt, müssen wir also herausfinden, ob die Geschwindigkeit der Steine gleichmäßig *mit der Zeit* zunimmt. Wir kennen aus unserer Meßreihe die Fallzeit Δt und die Durchschnittsgeschwindigkeit v_D. Wenn die Idealgestalt zutreffend ist, muß die Endgeschwindigkeit der Steine beim Auftreffen genau doppelt so groß sein wie ihre Durchschnittsgeschwindigkeit, denn dann entspricht die Durchschnittsgeschwindigkeit dem arithmetischen Mittel aus Anfangs- und Endgeschwindigkeit: $v_D = (v_A + v_E)/2$ bzw. $v_E = 2\,v_D$ (für $v_A = 0$). Die so berechneten Endgeschwindigkeiten der Steine ($\rightarrow$ Spalte 4 in Abbildung 28) ermöglichen die Berechnung der

Geschwindigkeitszunahme pro Sekunde. Wir müssen also die Quotienten $v_E/\Delta t$ bilden. Sie ergeben die Werte in Spalte 5 ($\to$ Abbildung 28).

Für alle Fallstrecken ergibt sich ungefähr die gleiche zeitliche Geschwindigkeitsänderung, immerhin genau genug, um die Idealgestalt, die wir *vorausgesetzt* haben, als sinnvoll anzusehen. Schließlich können wir nun für eine beliebige Fallzeit eine Fallstrecke vorausberechnen, die sehr gut mit unseren Meßwerten übereinstimmt.[183] Eine Notwendigkeit, diese unmittelbar an der Natur gewonnenen Einsichten auch noch durch Lehrmittelapparate und elektronische Meßdatenverarbeitung mit minimierten Fallstrecken und Fallzeiten zu wiederholen, besteht nicht.

Im Bereich der Anwendungen kann auf diese Weise die Idealgestalt einer gleichmäßig beschleunigten Bewegung plausibel gemacht werden. Die Übertragung auf den Straßenverkehr erfordert nun die Prüfung der Frage, ob solche *idealen* Bewegungen auch bei Fahrzeugen vorkommen können. Fahrräder und Spielzeuge sind dafür geeignete Experimentiergeräte. Die Schülerinnen und Schüler sind dann kompetente Experimentatoren. Eine Schülerin versucht im Schulhof, ein Fahrrad gleichmäßig zu beschleunigen. Es werden gleiche Wegabschnitte festgelegt, für jeden Abschnitt die Gesamtfahrzeit gestoppt und wie beim freien Fall ausgewertet. Im Flur des Schulhauses kann auf gleiche Weise versucht werden, ein ferngesteuertes Spielzeugauto gleichmäßig zu beschleunigen. Schüler zeigen dabei ein geradezu unglaubliches Experimentiergeschick. Wie die Bewegungsgesetze mit einer elektrischen Spielzeugeisenbahn (Großbahn mit 5 cm Spurweite) erarbeitet werden können und wie man zu den grafischen Darstellungen, zur Auswertung von Bremswegen usw. gelangen kann, wurde von mir an anderer Stelle ausgeführt (MUCKENFUß 1978).

Jedenfalls können die Fahrbahnen der Lehrmittelfirmen, die Tachogeneratoren und Computerprogramme zur Meßwertverarbeitung getrost im Schrank bleiben. Bei der Erarbeitung der Bewegungsgesetze für den RK *Straßenverkehr* beschwören sie nur alle Gefahren des Reduktionismus herauf ($\to$ S. 148 f).

Beispiel 2: Das Gesetz von GAY-LUSSAC am Heißluftballon

Im folgenden wird ein weiteres Beispiel für eine Anwendung aus dem RK *Wettererscheinungen und Klimaprobleme* dargestellt. Es soll zugleich das Unterrichtsbild ein Stück weit vermitteln, das in diesem didaktischen Entwurf als Hintergrund dient. Aus dem Teilkontext IV *(Das Verhalten der Luft in der Troposphäre: Die Entstehung von thermischen Hoch- und Tiefdruckzonen und Winden)* wird die Anwendung „Heißluftballon" gewählt. In diesem Teilkontext sollen u. a. Kenntnisse über die Temperaturschichtung der Atmosphäre erworben werden. Diese ist im Idealfall adiabatisch ($\to$ S. 279 f). Die physikalische Erarbeitung dynamischer Ver-

---

[183] Natürlich führt die Überlegung auch auf die übliche Formel $s = \frac{1}{2} at^2$. ($s = v_D t = v_E t/2$; mit der Definition $a = \Delta v/\Delta t$ und $v_E = \Delta v$ folgt $s = \frac{1}{2} at^2$.) Ob man für künftige Berechnungen sich bequemerweise auf die Formel stützen oder jeweils erneut die Überlegung mit der Durchschnittsgeschwindigkeit anstellen soll, ist eine didaktische Detailfrage, die hier nicht weiter erörtert wird.

tikalprozesse in der Atmosphäre erfordert zudem Kenntnisse im Hinblick auf das Verhalten der Luft unter Temperatur- und Druckänderungen, d. h. die Kenntnis der Gesetze von GAY-LUSSAC und AMONTONS. Der unterrichtliche Zugang zum Gesetz von GAY-LUSSAC über die Aufstiegsbedingungen eines Heißluftballons ist Gegenstand der folgenden Beschreibung:

Etwa zwei Wochen vor der Behandlung des Themas werden freiwillige Gruppen unter den Schülerinnen und Schülern gesucht, die bereit sind, einen Heißluftballon aus Papier nach einer Anleitung zu bauen (→ Abbildung 29). Das Material wird gestellt. Der Ballon soll in einer der nächsten Physikstunden getestet werden. Falls er den Test übersteht, dürfen ihn die Schülerinnen und Schüler behalten. Bisher habe ich noch in keiner Klasse erlebt, daß sich nicht mehrere Schülergruppen zum Bau des Ballons bereit erklärt hätten.

In der eigentlichen Unterrichtsstunde werden die Ballons – an einem Kraftmesser hängend – an der Zimmerdecke befestigt und mit einem Fön mit Kaltluft aufgeblasen, damit ein Eindruck von der meist recht prächtigen Gestalt entsteht. Die Masse beträgt jeweils ca. 60 g.

Verständlicherweise hat die Klasse das Bedürfnis, die Ballons sofort steigen zu lassen, ohne vorher die physikalischen Bedingungen zu erarbeiten. Nun gilt es, für die Vorteile der Physik zu werben. Ließe man den Ballon einfach nur steigen, dann schwebte er mehr oder weniger gut, vielleicht auch gar nicht, vielleicht würde er durch ein Mißgeschick verbrennen. Wir wüßten dann weder, wie man seine Eigenschaften verbessern könnte, noch könnten wir z. B. abschätzen, wie groß ein bemannter Ballon sein muß, damit er seine Last von ca. 800 kg tragen kann. All dies wird aber leicht möglich sein, wenn wir die physikalischen Bedingungen durchschauen, aufgrund derer ein Ballon zum Schweben kommt. Darüber hinaus, so sollte angekündigt werden, liefern uns die physikalischen Gesetze nicht nur Kenntnisse über Heißluftballons, sondern über das Verhalten von Luftmassen überhaupt. Viele Erscheinungen in der freien Atmosphäre werden sich mit diesen Kenntnissen erklären lassen.

Nach dieser Ankündigung soll und darf den Schülerinnen und Schülern ruhig bewußt werden, daß es jetzt *zunächst* um die „trockene" Physik geht und nicht unmittelbar um den Heißluftballon. Es gilt ja, den reduktionistischen Charakter der Physik offenzulegen!
Leicht einsichtig ist, daß einer der gebastelten Ballons nur unter der Voraussetzung schweben kann, daß er um mindestens 60 g leichter wird. Entfernen wir die Papierhülle, besteht der „Ballon" nur noch aus Luft. Es bleibt also nur die Möglichkeit, mindestens 60 g Luft aus der Hülle zu entfernen. Luft dehnt sich beim Erwärmen aus (evtl. durch die üblichen einfachen Exerimente zeigen). Aber *wie stark* müssen wir erwärmen? Dazu müssen wir zwei Dinge wissen: 1. wieviel Luft wiegt, 2. wie stark sie sich beim Erwärmen ausdehnt. Die Evakuierung eines $1-\ell$–Rundkolbens und eine Differenzwägung ergeben, daß 1 ℓ Luft bei Zimmertemperatur etwas mehr als 1 g wiegt. Gelingt es, 60 ℓ Luft aus dem Ballon zu verdrängen, wird er auch steigen.

Bauanleitung für einen Heißluftballon aus Papier

Hinweis: Die folgende Anleitung ist für Lehrkräfte gedacht. Sie bedarf einer der jeweiligen Schülergruppe adäquaten Umsetzung.

Da das Volumen eines Körpers mit der dritten Potenz, seine Oberfläche aber nur mit der zweiten wächst, ist das die Tragfähigkeit bestimmende Verhältnis von Volumen zu Gewichtskraft um so günstiger, je größer das Volumen des Ballons ist. Als zweckmäßig und ästhetisch ansprechend hat sich ein angenähert kugelförmiger Ballon aus buntem Papier mit einem Durchmesser von ca. 85 cm erwiesen. Sein Volumen beträgt ungefähr 300 Liter (ca. die Hälfte des Volumens eines umbeschriebenen Würfels).

Material: 4 Papierbahnen aus je 3 Bogen Seidenpapier mit den Maßen 70 cm · 50 cm. Die gesamte Länge jeder Bahn beträgt dann ca. 150 cm (Bild 2).

Masse bei Verwendung von Seidenpapier mit 20 g/m²: ca. 60 g.

Jede der 4 Bahnen wird in der Länge halbiert, so daß 8 Bahnen mit den Maßen 35 cm · 150 cm entstehen. Jede der 8 Bahnen wird in der Längsachse gefaltet (Bild 2).

Die 8 gefalteten Bahnen werden auf die Form der abgebildeten Schablone geschnitten (Bild 1). Jede Bahn hat dann die längsachsengespiegelte Form der Schablone (Kugelsegment).

Beim Zusammenkleben läßt man die Bahnen gefaltet. Man legt eine Bahn auf die andere und klebt sie (mit schmalem Kleberand) am offenen Bogenrand aufeinander. Lediglich das Verkleben der beiden letzten Ränder ist etwas mühsam.

Um die Stabilität der Fluglage zu erhöhen, empfiehlt es sich, die untere Öffnung mit einem Blumendraht einzufassen. Dieser kann mit Textilklebeband auf dem ganzen Öffnungsumfang fixiert werden.

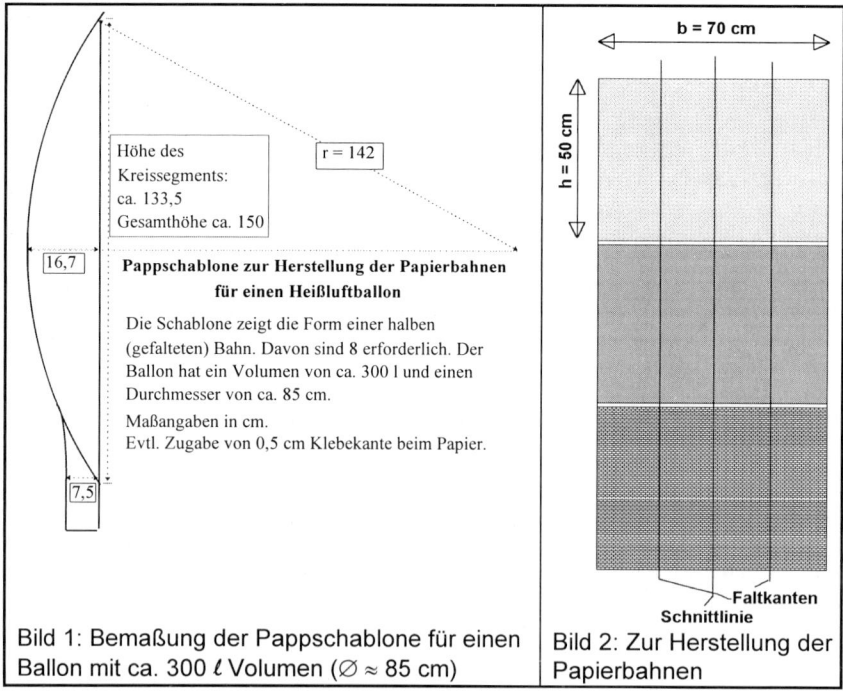

b = 70 cm

h = 50 cm

Höhe des Kreissegments:
ca. 133,5
Gesamthöhe ca. 150

r = 142

16,7

Pappschablone zur Herstellung der Papierbahnen für einen Heißluftballon

Die Schablone zeigt die Form einer halben (gefalteten) Bahn. Davon sind 8 erforderlich. Der Ballon hat ein Volumen von ca. 300 l und einen Durchmesser von ca. 85 cm.

Maßangaben in cm.
Evtl. Zugabe von 0,5 cm Klebekante beim Papier.

7,5

Faltkanten
Schnittlinie

Bild 1: Bemaßung der Pappschablone für einen Ballon mit ca. 300 ℓ Volumen (∅ ≈ 85 cm)

Bild 2: Zur Herstellung der Papierbahnen

Abbildung 29: Bauanleitung für einen Heißluftballon aus Papier

Es gilt jetzt, die *Idealgestalt* des Gay-Lussacschen Gesetzes in der Form $V \sim T$ zu vermitteln (*V*: Volumen; *T*: absolute Temperatur). Innerhalb dieses didaktischen Arrangements sind die Schülerinnen und Schüler durchaus in der Lage, sinnvolle Vorschläge für eine Versuchsanordnung zu entwickeln, mit der das beim Erwärmen verdrängte Luftvolumen bestimmt werden kann. Die Frage, unter welchen Voraussetzungen und im Hinblick auf welche Ziele es sinnvoll wäre, den experimentellen Vorschlägen der Klasse zu folgen, kann hier unerörtert bleiben ($\rightarrow$ Abschnitt 4.5.2, S. 345 f). Auch hinsichtlich möglicher *Idealgestalten* entwickeln die Schülerinnen und Schüler relevante Hypothesen. Oft führen sie die denkbar einfachste Erwartung an, nämlich daß das Volumen proportional zur Temperatur (gemessen in °C) zunimmt. Dies ist durch eine einfache Demonstration leicht zu widerlegen. Die andere naheliegende Idee ist die, daß ein Luftvolumen linear mit der Temperatur wächst, also pro Gradschritt um einen bestimmten Betrag zunimmt. Aus zeitökonomischen Gründen empfiehlt sich zur Prüfung dieser Hypothese ein einfaches Experiment, das arbeitsteilig in Schülergruppen durchgeführt wird:

Den Schülerinnen und Schülern wird erklärt, daß die Luft zur Messung der Ausdehnung in einem Glaskolben um eine bestimmte Temperatur erwärmt werden soll (Wasserbad). Anschließend wird der Kolben wieder abgekühlt, wobei seine Öffnung unter Wasser gehalten wird. In dem Maße, in dem das Luftvolumen schrumpft, dringt Wasser in den Kolben.

Jede Gruppe (es sollten mindestens fünf sein) erhält einen trockenen 100–ml–Glaskolben, der mit einem durchbohrten Gummistopfen verschlossen ist. Das Volumen der Kolben und ihr Gewicht wurden vorher bestimmt.

Die einzelnen Gruppen bereiten Wasserbäder mit unterschiedlichen Temperaturen (Tauchsieder!). Sie sollen zwischen 25 °C und 60 °C liegen und etwa in 5-K-Schritten abgestuft sein. Die Kolben werden mit der *Öffnung nach oben* einige Minuten lang in die Wasserbäder getaucht, bis der Temperaturausgleich zwischen Luft und Wasser erreicht ist. (Es darf kein Wasser in die Kolben eindringen.) Durch die thermische Ausdehnung entweicht je nach Temperatur mehr oder weniger viel Luft. Dann werden die Kolben mit der *Öffnung nach unten* in ein großes Wasserbad mit Zimmertemperatur getaucht (Ausgußbecken). Die eingedrungene Wassermenge wird durch eine Wägung bestimmt. Die Meßwerte werden in ein Diagramm eingetragen.

Das Diagramm (Abbildung 30) läßt erkennen, daß das Luftvolumen immer mehr schrumpft, je stärker es abgekühlt wird. Die Meßwerte bestätigen die Hypothese, daß dies einigermaßen gleichmäßig erfolgt. Das bedeutet, daß das Volumen durch die Abkühlung immer weiter abnimmt.

Die *Idee*, um die es nun geht, ist gleichermaßen plausibel wie unvorstellbar. Irgendwann muß das Volumen der Luft verschwunden sein, ohne daß diese selbst entweichen kann! Es läßt sich sogar über eine einfache Schlußrechnung oder durch graphische Extrapolation aus unserem Diagramm ermitteln, um wieviel Gradschritte wir abkühlen müßten, um das Luftvolumen zum Verschwinden zu bringen. Im konkreten Fall ($\rightarrow$ Abbildung 30) träfe dies etwa 325 Gradschritte unterhalb von 60 °C ein. Auf der Celsiusskala befinden wir uns dann bei etwa –265 °C. Daß genauere Messungen an völlig trockener Luft und auch bei anderen Gasen eine Temperatur von etwa –273 °C liefern, bedarf der ergänzenden Information.[184]

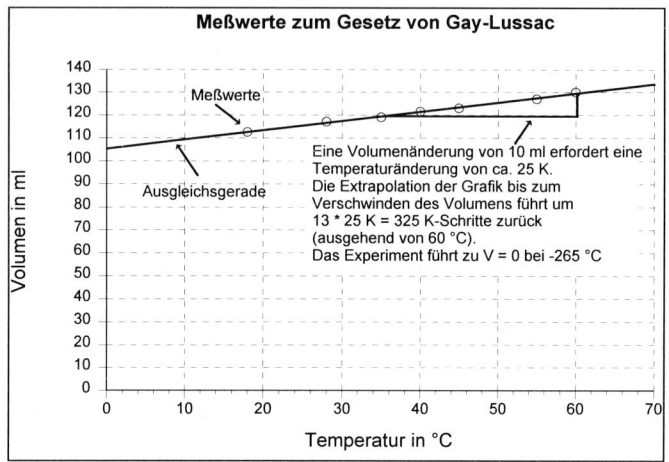

Abbildung 30: Die Meßwerte einzelner Gruppen werden im Diagramm durch eine Ausgleichsgerade verknüpft. Dies führt zum Gesetz $V \sim T$

Über die kinetische Wärmetheorie finden wir auch eine Deutung dieses Ergebnisses. Beim Abkühlen werden die Teilchen immer langsamer, um irgendwann stillzustehen. Dies ist dann der absolute Nullpunkt, an dem die Teilchen auch keinen Raum mehr für ihre Bewegung brauchen.[185] Der Zusammenhang mit der Kelvinskala und die Besprechung der in diesen Überlegungen steckenden Idealisierungen u. ä. werden im Unterrichtsgespräch erörtert.

Nach diesem „Ausflug in die Physik" – er dauert etwa 30 Minuten – kehren wir wieder zum Heißluftballon zurück. Unser Experiment hat gezeigt, daß sich Luft pro Grad um etwa 1/300 ihres Volumens bei Zimmertemperatur ändert. Der Ballon hat ein Volumen von 300 ℓ. Pro Grad Erwärmung entweicht 1 ℓ Luft. Erhöhen wir die Temperatur um 60 K auf ca. 80 °C, wird es spannend. Noch hängt der Ballon am Kraftmesser. Wir stecken einen Temperaturfühler in der Mitte des Ballons durch die

---

184 Wegen des unvermeidlichen Wasserdampfgehalts in einfachen Anordnungen, liegt der Extrapolationswert für $V = 0$ oberhalb des theoretischen Wertes von –273,15 °C für die absolute Temperatur.

185 Im Sinne dessen, was in Abschnitt 3.3.2.2 zum „vorgängigen Plan" ausgeführt wurde, nach dem die Experimente entworfen wurden, ist die Einsicht wichtig, daß das Gesetz nicht in der unbearbeitet vorgefundenen Natur „entdeckt" wurde. Außerdem sollte nicht verschwiegen werden, daß der Plan, nachdem dieses Experiment entwickelt wurde, auch dann nicht allein von den Schülerinnen und Schülern erdacht ist, wenn die Versuchsanordnung ihren Vorschlägen entspricht. Denn das didaktische Arrangement, in dem die Hypothesen entwickelt wurden, hat durchaus den Charakter dessen, was weiter oben als „Mitteilung" bezeichnet wurde (→ Kasten S. 179).

Hülle und erhitzen mit einer kräftigen Heißluftpistole oder mit einer Lötlampe. Der Kraftmesser zeigt immer kleinere Werte an. Bei einer Lufttemperatur von mehr als 80 °C, wird die Ballonhülle gegen die Decke gepreßt. Natürlich geht es jetzt in den Schulhof, um den Ballon steigen zu lassen (→ Abbildung 31).

Wie hoch steigt der Ballon? Ohne Heizung ist die Fahrt bald zu Ende. Sobald die Temperatur in der Ballonhülle weniger als 60 K über der Außentemperatur liegt, sinkt er wieder.

Wie hoch steigt dann eine warme Luftblase *ohne* Hülle? Sicher so lange, wie ihre Temperatur höher ist als die der Umgebung. Aber beim Aufsteigen gerät die Luftblase unter geringeren Druck und dehnt sich aus. Die adiabatische Abkühlung beträgt 1 K/100 m. Aber auch die Temperatur in der Umgebung nimmt ab ...

Abbildung 31: Die Arbeit (Physik) ist getan, der Ballon kann steigen

Der letzte Absatz sollte den Weg von der Anwendung zurück zur „Hauptschiene" des RK *Wettererscheinungen und Klimaprobleme* andeuten.

4.4.2 Wissenschaftsverständigkeit als Ziel – am Beispiel von Rahmenkontexten zum Optikunterricht

4.4.2.1 Zu den Zielen der auf die Optik bezogenen Rahmenkontexte

Der Optikunterricht gehört zu den Themenbereichen des Physikunterrichts, die in vielen Bundesländern von Lehrplan- zu Lehrplanrevision stärker beschnitten bzw. in das fakultative Angebot verschoben wurden. Soweit die Optik in den Lehrplänen verblieben ist, liegt der Themenschwerpunkt in jenen Bereichen, die für die formale Erklärung technischer Geräte wichtig sind (Reflexion, Brechung, Linsenwirkung, Abbildungsgesetze), oder auf den technischen Geräten selbst (vorzugsweise „Fotoapparat"). Es handelt sich dabei um eine Folge der in den vorangehenden Kapiteln kritisierten Verschiebung des Unterrichtsziels hin zum Verfügungswissen und weg vom Orientierungswissen. Auf negative pädagogische Wirkungen wurde im Zusammenhang mit dem Optikunterricht weiter oben bereits verwiesen (→ S. 52 und 69). Die Betonung formaler Gesetze und die Zentrierung technischer Belange kommen im Vorspann zum Fragebogen des IPN, der in Abbildung 3 (→ S. 51) wiedergegeben ist, durchaus zutreffend zum Ausdruck.[186]

Demgegenüber sollen in diesem Abschnitt einige Rahmenkontexte skizziert werden, mit denen die *erkenntnistheoretischen Möglichkeiten* der Themen aus dem Umfeld der „Lehre vom Licht"genutzt werden können. Auch die kulturellen Auswirkungen und die zivilisatorische Bedeutung naturwissenschaftlicher Erkenntnisse bzw. der damit verknüpften technischen Produkte können im Bereich der Optik exemplarisch verdeutlicht werden.

Im Mittelpunkt dieser Vorschläge steht das Ziel, für die *Wissenschaftsverständigkeit* schon zu Beginn des Physikunterrichts eine Grundlage zu schaffen. Das bringt mich durchaus in Widerspruch zu WAGENSCHEIN, denn dieser wollte die entsprechenden „Funktionsziele" den oberen Klassen des Gymnasiums vorbehalten.[187] Klammert man aber erkenntnistheoretische und methodologische Ziele im einführenden Unterricht aus, so ist die Gefahr eines naiv-realistischen Mißverstehens der Physik besonders groß. Wenn die physikalische Beschreibung der Natur über Jahre hinweg ohne die Thematisierung der Besonderheiten und der Grenzen dieser Betrachtungsweise erfolgt, wie sollen dann der „Aspektcharakter", die Berechtigung bzw. Notwendigkeit anderer als physikalischer Zugriffsweisen und das besondere Verhältnis, das der physiktreibende Mensch zur Natur einnimmt, bewußt werden? Mir scheint, daß WAGENSCHEINs Empfehlung zur Zurückhaltung in der Behandlung erkenntnistheoretischer Fragen im elementaren Unterricht seinen eigenen pädagogischen Absichten zuwiderläuft. Es spricht nichts dafür, daß Erkenntnisse *über* Physik durch das Lernen *in* der Physik ohne explizite Thematisierung „von selbst" entstehen. Die empirischen Befunde stärken eher die gegenteilige Ansicht.

Die Befürchtung, „metatheoretische" Unterrichtsziele könnten jüngere Schülerinnen und Schüler überfordern, scheint auf den ersten Blick zwar plausibel zu sein. Sie führt aber zur pädagogischen Resignation hinsichtlich des Anspruchs an den Unterricht, neben fachlichen Inhalten auch deren erkenntnistheoretische Basis zu lehren. Ohne diese Verknüpfung ist u. a. das Mensch/Natur-Verhältnis nicht aufklärbar. Die didaktische Folgerung aus dieser Überlegung lautet:

> *Wissenschaftsverständigkeit* als Ziel des Unterrichts erfordert die Auswahl solcher Inhalte, deren erkenntnistheoretische Grundlagen in altersstufengemäßer Elementarisierung einsehbar gemacht werden können.

Was im objekttheoretischen (physikalisch-fachlichen) Bereich schon immer als selbstverständliche didaktische Aufgabe anerkannt ist, nämlich die Elementarisie-

---

186 Vgl. dazu auch die kontrastierende Formulierung einer Zielvorstellung zum Optikunterricht auf S. 52.

187 WAGENSCHEIN nennt in einer Kurzformulierung folgende Funktionsziele als *ausschließlich* der Oberstufe vorbehalten: *Was ist ein Modell?* und *Physikalische Erkenntnis als Gegenstand der Betrachtung. Physik als Glied der Geistesgeschichte* und *Unterscheidung von Forschung und Technik* will er *vorwiegend* in der Oberstufe behandelt wissen (1965, S. 259/260; Hervorhebung i. O.; vgl. auch Fußnote 135, S. 185).

rung der Unterrichtsinhalte, ist auch für den metatheoretischen Bereich erforderlich. Nicht alle traditionellen Gebiete der Physik eignen sich jedoch gleichermaßen dafür, die Besonderheiten des physikalischen Weltzugriffs zu verdeutlichen und gegen andere Erkenntnisweisen abzugrenzen. Besonders schwierig ist dies dann, wenn die Wissenschaft überwiegend oder sogar ausschließlich über ihre eigenen Objektivationen zugänglich ist, wie beispielsweise im Bereich der Elektrizitätslehre ($\rightarrow$ vgl. dazu Abschnitt 4.4.3).

Wahrnehmungsphänomene und Idealgestalten der Physik

Ganz anders liegen die Verhältnisse auf dem Gebiet der „Lehre vom Licht". Die Phänomene, von denen der Physikunterricht seinen Ausgang nehmen kann, sind in diesem Bereich zugleich Alltagserscheinungen, Gegenstand der Literatur und der Kunst, der Mythologie und der Philosophie, der Psychologie und Biologie. Das Spiegelbild beispielsweise ist nicht nur unser allmorgendliches Gegenüber, sondern ein Faszinosum schlechthin. Es dient als Metapher in der Sage (Narcissus), im Märchen (Schneewittchen) und in der Alltagssprache (jemandem den Spiegel vorhalten). Spiegel sind Gegenstand der Kunst, der Architektur und der Dichtung. Daß das Spiegelbild (teilweise) auch der physikalischen Erklärung zugänglich ist, muß als didaktischer Glücksfall gewertet werden, denn dadurch wird es möglich, die Relation der Physik zu anderen Bereichen sichtbar zu machen. Derartige „Glücksfälle" gibt es im Bereich der „Lehre von Licht" zuhauf. Einige davon werden am Beispiel der folgenden Rahmenkontexte verdeutlicht.

In den Physiklehrplänen werden diese Chancen des Optikunterrichts nicht selten verspielt. Wenn als Lernziel vom Phänomenbereich der Spiegelung – um bei dem Beispiel zu bleiben – nur noch „Reflexion von Licht beobachten und untersuchen"[188] übrigbleibt oder wenn Spiegelbilder bei knapp bemessener Unterrichtszeit nur noch als Zusatzthema unter dem Stichwort „Reflexion" genannt werden – wogegen der Lehrplan in derselben Einheit als verbindliche Ziele z. B. „gerichtete von diffuser Reflexion unterscheiden" und „einfache Konstruktionen der Lichtreflexion anfertigen"[189] vorschreibt –, dann demonstriert dies nachdrücklich, wie sehr das Ziel der Wissenschaftsverständigkeit verschüttet worden ist.

Physiklehrpläne betonen zwar überwiegend, daß der Unterricht an den Phänomenen anzuknüpfen habe, gleichzeitig scheint jedoch das Gespür dafür verlorengegangen zu sein, was Phänomene im Sinne wahrnehmbarer Erscheinungen sind. Zwei Belege seien angeführt:

Der erste Satz des in Fußnote 188 zitierten Lehrplans zum Optikunterricht lautet: *Das Phänomen der Lichtausbreitung kann von Schülerinnen und Schülern praktisch überall beobachtet werden* (S. 30). In der Geschichte der Wissenschaft

---

[188] Rahmenrichtlinien für die Hauptschule. Niedersachsen, S. 30 (1993).

[189] Rahmenrichtlinien für die Realschule. Niedersachsen, S. 45 (1992). Ebenso der Bildungsplan für die Gymnasien Baden-Württembergs in der Lehrplaneinheit 9.2. Diese Lehrpläne werden hier nicht als extreme, sondern als typische Beispiele zitiert. Es würde zu weit führen, alle entsprechenden Lehrplanformulierungen aufzuführen.

stößt man hinsichtlich der Vorstellungen zur Lichtausbreitung auf einen über 2000 Jahre währenden Streit um die Idee eines Vorgangs in Raum und Zeit – nichts anderes als ein solcher Vorgang kann ja mit dem Wort „Ausbreitung" verknüpft werden. Noch GALILEIs Experimente, die das Ziel hatten, eine endliche Geschwindigkeit des Lichts nachzuweisen, schlugen fehl.[190] Erst die Messungen Olaf ROEMERs (veröffentlicht im Jahre 1675) erwiesen die Naturangemessenheit der *Idee* von der geradlinigen Lichtausbreitung als der eines räumlich-zeitlichen Vorgangs.

Die „geradlinige Lichtausbreitung" ist gerade *nicht* den Phänomenen zuzurechnen, sondern den theoretisch-hypothetischen *Idealgestalten* der Physik. Sie leuchtet deshalb auch unseren Schülerinnen und Schülern nicht unmittelbar ein, wie die empirischen Befunde zeigen. In der alltäglichen Wahrnehmung wird es einfach hell, wenn man in einem dunklen Zimmer ein Licht einschaltet – keine Spur von „Ausbreitung"! (Vgl. JUNG, 1981.) Die Ausbreitungsvorstellung wird eher unbewußt und unreflektiert über die Redeweisen involviert, deren wir uns befleißigen. Wir sprechen z. B. von Licht*quellen* (aus einer Quelle kommt etwas heraus) oder sagen, das Licht *komme* von der Sonne oder *falle* auf den Schirm. Solche Beschreibungen lassen sich schwerlich vermeiden. Aber erst indem wir sie thematisieren und problematisieren, werden sie als das bewußt, was sie sind: Konstrukte, die unser Beobachten und Denken leiten.

Als zweites Beispiel für den Verlust der Sensibilität für die Unterscheidung von Phänomenen und Idealgestalten sei die Lehrplaneinheit 3 für das 8. Schuljahr der Realschulen Baden-Württembergs angeführt. Die Überschrift zu dieser Einheit lautet: *Vom optischen Phänomen zum Lichtstrahl.* Als verbindliche Inhalte werden dann allerdings nur Idealgestalten angeführt, keine Phänome. So lautet eine Untereinheit: *Lenkung von Lichtstrahlen.* Sie enthält die Inhalte *Reflexion* und *Brechung.* Beide Begriffe werden im Vorspann zu dieser Einheit als Phänomene bezeichnet. Spiegelbilder oder Erscheinungen zur optischen Hebung von an Wasseroberflächen geknickten Gegenständen usw. werden nicht genannt. (Dort beobachtet man ja auch keine „gelenkten Lichtstrahlen".) Reflexion als gesetzmäßige „Lenkung von Lichtstrahlen" ist ebenso wie das Brechungsgesetz zu den *Idealgestalten* zu rechnen, denen dann künstlich hervorgebrachte Phänomene entsprechen (Strahlengänge auf der optischen Scheibe!). *Reflektiert* wird das *Licht*, *gespiegelt* werden *Gegenstände*. Die *Reflexion* gehört zur Lichtausbreitung und damit zu den *Idealgestalten*. Nur die *Spiegelung* von Gegenständen ist das ohne weiteres beobachtbare *Phänomen*. Natürlich bleibt es den Lehrkräften überlassen, entgegen der Intention der Lehrpläne von Spiegelbildern oder von den verkürzten Beinen im Schwimmbecken auszugehen. Erschwert wird dies jedoch, wenn die *Reflexion* in den Lehrplänen als *verbindliches*, *Spiegelbilder* aber als *Zusatzthema* ausgewiesen werden, was leider nicht selten geschieht.

---

190 Zu den Experimenten GALILEIs sei auf die Darstellung in den CORNELSEN-Lehrwerken verwiesen (z. B. Nr. 33490, S. 52). Noch DESCARTES postulierte ein instantanes Vorhandensein des Lichts (vgl. z. B. WUßING, S. 257).

Anmerkungen zur Absicht und Abfolge der Rahmenkontexte

Die im anschließenden Abschnitt dargestellten Rahmenkontexte sollen der in den Lehrplänen beobachtbaren phänomenologischen Auszehrung der Lehre vom Licht entgegenwirken. Dabei sind die zahlreichen empirischen Befunde zu den Lernschwierigkeiten des Optikunterrichts berücksichtigt, werden hier aber nicht im einzelnen erörtert (vgl. dazu PFUNDT/DUIT, S. 104–109). Eine der Konsequenzen aus den Lernschwierigkeiten ist die Anordnung bzw. Reihenfolge der Rahmenkontexte, wie sie die Übersicht in Abbildung 32 zeigt.

Für Schülerinnen und Schüler scheint die physikalische Deutung des Sehvorganges, nach der das Auge ein Empfänger ist und nicht ein *aktives* Organ der Wahrnehmung, besonders schwer akzeptierbar zu sein. (Darauf wird weiter unten nochmals eingegangen.) Aus diesem Grund steht der Rahmenkontext *Elementare Kosmologie* (RK 1) am Anfang des Lehrgangs. Er ermöglicht den Aufbau grundlegender physikalischer Begriffe und Sichtweisen (geradlinige Lichtausbreitung, Modell des Lichtstrahls, Schattenraum u. a.), ohne daß der Sehvorgang notwendigerweise thematisiert werden muß. Die Interferenz zwischen der *alltäglichen* Auffassung vom Sehen und seiner *physikalischen* Deutung übt dann nicht bereits bei der Erarbeitung der Grundbegriffe ihre verwirrende Wirkung aus.

RK 1: Elementare Kosmologie

RK 2: Sehen und Erkennen

RK 3: Abbildungen – ein Bedürfnis der Menschen

Abbildung 32:
Themen und Abfolge
der Rahmenkontexte
zur Lehre vom Licht

RK 4: Der Blick ins Unsichtbare

RK 5: Licht und Farbe

Der RK *Sehen und Erkennen* greift dann den Sehvorgang auf, wobei ein Schwerpunkt auf der Aufklärung der Beziehung zwischen der physikalischen und alltäglichen Deutung des Sehvorgangs liegt. Beide Interpretationsweisen werden dabei als sinnvoll und für die jeweiligen Erkenntnisabsichten angemessen dargestellt. Kennzeichnend für diesen RK sind das *Verweilen bei den Wahrnehmungsphänomenen* und der weitgehende Verzicht auf experimentelle Hilfsmittel, die der „fertigen" Theorie entsprungen sind.

Die *optische Abbildung* wird im RK 3 nicht nur als Linsenabbildung behandelt, sondern auch in den elementareren Formen des Schatten- und Lochkamerabilds. Wichtiger als die Erklärung technischer Apparate ist die Wirkungsweise des Auges. Die Erkenntnisse zum Sehvorgang aus dem RK 2 können dadurch vertieft werden. An Glaskugeln kann beispielsweise die Entstehungsweise des Netzhautbilds demonstriert werden. Die Sehfehlerkorrekturen mit Brillen, die physikalischen Bedingungen des räumlichen Sehens, ihr Zusammenhang mit den entsprechenden Kognitionsleistungen usw. sollten im Unterricht nicht fehlen. Damit wird zugleich dem Interesse an den biologischen Zusammenhängen und den physiologischen Möglichkeiten und Grenzen des Menschen Rechnung getragen (→ S. 41 ff).

Die Bedeutung naturgetreuer Abbildungen für die Menschen und die kulturellen Veränderungen, die mit der Fotografie und auf ihr fußenden Technologien seit dem Ende des letzten Jahrhunderts stattgefunden haben, können dazu dienen, die Wechselwirkung zwischen Kultur und Wissenschaft aufzuzeigen.

Dagegen sind manche der traditionell gepflegten Begriffe und formalen Fähigkeiten im Zusammenhang mit der optischen Abbildung für deren Verständnis überflüssig. Bei der Linsenabbildung lassen sich Licht*bündel* beobachten, die die Linse aus verschiedensten Richtungen durchsetzen. Brennpunktstrahlen und Parallelstrahlen sind dagegen mathematische Hilfsmittel, bei denen die Schülerinnen und Schüler kaum einsehen können, weshalb sie für die Bildkonstruktion ausschlaggebend sein sollen. Die „ausgezeichneten Strahlen" gehören – mit Ausnahme des Mittelpunktstrahls – oft nicht zu den beobachtbaren Bündeln, verlaufen sie doch nicht selten außerhalb der Linse! Genaue Bildkonstruktionen sind auch auf der Grundlage beobachtbarer Lichtbündel ohne die Begriffe „Brennpunkt"[191], „Brennpunktstrahlen" und „Parallelstrahlen" möglich (vgl. CORNELSEN Nr. 33490, S. 87). Diese „ausgezeichneten Strahlen" dienen nicht der Klärung der Phänomene, sondern der mathematischen Darstellung, mit deren Hilfe dann numerische Berechnungen zu Bildlage und Bildgröße durchgeführt werden können. Dies ist aber in den lebenspraktisch relevanten Kontexten so gut wie bedeutungslos.[192]

Der RK 4 nimmt das Thema *Sehen und Erkennen* auf dem anspruchsvolleren Niveau jener technischen Apparate wieder auf, die es dem Menschen erlauben, die Grenzen seiner naturgegebenen Sinne zu überschreiten (Lupe, Mikroskop und Fernrohr). Die Stellung dieses Themas in der Folge der Kontexte resultiert aus den notwendigen fachlichen Voraussetzungen. Die Wirkung von Linsen auf den Lichtweg ist hier komplexer und schwieriger zu durchschauen als bei der reellen Abbildung.

Schließlich bietet das aspektreiche Thema *Farben* des RK 5 zahlreiche Möglichkeiten, die Physik in ihrem Verhältnis zu anderen Wahrnehmungsweisen darzustellen. Die Farbwahrnehmung beruht auf psychologischen, biologischen und physikalischen Bedingungen und ist wie kaum ein anderes Thema geeignet, die Grenzen physikalischer Naturerkenntnis bewußt zu machen. Hier können aber auch die Vorteile herausgearbeitet werden, die aus dem Absehen von sinnlichen Qualitäten resultieren.

---

[191] Der „Brennpunkt" (Schnittpunkt zwischen optischer Achse und Brennebene) stiftet mehr Verwirrung als Klarheit. Er wird oft mit dem Ort des Sonnenbildchens verwechselt. Ein Foto mit großem Sonnenbild außerhalb der Bildmitte kann dann nicht erklärt werden.

[192] Abbildungen erfolgen in der Praxis meistens ungefähr in die Brennebene (Fotografie) oder nach „Unendlich" (Projektion). Diese Abbildungsverhältnisse lassen sich hinreichend genau durch die einfache Abbildungsgleichung $A = B/G = b/g$ quantitativ beschreiben. In den wenigen Fällen, in denen dies nicht möglich ist, versagt meist auch die „Linsengleichung", weil diese nur für dünne Linsen gilt, nicht jedoch für die üblichen Linsensysteme (Objektive).

Hinweise auf unterrichtsrelevante Umsetzungen der Rahmenkontexte

Die folgende Darstellung der Rahmenkontexte beschränkt sich auch in den Erläuterungen der Teilkontexte auf knappe didaktische Ausführungen zu jenen Akzenten, die den intendierten Physikunterricht von traditionellen Vorgehensweisen unterscheidet. In vielen Schulbuchtexten, für die ich als Autor verantwortlich zeichne, finden sich Vorschläge zur methodischen Aufbereitung dieser Rahmenkontexte. Allerdings war es bisher aufgrund der Lehrplanvorgaben auch unter Nutzung aller Spielräume nicht möglich, die Rahmenkontexte in einem Bundesland vollständig umzusetzen. Viele Einzelthemen sind daher in unterschiedlich ausführlichen Versionen in Schulbüchern für verschiedene Schularten und Bundesländer verstreut. Im folgenden Text wird überwiegend auf die gymnasialen Unterrichtswerke für das Land Nordrhein-Westfalen zurückgegriffen.[193]

---

[193] Der Text nimmt auf folgende Ausgaben bezug: CORNELSEN: Physik für Gymnasien. Klasse 6 (Nr. 33546). Berlin 1994 – im folgenden zitiert als „CORNELSEN Nr. 33546" – und CORNELSEN: Physik für Gymnasien, Sekundarstufe I. Länderausgabe D, Gesamtband (Nr. 33490). Berlin 1993 – im folgenden zitiert als „CORNELSEN Nr. 33490".

4.4.2.2 Die Rahmenkontexte

RK 1: **Elementare Kosmologie**			
Teilkontexte	**Kontextbezogene Inhalte**	**Sachstrukturelle Inhalte**	**Anwendungen (Beispiele)**
I. Licht und Finsternis; Tag und Nacht; Die Erde im Jahreslauf	Wirkung von Dunkelheit (Finsternis) auf Menschen; Tag, Nacht, Dämmerung, Schatten; Jahreszeiten; Entwicklung, Bedeutung und Aufgaben technischer Lichtquellen.	Lichtquellen; geradlinige Lichtausbreitung; Lichtgeschwindigkeit; Lichtstrahl und -bündel; Schattenraum; geo- und heliozentrisches Weltbild.	Leuchtende Tiere; Schattenstäbe (z. B. Obelisken), Sonnenuhren; Erdumfangsbestimmung durch Eratosthenes.
II. Mondphasen; Finsternisse	Vollmond, Halbmond, Neumond; zunehmender und abnehmender Mond; Mondoberfläche; Menschen auf dem Mond.	Konstellationen von Sonne, Mond und Erde bei Mondphasen, Sonnen- und Mondfinsternissen; Sterne und Planeten.	Himmelsbeobachtungen; mythologische Bedeutung von Finsternissen (z. B. auch „Bauernregeln"); Geschichte der Weltbilder.

Abbildung 33: Übersicht zum RK *Elementare Kosmologie*

RK 2: Sehen und Erkennen

Teilkontexte	Kontextbezogene Inhalte	Sachstrukturelle Inhalte	Anwendungen
I. Vorstellungen vom Sehvorgang	Sehen als psychische Aktivität; historische Deutungen des Sehvorgangs; Interpretationsleistungen beim Sehen (Sehen und Erfahrung); Sehvermögen und Beleuchtung.	Auge als Lichtempfänger; Streuung (diffuse Reflexion) als Voraussetzung für das Sehen von Gegenständen.	„Schwarzes Theater"; Sichtbarkeit im Straßenverkehr; optische Täuschungen; kognitive Konstruktionsleistungen (z. B. bei M.C. ESCHER); „künstlerisches" Sehen.
II. Größen- und Entfernungswahrnehmung	Groß und klein – nah und fern; Größe und Größeneindruck; Entfernung und Entfernungseindruck in verschiedenen Landschaften usw.; situationsabhängige Wahrnehmung der Größe von Sonne und Mond.	Sehwinkel; „Emmertsches Gesetz"; Gegenstandsweite und -größe.	Entwicklung und Bedeutung der Perspektive in der Kunst; Größenmanipulation in Filmen, auf Fotos u. ä.; Entfernungsmessungen mit Hilfe des Sehwinkels. Winkelschätzungen (an Himmelserscheinungen, am Sonnenlauf u. ä.).
III. Spiegelbilder	Bedeutung von Spiegelbildern (Alltag, Mythologie, Architektur u. ä.); Wahrnehmungserscheinungen an Spiegelbildern (wahrgenommener Ort, Ausrichtung u. ä.); Verkehrsspiegel, Toilettenspiegel.	Reflexion von Licht; Reflexionsgesetz; Einfallslot; virtuelle Bilder; Konstruktion von Bildorten. Divergenzerhaltung am Planspiegel; Divergenzänderung an gekrümmten Spiegelflächen.	Spiegelkabinette; „Spiegelfechterei", Kaleidoskop: Symmetrien und ihre ästhetische Bedeutung; Reflexe und Spiegelbilder an Wasserflächen; störende Reflexe (z. B. Blendung).
IV. Täuschungen an durchsichtigen Oberflächen	Beobachtungen am Aquarium; Täuschungen beim Blick ins Schwimmbecken usw.	Brechung und Brechungsgesetz; Totalreflexion; Grenzwinkel.	Totalreflexion bei Unterwasserbeobachtungen; Glasfasertechnik; Totalreflexion in Wurzeln u. ä.

Abbildung 34: Übersicht zum RK *Sehen und Erkennen*

RK 3: Abbildungen – ein Bedürfnis der Menschen

Teilkontexte	Kontextbezogene Inhalte	Sachstrukturelle Inhalte	Anwendungen
I. Schattenbilder	Schattenportraits („Silhouetten"); Schattentheater; farbige Schatten; scharfe und unscharfe, störende und gewünschte Schattenbilder.	Schattenbild und Schattenraum; Abbildungsmaßstab (Bildgröße und Bildweite); Bildkonstruktionen; Halb- und Kernschattenbilder.	„Schatten" in Sprache, Dichtung und Kunst; Scherenschnitte.
II. Lochkamera; Sonnentaler	Bau von Lochkameras; Beobachtungen und Aufnahmen mit Hilfe der Lochkamera; Erzeugen von Sonnentalern; Lochkamera als Hilfsmittel in der Landschaftsmalerei.	Optische Abbildung als „Punkt-für-Punkt-Wiedergabe"; Strahlengang und Abbildungsmaßstab an der Lochkamera ($A = b/g = B/G$); Blende, Bildhelligkeit, Bildschärfe u. a.	Herstellung einfacher Fotos mit Hilfe einer Lochkamera; Geschichte der Lochkamera (z. B. astronomische Beobachtungen mit der Lochkamera).
III. Linsenabbildung; Fotoapparat und Bildwerfer	Bedeutung „guter" Bilder; Verbesserung der Lochkamera; Bilder mit Linsen, Glaskugeln, Brillengläsern; optische Apparate.	Lichtweg an Sammellinsen; Brennweite, Mittelpunktstrahl; Abbildungsverhältnisse analog zur Lochkamera; Bildkonstruktionen.	Geschichte des Fotoapparates; Einfluß der Fotografie auf die Kultur; Kunst und Fotografie; technische Abbildungssysteme.
IV. Das Auge; Netzhautbild; Brillen; räumliches Sehen	Wirkung und Bau des Auges; Bilder auf der Netzhaut und ihre Auswertung durch das Gehirn; Grenzen des menschlichen Sehvermögens; Sehhilfen; „3-D-Bilder"; Tiefenwahrnehmung und -täuschungen. Zusammenhang zwischen Netzhautbildern, Entfernungs- und Größeneindruck.	Lichtweg im Auge; Bildkonstruktionen und Berechnungen bzw. Schätzungen zur Größe des Netzhautbilds; Bildgröße und Sehwinkel; Lichtweg bei der Zerstreuungslinse (Brillengläser für Kurzsichtige).	Sehvermögen von Tieren (z. B. Raubvögeln); Bauformen und Wirkungsweise von Augen in der Tierwelt; Sehen unter Wasser; Unterwasserkameras; Leistungsfähigkeit moderner technischer Abbildungssysteme im Vergleich zum Auge.

Abbildung 35: Übersicht zum RK *Abbildungen – ein Bedürfnis der Menschen*

RK 4: **Der Blick ins Unsichtbare**

Teilkontexte	Kontextbezogene Inhalte	Sachstrukturelle Inhalte	Anwendungen
I. **Lupe und Nahbrille**	„Lochlupe"; Bauformen und sachgerechte Verwendungsweise von Lupen; Lupen als Hilfsmittel zur Verkleinerung der Gegenstandsweite.	Sehwinkelvergrößerung durch Verkleinerung der Gegenstandsweite; Vergrößerungsmaßstab; Lichtweg an der Lupe; virtuelles Bild.	Bau einfacher Lupen („Wassertropfenlupe"); Geschichte der Lupe und Entdeckung der Mikrowelt (Leeuwenhoek); Altersweitsichtigkeit, Lesebrillen.
II. **Mikroskop**	Mikroskopieren; Mikroskope im Unterricht, in der Medizin und in der Technik; sachgerechte Verwendung von Mikroskopen.	Lichtweg am Mikroskop: Objektiv und Okular; Zwischenbild und Vergrößerungsmaßstab für die Sehwinkelveränderung.	Auflicht- und Durchlichtmikroskopie; Geschichte und Bedeutung des Mikroskops (Pasteur, Koch).
III. **Fernrohr**	Bauformen und Verwendungszwecke von Fernrohren und Ferngläsern; Sinn der Fernrohrdaten (z. B. Sehfeld, Vergrößerung, Öffnungsdurchmesser, Austrittspupille).	Wie beim Mikroskop.	Die Geschichte des Fernrohrs und seine Bedeutung für unser Weltbild (Galilei); das Fernrohr in der Astronomie; Spiegelteleskope; Operngläser.

Abbildung 36: Übersicht zum RK *Der Blick ins Unsichtbare*

RK 5: Licht und Farben

Teilkontexte	Kontextbezogene Inhalte	Sachstrukturelle Inhalte	Anwendungen
I. Farbiges Licht	Bedeutung von Farben für den Menschen; Farbsymbolik; Entstehung der Farben aus der Mischung farbiger Lichter; Goethes Auffassung von der Entstehung der Farben durch Licht und Finsternis („Urphänomen" der Farben).	Farbaddition und Farbsubtraktion; Grundfarben der Addition und Subtraktion; Farbensechseck.	Farbiges Fernsehbild; Farbe in der Kunst; Farbpsychologie.
II. Spektren und Spektralfarben	Spektrum; Regenbogen; farbige Ränder durch brechende Medien; Ultraviolett- und Infrarotlicht in Natur, Technik und Medizin. Goethes Erklärung der prismatischen Farben.	Spektralzerlegung; Brechung und Dispersion; kontinuierliches Spektrum (newtonsche Grundversuche); Wirkung von Farbfiltern; Linienspektren; „unsichtbare" Farben (UV- und IR-Licht).	Spektroskopie in Chemie, Medizin und Astrophysik; Farbfotografie; Farbdruck; farbige Beleuchtung im Theater.
III. Farbwahrnehmung durch das Auge	Physiologische Bedingungen des Farbensehens; Komplementärfarben; Wirkung von Farben.	Drei-Farben-Theorie des Sehvorgangs.	Farbenblindheit; Farbtäuschungen; Farbwahrnehmung in der Tierwelt; Farbe als Signal (Kleidung, Schmuck, Technik, Tierwelt).
IV. Körperfarben und psychologisch bedingte Farbwahrnehmung	Nicht-physikalische Farbtöne (braun, ockerfarben usw.); psychologische Farberhaltung in unterschiedlichem Licht; „farbige" Schatten als Folge der Farberhaltungstendenz.	Farbverhüllung und Farbsättigung; Wirkung monochromatischer Lichtquellen und Körperfarben.	Farbstoffe; Farben durch Mischung von Farbstoffen.

Abbildung 37: Übersicht zum RK *Licht und Farben*

4.4.2.3 Wissenschaftsverständigkeit
– erläutert an zwei Rahmenkontexten

Im gegebenen Zusammenhang ist es weder möglich noch erforderlich, den in den Rahmenkontexten skizzierten Unterricht ausführlich zu erläutern. Um zu verdeutlichen, welche Akzentverschiebungen gegenüber dem traditionellen Optikunterricht entstehen, wenn das Orientierungswissen als Ziel den Unterricht leitet, werden im folgenden nur die beiden ersten Rahmenkontexte zur Lehre vom Licht genauer ausgeführt. Dadurch sollte das angestrebte Unterrichtsbild so deutlich hervortreten, daß seine Umsetzung für erfahrene Lehrkräfte möglich wird. Insbesondere die Explikation der Teilkontexte des RK 2 *Sehen und Erkennen* dient dabei zugleich der Erweiterung der Diskussion fachdidaktischer Probleme, die im Umfeld der empirischen Forschung zu sogenannten „Alltagsvorstellungen" zutage getreten sind.

Rahmenkontext I: Elementare Kosmologie

Und Gott sprach: Es werde Licht! und es ward Licht. Und Gott sah, daß das Licht gut war. Da schied Gott das Licht von der Finsternis und nannte das Licht Tag und die Finsternis Nacht. Da ward aus Abend und Morgen der erste Tag (1. Mose 1).

Es ist kein Zufall, daß diese Sätze am Anfang der Genesis stehen. In den Mythologien aller Kulturen spielen Licht und Finsternis eine fundamentale Rolle. Das entspricht der existentiellen Bedeutung, die diese Erscheinungen für das Leben haben. Zwar sind wir in unserer technischen Zivilisation ein Stück weit unabhängiger von Licht und Dunkelheit geworden, an ihrer Wahrnehmung als Entitäten, die unser Befinden und unseren Lebensrhythmus unmittelbar beeinflussen, hat sich jedoch nichts geändert. Auch unsere Sprache bringt dies zum Ausdruck, denn in ihr ist ein Verständnis von Licht und Dunkelheit aufgehoben, das sich in Jahrtausenden kultureller Entwicklung auf der Grundlage von Wahrnehmung und psychischer Wirkung gebildet hat. Licht symbolisiert die positiven Lebensmöglichkeiten. Die antike Philosophie sah im außerirdischen Ursprung des Lichts die Quelle der Ideen, die ihrerseits Licht aussenden und zu „Erleuchtungen" führen. „Etwas in einem besonderen Licht sehen", „Licht ins Dunkel bringen", „einen Geistesblitz haben" sind Beispiele für sprachliche Wendungen, in denen sich die Auffassung von der positiven Wirkung des Lichts widerspiegelt.

Für die Finsternis bzw. Dunkelheit gilt dies analog. In unserer Wahrnehmung stellt die Dunkelheit einen Gegenpol zum Licht dar. „Ein undurchdringliches Dunkel", „in der Dunkelheit versinken", „das Hereinbrechen der Nacht", das „Umnachtetsein" und viele andere Redeweisen drücken den Wahrnehmungsgehalt dessen aus, was wir sinnenhaft mit Dunkelheit verbinden. Die Interpretation von Dunkelheit als einem Negativum (Fehlen von Licht) ist in unserer Sprache nicht enthalten. Wie so oft erfordert die physikalische Sichtweise, gewissermaßen gegen die in der Sprache enthaltenen Bilder „anzudenken".

GOETHE wehrte sich zeitlebens gegen die naturwissenschaftliche Auffassung, Dunkelheit sei „nichts weiter als" das Fehlen von Licht. Für ihn waren Licht und

Finsternis polare Phänomene gleicher Mächtigkeit, aber mit gegensätzlichen Eigenschaften, deren Zusammenwirken u. a. für den Ursprung der Farberscheinungen ursächlich war. Mit seiner Aversion gegen die naturwissenschaftliche Betrachtung wollte er der Desavouierung sinnlichen Welterlebens entgegentreten.

Die physikalische Deutung von Licht und Dunkelheit, von Tag und Nacht, kann in ihrem besonderen Charakter nur durch die Kontrastierung mit anderen Sichtweisen erkannt werden. Dies ist ohne didaktische Schwierigkeiten auch schon mit Kindern des 6. Schuljahrs möglich. Denn mit der psychischen Wirkung von Licht und Dunkelheit sind sie aufgrund des eigenen Erlebens wohl vertraut. Man kann dies im Unterricht auf verschiedene Weise in Erinnerung rufen, am einfachsten, indem man mit der Klasse in die Dunkelkammer der Schule geht und einige Minuten in absoluter Dunkelheit verbringt. Die Besprechung der Gründe für die in dieser Situation auftretenden anormalen Verhaltensweisen führt mitten hinein in den Fragenkreis, wie wir Menschen Licht und Dunkelheit erleben.

Die physikalische Erklärung der Entstehung von Tag und Nacht mit Hilfe eines Modells der einseitig beleuchteten Erdkugel im ansonsten verdunkelten Raum sollte dann mythologischen Erklärungen gegenübergestellt werden. Die kulturelle Bedeutung künstlicher Lichtquellen kann ebenfalls in geeigneter Form thematisiert werden (z. B. über einen Lesetext; vgl. CORNELSEN Nr. 33546, S. 8/9 oder CORNELSEN Nr. 33490, S. 50), um das Bewußtsein zu vertiefen, daß die physikalischen Aspekte nur einen kleinen Ausschnitt aus der Bedeutung der Lichtquellen für den Menschen zu erfassen vermögen.

In diesem Zusammenhang wird der *Lichtstrahl als physikalisches Modell* eingeführt. Er eignet sich ganz besonders dazu, den Unterschied zwischen den beobachtbaren Phänomenen und den physikalischen Idealgestalten deutlich zu machen. Im Gegensatz beispielsweise zu Atomen oder Elektronen, denen ein phänomenologisches Pendant nicht unmittelbar gegenübergestellt werden kann und die deshalb leicht als „unsichtbare Realität" mißverstanden werden, bietet das Modell des Lichtstrahls die Chance, die *Idee der geradlinigen Ausbreitung* des Lichts als solche bewußt zu machen und sie von den beobachtbaren Phänomenen zu unterscheiden. Stellt man mit der Experimentierleuchte einen Lichtkegel dar, dessen Schnittbild auf dem Schirm einen erheblichen Durchmesser aufweist, so ist es für die Schülerinnen und Schüler nachvollziehbar, daß die Physiker dies noch nicht als „Strahl" bezeichnen wollen und statt dessen von einem „Lichtbündel" reden. Fordert man die Schüler auf, einen „echten" Strahl mit der Lampe zu erzeugen, indem das Bündel mit selbst hergestellten Blendenlöchern immer weiter verengt wird, so lassen sich in allen Experimentiergruppen Streitgespräche darüber beobachten, ob denn nun das schließlich kaum noch sichtbare Bündel schon als „Strahl" bezeichnet werden darf oder nicht.

Von hieraus ist dann noch der gedankliche Schritt zu tun, daß die *Idealgestalt* des Lichtstrahls erst gegeben ist, wenn das Bündel keinen Durchmesser mehr hat. Dann aber ist nichts mehr zu sehen! Lichtstrahlen existieren also nicht als wahrnehmbare Erscheinungen, sondern als gedachte Linien ohne Durchmesser. Diese Abstraktion ist den Schülerinnen und Schülern nicht neu. Sie kennen sie aus dem

Mathematikunterricht von der „Linie" oder „Geraden" oder auch vom „Punkt", die zeichnerisch ebenfalls nur symbolisiert darstellbar sind. Innerhalb dieses Erkenntnisprozesses kann bewußt gemacht werden, daß die Modelle der Physik *Vorstellungen über* die Realität sind und nicht mit dieser selbst verwechselt werden dürfen. Außerdem kann man hier zeigen, daß die alltagssprachlichen Begriffe einen Bedeutungswandel erfahren, wenn sie als Fachbegriffe verwendet werden. Der „Strahl" der Taschenlampe ist eben kein Lichtstrahl im physikalischen Sinn.

Bei der Bearbeitung dieser Zusammenhänge wird selbstverständlich in der üblichen Weise experimentiert und kommuniziert. Dabei wird sich herausstellen, daß die Schülerinnen und Schüler von sich aus Sätze verwenden wie „das Licht geht von da nach da", „das Licht kommt von der Lampe" oder „das Licht geht am Papier (Schirm) vorbei". Man sollte diese Sprechweisen im Unterricht aufgreifen und dabei bewußt machen, daß sie ebenfalls Vorstellungen enthalten, die wir phänomenologisch *nicht* wahrnehmen – nämlich Vorstellungen zur Lichtausbreitung als eines Vorgangs in Raum und Zeit. Auch der Fachbegriff „Licht*quelle*" impliziert die *Idee* der Ausbreitung, die – trotz aller Plausibilität – phänomenologisch nicht leicht zu verifizieren ist. Dazu bedarf es schon der theoriegeleiteten Produktion künstlicher Phänomene, wie wir sie in den verschiedenen Verfahren zur Lichtgeschwindigkeitsmessung finden.

Die Erklärung der Mondphasen ist besonders geeignet, das Modell von der geradlinigen Lichtausbreitung zu vertiefen. Natürlich ist es unabdingbar – aber keineswegs ausreichend –, die Mondphasen mit Hilfe einer beleuchteten Kugel (z. B. eines Volleyballs) im verdunkelten Raum zu modellieren. Bevor dies jedoch unterrichtlich angegangen wird, sollten die Schülerinnen und Schüler angehalten werden, einige Wochen lang täglich den Mond zu beobachten und in ihrem Heft die Uhrzeit und die jeweilige Gestalt des Mondes festzuhalten. Außerdem ist es günstig, wenn sie die Höhe über dem Horizont ermitteln. Das ist ohne besonderes Meßverfahren auf einfache Weise möglich: Man zeigt mit dem Arm auf den Mond und merkt sich ungefähr den Winkel, den Arm und Waagerechte bilden.

Im Unterricht werden dann diese Beobachtungen aufgegriffen und mit Hilfe des Modellversuchs als Folge der Konstellation von Erde (Beobachter), Sonne und Mond erklärt. In analoger Weise werden die astronomischen Finsternisse behandelt, wenngleich hier die Realbeobachtung in den meisten Fällen durch eine mediale Repräsentation ersetzt werden muß.

Zu den methodischen Details dieses Rahmenkontexts finden sich viele Anregungen in CORNELSEN Nr. 33546, S. 13–17 und 24–31 sowie in CORNELSEN Nr. 33490, S. 50–52. Es wird ganz wesentlich darauf ankommen, daß die Einführung der physikalischen Deutung von Licht, Dunkelheit, Schatten bzw. Schattenraum mit Hilfe des Modells von der geradlinigen Ausbreitung des Lichts nicht mit dem Anspruch verknüpft wird, hier eine „wirklichkeitsnähere" Erklärung zu bieten als die in den Mythen und in der Sprache vertretenen Auffassungen. Es ist durchaus nicht abwegig, am Ende der Unterrichtseinheit erneut einen Aufenthalt in der Dunkelkammer zu inszenieren. Er wird zeigen, daß die nun verfügbaren Kenntnisse über das Zustandekommen der Dunkelheit ihrer Wahrnehmung und psychischen Wirkung nichts anhaben können. Auch „wirkt" der Mond in einer klaren Nacht noch immer faszinierend auf uns. Der „Dichtermond" existiert auch für den physikalisch Wissenden, weil er *wirkt* und deshalb *Wirk*lichkeit ist.

Rahmenkontext II: Sehen und Erkennen

Teilkontext: Vorstellungen vom Sehvorgang

Die physikalische Deutung des Sehvorgangs bereitet (nach den empirischen Befunden zum Physikunterricht) große Lernschwierigkeiten. „Sehen" wird von den Schülerinnen und Schülern auch nach erfolgtem Optikunterricht vielfach nicht als ein passives „Empfangen von Licht" aufgefaßt, sondern als ein aktiver, vom Auge ausgehender Vorgang. Es scheint für Lernende schwer akzeptierbar zu sein, daß gewöhnliche Gegenstände, die selbst kein Licht „erzeugen", wahrnehmbar sind, weil von ihnen Streulicht in unser Auge fällt. Näherliegender ist offenbar die Auffassung, daß wir Gegenstände deshalb sehen, weil wir „hinschauen", weil wir also mit unseren Augen eine aktive Anstrengung unternehmen. Deutlich werden die Probleme der physikalischen Interpretation beispielsweise auch, wenn Schülerinnen und Schüler bei der Aufgabe, mit Hilfe einer Zeichnung das Zustandekommen des Spiegelbilds zu erklären, „Sehstrahlen" einzeichnen, also mit Linien arbeiten, die – am Auge beginnend – über die Spiegelfläche zum Gegenstand geführt werden.

Diese Lernschwierigkeiten sind m. E. weit weniger auf eine defizitäre Präsentation der physikalischen Theorie im Unterricht zurückzuführen, als dies nach Meinung vieler Fachdidaktiker zutrifft. Vielmehr liegt das Problem in der *Ausschließlichkeit*, mit der die physikalische Deutung des Sehvorgangs als wirklichkeitsangemessen vermittelt wird. Unsere alltägliche Erfahrung liefert uns nämlich in durchaus zutreffender Weise den Eindruck, daß wir Gegenstände nur wahrnehmen, wenn wir aufmerksam sind, wenn wir also eine aktive Anstrengung unternehmen, um die uns umgebende Sinneswelt optisch zu differenzieren. Täglich gehen wir beispielsweise an Menschen und Häusern vorbei, ohne sie bewußt wahrzunehmen. Oft bringt uns erst der durch ein Bild vermittelte besondere Blick eines Fotografen zu Bewußtsein, was wir an einem Gebäude, einem Straßenzug oder im Gesichtsausdruck eines Menschen bislang „übersehen" hatten. Das „Empfangen von Licht" kann dies keineswegs verhindern.

Dieser Sachverhalt, also die psychischen Bedingungen der optischen Wahrnehmung, hat auch unsere Sprache geprägt. Wir „werfen einen Blick" auf einen Gegenstand, „schauen zum Fenster hinaus", wundern uns über den „stechenden Blick" eines zornigen Menschen, oder wir „sehen ganz genau hin", um den Frosch zwischen den Seerosenblättern zu entdecken. Nichts in unserer Sprache deutet auf ein „Empfangen von Licht" als Bedingung für das Sehen hin.

Abbildung 38: Historische Vorstellungen zum Sehvorgang[194]

Es ist deshalb nicht verwunderlich, daß auch die historischen Deutungen des Sehvorgangs über Jahrhunderte hinweg nichts mit der heutigen physikalischen Interpretation gemeinsam hatten. Das linke Bild in Abbildung 38 zeigt symbolisch die einfachste – dem „Sehstrahlmodell" unserer heutigen Schülerinnen und Schüler entsprechende – Deutung der Pythagoräer. Die Vorstellung der Atomisten, nach der sich von den Gegenständen Atome in der Gestalt winziger Abbilder von den Körpern ablösen und u. a. in unser Auge gelangen, kommt der physikalischen Deutung am nächsten, weil sie das Auge als Lichtempfänger auffaßt (→ Abbildung 38, rechtes Bild). Sie führt nach meiner Unterrichtserfahrung bei Schülerinnen und Schülern meist zur Erheiterung, d. h., sie wird (wie schon früher die Atomisten) nicht ernst genommen. Dagegen leuchtet ihnen PLATONs Lehre von der Synaugie, dem Zusammenwirken von Sonnenlicht und „Augenlicht", unmittelbar ein (→ Abbildung 38, mittleres Bild). Im *Timaios* lesen wir folgende Erläuterung des Sehvorgangs:

Von den Werkzeugen aber fertigten sie (die Götter; H. M.) *zuerst die lichtspendenden Augen an … Dasjenige Feuer, das nicht die Eigenschaft hat zu brennen, sondern mildes Licht zu spenden, formten sie zu einem dem immer wiederkehrenden Tageslichte verwandten Stoffe. Sie ließen nämlich das in uns befindliche, mit dem Tageslicht verwandte Feuer in voller Reinheit glatt und dicht durch die Augen ausströmen … Wenn nun das vom Gesicht ausfließende Licht vom Tageslicht aufgenommen wird, so stößt Gleichartiges auf Gleichartiges und verschmilzt miteinander zu einem einzigen gleichartigen Körper in gerader Richtung vom Auge, wo nur immer das von innen ausströmende Feuer auf etwas stößt, was ihm von außen in den Weg tritt. Da nun dieser Stoff zufolge seiner Gleichartigkeit durchgängig die gleichen Einwirkungen erfährt, so teilt er alle Bewegungen … dem gesamten Körper mit und läßt sie hindurchdringen bis zur Seele: So entsteht jene Wahrnehmung, welche wir „Sehen" nennen. Hat sich aber das ihm verwandte Tageslicht nach der Seite der Nacht abgewandt, dann ist der Sehstrom abgeschnitten: denn da er nun bei seinem Austritt auf Ungleichartiges trifft, so verfällt er selbst der Veränderung und erlischt, denn er findet in der umgebenden Luft keine Unterstützung, da sie kein Feuer hat. So hört denn das Sehen auf, und dies wird überdies ein Anreiz zum Schlaf* (PLATON, S. 67/68).

Die hier wiedergegebene Vorstellung vom Sehvorgang finden wir bei GOETHE wieder:

---

[194] Entnommen aus CORNELSEN Nr. 33490, S. 56.

Wär' nicht das Auge sonnenhaft,
Wie könnten wir das Licht erblicken?
Lebt' nicht in uns des Gottes eigne Kraft,
Wie könnt uns Göttliches entzücken?

Jene unmittelbare Verwandtschaft des Lichtes und des Auges wird niemand leugnen; aber sich beide zugleich als ein und dasselbe zu denken, hat mehr Schwierigkeit. Indessen wird es faßlicher, wenn man behauptet, im Auge wohne ein ruhendes Licht, das bei der mindesten Veranlassung von innen oder von außen erregt werde (GOETHE, Farbenlehre. Band I, S. 57).

Gibt man diese Vorstellungen heutigen Schülerinnen und Schülern in angemessener Sprache wieder, so stoßen sie allemal auf viel Verständnis und Zustimmung. Die subjektiven Erfahrungen mit dem Sehvorgang sind hier eben leichter wiederzufinden als im physikalischen Deutungsvorgang. Das bestätigt auch WIESNER: *Enttäuschend war für mich weiterhin das mehrfach beobachtete Ergebnis, daß nach einem Unterricht, der mit einem ausgiebigen „Herauskitzeln" von Schülervorstellungen und ausführlicher Diskussion darüber begann, weit mehr Schüler ausgereifte Fehlvorstellungen hatten als zu Beginn. Dies ist für mich heute durchaus verständlich, weil bestimmte Fehlvorstellungen plausibler als die physikalischen Ideen sind und ihr ausführliches Besprechen die Schüler erst davon überzeugt* (1994b, S. 52).

WIESNER empfiehlt daher, diese Thematisierung zu unterlassen und in einem eng geführten Unterricht die physikalische Interpretation plausibel zu vermitteln! Im Sinne eines auf *Wissenschaftsverständigkeit* abzielenden Unterrichts erscheint dieser Vorschlag nicht sinnvoll. Es handelt sich ja eben *nicht* um „Fehlvorstellungen", wie WIESNER schreibt, sondern um Interpretationen, die dem Wahrnehmungsvorgang prinzipiell gerecht werden. Zwar senden die Augen kein „Licht" im physikalischen Sinne aus, aber daß wir uns beim Sehen aktiv verhalten, daß wir psychisch alles andere als passive Empfänger sind, ist nicht weniger Wirklichkeit, als daß unser Auge in der physikalischen Betrachtung als Lichtempfänger fungiert.

Es gilt also, den Schülerinnen und Schülern bewußt zu machen, daß die physikalische Deutung des Sehvorgangs sich grundlegend von der psychologischen unterscheidet, daß aber beide Erklärungsweisen (je nach Erkenntnisabsicht) der Wirklichkeit angemessen sind. Erst diese Einsicht liefert die Kriterien dafür, zu entscheiden, in welchen Zusammenhängen die jeweilige Erklärungsweise angebracht ist. WIESNERs Vorschlag ist dagegen angetan, die „Alltagsvorstellungen" durch die physikalischen zu substituieren, also genau jenen erkenntnistheoretischen Fauxpas zu vollziehen, den es im Sinne einer angemessenen Einsicht in die Grenzen physikalischer Weltdeutung zu verhindern gilt.

Diese Kritik richtet sich nicht gegen die Vorgehensweise einzelner Fachdidaktiker, sondern gegen die durchaus repräsentative Sichtweise, die physikalische Interpretation sei der Wirklichkeit allemal angemessener als andere. Gerade dieser überhöhte Gültigkeitsanspruch trägt dazu bei, daß die Physik von vielen nicht akzeptiert wird. Sie wollen ja ihre subjektive und bewährte Welterfahrung nicht abwerten lassen. In meinem eigenen Unterricht habe ich erlebt, daß die physikalische Erklärung des Sehvorgangs um so bereitwilliger akzeptiert und effektiv gelernt wird, je klarer sie sich von anderen als berechtigt anerkannten Interpretationen der Wahrnehmung abgrenzt, ohne diese als mehr oder weniger „falsch" abzutun. Auch das Wissen darum, daß unsere Sprache in der Regel nicht die relativ jungen physikalischen Erkenntnisse, sondern die überlieferten fundamentaleren Erfahrungen unterstützt, trägt dazu bei, physikalische Sachverhalte kompetenter und treffsicherer auf sprachlicher Ebene zu erörtern.

Um die Grenzen der physikalischen Deutung des Sehvorgangs bewußt zu machen, ist die Behandlung optischer Täuschungen und anderer Wahrnehmungsleistungen unumgänglich. Man zeige mit dem Arbeitsprojektor beispielsweise eine auf dem Kopf stehende Umrißkarte Europas. Die Schülerinnen und Schüler werden das Dargestellte i. allg. nicht erkennen. Das gelingt sofort bei seitenrichtiger Präsentation, obwohl das vom Auge empfangene Licht in beiden Fällen dasselbe ist. Ähnliches gilt bei den sogenannten Vexierbildern. M. C. ESCHERs Zeichnungen und Gemälde bilden eine wahre Fundgrube für diesen Themenkreis. Eine Kooperation mit dem Fach Kunst bietet sich hier an. Methodische Anregungen, schülergemäße Texte und Gestaltungsvorschläge zu diesem Themenkreis finden sich z. B. in CORNELSEN Nr. 33490, S. 56/57 und CORNELSEN Nr. 33546, S. 12.

Teilkontext: Größen- und Entfernungswahrnehmung
Wie groß ist der Stundenzeiger einer Kirchturmuhr? Nicht nur die Schülerinnen und Schüler verschätzen sich in aller Regel gewaltig. Es lohnt sich, den Zeiger einer örtlichen Uhr in Originalgröße mit Sperrholz nachzubauen (vgl. auch CORNELSEN Nr. 33490, S. 58).

Das Thema der Größenwahrnehmung setzt einerseits die im vorangegangenen Teilkontext begonnene Unterscheidung zwischen kognitiver Wahrnehmungsleistung und deren physikalischen Voraussetzungen fort, führt aber zugleich auch das für die Strahlenoptik fundamentale Konzept des *Sehwinkels* ein. Dieses wird in späteren Teilkontexten immer wieder aufgegriffen und vertieft (s. u.). Worauf es ankommt, läßt sich am besten durch die Beschreibung eines kleinen Freihandexperiments verdeutlichen:

Man messe mit dem Lineal die Länge eines Schreibstifts. Hält man dann das Lineal mit ausgestrecktem Arm vor das Gesicht und peilt den Stift aus unterschiedlicher Entfernung an, so wird man beobachten, daß er auf dem Lineal verschieden lange Strecken abdeckt, je nachdem, wie weit er vom Auge entfernt ist. Diese Gesetzmäßigkeit läßt sich auch mathematisch erfassen: Beträgt der Abstand zwischen Auge und Lineal 60 cm, so erscheint der Stift bei 120 cm Entfernung halb so groß, bei 180 cm schrumpft die Länge auf 1/3 usw. Alltagssprachlich formuliert, bedeutet dies: Ein Gegenstand sieht um so kleiner aus, je weiter er entfernt ist; mathematisch ausgedrückt, lautet der Sachverhalt: Das Produkt aus Größeneindruck B und Gegenstandsweite g ist eine Konstante. Der Zusammenhang wird *Emmertsches Gesetz* genannt. Das Bemerkenswerte hierbei ist, daß es sich *nicht* um ein *physikalisches*

Gesetz handelt, sondern um ein *psychologisches*. Man wird es deshalb in den meisten Physikbüchern vergeblich suchen. Der Sachverhalt des Emmertschen Gesetzes gehört zu unserer täglichen Erfahrung, ohne daß er uns bewußt wird. Wir (Erwachsenen) merken i. allg. nicht, daß Gegenstände kleiner aussehen, wenn sie weiter entfernt sind. Dafür vermögen wir bei bekannten Gegenständen die Entfernung sehr treffsicher einzuschätzen. Bei kleinen Kindern ist dies noch anders. Sie äußern sich oft über die winzigen Autos, die auf einer entfernten Straße fahren, oder über die kleinen Menschen, die man von einem Turm aus in den Straßen der Stadt beobachten kann. Dies zeigt, daß es sich hierbei um einen Erfahrungszusammenhang handelt; unbewußt lernen wir im Laufe der Kindheit und Jugend, Größeneindruck und Entfernung miteinander zu verrechnen.

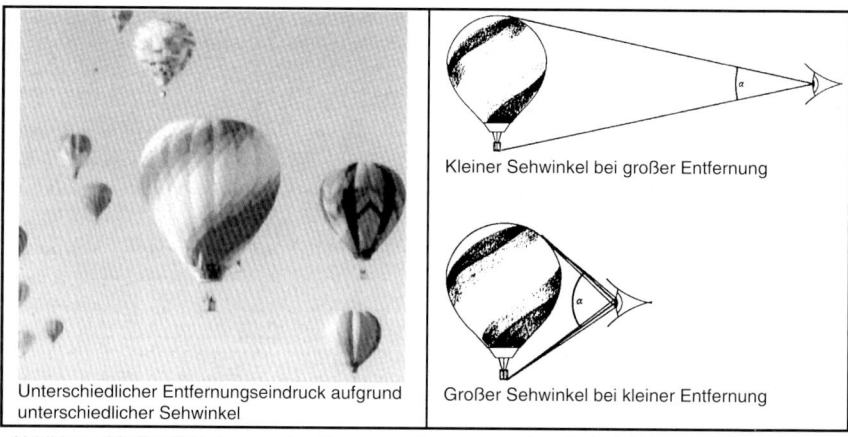

Kleiner Sehwinkel bei großer Entfernung

Unterschiedlicher Entfernungseindruck aufgrund unterschiedlicher Sehwinkel

Großer Sehwinkel bei kleiner Entfernung

Abbildung 39: Zur Erläuterung des Zusammenhangs zwischen Sehwinkel und Größen- bzw. Entfernungseindruck[195]

Begegnen wir allerdings Gegenständen, zu denen wir keine Erfahrung sammeln konnten, so versetzen uns Größe oder Entfernung oft in Erstaunen. Wenn man z. B. erstmals vor einem „richtigen" Heißluftballon steht, beginnt man zu begreifen, was sein Rauminhalt von 3000 m^3 bedeutet. Drei Einfamilienhäuser könnte man darin unterbringen.

Auch das folgende Beispiel macht die Bedeutung unserer Erfahrung deutlich: Wer im Mittelgebirge aufgewachsen ist, läuft bei Wanderungen in den Alpen große Gefahr, sich in den Entfernungen zu verschätzen. Er ist es gewohnt, daß sich ein Berg, dessen Gipfelhöhe in seiner Heimat unter einem bestimmten Winkel erscheint, sich z. B. in einer Stunde erwandern läßt. In den Alpen nehmen wir Berge mit einem mehrfachen Höhenunterschied unter dem gleichen Winkel wahr. Die Besteigung dauert dann schnell einen halben oder gar ganzen Tag.

---

[195] Entnommen aus Cornelsen Nr. 33490, S. 58.

Sonne und Mond erscheinen uns etwa gleich groß, obwohl sich ihre Durchmesser um den Faktor 400 unterscheiden. Das gilt allerdings auch für die Entfernung, so daß wir sie unter demselben Sehwinkel sehen. Weder zu der wirklichen Größe dieser Himmelskörper noch zu ihrer wahren Entfernung verfügen wir über Erfahrungswerte. Allerdings ordnen wir dem Horizont in einer weiten und womöglich noch etwas dunstigen Landschaft unbewußt eine größere Entfernung zu als dem Zenit. Bei Sonnenuntergang oder Mondaufgang erscheinen uns deshalb diese Himmelskörper vergrößert. Der Sehwinkel bleibt zwar gleich, die Entfernung aber erscheint uns größer als bei der oberen Kulmination – deshalb ordnen wir unbewußt dem horizontal stehenden Himmelskörper einen größeren Durchmesser als dem vertikal stehenden zu (→ Abbildung 40).

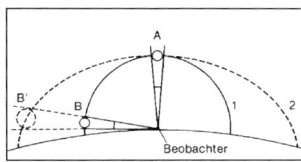

Abbildung 40: Zur Erklärung der scheinbaren Vergrößerung der Abendsonne. Der Sehwinkel (und damit die Größe des Netzhautbilds) bleibt während der Tagesbewegung erhalten.

Daß es sich dabei um eine Täuschung handelt, können auch Schülerinnen und Schüler leicht überprüfen: Sie messen (mit Blendschutz) den scheinbaren Durchmesser von Abend- und Mittagssonne mit einem Maßstab bei ausgestrecktem Arm. Auch eine Fotografie mit Normalobjektiv vermag das Erlebnis der „größeren" Abendsonne nicht wiederzugeben. Letztere hat auf dem Foto exakt den gleichen Durchmesser wie die fotografierte Mittagssonne.

Der hier aufgeführte Sachverhalt spielt in der Optik eine zentrale Rolle. In späteren Teilkontexten wird sich der Sehwinkel deshalb als diejenige physikalische Größe herausstellen,

- die erklärt, warum wir bei Spiegelbildern einen bestimmten Entfernungseindruck haben (ebener, erhabener und gewölbter Spiegel);
- die Muscheln – mit der Taucherbrille unter Wasser gesehen – größer erscheinen läßt, als sie sind (Trugbilder durch Lichtbrechung);
- die bestimmt, wie groß ein Gegenstand auf der Netzhaut des Auges abgebildet wird (optische Abbildung im Auge);
- die wichtig ist für die Tiefenwahrnehmung beim räumlichen Sehen – auch beim vorgetäuschtem Tiefeneindruck durch verschiedene „3-D-Techniken" (räumliches Sehen);
- die erklärt, warum wir durch die Benutzung einer Lupe oder Lesebrille unser Sehvermögen steigern können (Lesebrille, Lupe);
- die sich durch optische Apparate verändern läßt, wodurch es möglich wird, Dinge zu betrachten, die mit bloßem Auge nicht wahrnehmbar sind (Mikroskop und Fernrohr).

Von den hier aufgezählten physikalischen Sachverhalten wird im folgenden noch der Zusammenhang mit den Spiegelbildern erläutert (Teilkontext *Spiegelbilder*). Im übrigen sei auf die Darstellungen in den Schulbüchern unter den oben in Klammern angeführten Stichwörtern verwiesen (z. B. CORNELSEN Nr. 33490).

Zu betonen ist, daß der beschriebene Sachverhalt weit über die Physik hinausreicht und sich daher auch für fächerübergreifende Unterrichtsvorhaben anbietet: Perspektivische Darstellungen in der Kunst haben eine lange Problemgeschichte und waren in verschiedenen Epochen und Stilrichtungen von unterschiedlicher Bedeutung (vgl. auch CORNELSEN Nr. 33490, S. 60).

In der Filmindustrie und beim Fotografieren wird durch das Fehlen der realen Tiefendimension die Vortäuschung völlig veränderter Größenverhältnisse gegenüber den real aufgenommenen Objekten möglich (Abbildung 41).

Abbildung 41: „Die Sonne in der Hand".
Zur Vortäuschung falscher Größenverhältnisse
im zweidimensionalen Medium

Beim Fotografieren entstehen „stürzende Linien", die für künstlerische Verfremdungen genutzt oder aber auch auf einem Foto als störend empfunden werden können. Und schließlich soll nicht unerwähnt bleiben, daß die perspektivische Darstellung im Geometrieunterricht an diese Erfahrungen aus dem Physikunterricht sinnvoll anknüpfen kann.

Im traditionellen Optikunterricht wird bisher auf die Behandlung dieser Zusammenhänge weitgehend verzichtet. Der Sehwinkel wird allenfalls im engen Zusammenhang mit den optischen Apparaten zur Sehwinkelvergrößerung behandelt. Dies hängt mit der Zentrierung des Verfügungswissens zusammen. Die Bedingungen der Wahrnehmung sind dafür von untergeordneter Bedeutung.

Will man jedoch *Wissenschaftsverständigkeit* erreichen, so rücken Inhalte dieser Art in den Mittelpunkt des Unterrichts. Sie zeigen die Physik innerhalb der Begrenzungen, in die sie gehört. Wie wir die Welt sehen, empfinden, beurteilen, hängt zweifellos *auch* von physikalischen Gesetzmäßigkeiten ab. Aber erst durch deren Beziehung zu anderen Bedingungen der Wahrnehmung – insbesondere im Zusammenhang mit alltäglicher Sinneserfahrung – erhalten die physikalischen Erkenntnisse ihren konkreten Sinn. Zugleich wird deutlich, daß die Physik einen Beitrag zur Erklärung der Wirklichkeit leistet, daß unser Welteindruck aber auch durch viele weitere, nicht-physikalische Wahrnehmungen und Erfahrungen bestimmt wird.

Teilkontext: Spiegelbilder
Wie erwähnt, fehlt im Physikunterricht die Behandlung des Reflexionsgesetzes i. allg. nicht, wogegen Spiegelbilder oft nur eine randständige Rolle spielen. Viel-

fach ist deren Behandlung in den Lehrplänen trotz des Postulats, man solle an die Phänomene anknüpfen, nicht vorgesehen. Die Beschränkung auf den *Modus des Physiktreibens* legt die Ausklammerung der Spiegelbilder nahe. Denn diese sind – wie sich zeigen wird – als Artefakte der Wahrnehmung nur zum Teil einer physikalischen Deutung zugänglich.

Spiegelbilder sind Alltagsphänomene und uns als solche so selbstverständlich geworden, daß uns ihre Eigenschaften oft nicht bewußt werden. Damit läßt sich teilweise der empirische Befund erklären, daß Schülerinnen und Schüler schon die Lage des Spiegelbilds falsch beurteilen. Nach WIESNER (1994b, S. 51/52) erklären sie diese etwa so: Der Spiegel erzeugt *auf seiner Oberfläche* ein Bild dessen, was er vor sich „sieht“, und wirft dieses zurück.

Um die Eigenschaften des Spiegelbilds ins Bewußtsein zu heben, möge sich der geneigte Leser vor der weiteren Lektüre aufgefordert fühlen, die beiden folgenden kleinen Versuche anzustellen.

- Man rüste sich mit einem wasserlöslichen Faserschreiber aus, stelle sich vor einen Spiegel und zeichne mit ausgestrecktem Arm die Umrisse seines eigenen „Spiegelbildkopfs“ auf der Glasfläche nach. Man messe die Höhe des Bildes, das auf diese Weise vom Kopf entsteht, und vergleiche sie mit der wahren Größe!

- Man halte einen Spiegel wie in Abbildung 42 vor ein Blatt Papier und schreibe seinen Namen, allerdings ohne auf das Papier zu blicken, sondern nur, indem man Hand und Namenszug im Spiegel beobachtet!

Abbildung 42: Schreiben im Spiegel[196]

Der erste Versuch zeitigt das überraschende Ergebnis, daß der gezeichnete Kopf nur halb so groß ist wie der wirkliche Kopf. Davon merken wir aber nichts, wenn wir unser Spiegelbild betrachten. Allerdings tut sich wahrnehmungsmäßig im Spiegel ein Raum auf, in dem sich unser Spiegelbild befindet. Bei genauerer Betrachtung stellen wir fest, daß das Spiegelbild in diesem Raum, also *hinter* der Spiegelfläche, steht. Dies läßt sich durch weitere Experimente bestätigen, die in der Schulbuchliteratur angeführt sind (z. B. CORNELSEN Nr. 33490, S. 62). Stellt man beispielsweise eine Spiegelreflexkamera scharf auf das Spiegelbild ein, so zeigt die Entfernungsskala einen Wert an, der dem *Doppelten* des Abstandes des Gegenstands von der Spiegelfläche entspricht.

Auch der auf die Spiegelfläche gezeichnete Kopf bestätigt, daß sich das Spiegelbild doppelt so weit entfernt vom Beobachter befindet wie die Spiegelfläche: Wenn etwas nur halb so groß aussieht, wie es ist, dann ist es gemäß dem Emmert-

---

[196] Entnommen aus CORNELSEN Nr. 39943, S. 84.

schen Gesetz doppelt so weit entfernt wie der Ort, an dem wir es in der einfachen Größe wahrnehmen würden.

Der zweite oben angeführte Versuch lehrt uns, wie schwierig es ist, wenn Kinder das Schreiben lernen müssen. Vielleicht zerstört er auch das Vertrauen in den Zahnarzt, der – im Spiegel beobachtend – mit dem Bohrer den Backenzahn repariert. Hinsichtlich des Spiegelbilds bemerken wir, daß ein Strich nach rechts oder links im Spiegel ebenfalls nach rechts oder links führt, die Seitenrichtung also nicht vertauscht wird. Jedoch ist es sehr gewöhnungsbedürftig, daß, fährt die Hand mit dem Stift auf dem Papier nach vorn, der Spiegel diese Bewegung entgegengesetzt wiedergibt. Es wird also beim Spiegelbild nur die Richtung senkrecht zur Spiegelfläche, die sogenannte Flächennormale, vertauscht. Daß wir häufig den Eindruck haben, der Spiegel vertausche rechts und links, liegt daran, daß wir uns mit dem Spiegelbild identifizieren und daher Spiegelbild und Original aus unterschiedlicher Blickrichtung beurteilen. Die Armbanduhr am rechten Arm befindet sich auch beim Spiegelbild auf der dem rechten Spiegelrand zugewandten Seite. Stünde aber im Spiegelraum eine wirkliche Person, so trüge diese ihre Uhr am linken Arm.

Mit diesen kurzen Beschreibungen ist das Potential an Phänomenen, die am Spiegel beobachtet werden können, noch lange nicht erschöpft. Das Faszinierende und Geheimnisvolle des Spiegelbilds kommt in der bereits oben erwähnten mythologischen und metaphorischen Bedeutung des Spiegels zum Ausdruck. Seine psychologische Wirkung wissen Künstler, Fotografen und Architekten oft trefflich auszunutzen. Dies soll hier aber nicht weiter erörtert werden.

Erwähnenswert ist allerdings, daß die zur Lage des Spiegelbilds gemachten Feststellungen nur für ebene Spiegelflächen gelten. In einem Rasierspiegel erscheint uns das Gesicht vergrößert und *näher* herangerückt. Ein erhabener Verkehrsspiegel oder der Rückspiegel des Autos scheinen alles in *größere Ferne* zu rücken.

Derartige Versuche und Betrachtungen im Physikunterricht durchzuführen ist wohl unverzichtbar, auch wenn dabei noch keine Physik in engerem Sinne betrieben wird. Lage und Eigenschaften des Spiegelbildes können rein phänomenologisch – also durch die Beobachtung der Erscheinungen – ermittelt werden. Die physikalischen Idealgestalten in Form von Gesetzen und Modellvorstellungen kommen erst in den Blick, wenn die Frage nach der Ursache für die Erscheinungen gestellt wird. Hier ergibt sich als Hypothese, daß wir in unserer Wahrnehmung durch eine veränderte Ausbreitung des Lichts in die Irre geführt werden – „in die Irre geführt" deshalb, weil der Wahrnehmungseindruck nicht mit den übrigen Erfahrungen übereinstimmt. Weder befindet sich hinter der Spiegelfläche tatsächlich ein mit allen Sinnen erschließbarer Raum (vielmehr ist dort meistens die Wand, an der der Spiegel hängt), noch fährt das Auto, das wir im erhabenen Rückspiegel sehen, tatsächlich in der wahrgenommenen großen Entfernung. Wendet man den Kopf, so wird man überrascht feststellen, daß sich das rückwärtige Auto schon viel näher an der hinteren Stoßstange befindet, als wir dies erwarteten.

Spiegelbilder sind Artefakte der Wahrnehmung! WIESNER widerspricht dieser Auffassung m. E. zu unrecht. Er schreibt: *Ein „Scheinbild", wie manchmal behauptet wird, ist das Spiegelbild natürlich nicht, sondern sogar ein räumliches Bild, das z. B. fotografiert werden kann. Will man den Begriff des virtuellen Bildes hier noch nicht einführen ..., so sollte man eben schlicht von einem „Bild" sprechen ...* (1992, S. 144). Der Hinweis auf die Fotografierbarkeit von Spiegelbildern ist zumindest mißverständlich. Das Bild, das im Fotoapparat entsteht, ist keineswegs der festgehaltene Wahrnehmungseindruck, sondern entspricht dem Bild, das im Auge auf der Netzhaut entsteht. Das wird besonders deutlich, wenn man versucht, den räumlichen Eindruck zu fotografieren, der durch beidäugiges Sehen zustande kommt. Beispielsweise läßt sich der Tiefeneindruck eines auf einer erhabenen Spiegelfläche stehenden Gegenstands fotografisch nicht reproduzieren. Das Foto zeigt nur eine perspektivische Verzeichnung. Beim Betrachten des Fotos werden dann wieder die Alltagserfahrungen zugeordnet: Je nach wiedergegebenem Bildausschnitt glauben wir, auf dem Foto die Wiedergabe eines Gegenstands oder seines Spiegelbilds zu erkennen.

Betont man nicht den Unterschied des wahrgenommen Spiegelbilds zum reellen Bild der Loch- oder Linsenkamera, so gerät man leicht in einen positivistischen „Physikalismus", denn die reellen Bilder entstehen tatsächlich am wahrgenommen Bildort. Bringt man an die Stelle des Bildorts eine Solarzelle, so zeigt diese den vorhandenen Energiestrom an. *Artefakte der Wahrnehmung* lassen sich energetisch nicht vermessen. Daß WIESNER an dieser Stelle – wie viele Lehrpläne und Lehrkräfte – in eine fragwürdige positivistische Argumentation verfällt, wird deutlich, wenn man die physikalische Erklärung des Spiegelbildes mit Hilfe von Strahlengängen betrachtet:

Das Reflexionsgesetz läßt sich anhand *künstlich produzierter Phänomene* erarbeiten (z. B. mit der „optischen Scheibe") und zeigt, wie die Vorstellung bzw. Idealgestalt von der geradlinigen Ausbreitung des Lichts bei Spiegelflächen angewandt werden muß. Mit Hilfe der so gewonnenen Differenzierung der Idee der Lichtausbreitung gelangt man zu einem mathematisch-geometrischen Konstruktionsverfahren für Spiegelbilder. Es ist in Abbildung 43 für Bilder am ebenen (links) und erhabenen Spiegel (rechts) skizziert. (Das genaue mathematische Konstruktionsverfahren ist in diesem Zusammenhang unerheblich.)

WIESNER, der hier seiner Zitierfähigkeit wegen stellvertretend für einen Großteil der Physiklehrerschaft angeführt wird, erklärt nun das Zustandekommen des *Wahrnehmungseindrucks* (!) mit Hilfe des virtuellen Lichtwegs, mit dem das Spiegelbild mathematisch konstruierbar ist: *Die Erklärung für die Wahrnehmung des Spiegelbildes ergibt sich aus der Divergenz des reflektierten Lichtbündels ...* (1992, S. 143). Die *wahrgenommene* Lage des Bilds sei, so folgt weiter aus dieser Erklärung, mit der Lage der geometrisch konstruierbaren Bildpunkte identisch. Für den erhabenen Spiegel gilt dies aber offenkundig nicht, ebensowenig wie für den Wölbspiegel; am erhabenen Spiegel gewinnen wir ja in der Mehrzahl der relevanten Situationen (beidäugige Betrachtung aus einem Abstand von mehr als einem Meter zur Spiegelfläche) den Wahrnehmungseindruck, daß die Spiegelbilder der Gegenstände in *größerer* Entfernung von der Spiegelfläche liegen als ihre Originale. Beim virtuellen Bild des Wölbspiegels ist es umgekehrt. Die geometrische Konstruktion liefert in diesen beiden Fällen genau die gegenteilige Aussage zur Bildlage. Am ebenen Spiegel stimmt zwar der Wahrnehmungseindruck mit der mathematischen Bildlage überein, aber nicht weil die letztere die Ursache für den Wahrnehmungseindruck ist, sondern weil der ebene Spiegel die Divergenz der Lichtbündel nicht verändert und daher der Sehwinkel erhalten bleibt.

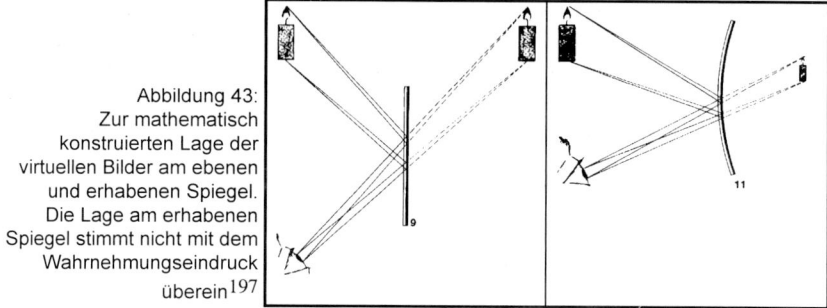

Abbildung 43: Zur mathematisch konstruierten Lage der virtuellen Bilder am ebenen und erhabenen Spiegel. Die Lage am erhabenen Spiegel stimmt nicht mit dem Wahrnehmungseindruck überein[197]

Die mathematischen Konstruktionen liefern die Größe des virtuellen Bilds und damit den Sehwinkel, aufgrund dessen der Wahrnehmungseindruck entsteht. (Der Sehwinkel bestimmt die Größe des Netzhautbilds.) Sie liefern aber keine *kausale* Begründung für die wahrgenommene Bildlage!

Der erhabene Spiegel *verkleinert* den Sehwinkel, weshalb die Gegenstände in die Ferne gerückt erscheinen; am Wölbspiegel wird er *vergrößert*, infolgedessen wir den Abstand für kleiner halten. Sowohl die eine wie die andere Wahrnehmung widerspricht der mathematisch konstruierten Bildlage! Da der Sehwinkel am ebenen Spiegel erhalten bleibt, stimmt hier – im Gegensatz zu den beiden anderen Spiegelarten – der Entfernungseindruck mit der Länge des Lichtwegs überein.[198]

Diese Darlegung vermag auch nochmals den Unterschied zwischen Fotografie und Wahrnehmungseindruck zu erklären: Die Entfernungsskala einer Spiegelreflexkamera wird auch am erhabenen Spiegel einen Wert anzeigen, der mit der mathematischen Konstruktion übereinstimmt.

Nun mag dies wie Sophisterei aussehen, die sich zudem auf Erscheinungen bezieht, die von der Physiklehrerschaft mehrheitlich für gänzlich nebensächlich gehalten wird. Daher soll die grundsätzliche Bedeutung dieses Beispiels nochmals hervorgehoben werden: Die Physik vermag mit ihren mathematischen Idealgestalten nur teilweise, den Wahrnehmungseindruck der Spiegelbilder zu erklären. Vielmehr wird er auch durch die sinnlich gewonnene Erfahrung bestimmt.

---

[197] Entnommen aus CORNELSEN Nr. 33490, S. 71.

[198] Beim virtuellen Bild der Lupe sind die Verhältnisse noch auffälliger. Die Bildkonstruktion liefert ein „unendlich" weit entferntes Bild ($g = f$), im Falle $0 < g < f$ jedenfalls eine Bildweite, die größer ist als die Gegenstandsweite. Der Wahrnehmungseindruck vermittelt aber wegen der Vergrößerung das Gegenteil.

Dies gilt für den gesamten Bereich physikalischer Weltdeutung: *Die Physik kann mit ihrer mathematischen Zugriffsweise die quantitativen Aspekte erklären, die unserer Wahrnehmung zugrunde liegen. Die sinnlich erlebte Wirklichkeit, das Insgesamt der Welt der Wahrnehmung, bleibt der Physik jedoch verschlossen.* Menschen sind weder (Foto-)Apparate, noch Computer, noch in anderer Weise auf das mathematisch Erfaßbare reduziert.

Ist man sich dessen bewußt, so bietet gerade der Optikunterricht eine Vielzahl von Gelegenheiten, den Schülerinnen und Schülern zu verdeutlichen, daß die Wirklichkeit und ihre physikalische Beschreibung nicht dasselbe sind. Dies bewirkt nach meiner Erfahrung keineswegs eine Abwertung der Physik, sondern nur einer Verringerung der emotionalen Distanz, die aus der Befürchtung erwächst, die eigenen Überzeugungen und Weltdeutungen hätten im Lichte der Physik keinen Bestand. Hier gilt es, insbesondere auch die Mädchen zu ermutigen.

Teilkontext: Täuschungen an durchsichtigen Oberflächen
Hierzu mögen wenige Anmerkungen genügen, denn die didaktischen Probleme sind mit denjenigen weitgehend identisch, die bei den Spiegelbildern besprochen wurden. Auch bei der Lichtbrechung kommt es darauf an, daß sich die Schülerinnen und Schüler zunächst intensiv mit den Erscheinungen befassen, die von sich aus noch keine Hinweise auf „Brechung" oder andere Merkmale enthalten, die den mathematischen Idealgestalten der Lichtausbreitung zuzuschreiben sind.

Die optischen Phänomene an durchsichtigen Oberflächen sollten in möglichst lebensnahen Situationen beobachtet werden. Völlig verfehlt ist m. E. das weitverbreitete Verfahren, schon in der ersten Unterrichtsstunde zu dieser Thematik (nach einem kurzen Hinweis auf scheinbar geknicktes Schilfrohr im See o. ä. bzw. nach einem kleinen „Einstiegsversuch") sofort mit der Darstellung des Lichtwegs bei der Brechung zu beginnen. In diesem Fall wird der Unterricht von den künstlich produzierten Phänomenen dominiert, hier also vom Verlauf der an Grenzflächen „geknickten Lichtstrahlen". Da bei diesen der Knick gerade in die entgegengesetzte Richtung erfolgt wie bei den beobachteten Phänomenen, ist das Forschungsergebnis nicht weiter verwunderlich, daß Schülerinnen und Schüler die Richtung der Lichtbrechung häufig mit derjenigen verwechseln, in die Gegenstände geknickt erscheinen.

Demgegenüber sollte – analog zu der Beschreibung bei den Spiegelbildern – eine ausführliche Präsentation der Brechungsphänomene stattfinden (geknickt erscheinende Gegenstände, optische Hebung bzw. verfälschter Eindruck von der Wassertiefe, Wölbung der Aquariumrückwand, Vergößerung von Gegenständen durch die Taucherbrille u. ä.), *bevor* im Unterricht die physikalische Theorie mit Hilfe der künstlich produzierten Phänomene entwickelt wird. Im Sinne dieses Anliegens wäre es beispielsweise angemessen, den Unterricht zur Lichtbrechung statt im Physiksaal im Lehrschwimmbecken der Schule oder am Schulteich zu beginnen.

Die Einzelschritte des didaktischen Verfahrens verlaufen analog zu den Ausführungen beim Spiegelbild. Sie sind in Abbildung 44 für beide Bereiche dargestellt.

Ebenso kann dann auch bei den Phänomenen zur Totalreflexion vorgegangen werden. Das dargestellte Schema eines *methodischen Dreischritts* ist nicht auf diese Themenkreise beschränkt. Es verdeutlicht eine didaktische Grundstruktur für sinnorientierten und kontextbezogenen Physikunterricht. Im Abschnitt 4.5 wird im Zusammenhang mit unterrichtsmethodischen Fragen darauf zurückgegriffen.

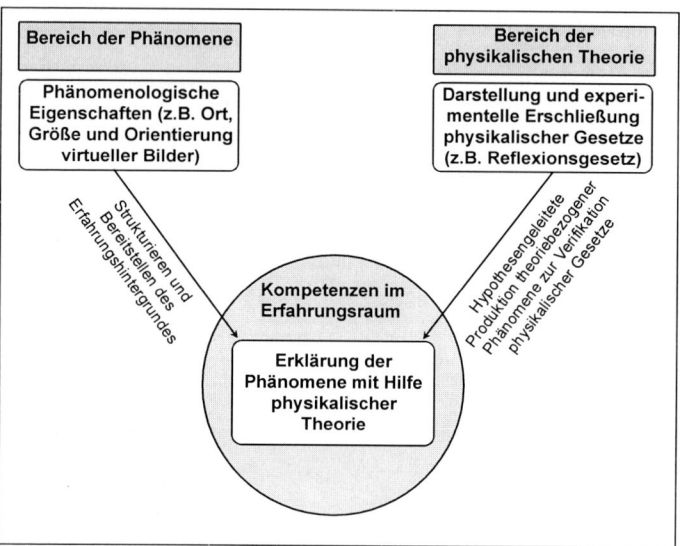

Abbildung 44: Schematische Darstellung des methodischen Dreischritts zur Erweiterung der Kompetenzen im Erfahrungsraum

4.4.3 Rahmenkontext: Elektrische Anlagen zur Energieübertragung

Die Elektrizitätslehre dient in der nachstehenden Erörterung pädagogischer und didaktischer Schwierigkeiten als Beispiel für einen Themenbereich mit hoher Affinität zur Technik bzw. zu Fragestellungen und Gegenständen der technischen Zivilisation. Die pädagogischen und didaktischen Probleme der Elektrizitätslehre unterscheiden sich grundlegend von denen solcher Gegenstandsbereiche, die nicht überwiegend Produkt der Wissenschaft und Technik sind. Darauf deutet auch der Stellenwert dieser Thematik in den Lehrplänen hin: Es gibt kein anderes Teilgebiet der Physik, das in den Lehrplänen aller Schularten der Bundesrepublik Deutschland so umfangreich vertreten ist wie die Elektrizitätslehre. Man sollte aufgrund dieses Umstands annehmen dürfen, daß die Vermittlung elementarer Kenntnisse zur Physik elektrischer Stromkreise vergleichsweise gut gelingt. Dem ist jedoch nicht so. Die didaktische Forschung der vergangenen 15 Jahre hat die Wirkung des Elektrikunterrichts so gründlich untersucht wie bei keinem anderen Themenbereich. Das pauschale Forschungsergebnis ist einigermaßen ernüchternd. MAICHLE, die selbst einige umfangreiche Studien zum Lernen in der Elektrizitätslehre durchgeführt hat, formuliert es so:

(Die) Korrespondenz zwischen semantischem Wissen und Regelwissen ist bei 13- bis 15jährigen Schülern nur unzureichend ausgebildet: Das semantische Wissen der Schüler über elektrische Phänomene und Sachverhalte weist kaum Beziehungen zum entsprechenden im Unterricht erworbenen Formelwissen auf (S. 207).

Das fachlich inkonsistente semantische Wissen bleibt im Langzeitgedächtnis aktiv. Unterrichtlich erworbenes Regelwissen wird wieder vergessen.

Einige der Gründe für diesen Mißerfolg sind für die Problemstellung dieses Kapitels von Bedeutung und werden deshalb im folgenden skizziert (vgl. auch MUCKENFUß 1988a, 1991 und MUCKENFUß/WALZ).

4.4.3.1 Technik statt Natur als Gegenstand des Physikunterrichts

Die didaktische Problemstruktur der Elektrizitätslehre ist von der des oben skizzierten Unterrichts zur „Lehre vom Licht" gänzlich verschieden. Nicht die Begegnung mit einer vorgefundenen, sinnlich wahrgenommenen Natur steht hier im Mittelpunkt des Unterrichts, sondern die Auseinandersetzung mit *Artefakten der Wissenschaft und Technik* bzw. die komplexe Theorie zu einer technisch überformten „Natur".

Alle konkreten Gegenstände des Unterrichts – vom Konstantandraht über die Glühlampe bis hin zum Meßinstrument – sind bereits Produkte dieser Theorie. Gleiches gilt für die Begriffe und Gesetze, die wir mit Hilfe dieser theoriehaltigen Mittel erarbeiten. Das (scheinbare) Generieren der Theorie im Unterricht ist damit an Mittel gebunden, die diese Theorie bereits repräsentieren – es gerät zum zirkelhaften Herausfinden dessen, was andere hineingedacht haben. *Wissenschaftsverständigkeit* wäre unter diesen Voraussetzungen an den Nachvollzug der historischen Anstrengungen und Bedingungen gebunden, die zu den technischen Produkten geführt haben. Dieses zeitaufwendige und intellektuell anspruchsvolle Verfahren kann bei realistischer Einschätzung der unterrichtlichen Möglichkeiten nur punktuell angewendet werden.

Nicht zufällig gehört die zu vermittelnde Theorie zu den jüngsten Errungenschaften neuzeitlicher Naturwissenschaft. Weder GALILEI noch NEWTON konnten trotz aller Genialität den Zugang zu den Theorien über die Elektrizität eröffnen. Das naturwissenschaftliche Denksystem und die diesbezüglichen Erfahrungen im Umgang mit der Natur waren zu ihrer Zeit noch nicht weit genug entwickelt.

Wissenschaftsverständigkeit im Sinne der Einsicht in die Bedingungen der Genese der Theorie ist in diesem Themenfeld unter diesen Voraussetzungen kaum zu erreichen. Denn Wissenschaft begegnet den Schülerinnen und Schülern in den Lampen, Motoren, Drähten, Widerständen usw. in einer abgeschlossenen und vergegenständlichten Form, die wenig Raum läßt für eigene Entwürfe, Ideen und Handlungsbedürfnisse. Die technischen Eigenschaften der Geräte zeichnen den theorieadäquaten Rahmen vor, innerhalb dessen der Umgang mit ihnen sinnvoll ist.

Wissenschaftsverständigkeit bildet daher auch nicht das Ziel des konventionellen Elektrikunterrichts. Sie ist unter den beschriebenen Voraussetzungen schwerlich erreichbar. Das gilt auch für die unten skizzierte – im Sinne des Orientierungswissens veränderte – Unterrichtskonzeption. Es geht vielmehr um didaktisch zubereitete, lernpsychologisch effiziente und pädagogisch sinnvolle Mitteilungen zu dieser Theorie. Man sollte sich dies eingestehen, auch wenn eine solche Zielsetzung manch pauschalem Credo hinsichtlich der „naturwissenschaftlichen Methode", die dem Physikunterricht angeblich stets zugrunde liegt, widerspricht. Würde man auch im Bereich der Elektrik an der Behauptung festhalten, der Unterricht pflege – ausgehend von den Phänomenen – die Einsicht in die Genese der Theorie, so wäre dies nichts weniger als die ideologisch bedingte Verschleierung der eigentlichen Ziele und Vorgehensweisen.

Für den Aufbau des Orientierungswissens liegt der Schwerpunkt des im folgenden vorgeschlagenen Elektrikunterrichts vorwiegend auf den Leitvorstellungen der persönlichen und gesellschaftlichen *Nutzungsfähigkeit*, zu der die Leitlinie *Verantwortlichkeit* gemäß den Darlegungen in Abschnitt 4.1.2.2 hinzutreten muß. *Nutzungsfähigkeit* impliziert das Ziel, *ein differenziertes Sachwissen und ein rationales aufgeklärtes Verhältnis zu Wissenschaft, Natur und Technik aufzubauen* (→ S. 216). Im Verein mit der Verantwortlichkeit soll die fachliche und ethische Kompetenz erweitert werden, die technischen Errungenschaften unserer Zivilisation persönlich sinnvoll zu nutzen und im gesellschaftlichen Rahmen an *einer rationalen und verantwortbaren Weiterentwicklung der Naturwissenschaften und einer globalverträglichen Technikgestaltung* (→ S. 216 f) mitzuwirken.

Aufgrund der angeführten Besonderheiten der Elektrizitätslehre ist es nicht sinnvoll, wenn der Physikunterricht – wie es z. B. der baden-württembergische Lehrplan für Realschulen vorsieht – mit der Elektrizitätslehre beginnt. Daß die der Neugier entspringende hohe Lernmotivation, die Schülerinnen und Schüler zu Beginn des Unterrichts gerade einem so geheimnisvollen Gegenstand wie der Elektrizität entgegenbringen, keine ausreichende pädagogische Begründung für die frühe Lokalisierung der Elektrik in den Lehrplänen darstellt, zeigt sich in den rasch auftretenden Schwierigkeiten mit den Begriffen und Modellen der Elektrik. In deren Folge brennt die hohe Anfangsmotivation wie ein Strohfeuer ab.[199]

Der nächste Abschnitt erwähnt einige der fundamentalen Lernprobleme für die Begriffsbildung im konventionellen Elektrikunterricht. Daran schließt sich eine kurze didaktische Begründung für eine veränderte Konzeption des Unterrichts an. Sie ergänzt die Ausführungen zum Spannungsbegriff (→ S. 261 ff). Die Darstellung der Konzeption beschränkt sich auf jene zentralen Aspekte, die für das Verständnis des im Abschnitt 4.4.3.3 dargestellten Rahmenkontexts erforderlich sind. Für weitere Informationen zu diesem Konzept sei auf MUCKENFUß/WALZ verwiesen.

---

[199] An dem starken Interessenabfall zu Beginn des Physikunterrichts (→ Abbildung 13, S. 84) ist die Elektrizitätslehre wegen der Plazierung im Lehrplan praktisch immer beteiligt.

4.4.3.2 Zu den didaktischen Problemen des Elektrikunterrichts

Die erwähnte technisch-zivilisatorische Bedeutung der Elektrik schlägt auch bei den Alltagsvorstellungen zu Buche, die das Lernen nach der verbreiteten fachdidaktischen Ansicht erschweren. Weil Elektrik im Alltag von Bedeutung ist, hat sich dort eine an dieser Bedeutung orientierte Sprache entwickelt, die sich auf jene Aspekte der Theorie bezieht, in der die Alltagsbedeutung aufgehoben ist. Einige Zitate zum Alltagsverständnis des Strombegriffs mögen dies verdeutlichen:

- *Bislang wurden nur kleinere Windenergieanlagen gefördert, die in der Regel bis zu 250 Kilowatt Strom erzeugen ...* (Pressemitteilung des BMFT).

- *Mit Zinssubventionen für die Umstellung auf Stromheizung werben Fachverbände und Stromerzeuger dafür, Strom in Nachtstromspeicheröfen und Durchlauferhitzern zu verheizen ...* (ap).

- *Das neue Umspannwerk sorgt dafür, daß immer ausreichend Strom in die Steckdosen der Haushalte und Betriebe ... fließt. Der Leiter der Abteilung Hochspannung betonte, daß der Strombedarf von 9200 Kilowatt im Jahr 1980 auf derzeit 13 500 Kilowatt gestiegen sei* (SCHWÄBISCHE ZEITUNG 16. 5. 1992).

- *Strom steht immer für Sie bereit – sauber, vielseitig und genau in der Menge, die Sie benötigen* (Werbung der IZE).

Es macht keine Mühe, ähnliche Zitate aus täglich ins Haus flatternden Informationen zusammenzustellen. „Falsches" wird hier nur unter der Voraussetzung formuliert, daß es die Ladungsströmung sei, die mit dem Strombegriff gemeint ist. Aber gerade diese Unterstellung ist eindeutig unzutreffend. Man wird auch nicht erwarten können, daß die lebendige Alltagssprache sich durch die normierte Sprache der Physik bändigen läßt. Denn hinsichtlich der lebenspraktisch bedeutsamen Sachzusammenhänge ist das Erklärungspotential der Alltagsvorstellungen dem Wissen aus dem konventionellen Elektrikunterricht offenkundig überlegen. Wie wäre sonst ihre im Vergleich zu unterrichtlich vermittelten Vorstellungen hohe Stabilität zu erklären?

Bemerkenswert ist, daß Formulierungen der zitierten Art keineswegs nur von „Laien" gebraucht werden. Wissenschaftsjournalisten, Ingenieure, Techniker reden genauso. Kontext und Maßeinheiten machen klar: Es geht um die Funktion elektrischer Anlagen für die Energieübertragung und -umwandlung. Neben der Informationsübertragung und -umwandlung ist dies die zentrale Aufgabe elektrischer Anlagen.

Deutet man den Quotienten Energie durch Zeit ($P = E/t$) als Energiestrom, der in einer elektrischen Anlage von der Energiequelle zum Verbraucher fließt, so sind die Aussagen der o. g. Zitate konsistent und sinnvoll. Damit soll nicht gesagt sein, daß der Strömungsvorgang der Energie in den alltagssprachlichen Wendungen immer den Vorstellungshintergrund bildet. Oft ist nur die Energie bzw. der Energieumsatz innerhalb einer Zeitspanne (z. B. pro Jahr) gemeint. Jedoch bildet der Energiestrom als physikalische Größe einen sinnvollen Weg, die entsprechenden Alltagsvorstellungen aufzugreifen und in konsistente physikalische Konzepte zu überführen (→ S. 261 ff).

„Strom" als zirkulierende Ladungsbewegung spielt im alltäglichen Sprachgebrauch praktisch keine Rolle. Mit Strom ist – außerhalb des Physiksaals – fast immer elektrische Energie (gemessen in kWh) oder der Energiestrom (gemessen in kW) gemeint. Das ist angesichts des Warencharakters verständlich, den die Energie in unserer Gesellschaft hat. Denn der Ladungskreislauf bildet lediglich das Transportmittel für die elektrische Energie, analog zu dem Lkw-Kreislauf, der den Transport von Gütern bewirkt, oder analog zu den zirkulierenden Antriebsriemen und -ketten in Maschinen. Der Ladungsströmung kommt dabei als „Transportvehikel" für die *Nutzer* der Energie nur eine mittelbare Bedeutung zu. Wer elektrische Anlagen *baut* ist natürlich auf das Wissen um den Ladungsträgerkreislauf ebenso angewiesen wie der Spediteur auf Kenntnisse zur Logistik des Transportwesens. Schülerinnen und Schüler werden elektrische Anlagen ausnahmslos *nutzen*, aber mehrheitlich nicht *bauen*. Für das Orientierungswissen sind daher Kenntnisse zum Energiestrom wichtig, die zum Ladungsträgerstrom nur insoweit, als sie zum Verständnis des Energietransports beitragen.

Der Elektrikunterricht setzt nicht nur aus historischen Gründen andere Schwerpunkte. Traditionell werden die Größen Strom, Spannung und Widerstand, das ohmsche Gesetz und die Gesetze der Reihen- und Parallelschaltung meist *vor* der Betrachtung der Energieumsätze behandelt. Das ist, als wolle man jemandem, der sich fürs Fahrradfahren interessiert und wissen will, welches Rad am besten zu seinen Bedürfnissen paßt, zunächst einige Wochen und Monate lang über Kettenantriebe, Ritzel und Übersetzungsverhältnisse belehren, ohne daß der Zusammenhang mit den subjektiven Interessen und Bedürfnissen thematisiert wird. Die Überbetonung der genannten Inhalte ist ein Hinweis darauf, daß der traditionelle Elektrikunterricht vorrangig das Verfügungswissen anstrebt, das für zahlreiche technische Berufe zu den Basiskenntnissen gehört.

Die Konzepte des zirkulierenden Ladungsstroms und des linearen Energiestroms interferieren zwangsläufig in den Köpfen unserer Schülerinnen und Schüler, solange nicht eine synchrone unterrichtliche Behandlung es ermöglicht, beide Betrachtungsweisen zu differenzieren und die wechselseitigen Beziehungen durchschaubar zu machen. Mißverstehen ist dann eine direkte Folge des Bemühens der Schülerinnen und Schüler, unterrichtliche Informationen zum Ladungsstrom in das alltagsrelevante Energiekonzept einzuordnen.

Es besteht nämlich permanent die Gefahr, daß die Lernenden Aussagen und Begriffe, die im Unterricht zum Kreislaufkonzept der Ladung gehören, auf das für sie bedeutungsvollere Konzept des linearen Energiestroms beziehen. Solche Umdeutungen werden auch dadurch begünstigt, daß die historisch gewachsene Fachsprache – zwar nicht definitorisch aber semantisch – die beiden Konzepte vermischt: „Starke" und „schwache" Ströme suggerieren zwangsläufig starke und schwache „Wirkungen" (z. B. große und kleine Energieumsätze), obwohl dies weder gemeint noch zutreffend ist. „Stark" und „schwach" bezeichnen semantisch gerade nicht rein quantitative Unterschiede, wie das bei der physikalischen Größe *I* notwendig wäre. Es handelt sich im Gegenteil um Adjektive, die sich auf *Qualitäten* beziehen.

„Starkstrom hat 380 V, Schwachstrom 24 V!" so stellt der verbreitete Fachjargon diese Qualitätsunterschiede dar. „Spannung macht die Ströme stark", denn schließlich hat ein gegebener Strom *I* bei 230 V eine viel größere „Wirkung" als bei 6 V. Die „Stromspannung" scheint das zu sein, worauf es bei energetischer Betrachtung ankommt. Folgerichtig definiert auch der Duden (Deutsches Universalwörterbuch) die elektrische Spannung als „Stärke des elektrischen Stroms" ($\to$ S. 262). Es wäre angesichts dieser semantischen Strukturen geradezu verwunderlich, wenn unsere Schülerinnen und Schüler Stromstärke und Spannung nicht verwechseln würden. In dem skizzierten Bedeutungsdickicht können sie sich ohne einen spezifisch abgestimmten Unterricht kaum zurechtfinden.

Inkonsistenzen des subjektiven Begriffssystems, die aus der unkontrollierten Vermischung der Betrachtungsweisen fast notwendigerweise folgen, werden vielfach auf einfachstem Wege wieder aus dem Denken eliminiert: Man vergißt die in der Schule gelernten Feinheiten zum Kreislaufkonzept.

Elektrische Sachverhalte begegnen Schülerinnen und Schüler zum einen in Gestalt der technischen Geräte, zum anderen in kommunikativen Zusammenhängen, z. B. in Reportagen, Artikeln, Berichten, Büchern, Diskussionen. Dort herrscht nicht die „harte" Fachsprache und der instrumentelle Umgang mit Größen, Formeln und Gleichungen vor. Vielmehr steht die umgangssprachliche Bewältigung lebenspraktisch bedeutsamer Sachverhalte im Vordergrund. Physikalische Kenntnisse können dabei hilfreich sein, wenn sie auf den Transfer in die Lebenswelt hin angelegt sind. Die außergewöhnliche Erfolglosigkeit des Elektrikunterrichts ist ein Indiz dafür, daß die vermittelten Kenntnisse von der Mehrheit der Schülerinnen und Schüler hinsichtlich ihrer Lebenspraxis als bedeutungslos wahrgenommen werden.

Akzeptiert man die lebenspraktische Relevanz als ein wesentliches Ziel für die im Unterricht zu erwerbenden Kompetenzen, dann muß es den Schülerinnen und Schülern möglich sein, daß sie ihre Erfahrungen und Vorinformationen mit Hilfe der durch die Wissenschaften verfügbar gemachten Kenntnisse und Verfahren im Lernprozeß zu einem als nützlich empfundenen Kompetenzgefüge weiterentwickeln. Diese Zielsetzung ist nicht mit Strategien vereinbar, die darauf abzielen, Alltagsvorstellungen zu eliminieren. Diese werden deshalb im unten vorgeschlagenen Konzept nicht als Störungen oder Lernhindernisse behandelt, sondern als wesentliche Anknüpfungspunkte. Es kommt darauf an, sie als Indikator für Bedeutungspräferenzen zu interpretieren, ihren Sinngehalt im Unterricht aufzuklären und sie in ein umfassenderes Theoriegebäude zu integrieren.

4.4.3.3 Ein kontextorientierter Aufbau des Elektrikunterrichts

Angesichts der erwähnten Alltagsbedeutung elektrischer Anlagen erscheint es weder notwendig noch pädagogisch sinnvoll, im einführenden Elektrikunterricht das Kreislaufkonzept vorgängig und isoliert zum Konzept der Energieübertragung zu vermitteln. Im folgenden soll versucht werden, die Grundgedanken des Innovationsvorschlags auf den Punkt zu bringen.

Als Rahmenkontext fungiert das Thema *Energieübertragung durch elektrische Anlagen*. Von der ersten Unterrichtsstunde an werden Stromkreise als *Systeme zur Energieübertragung* ins didaktische Blickfeld gerückt.[200] Begriffe, Gesetze, Größen und Modellvorstellungen werden unter der Maßgabe didaktisch aufbereitet, wie sie den Prozeß der Energieübertragung verständlich machen können. *Energieströme* werden qualitativ und quantitativ erfaßt und auch affektiv in den Erlebnisbereich der Schülerinnen und Schüler integriert.

Das ist natürlich nicht ganz einfach, weil man es Netzgeräten und Batterien nicht ansieht, wie anstrengend es ist, die Elektrizität durch die Anlage zu treiben. Daher müssen die Schülerinnen und Schüler „ihren Strom selber machen" (was sie auch gerne tun), und zwar während der ganzen Phase der Begriffsbildung.

Als methodische Hilfe wurden handgetriebene Generatoren entwickelt, die von einer Lehrmittelfirma in ihr Programm aufgenommen wurden.[201] Die Generatoren sind ergonomisch auf die Energieumsätze abgestimmt, die im Handbetrieb erreichbar und wahrnehmungsmäßig differenzierbar sind.

Zahlreiche Experimente wurden in ihrer Dimensionierung auf diesen Generator und damit auf die Erlebbarkeit der energetischen Folgen einer Variation der Parameter *Ladungträgerstrom* und *Spannung* abgestimmt. (Am Generator wirkt sich ein größerer Strom in einer größeren *Kraft* an der Handkurbel aus, weil mehr Ladungsträger pro Zeiteinheit angetrieben werden müssen. Eine Erhöhung der Spannung wird durch eine höhere *Drehzahl* an der Kurbel bewirkt, weil durch die Vergrößerung der Induktionswirkung die einzelnen Ladungsträger – unabhängig von deren Anzahl – stärker angetrieben werden.)

Vor Beginn des Elektrikunterrichts werden die Schüler durch mechanische Experimente mit ihren physiologischen Energieumsätzen vertraut gemacht.[202] Sie erfahren dabei, daß ihre körperliche Spitzenleistung in der Größenordnung von einigen Hundert Watt liegt, ihre Dauerleistung unter 100 W. Mit der Armmuskulatur sind (beidarmig) sekundenlang 200 W oder mehr möglich (Klimmzüge und Liegestützen), über mehrere Minuten hinweg schafft man mit einem Arm kaum mehr als 15 W. Dies ist dann ein Erfahrungswert, an dem sich die Energieumsätze am handgetriebenen Generator orientieren. Die Erfahrungen mit dem eigenen Körper bilden im Verlauf des Unterrichtgangs auch die Grundlage für die Bewertung größerer Energieumsätze, beispielsweise für den bundesrepublikanischen Pro-Kopf-Umsatz (→ Abbildung 45).

---

[200] Die Bedeutung elektrischer Anlagen für die Informationsübertragung und -verarbeitung erfordert andere Wege der Begriffsbildung. Sie kann in einem eigenen Rahmenkontext erfolgen, in dem dann in fachsystematischer Hinsicht Inhalte aus der Elektronik eine zentrale Rolle spielen (→ vgl. Abschnitt 4.4.4.2).

[201] CORNELSEN EXPERIMENTA, Berlin

[202] Gemäß dem Vorschlag der Anordnung von Rahmenkontexten im Abschnitt 4.4.4 werden die physiologischen Erfahrungen im RK „Maschinen im Dienste des Menschen" erarbeitet.

Abbildung 45: Symbolische Darstellung des elektrischen Energieumsatzes, den jeder Bundesbürger durch seine Lebensweise verursacht (ca. 700 W; Primärenergieeinsatz ca. 2050 W)[203]

Die neue Gewichtung der Ziele, Begriffe und Inhalte verändert nicht selten den Stellenwert traditionell zentraler Themen. Manche bisher kaum in Frage gestellten Inhalte kommen mit veränderter Darstellung und Gewichtung oder auch gar nicht vor. Als Beispiel seien das ohmsche Gesetz und die Widerstandsdefinition $R = U/I$ angeführt: Bei den lebenspraktisch relevanten Geräten spielt das ohmsche Gesetz keine Rolle, weil es entweder nicht gilt (z. B. Lampen, Motoren) oder aber sinnlos ist, weil die Geräte nur bei *einer* vorgegebenen Nennspannung funktionieren. Eine Behandlung dieses Zusammenhangs kann seiner historischen und theoretischen Bedeutung wegen trotzdem gerechtfertigt sein, auch um zu zeigen, daß man Bauteile so konstruieren kann, daß dieses Gesetz erfüllt ist (z. B. Konstantandraht).[204]

Die Abbildung 46 gibt den prinzipiellen Aufbau des Unterrichts wieder. Die Struktur der Darstellung des Rahmenkontexts weicht von der oben explizierten ab: An die Stelle der Spalte „Anwendungen" treten Hinweise zu den zentralen Experimenten. Der Grund ist darin zu sehen, daß Wissenschaft und Technik mit der Elektrik einen eigenen Wirklichkeitsbereich produziert haben. Es ist nicht – wie z. B. bei den Wettererscheinungen – so, daß ein ohnehin gegebener Realitätsausschnitt nur einer spezifischen Bearbeitung unterzogen wird. Praktisch sind deshalb Anwendungen immer potentieller Gegenstand der kontextbezogenen Inhalte. Aus der Perspektive der Energieübertragung könnten allerdings manche Themen, die mit der Informationsübertragung zusammenhängen als Anwendungen betrachtet werden. Ihnen sollte aber ein eigener Rahmenkontext vorbehalten bleiben (→ Abschnitt 4.4.4). Das Gewitter und andere elektrische Erscheinungen in der Natur zählen zu den wenigen Ausnahmen, die im Sinne kontextüberschreitender Anwendungen in den Unterricht einbezogen werden können.

Die recht „trockene" Übersicht läßt natürlich nicht erkennen, wie lebendig es im konkreten Unterricht zugeht. Aber das hängt wie immer vor allem von der Lehr-

---

203 Die Zeichnung wurde von G. FRANK, Ravensburg als Logo für diese Konzeption angefertigt. Sie wurde schon in mehreren Veröffentlichungen hierzu wiedergegeben.

204 Das ohmsche Gesetz, Spannungsteiler, Widerstandsberechnungen sind im übrigen völlig unentbehrlich im Bereich der Informationsübertragungssysteme (Elektronik).

kraft ab. Das Konzept eröffnet aber viele Chancen dafür, daß die Schülerinnen und Schüler sich aktiv-tätig mit lebensnahen Inhalten auseinandersetzen. Ob sie nun mit selbstgewickelten Tauchsiederspiralen versuchen, das Wasser für eine Suppe heiß „zu kurbeln", Weizenbier „von Hand" elektrolysieren, den Energiestrom für eine elektrische Kaffeemühle mit ihrem eigenen Energieumsatz bei einer handgetriebenen Mühle vergleichen, nicht selten kommt es nach den bisherigen Erfahrungen vor, daß Schülerinnen und Schüler vom Ende der Physikstunde überrascht werden.

Im dargestellten Unterricht werden auch Aspekte „epochaltypischer Schlüsselprobleme" behandelt (→ Abschnitt 4.2.1). Ausgehend vom Vergleich der Energieströme bei einzelnen Geräten mit den subjektiven physiologischen Möglichkeiten, führt der Unterricht über die Energieumsätze sozialer Einheiten im Zusammenhang mit der „Stromrechnung" (Familie, Schule) zu Fragen der regionalen und überregionalen Energieversorgung. Spätestens bei der Betrachtung des Verbundnetzes mit seinen gewaltigen Energieströmen (ca. 1 MW pro 1000 Einwohner bei voller Infrastruktur) treten auch die ökologischen und energiepolitischen Fragen ins Blickfeld, deren Behandlung ja nicht nur KLAFKI fordert, sondern die vielmehr fester Bestandteil aller Lehrpläne ist.[205]

---

[205] Vgl. auch die Schulbuchkapitel der Ausgabe CORNELSEN Nr. 33490: *Stromkreise übertragen Energie* (S. 286–295; Teilkontexte I, II, IV und IX); *Die elektrische Ladung* (S. 16–25; Teilkontext III); *Die elektrische Spannung* (S. 34–39; Teilkontexte VII und VIII); *Energieübertragung durch Wechselstrom* (S. 342–355; Teilkontext X); *Elektrizitätswerke im Vergleich* (S. 356–365; Teilkontext XI).

Rahmenkontext: **Elektrische Anlagen zur Energieübertragung**			Seite 1
Teilkontexte	**Kontextbezogene Inhalte**	**Sachstrukturelle Inhalte**	**Schlüsselexperimente** „hgG" = „handgetriebener Generator"
I. Elektrizität verändert die Welt und die Menschen	Kulturgeschichtliche und aktuelle gesellschaftliche Auswirkungen der Elektrifizierung. Veränderungen in der „2. und 3. industriellen Revolution" (z. B.: Haushalt früher und heute, Verkehrs- und Nachrichtensysteme).	Energie- und Informationsübertragung als Zweck elektrischer Anlagen. Energiewandler; prototypische bzw. schematische Darstellung der Übertragung von der Quelle zum Verbraucher; Energiestrom als Größe mit der Einheit 1 Watt.	Modellversuche zur Energieübertragung; z.B.: Spielzeugdampfmaschine treibt Säge einmal über Riemen, dann über Generator, Motor und el. Übertragungsleitung an.
II. Energieumsätze bei Elektrogeräten und Menschen im Vergleich	Energieströme bei ausgewählten Elektrogeräten im Vergleich zu physiologisch betriebenen Geräten; (z. B.: Kaffeemahlen, Bohren, Teig anrühren).	Energieumsätze in elektrischen Verbrauchern. Verbraucherseitige Energieumwandlungen („Wirkung" el. Geräte bzw. Licht, Wärme, mech. und chem. Energie aus el. Energie).	Quantitativer Vergleich von Riementransmission und elektrischer Übertragung; Erfahrungen mit dem hgG bei hoher Belastung (Experimentierleuchte, betrieben mit hgG). Elektronische Messung von Energieströmen.
III. Was kann sich in elektrischen Leitungen bewegen?	Elektrostatische Erscheinungen in der Umwelt; Elektrische Aufladung von Gegenständen wie Pullover, Haare, Bildschirm, Schallplatten; Gewitterelektrizität.	Elektrostatik; Kräfte zwischen geladenen Körpern; positive und negative Elektrizität; Ladungsbeweglichkeit (Leitfähigkeit); Influenz (Erhaltungsvorstellung); einfaches Atommodell (Elektron und Atomrumpf); Vorstellung von der Elektronenbewegung in Metallen als Ursache für den Energietransport.	Einfache elektrostatische Versuche mit Hilfe von Schallplatten, Folien und Glimmlampe; Influenzversuche mit Konservendosen. Einfaches Elektrophor.
IV. Elektrische Energiequellen im Alltag	Batterie, „Steckdose", Solarzelle, Dynamo, Thermoelement als Quellen für elektrische Energieströme.	Prinzip der Energieumwandlungen in elektrischen Quellen (Diffusionsquellen und Induktion). Idee von der Elektronenbewegung als Ursache für den Energiestrom.	Einfache Versuche zur Energieumwandlung (Mikromotor als Anzeigegerät): Galvanisches Element, Thermoelement, Solarzelle, Spule und Magnet als el. Energiequellen.

Rahmenkontext: Elektrische Anlagen zur Energieübertragung			Seite 2
Teilkontexte	**Kontextbezogene Inhalte**	**Sachstrukturelle Inhalte**	**Schlüsselexperimente**
V. Kreisläufe transportieren Energie	Kreisläufe als „Transportmittel" – Allgemeines Deutungsmuster für verschiedene Systeme (Luft- und Wasserkreisläufe, Riemen und Ketten); Zirkulierende Ladungsströme und ihre Messung (z. B. an Scheinwerferlampe und Rücklicht des Fahrrads).	Der Ladungsstrom I als „Treibriemen"; Vergleich mit anderen Systemen, bei denen zirkulierende Mittel Energiestr öme erzeugen; Messung von Ladungsströmen in einfachen Stromkreisen; Zusammenhang Energie- und Ladungsstrom (qualitativ an Lampen und Motoren).	Betreiben verschiedener Lämpchen der 4-V-Serie mit dem hgG (qual. Vergleich der Energieströme bei abgedunkeltem Raum); Ladungsstrommessung in diesen Schaltkreisen (mit Analoginstrumenten); hgG als Motor mit unterschiedlich belasteter Schnurwelle: Strommessung.
VI. Wie groß dürfen Ladungsträgerströme werden? – Mehrere Verbraucher an einer Energiequelle (Parallelschaltung)	Mehrere (Haushalts-)Geräte an einer Quelle. Belastungsgrenzen von Stromkreisen (Überlastsicherungen; Brandgefahr); Belastungsgrenzen unterschiedlicher Batterien gleicher Spannung (z. B. Micro-, Mignon-, Baby-, Monozelle).	Untersuchungen zum Zusammenhang von Ladungsstrom und Energiestrom ($P \sim I$, bei $U =$ const.); *Parallelschaltung* von Verbrauchern als Möglichkeit, Energieströme über den Ladungsstrom zu vervielfachen; Grenzen von Energiequellen (hinsichtlich der gleichzeitig anzutreibenden Anzahl von Elektronen).	Parallelschaltung mehrerer Lampen am hgG; Messung der Gesamt- und Teilströme in Parallelschaltung. Erfahrung des stromabhängigen Energieaufwands am hgG (Kraft an der Kurbel); Experimente mit Batterien (Grenzbelastbarkeit); Parallelschaltung von Batterien.
VII. Gefährliche und ungefährliche Energiequellen (Zuordnung von Energiequellen und Verbrauchern)	Nicht jedes Gerät kann an jede Quelle angeschlossen werden; Unterscheidung von Energiequellen nach der Maßgabe, wie stark sie die (einzelnen) Ladungsträger antreiben (Quellenspannung); Gefährliche Spannungen. Anordnung der Batteriezellen in Recorder, Radio, Walkman.	Abhängigkeit des Energiestroms von der Quelle (bei $I =$ const.); Aufbau des Verständnisses der *Quellenspannung* auf elementarem Abstraktionsniveau: Spannungsangabe als Maß dafür, wie stark die Quelle die einzelnen Elektronen antreibt; Reihenschaltung von Batteriezellen (Spannungsmessung).	Schreibtischlampe (60 W) im Vergleich mit 4-V/0,3-A-Lämpchen am hgG: größerer Energiestrom trotz kleinerem Ladungsträgerstrom; Lämpchen verschiedener Nennspannung, aber *gleicher* Nennspannung am hgG; Spannungsmessung an verschiedenen Quellen (hgG mit unterschiedlicher Drehzahl; Batterien).

Rahmenkontext: **Elektrische Anlagen zur Energieübertragung**			Seite 3
Teilkontexte	Kontextbezogene Inhalte	Sachstrukturelle Inhalte	Schlüsselexperimente
VIII. Energiebedarf und Energieumsatz elektrischer Geräte in Abhängigkeit von konstruktiven Merkmalen. (Widerstandsvorstellung)	Aufbau von Haushaltsgeräten (Lampen, Heizgeräte o. ä.); Dimensionierung elektrischer Leitungen (Strombelastbarkeit).	Vervielfachung der Energieströme durch *Reihenschaltung*; *Teilspannungen* zwischen zwei beliebigen Stellen im Stromkreis; *Zur Deutung der Verbraucherspannung vgl. S. 261 ff.* Widerstandsvorstellung: Bauteileigenschaften als Ursache für unterschiedliche Verbraucherspannungen (bei I = const.).	Drähte aus verschiedenem Material und mit unterschiedlicher Dimensionierung am hgG. Modellversuche mit Wasserspritze (Nadeln mit unterschiedlichem Querschnitt; I = const.). Mehrere Lämpchen in Reihe am hgG (analog zur Parallelschaltung), z. B. Batterien in Reihe.
IX. Energieströme von Verbrauchern in Abhängigkeit von Strom und Spannung	„Stromrechnung" und „Stromzähler". Energieverbrauch von Haushalts- und Kleinspannungsgeräten; energetische Kapazität von Batterien.	Proportionalität von Energie- und Ladungsstrom. Spannungsdefinition als $U = P/I$. Energiestrom- und Energieberechnungen ($E = P \cdot t$).	Ladungs- und Energiestrommessungen an Geräten (z.B. P-I an der Kochplatte); Messung von U und I an Kleinspannungsgeräten und Vergleich mit Energiestromangabe.
X. Energieumsätze sozialer Einheiten (große Energieströme im Wechselstromnetz)	Energieberechnungen (z. B. privater Haushalt, Schule, Ort, Stadt, Bundesgebiet) unter wirtschaftlichen und ökologischen Gesichtspunkten; technische Bedingungen für die Übertragung großer Energieströme; Sicherheitsmaßnahmen im Netz.	Wechselspannung als Voraussetzung für die Übertragung großer Energieströme; Wechselstromgenerator; Induktion und Selbstinduktion; Transformator als „Schlüssel" für die Möglichkeit, große Energieströme bei begrenztem Ladungsträgerstrom zu übertragen.	Induktions- und Selbstinduktionsversuche; Induktion in einzelner Leiterschleife und hintereinandergeschalteten Schleifen (Spulen); Modellversuch zur Energieübertragung bei variabler Spannung und Ladungsstrom mit Hilfe zweier Transformatoren.
XI. Verbundsysteme zur Übertragung von elektrischer Energie	Probleme der Energieversorgung; Hoch- und Mittelspannungsnetz; Kraftwerkstypen (Ressourcenverbrauch und Umweltbelastung).	Wirkungsgrad, Abwärme, Energieentwertung, „Kraft-Wärmekopplung" u. a.	Exkursionen ins örtliche Umspannwerk und in Kraftwerke.

Abbildung 46: Übersicht zum Rahmenkontext *Elektrische Anlagen zur Energieübertragung*

327

4.4.4 Rahmenkontexte als curriculares Gefüge

4.4.4.1 Die Verknüpfung von Fachsystematik und Lebenspraxis zum System

Dem Konzept der Rahmenkontexte liegen zwei wichtige Zielsetzungen zugrunde:

Erstens will es den Anspruch erfüllen, Wissenschaftsorientierung und Lebenspraxis konstruktiv zu verknüpfen. Wissenschaftsorientierung wird dabei allerdings nicht so verstanden, als gälte es, Physikunterricht im Sinne des idealisierten Forschungsprozesses nachzubilden, diesen also auf den *Modus des Physiktreibens* zu begrenzen. Vielmehr geht es um *Wissenschaftsverständigkeit*. Wissenschaftsorientierter Unterricht in diesem Sinne zielt darauf ab, *die Fundamente eines zeitgemäßen Weltverständnisses* aufzubauen (→ S. 215 ff). Dieses Anliegen umfaßt Kenntnisse über die Möglichkeiten und Grenzen der Weltveränderung durch Wissenschaft. Notwendig ist dazu der Erwerb *zentraler Begriffe, grundlegender Konzepte, Theorien und Modelle aus Naturwissenschaft und Technik, in denen heute Weltdeutung versucht wird* (→ S. 217). Darüber hinaus wird die Fähigkeit angestrebt, beurteilen zu können, welche Qualität naturwissenschaftlich gewonnene Wissensbestände haben. Wissenschaftsverständigkeit zeigt sich dann in der Verfügbarkeit von Kriterien hinsichtlich der Bedeutung der Wissenschaft für unser Leben sowie dafür, was Wissenschaft zu leisten vermag und was nicht, inwieweit wir auf Wissenschaft und Experten angewiesen sind und wo individuelle fachliche und ethische Kompetenzen sowie persönliche Verantwortlichkeit jedes Mitglieds einer demokratischen Gesellschaft gefordert sind.

Dieses angestrebte *Orientierungswissen* erfordert transferable Wissensbestände und formale Fähigkeiten, die nicht unauflöslich mit speziellen Inhalten verknüpft sein dürfen. Eben darin liegt die Ökonomie fachsystematischer Kompetenzen. Ihr Erwerb befreit uns von der unbewältigbaren Aufgabe, *alle* gegenwärtig und künftig bedeutungsvollen Inhalte in den Lernprozeß einzubeziehen. Es ist daher auch eine Aufgabe des Fachunterrichts, ein abstraktes, systematisch geordnetes Wissen zu erzeugen. Dies wurde bisher in der Sekundarstufe I durch einen Kanon zu erreichen versucht, der sich aus den traditionell gewachsenen Teilgebieten überwiegend der klassischen Physik konstituierte. Die von ihm umfaßten fachsystematischen Kenntnisse und Fähigkeiten müssen im wesentlichen auch in einem kontextorientierten Unterricht erreichbar sein.

Zweitens will das Konzept der Rahmenkontexte dazu beitragen, lebenspraktisch relevante *Inhalte* durch Physikunterricht (partiell) zu erschließen. Weiter oben wurde bereits dargelegt, daß eine Meinungsbildung darüber, was es den Einzelnen und der Menschheit nützt oder schadet, wenn bestimmte naturwissenschaftliche Kenntnisse angewandt werden, nicht losgelöst von den entsprechenden Inhalten möglich ist (→ vgl. z. B. S. 223 und 268). Wenn nicht mehr die Physik für sich genommen das Ziel des Unterrichts darstellt, sondern die lebenspraktische Bedeutung physikalischer Kenntnisse, dann erhält die Frage nach den Inhalten des Unterrichts einen neuen Stellenwert. Es ist daher *nicht* gleichgültig – wie dies z. B. für die Didaktik KERSCHENSTEINERS und WAGENSCHEINS als charakteristisch nachgewiesen wurde (→ S. 137, 163 und 186) –, *welche* Inhalte im Unterricht im Vordergrund stehen. Kriterien hierfür müssen aus der Analyse der Lebenswelt gewonnen werden. Aus diesem Grunde wurde auch die Forderung KLAFKIS nach einer Orientierung an „epochaltypischen Schlüsselproblemen" als im Grundsatz berechtigtes Unterrichts-*ziel* apostrophiert (→ S. 220 ff).

Im nächsten Abschnitt wird ein Gefüge von Rahmenkontexten unterbreitet und erläutert, das diesen Zielsetzungen Rechnung zu tragen versucht.

4.4.4.2 Vorschlag für einen Kernbestand an Rahmenkontexten

In Abbildung 47 ist ein Katalog von Rahmenkontexten aufgeführt (→ S. 330). Die dort genannten Inhalte umfassen den Kernbestand der innerphysikalischen Themen, die in den Lehrplänen der Bundesländer für die Sekundarstufe I gegenwärtig ausgewiesen sind. Auch die Betonung des Energiebegriffs entspricht im Grundsatz den Lehrplanforderungen der jüngeren Zeit. Durch die lebenspraktischen Aspekte treten allerdings manche Inhalte mehr in den Hintergrund, andere erhalten ein größeres Gewicht, so wie dies bei den oben erläuterten Rahmenkontexten zur Optik und Elektrik deutlich wurde.

Es sind aber nicht *alle* Inhalte vertreten, die in den Lehrplänen je nach Bundesland und Schulart aufgeführt sind und deren Behandlung sehr wohl gerechtfertigt werden kann. So fehlt beispielsweise die *Kinematik und Dynamik*, für deren Einbettung in einen Rahmenkontext in Abbildung 25 (→ S. 273) ein Vorschlag unterbreitet wurde. Die *Akustik* könnte – mit analoger Akzentuierung wie die Rahmenkontexte zur *Lehre vom Licht* – als eines der mit elementarer Sinneserfahrung verknüpften Inhaltsgebiete schon in frühen Schuljahren angesiedelt sein. Nicht unmittelbar berücksichtigt sind u. a. auch so beliebte Themenbereiche wie *Mechanik der Flüssigkeiten*, *Himmelsmechanik* oder *Astronomie*.

Die Beispiele für unberücksichtigte physikalische Themen sollen verdeutlichen, daß es mir nicht um Maximalforderungen oder Vollständigkeit geht. Auch sind andere Rahmenkontexte denkbar, mit denen die Ziele des Orientierungsrahmens erreichbar sind. Abbildung 47 stellt also einen für Veränderungen offenen Diskussionsvorschlag dar, der allerdings nicht der Beliebigkeit zugänglich ist:

Die von den aufgeführten Rahmenkontexten umfaßten und spezifisch aspektierten Inhalte sind m. E. nicht nur elementarer Bestandteil eines physikalischen Grundwissens, sondern darüber hinaus eine Voraussetzung für die verantwortungsbewußte Partizipation in einer demokratischen Gesellschaft, für ein zeitgemäßes Weltbild und für eine wissenschaftsverständige persönliche Lebensgestaltung. Abstriche an diesem Kernbestand bedeuten m. E. zugleich einen Verzicht auf Möglichkeiten rationaler und verantwortlicher Mitbestimmungsfähigkeit in einer demokratischen Gesellschaft. Dieser Verzicht fällt manchen Bundesländern gegenwärtig anscheinend nicht allzuschwer, vor allem im Hinblick auf die Hauptschülerinnen und Hauptschüler.

Rahmenkontexte zur Lehre vom Licht
- Elementare Kosmologie
- Sehen und Erkennen
- Abbildungen – ein Bedürfnis der Menschen
- Der Blick ins Unsichtbare; Licht und Farben (→ Abschnitt 4.4.2).

Einfache Maschinen im Dienst des Menschen
Mechanische Maschinen unter dem Gesichtspunkt der Erweiterung der physiologischen Grenzen des Menschen (Grundbegriffe der Mechanik: Energie, Energieumsätze, Kraft und Geschwindigkeit).

Wettererscheinungen und Klimaprobleme
Wettererscheinungen als Folge energetischer Verteilungsprozesse einschließlich anthropogen verursachter Veränderungen und ökologischer Risiken (Grundbegriffe der Thermodynamik bzw. Wärmelehre [→ Abschnitt 4.4.1]).

Elektrische Anlagen zur Energieübertragung
Elektrische Anlagen und Energieversorgungssysteme unter dem Gesichtspunkt der Energieübertragung einschließlich der technischen, wirtschaftlichen und ökologischen Probleme großtechnischer Übertragungssysteme (Elektrizitätslehre).

Kommunikations- und Informationstechnologien
Physikalische Grundlagen moderner Informationsübertragungs- und -verarbeitungstechnologien und ihr Einfluß auf die Gegenwartskultur (Elektronik, Optik, Akustik).

Energieumsätze und Energieentwertungen in Industriegesellschaften
Energieversorgungssysteme; Energieumsätze und Energieumwandlungen am Beispiel wichtiger Verbrauchssektoren (Verkehrssysteme, Industrie, privater Haushalt) einschließlich der physikalischen Grundlagen wichtiger technischer Energiewandler, Übertragungssysteme und den mit ihnen verknüpften ökologischen Problemen (Energetik).

Abbildung 47: Der Kernbestand an Rahmenkontexten

Die Darstellung in Abbildung 47 enthält zugleich einen begründeten Vorschlag für die Reihenfolge, in der die Rahmenkontexte über die Zeit des Physikunterrichts verteilt sind:

Die Rahmenkontexte zur *Lehre vom Licht* sind an den Beginn des Unterrichts gestellt, weil sie besonders unmittelbar an die Alltagserfahrung anknüpfen, nur geringe Anforderungen an formal-mathematische Kenntnisse und Fähigkeiten stellen und weil sie in besonderer Weise geeignet sind, das Spezifische der physikalischen Zugriffsweise zu verdeutlichen. Sie sind damit geeignet, den Grundstein für *Wissenschaftsverständigkeit* zu legen. Da der erforderliche Zeitrahmen allerdings eine Jahreswochenstunde deutlich überschreitet, kann es unter lernpsychologischen Gesichtspunkten ratsam erscheinen, die beiden letzten Rahmenkontexte (*Der Blick ins Unsichtbare* und *Licht und Farben*) in das zweite Unterrichtsjahr zu verschieben.

Der RK *Einfache Maschinen im Dienste des Menschen* impliziert eine didaktische Variante des Mechanikunterrichts, die zugleich dem oft beklagten Motivationsdefizit in diesem Teilgebiet entgegenwirken kann. Der hier nicht weiter explizierte Unterrichtsvorschlag stellt das Bemühen und die Möglichkeiten des Menschen in den Vordergrund, seine naturgegebenen physiologischen Grenzen mit Hilfe technischer Mittel zu erweitern. Als solche Grenzen werden betrachtet:

- Der maximale Energieumsatz pro Längeneinheit ($F = E/s$). (Er dient dazu, den Kraftbegriff zu konzeptualisieren, ohne die newtonsche Mechanik voll entfalten zu müssen.)
- Die physiologische Leistung als Energieumsatz pro Zeiteinheit ($P = E/t$) bei verschiedenen körperlichen Tätigkeiten.
- Die physiologisch bedingte maximale Geschwindigkeit bei der Fortbewegung.

Es wird behandelt, wie der Mensch durch die Erfindung einfacher mechanischer Maschinen diese Grenzen zu sprengen vermochte. Das Fahrrad im Sinne einer Maschine, die hinsichtlich der physiologischen Grenzen eine optimale Erweiterung bewirkt, könnte als Unterrichtsgegenstand am Ende dieser Einheit eine entsprechende Aufmerksamkeit erfahren. In fachlicher Hinsicht ist anzumerken, daß statt des Kraftbegriffs der Energiebegriff im Sinne einer Grundgröße eingeführt wird. Die Behandlung des Energiebegriffs wird gegenwärtig in einigen Lehrplänen innerhalb der Einführung in die Wärmelehre schon für das 6. Schuljahr empfohlen. Dagegen spricht, daß relevante thermische Energieumsätze in einer anderen Größenordnung liegen als physiologische, wodurch ein vergleichbar sinnenhaft-anschaulicher Zugang wie bei den physiologisch-mechanischen Energieumsätzen erschwert ist.

Da die *Wettererscheinungen und Klimaprobleme* gemäß der Darstellung in Abbildung 26 (→ S. 274) wesentlich unter dem Gesichtspunkt energetischer Verteilungsprozesse interpretiert werden, steht diese Unterrichtseinheit *nach* dem RK *Einfache Maschinen im Dienste des Menschen*, innerhalb der der Energiebegriff eingeführt wird. Diese – im Vergleich zur Mehrheit der Lehrpläne – späte Plazierung thermodynamischer Grundeinsichten ist u. a. durch die implizite und notwendige Behandlung „epochaltypischer Schlüsselprobleme" in Gestalt der anthropogenen atmosphärischen Veränderungen gerechtfertigt (→ S. 220 ff).

Die *Elektrizitätslehre* sollte nach meiner Auffassung aus mehreren Gründen erst im fortgeschrittenen Stadium des Physikunterrichts angesiedelt sein. Einerseits wird damit der empirische Tatbestand berücksichtigt, daß die Begriffe der Elektrizitätslehre besondere Lernschwierigkeiten beinhalten, wodurch u. a. erhebliche Motivationsprobleme entstehen können. Zum anderen trägt die Verschiebung in den fortgeschritteneren Unterricht der oben erläuterten Besonderheit Rechnung, daß sich die Elektrik auf einen von Wissenschaft und Technik *produzierten* Wirklichkeitsbereich bezieht und nicht auf eine vorgängig gegebene *Natur*. Wissenschaftsverständigkeit im Hinblick auf *Natur*wissenschaft ist damit – wie dargelegt – schwer aufzubauen. Ihr Grundstein sollte daher schon in vorangegangen Unterrichtseinheiten gelegt worden sein.

Der RK *Kommunikations- und Informationstechnologien* stellt hinsichtlich seiner didaktischen Ausgestaltung innerhalb der Naturwissenschaften gegenwärtig bundesweit ein Desiderat dar. Er müßte u. a. die Vielzahl der Unterrichtsvorschläge und Lehrplaneinheiten zur Elektronik integrieren und vor allem selektieren. In diesem Gegenstandsfeld werden gegenwärtig fast nach Belieben Elemente der Nachrichtentechnik und Nachrichtenübertragung, Grundlagen der Computertechnologien bzw. Digitaltechnik, elektronische Basteleien für den Hobbybereich u. v. a. weitgehend ohne übergeordnete und integrierende pädagogische Begründung behandelt. Eine curriculare Ausgestaltung im Sinne des RK *Kommunikations- und Informationstechnologien* erfordert die Klärung der Frage, was der Physikunterricht zur rationalen Durchdringung dieses Komplexes beitragen kann und soll. Dabei ist vor allem für den Bereich der elektronischen Grundkenntnisse der Gefahr zu begegnen, die Kompetenzen mit spezifischen Technologien bzw. Bauteilen zu verknüpfen, die wie in keinem anderen Bereich schon nach wenigen Jahren obsolet sind. (Als der bipolare Transistor die Elektronenröhre als Lehrplaninhalt schließlich verdrängt hatte, war er in zentralen technologischen Feldern bereits durch Bauteile mit „leistungsloser" Ansteuerung ersetzt.) Da die Thematik dieses RK zu den „epochaltypischen Schlüsselproblemen" zählt und viele andere Unterrichtsfächer zumindest gleichermaßen berührt wie den Physikunterricht, ist nicht nur die Fachdidaktik, sondern die Erziehungswissenschaft insgesamt gefordert, die Elemente einer „allgemeinen Bildung" zu diesem Fragenkreis zu artikulieren.

Der RK *Energieumsätze und Energieentwertungen in gegenwärtigen und künftigen Industriegesellschaften* stellt schließlich „epochaltypische Schlüsselprobleme" in den Mittelpunkt. Er setzt die Kenntnisse aus den voranstehenden Rahmenkontexten weitgehend voraus und integriert zahlreiche Einzelprobleme. Kraftwerkstechnologien, regenerative Energiequellen, thermische Versorgungssysteme oder die teilweise absurd anmutenden Energieumsätze von Verkehrssystemen sowie damit verknüpfte ökologische Belastungen sind bereits gegenwärtig in verstreuter Form als Lehrplaninhalte ausgewiesen. Auch hier gilt es, einen Konsens herbeizuführen, was im Sinne des Orientierungswissens für *alle* am Ende der Sekundarstufe I behandelt werden soll. Zur Legitimationsbasis des naturwissenschaftlichen Unterrichts gehört es m. E., in diesem Feld für ein breites Grundwissen in der Bevölkerung zu sorgen, und zwar nicht nur gegenwartsbezogen, sondern auch mit einem Blick in die Zukunft der nachfolgenden Generationen. Obwohl oder gerade weil die Zukunftsentwicklung im Hinblick auf die energieintensiven Technologien und die Energieversorgungssysteme noch offen ist, bedarf es der Aufarbeitung der naturwissenschaftlichen Grundlagen für breite Bevölkerungsschichten in besonderem Maße. Denn in diesem Bereich ist die Gefahr besonders groß, daß das Machtpotential des naturwissenschaftlichen Know-hows für partikulare Interessen zum Schaden der Menschheit mißbraucht wird. Demokratische Partizipation an der diesbezüglichen Zukunftsentwicklung ist auf Sachkompetenz angewiesen, die der naturwissenschaftliche Unterricht fundieren muß.

Zum erforderlichen zeitlichen Rahmen

Kapitel III hat gezeigt, daß sowohl KERSCHENSTEINER (→ Fußnote 100, S. 138) als auch WAGENSCHEIN für ihre didaktischen Entwürfe von einem Zeitrahmen ausgegingen, der dem Physikunterricht heute in den Lehrplänen für die Sekundarstufe I nicht mehr zur Verfügung steht. Auch die Minimalforderungen des MNU setzen einen mindestens zweistündigen Unterricht über vier Schuljahre voraus (→ S. 182 ff). Das didaktische Konzept der Rahmenkontexte kann hier keine andere Lösung anbieten. Die in Abbildung 47 aufgeführten Rahmenkontexte erfordern in der angegebenen Gruppierung nach meiner Erfahrung in keinem Fall weniger Unterrichtszeit als eine Jahreswochenstunde. Für die Kontexte zur *Lehre vom Licht*, die *Informations- und Kommunikationstechnologien* und für die *Energietechnologien* reicht jeweils eine Jahreswochenstunde schwerlich aus. Mit Rücksicht auf den zeitlichen Beitrag, den auch der Physikunterricht zu Projekten und ähnlichen fachüberschreitenden Unterrichtsvorhaben in Verbindung mit den Rahmenkontexten zu leisten hat, und eingedenk der Tatsache, daß mit dem angeführten Kernbestand eine Reihe von Inhalten nicht abgedeckt ist, die zumindest fakultativ den Unterricht ergänzen sollten, bestätigt sich die Forderung nach einer Unterrichtszeit von mindestens acht Jahreswochenstunden.

Andererseits glaube ich aufgrund eigener Erfahrungen die Befürchtung entkräften zu können, das Lernen in sinnstiftenden Kontexten sei aus rein zeitlichen Gründen illusorisch. Die Berücksichtigung der außerphysikalischen Zusammenhänge, erkenntnistheoretischer Ziele usw. erfordert zwar ohne Zweifel zusätzliche Unterrichtszeit. Dieser Mehraufwand wird aber durch die Konzentration auf die kontextuell relevanten Zusammenhänge und durch die verbesserte Motivationslage der Schülerinnen und Schüler, mithin also durch eine gesteigerte Effektivität des Unterrichts, weitgehend kompensiert.

Insgesamt bestätigt sich aber die Abhängigkeit eines sinnvollen Physikunterrichts von den bildungspolitischen Rahmenbedingungen. Die Fachdidaktik kann inhaltliche Vorschläge für die Lösung pädagogischer Probleme unterbreiten, aber sie kann keine Wunder vollbringen. Wenn – wie an Baden-Württembergs Hauptschulen – nur noch drei Jahreswochenstunden im Leben der Schülerinnen und Schüler für das Physiklernen zur Verfügung stehen, dann reduziert sich der naturwissenschaftliche Unterricht in der Tat auf einen Restbestand jenes *apportierbaren* (WAGENSCHEIN) Verfügungswissens, das als Teil vorberuflicher Bildung angesehen wird oder das aufgrund ökonomischer oder gesellschaftspolitischer Partikularinteressen für unverzichtbar gehalten wird. Hinsichtlich der mit dem Orientierungswissen verknüpften Zielsetzungen ist dieser Unterricht reine Makulatur.

4.5   HINWEISE ZUR UNTERRICHTSMETHODIK

Im folgenden sollen noch einige Anmerkungen zum methodischen Verfahren des Physikunterrichts gemacht werden, die sich aus der Kritik des Kapitels III und den Vorschlägen des Kapitels IV ergeben. Sie beziehen sich auf grundsätzliche Argumente zum Experimentieren und auf den prinzipiellen Aufbau von Unterrichtseinheiten.

Weitgehend unerörtert bleibt die Frage nach den Interaktionsformen, die durch die Leitlinie *Kommunikationsfähigkeit* geprägt sein müssen. Sie erfordert einen größeren Freiraum für die unbefangene sprachliche Auseinandersetzung mit den physikalischen Problemen, als ihr üblicherweise eingeräumt wird. Zu prüfen wäre in diesem Zusammenhang u. a., in welchen Phasen des Erkenntnisprozesses durch Freiarbeit oder andere Unterrichtsformen die dominante Rolle der Lehrkraft hinsichtlich der Gesprächsführung durchbrochen werden kann, welche methodischen und medialen Möglichkeiten zur Förderung der mündlichen und schriftlichen Ausdrucksfähigkeit im Physikunterricht stärker genutzt werden können und welchen Einfluß diese Zielsetzung auch auf die Formen der Leistungskontrolle und Leistungsbewertung haben müßte.

Die im traditionellen Unterricht herausragende Bedeutung der Fähigkeit, quantitative Aufgaben mit Hilfe von Formeln bzw. mathematischen Verfahren lösen zu können, bedarf im Rahmen des angestrebten Orientierungswissens einer Relativierung und Neubewertung. Die Fähigkeiten, Probleme auf der sprachlichen Ebene zu beschreiben und zu bearbeiten, quantitative Zusammenhänge durch „bürgerliche" Rechenverfahren „überschlägig" erfassen zu können u. ä., sollten als zumindest gleichwertige Unterrichtsziele zur gewohnten Pflege formaler Lösungsverfahren hinzutreten. Es soll mit diesen Anmerkungen hier sein Bewenden haben. Eine systematische Bearbeitung müßte Gegenstand einer eigenen Arbeit sein.

4.5.1 Anmerkungen zu den didaktischen Funktionen des Experiments

Jede Didaktik des Physikunterrichts und alle Lehrpläne räumen dem physikalischen Experiment eine zentrale Stellung ein. Das führt u. a. dazu, daß die Unterrichtsmethode sich wesentlich an den Anforderungen und Postulaten orientiert, die mit der didaktischen Gestaltung des physikalischen Experiments in der Schule verknüpft werden. Diese hängen ihrerseits wieder von der erkenntnistheoretischen Funktion ab, die dem Experiment zugeschrieben wird. Daß dabei positivistische Auffassungen auch heute noch im Vordergrund stehen, wurde im Kapitel III dargestellt. Die entsprechende wissenschaftstheoretische Position, nach der die physikalische Erkenntnis das Ergebnis genauer Beobachtung und daran geknüpftem folgerichtigen Denken sein soll, wurde im Abschnitt 3.2.2 (→ S. 148 ff) und – im Zusammenhang mit WAGENSCHEIN – im Abschnitt 3.3.2.2 (→ S. 171 ff) als unhaltbar dargestellt. Außerdem wurde auf S. 178 die Entmutigung erwähnt, die bei Schülerinnen und Schülern eintreten muß, wenn sie am Experiment nicht jene Idealgestalt des Naturgesetzes erkennen können, die angeblich empirisch beobachtbar sein soll. Da die pädagogische Wirkung und Gestaltung des Physikunterrichts so wesentlich mit den Mißverständnissen zu diesem Problemkreis verknüpft ist, werden im folgenden einige Betrachtungen hierzu angestellt.

4.5.1.1 „Experiment" und „Pseudo-Experiment" im Unterricht

Wenn in den Lehrplänen vom „naturwissenschaftlichen Experiment" gesprochen wird, so wird fast immer dessen zentrale Bedeutung für die naturwissenschaftliche Erkenntnismethode hervorgehoben. Das Schulexperiment müßte dann jener Kunstform des naturwissenschaftlichen Forschens nachgebildet sein, die im von KANT formulierten Bild nach einem von der Vernunft hervorgebrachten Plan Fragen an die Natur richtet, und zwar „in der Qualität des bestallten Richters", der die Natur „nötigt", den *vorgängigen* Plan der Vernunft als naturangemessen zu bestätigen oder zu falsifizieren (→ S. 101).

Lehrpläne differenzieren meist nur zwischen dem „Demonstrationsexperiment", das von der Lehrkraft vorgeführt wird, und dem „Schülerexperiment", wobei letzterem *in den Lehrplänen* aus lernpsychologischen Gründen der Vorzug gegeben wird. Eine Unterscheidung nach erkenntnistheoretischen Funktionen erfolgt in den meisten Fällen nicht. Sie erübrigt sich wegen der (falschen) Voraussetzung, daß es nur *das* Experiment gibt, das der naturwissenschaftlichen Methode entspricht.

Die experimentellen Tätigkeiten im Physikunterricht sind aber zu Recht keineswegs auf diese klassische Form des Experiments beschränkt. Genau betrachtet, dürfte sie sogar äußerst selten vorkommen! Das Experiment in diesem Sinne setzt ja die Idealgestalt der zu entwickelnden physikalischen Theorie als Hypothese *voraus*. Form und Ablauf des Experiments müßten dann im Licht der Hypothese entwickelt werden. Alles andere wäre ein „bloßes Herumtappen" am „Gängelband der Natur" (KANT). Es soll hier nicht weiter vertieft werden, daß im Physikunterricht das Gängelband in aller Regel nicht von der Natur geführt wird, sondern von den Lehrmittelfirmen bzw. den „Belehrungsapparaten" der physikalischen Sammlung oder von der wissenden Lehrkraft. Dies wurde an anderer Stelle ausführlich erörtert (MUCKENFUß 1979b).

Zur Vereinfachung wird im weiteren zwischen „Experimenten" und „Versuchen" unterschieden. Mit dem „Experiment" ist die erwähnte Kunstform der naturwissenschaftlichen Methode gemeint. Wesentlich dabei ist, daß die Idealgestalt als Hypothese vorausgesetzt werden muß und – entgegen der positivistischen Argumentation – keineswegs durch „genaue Beobachtung" erst am Experiment gewonnen wird. Die Quelle für die Hypothese ist – gemäß EINSTEINs Formulierung – die *auf Einfühlung in die Erfahrung sich stützende Intuition* (→ S. 175).

Das *Experiment* vermag *nur* unter diesen Voraussetzungen den mit ihm verknüpften Anspruch zu erfüllen, auch methodologische Einsichten auf dem Weg der Erfahrung zu vermitteln. Es ist dann aber so zu gestalten,

- daß die Erkenntnisinteressen und geistigen Entwürfe *der Schülerinnen und Schüler* aufgegriffen und geprüft werden;
- daß die experimentellen Bedingungen von den Schülerinnen und Schülern vollständig durchschaut und im Handlungsvollzug variiert werden können;
- daß die Komplexitätsreduktion, die in das Gesetz einfließenden Randbedingungen und damit der Gültigkeitsbereich deutlich werden;
- daß die Ergebnisse intersubjektiv überprüfbar, also unabhängig von den subjektiven Kenntnissen und Fähigkeiten des Experimentators (Lehrkraft!) sind.

Es ist offenkundig, daß diese Voraussetzungen normalerweise beim physikalischen Schulexperiment nicht gegeben sind, weder in den Demonstrations- noch bei Schülerexperimenten. Das geht schon aus dem Umstand hervor, daß die meisten Experimente mit speziellen physikalischen Lehrgeräten durchgeführt werden, bei denen viel Mühe darauf verwandt wurde, schon konstruktiv die Störvariablen zu minimieren und möglichst alle Randbedingungen der von Lehrkräften und Herstellern avisierten „Hypothese" in der Versuchsanordnung zu berücksichtigen. Gerade daraus resultiert der reduktionistische Charakter physikalischer Lehrgeräte (→ S. 148 ff). Was herauszufinden ist, steckt in den standardisierten Versuchsanordnungen schon drin. Sie entsprechen der fertigen Theorie und damit wohl nur in seltenen Glücksfällen den Hypothesen der Schülerinnen und Schüler.

Heute würde ich aber nicht mehr wie vor 15 Jahren fordern (MUCKENFUß 1979b), daß physikalische Versuche im Unterricht grundsätzlich die Kriterien des Experiments erfüllen müssen. Wollte man dies konsequent praktizieren, dann wäre vor allem die Anknüpfung an die Hypothesen der Schülerinnen und Schüler eine wesentliche Voraussetzung. Daß solche Hypothesen überhaupt entwickelt werden, bedarf schon erheblicher pädagogischer Anstrengungen. Liegen sie schließlich vor, so entsprechen sie gewöhnlich nicht den Idealgestalten der fertigen Physik. Sie einzeln zu prüfen, zu widerlegen und weiterzuentwickeln, ohne mit dem heimlichen Blick auf den verfügbaren „Belehrungsapparat" die Diskussion in die Richtung des gewünschten Ergebnisses zu lenken, ist nicht nur enorm zeitaufwendig, sondern auch aus psychologischen Gründen kaum durchzuhalten. An mir selbst und in Unterrichtshospitationen mache ich jedenfalls oft die Beobachtung, daß die Fragen und Anregungen, mit denen die Lehrkraft z. B. einer experimentierenden und ratlosen Schülergruppe weiterhelfen will, fast zwangsläufig stärker vom fachlichen Wissensvorsprung als von den gerade aktuellen Denkmustern der Schülerinnen und Schüler beeinflußt sind.

Wirkliches Experimentieren im Sinne der naturwissenschaftlichen Methode erfordert, daß den Hypothesen, Argumenten und Experimentiervorschlägen der Schülerinnen und Schüler bis zur endgültigen Klärung der Ausgangsfrage nachgegangen wird. Eine Steuerung durch die Lehrkraft in die Richtung des vom

„Belehrungsapparat" vorgegebenen „richtigen" Ergebnisses hat motivationspsychologisch fatale Folgen: Wenn am Ende eines langen Diskussionsprozesses doch schließlich *das* „Experiment" steht, das ausgeklügelt und fertig vorbereitet auf einem Experimentierwagen herbeigeschafft wird, dann kann dies eigentlich auf die Dauer Unterlegenheitsgefühle bei den Schülerinnen und Schülern nicht verhindern; denn auf *diese* raffinierte Lösung wären sie von sich aus verständlicherweise nicht gekommen.

4.5.1.2 Zu den unterschiedlichen Funktionen des Experimentierens im Physikunterricht

Die pädagogische Lösung der aufgeführten Schwierigkeit liegt im Verzicht auf den Anspruch, Versuche im Physikunterricht würden *immer* zugleich den Weg der Erkenntnisgewinnung repräsentieren. Hier kann nun wirklich das exemplarische Verfahren zum Zuge kommen. Es ist m. E. völlig ausreichend, hin und wieder auf diesem Weg die naturwissenschaftliche Methode zu veranschaulichen. Nach meiner eigenen Erfahrung kann ich nur empfehlen, diese Möglichkeit spontan in den glücklichen Situationen aufzugreifen, in denen Schülerinnen und Schüler tatsächlich von sich aus sinnvolle Hypothesen entwickeln. „Sinnvoll" bedeutet dabei natürlich nicht: „der fertigen Physik entsprechend".

Sehr viel häufiger ist der Unterricht darauf angewiesen, mit Hilfe kunstvoller Geräte die künstlichen Phänomene zu produzieren, mit deren Hilfe die Theoriezusammenhänge effektiv darstellbar sind. Dabei kommt es darauf an, den informierenden Charakter solcher Vorgehensweise nicht zu verschleiern. Die Schülerinnen und Schüler haben vielmehr ein Recht darauf, zu erfahren, welche Hypothesen der Versuchsanordnung zugrunde liegen und mit welchen konstruktiven Maßnahmen bzw. mit welchem technischen Aufwand es schließlich gelingt, Zusammenhänge empirisch darzustellen, die sich ansonsten der unbefangenen Beobachtung verbergen. Dieses Vorgehen verhindert die Selbstzweifel am Vorhandensein einer scheinbar notwendigen speziellen naturwissenschaftlichen Begabung. Dagegen ist diese Wirkung des Unterrichts unausweichlich, wenn explizit oder implizit behauptet wird: *Die Naturgesetzlichkeit, die es im Zuge des Unterrichts zu erschließen gilt, liegt in der Natur selbst verborgen und vermag sich nur in dieser zu offenbaren, wenn der Schüler gut beobachtet, sauber denkt und sie geschickt durch einen Versuch „befragt" hat* (MOTHES, S. 52; Hervorhebung i. O.).

Daß nicht nur MOTHES, sondern auch WAGENSCHEIN und viele aktuelle Lehrpläne dieses erkenntnistheoretische Mißverständnis pflegen, wurde im Kapitel III ausgeführt (→ S. 148 ff und 171 ff). Weiter unten werden noch methodische Konsequenzen dargelegt, die zu ziehen sind, wenn die pädagogischen Folgen dieses Mißverständnisses vermieden werden sollen.

Experimentieren im Unterricht ist also nach dem Gesagten im Regelfall nicht identisch mit dem Anstellen oder Nachbilden eines wissenschaftlichen Experiments im klassischen Sinne. Dies hat gute Gründe. Auf die informierende Funktion des mit standardisiertem Lehrmaterial durchgeführten Versuchs wurde bereits verwiesen und auch betont, daß dagegen nichts einzuwenden ist, solange der mediale Charakter dieser Demonstrationen (und um solche handelt es sich dem Wortsinn nach, unabhängig davon, ob es Schüler- oder Lehrerversuche sind) nicht verschleiert wird.

Versuche im Unterricht haben vielfach eine gänzlich andere Aufgabe und auch einen anderen Charakter als das klassische Experiment. Es sei an das Beispiel des selbstgebauten Heißluftballons erinnert (→ S. 284 ff), an die Versuche zum Phänomen des Spiegelbilds (→ S. 311 f), an die in Abbildung 46 (→ S. 325) erwähnten Freihandexperimente zur Elektrostatik oder an die Versuche zur Messung der physiologischen Leistung (→ S. 322). Sie alle dienen weder der Bestätigung einer Hypothese noch der Mitteilung derselben. Vielmehr stellen sie *Erfahrungen* bereit, präsentieren *Phänomene*, erschließen phänomenologisch *Lebenspraxis* u. ä. Darüber hinaus haben sie natürlich auch eine positive *Motivationswirkung*, die damit zusammenhängt, daß die Geräte für diese Versuche aus dem Alltag stammen und keine spezifisch-physikalische Experimentierkompetenz erfordern wie das standardisierte Lehrmaterial. Schülerinnen und Schüler sind bei solchen Versuchen als Experimentatoren den Lehrkräften nicht selten überlegen (→ S. 284). Es wird sich zeigen, daß der Stellenwert dieser Versuche im Aufbau des Unterrichts kaum überschätzt werden kann – gerade auch im Hinblick auf das Ziel der *Wissenschaftsverständigkeit*. Dagegen führt das „Pseudo-Experiment" mit standardisiertem Lehrmaterial leicht zur Wissenschafts*gläubigkeit,* nämlich dann, wenn es ungerechtfertigter Weise mit der positivistischen Geste versehen wird: *So ist es!* Der wahre Charakter entspricht dem Satz: *So kann man zeigen, was andere ausgedacht haben!*

Die Funktionen der Versuche und Experimente im Unterricht bedürfen also einer differenzierteren Sichtweise, als sie üblicherweise in den Lehrplänen und auch im Bewußtsein vieler Lehrkräfte eingenommen wird. Während bisher vor allem die Bedeutung schulischen Experimentierens für den Erkenntnisprozeß problematisiert wurde, betont die Übersicht der Abbildung 48 auch weitere Zielsetzungen, die der experimentellen Tätigkeit zugedacht sind. Diese Darstellung verweist auf die Notwendigkeit, die Gestaltung der experimentellen Tätigkeit differenziert nach der jeweiligen Zielsetzung zu variieren. Auch die einzelnen Aspekte, die innerhalb der jeweiligen Zielorientierung in Abbildung 48 aufgeführt sind, stellen jeweils spezifische Anforderungen an die Experimente bzw. Versuche. Die Einbindung der experimentellen Tätigkeiten in den Unterrichtsablauf soll im nachfolgenden Abschnitt noch verdeutlicht werden.

Wichtige Funktionen des Schulexperiments

Fachimmanente Ziele	Psychologische Ziele	Pädagogische Ziele
• Experiment als zentrales Element der *naturwissenschaftlichen Methode* (methodologische Funktion: z. B. Verifikation/Falsifikation von Hypothesen, Modell- und Theoriebildung). Dabei ist das Experiment zur Darstellung der Quantifizierbarkeit bzw. Mathematisierbarkeit der „Natur" ein Teilaspekt; • Experiment in seiner Endgestalt als *Vermittlungsmedium* für physikalische Fakten, Theorien, Modelle (Mitteilung); • Experimentieren zum Aufbau fachspezifischer *Handlungskompetenz;* • Experiment zur *Operationalisierung* von Begriffen und Größen (Demonstration); • „*Versuch*" zur Bereitstellung der Erfahrungsbasis („primäre" Erfahrung, Präsentation von Realität zur Gewinnung von Problemstellungen, Hypothesen).	Steigerung der *Motivation* und *Lerneffektivität* durch • erstaunliche Phänomene (kognitive Konflikte); • „mehrkanaligen" Zugang („Lernen mit Kopf, Herz und Hand"); • praktische Anforderungen (Lernen durch Tun); • Selbsttätigkeit, Verantwortlichkeit; • Individualisierung durch Variabilität im Erkenntnisgang; • Individualisierung im Bereich der Fähigkeitsprofile (praktische/intellektuelle/soziale Anforderungen); • Förderung des Vertrauens in die eigenen Fähigkeiten (Selbstwertgefühl durch Erfolgserlebnisse); • Experiment als *Merkhilfe* (vielschichtige Aktivität unterstützt Gedächtnisleistung).	Experimentieren als Ausgangspunkt und Mittel für • das Lernen sachbezogener „rationaler" Argumentation (vgl. „geistige Zucht" bei KERSCHENSTEINER); Die Erziehung zum kausalen und logischen Denken; • die Erziehung zur Sorgfältigkeit, Genauigkeit, Geduld, u. ä. (vgl. KERSCHENSTEINER); • die Schulung der Beobachtungsfähigkeit; • die Entwicklung der Kooperationsfähigkeit und anderer sozialer Kompetenzen (Teamarbeit, Rücksichtnahme, Dialogfähigkeit, Arbeitsteilung u. ä.); • die Entwicklung der Kommunikationsfähigkeit (sprachliche Ausdrucksfähigkeit; Darstellungsfähigkeit mit schriftlichen und bildlichen Mitteln); • die Erziehung zur Übernahme von Verantwortung (z. B. beim Umgang mit Geräten); • die Erziehung zur Kritik- und Reflexionsfähigkeit.

Abbildung 48: Übersicht zu den Zielen und Funktionen, die dem Experimentieren im Physikunterricht zugedacht werden

4.5.2 Der Aufbau kontextorientierter Unterrichtseinheiten

Bereits die Ausführungen zum *Modus des Physiktreibens* in den vorangegangenen Kapiteln enthielten den Verweis auf die Notwendigkeit, den typischen Unterrichtsgang neu zu überdenken. Die fragmentarischen Unterrichtsbilder im Zusammenhang mit der Erläuterung der Rahmenkontexte im Abschnitt 4.4 zeigten bereits typische methodische Akzente für das Lernen in sinnstiftenden Kontexten. Die beiden folgenden und zugleich abschließenden Abschnitte fassen die bisherigen Hinweise auf ein verändertes methodisches Vorgehen knapp zusammen.

4.5.2.1 Die didaktische Gestalt des *Modus des Physiktreibens*

Jede Didaktik des Physikunterrichts enthält Vorschläge zu seinem formalen Ablauf. Dabei hat sich ein Grundmuster „eingebürgert", das zwar in mannigfacher Weise von verschiedenen Autoren differenziert wurde, bei aller Variabilität aber im wesentlichen dem von mir in Frage gestellten Postulat folgt, der Unterricht habe in seinem Gang die naturwissenschaftliche Erkenntnismethode gewissermaßen nachzubilden.

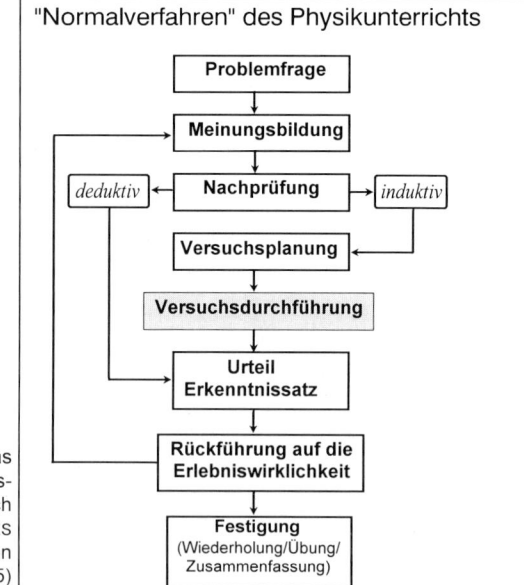

Abbildung 49: Beispiel für das Schema des „normalen Unterrichtsgangs". Die Darstellung lehnt sich an die Ausführungen von MOTHES zum „Normalverfahren" an (MOTHES, S. 51–75)

MOTHES begründet das in der Abbildung 49 schematisch dargestellte Unterrichtsverfahren u. a. mit dem Satz: *Obwohl dem Lehrer stets die F r e i h e i t bleibt, zur Berücksichtigung besonderer psychologischer und sachlicher Voraussetzungen aus e i g e n e r   I n i t i a t i v e   a n d e r e   M e t h o d e n zu wählen, ergibt sich in kindgemäßer Abwandlung jener naturwissenschaftlichen Forschungsmethode, die zu den größten*

*Erfolgen der Geistesgeschichte überhaupt führte, ein n o r m a l e r U n t e r r i c h t s -
g a n g für zahlreiche Teilgebiete* (S. 51; Hervorhebung i. O.).

Die Nachbildung der „Forschungsmethode" durch Unterricht ist seit
KERSCHENSTEINER ($\rightarrow$ Zitat auf S. 140) ein kaum problematisiertes Dogma in der
Physikdidaktik. Es soll hier auch nicht weiter der Frage nachgegangen werden, inwieweit das dargestellte Schema der tatsächlichen Forschungspraxis entspricht. Die
durch die Ausklammerung der Forschungsmotive und Verwertungsinteressen bewirkte Idealisierung ist offenkundig. Sie beinhaltet die Reduktion auf die „reine Erkenntnis" in Form des Absehens von außerphysikalischen Zwecksetzungen und
damit das weder wissenschaftstheoretisch noch pädagogisch haltbare Postulat der
Wertfreiheit ($\rightarrow$ S. 114 ff, 122 ff und 142 ff).

Zwar betonen mit MOTHES auch andere Fachdidaktiker, daß die „Problemfrage" aus lebensweltlichen Beobachtungen abzuleiten sei und eine Rückführung
gewonnener Erkenntnisse auf die Erlebniswirklichkeit stattfinden solle
($\rightarrow$ Abbildung 49). Dies geschieht aber überwiegend aus lernpsychologischen
Gründen. Im Mittelpunkt des Unterrichts steht die „Forschungsmethode" und die
mit ihr zu gewinnenden physikalischen Kenntnisse. In der konkreten Unterrichtspraxis reduziert sich das Gewinnen der „Problemfrage" auf den mehr oder
weniger motivierenden Einstieg. Die Rückführung auf die Erlebniswirklichkeit geschieht im Aufweis möglicher Anwendungen der physikalischen Erkenntnisse, die
aber keineswegs *wegen* dieser Anwendungen erarbeitet wurden. Auf diese Weise
entsteht dann das, was als unterrichtliche Variante des *Modus des Physiktreibens*
bezeichnet wurde ($\rightarrow$ Unterrichtsbeispiel auf S. 145 f).

Schon die Ergebnisse der empirischen Forschung zeigten, daß das Bild vom jugendlichen Forscher, der um der reinen physikalischen Erkenntnis willen sich mit
Physik beschäftigt, die tatsächliche Motivationslage der Mehrheit unserer Schülerinnen und Schüler nicht trifft ($\rightarrow$ Kapitel I). Ihr Interesse gilt vielmehr dem in der
Formulierung der These 6 ($\rightarrow$ S. 65) zusammengefaßten Orientierungswissen.

Im Schema des *Modus des Physiktreibens* steht das Experiment im klassischen Sinne
im Zentrum des Unterrichts. Das bedeutet nichts weniger, als daß den Nachteilen
des Reduktionismus und der mit ihm verknüpften Entindividualisierung breiter
Raum gegeben wird ($\rightarrow$ S. 157 ff). Paart sich diese Stellung des Experiments noch
mit dem positivistischen Mißverständnis, das in dem oben wiedergegebenen Zitat
von MOTHES enthalten ist ($\rightarrow$ S. 337), nach dem die Erkenntnis in der Regel
„induktiv" durch „genaues Beobachten" und „sauberes Denken" aus dem Experiment zu gewinnen sei, dann sind die wichtigsten Gründe für die negativen pädagogischen Folgen des Unterrichts im *Modus des Physiktreibens* versammelt.

Das positivistische Mißverständnis muß aus mindestens zwei Gründen aus der Didaktik des Physikunterrichts eliminiert werden:

Erstens bewirkt es die Entmutigung all derer, die die Idealgestalten der Physik
in den empirischen Beobachtungen *nicht* zu erkennen vermögen. (Es wurde schon

dargelegt, daß der Grund hierfür das Gegenteil einer intellektuellen Mangelerscheinung sein kann [→ S. 178].)

Zweitens verdeckt es die Priorität der Hypothesenbildung, deren Wurzel in der *auf Einfühlung in die Erfahrung sich stützenden Intuition* (EINSTEIN; s. o.) zu suchen ist. Verstehen der Physik ist deshalb an die Verfügbarkeit des entsprechenden Erfahrungshintergrunds gebunden. Erst dieser schafft die Möglichkeit, relevante theoretische Konstrukte (Hypothesen, Gesetze, Sätze) überhaupt in ihrer Bedeutung wahrzunehmen. Daraus ergibt sich, daß der *Aufbereitung des Erfahrungshintergrunds*, der zugleich die Elemente des sinnstiftenden Kontexts enthält, den Schwerpunkt des kontextorientierten Unterrichts bilden muß.

Aus diesen Überlegungen ergeben sich die wesentlichen Merkmale für den Aufbau kontextorientierter Unterrichtseinheiten. Der Schlußabschnitt dient der Darstellung und Erläuterung dieses Aufbaus.

4.5.2.2 Konstitutive Elemente und ihre Abfolge im kontextorientierten Unterricht

Das oben dargestellte „Normalverfahren" (→ Abbildung 49) bezieht sich auf eine *Naturlehrestunde – besser eine Doppelstunde* (MOTHES, S. 66). Demgegenüber wird im folgenden das Prinzip des Aufbaus einer Unterrichtseinheit beschrieben, deren thematischer und zeitlicher Umfang in ungefähr die Teilkontexte umfaßt, wie sie im Abschnitt 4.4.1 beschrieben und an Beispielen dargestellt sind. Dabei handelt es sich nur in Ausnahmefällen um einzelne Unterrichtsstunden. In der Regel erstrecken sich diese Einheiten über zwei bis fünf Unterrichtsstunden.

Die Elemente des Unterrichtsaufbaus sind in Abbildung 50 in ihrem Zusammenhang dargestellt. Ihre jeweilige Funktion im Unterrichtsprozeß wird im folgenden erläutert.

Prinzipieller Aufbau einer kontextorientierten Unterrichtseinheit

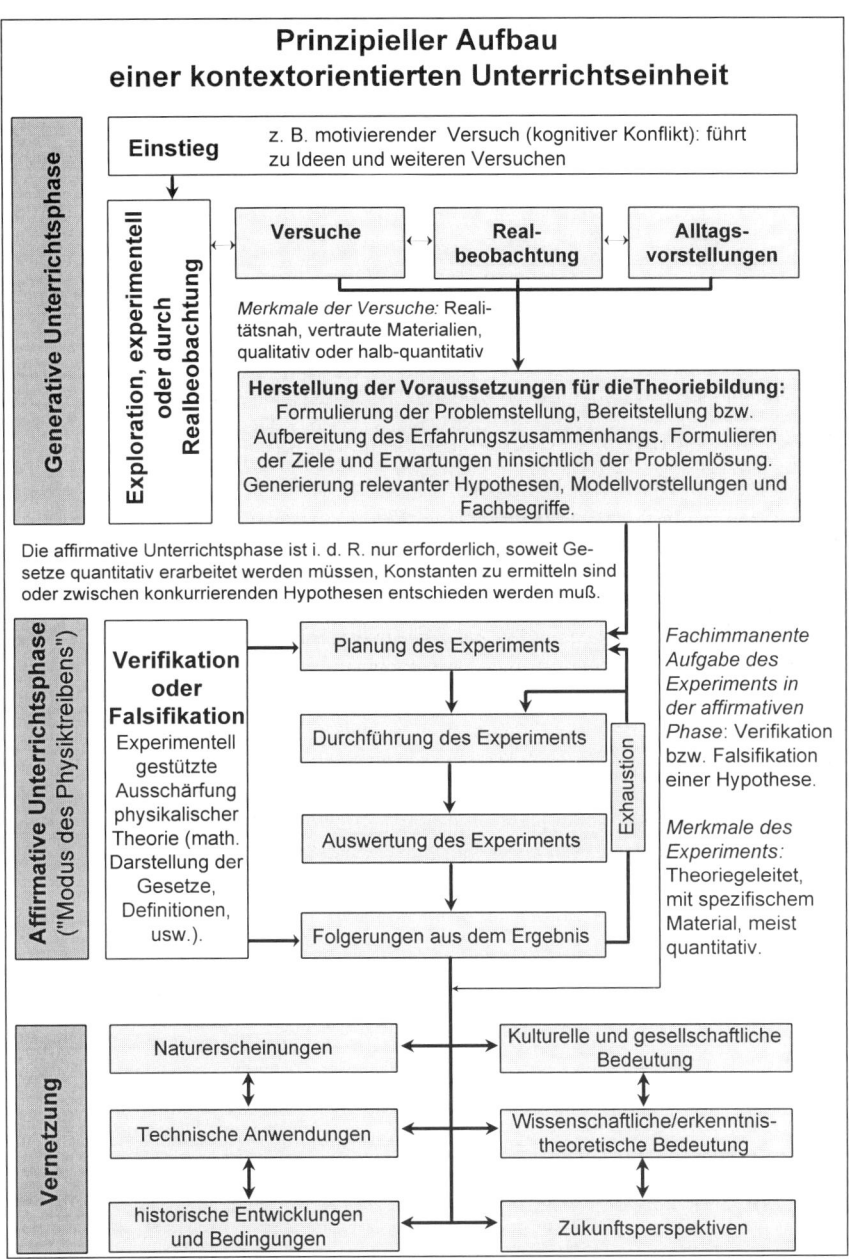

Abbildung 50: Die Elemente kontextorientierter Unterrichtseinheiten in ihrem Zusammenhang

Generative Unterrichtsphase

Diesem Unterrichtsabschnitt kommt das größte Gewicht innerhalb der Einheit zu. Er dient der Aufbereitung des Erfahrungshintergrunds. Dieser liefert einerseits die Sinnorientierung für das weitere unterrichtliche Tun, zum anderen schafft er die Voraussetzungen für die Bereitschaft und Fähigkeit, physikalische Fragen zu stellen und möglicherweise Hypothesen zu entwickeln.

Als Beispiel sei der Teilkontext III *Spiegelbilder* aus dem RK *Sehen und Erkennen* angeführt (→ Abbildung 34, S. 297). Auf die Erläuterungen zu diesem Teilkontext (→ S. 310 f) wird verwiesen. Im Vordergrund steht in dieser Phase das Vertrautwerden mit den Spiegelphänomenen („Versuche" zur Präsentation der Phänomene), das Wissen um die Wirkung von Spiegelbildern (Realbeobachtungen, z. B. an Schaufenstern, Verkehrsspiegeln o. ä.) und das Bewußtmachen von Alltagsvorstellungen bzw. subjektiven Deutungsmustern. Diese können – falls es pädagogisch angezeigt ist – bereits hier mit Deutungen aus der Mythologie, Kunst oder Literatur in Verbindung gebracht werden, was ansonsten in der Phase der *Vernetzung* erfolgen muß.

Es gilt dabei, den lebenspraktischen Erfahrungsbereich so breit wie möglich ins Bewußtsein zu heben und zusätzlich spezifisch physikalische Erfahrungen zu ermöglichen.

Was hier für das Spiegelbild aufgezeigt wurde, ist ein didaktisches Prinzip: Jede Unterrichtseinheit beginnt mit einer ausgiebigen Elaboration des Erfahrungsbereichs, der zugleich den Sinnrahmen für das physikalische Tun beinhaltet.

In den meisten Fällen – aber durchaus nicht immer – werden einfache Freihandversuche und Realbeobachtungen die wichtigste Rolle in dieser Unterrichtsphase bilden. Sie sind dabei keineswegs auf den Physiksaal und den Zeitrahmen des Unterrichts beschränkt. Die Beobachtung bzw. Messung des scheinbaren Durchmessers der Abendsonne, der Bau eines Heißluftballons (→ S. 284 ff), die Beobachtung der Auswirkung der Trägheit beim Omnibusfahren, das Messen der Niederschlagsmenge eines Gewitters, das Fotografieren der Wolkenformationen eines Sommertags usw. sind wichtige Erfahrungen, die für den Gang des Unterrichts konstitutiv sind, *im* Physikunterricht *angeregt*, aber *außerhalb* desselben *gemacht* werden (Hausaufgaben).

Bei manchen Themen bzw. Teilkontexten werden an die Stelle der Realbeobachtung und der Freihandversuche medial zu vermittelnde Informationen oder die in lebenspraktischen Zusammenhängen über einen größeren Zeitraum gewonnenen Erfahrungen treten müssen. Als Beispiel sei der Teilkontext VI des RK *Wettererscheinungen und Klimaprobleme* (→ S. 275) angeführt. Dort geht es um Luftmassen, Wetterfronten und dynamische Drucksysteme sowie um die Wirkung der Coriolisablenkung. Man wird bei diesem Beispiel u. a. auf die Erfahrungen mit der Entwicklung von Wetterabläufen, auf Satellitenbilder von Tiefdrucksystemen, auf Wetterkarten u. ä. zurückgreifen müssen. (Die Modellierung der Corioliskraft auf einer rotierenden Scheibe und einer darauf rollenden Stahlkugel ist dann bereits eine Angelegenheit der *affirmativen Unterrichtsphase*.)

Das Ziel der generativen Unterrichtsphase ist es, jene Aspekte der Phänomene und Erfahrungen abzugrenzen, die einer physikalischen Erklärung zugänglich sind. Darüber hinaus soll aber deutlich werden, daß diese Erklärungen nicht das Insgesamt des sinnlichen Welterlebens umfassen. Das Bewußtmachen dieser Grenzen ist unverzichtbar, wenn andere als physikalische Weltdeutungen nicht zu Unrecht abgewertet werden sollen.

Gegen Ende dieses Unterrichtsabschnitts geht es dann darum, physikalische Deutungsversuche in Form von Hypothesen oder auch durch die Anwendung bereits verfügbarer Kenntnisse anzubahnen. Schülerinnen und Schüler sind unter der Voraussetzung eines derart aufbereiteten Erfahrungszusammenhangs im allgemeinen daran interessiert, zu erfahren, was die Physik zur Klärung der Phänomene, Erfahrungen oder aufgetretenen Fragen beitragen kann. Dies bedeutet noch nicht, daß sie in jedem Fall in der Lage sind, selbständig physikalisch überprüfbare Hypothesen aufzustellen. Oft wird dies geschehen, aber in anderen Fällen schadet es nach meiner Ansicht durchaus nicht der Motivation, wenn man die relevanten Ideen *mitteilt*, die in der Geschichte der Physik aufgetreten sind.

Affirmative Unterrichtsphase

Zur Gestaltung dieses Unterrichtsabschnitts braucht hier nicht viel nachgetragen zu werden. Er umfaßt den bereits hinlänglich diskutierten *Modus des Physiktreibens*, der allerdings in dieser Einbindung in den Gesamtaufbau des Unterrichts hinsichtlich seiner negativen Wirkungen wesentlich entschärft ist.

Das Ziel der Wissenschaftsverständigkeit erfordert unabdingbar, den Schülerinnen und Schülern in dieser Phase den Abstraktionsvorgang bewußt zu machen, der mit dem entscheidenden Schritt der Generierung physikalischer Erkenntnisse verknüpft ist. Bei der Beschreibung zur Darstellung des Gesetzes von GAY-LUSSAC im Zusammenhang mit dem Heißluftballon wurde bereits das typische Vorgehen in diesem Unterrichtsabschnitt dargelegt. Keineswegs darf es darum gehen, aus den Schülerinnen und Schülern jene Hypothesen „herauszuquetschen", die einem vorbereiteten standardisierten „Demonstrations"-Versuch Rechnung tragen (der durchaus auch ein Schülerexperiment sein kann [→ S. 337]). Dies wäre nur die kritisierte „Gängelung", mit der verschleiert wird, welche Überlegungen und technische Mittel zur Darstellung der theoretischen Idealgestalt geführt haben. Da ist es dann schon redlicher, die Versuchsanordnung vorzustellen und zu erläutern, aus welchen Gründen sie so und nicht anders gestaltet ist.

Um bei dem Beispiel des Gay-Lussacschen Gesetzes zu bleiben: Zu dem auf S. 287 f beschriebenen Experiment entwickeln die Schülerinnen und Schüler meistens sinnvolle Hypothesen, wogegen sie auf die dort beschriebene Versuchsanordnung von sich aus nicht kommen. Wollte man auch diese noch erarbeiten, so geriete dies wohl für viele zu einem frustrierenden Ratespiel über die Möglichkeiten, die die physikalische Sammlung zur Prüfung der Vermutungen bietet. Eine zeitliche Ausdehnung dieser Phase würde zudem von dem durchaus interessierenden Ergebnis ablenken, das von dem Experiment erwartet wird und aufgrund dessen eine Berechnung der Steigbedingungen des Heißluftballons möglich ist.

Das Beispiel der „fallenden Steine" (→ S. 282 ff) zeigt, daß zur Verifikation bzw. Falsifikation von Hypothesen durchaus nicht immer ein zusätzliches Experiment notwendig ist. Dort wurden in einem Freihandexperiment Meßergebnisse gewonnen, die von den Schülerinnen und Schülern in der Regel nicht interpretiert werden können. Die *Mitteilung* der *Idee* GALILEIs von einer gleichförmigen Geschwindigkeitszunahme führt dann zur Möglichkeit, die Meßwerte der Idee gemäß umzuformen und das Fallgesetz auf diesem Wege ohne weitere Experimente zu gewinnen.

Die *affirmative Unterrichtsphase* ist also keineswegs dem *Modus des Physiktreibens* dogmatisch ausgesetzt. Sie kann vielerlei Gestalt annehmen, ohne daß von ihrem Ziel abgelassen wird, verallgemeinerbares (und damit abstraktes) physikalisches Wissen aufzubauen.

Vernetzung

In dieser Phase kommt es darauf an, je nach Themenbereich in unterschiedlicher Ausführlichkeit, die Wirkungen der erarbeiteten physikalischen Kenntnisse in der Lebenspraxis zu verdeutlichen. Es gilt, gewonnenes Wissen anzuwenden, zu erkennen, wie es von anderen genutzt wird, welche Veränderungen diese physikalischen Erkenntnisse im Wege ihrer Nutzanwendung in unserer Zivilisation hervorgerufen haben, welche zusätzlichen Handlungs- und kommunikativen Kompetenzen die Schülerinnen und Schüler selbst hinzugewonnen haben und wie diese verantwortungsbewußt genutzt werden können.

Es sind die Querverbindungen zu den Inhalten anderer Unterrichtsfächer aufzuzeigen und möglichst in Abstimmung mit den Lehrkräften anderer Fächer die Kenntnisse und Fähigkeiten zu vertiefen und zu erweitern.

Die Phase der Vernetzung ist auch ein geeigneter Ort für Formen offenen Unterrichts. Sie kann durchaus mit einem fächerübergreifenden oder fachunabhängigen Projekt ausgefüllt werden. Im Sinne des Allgemeinbildungskonzepts von KLAFKI ist der Projektunterricht insbesondere bei den Rahmenkontexten der späteren Schuljahre, die sich ja wesentlich mit „epochaltypischen Schlüsselproblemen" befassen, geradezu unentbehrlich.

In der Einführung habe ich als ein wesentliches Anliegen dieser Arbeit hervorgehoben, das Zusammenwirken von Fachunterricht und nicht fachgebundenen Unterrichtsformen mit einem konstruktiven Vorschlag zu unterstützen. Ich hoffe, mit der didaktischen Konzeption der Rahmenkontexte gezeigt zu haben, daß sinnstiftendes Lernen durchaus auch im Fachunterricht möglich ist und dadurch die Voraussetzungen für eine gedeihliche Gestaltung nicht fachgebundener Unterrichtsformen verbessert werden.

ANGEFÜHRTE UND ZITIERTE LITERATUR

Hinweis: Bei Autoren, von denen mehrere Werke aufgeführt sind, ist hinter dem Namen die Jahreszahl der Erstauflage angegeben, auf die auch in der Zitierung unabhängig vom Erscheinungsjahr der zitierten Auflage verwiesen ist, um die zeitliche Einordnung zu erleichtern.

AG NATURWISSENSCHAFTEN SOZIAL: Sieben Thesen und drei Forderungen zur Veränderung des naturwissenschaftlichen Unterrichts in der Sekundarstufe I. In: Naturwissenschaften im Unterricht (Physik) 4/1993, S. 39

APPLEYARD, Bryan: Der halbierte Mensch. Die Naturwissenschaften und die Seele des modernen Menschen. (Aus dem Englischen von Barbara Wolter.) München 1992

ARISTOTELES: Hauptwerke. Ausgewählt, übersetzt und eingeleitet von Wilhelm Nestle. Stuttgart 1953

ARROWSMITH, William/KORTH, Michael: „Meine Worte sind wie Sterne – sie gehen nicht unter". Reden der Indianerhäuptlinge. München 1984

BACON, Francis (1620): Das Neue Organon (Novum Organon). (Herausgegeben von Manfred Buhr.) Berlin 1962

BACON, Francis (1627): Neu-Atlantis. (Übersetzt von Günther Bugge, durchgesehen und neu herausgegeben von Jürgen Klein.) Stuttgart (Reclam Universal-Bibliothek Nr. 6645) 1982

BAETHGE, Martin: Ausbildung und Herrschaft. Unternehmerinteressen in der Bildungspolitik. Frankfurt a. M. 1970

BARROW, John D.: Die Natur der Natur. Wissen an den Grenzen von Raum und Zeit (Deutsche Übersetzung, herausgegeben und mit einem Vorwort versehen von Wolfgang Neuser.) Heidelberg, Berlin, Oxford 1993

BÄUERLE, Gerd: Erhebung zu Wirkungen des Physikunterrichts an der Realschule. Wissenschaftliche Hausarbeit zur Ersten Staatsprüfung für das Lehramt an Realschulen. Pädagogische Hochschule Weingarten 1994

BECKER, Hans-Jürgen/JÜNGEL, Günter: Schülereinstellungen und -leistungen im Unterrichtsfach Chemie. Ergebnisse empirischer Forschungen. Königstein/Ts. 1982

BEINKE, Lothar: Mädchen und naturwissenschaftlich-technische Berufe – Stand und Aussichten –. In: Die Realschule 97/1989, S. 187–192

BEINKE, Lothar: Darstellung ausgewählter Ergebnisse des Modellversuchs. In: Didaktik der Berufs- und Arbeitswelt. Gießener Blätter zur Arbeitslehre 10/1991, Heft 4, S. 24–30

BEINKE, Lothar: Institut Didaktik der Arbeitslehre beendet Modellversuch in Nordrhein-Westfalen zur Physikdidaktik. In: Didaktik der Berufs- und Arbeitswelt. Gießener Blätter zur Arbeitslehre 12/1993, Heft 1–2, S. 12–28

BEINKE, Lothar/RICHTER, Heike: Die Berufswahlkonzeption des Modellversuches im Rahmen des physikdidaktischen Ansatzes. In: Didaktik der Berufs- und Arbeitswelt. Gießener Blätter zur Arbeitslehre 11/1992 Heft 4, S. 14–21

BEINKE, Lothar/RICHTER, Heike (Hrsg.): Mädchen und Physikunterricht. Revision eines Lehrplanes in der Realschule. Abschlußbericht des BLK Modellversuchs „Förderung naturwissenschaftlich-technischer Bildung für Mädchen in der Realschule in Nordrhein-Westfalen". Bad Heilbrunn 1993

BERGE, Otto Ernst/GÖTTSCHING, Anne: Über die Einstellung der Mädchen zum Physikunterricht. In: Naturwissenschaften im Unterricht (Physik/Chemie) 25/1977, S. 257–261

BERMAN, Morris: Wiederverzauberung der Welt. Am Ende des Newton'schen Zeitalters. (Ins Deutsche übersetzt von Elke Herzog, Knut Pflughaupt und Hans Drake.) München 1983

BLEICHROTH, Wolfgang: Die Vertretungsstunde – eine oft vertane Chance für den Physikunterricht. In: Naturwissenschaften im Unterricht (Physik) 37/1990, Heft 2, S. 2–10

Literatur

BLEICHROTH, Wolfgang/DAHNCKE, Helmut/JUNG, Walter/KUHN, Wilfried/MERZYN, Gottfried/WELTNER, Klaus: Fachdidaktik Physik. Köln (Aulis) 1991

BLOCH, Jan/HÄUßLER, Peter/JAECKEL, Klaus/REIß, Veronika: Curriculum Naturwissenschaft. Struktur – Planung – Wirkung. Köln 1976

BMBW 1989 (DER BUNDESMINISTER FÜR BILDUNG UND WISSENSCHAFT): Mehr Mädchen in Naturwissenschaft und Technik. Abschlußbericht über ein Forschungsprojekt. Projektleitung Bettina Hannover. Bonn 1989

BMBW 1990 (DER BUNDESMINISTER FÜR BILDUNG UND WISSENSCHAFT): Mädchen auf dem Weg zum Abitur. Reihe: Aktuell Bildung und Wissenschaft 6/90

BÖHME, Gernot (1991): Am Ende des Baconschen Zeitalters. In: Gamm, Gerhard/Kimmerle, Gerd (Hrsg.): Wissenschaft und Gesellschaft. Tübingen 1991

BÖHME, Gernot (1993): Am Ende des Baconschen Zeitalters. Studien zur Wissenschaftsentwicklung. Frankfurt a. M. 1993

BORN, Gernot/EULER, Manfred: Physik in der Schule. In: bild der wissenschaft 2/1978, S. 74–81

BRÄMER, Rainer (1992): Über die Wirksamkeit des Physikunterrichts. Zum 10jährigen Untergang der Untersuchung Konrad Daumenlangs. In: Naturwissenschaften im Unterricht (Physik/Chemie) 28/1980, S. 10–17

BRÄMER, Rainer/CLEMENS, Hans: Physik als Fremdsprache. In: PU (Der Physikunterricht) 14/1980, Heft 3, S. 76–86

BRÄMER, Rainer/NOLTE, Georg (1983): Die heile Welt der Wissenschaft. Zur Empirie des typischen Naturwissenschaftlers. Marburg 1883

BREITSCHUH, Gernot: Der menschlich historische Aspekt als Motivationshilfe im Physikunterricht des 8. und 9. Schuljahres. In: Naturwissenschaften im Unterricht (Physik/Chemie) 19/1971, S. 369 bis 375

BRÜGGEMANN, Otto: Naturwissenschaft und Bildung. Die Anerkennung des Bildungswertes der Naturwissenschaften in Vergangenheit und Gegenwart. Heidelberg 1967

BRUHN, Jörn (1972): Lernziele des affektiven Bereichs und Unterrichtsmedien. In: Schmidt, Helmut (Hrsg.): Zur Didaktik der Physik und Chemie. Probleme und Perspektiven. Hannover 1972, S. 196 bis 201

BRUHN, Jörn (1983): Zur Schwierigkeit des Physikunterrichts. In: Der mathematische und naturwissenschaftliche Unterricht 46/1993, S. 195–198

BRUHN, Jörn (1993): Probleme unserer Zeit als Herausforderung für den naturwissenschaftlichen Unterricht. In: Der mathematische und naturwissenschaftliche Unterricht 36/1983, S. 321–325

BUCK, Peter: Didaktik integrierten naturwissenschaftlichen Unterrichts. In: Riquarts, Kurt et al (Hrsg.): Naturwissenschaftliche Bildung in der Bundesrepublik Deutschland Bd. 3. Kiel 1992, S. 159–189

CAPRA, Fridjof: Wendezeit. Bausteine für ein neues Weltbild. Bern, München, Wien [19]1990

COMENIUS, Johann Amos: Pampaedia – Allerziehung. Schriften zur Comeniusforschung. Band 20. (Übersetzt und herausgegeben von Klaus Schaller.) St. Augustin 1991

CONRADS, Helmut/UHLENBUSCH, Leonore: Physik von Mädchen im Modellversuch MiNT. In: Naturwissenschaften im Unterricht (Physik) 38/1990, S. 19–23

CORNELSEN: Natur und Technik. Physik und Chemie 5/6, verschiedene Ausgaben ab 1983 für mehrere Schularten. Berlin (Cornelsen-Verlag; damals Cornelsen-Velhagen & Klasing, Berlin/Bielefeld)

CORNELSEN: Physik für Realschulen. Ausgabe Niedersachsen. Bände 7/8 (Nr. 29204) und 9/10 (Nr. 29212). Neubearbeitung, Berlin 1986

CORNELSEN: Physik für Realschulen. Ausgabe Baden-Württemberg. Band 9 (Nr. 39943), Berlin 1993

CORNELSEN: Natur und Technik. Physik, Chemie. Hauptschule Nordrhein-Westfalen. Band 7/8 (Nr. 73092). Neubearbeitung, Berlin 1991

CORNELSEN: Natur und Technik. Physik. Hauptschule Baden-Württemberg. Band 8. (Nr. 33430). Berlin 1994

CORNELSEN: Physik für Gymnasien, Sekundarstufe I. Länderausgabe D, Gesamtband (Nr. 33490). Berlin 1993

CORNELSEN: Physik für Gymnasien. Klasse 6 (Ausgabe Nordrhein-Westfalen; Nr. 33546). Berlin 1994

DAUMENLANG, Konrad: Physikalische Konzepte junger Erwachsener. Ihre Abhängigkeit von Schule und Familienkonstellation. Dissertation. Nürnberg 1969

DER KULTUSMINISTER DES LANDES NORDRHEIN-WESTFALEN: Richtlinien Physik, Hauptschule. Lernbereich Naturwissenschaften. Heft 3204/3 (5/1989).

DER SPIEGEL: Das Ende der Kreidezeit. Nr 49/1992, S. 121–123

DESCARTES, René: Abhandlung über die Methode des richtigen Vernunftgebrauchs. Stuttgart (Reclam 3767) 1961

DEUTSCHER BILDUNGSRAT: Empfehlungen der Bildungskommission. Strukturplan für das Bildungswesen. Stuttgart [4]1972

DEUTSCHER PHILOLOGENVERBAND: Memorandum. Bildung – Kreativität – Innovation. München/Bonn 11. Juli 1994

DIDAKTIK DER BERUFS- UND ARBEITSWELT. Gießener Blätter zur Arbeitslehre 10/1991, Heft 4

DIE SCHULE IN NORDRHEIN-WESTFALEN. Eine Schriftenreihe des Kultusministers: Vorläufige Richtlinien Physik. Gymnasium. Köln 1978

DIE MINISTERIN FÜR BILDUNG, WISSENSCHAFT, KULTUR UND SPORT DES LANDES SCHLESWIG-HOLSTEIN (Hrsg.): Lehrplanrevision in Schleswig-Holstein. Dokumentation. 1992

DIN. DEUTSCHES INSTITUT FÜR NORMUNG e.V. (Hrsg.): DIN-Normen für den Unterricht. Band 1: Mathematik, Physik. Berlin, Köln 1985

DÜRR, Hans-Peter: Einvernehmen mit der Natur. In: Schultz, Hans-Jürgen (Hrsg.): Die Erde den Sanftmütigen. Stuttgart 1991, S. 106–118

EINSTEIN, Albert: Mein Weltbild. Frankfurt a. M. 1955

EMPFEHLUNGEN FÜR DIE ERARBEITUNG VON LEHRPLÄNEN PHYSIK – Sekundarstufe I. Beilage in: Der mathematische und naturwissenschaftliche Unterricht 41/1998, Heft 4

EWERS, Michael (Hrsg.): Naturwissenschaftliche Didaktik zwischen Kritik und Konstruktion. Weinheim/Basel 1975

FALK, Gottfried/HERRMANN, Friedrich: Neue Physik. Das Energiebuch. (Unterrichtswerk und Lehrerband). Hannover 1981

FAULSTICH-WIELAND, Hannelore: Eine Frage der Inhalte? Geschlechtsspezifische Zugangsweisen zu Themen des naturwissenschaftlichen Unterrichts. In: Kremer, Armin/Stäudel, Lutz/Zolg, Monika: Naturwissenschaftlich-technische Bildung. Für Mädchen keine Chance? Marburg (Red. Soznat) 1992, S. 97–119

FAULSTICH-WIELAND, Hannelore: Zum Stand der Mädchenforschung und -förderung im Bereich von Naturwissenschaften, Technik und Schule. In: Landesinstitut für Schule und Weiterbildung (Hrsg.): Mädchen – Naturwissenschaft – Technik. Anregungen zur Überwindung der Benachteiligung von Mädchen im naturwissenschaftlichen Unterricht. Hamm (Soester Verlagskontor) 1993, S. 4–18

FAZ (FRANKFURTER ALLGEMEINE ZEITUNG) vom 22. 4. 1992, Nr. 94, S. N3

FICHTNER, Richard: Moderne Physik und New Age – oder: Was ist Wissenschaft? In: Lichtfeld, Michael (Hrsg.): Ideen für den Physikunterricht. Vorträge und Beiträge anläßlich der 84. MNU-Jahreshauptversammlung. Berlin 1983 (MNU)

FIEBLINGER, Günter: Das Verhältnis von Naturwissenschaft und gesellschaftlichem Arbeitsprozeß – Qualifikationsanforderungen an den naturwissenschaftlichen/technischen Unterricht. In: Ewers, Michael (Hrsg.): Naturwissenschaftliche Didaktik zwischen Kritik und Konstruktion. Weinheim/Basel 1975

Literatur

FLITNER, Wilhelm: Hochschulreife und Gymnasium. Vom Sinn wissenschaftlicher Studien und von der Aufgabe der gymnasialen Oberstufe. Heidelberg [2]1960

FOCUS (Nachrichtenmagazin): Am Leben vorbei gelernt – Abitur in der Krise. Nr. 37 12. September 1994, S. 214–222

FREISE, Gerda (1969): Chemie in der Schule. Zur Problematik des naturwissenschaftlichen Unterrichts. In: Die Deutsche Schule 61/1969, S. 139–156

FREISE, Gerda (1971): Interdisziplinärer Unterricht oder Zementierung der Realfächer. In: Neue Sammlung 11/1971, S. 369–386

FREISE, Gerda (1973): Problemorientierte Unterrichtseinheiten. Möglichkeiten, Grenzen und Chancen bei der Durchführung. In: Westermanns Pädagogische Beiträge 25/1973, S. 610–624

FREY, Karl: Die Projektmethode, Weinheim/Basel 1982

FREY, Karl/BLÄNSDORF, Klaus: Integriertes Curriculum Naturwissenschaft der Sekundarstufe I. Projekte und Innovationsstrategien. Weinheim und Basel 1974

FREY, Karl/HÄUßLER, Peter: Integriertes Curriculum Naturwissenschaft: Theoretische Grundlagen und Ansätze. Weinheim/Basel 1973

FRIES, Eberhard/ROSENBERGER, Rudi: Forschender Unterricht. Frankfurt a. M/Berlin/Bonn/München 1967

GALILEI, Galileo (1890): Unterredungen und mathematische Demonstrationen über zwei neue Wissenszweige, die Mechanik und die Fallgesetze betreffend. (Aus dem Italienischen übersetzt und herausgegeben von Arthur von Oettingen.) Leipzig 1890

GALILEI, Galileo (1891): Dialog über die beiden hauptsächlichsten Weltsysteme, das ptolemäische und das kopernikanische. (Aus dem Italienischen übersetzt und herausgegeben von Emil Strauß.) Leipzig 1891

GARDNER, Paul L.: Schülerinteressen an Naturwissenschaften und Technik. In: Lehrke, Manfred/Hoffmann, Lore (Hrsg.) (1987): Schülerinteressen am naturwissenschaftlichen Unterricht. Untersuchungen und Erklärungen. Beiträge zum 12. IPN-Symposion. Köln 1987, S. 13–38

GERST, Hans/HINZ, Alfred/MÜLLER, Max/WEBER, Dietrich: Marchtaler Plan. Erziehungs- und Bildungsplan für die Katholischen Freien Grund- und Hauptschulen in der Diözese Rottenburg-Stuttgart. (Herausgegeben vom Bischöflichen Schulamt der Diözese Rottenburg-Stuttgart.) 2 Bände, Rottenburg [2]1990

GIEL, Klaus: Operationelles Denken und sprachliches Verstehen. In: ZfPäd, 7. Beiheft (Sprache und Erziehung) 1968, S. 111–124

GOETHE, Johann Wolfgang von: Farbenlehre. Mit Einleitung und Kommentaren von Rudolf Steiner. Herausgegeben von Gertrud und Gerhard Ott. Band 1–5, Stuttgart [4]1988

GÖTZ, Rainer (Hrsg.): Lehr- und Lernsystem. Sekundarstufe I. Unterrichtskonzepte mit Arbeits- und Testkarten. Freiburg i. Br. 1972

GÖTZ, Rainer/DAHNCKE, Helmut/LANGENSIEPEN, Fritz: Handbuch des Physikunterrichts. Sekundarbereich I. Band 1, Köln 1990

GRECK, Claus: Untersuchung von Interesse und Motivation der Schüler in Physik an den Realschulen Baden-Württembergs. Wissenschaftliche Hausarbeit zur Ersten Dienstprüfung für das Lehramt an Realschulen. Pädagogische Hochschule Weingarten 1992

HÄUßLER, Peter (1976): Ansätze zu einem integrierten Curriculum Naturwissenschaft. In: Bloch, Jan/Häußler, Peter/Jaeckel, Klaus/Reiß, Veronika: Curriculum Naturwissenschaft. Köln 1976, Kapitel 2

HÄUßLER, Peter (1987a): Eine Erhebung zu einer erwünschten physikalischen Bildung. In: physica didactica 14/1987, Heft 3, S. 13–24

HÄUßLER, Peter (1987b): Langzeitwirkungen von Physikunterricht. In: physica didactica 14/1987, Heft 4, S. 5–18

HÄUßLER, Peter (1990): Die Wirkung schulischer und außerschulischer Faktoren auf den Stand naturwissenschaftlicher Bildung in der Bevölkerung am Beispiel der Physik. In: Riquarts, Kurt et al. (Hrsg.): Naturwissenschaftliche Bildung in der Bundesrepublik Deutschland (Band I). Kiel 1990, S. 59–76

HÄUßLER, Peter (1992a) (Hrsg.): Physikunterricht und Menschenbildung. Kiel 1992

HÄUßLER, Peter (1992b): Physikalische Bildung als Menschenbildung: Wunsch und Wirklichkeit. In: Häußler, Peter (1992a), S. 105–140

HÄUßLER, Peter/HOFFMANN, Lore (1990): Wie Physikunterricht auch für Mädchen interessant werden kann. In: Naturwissenschaften im Unterricht (Physik): Themenheft „Mädchen im Physikunterricht" 1/1990 Heft 1, S. 12–18

HÄUßLER, Peter/LAUTERBACH, Roland: Ziele naturwissenschaftlichen Unterrichts. Zur Begründung inhaltlicher Entscheidungen. Weinheim und Basel 1976

HÄUßLER, Peter/HOFFMANN, Lore/ROST, Jürgen (1986): Zum Stand physikalischer Bildung Erwachsener. Eine Erhebung unter Berücksichtigung des Zusammenhangs mit dem Bildungsgang. Kiel 1986

HÄUßLER, Peter/FREY, Karl/HOFFMANN, Lore/ROST, Jürgen/SPADA, Hans (1983): Physikalische Bildung für heute und morgen. Ergebnisse einer curricularen Delphi-Studie. Beilage zu den Zeitschriften Naturwissenschaften im Unterricht (Physik/Chemie) und Praxis der Naturwissenschaften 1983 (Heft 12). Kiel (IPN) 1983

HÄUßLING, Ansgar: Zur Position der Fachwissenschaft Physik in der Didaktik des Faches Physik. In: Naturwissenschaften im Unterricht (Physik/Chemie) 26/1978, S. 294–300

HAHN, Karl/TÖPFER, Erich/BRUHN, Jörg: Methodik des Physikunterrichts. Heidelberg [4]1970 (Neuauflage [6]1979)

HARDING, Sandra: Feministische Wissenschaftstheorie. Zum Verhältnis von Wissenschaft und sozialem Geschlecht. Hamburg 1990

HERNECK, Friedrich: Einstein und sein Weltbild. Aufsätze und Vorträge. Berlin 1976

HERRMANN, Friedrich (Hrsg.): Physik. Der Karlsruher Physikkurs. Mehrere Teilbände. Institut für Didaktik der Physik, Universität Karlsruhe ab 1989

HEISENBERG, Werner: Zur Geschichte der physikalischen Naturerklärung. In: Heisenberg, Werner: Wandlungen in den Grundlagen der Naturwissenschaft. Stuttgart [9]1959

V. HENTIG, Hartmut: Die Schule neu denken. Eine Übung in praktischer Vernunft. München [3]1994

HICKEL, Erika: Ansätze feministischer Naturwissenschaft: Die Auflösung der Widersprüche? In: Kremer, Armin/Stäudel, Lutz/Zolg, Monika: Naturwissenschaftlich-technische Bildung. Für Mädchen keine Chance? Marburg (Red. Soznat) 1992, S. 121–137

HIRSCHI, Rainer: Beiträge zur Geschichte des Physikunterrichts. Frankfurt/Bern/New York/Paris 1987

HOFFMANN, Lore (1989): Die Interessen von Schülerinnen an Physik und Technik – Mögliche Ansatzpunkte für Unterricht auf der Sekundarstufe I. In: Die Realschule 97/1989, S. 201–206

HOFFMANN, Lore (1990a): Mädchen und Physik – ein aktuelles, ein drängendes Thema. In: Naturwissenschaften im Unterricht (Physik) 1/1990, S. 4–11

HOFFMANN, Lore (1990b): Zur Interessenlage von Mädchen und Jungen an der Physik. In: Die Ministerin für Bildung, Wissenschaft, Kultur und Sport des Landes Schleswig-Holstein (Hrsg.): Koedukation und Naturwissenschaften. Was leistet der gemeinsame Unterricht für Mädchen und Jungen? Dokumentation zum Forum am 12. Januar 1990. Kiel 1990, S. 85–98

HOFFMANN, Lore (1991): Berücksichtigung der Interessenschwerpunkte von Mädchen im Physikunterricht als fachdidaktisches Problem. In: Didaktik der Berufs- und Arbeitswelt. Gießener Blätter zur Arbeitslehre 4/1991, S. 32–41

HOFFMANN, Lore (1992a): Zu den ungleichen Bedingungen von Mädchen/Frauen und Jungen/Männern im Bereich naturwissenschaftlich technischer Bildung und Berufsorientierung. In: Die Ministerin für Bildung, Wissenschaft, Kultur und Sport des Landes Schleswig-Holstein (Hrsg.): Lehrplanrevision in Schleswig-Holstein. Kiel 1992, S. 85–98

Literatur

HOFFMANN, Lore (1992b): Mädchen und Frauen in der naturwissenschaftlichen Bildung. In: Riquarts, Kurt et al. (Hrsg.): Naturwissenschaftliche Bildung in der Bundesrepublik Deutschland. Band IV. Kiel 1992, S. 139–181

HOFFMANN, Lore/HÄUßLER, Peter: Die Verwertung der Kieler Interessenstudie in einem BLK-Modellversuch. In: GDCP (Hrsg.): Zur Didaktik der Physik und Chemie. Probleme und Perspektiven. Band 15. Kiel 1995, S. 295–297

HOFFMANN, Lore/LEHRKE, Manfred (1985): Eine Zusammenstellung erster Ergebnisse aus der Querschnittserhebung 1984 über Schülerinteressen an Physik und Technik vom 5. bis 10. Schuljahr. Kiel: IPN (Polyscript)

HOFFMANN, Lore/LEHRKE, Manfred (1986): Eine Untersuchung über Schülerinteressen an Physik und Technik. In: ZfPäd 32/1986, S. 189–204

V. HUMBOLDT, Wilhelm: Gesammelte Schriften. Hrsg. von der Preußischen Akademie der Wissenschaften. Band XIII. Berlin 1903–1936

HUNGER Edgar: Die Bildungsfunktion des Physikunterrichtes. Braunschweig 1959.

INSTITUT FÜR DIE PÄDAGOGIK DER NATURWISSENSCHAFTEN an der Universität Kiel (Hrsg.): IPN-Curriculum Physik. Unterrichtseinheiten für das 5.–10. Schuljahr.

INGENKAMP, Karlheinz: Zur Diskussion über die Leistungen unserer Berufs- und Studienanfänger. In: ZfPäd 32/1986, S. 1–29

JABLKO, Leon: Physik macht Spaß und kreativ! In: Praxis der Naturwissenschaften, Physik (siebenteilige Artikelserie) 41/1992, Hefte 6–8 und 42/1993 Hefte 1–3

JUNG, Walter (1981): Erhebungen zu Schülervorstellungen in der Optik (Sekundarstufe I). In: physica didactica 8/1981, Heft 3 S. 137–153

JUNG, Walter (1982a): Ergebnisse einer Optik-Erhebung. In: physica didactica 9/1982, S. 19–34

JUNG, Walter (1982a): Über die Schwierigkeiten Physik zu lernen. In: physica didactica 9/1982, S. 135–157

JUNG, Walter/WIESNER, Hartmut: Zur Definition fachdidaktischer Probleme am Beispiel der Mechanik. In: physica didactica 5/1979, S. 201–216

JUNG, Walter/WIESNER, Hartmut: Verständnisschwierigkeiten beim physikalischen Kraftbegriff – Eine Untersuchung zum Kraftbegriff bei Physikstudenten. In: Physik und Didaktik 9/1981, S. 111–122

JUNG, Walter/WIESNER, Hartmut/ENGELHARD, Peter: Vorstellungen von Schülern über Begriffe der Newtonschen Mechanik. Empirische Untersuchungen und Ansätze didaktisch-methodischer Folgerungen. Bad Salzdetfurth 1981

JUNGK, Robert: Umweltunterricht und Aktualität. In: GDCP (Hrsg.): Zur Didaktik der Physik und Chemie. Probleme und Perspektiven. Band 7, Kiel 1987, S. 18–31

KANT, Immanuel: Kritik der reinen Vernunft. (Werkausgabe in 12 Bänden, hrsg. von Wilhelm Weischedel; Band 3.) Frankfurt 1990

KERSCHENSTEINER, Georg (1914): Wesen und Wert des naturwissenschaftlichen Unterrichtes. München, Stuttgart [6]1963

KLAFKI, Wolfgang: Neue Studien zur Bildungstheorie und Didaktik: zeitgemäße Allgemeinbildung und kritisch-konstruktive Didaktik. Weinheim/Basel [3]1993

KLEIN, Adolf: Ringen um die mathematisch-naturwissenschaftliche Bildung. Bonn 1991

KÖHNLEIN, Walter/KOLB, Reinald: Einstellungstendenzen zum Physikunterricht bei Hauptschülern. In: Naturwissenschaften im Unterricht (Physik/Chemie) 26/1978, S. 353–357

KRAPP, Andreas/PRENZEL, Manfred (Hrsg.): Interesse, Lernen, Leistung. Neuere Ansätze der pädagogisch-psychologischen Interessenforschung. Münster 1992

KRAUSE, Friedrich/REINERS-LOGOTHETIDOU, Anastasia: Kenntnisse und Fähigkeiten naturwissenschaftlich orientierter Studienanfänger in Physik und Mathematik. Universität Bonn 1981

KREMER, Armin/NOLTE, Georg (1983): Auswahlbibliographie zum Thema „Empirie des naturwissenschaftlichen Unterrichts". In: Soznat, Heft 1/2 1983

KREMER, Armin/STÄUDEL, Lutz/ZOLG, Monika: Naturwissenschaftlich-technische Bildung. Für Mädchen keine Chance? Marburg (Red. Soznat) 1992

KROEBEL, Werner: Stellungnahme zu dem Buch: Martin Wagenschein, Ursprüngliches Verstehen und exaktes Denken. In: Der mathematische und naturwissenschaftliche Unterricht 20/1967, Heft 4, S. 152–156

KUBLI, Fritz: Interesse und Verstehen in Physik und Chemie. Mit Beiträgen von Jeannette Bossi und Mario Risch. Köln 1987

KUHN, Thomas S.: Die Struktur wissenschaftlicher Revolutionen. Frankfurt 1967

KUHN, Thomas S.: Die Entstehung des Neuen. Studien zur Struktur der Wissenschaftsgeschichte. (Herausgegeben von Lorenz Krüger.) Frankfurt 1978

KUHN, Thomas S.: Die kopernikanische Revolution. Braunschweig/Wiesbaden 1980

KULTUSMINISTERIUM DES LANDES NORDRHEIN-WESTFALEN (Hrsg.): Richtlinien und Lehrpläne für das Gymnasium – Sekundarstufe I – in Nordrhein-Westfalen. Physik. (Die Schule in Nordrhein-Westfalen. Eine Schriftenreihe des Kultusministeriums, Nr. 3411.) Düsseldorf 4/1993

KULTUSMINISTERIUM DES LANDES NORDRHEIN-WESTFALEN (Hrsg.): Richtlinien und Lehrpläne für die Realschule in Nordrhein-Westfalen. Physik. (Die Schule in Nordrhein-Westfalen. Eine Schriftenreihe des Kultusministeriums, Nr. 3307.) Düsseldorf 11/1993

KULTUS UND UNTERRICHT (Amtsblatt des Ministeriums für Kultus und Sport Baden-Württemberg): Bildungsplan für die Hauptschule. Lehrplanheft 2/1994

KULTUS UND UNTERRICHT (Amtsblatt des Ministeriums für Kultus und Sport Baden-Württemberg): Bildungsplan für die Realschule. Lehrplanheft 3/1994

KULTUS UND UNTERRICHT (Amtsblatt des Ministeriums für Kultus und Sport Baden-Württemberg): Bildungsplan für das Gymnasium. Lehrplanheft 4/1994

LAKATOS, Imre/MUSGRAVE, Alan (Hrsg.): Kritik und Erkenntnisfortschritt. Abhandlungen des Internationalen Kolloquiums über die Philisophie der Wissenschaft. Band 4; mit Beiträgen von P. K. Feyerabend, T. S. Kuhn, I. Lakatos, M. Masterman, K. Popper, E. Toulmin, J. Watkins, L. P. Williams. London 1965

LANDESINSTITUT FÜR SCHULE UND WEITERBILDUNG (Hrsg.): Mädchen – Naturwissenschaft – Technik. Anregungen zur Überwindung der Benachteiligung von Mädchen im naturwissenschaftlichen Unterricht. Curriculumentwicklung in Nordrhein-Westfalen. Soester Verlagskontor 1993

LANGENSIEPEN, Fritz: Die Soester Boxen – Ein Lehr- und Lernsystem für den Physikunterricht in den Klassen 5–7. In: GDCP (Hrsg.): Zur Didaktik der Physik und Chemie. Probleme und Perspektiven. Band 9. Kiel 1989, S. 225–227

LAUTERBACH, Roland: Physikalische Bildung kennt keine Fächergrenzen – fächerübergreifender Unterricht als Prinzip und Aufgabe. In: Naturwissenschaften im Unterricht (Physik) 3/1992, S. 4–9

LAUTERBACH, Roland: Physikunterricht: Von der Qualifizierung zur Bildung? In: Häußler, Peter (1992a) (Hrsg.): Physikunterricht und Menschenbildung. Kiel 1992, S. 13–36

LEHRERZEITUNG Baden-Württemberg, Süddeutsche Schulzeitung 14. 11. 1992, Nr. 21

LEHRKE, Manfred: Interesse und Desinteresse am naturwissenschaftlich-technischen Unterricht. Kiel 1987

LEHRKE, Manfred/HOFFMANN, Lore (Hrsg.) (1987): Schülerinteressen am naturwissenschaftlichen Unterricht. Untersuchungen und Erklärungen. Beiträge zum 12. IPN-Symposion. Köln 1987

LEHRKE, Manfred/HOFFMANN, Lore/GARDNER, Paul L. (Eds.): Interests in science and technology education. Proceedings of the 12th IPN – Symposion 1984, Kiel 1985

LENZEN, Dieter (Hrsg.): Pädagogische Grundbegriffe. Band 2. Reinbek bei Hamburg 1989

LITT, Theodor (1952): Naturwissenschaft und Menschenbildung. Heidelberg, [3]1959

LITT, Theodor (1955): Das Bildungsideal der deutschen Klassik und die moderne Arbeitswelt. Schriftenreihe der Bundeszentrale für Heimatdienst. Bonn [4]1957

353

Literatur

MATTHAEI, Rupprecht (Hrsg.): Goethes Farbenlehre. (Ausgewählt und erläutert von Rupprecht Matthaei.) Ravensburg 1987

MAICHLE, Ursula: Wissen, Verstehen und Problemlösen im Bereich der Physik. Frankfurt a.M., Bern, New York 1985

MAIER-KRAEMER, Ursula: Dokumentation 1. Stuttgarter Mädchen – Technik – Tag. Zu beziehen über: Frauen in Verantwortung (FiV), Stuttgart 1991

MERCHANT, Carolyn: Der Tod der Natur. Ökologie, Frauen und neuzeitliche Naturwissenschaft. (Aus dem Amerikanischen von Holger Fliessbach.) München 1987. (Titel der amerikanischen Originalausgabe: The Death of Nature. Women, Ecology and the Scientific Revolution. 1980)

MEYA, Jörg/SIBUM, Heinz Otto (1987): Das fünfte Element. Wirkungen und Deutungen der Elektrizität. Reinbek bei Hamburg 1987

MEYER, Hilbert: Unterrichtsmethoden. 1. Theorieband. Frankfurt a. M. [2]1988

MIE, Klaus: Offener Physikunterricht in der Sekundarstufe I. In: Häußler, Peter (Hrsg.): Physikunterricht und Menschenbildung. Kiel 1992

MIE, Klaus/FREY, Karl: Physik in Projekten. Köln 1990

MILLS, Theodore M.: Soziologie der Gruppe. München, [2]1970

MNU, DEUTSCHER VEREIN ZUR FÖRDERUNG DES MATHEMATISCHEN UND NATURWISSEN-SCHAFTLICHEN UNTERRICHTS e.V.: Initiative zur Verbesserung der Rahmenbedingungen des mathematisch naturwissenschaftlichen Unterrichts. In: Der mathematische und naturwissenschaftliche Unterricht 46/1993, Beilage zu Heft 6

MOTHES, Hans: Methodik und Didaktik der Naturlehre. Köln [7]1968

MUCKENFUß, Heinz (1978b): Bewegungslehre mit der elektrischen Eisenbahn. In: Naturwissenschaften im Unterricht (Physik/Chemie) 26/1978, S. 198–204

MUCKENFUß, Heinz (1979a): Zum Problem „Fachdidaktik" – Ein Diskussionsbeitrag. In: Naturwissenschaften im Unterricht (Physik/Chemie) 27/1979, S. 139–144

MUCKENFUß, Heinz (1979b): Kritische Bemerkungen zur etablierten Form des Schulexperiments aus psychologischer und methodologischer Sicht. In: physica didactica 6/1979, Nr. 2, S. 61–79

MUCKENFUß, Heinz (1986): Lernfreude und Physikunterricht – Rahmenbedingungen für lustvolles Physiklernen. In: Naturwissenschaften im Unterricht (Physik/Chemie) 34/1986, S. 9–18

MUCKENFUß, Heinz (1988a): Wie präzise dürfen physikalische Begriffe sein, damit Schüler sie noch verstehen? In: MNU, Der mathematische und naturwissenschaftliche Unterricht 41/1988, S. 397–406

MUCKENFUß, Heinz (1988b): Bewegungsarten von Körpern als Zugang zum Kraftbegriff. In: Naturwissenschaften im Unterricht (Physik/Chemie) 36/1988, S. 11–20

MUCKENFUß, Heinz (1991): Die Elementarisierung des Spannungsbegriffs. Neue Möglichkeiten durch den Einsatz handgetriebener Generatoren. In: Naturwissenschaften im Unterricht (Physik) 2/1991, Heft 6, S. 32–40

MUCKENFUß, Heinz/WALZ, Adolf: Neue Wege im Elektrikunterricht. Köln 1992

MÜLLER, C.: Naturwissenschaft – Kunst oder Macht? In: Der mathematische und naturwissenschaftliche Unterricht 17/1994, S. 97–101

NATURWISSENSCHAFTEN IM UNTERRICHT (Physik/Chemie): Themenheft „Kraftbegriff" 4/1988, Heft 34

NATURWISSENSCHAFTEN IM UNTERRICHT (Physik/Chemie/Boilogie): 19/1971, Heft 10

NATURWISSENSCHAFTEN IM UNTERRICHT (Physik): Themenheft „Mädchen im Physikunterricht" 1/1990, Heft 1

NATURWISSENSCHAFTEN IM UNTERRICHT (Physik): Themenheft „Fächerübergreifender Unterricht" 4/1993, Heft 17

NATURWISSENSCHAFTEN IM UNTERRICHT (Physik): Themenheft „Offener Unterricht" 3/1992, Heft 15

NIEDERSÄCHSISCHES KULTUSMINISTERIUM: Grundsätze für eine reformpädagogische Neugestaltung des naturwissenschaftlichen Unterrichts. Entwurfsfassung mit Stand vom Sept. 1992

NIEDERSÄCHSISCHES KULTUSMINISTERIUM: Rahmenrichtlinien Hauptschule. Naturwissenschaften. Hannover 1993

NIEDERSÄCHSISCHES KULTUSMINISTERIUM: Rahmenrichtlinien für die Realschule. Naturwissenschaften. Hannover 1992

NIELSEN, Henry/THOMSEN, Poul V.: Physikinteressen und Gründe für die Zweig- und Fächerwahl an dänischen Gymnasien. In: Lehrke, Manfred/Hoffmann, Lore (Hrsg.): Schülerinteressen am naturwissenschaftlichen Unterricht. Untersuchungen und Erklärungen. Beiträge zum 12. IPN-Symposion. Köln 1987, S. 53–68

NOLTE, Georg/BRÄMER, Rainer. Die zwei Naturwissenschaften. Über den Gegensatz von harter und weicher Naturwissenschaft im Bewußtsein von Schülern und Studenten. In: Naturwissenschaften im Unterricht (Physik/Chemie) 33/1985, S. 108–112

NOLTE, Georg: Identifikation mit dem Aggressor. Zur Einstellung der Schüler gegenüber dem naturwissenschaftlichen Unterricht. In: Soznat, Heft 2/1983

NOLTE-FISCHER, Georg: Bildung zum Laien. Zur Sozialisation des schulischen Fachunterrichts, Weinheim 1989

V. OY, Karl: Aufgabe und Bedeutung der Physik als Schulfach. In: Der mathematische und naturwissenschaftliche Unterricht 31/1978

PÄDAGOGISCHE WELT 1993, Heft 3

PFUNDT, Helga/DUIT, Reinders: Alltagsvorstellungen und naturwissenschaftlicher Unterricht. Kiel (IPN) [3]1991

PICHT, Georg: Bildung und Naturwissenschaft. In: Münster, Clemens/Picht, Georg: Naturwissenschaft und Bildung. Würzburg o. J.

PICHT, Georg: Die Deutsche Bildungskatastrophe. Olten und Freiburg 1964

PIETSCHMANN, Herbert: Die Wahrheit liegt nicht in der Mitte. Von der Öffnung des naturwissenschaftlichen Denkens. Stuttgart und Wien 1990

PINC, Projektgruppe: Natur und Produktion im Unterricht: Biologie, Chemie, Physik in der Sekundarstufe I. Weinheim/Basel 1978

PING (Praxis integrierter naturwissenschaftlicher Grundbildung): Was ist PING? Kurz-Information. Status–Konzeption–Entwicklung, Kiel (IPN) September 92

PING (Praxis integrierter naturwissenschaftlicher Grundbildung): Themenübersichten, Materiallisten, Literaturhinweise zu den Unterrichtseinheiten der Jahrgangsstufe 5/6. Kiel (IPN) August 92

PLATON (Timaios): Sämtliche Dialoge, Band VI. Herausgegeben von Otto Apelt. Hamburg 1993

PRENZEL, Manfred/KRAPP, Andreas/SCHIEFELE, Hans: Grundzüge einer pädagogischen Interessentheorie. In: ZfPäd 32/1986, S. 163–173

PUKIES, Jens: Das Verstehen der Naturwissenschaften. Braunschweig 1979

RAUFUß, Dietmar: Die physikalisch-naturwissenschaftliche Denkweise. Zur Vermittlung durch Schule, Hochschule und Medien. Köln 1989

REDAKTION SOZNAT (Hrsg.): Naturwissenschaftlicher Unterricht in der Gegenperspektive. Braunschweig 1982

REDEKER, Bruno (1982): Zur Sache des Lernens – am Beispiel des Physiklernens. Braunschweig 1982

REDEKER, Bruno (1993): Martin Wagenschein – Feiertagsdidaktik oder Notwendigkeit einer Renaissance? In: Neue Sammlung 33/1993, Heft 1, S. 15–30

REDEKER, Bruno (1985): Die Vorstruktur des Verstehens und das Lehren von Physik. In: Meyer-Drawe, Käte/Redeker, Bruno: Der Physikalische Blick. Ein Grundproblem des Lernens und Lehrens von Physik. Bad Salzdetfurth 1985

Literatur

REIß, Veronika (1975): Fachspezifische Sozialisation in der Ausbildung von Gymnasiallehrern mit naturwissenschaftlichen Unterrichtsfächern. In: Ewers, Michael (Hrsg.): Naturwissenschaftliche Didaktik zwischen Kritik und Konstruktion. Weinheim/Basel 1975, S. 275–291

REIß, Veronika (1976): Interdisziplinäre Curricula in den Naturwissenschaften als Sozialisationsmedien. In: Bloch u. a. 1976, Kapitel 5

RIQUARTS, Kurt u. a.: Naturwissenschaftlicher Unterricht in den Klassen 5 und 6. Köln 1978

ROBINSOHN, Saul B.: Bildungsreform als Revision des Curriculum. Berlin 1967

DE SAINT-EXUPÉRY, Antoine: Man sieht nur mit dem Herzen gut. Ausgewählt und eingeleitet von Oswalt von Nostitz. Freiburg/Basel/Wien [6]1991. (Der zitierte Text stammt aus *Stadt in der Wüste*, Band 2.)

SCHECKER, Horst: Das Schülervorverständnis zur Mechanik. Eine Untersuchung in der Sekundarstufe II unter Einbeziehung historischer und wissenschaftstheoretischer Aspekte (Dissertation). Bremen 1985

SCHIEBINGER, Londa: Schöne Geister. Frauen in den Anfängen der modernen Wissenschaft. Stuttgart (Klett-Cotta) 1993

SCHIEFELE, Hans: Lernmotivation und Motivlernen. München 1974

SCHIEFELE, Hans: Interesse – Neue Antworten auf ein altes Problem. In: ZfPäd 32/1986, S. 153 bis 162

SCHIEFELE, H./HAUßER, K./SCHNEIDER, G.: „Interesse" als Ziel und Weg der Erziehung. In: ZfPäd 25/1979, S. 1–20

SCHIER, Hanns-Peter: Einstellungstendenzen zur Physik und zum Physikunterricht. Eine Befragung von 234 Realschülern in Düsseldorf. In: Naturwissenschaften im Unterricht (Physik/Chemie) 26/1978, S. 97–103

SCHMIED, Dieter: Fächerwahl, Fachwahlmotive und Schulleistungen in der reformierten gymnasialen Oberstufe. In: ZfPäd 28/1982, S. 11–30

SCHÖLER, Walter: Geschichte des naturwissenschaftlichen Unterrichts im 17. bis 19. Jahrhundert. Berlin 1970

SCHREWE, F./SCHMITZ, J.: Physikkenntnisse der Erwachsenen. (Eine empirische Untersuchung.) In: physica didactica 10/1983, S. 89–96

SEELIG, Günther F.: Beliebtheit von Schulfächern. Empirische Untersuchung über psychologische Zusammenhänge von Schulfachbevorzugungen. Weinheim, Berlin, Basel 1968

SETTLER, Humbert: Vom Sinn und Widersinn des Physikunterrichts. In: Der mathematische und naturwissenschaftliche Unterricht 20/1967, S. 157–162

SIBUM, Heinz Otto (1988a): Ladung, Ladungserhaltung, Stromkreis, Leitungsstrom – Benjamin Franklins ökonomische Theorie der Elektrizität. In: GDCP (Hrsg.): Zur Didaktik der Physik und Chemie. Probleme und Perspektiven. Band 8. Kiel 1988, S. 302–304

SIBUM, Heinz Otto (1988b): Ladung, Ladungserhaltung, Stromkreis, Leitungsstrom – Benjamin Franklins ökonomische Theorie der Elektrizität. In: physika didactica 15/1988, Heft 3/4, S. 85–102

SIMONYI, Károly: Kulturgeschichte der Physik. (Aus dem Ungarischen von Klara Christoph.) Leipzig, Jena, Berlin 1990

SNOW, Charles Peirce: Die zwei Kulturen. Literarische und naturwissenschaftliche Intelligenz. Stuttgart 1967

SPECK, Joseph/WEHLE, Gerhard: Handbuch pädagogischer Grundbegriffe. München 1970

STÄUDEL, Lutz/KREMER, Armin: Ein Kartoffelfest im Physikunterricht oder: Von den Schwierigkeiten, fächerübergreifenden naturwissenschaftlichen Unterricht durch Materialien zu unterstützen. In: Naturwissenschaften im Unterricht (Physik) 3/1992, S. 10–15

THOBEN, Christa: Mädchen in naturwissenschaftlichen Berufen. In: Didaktik der Berufs- und Arbeitswelt. Gießener Blätter zur Arbeitslehre 11/1992, Heft 4, S. 7–10

TODT, Eberhard (1978): Das Interesse. Empirische Untersuchungen zu einem Motivationskonzept. Bern, Stuttgart, Wien 1978

TODT, Eberhard (1985): Die Bedeutung der Schule für die Entwicklung der Interessen von Kindern und Jugendlichen. In: Unterrichtswissenschaft 13/1985, S. 362–376

TODT, Eberhard (1988a): Erfassung von Interessen gegenüber Physik und Technik. In: Oomen-Welke, Ingelore/v. Rhöneck, Christoph (Hrsg.): Schüler: Persönlichkeit und Lernverhalten. Methoden des Messens und Deutens in der fachdidaktischen Unterrichtsforschung. Tübingen 1988, S. 58 bis 84

TODT, Eberhard (1988b): Analyse der Kontextabhängigkeit von Physikinteressen. In: Der mathematische und naturwissenschaftliche Unterricht 41/1988, S. 137–140

TODT, Eberhard (1990): Entwicklung des Interesses. In: Hetzer, Hildegard (Hrsg.) u. a.: Angewandte Entwicklungspsychologie des Kindes- und Jugendalters. Heidelberg, Wiesbaden [2]1990, S. 213 bis 264

TODT, Eberhard (1993): Schülerempfehlungen für einen interessanten Physikunterricht. In: Naturwissenschaften im Unterricht (Physik) 4/1993, Nr. 17, S. 37–38 und Nr. 18, S. 37–40

UHLENBUSCH, Leonore: Vorstellung des Physikunterrichts im MiNT-Projekt. In: Didaktik der Berufs- und Arbeitswelt. Gießener Blätter zur Arbeitslehre 11/1992, Heft 4, S. 11–13

UNTERRICHTSWISSENSCHAFT 22/1994, Heft 2

VOLK UND WISSEN: Physik. Gymnasium, Sekundarstufe I (Nr. 020712). Berlin 1993

WAGENSCHEIN, Martin (1960): Was bleibt unseren Abiturienten vom Physikunterricht? In: ZfPäd, 6/1960, Heft 1, S. 30–45. Auch in: Wagenschein 1965, S. 385–399

WAGENSCHEIN, Martin (1962): Die Pädagogische Dimension der Physik, Braunschweig [4]1976

WAGENSCHEIN, Martin (1965): Ursprüngliches Verstehen und exaktes Denken (Band I), Stuttgart [1]1965

WAGENSCHEIN, Martin (1968a): Verstehen lehren: genetisch – sokratisch – exemplarisch. Weinheim [9]1991

WAGENSCHEIN, Martin (1968b): Erwiderung auf W. Kroebels Kritik an meinen Vorschlägen zum Physikunterricht. In: Der mathematische und naturwissenschaftliche Unterricht 21/1968, Heft 11, S. 374–378

WAGENSCHEIN, Martin (1970): Ursprüngliches Verstehen und exaktes Denken II (Band II). Stuttgart [1]1970

WAGENSCHEIN, Martin (1971): Was bleibt? (Verfolgt am Beispiel der Physik.) In: Flügge, Johannes (Hrsg.): Pathologie des Unterrichts. Bad Heilbrunn 1971, S. 74

WAGENSCHEIN, Martin (1983): Erinnerungen für morgen: eine pädagogische Autobiographie. Weinheim [2]1989

WAGENSCHEIN, Martin (1988): Naturphänomene sehen und verstehen. Genetische Lehrgänge. Hrsg. von Hans Christoph Berg. Stuttgart [2]1988

WAGENSCHEIN, Martin/BANHOLZER, Agnes/THIEL, Siegfried: Kinder auf dem Weg zur Physik. Stuttgart 1973

WAGNER, Ina: Gelehrte Erfahrung. Zur Theorie der Curriculuminnovation. Frankfurt, New York 1979

v. WEIZSÄCKER, Carl Friedrich (1963): Zum Weltbild der Physik. Stuttgart [10]1963

v. WEIZSÄCKER, Carl Friedrich (1964): Die Tragweite der Wissenschaft. Erster Band. Schöpfung und Weltentstehung. Die Geschichte zweier Begriffe. Stuttgart 1964

v. WEIZSÄCKER, Carl Friedrich (1972): Voraussetzungen des naturwissenschaftlichen Denkens. München 1971. Hier zitiert nach der Ausgabe Freiburg, Basel, Wien [2]1972 (Herder)

v. WEIZSÄCKER, Carl Friedrich (1974): Die Einheit der Physik als konstruktive Aufgabe. In: Weizsäcker, v. Carl Friedrich: Die Einheit der Natur. Studien. München 1974

v. WEIZSÄCKER, Carl Friedrich (1983): Wahrnehmung der Neuzeit. München, Wien 1983

Literatur

WELTNER, Klaus: Wahlverhalten der Oberstufenschüler in den mathematisch-naturwissenschaftlichen Fächern. In: Naturwissenschaften im Unterricht (Physik/Chemie) 27/1979, S. 102–104

WELTNER, Klaus/LIEBIG, Helmut/HALBOW, Dagmar/MAICHLE, Ulla/REITZ, Helga/SCHÖNFELD, Helga: Das Interesse von Jungen und Mädchen an Physik und Technik. In: Naturwissenschaften im Unterricht (Physik/Chemie) 27/1979, S. 321–325

WICKIHALTER, Rolf: Zur Geschichte des physikalischen Unterrichts unter besonderer Berücksichtigung von Reformbestrebungen. Frankfurt a. M. 1984

WIDMAIER, Hans Peter und Mitarbeiter: Zur Strategie der Bildungspolitik. Bern 1968

WIESNER, HARTMUT (1986): Vorstellungen im Bereich der Optik. In: Naturwissenschaften im Unterricht (Physik/Chemie) 34/1986, S. 25–29

WIESNER, HARTMUT (1992): Unterricht über Spiegel: Bericht über einen Versuch zur Verbesserung des Lernerfolgs. In: Naturwissenschaften im Unterricht (Physik) 5/1994, S. 60–67

WIESNER, HARTMUT (1994a): Zum Einführungsunterricht in die Mechanik: Statisch oder dynamisch? In: Naturwissenschaften im Unterricht (Physik) 3/1992, S. 139–192

WIESNER, HARTMUT (1994b): Ein neuer Optikkurs für die Sekundarstufe I, der sich an Lernschwierigkeiten und Schülervorstellungen orientiert. In: Naturwissenschaften im Unterricht (Physik) 5/1994, S. 51–59

WILHELM, Theodor (1957): Die Pädagogik Kerschensteiners. Vermächtnis und Verhängnis. Stuttgart 1957

WILHELM, Theodor (1979): Georg Kerschensteiner. In: Scheurl, Hans: Klassiker der Pädagogik. Zweiter Band, S. 103–126. München [2]1991

WILLENBACHER, Peter: Zum Wahlverhalten der Schüler bezüglich des Faches Physik in der neugestalteten gymnasialen Oberstufe. In: Der Physikunterricht 15/1981, S. 56–61

WILLER, Jörg: Physik und menschliche Bildung. Eine Geschichte der Physik und ihres Unterrichts. Darmstadt (1990)

WUßING, Hans (Hrsg.): Geschichte der Naturwissenschaften. Köln [2]1987

ZEITSCHRIFT FÜR PÄDAGOGIK (ZfPäd) 40/1994, Heft 3

ZENKE, Karl: Pädagogik – Kritische Instanz der Bildungspolitik? Zur technischen und emanzipatorischen Relevanz der Erziehungswissenschaft. München 1972